onomato verlag

Kathi Diamant

Kafkas letzte Liebe

Die Biografie von Dora Diamant

Aus dem Amerikanischen
von Wiebke Mönning und Christoph Moors

Mit einem Vorwort von Reiner Stach

onomato verlag

Titel der 2003 bei Basic Books, New York,
erschienenen Originalausgabe:
„Kafka's last love"
Copyright © 2003 by Kathi Diamant

Umschlagfoto von Dora Diamant. © Sammlung Lask
Umschlagfoto von Franz Kafka. © Archiv Klaus Wagenbach

Alle deutschen Rechte vorbehalten
Copyright © 2013
onomato Verlag
www.onomato.de
Lektorat, Korrektorat: Christian Consten-Vits
Lektorat und Satzgestaltung: Hanna Koch
weitere Mitwirkende: Leonie Karremann, Silke Kramer
Joëlle Murray, Maren Poppe

Gesamtherstellung: CPI books GmbH, Leck
Printed in Germany
ISBN 978 3 942864 23 7

Gefördert als Crowdfunding-Projekt bei Startnext.

An alle Diamants dieser Welt

Sinnesfreudig wie ein Tier (oder wie ein Kind). –
Woher bloß die Vermutung von Franz als Asket herkommt!?

Dora Diamant, Tagebuch

Ein Mensch allein kann Franz nicht „erklären".
Es müssen viele Menschen daran „arbeiten".

Dora Diamant, Tagebuch

INHALT

Danksagung und Vorworte 11

Vorwort von Reiner Stach 17

1 Die Schwelle des Glücks 23

2 Ein dunkles Geschöpf aus dem Osten 39

3 Ein freies Leben in Berlin 59

4 Das Idyll in Berlin 75

5 Der Bau 93

6 Der tödliche Winter 107

7 Fürchterlichster Unglückstag 123

8 In den besten Anfängen 137

9 Beerdigung in Prag 159

10 In memoriam 167

11 Das Leben nach Kafka 175

12 Zwischen zwei Welten 185

13 Das Naturtheater von Oklahoma 193

14 Beschreibung eines Kampfes 207

15 Exodus aus Berlin 223

16 Das Arbeiterparadies 237

17 Zweite Flucht (Die große Flucht) 253

18 Die Isle of Man 265

19 Freunde des Jiddischen 275

20 Etwas Unzerstörbares in sich 291

21	Das Gelobte Land	309
22	Ein lebendig gewordenes Gedächtnis	323
23	„Mach, was du kannst"	339
24	Kafkas Tochter / Ludwig Lask	349
	Epilog	365
	Dora Diamants Aufzeichnungen	371
	Endnoten	409
	Quellen	441

EDITORISCHE VORBEMERKUNG

Der Text entspricht der neuesten Rechtschreibung. Um jedoch den besonderen Charakter von Auszügen aus literarischen Texten, Briefen etc. zu bewahren, wurden Passagen aus den verfügbaren deutschsprachigen Quellen grundsätzlich in der jeweiligen Schreibung belassen.

Unterschiedliche Weisen der Anführung in diesem Buch dienen der Differenzierung zwischen wörtlicher Wiedergabe von Ausdrücken und deren bloß zusätzlich nuancierender Hervorhebung.

Folgt eine Reihe von Zitaten aus derselben Quelle, so wird nur ein Mal mittels Endnote auf diese verwiesen, und zwar nach dem letzten Zitat dieser Reihe.

Besonders dankt der Verlag Hans-Gerd Koch und Reiner Stach für die wissenschaftliche Begleitung der Arbeit an dieser Ausgabe.

Düsseldorf, im September 2013
Axel Grube
Christian Consten-Vits

DANKSAGUNG UND VORWORTE

Dieses Buch wäre nicht möglich gewesen ohne die Liebe, Ermutigung und materielle Hilfe einer Vielzahl von Personen, allen voran meines Ehemanns Byron LaDue. Doras erste Biografie setzt sich zusammen aus Interviews, die ich mit Doras Familienangehörigen und Freunden und mit Experten für die geschichtlichen und politischen Bereiche, die ihr Leben betreffen, geführt habe und durch die ich Informationen aus erster Hand gewinnen konnte. Für ihre Teilnahme, ihre Erinnerungen und ihr Fachwissen danke ich zutiefst Leon Askin, Bernd-Rainer Barth, Zelig Besserglick, Majer Bogdanski, Niels Bokhove, Etty Diamant, Dorothy Emmett, John Erpenbeck, Ora Fein, Colette Faus, Miron Grindea, Michael Hamburger, Betty Kuttner, Dina Lask, Noga Maletz, Ottilie McCrea, Ilse Muenz, Ruth Pawel, Bracha Plotkin, Leonard Prager, Luise Rainer, Uziel Raviv, Dasha Rittenberg-Werdygier, Irene Runge, Carol Shaw und Anthony Wilson. Außerdem danke ich Eva Bloch Turner für ihre Hilfe und Unterstützung bei Übersetzungen.

Zu einem großen Teil verdanke ich dieses Buch Johanna (Hanny) Metzger-Lichtenstern und Kafkas Nichte, Marianne Steiner, zwei der engsten Freunde Doras und ihrer Tochter in London. Hannys Beitrag war, zusätzlich zu der Sammlung persönlicher Briefe und Papiere, in die sie mir Einblick gewährte, enorm. Sie übersetzte für mich Doras auf Jiddisch verfasste Artikel, ihre Briefe und Tagebücher und die Briefe von Robert Klopstock und Ester Hoffe ins Englische, die in dieser Ausgabe in ihrer Originalsprache, auf Deutsch, wiedergegeben sind. Marianne Steiner, die an Doras Bett stand, als sie starb, vertraute mir Doras letzte Worte an und unterstützte das *Kafka Projekt* bei der Suche nach Kafkas Notizbüchern und Briefen, die 1933 von der Gestapo beschlagnahmt wurden. Frau Steiner starb 2000 im Alter von 88 Jahren und Hanny starb 2012 im Alter von 95 Jahren. Ihre Erinnerungen werden mit großer Wertschätzung bewahrt werden.

In Deutschland habe ich sehr viel Hans-Gerd Koch, dem Leiter der Kafka-Forschungsstelle an der Bergischen Universität Wuppertal, zu verdanken. Er steuerte entscheidende Informationen bei und leistete die Beratung, die für ein solches Buch unverzichtbar ist. Der Kafka-Biograf Reiner Stach hat großzügig sein breites Wissen eingebracht, und zwar nicht nur durch sein Vorwort, sondern auch bei der Erarbeitung einer genauen und ansprechenden Übersetzung. Klaus Wagenbach bin ich sehr dankbar dafür, dass er mich an den Ergebnissen seiner in den 1950er-Jahren mit Max Brod betriebenen Nachforschungen nach Kafkas verloren gegangenen Briefen an Dora teilhaben ließ sowie an der Sammlung von Doras Papieren aus seinem Archiv. Die Kafka-Forscherin Maja Rehbein half mir, Doras Familie in Israel ausfindig zu machen, und Stefanie Groenke, die 1998 als Forschungs-Assistentin zum *Kafka Projekt* kam, widmete sich hunderte Stunden der Übersetzungsarbeit an Doras Papieren und deutschen Texten und unterstützte die Nachforschungen in den darauffolgenden Jahren. Auch Johanna Hoornweg, ebenfalls Assistentin beim *Kafka Projekt*, war eine große Hilfe. Ich danke auch Ruth Kessentini und der Familie Lask, den Nachkommen von Doras angeheirateten Verwandten in Berlin, dafür, dass sie mir ihre Familienaufzeichnungen zugänglich gemacht (und mich mit offenen Armen empfangen) und mir großzügigerweise die Fotografien der Sammlung Lask für diese Ausgabe zur Verfügung gestellt haben.

Für Hilfe bei der Arbeit in Archiven danke ich Yoram Mayorek für Nachforschungen in Russland, Israel und Polen, Robert Adamek und Aneta Zapa vom Muzeum Miasta Pabianic, Tim Rogers, dem ehemaligen stellvertretenden Leiter des Bereichs Western Manuscripts der Bodleian Library an der Oxford University, Gisela Erler vom Landesarchiv Berlin und Michael Matzigkeit vom Theatermuseum Düsseldorf. Ich danke auch Seymour Barofsky, Bernhard Echte, Remigiusz Grzela und Heather Valencia für ihre Nachforschungen über Stencl. Für seine Anleitung bei Nachforschungen in Polen danke ich Zdzislaw Les, Jaroslaw Krajniewski und Jeffrey Cymbler. In Tschechien danke ich Judita Matyasova, für ihre Liebe zu Kafka, ihre außerordentlichen Fähigkeiten im Vertrieb und den Hinweis auf den onomato Verlag.

Mein Dank geht auch an Michael Steiner und den Kafka Estate für die Erlaubnis, die Briefe an Kafkas Familie aus der Bodleian Library abzudrucken, Yosl Bergner vom *Jewish Chronicle Israel* and Clive Sinclair vom *Jewish Chronicle London* für die Erlaubnis, Melech Rawitschs Geschichte seiner Begegnung mit Dora abzudrucken, Carol Shaw, die mir die Aufzeichnungen ihrer Mutter über die Yealand Manor School zur Verfügung stellte, und David Mazower, der Doras jiddische Artikel sammelte. Ich danke Michel de M'Uzan, Marthe Roberts Witwer, von dem ich Doras Tagebuch und die Korrespondenz erhielt.

Zuletzt möchte ich noch Doras Familie in Israel meinen unendlichen Dank aussprechen. Sie hat mir sehr geholfen, Doras Geschichte zu erzählen. Allen voran danke ich Doras Halbschwester Sara Dimant-Baumer, ihrer Nichte Tova Perlmutter, und vor allem Doras Neffen, Zvi Diamant, der dieses Buch auf jede mögliche Weise unterstützt hat und wie ein Bruder für mich geworden ist.

Vorwort zur ersten Ausgabe

Ich war neunzehn, als ich zum erstenmal von Dora Diamant hörte. Es war im Frühjahr 1971 in einem Kurs für deutsche Literatur an der Universität Georgia. Wir arbeiteten an einer Übersetzung von Kafkas Erzählung *Die Verwandlung*, als der Dozent den Unterricht unterbrach und mich fragte: „Sind Sie verwandt mit Dora Diamant?" Ich hatte damals, wie gesagt, noch nie von ihr gehört. „Sie war Kafkas letzte Geliebte", erklärte er mir. „Sie waren sehr verliebt. Er starb in ihren Armen, und sie verbrannte einige seiner Arbeiten." Ich versprach ihm, es herauszufinden und ihn wissen zu lassen, ob ich mit ihr verwandt war.

Nach dem Kurs lief ich sofort zur Bibliothek. Aus Max Brods Biografie über Franz Kafka erfuhr ich, dass Dora neunzehn gewesen sein soll, als sie Kafka traf – genauso alt wie ich damals. Später sollte sich herausstellen, dass ihr Alter und auch einige andere Dinge nicht korrekt überliefert waren, aber damals war ich fasziniert von dem, was ich dort las: Dora war eine leidenschaftliche, lebendige und intelligente junge osteuropäische jüdische Frau gewesen, die einem der wichtigsten Schriftsteller des 20. Jahrhunderts zum glücklichsten Jahr seines Lebens verholfen hatte. Ich wollte mehr über sie erfahren, konnte aber nichts darüber finden, was nach Kafkas Tod aus ihr geworden war. Ich war scheinbar in eine Sackgasse gelangt.

1984 erschien dann eine Kafka-Biografie mit spannenden neuen Informationen über Dora, *The Nightmare of Reason: A Life of Franz Kafka* von Ernst Pawel. Das Buch beleuchtete die atemberaubende Geschichte von Doras Leben nach Kafkas Tod, angefangen von der Flucht vor der Gestapo aus Berlin nach Russland über die erneute Flucht vor Stalins Säuberungen bis hin zum Erleben der letzten Kriegsjahre in London unter massiver Bombardierung durch die Deutschen. Dora hatte nach Kafkas Tod einen idealistischen deutschen Kommunisten geheiratet, mit dem sie eine Tochter hatte, die laut Pawel noch in England lebte. Und die Frage, die mich nun schon seit Jahren beschäftigte

– lebt Dora noch? – wurde auch endlich beantwortet. Sie starb am 15. August 1952, genau drei Monate bevor ich geboren wurde. Inspiriert von Doras Abenteuerlust und von den merkwürdigen Zufällen, die uns verbanden, begab ich mich auf die Suche, um Doras Lebenslauf zu vervollständigen. Auf meiner ersten „Mission, Dora zu finden", im Jahr 1985 reiste ich nach Prag, Wien und Jerusalem. Auf dieser Reise lernte ich mehr über mich selbst als über Dora, aber seitdem hat mich meine Recherche auf Doras Spuren an viele weitere Orte gebracht, nach Polen, Deutschland, Frankreich, England, zur Isle of Man und auch mehrere Male wieder nach Tschechien und Israel.

1996 gründete ich das *Kafka Projekt* an der Universität San Diego mit einem internationalen Beratungskomitee, bestehend aus Kafka-Experten und -Forschern, mit dem Ziel, die verlorenen Schriften Kafkas, die 1933 von der Gestapo in Doras Wohnung beschlagnahmt worden waren, ausfindig zu machen. Die vorliegende Biografie wurde letztlich erst durch den Fund von Dokumenten und Fotos während einer viermonatigen Recherchereise für das *Kafka Projekt* zu deutschen Archiven in Berlin im Jahr 1998 sowie durch die Entdeckung von Doras Tagebuch 2000 in Paris ermöglicht.

Doras Sichtweise eröffnete mir einen Weg, Franz Kafka, den wohl am häufigsten missverstandenen Schriftsteller des letzten Jahrhunderts, begreifen und schätzen zu lernen. Im Gegenzug leiteten mich Kafkas Worte und Aphorismen bei meiner Suche nach Dora, gaben mir Mut, Humor, Einsicht und Kraft, die ich brauchte, um ihre Geschichte nachzuvollziehen und aufzuschreiben. Zu Beginn folgte ich einzig und allein meiner Intuition, dem Gefühl, es wäre im Sinne Doras, diese Geschichte zu erzählen. Dann, als ich ihre Briefe, ihre veröffentlichten jiddischen Texte, ihre unveröffentlichten Notizen über Kafka und die aufschlussreichen Dokumente über sie selbst aus den Gestapo- und Komintern-Akten fand, ergriff Dora selbst das Wort und wurde meine bedeutendste Mitarbeiterin und Vertraute bei der Arbeit an diesem Buch, mit ihrem durch ihre Worte und Handlungen vermittelten Wesen und ihrem Vermächtnis: der großzügig ausströmenden Liebe und Unterstützung durch ihre Freunde, Familie und diejenigen, die, wie mich, ihr unzerstörbarer Geist unaufhörlich berührt.

Auf die erste aller Fragen konnte ich, trotz aller gelüfteten Geheimnisse in und um Doras Leben, ironischerweise noch keine Antwort finden. Ihre Familie in Israel hat mich und meine Familie herzlich aufgenommen in die „Mischpoke", doch ich weiß immer noch nicht, ob Dora und ich nun verwandt sind oder nicht. Ich bezweifle jedoch nicht, dass zwischen uns eine Verbindung besteht. Dora hat meine Sicht auf die Welt verändert, und ihr Leben hat mich inspiriert, mein eigenes zu verändern. Bevor Dora sich 1948 erstmals über Kafka interviewen ließ, gab sie eine Erklärung ab, die ich gerne in eigener Sache hier wiederholen möchte: *„Ich bin nicht objektiv und kann es auch nicht sein. [...] Dabei sind meist nicht die Tatsachen ausschlaggebend, es ist vielmehr eine reine Frage der Atmosphäre. Was ich erzähle, hat eine innere Wahrheit, und dazu gehört auch [Subjektivität]."*[1]

Kathi Diamant, San Diego, Kalifornien, Dezember 2002

Vorwort zur deutschsprachigen Ausgabe

Die deutsche Ausgabe von *Kafkas letzte Liebe* ist schon lange überfällig. Erstmals erschien das Buch in den USA und Großbritannien. Die Rechte für eine deutsche Ausgabe wurden im Jahr 2000 vom *Ullstein Verlag* gekauft, doch während in den folgenden Jahren Übersetzungen ins Spanische, Französische, Chinesische, Russische und ins Portugiesische erschienen, blieb eine deutsche Fassung aufgrund von Übernahmen und eines Gerichtsverfahrens vorerst aus. Die Übertragung ins Deutsche wurde jedoch mit Spannung erwartet, und für weitere Übersetzungen ist sie sicherlich auch am wichtigsten, wurde doch das ausführlich zitierte Quellenmaterial ursprünglich meist in deutscher Sprache verfasst, darunter natürlich die Schriften Kafkas sowie Doras Briefe und Tagebücher, aber auch die Korrespondenz ihrer Freunde und Familie, Archivdokumente und Hintergrundmaterialien, deren Feinheiten und tiefere Bedeutungen bei der Übertragung ins Englische leider oftmals schwanden oder sogar verloren gingen. Während diese Gefahr nun wiederum bei der Übersetzung des englischen Textes ins Deutsche besteht, erscheinen Primärquellen jetzt in der Regel in ihrer Originalfassung, was, vor allem angesichts der Originalität von Kafkas Sprache, sicherlich wünschenswert ist.

Des Weiteren ist dieser Ausgabe zum ersten Mal das ursprüngliche Tagebuch von Dora Diamant beigefügt, welches sie, schon schwer krank, ein Jahr vor ihrem Tod zu schreiben begann. Es waren ihre ersten Aufzeichnungen über Kafka, sicherlich auch im Hinblick auf ihren möglichen Tod begonnen, „um einmal das zu sagen, was in Zusammenhang mit Kafka zu sagen nötig ist. Alles. Ohne

Rückhalt". So beschrieb Dora ihr Vorhaben in einem Brief an Marthe Robert, Kafkas Biografin und Übersetzerin ins Französische, mit der sie in den letzten Jahren in engem Kontakt stand. In einem früheren Brief hieß es: „Will mal sehen wie ich jetzt ‚Franz Kafka' aufschreiben kann. Armer Junge!" Auf dem roten Kartoneinband des Tagebuchs hatte Dora die Anweisung „Max Brod zu übergeben" vermerkt, ihre Tochter gab das Tagebuch nach Doras Tod jedoch Marthe Robert, die in einer Pariser Zeitschrift darüber berichtete.

Ausschnitte aus dem Tagebuch werden schon im Buch zitiert, im Anhang dieser Ausgabe kann der Leser nun aber den ganzen Text nachlesen und sich selbst ein Bild davon machen. Dora Diamant ist es nicht leichtgefallen, ihre Sicht auf Kafka zu formulieren, auch angesichts der damals schon existierenden Fülle an Interpretationen zu Kafkas Person.

Zusätzlich zum Tagebuch erscheinen hier Fragmente eines zweiten Tagebuchs, von ihr „Hospital-Tagebuch" genannt, sowie die „Chronologischen Initialien" und „Kurze Notizen für Eintragung". Die Tagebücher und Notizen wurden damals von ihrer Tochter und wahrscheinlich auch von Marthe Robert transkribiert und teilweise neu geordnet. Diese Abschriften waren Teil eines Pakets mit ausgewählten Materialien, das mir Klaus Wagenbach für mein Dora-Diamant-Archiv im Oktober 2002 übergab. Die Materialen von Klaus Wagenbach umfassen mehr als sechzig Seiten an Briefentwürfen sowie eine Neuordnung des ersten Tagebuchs mit zusätzlichen Texten und anderen, ursprünglich auch handschriftlichen Dokumenten. Einige dieser Dokumente zeigen auf drastische Weise Doras Armut und den Mangel an Schreibpapier nach dem Krieg. So sind wichtige Bemerkungen teilweise auf Schmierpapier, Kontoauszügen oder der Rückseite von Einkaufszetteln notiert. Ich hoffe, dass auch diese Notizen einmal veröffentlicht werden können, vielleicht zusammen mit den siebzig Briefen Doras an Max Brod aus den Jahren 1925 bis 1952, die aufgrund des Gerichtsverfahrens um das Brod-Archiv in Israel noch nicht öffentlich zugänglich sind.

Zu guter Letzt möchte ich noch Axel Grube, Hanna Koch und dem ganzen Team von onomato danken, dass sie sich entschieden haben, *Kafkas letzte Liebe* zu veröffentlichen, und für ihre Liebe und Hingabe an die Schriften und die Welt Franz Kafkas.

Kathi Diamant, San Diego, CA 3. Juni 2013

VORWORT VON REINER STACH

›Das Genie und seine Muse‹ ist ein Topos der neueren europäischen Kulturgeschichte, und einer der ideologisch hartnäckigsten: Selbst noch im 20. Jahrhundert, als der Geniebegriff längst obsolet geworden war und an die Stelle von Musen profanere Figuren wie ›Süße Mädel‹, Groupies oder zum Diktat eilende Ehefrauen getreten waren, blieb die Vorstellung wirksam, es sei eine ehrenvolle Aufgabe der Frau, den männlichen Geist zu entzünden und für sinnlichen Brennstoff zu sorgen. Bei Karl Kraus, dem Unbestechlichen, ist das wörtlich so nachzulesen. Und noch immer fällt es manchem schwer, sich von diesem Wunschbild zu verabschieden, obwohl es auf nichts anderes hinausläuft als auf die Verklärung einer sekundären, abhängigen Existenzweise.

Dieses Beharren hängt zusammen mit der Art und Weise, wie wir auf Prominente schauen. Wer sich beispielsweise für Leben und Werk eines einflussreichen Schriftstellers interessiert, wird dazu tendieren, auf diesen Menschen einen Lichtkegel der Erkenntnis zu richten, der an den Rändern immer schwächer wird. Personen also, die dem Dichter nahekamen, interessieren ihn von vornherein mehr als Personen, die scheinbar nur beiläufig das Umfeld kreuzten. Und alle Personen interessieren ihn in Bezug auf den Dichter, während ihr Leben davor und danach oft nur noch lexikalisch registriert wird. So entsteht die naive Vorstellung eines Planetensystems, in dessen Mitte die kreative Persönlichkeit thront, umgeben von mehr oder minder treuen, mehr oder minder bedeutsamen Trabanten.

Gestützt wird diese Vorstellung häufig durch eine biografisch unbefriedigende, nämlich asymmetrische Quellenlage. Tagebücher und Briefe des Berühmten wurden aufbewahrt und publiziert, während die Notate aus seiner Umgebung oft nur fragmentarisch erhalten blieben. Goethe ist ein paradigmatischer Fall: Seine Briefe an Charlotte von Stein waren bereits eine Generation nach seinem Tod der Öffentlichkeit zugänglich, die Gegenbriefe sind verschwunden. Und im 20. Jahrhundert ist es Kafka, der das Dilemma in seiner wohl reinsten Form verkörpert.

Felice, Milena, Dora: Wir kennen diese Namen. Es sind die Vornamen von ›Geliebten‹, von Frauen also, zu denen Kafka in einer bedeutsamen erotischen Beziehung stand und von denen wir wissen, dass sie seine schriftstellerische

Arbeit beeinflussten und ihn zu bewegenden Briefen veranlassten. ›Briefe an Dora‹ allerdings besitzen wir nicht, sie gingen ein Jahrzehnt nach seinem Tod verloren, als die Gestapo Doras Wohnung durchsuchte. Hingegen gibt es ein riesiges Bündel von *Briefen an Felice*, heute eine der bedeutsamsten biografischen Quellen, sowie die in ihrer Intensität unvergleichlichen *Briefe an Milena*. Von den Antworten der drei Frauen ist uns nichts als ein paar Zeilen geblieben, den weitaus größten Teil hat Kafka selbst vernichtet, höflichkeitshalber.

Die Nachnamen dieser Frauen werden viel seltener erwähnt, dem ungeschriebenen Gesetz folgend, dass der alleingestellte Vorname Intimität signalisiert. Schon auf dem Buchcover also beginnt, in Form unschuldiger Rollenprosa, eine Art Parteinahme. Doch genügend Beispiele belegen, dass diese Konvention ziemlich flexibel ist. Jean-Paul Sartre, ›Briefe an Simone‹, würden wir als ziemlich unpassenden Titel empfinden, während Kafkas *Briefe an Milena* beinahe wie der Titel eines literarischen Werks anmutet, ebenso auratisch wie unveränderlich. Er gibt unterschwellig zu verstehen, dass die sprachliche Produktivität des Autors hier ganz im Vordergrund steht und dass ›Milena‹ lediglich den Anlass bot. Sie ist die Adressatin, und sie bleibt es.

Solche Titel konnten sich auch deshalb einbürgern, weil man über Kafkas Frauen nichts wusste. Das verführte dazu, sie als bloße Projektionsflächen zu sehen – eine optische Täuschung, der in krassester Form Elias Canetti aufgesessen ist, dessen biografische Studie *Der andere Prozeß* die Figur Felice Bauers tatsächlich ohne Gesicht zeigt. Im Fall Milena Jesenskás waren es vor allem sprachliche Barrieren, die es dem westlichen Publikum schwer machten, hinter der Adressatin eine Frau mit eigenem Schicksal wahrzunehmen. Und von Dora Diamant hatte man überhaupt keine Vorstellung, außer dass sie für den schwerkranken Kafka ein ganz außergewöhnliches Glück gewesen sein muss.

Erst gegen Ende des vergangenen Jahrhunderts kam sowohl in der Forschung als auch beim Publikum spürbare Frustration darüber auf, dass man es noch immer mit gesichtslosen Musen zu tun hatte. Es gab nun ein geschärfteres Bewusstsein dafür, dass dies Kafka unmöglich angemessen sein konnte. Denn es ist biografisch durchaus von Belang, wer die Menschen waren, denen er sich nahe fühlte, die er in gewissem Sinne gewählt hatte – ganz zu schweigen davon, dass diese Frauen nun auch um ihrer selbst willen interessant wurden. Das galt vor allem für Milena Jesenská, deren journalistische Arbeiten neben einigen Briefen nach und nach übersetzt wurden und die Sicht auf ein erstaunliches

Leben freigaben, in dessen Zentrum keineswegs Kafka stand. Dann folgten Dokumente und Informationen aus dem Umfeld Felice Bauers, welche nicht nur den sozialen Typus, den sie verkörperte, plastisch hervortreten ließen, sondern die auch das Scheitern der Beziehung zu Kafka weit verständlicher machten, als es dessen notorische Selbstanklagen je vermochten.

Schließlich, als Schlussstein dieser biografischen Neuorientierung, die außerordentlich ertragreichen Recherchen zum Leben Dora Diamants, die der Initiative ihrer kalifornischen Namensvetterin zu verdanken sind. Kathi Diamant forschte in deutschen, englischen, polnischen, russischen und israelischen Archiven, machte Familienangehörige auf mehreren Kontinenten ausfindig. Plötzlich entstand vor den Augen des Lesers eine lebendige, differenzierte, widerspruchsvolle Figur mit farbigem Hintergrund, wo es zuvor nur eine Skizze, ja beinahe nur ein Gerücht gegeben hatte. Und nun erst zeigte sich, wie unzulänglich, ja irreführend alle bisherigen Vorstellungen über Kafkas letzte Lebenszeit gewesen waren. Kafka hatte keine Muse getroffen, alles andere als das. Er war einer jungen Frau begegnet, die schon seit ihrer Kindheit ebenjenen Zwiespalt gleichsam körperlich durchlebte und durchlitt, der für ihn selbst ein ethisches und intellektuelles Problem war: den Zwiespalt zwischen einer jüdischen Tradition, deren Vitalität mit Unwissen und Unfreiheit erkauft war, und dem Reichtum westlicher Bildung, der nur um den Preis von Individualismus, Abstraktion und sozialer Kälte zu haben war.

Diese Grenzzone zwischen Tradition und Moderne betraten Franz Kafka und Dora Diamant gleichsam von entgegengesetzten Seiten und fast zur selben Zeit. Sie hatte sich aus einer jüdisch-orthodox geprägten Umgebung freigekämpft, ihren Hunger nach Bildung und Freiheit auf eigene Rechnung gestillt und dafür in Kauf genommen, dass die familiären Bande rissen – ein ungeheures Opfer. Kafka hingegen war aufgewachsen in einer weitgehend assimilierten Familie, und seine Erziehung folgte den Maximen des Liberalismus und des bildungsbürgerlichen Humanismus. Erst nach und nach verstand er, dass damit das Problem der jüdischen Identität nicht einfach verschwunden war – nicht in einer Gesellschaft, in der Juden noch immer, oder wieder, als ›Gastvolk‹ betrachtet wurden. Kafka streckte die Fühler aus: Er sah jiddisches Theater, las über die Geschichte des Judentums, beschäftigte sich mit chassidischen Legenden und versuchte, ein wenig Hebräisch zu lernen. Als er Dora Diamant kennenlernte, begriff er sofort, dass sie eine Art Koexistenz von östlicher und westlicher Lebensweise verkörperte, die auch er sich als Lösung durchaus vorstellen konnte, obgleich das weder in ihrem noch in seinem Lebensplan vorgesehen war: eine Komplizin also. Ob er auch im herkömmlichen Sinn ›verliebt‹ war, wissen wir gar nicht. Wichtiger für ihn war, dass das scheinbar Unmögliche doch noch eingetroffen war: die Begegnung mit einer Frau, mit der ein gemeinsames Leben nicht bloß in der Imagination möglich war. Er kannte sie erst seit zwei Wochen, und der Beschluss war bereits gefasst: Er würde zu ihr nach Berlin kommen. Es ist nicht das geringste Verdienst der ersten Biografie über Dora Diamant, dass uns diese Entscheidung in ihrer Plötzlichkeit und Festigkeit zum ersten Mal als etwas völlig Plausibles erscheint, plausibel von beiden Seiten.

Über unerfüllbare symbiotische Wünsche, die noch seine Beziehung zu Felice Bauer so qualvoll unterminiert hatten, war der 40-jährige Kafka hinaus. Ihm war sicherlich bewusst, dass die privilegierte Bedeutung, die sein ›Schreiben‹ lebenslang für ihn gehabt hatte, für Dora nur schwer zu verstehen war. Sie erlebte ihn als einen Menschen von erstaunlicher Tiefe, dessen mündliche und schriftliche Äußerungen gleichberechtigt waren, und an literarischen Werken hatte sie – nach allen Zeugnissen, die wir jetzt über sie besitzen – ein durchweg inhaltliches, persönliches Interesse. Dass solche Werke auch der Selbstverständigung einer ganzen Epoche dienen, dass daher Kafka zu einer öffentlichen Figur werden und andere, Fremde ihn eines Tages ›interpretieren‹ würden, war für sie kaum vorstellbar, geschweige denn akzeptabel. Die Notizhefte, die er in Berlin benutzte, behielt sie für sich, als enthielten sie Mitteilungen ›an Dora‹ – daher gingen auch diese Texte verloren.

Dora Diamant hat später geheiratet, sie hatte ein Tochter. Als Jüdin, als Frau, als Sympathisantin der politischen Linken erlebte sie Unterdrückung, Verfolgung, gewaltsame Trennung und das Elend des Exils. Was Kafka zu alldem wohl gesagt und geschrieben hätte, überlegte sie gewiss mehr als einmal in ihrem Leben. Und seit wir sie nun kennen, denken auch wir daran.

Reiner Stach, Berlin, Juli 2013

1

DIE SCHWELLE DES GLÜCKS

Ich bin ein lebendig gewordenes Gedächtnis, daher auch die Schlaflosigkeit.

Franz Kafka, Tagebücher[1]

Kierling, Österreich, 3. Juni 1924

Franz war um Mitternacht eingeschlafen. Während die Minuten seines letzten Tages langsam vergingen, saß Dora an seinem Bett, betrachtete seinen geschwächten Körper, achtete genau auf jede Veränderung seiner Atmung. Eine Lampe auf dem Tisch warf lange Schatten auf die hohen Wände des Raums, die Balkontür war geöffnet, damit er frische Luft bekam. Dora beobachtete das langsame Heben und Senken seiner Brust. Sie betrachtete sein Profil, die scharfen Konturen seiner langen, schmalen Nase, die hohen Wangenknochen und tief liegenden Augen. Mehr als je zuvor sah Franz nun wie ein amerikanischer Indianer aus, so, wie er ihr bei der ersten Begegnung erschienen war.

Sein Äußeres war nun nicht mehr so anziehend: Sein Gesicht war ausgezehrt, seine glänzenden grauen Augen tief eingesunken. In den letzten Monaten war er schnell gealtert. Bis vor kurzem noch hatte er ein jungenhaftes Gesicht. Als Dora ihn kennenlernte, hatte sie ihn für einen jungen Mann gehalten. Franz war vierzig. Genau ein Monat war es noch bis zu seinem einundvierzigsten Geburtstag.

Allein durch ihren Willen, so glaubte Dora, könne sie ihn wieder gesund machen. Manchmal geschehen Wunder. Die Tuberkulose hatte auf seinen Kehlkopf übergegriffen. Es war ihm beinahe unmöglich, zu essen oder ein wenig Wasser zu trinken. Doch trotz der Qualen, die ihm jeder Schluck verursachte, wollte Franz leben. Als der Spezialist aus Wien zu einer Visite eintraf und ihm mitteilte, der Zustand seines Kehlkopfs scheine sich gebessert zu haben, begann er zu weinen, er küsste und umarmte Dora. Nie habe er so sehr Leben und Gesundheit gewünscht wie jetzt, wiederholte er immer wieder.[2] Was auch immer Dr. Beck und die anderen Ärzte sagten: Dora war fest davon überzeugt, dass Franz wieder gesund würde, wenn sie ihn nur dazu bringen könnte, mehr zu essen. Schlaf war für Franz ein Segen. Oft begann er den Tag schon erschöpft und ausgelaugt nach schlaflosen Nächten. In letzter Zeit jedoch hatte Dora ihn beim Abendessen zu kleinen Schlucken Bier und Wein verlocken können, ohne sein Wissen mischte sie Somatose bei, ein Schlaf- und Aufbaumittel,³ und so hatte Kafka die letzten Nächte durchgeschlafen und sich morgens wesentlich besser gefühlt. Sogar an der Korrektur der erst kürzlich vom Verlag eingetroffenen Druckfahnen seiner neuesten Sammlung von Erzählungen, *Ein Hungerkünstler*, hatte er an diesem Nachmittag arbeiten können.

„Hier, jetzt, mit diesen Kräften soll ich es schreiben", hatte er geklagt, „erst jetzt schicken sie mir das Material."⁴ Angesichts seines abgemagerten Zustands und seiner Unfähigkeit zu essen war die schmerzliche Ironie nicht zu übersehen. Denn in der Erzählung, die dem Sammelband den Namen gab, betreibt ein verzweifelter Jahrmarktkünstler das Hungern als eine Kunstform.

Dora strich sanft über seine Stirn. In einem schwachen Moment hatte sie ihn zu einem Todespakt überreden wollen. Sie schwor, ihm in den Tod zu folgen, falls er sterben würde, und schöpfte Trost aus dieser emotionalen Erpressung. Dora war verzweifelt, und sie würde jedes ihr verfügbare Mittel einsetzen, auch seinen Wunsch, sie zu schützen. Während der langsam verstreichenden ersten Stunden des 3. Juni wandte sie sich optimistischeren Vorstellungen zu, sie erinnerte ihren Traum von einem gemeinsamen Leben in Palästina, einen Traum, der erst vor elf Monaten begonnen hatte.

Müritz, Ostseeküste, 13. Juli 1923

Dora Diamant stand in der Küche eines Ferienheims im Haus Huten in Müritz, einem Badeort an der Ostsee. Sie bereitete das Essen vor und nahm Fische aus. Durch einen offenen Eingang und ein kleines Fenster nahe der Spüle drang Licht in den Raum. Die Bewölkung klärte sich auf, und die Nachmittagssonne warf einen goldenen Schein in die kleine Küche. Bei der Arbeit dachte sie an den großen, dunkelhaarigen Mann, den sie am Strand mit zwei Kindern hatte spielen sehen. Den Mann, den sie nicht vergessen konnte.

Dora war fünfundzwanzig Jahre alt. Daheim in Będzin, in Polen, hätte man sie „ein spätes Mädchen" genannt, über ihre besten Jahre weit hinaus und beinahe nicht mehr heiratsfähig. In Deutschland, besonders in Berlin, wo sie seit drei Jahren lebte, dachte man inzwischen ganz anders. Das moderne Bild einer Frau war nicht mehr „die noch fast kindliche, wohlerzogene Jungfrau" vergangener Jahre, sondern „die unabhängige, wissende, selbstsichere und meist auch berufstätige junge Frau mit eigenem Einkommen."[5] Dora brauchte sich keine Sorgen zu machen; sie sah jünger aus, als sie war. Die meisten Leute schätzten sie auf erst neunzehn oder zwanzig Jahre, und sie widersprach ihnen nicht. Warum auch? Das war ja einer der Vorteile, wenn man im Westen ein neues Leben begann: Sie konnte sich neu erfinden und sein, was immer sie wollte.

Sie war nicht auffallend schön; eher klein, ungefähr einen Meter sechzig, mit leichter Tendenz zur Fülligkeit, aber schlanken Beinen. Ihre Gesichtszüge waren reizvoll, aber ihr Gesicht zu rund, die Lippen zu voll und ihr Mund zu groß, um als klassische Schönheit zu gelten. Wenn sie breit lächelte oder lachte, entblößte ihre Oberlippe das Zahnfleisch. Sie lächelte daher meist, besonders auf Fotos, mit geschlossenen oder nur leicht geöffneten Lippen. Sie sah dann aus wie es ihr am liebsten war: ein wenig geheimnisvoll, wie Mona Lisa. Ihre Augen waren dunkel. Ihr hellbraunes Haar trug sie, nach dem revolutionären „Bob" des modischen Berlin, kurzgeschnitten. Doch ihr Haar war zu wellig für die glatte Frisur, und bei der Arbeit fielen ihr widerspenstige Strähnen in die Augen, die sie mit dem Unterarm zur Seite schob. Mit sicherer Hand trennte Dora den Fischen die Köpfe ab. Heute, an Oneg Schabbat, sollte es ein besonderes Abendessen geben, denn es war angekündigt, dass ein Gast, Dr. Kafka aus Prag, am Sabbatmahl teilnehmen würde. Eine der anderen Freiwilligen, die sechzehnjährige Tile Rössler, hatte ihn eingeladen. Tile sprach pausenlos von Dr. Kafka, nachdem sie ihm zwei Tage zuvor begegnet war, und schien ziemlich verliebt in ihn.

Dora war für die Küche verantwortlich. Die Ferienkolonie wurde organisiert und geleitet vom Jüdischen Volksheim, einem Hilfswerk, gegründet während des Ersten Weltkriegs, um die jüdischen Traditionen der osteuropäischen Flüchtlinge zu fördern. Es war auf Waisen und Kinder ausgerichtet, die aus Städten, Dörfern und Schtetln in Galizien und Schlesien durch Krieg, Hungersnot und Pogrome vertrieben worden waren; die bemüht waren, sich in den Elendsquartieren des übervölkerten Berliner Scheunenviertels, des alten jüdischen Viertels, ein Leben aufzubauen. Seit Doras Ankunft in Berlin hatte das Jüdische Volksheim ihr ein Gefühl von Gemeinschaft und Familie gegeben.

Nach dem Vorbild des Siedlungsbausystems, das in England und den USA für Palästina entwickelt worden war, unterstützte es eine Vielzahl von Aktivitäten wie selbstverwaltete Jugendgruppen, Kurse für Hebräisch und rhythmischen Tanz, Wanderungen, Diskussionen zu politischen und kulturellen Themen sowie das Erzählen jüdischer Sagen und chassidischer Geschichten, worin Dora sich besonders hervortat.[6] Die Ferienkolonie des Volksheims im Haus Huten, einer weitläufigen, zweigeschossigen Herberge, befand sich am Rand eines Birkenwalds im östlichen Müritz. Für die Kinder war der Aufenthalt ein Aufatmen, eine wohltuende Ruhepause vom schwierigen Leben als staatenlose Fremde.

Kurz nachdem sie als polnisch-jüdische Emigrantin in Berlin angekommen war, hatte Dora von den Aktivitäten des Volksheims erfahren und bot ihre Fähigkeiten als ›Fröblerin‹ oder Kindergärtnerin an, um mitzuhelfen, die jüngeren Kinder auf eine Übersiedelung nach Eretz Israel vorzubereiten. Ebenfalls aus dem Osten hierher gekommen, kannte sie die gewaltigen Hindernisse und den Hass, denen sich Juden gegenübersahen. Sie glaubte mit Leidenschaft an die Notwendigkeit einer jüdischen Heimat in Palästina, in Eretz Israel, dem Gelobten Land. In ihren Tagträumen sah sie sich oft, wie sie sagte, „in den Feldern Galiläas", in einem Kibbuz, Seite an Seite mit anderen freien Juden arbeiten und leben, Männern und Frauen aus allen Ländern, die Moore und Brachland urbar machten, Gärten bepflanzten und für ihre zukünftigen Kinder und Enkelkinder eine sichere und gerechte Welt erschufen.

Theodor Herzl, der Begründer des modernen politischen Zionismus, hatte 1897, ein Jahr vor Doras Geburt, zum ersten Mal einen jüdischen Staat in Palästina gefordert. Wie Herzl (dessen Mutter ebenfalls Diamant hieß) hatte auch Dora große Träume, und die Botschaft Herzls, „Wenn ihr wollt, ist es kein Märchen"[7], bestärkte sie darin. Doch außer Träumen besaß sie nichts, kein Geld, kein Erspartes. Sie ließ alles zurück, als sie sich von den Überzeugungen und Traditionen ihres Vaters abwandte.

Wenn eine Heirat für sie nicht infrage kam, blieben ihr als ältester Tochter eines angesehenen und strenggläubigen Vaters nur zwei Möglichkeiten: Kindergärtnerin oder Buchhalterin zu werden. Letzteres war für sie völlig indiskutabel, und obwohl Dora Kinder liebte – sie half, ihre jüngeren Geschwister großzuziehen, nachdem ihre Mutter verstorben war –, wollte sie auch Kindergärtnerin nicht werden. Sie wollte mehr von ihrem Leben als das, was ihre

Mutter durchgemacht hatte. Dora schöpfte Hoffnung aus den zahlreichen neuen Möglichkeiten, die sich, mehr als jemals zuvor in der Geschichte, für junge, auch jüdische Frauen ergaben, und sie wollte sie nutzen. In Deutschland machten Frauen große Fortschritte in der Kunst, Wissenschaft und Politik. Auch Dora wollte etwas aus sich machen, aber sie wollte auch die Welt verbessern und das Leben anderer. Eines ihrer Vorbilder in Berlin war Clara Zetkin, die leidenschaftliche Sozialistin und Feministin, Mitbegründerin der internationalen Frauenrechtsbewegung, politische Führungsfigur und Abgeordnete des deutschen Reichstags.

Nach dem Tod ihrer Mutter übernahm Dora als älteste Tochter zusätzliche Verantwortung. Daher wuchs sie selbstständiger auf als die meisten Mädchen. Sie versorgte ihre Geschwister und übernahm die Rolle ihrer Mutter, wenn sie am Freitagabend die Kerzen anzündete und zum Ende des Sabbats das Gebet ›Gott Abrahams‹ sprach. Doch mit dieser Verantwortung hatte sie auch mehr Freiheit, zu lesen, zu lernen und von anderen Möglichkeiten in ihrem Leben zu träumen. Als heranwachsende Frau begann sie, die von Geburt an für sie vorgesehene Rolle abzulehnen.

Dora hielt aus Gefühl und Überzeugung an ihren Wünschen fest, auch wenn die Spannungen mit ihrem Vater wuchsen und sich in manch heftigem Streit entluden. Selbst ihr Verlangen, mehr über ihre Religion zu erfahren, wurde als unnatürlich und schädlich betrachtet. Eine Zeit lang täuschte sie vor, die von ihrem Vater und der Gesellschaft auferlegten Regeln zu befolgen. Doch heimlich schloss sie sich in Będzin einer Theatergruppe an und agierte in einigen Stücken als Schauspielerin.

Zehn Jahre nach dem Tod seiner ersten Frau verheiratete sich ihr Vater erneut. Dora war nun fast zwanzig Jahre alt. Es musste etwas geschehen mit ihr, und so wurde sie nach Krakau gebracht, in die Mädchenschule ›Sarah Schirmer Beis Ya'acov‹. Dort aber, in Krakau, wurden Dora endlich die Augen geöffnet, und sie erkannte, dass sie tatsächlich eine andere Wahl für ihr Leben hatte. In Europa war ein neues Zeitalter des Säkularismus und Humanismus angebrochen. Zahlreiche junge Menschen ließen ihre Heimat und Traditionen hinter sich auf der Suche nach neuen Chancen und Lebensweisen in den wissenschaftlich wie gesellschaftlich hochentwickelten Ländern des Westens. Daran wollte Dora teilhaben und, wie sie sagte, „die Pilgerfahrt nach Westeuropa unternehmen, um in seinen Tabernakeln die Gesetze der Humanität, des Lichts und der Schönheit zu studieren".[8]

Zwei Mal lief Dora aus der Beis-Ya'acov-Schule in Krakau fort. Sie ging nach Deutschland „mit einer aufnahmebereiten Seele", suchte das Licht des Westens, von dem sie so viel gehört hatte, „mit seinem Wissen, seiner Klarheit und seinem Lebensstil". Als sie Polen verließ, sah Dora sich als „ein dunkles Geschöpf voller Träume und Vorahnungen, wie aus einem Roman von Dostojewski entsprungen".[9] Nach ihrer ersten Flucht spürte ihr Vater sie auf, fand sie in Breslau und brachte sie zurück in die Schule. Beim zweiten Mal resignierte der Vater und ließ sie ziehen. Doras Entscheidung beschämte ihre Familie, und ihr Vater, Herschel Dymant, ein beliebter und frommer orthodoxer Jude und angesehener Anhänger des chassidischen Gerrer Rebbe, war tief enttäuscht. Aber was sonst hätte Dora tun können? Ihr scharfer Verstand, ihre tiefen Gedanken und ihre Willensstärke – alles das galt nichts in ihrer angestammten Umgebung, allein deshalb, weil sie eine Frau war. Der Gott ihres Vaters verleugnete sie, verweigerte ihr, weiter zu lernen und die jüdischen Gesetze zu studieren, und er verurteilte sie zu einem Leben, das sie nicht leben konnte.

Seit nunmehr vier Jahren gelang es Dora, ein selbstständiges Leben zu führen. Ihre erste Stelle in Berlin hatte sie als Kinderfräulein bei Dr. Hermann Badt, einem leitenden Mitglied der orthodoxen Gemeinschaft Berlins und ranghohen Beamten im preußischen Innenministerium – der erste Jude überhaupt, der zum preußischen Staatsdienst zugelassen wurde".[10] Später fand sie eine Unterkunft in einem Waisenhaus, wo sie als Näherin arbeitete.

Obwohl Dora die Riten nicht mehr praktizierte und nach den Maßstäben ihres strenggläubigen Vaters nicht mehr religiös war, war sie doch ganz erfüllt von ihrem Judentum. Sie studierte die Gesetze der Thora, interessierte sich für deren tiefere humane Bedeutung und suchte ihren Platz in der Welt als moderne Frau. Hätte sie sich entschieden, in Będzin zu bleiben, hätte man ihr ihre Bücher für immer weggenommen. Hätte sie nachgegeben und mit Billigung ihres Vaters einen der mittellosen Religionsgelehrten geheiratet, hätte ihr, wie zuvor ihrer Mutter und Großmutter, jeden Morgen ein Tag voll schwerer Arbeit bevorgestanden, um dabei täglich die Gebete ihres Mannes anhören zu müssen, in denen er dafür dankte, nicht als Frau geboren zu sein.

Als Dora in der Küche des Ferienheims die Fische ausnahm, wanderten ihre Gedanken zurück zum Strand, zu den Schaumkronen auf den Wellen und zu der Seebrücke, die sich weit hinaus erstreckte. Zu Fuß waren es nur fünf Minuten dorthin, den Pfad hinunter durch das Unterholz der Kiefern, Birken und Linden. Dora fragte sich, ob der dunkelhaarige und geheimnisvolle Mann jetzt gerade dort sein würde, wo sie ihn vor zwei Tagen in seinem Strandkorb zum ersten Mal gesehen hatte. Als er aufrecht stand, bemerkte sie, wie groß, schlank und dunkel er war. Zwei Kinder, ein kleines Mädchen und dessen älterer Bruder, spielten dort, und eine Frau stand dabei, wahrscheinlich seine Ehefrau. Sie sah zu, wie er mit dem Jungen lachte, der ungefähr elf Jahre alt sein musste. Eine glückliche Familie, dachte Dora.

Sie konnte ihre Augen von diesem Mann nicht losreißen. Er hatte etwas Besonderes. Worin lag es? Er sah gut aus. Groß und dunkelhaarig, eine Mähne von tiefschwarzem Haar umrahmte sein kantiges Gesicht. Sein Lachen war jugendlich, seine Stimme wohlklingend. Als der Mann zusammen mit der Frau und den Kindern den Strand verließ und sie auf der Straße auf den Ort zugingen, folgte ihnen Dora, obwohl das unsinnig war.

Es war Hochsommer, doch es war kühl. Ein Nordwind wehte kalt und feucht von der Ostsee herüber. Zwei Straßen, beide von der Seebrücke ausgehend, führten in den Ort. Die Strandpromenade folgte den Dünen die Küstenlinie entlang nach Westen bis zur Ortsmitte. Die Hauptstraße begann am Ende der Strandstraße, an der auch das Haus Huten lag, und verlief weiter vorbei an Windmühlen und reetgedeckten Bauernhäusern durch Weideland und abgeerntete Felder, auf denen gleichförmige Heuballen lagen. Auf dem Weg in den Ort hielt Dora einen gebührenden Abstand hinter der Vierergruppe, wobei sie ihre Augen von dem Mann nicht abwandte. Er machte lange Schritte und schwankte ein wenig beim Gehen. Offensichtlich war er ein Ausländer, so wie sie, kein Deutscher, doch woher er kam, konnte sie nicht sagen. Groß und gerade stand er da, den Kopf etwas zur Seite geneigt, wenn er zuhörte. Es war sein beschwingter Gang, der Dora schließlich darauf brachte, dass er gar kein Europäer sei. „Das muss ein Halbblut-Indianer sein", entschied sie.

Lange, tiefe Furchen hatten die Straße aufgeweicht, wo sie nach Norden abbog in Richtung einiger Hotels, Villen und Pensionen, neben Restaurants und Geschäften nahe der Landungsbrücke von Müritz. Die Steine, die einst die Hauptstraße bedeckten, fehlten oder lagen einzeln umher. Die Straße war in einem verfallenen, traurigen Zustand. Obwohl das Ende des Kriegs schon vier Jahre zurücklag, konnte die einzige gepflasterte Straße der kleinen Stadt noch immer nicht erneuert werden. Die immensen Reparationszahlungen, die der Vertrag von Versailles Deutschland nach seiner Niederlage auferlegte, machten es unmöglich.

Müritz ist eine Stadt mit einer sechshundertjährigen Geschichte. Die Seebrücke, 1882 erbaut und nach verheerenden Winterstürmen viele Male wiederaufgebaut, erstreckte sich genau nördlich ins Meer. Paare spazierten über die Promenade und die Brücke, wo Dampfschiffe und Fähren andockten, Passagiere und Fracht aufnahmen oder wieder an Land brachten. Als am späten Nachmittag endlich die Sonne herauskam, ließen rosarote und goldene Strahlen, die durch pastellfarbene Wolken fielen, den Himmel eindrucksvoll erleuchten. Nur wenige abgehärtete Naturen wagten sich, bekleidet mit den neuen, fast knielangen Badeanzügen, ins erfrischende Wasser. Ein abgegrenzter Badebereich links von der Seebrücke war menschenleer. Die meisten Strandbesucher saßen, vor Wind geschützt, in Strandkörben, die über die weite Fläche aus grobem Sand verteilt standen.

Als sie in der Ortsmitte angelangt waren, kam Dora wieder einigermaßen zu sich. Sie erinnerte sich ihrer vernachlässigten Pflichten in der Küche und eilte zurück zum Ferienheim. Auf der Straße vor sich sah sie den Mann mit der Frau und den Kindern. Nur mit einem Nicken und einem kurzen Blick überholte sie sie rasch. Einmal schaute sie sich noch um, konnte aber nur seine große und schlanke Silhouette vor der untergehenden Sonne erkennen.

Dora warf die Fische auf das Küchenbrett. Was immer sie tat, sie konnte ihn nicht vergessen. Er ging ihr nicht aus dem Sinn. Wer war er? Warum zog er sie so stark an? Offensichtlich war er verheiratet. Das war schlimm, doch sie ging darüber hinweg. Vernunft und Zurückhaltung verließen sie. Sie wusste, sie musste ihn wiedersehen.

Plötzlich wurde es dunkler in der Küche. Jemand stand draußen vor dem Küchenfenster. Dora blickte auf, als der Schatten sich rührte und das Licht wieder in den Raum zurückkehrte. Sie sah die Gestalt eines Mannes im Türeingang, sein Kopf war zur Seite geneigt. Es war der Mann vom Strand! Er war größer, als Dora zunächst gedacht hatte: mindestens einen Meter achtzig. Als er eintrat, war Dora hingerissen von seinen Augen, groß und braun – oder waren sie grau? Sie waren weit geöffnet. Sein hypnotisierender Blick war auf den ganzen Raum gerichtet, dann auf den Berg von Fischen vor ihr und, endlich, auf ihre Augen. Sie konnte sich weder rühren noch sprechen. Aber er sprach zu ihr mit tiefer und sanfter Stimme: „So zarte Hände, und sie müssen so blutige Arbeit verrichten!"[11] Dora blickte hinunter auf ihre Finger, rot vom Blut und mit Fischresten überkrustet. Sie spürte, wie sie errötete, dann aufblickte und sein Lächeln erwiderte. Er tippte an seinen Hut und war wieder verschwunden.

Beim Abendessen sah Dora den Mann wieder. Als man auf den Bänken an den langen Tafeln Platz nahm, erfuhr sie, dass der geheimnisvolle Mann vom Strand der Ehrengast dieses Abends war, Dr. Kafka aus Prag. Er wohnte nebenan im Haus Glückauf und hatte zuvor ihre Küche betreten, als er den Eingang zum Ferienheim suchte. Er kam allein. Hoffnung regte sich in Doras Brust. Dies konnte nur eines bedeuten und schon bald wurde ihre neue Zuversicht bestätigt: Dr. Kafka war nicht verheiratet! Er wohnte mit seiner Schwester und ihren drei Kindern in dem benachbarten Hotel. Dora war „überwältigt vor Freude", sagte sie. Ihre Gebete waren erhört worden.[12]

Dora war schon verliebt gewesen. Sie lebte allein in einer der freizügigsten Städte der Welt und hatte bereits so manches über das Leben gelernt. Auch hatten Männer sich in sie verliebt, und tatsächlich gab es gerade jetzt jemanden in ihrem Leben. Sie kannte ihn aus ihrer Heimat, er studierte an der Gartenbauschule in Berlin-Dahlem. Sie hatten Pläne geschmiedet, nach Eretz Israel zu gehen, um dort im Weinbau zu arbeiten. Doch alle Gedanken an ihn – und an jeden anderen – waren wie weggeblasen, als Kafka durch die Tür trat.

Außer dass er Junggeselle geblieben war, hörte Dora nun weitere Einzelheiten über den Gast. Als er bei Tisch den Fisch weiterreichte, ohne davon zu nehmen, erfuhr sie, dass er Vegetarier war. Erst vor kurzem war er pensioniert worden, als hochrangiger Jurist, Obersekretär bei der Arbeiter-Unfall-Versicherungs-Anstalt in Prag, wo er auch lebte. Doch das war noch nicht alles: Laut Tile Rössler war er auch ein Schriftsteller, der schon veröffentlicht hatte. Tile rühmte sich sogar, sie habe eigenhändig eines seiner Bücher in der Buchhandlung Jurovics in Berlin, wo sie arbeitete, ins Schaufenster gestellt.

Während des Abendessens gab es einen kleinen, aber bemerkenswerten Vorfall, der, wie Dora meinte, viel darüber verriet, was für ein Mensch Kafka war. Die Kinder waren besonders artig und bemüht, sich dadurch hervorzutun. Sie saßen ganz gerade auf ihren Bänken und gaben ihr Bestes, um den bedeutenden Gast zu beeindrucken. Ein kleiner Junge von etwa fünf oder sechs Jahren, nach Doras Meinung „von allen der am ängstlichsten Bemühte", war etwas übereifrig, als er gebeten wurde, etwas zu holen. Er erhob sich, geriet dabei ins Stolpern und fiel zu Boden. Beschämt rappelte er sich eilig wieder auf. „Gelächter und Buhrufe würden nun jeden Augenblick losbrechen, umso mehr, da die anderen Kinder ebenso vor Scham gelähmt waren", berichtet Dora. „Aber bevor das Gelächter anfing und das Kind vor allen gedemütigt wurde, rief Kafka mit völliger Bewunderung in seiner Stimme aus: ‚Wie geschickt du gefallen bist und wie geschickt wieder aufgestanden!' Nicht nur die Selbstachtung des Kindes wurde gewahrt, es erfuhr darüber hinaus auch eine Anerkennung, um die es niemand zu beneiden brauchte." Solange sie lebte, hat Dora diesen Vorfall und seine Bedeutung nie vergessen. Fünfundzwanzig Jahre später dachte sie noch immer nach über Kafkas fürsorgliche Aufmerksamkeit für den kleinen Jungen: „Als ich mir später diese Worte in Erinnerung rief, schienen sie mir im wesentlichen ausdrücken zu wollen, dass alles zu retten sei – alles außer Kafka. Kafka war unrettbar."[13]

Nach dem Essen setzten Kafka und Dora ihr Gespräch fort. Als Kafka, der selber nur mit viel Mühe Hebräisch lernte, erfuhr, dass Dora über hervorragende Kenntnisse verfügte, bat er sie, ihm vorzulesen. Dora war beglückt über diese Gelegenheit, ihre Sprachfähigkeiten anwenden und zeigen zu können. Schon als Kind hatte sie die hebräischen Buchstaben gelernt, das ›Alephbet‹, indem sie heimlich dem Cheder-Unterricht ihres Bruders lauschte. Als Dora erwachsen war, wurde das Studium der hebräischen Sprache zum Keim des ersten offenen Aufstands gegen den Vater. Für Herschel Dymant war Hebräisch die heilige Sprache der Thora und nicht die Sprache, die auf der Straße oder bei weltlichen Angelegenheiten gesprochen wird. Er verabscheute die zionistischen Bestrebungen, hebräisch als Nationalsprache Palästinas wiederzubeleben, und verbot Dora die Teilnahme am Hebräischunterricht, den eine zionistische Gruppe in Będzin für Mädchen und Frauen erteilte. Dora jedoch widersetzte sich ihrem Vater und meldete sich zum Unterricht an, ohne auch nur den Versuch zu machen, dies zu verheimlichen. Ja, sie posierte gar mit ihrer Klasse für ein offizielles Schulfoto.

In einer Ecke des gemeinschaftlichen Wohnzimmers von Haus Huten öffnete Dora das Buch des Propheten Jesaja, und Franz Kafka, der einzige Zuhörer (und der einzige, den sie wollte), widmete ihr seine ganze Aufmerksamkeit, lächelte wohlwollend, nickte, ermutigte sie. Wie lebendig er war, dachte sie, wie aufmerksam für jede Einzelheit! Dora kannte diese Passagen auswendig, trug sie aus dem Gedächtnis vor und machte aus der Lesung eine dramatische Darbietung der biblischen Schriften. Nachdem sie geendigt hatte, genoss sie Kafkas glühende Bewunderung und überschwängliches Lob.

Seit seiner Ankunft vor drei Tagen, am 10. Juni, war Kafka fasziniert von dem Ferienheim des Berliner Jüdischen Volksheims, das nur fünfzig Schritte weit entfernt lag von seinem Balkon im Haus Glückauf. In einem Brief an Freunde in Jerusalem, geschrieben an dem Morgen, als er Dora begegnete, heißt es: „Durch die Bäume kann ich die Kinder spielen sehn. Fröhliche, gesunde, leidenschaftliche Kinder. Ostjuden, durch Westjuden vor der Berliner Gefahr gerettet. Die halben Tage und Nächte ist das Haus, der Wald und der Strand voll Gesang. Wenn ich unter ihnen bin, bin ich nicht glücklich, aber vor der Schwelle des Glücks." Der Brief endet mit: „Heute werde ich mit ihnen Freitag-Abend feiern, ich glaube zum ersten Mal in meinem Leben."[14] Wenige Stunden später überschritt Kafka jene Schwelle.

Seit seinen Anfängen im Jahr 1916 war das Berliner Jüdische Volksheim für Kafka ein Anlass zur Hoffnung. Durch seinen Freund Max Brod und andere Bekannte, die beratend mitwirkten, so etwa der Philosoph Martin Buber, wusste Kafka über den praktischen und zukunftsgerichteten Ansatz des Volksheims gut Bescheid und war ein begeisterter Unterstützer und Fürsprecher seiner zionistischen Ziele. Als er noch mit seiner früheren, in Berlin lebenden Verlobten Felice Bauer liiert war, schrieb er ihr Dutzende Briefe, in denen er sie ermutigte, die Möglichkeiten, die das Volksheim bot, zu nutzen. „Es ist, soviel ich sehe, der absolut einzige Weg oder die Schwelle des Weges, der zu einer geistigen Befreiung führen kann. Und zwar früher für die Helfer, als für die, welchen geholfen wird."[15] So war nun Kafka hocherfreut über seine Begegnung mit Dora, einer jungen, intelligenten Frau, die mit Leib und Seele die Grundsätze des Jüdischen Volksheims verinnerlicht hatte.

Doras Beherrschung der hebräischen Sprache beeindruckte ihn tief. Seit mehreren Jahren hatte Kafka sich bemüht, Hebräisch zu lernen, mit verschiedenen Lehrern, aber ohne großen Erfolg. Doras Persönlichkeit war zudem tief durchdrungen von den chassidischen Überlieferungen und Erzählungen der ostjüdischen Mystik, von denen er sich seit Jahren schon stark angezogen fühlte. Ihre Sprache und Ausdrucksweise war geprägt von den Sprichwörtern und den alten jüdischen Gleichnissen ihrer Großmütter. Doch das vielleicht Wichtigste für Kafka war Doras Freiheit und Unabhängigkeit. Obwohl fünfzehn Jahre jünger, hatte sie schon geschafft, was er noch bewältigen musste: Sich von den seelischen und emotionalen Ketten des Vaters zu befreien. Sie hatte sich von der Gemeinde gelöst und der Strenge der Religion, mit der sie aufgewachsen war, getrotzt. Auf sich allein gestellt, wurde aus Dora eine Persönlichkeit, die in Berlin ein freies Leben führte. Ein Leben, von dem Kafka schon seit langem träumte.

Abgesehen von kurzen Ausflügen, Ferienreisen und einigen Sanatoriumsaufenthalten, hatte Kafka Prag nie verlassen und die Bindung an die Autorität seines Vaters nie ganz lösen können. Auch wenn es an der Oberfläche ruhig schien: Das Verhältnis zwischen Vater und Sohn war ein Kampfgebiet. Hermann Kafka war stets auf eine demütigende Weise kritisch gegenüber seinem Sohn, den er zwar liebte, der ihm aber auch ständig Anlass zu geben schien für Enttäuschung und Verärgerung. Franz war früh ein Opfer dieses Kampfes geworden, als kleiner Junge schon seelisch verwundet und gezeichnet. Er suchte dieser Opferrolle zu entkommen, denn er spürte, dass sie ihn für immer an seine Eltern fesselte. 1922, ein Jahr bevor er Dora begegnete, notierte er in seinem Tagebuch „die Vorstellung, daß ich als kleines Kind vom V. besiegt worden bin und nun aus Ehrgeiz den Kampfplatz nicht verlassen kann alle die Jahre hindurch, trotzdem ich immer wieder besiegt werde."[16]

Nach Kafkas und Doras erster Begegnung an Oneg Schabbat am Freitag, dem 13. Juli, verging kein einziger Tag, an dem sie nicht Zeit miteinander verbrachten. Kafka schrieb in einem Brief, dass er jeden Tag ins Ferienheim gehe, ebenso wie er für den Rest seines dreiwöchigen Aufenthalts in Müritz auch jeden Freitagabend am Sabbat teilnahm. Er fühlte sich stark angezogen, er war fasziniert von der Organisation des Ferienheims, vom Unterricht für die Kinder und von seinen Gesprächen und der wachsenden Freundschaft mit Dora, die von ihm gleichermaßen angetan war. In dem Tagebuch, das Dora in ihrem letzten Lebensjahr schrieb, erinnerte sie sich an unvergessliche Momente aus diesen Tagen: „Franz hilft Kartoffel schälen im Volksheim in Müritz. – Die Nacht auf der Landungsbrücke. – Auf der Bank im Müritzer Wald."[17]

In einem Brief an Tile, die Ende Juli nach Berlin zurückgekehrt war, schrieb Kafka, dass er ihren letzten Brief – ihren zweiten an diesem Tag – mit der Abendpost bekommen habe, während er am Strand war. „Dora war dabei", schrieb er, "wir hatten gerade ein wenig Hebräisch gelesen, es war der erste sonnige Nachmittag seit langer Zeit und wohl für lange Zeit". Kafka gestand, dass er wieder an Müdigkeit, Schlaflosigkeit und Kopfschmerzen litt und fragte sich, warum diese Plagen zu Beginn seines Aufenthalts viel erträglicher gewesen waren. "Vielleicht darf ich nicht zu lange an einem Ort bleiben; es gibt Menschen, die sich ein Heimatgefühl nur erwerben können, wenn sie reisen. Es ist ja äußerlich alles, wie es war, alle Menschen im Heim sind mir sehr lieb, viel lieber, als ich es ihnen zu zeigen imstande bin, und besonders Dora, mit der ich am meisten beisammen bin, ist ein wunderbares Wesen".[18]

Kafka und Dora gingen beinahe jeden Tag durch den Wald zum Strand, saßen im Strandkorb und blickten auf das Meer. Vor zehn Jahren war Kafka zuletzt am Meer gewesen, und er fand es nun "wahrhaftig [...] schöner, mannigfaltiger, lebendiger, jünger" denn je.[19] Stundenlang sprachen sie miteinander, meist über das Leben Doras, aber auch über viele gemeinsame Interessen. Kafka wusste, wie man Fragen stellt, berichtet Dora, aber auch, wie man "mit beiden Ohren"[20] zuhört. Er wurde nie ermüdet durch ihre Geschichten über das Familienleben in Będzin, die Geschichten, die ihre Mutter und Großmutter erzählt hatten, und die Legenden von Baal Schem Tov, dem Begründer des Chassidismus. Wie Scheherazade webte sie jeden Abend ihren Zauber um Kafka, enthüllte langsam ihren verborgenen Schatz aus ›Bubeh Meises‹[21], einer Sammlung von Märchen und alten jüdischen Volkssagen, die in ihrem Mund lebendig wurden.

Es gab vieles, was Kafka an Dora bewunderte: Sie war natürlich, gesund, hübsch und unkompliziert. Sie führte ein Leben, das Kafka für authentisch hielt und das auf nichts Geringeres als auf spirituelle Befreiung zu weisen schien. Dora ihrerseits war nie zuvor jemandem wie Franz Kafka begegnet, diesem einzigartigen und außergewöhnlichen Mann. Auch andere Menschen spürten das und waren geneigt, in seiner Gegenwart "auf Zehenspitzen oder wie über weiche Teppiche zu gehen".[22] Er war elegant und kultiviert, zugleich aber auch verspielt und heiter. Sein Blick war gutmütig und sein Auftreten zurückhaltend. Er sprach nicht über sich selbst, begegnete aber allen anderen mit einer grenzenlosen Neugierde.

Keiner der westjüdischen Männer, die Dora vor Kafka kennengelernt hatte, konnte ihren Erwartungen entsprechen. Mit begieriger und offener Seele war sie nach Deutschland gekommen, erkannte aber bald, dass die Menschen dort ruhelos waren, dass es ihnen an etwas Wesentlichem zu mangeln schien. Kafka war ebenfalls ruhelos. Doch es erschien Dora so, als sei er dabei in ständigem Kontakt mit etwas außerhalb seiner selbst. Seine Suche nach dem, was er das ›Unzerstörbare‹[23] nannte, bestimmte sein Wesen. „Es war nicht nur ein Aufhorchen", sagte Dora, „sondern es hatte auch etwas sehr liebevoll Zugeneigtes", so, als würde er sagen: „Allein bin ich nichts. Ich bin nur etwas, wenn ich mit der äußeren Welt verbunden bin."[24]

Trotz der offenkundigen Unterschiede zwischen ihnen fand Franz Kafka in der jungen osteuropäischen Jüdin die Erfüllung seiner Sehnsüchte. Die erste Frau, mit der er sein Leben würde teilen können. Ein Biograf bemerkte: „Es ist leicht ersichtlich, warum sie sich zusammen so wohlfühlten, denn sogar wenn Kafka Dora selbst erschaffen hätte, hätte sie ihm nicht besser entsprechen können."[25] Und Max Brod, Kafkas engster Freund und erster Biograf, war überzeugt: „Die beiden Menschen paßten ganz wundervoll zueinander."

Der reiche Schatz ostjüdischer religiöser Tradition, über den Dora verfügte, war für Franz eine stete Quelle des Entzückens; während das junge Mädchen, das von manchen Großtaten westlicher Kultur noch nichts wußte, den großen Lehrer nicht minder liebte und verehrte wie seine träumerischen seltsamen Phantasien, in die sie sich leicht und spielerisch einlebte."[26] Dora Diamant und Franz Kafka repräsentierten zwei entgegengesetzte Pole des europäischen Judentums. Dora hatte sich als Kind ultraorthodoxer chassidischer Juden in Polen von religiösen Tabus und gesellschaftlichen Fesseln befreit und sich dabei doch ihre jüdische Identität bewahrt. Kafka aber, der zwar mütterlicherseits einer Rabbinerfamilie entstammte, war so weit assimiliert, dass er im Alter von vierzig Jahren noch nie an einer Sabbatfeier teilgenommen hatte. Seine Bar-Mizwa, der rituelle Übergang ins Mannesalter, geschah nur des äußeren Anscheins wegen. Er hatte dieses Ereignis gefürchtet, aber auch gehofft, dass die religiöse Zeremonie ihm etwas von der tieferen Bedeutung des Judentums enthüllen würde. Er sollte Passagen aus der Thora auf Hebräisch auswendig lernen, verstand aber nur sehr wenig von der Bedeutung der fremden Laute und Buchstaben. Die zeremonielle Feier war eine Tortur für den sensiblen Dreizehnjährigen, eine qualvolle Übung in Bedeutungslosigkeit. Als Erwachsener sehnte Kafka sich nach einer mystischen Verbindung zu seinen jüdischen Wurzeln, musste es jedoch ertragen, Jude in einer antisemitischen Gesellschaft zu sein, ohne die stabilisierende, kräftigende Wirkung jüdischer Spiritualität erleben zu können.

Dora erschien es paradox, dass die Westjuden auf Ostjüdinnen wie sie mit Herablassung reagierten und sie zugleich doch als Quelle jüdischer Erkenntnis und Weisheit betrachteten. „Nach der Katastrophe des Krieges erwarteten alle eine Heilung durch die Vermittlung aus dem Osten", sagte Dora. „Ich aber war aus dem Osten davongelaufen, weil ich glaubte, das Licht im Westen zu finden." – „Aber immer wieder hatte ich das Gefühl, daß die Menschen dort etwas brauchten, was ich ihnen geben könnte. [...] Europa hatte meine Erwartungen enttäuscht, seine Menschen waren im Grunde ihres Herzens ruhelos. Irgend etwas fehlte ihnen. Im Osten wußte man um den Menschen; vielleicht konnte man sich dort nicht so frei in der Gesellschaft bewegen und wußte sich nicht so leicht auszudrücken, aber man wußte um die Einheit von Mensch und Schöpfung. Als ich Kafka das erstemal sah, nahm ich sofort wahr, dass sein Bild meiner Idee und Vorstellung vom Menschen entsprach. Aber auch Kafka wandte sich mir aufmerksam zu, als ob er etwas von mir erwartete."[27]

Kafka war an die Ostsee gefahren, um sich von einer schweren Krankheit zu erholen. Nachdem er zusätzlich zu der Tuberkulose, an der er seit fünf Jahren litt, auch noch eine Lungenentzündung knapp überlebt hatte, musste er im vergangenen Jahr immer wieder das Bett hüten. Die Reise nach Müritz war, wie er erklärte, „die kleine Vorprobe zur größeren Reise", um „meine Transportabilität zu prüfen"[28]. Er wolle nach Palästina, verriet er Dora, und hoffte, im Herbst fahren zu können. Er wusste, dass er etwas Entscheidendes tun musste, wenn er weiterleben wollte. Und für ihn gab es nichts Entscheidenderes, als sich endlich von seinem Elternhaus in Prag zu befreien und nach Palästina zu gehen.[29]

Die Ehefrau von Kafkas Freund Hugo Bergmann, inzwischen Professor an der Hebräischen Universität, hatte Kafka einige Monate zuvor gewissermaßen eine Rettungsleine zugeworfen. Else Bergmann lud Franz ein, nach Jerusalem zu kommen und gemeinsam mit ihrer Familie zu leben. Sie versprach, seine Gesundheit würde sich in dem heißen, trockenen Klima Palästinas rasch verbessern. Außerdem könne er seine Wurzeln im Judentum wiederentdecken und sich gleichzeitig am Aufbau der künftigen jüdischen nationalen Heimat in Palästina beteiligen. Erstaunlicherweise nahm Kafka die Einladung an und schrieb seinen Freunden, er hoffe, im Oktober zu kommen.

Nach Palästina einzuwandern, war der große Traum, den Dora Diamant und Franz Kafka miteinander teilten. Schon wenige Tage nach ihrer ersten

Begegnung sprachen sie angeregt darüber, die Reise gemeinsam wagen zu wollen. Die Tage verflogen rasch, und der Sommer war schon fast vorüber.

Den Gedanken an eine Rückkehr nach Prag fürchtete Kafka. Daher überlegten Dora und er, vorläufig in Berlin zu bleiben, als Zwischenstation auf dem Weg nach Palästina. An eine konkrete Planung war jedoch angesichts seines fragilen Gesundheitszustands noch nicht zu denken.

Seitdem er Dora kennengelernt hatte, war Kafkas Wunsch, in Berlin zu leben, stärker als je zuvor. Zehn Jahre früher, mit 30 Jahren, hatte er begonnen, von einem Umzug in die deutsche Hauptstadt zu träumen, und er notierte in seinem Tagebuch: „Wenn es möglich wäre, nach Berlin zu gehn, selbstständig zu werden, von Tag zu Tag zu leben, auch zu hungern, aber seine ganze Kraft ausströmen lassen".[30] Doch mittlerweile machte es ihm seine Krankheit unmöglich, allein zu reisen, und es war ihm bisher nicht gelungen, einen Freund als Begleiter zu gewinnen. Zudem war er gewohnt, dass jemand ihn umsorgte.

Dora bot die vollkommene Lösung. Sie lebte seit drei Jahren in Berlin, kannte sich dort aus und konnte ihm helfen. Dora nahm seine Idee bereitwillig auf: Sie würde ihm eine preisgünstige Wohnung besorgen, einrichten und sich um alles Weitere kümmern. Sie war bereits eingeschrieben für Kurse an der Hochschule für die Wissenschaft vom Judentum, die er ebenfalls besuchen wollte. Sie konnten zusammen hingehen, er würde nicht allein sein. Diese neue Gelegenheit, einen lange gehegten Traum zu verwirklichen, in dem Wissen, dass er sein Leben ändern musste, wenn er weiterleben wollte – wie konnte Kafka dies zurückweisen?

2

EIN DUNKLES GESCHÖPF AUS DEM OSTEN

> *Niemand ist hier, der Verständnis für mich im Ganzen hat. Einen haben, der dieses Verständnis hat, etwa eine Frau, das hieße Halt auf allen Seiten haben, Gott haben.*
>
> Franz Kafka, Tagebücher[1]

Müritz, Anfang August 1923

Dora Diamant und Franz Kafka kannten sich weniger als drei Wochen, sprachen aber bereits darüber, gemeinsam in Berlin zu leben: für beide eine ziemlich radikale Idee. Dora hatte noch nie mit einem Mann zusammengelebt. Im modernen Berlin der Nachkriegszeit lebten unverheiratete Paare ohne weiteres zusammen, doch außerhalb der Großstadt galt es weiterhin als ein unschickliches, ja skandalöses Verhalten, und in Będzin wäre ihr Ruf für immer zerstört gewesen. Kafka hatte lange Zeit mit seinen Schwestern, besonders mit Ottla zusammengelebt, aber ebenfalls nie mit einer Frau in Partnerschaft. Obwohl er schon oft verliebt war – er verliebte sich sehr leicht, weil er in jedem Menschen immer die besten Seiten sah – und dreimal verlobt, davon zweimal mit derselben Frau, hatte er nie geheiratet. Die Diagnose einer Tuberkulose, sechs Jahre bevor er Dora begegnete, hatte die Ehe zur Unmöglichkeit werden lassen, denn in jenen Tagen kam der Ausbruch dieser Krankheit einem Todesurteil gleich. Kafka meinte, kein liebender Vater würde einer solchen Verbindung zustimmen, nur um dann mitzuerleben, wie seine Tochter zu einer jungen Witwe wird.

Doch Kafka *wollte* heiraten, er sehnte sich danach, Vater zu sein. „Ein Mann ohne Weib ist kein Mensch"[2], zitierte er einmal aus dem Talmud. Aber die „aufreibende Pflicht des Schreibens" und seine Weigerung, ein normales bürgerliches Leben zu führen, brachten ihn zu der „unerschütterlichen Überzeugung", dass er niemals heiraten würde.[3] Als seine Nichte Gerti geboren wurde, schrieb Kafka in sein Tagebuch, er empfinde „Neid, nichts als wütenden Neid gegen meine Schwester oder besser gegen meinen Schwager, denn ich werde niemals ein Kind haben".[4]

Mit Dora nun lebte der Traum von Heirat und selbst von Vaterschaft wieder auf. Ihre Unabhängigkeit, Jugend, Lebendigkeit, Furchtlosigkeit, das unmittelbare Verständnis und die liebevolle Hinwendung zu ihm gaben ihm Mut und neuen Optimismus. In einem seiner letzten Briefe an Milena Jesenská, die Frau, die er vor Dora geliebt und verloren hatte, schrieb er: „Inzwischen war im Juli etwas Großes mit mir geschehn – was es doch für große Dinge gibt! – ich war mit Hilfe meiner ältesten Schwester an die Ostsee nach Müritz gefahren. Weg von Prag immerhin, aus dem geschlossenen Zimmer hinaus. Mir war recht sehr übel in der ersten Zeit. Dann spann sich in Müritz die Berliner Möglichkeit unwahrscheinlich an. Ich wollte ja im Oktober nach Palästina, wir sprachen ja davon, es wäre natürlich nie dazu gekommen, es war eine Phantasie, wie sie jemand hat, der überzeugt ist, dass er sein Bett nie verlassen wird. Wenn ich mein Bett nie verlassen werde, warum soll ich dann nicht zumindest bis nach Palästina fahren."

Kafka berichtete, wie er sich von der Ferienkolonie des Berliner jüdischen Volksheims angezogen fühlte. „Ich fing an die Möglichkeit zu denken, nach Berlin zu übersiedeln. Diese Möglichkeit war damals nicht viel stärker als die Palästinensische, dann wurde sie doch stärker. Allein in Berlin zu leben war mir freilich unmöglich, in jeder Hinsicht, und nicht nur in Berlin auch anderswo allein zu leben. Auch dafür fand sich in Müritz eine in ihrer Art unwahrscheinliche Hilfe."[5]

Die Begegnung in Müritz änderte auch Doras Lebensweg. Nach Palästina zu gehen, war für sie immer mehr als ein bloßer Wunsch gewesen. Mit der Verwirklichung aber wollte sie nun warten, bis Kafkas Gesundheitszustand die Reise ermöglichte. Das war nur fair, denn durch Kafka hatte Dora eine neue Welt voller Magie entdeckt und zu einem neuen Selbstverständnis gefunden, einer neuen Wertschätzung ihrer eigenen Persönlichkeit.

Pabianice, Polen, 1898

Gegen Ende des 19. Jahrhunderts, einem Tag spät im Winter, wurde in Zentralpolen in Pabianice, nahe Lodz, ›Dworja Diament‹ geboren – so der urkundliche

Name –, die Tochter der damals fünfundzwanzigjährigen Frajda Frid Diament und des ein Jahr jüngeren Horn Aron Diament.[6] Als Tag der Geburt wurde der 4. März 1898 verzeichnet. Der Name von Doras Vater lautete, nach Sara Baumer-Dimant, seinem jüngsten Kind, Herschel (Zvi) Aron Lizer Dymant.[7] Der Familienname wird in anderen Dokumenten auch ›Dimant‹, ›Dimont‹ oder ›Dymand‹ geschrieben. Die verschiedenen Schreibweisen sind unterschiedliche Übertragungen der ursprünglichen hebräischen Form, wobei ›Dymant‹ die jiddische Variante und ›Diamant‹, ›Dimant‹ oder ›Diament‹ eingedeutschte Schreibweisen sind. Als Dora in Deutschland ankam, ließ sie sich amtlich unter dem Namen ›Diamant‹ eintragen, und so schrieb sie ihn auch, als sie Kafka kennenlernte.

Die frühesten urkundlichen Aufzeichnungen zur Familie Dymant in Zentralpolen beginnen mit der Familie von Szlama Efroim Dymant, wahrscheinlich Doras Großvater, einem 1827 in Brzeziny in der Nähe von Lodz geborenen Weber. Er heiratete Fajga Bryl, und ihre erste Tochter, Malka, wurde 1847 geboren. Zu dieser Zeit zog die Familie nach Pabianice, eine Textilstadt südlich von Lodz, und es wurden sechs weitere Kinder geboren.

Doras Vater, Hersz Aron Dymant, und seine Frau Frajda werden in den Archiven von Pabianice zum ersten Mal anläßlich des Todes ihrer sechs Monate alten Tochter Mirel im Jahr 1892 erwähnt. Frajda war unter ihrem jiddischen Namen Friedel bekannt. Ihre ersten beiden Kinder, zwei Mädchen, starben im Säuglingsalter. Weder Herschel, der bei der Geburt seines ersten Kindes 18 Jahre alt war, noch Friedel wurden je in die Verzeichnisse der ständigen Bewohner von Pabianice eingetragen. Nach Auffassung des Archivhistorikers in Pabianice lebten Herschel und Friedel wahrscheinlich bei ihren Verwandten. Im Jahr 1897, als Friedel 25 Jahre alt war, gebar sie ihren ersten Sohn, David, einen gesunden, kräftigen Jungen. Im nächsten Jahr folgte Dworja – oder Dora – und wieder ein Jahr später kam Jakub. Doras erste Schwester, Nacha, wurde Anfang 1903 geboren und Abram am Ende desselben Jahres. Vor ihrem Tod schenkte Friedel im Jahr 1905 Herschel einen weiteren Sohn, Arje.

Zu Friedels Tod gibt es keine Dokumente. Wahrscheinlich wurde sie auf dem alten jüdischen Friedhof von Pabianice begraben. Dieser Friedhof ist heute verfallen, verborgen hinter einer mit Graffiti besprühten Wand, die Grabsteine sind zerbrochen und umgestürzt und die Sterbelisten von den Flammen antisemitischen Hasses zerstört worden. Friedel könnte bei einer Entbindung gestorben sein, doch das Datum ihres Todes und Doras genaues Alter zu jener Zeit sind unbekannt. Gewiss ist jedoch, dass mit dem Tod ihrer Mutter Doras Kindheit im Grunde vorüber war. Sie war unter fünf Kindern die älteste Tochter, und daher musste sie von nun an die Verantwortung für den Haushalt tragen.

Nach Friedels Tod zog Herschel mit seiner Familie nach Będzin, eine überwiegend jüdische Stadt unter russischer Herrschaft in der Kohlebergbauregion Schlesien. Es war eine alte Stadt, auf einem Hügel erbaut, mit einer mittelalterlichen Burgruine auf der Kuppe des Hügels und einem Fluss im darunter liegenden weiten Tal. Die Familie zog in ein vierstöckiges Gebäude an der Modzejowska-Straße, gegenüber der Straße zur alten Burg und der größten Synagoge der Stadt.

Herschel Dymant war ein gebildeter Mann und wurde allmählich einer der angesehensten Bürger der Stadt, der oft nach seiner Meinung befragt oder um Rat gebeten wurde. Sein Haus war voller Bücher, und er sprach Polnisch, Deutsch, Jiddisch und Hebräisch. Jeden Morgen stand er um vier Uhr auf, sprach seine Gebete und studierte, bevor er das Brot brach und zur Arbeit ging. Der Name auf seinem Grabstein lautet ›Herschel der Paviancer‹, nach der Stadt, aus der er stammte. Er hatte Erfolg in Będzin, und nach ein paar Jahren besaß er eine Werkstatt, die Hosenträger und Strumpfbänder herstellte und sich im oberen Geschoss des Wohnhauses der Familie befand. Er wurde damals bekannt unter dem Namen Herschel der Shleikesmacher, oder Bandmacher.

In Będzin beurteilten sich die jüdischen Bürger „nicht anhand ihres Geschmacks, ihrer literarischen Vorlieben oder aufgrund des Kleidungsstils, sondern nach der Einhaltung ihrer Riten".[8] Doras Vater entsprach genau der Vorstellung von einem frommen chassidischen Gelehrten, mit großem Bart, Schläfenlocken, schwarzem Kaftan und einem Schtreimel[9] aus Pelz, der an Feiertagen seinen Kopf bedeckte. Als Gabbai[10] und Oberhaupt des Schtiebel[11] des Gerrer Rebbe in Będzin war Herschel verantwortlich für das Gebetshaus und sammelte Geld ein. An jedem Sabbat besuchten Gemeindemitglieder nach den Gebeten in der großen Synagoge und in dem kleinen Gebetshaus Doras Zuhause, um gemeinsam Tee zu trinken, zu lesen oder über den Talmud zu diskutieren.

Reb Herschels Frömmigkeit war über jeden Tadel erhaben; seine Liebenswürdigkeit, Großzügigkeit und Gastfreundschaft waren legendär. Jeden Freitagabend nahm Doras Vater nach dem Gebet einen armen Mann mit nach

Hause, um mit ihm den Segen einer reich gedeckten Sabbat-Tafel zu teilen. Als Doras Mutter noch lebte, kochte und buk sie freitags den ganzen Tag lang und schickte die Kinder los mit Körben für arme Familien, damit diese am Sabbat zu essen hatten.

Doras Vater tat nichts ohne die Zustimmung des Gerrer Rebbe, den er als wundertätigen Heiligen verehrte. Der Gerrer Rebbe wiederum nannte Herschel „seinen Diamanten", wie seine jüngste Tochter später berichtete. „Einen Diamant hob ich", sagte der Wunder-Rabbi, „Herschel den Paviancer."

Als Herschel mit dreizehn Jahren, mit seiner Bar-Mizwa, zum Erwachsenen wurde, war Avraham Mordechai der Gerrer Rebbe. Er hatte den Vorsitz der chassidischen Dynastie von R. Issac Meir geerbt, der unter den Initialen RIM bekannt war. RIM wurde der erste *Rebbe von Ger*, als er 1859 mit seiner Gefolgschaft von Warschau in die kleine Stadt Ger (Góra Kalwaria) zog. Als Anhänger des Rabbi von Kock begründete er eine der mächtigsten chassidischen Dynastien in Polen, welche „dem polnischen Chassidismus ihren Stempel aufgedrückt" und „dessen künftigen Weg gezeichnet hat" und die bis heute als die größte chassidische Gruppe in Israel fortbesteht. Erst nach dem Tod Isaac Meirs im Jahr 1866 entstand eine konkurrierende Dynastie, die die Vorherrschaft des Gerrer Rebbe herausforderte.

Die Anhänger des Gerrer Chassidismus widmeten sich intensiv dem Studium des Talmud und sahen darin ihre vorrangige Aufgabe, die über allen anderen Geboten rangierte. Charakteristisch für sie war ihr „starrer und extremer Konservatismus". Einer ihre bekanntesten Sprüche lautete: „Alles Neue verbietet die Thora."

Und Neues gab es reichlich. Die Haskala-Bewegung, die jüdische Form der Aufklärung, hatte ihren Ursprung zwar schon im 18. Jahrhundert, doch hinzu kamen nun politische Bestrebungen: Liberale politische Parteien formierten sich und traten für die Gleichberechtigung der Juden ein, die schließlich in den 1870er-Jahren erreicht wurde. Danach strebten die europäischen Juden vehement in Bereiche, die ihnen zuvor verwehrt waren: Politik, Philosophie, Industrie, Kunst, Wissenschaft und Technologie. Mit dem Aufstieg der Bourgeoisie, einer neuen Mittelschicht, entfaltete das Judentum in Berlin, Wien, Prag, Budapest, Vilnius und Warschau eine rege und neue Aktivität in Kultur, Religion und Politik.

Doch Haskala-Bewegung und Liberalismus konnten in Polen, wo die Bevölkerung zum größten Teil auf dem Land lebte, nicht recht Fuß fassen. Der Chassidismus in Polen und Galizien akzeptierte die neuen Bewegungen nicht und bekämpfte sie energisch. Der Gerrer Rebbe stellte sich gegen jegliche Modernisierung im Leben seiner Anhänger, schrieb Gedichte, in denen er vor der „Plage der Haskala" warnte, und prangerte Liebesromane und die politischen Zeitschriften der „Freigeister" an.[12] Außerdem wetterte er gegen neue Schulen und einen königlichen Erlass, der die traditionelle jüdische Kleidung verbot und stattdessen verlangte, dass alle Juden sich dem westeuropäischen Stil anpassten. Unter dem Einfluss des Gerrer Rebbe übernahmen fromme polnische Juden die russische Tracht mit Vollbart und langen Mänteln. Zu Beginn des 20. Jahrhunderts wurde der Chassidismus in Ger immer konservativer und isolierter.

Doras Leben war entsprechend den rigorosen religiösen Vorschriften ihres Vaters streng reglementiert. Es war, so die Autorin Eva Hoffman, „ein äußerst strukturiertes, symbolhaftes Universum. Der Tag, die Woche, das Jahr waren gestaltet und gegliedert durch rituelle Orientierungspunkte: der Tag durch die Gebete am Morgen und Abend, die Woche durch den Sabbat als ihren Höhepunkt, das Jahr durch die Abfolge der Feiertage. Jeder Teil des Lebens, von Essen über Sexualität und Ehe bis zur Körperpflege, wurde reguliert durch ein sehr ausgefeiltes und genaues System religiöser Leitsätze und Vorschriften."[13]
 Als sie ein Kind war, lernte Dora die Legenden von Baal Schem Tov kennen. Dieser lehrte anhand einfacher Gleichnisse, dass jedem Menschen „ein direkter Zugang zu Gott möglich ist" und dass „weder Lehrgebäude noch jahrelanges Studium nötig sind, um einen ‚heiligen' Status zu erlangen".[14] Getragen von Ritus und Gemeinde erreichte Dora das Jugendalter im freudigen Gefühl einer Einheit mit dem Göttlichen. Ihr ganzes Leben hindurch, auch nachdem sie ihren einfachen Glauben an das Absolute verloren hatte, bewahrte sie ein Bewusstsein für das Übergreifende und eine Wahrnehmung des gesamten Lebens, auch der einfachsten Dinge und Freuden wie Essen, Tanzen, Lachen und Lieben, als immerzu heiliges Geschehen.
 Erst nach dem Ersten Weltkrieg wurde in Polen die allgemeine Schulpflicht für Jungen und Mädchen eingeführt, doch schon zuvor besuchte Dora polnische Schulen, wo sie weltliche Literatur wie die Werke von Goethe und Dostojewski kennenlernte. Diese Bildung wurde Dora ermöglicht, weil es Mädchen im

Gegensatz zu Jungen zugestanden wurde, ihre Zeit mit etwas anderem als dem Talmud zu ›verschwenden‹. Ihre weltliche Erziehung wurde als Zierde betrachtet, die ihre Aussichten auf dem Heiratsmarkt verbessern sollte. Doch Dora sehnte sich nach mehr Wissen und Erkenntnis; sie wollte an den modernen gesellschaftlichen Errungenschaften teilhaben. In manchen Ländern des Westens hatten Frauen bereits das Wahlrecht erlangt, besuchten höhere Bildungseinrichtungen und Universitäten, um Ärztinnen, Anwältinnen, Wissenschaftlerinnen oder sogar Künstlerinnen und Schauspielerinnen zu werden.

Dora konnte einer frühen Heirat – dem für sie vorgesehenen Lebensweg – entgehen. Wahrscheinlich wurde sie von Herschel so dringend für seinen Haushalt benötigt, dass er es versäumte, beizeiten eine Heirat für sie zu arrangieren. Möglich ist aber auch, dass er dies wohl versuchte, seine eigensinnige Tochter aber nicht einmal bereit war, darüber zu reden. Denn für Dora hätte eine Heirat das Ende des Lesens, Lernens und Träumens, mithin ein Ende ihres Lebens als eigenständig denkendes Individuum bedeutet. Sie hätte sich ihr volles, welliges Haar abschneiden und den Kopf mit einem Tuch bedecken oder, noch schlimmer, eine steife Perücke aus Pferdehaar tragen müssen, wann immer sie das Haus verließ. Sie hätte nur noch gelebt, um dem Willen ihres Gatten zu gehorchen, hätte nur noch gearbeitet, um ihn und die Kinder zu versorgen. Ihre Zukunft schien bereits im Buch des Lebens festgeschrieben zu sein.

Doch der Krieg veränderte alles. Als Dora sechzehn Jahre alt war, wurde die Welt erschüttert durch das Attentat auf Erzherzog Franz Ferdinand, Thronfolger von Österreich-Ungarn, und der Erste Weltkrieg begann. Polen wurde zum Schlachtfeld zwischen Deutschland und Russland. Junge Männer, auch die gläubigen unter ihnen, zogen in den Kampf, Juden und Christen meldeten sich auf beiden Seiten freiwillig oder wurden eingezogen. Die Folgen waren verheerend, mit Millionen von Toten und Verwundeten auf beiden Seiten.

Einen wesentlichen Einfluss auf Dora hatte während der vier Jahre des Krieges Theodor Herzl. Der Journalist und assimilierte Jude aus Wien hatte sich in seiner Schrift *Der Judenstaat* (1896) für die Gründung eines jüdische Staates ausgesprochen. Die Vorstellung, eine Rückkehr nach Israel könne das Problem des Antisemitismus lösen, war zwar nicht neu, doch Herzl setzte sich wie niemand zuvor politisch dafür ein und schuf einen international anerkannten Plan. Er war Organisator des ersten Zionistischen Weltkongresses, der 1897 in

Basel stattfand, ein Jahr vor Doras Geburt. In demselben Jahr wurde die Zionistische Weltorganisation gegründet, um zu den ökonomischen Grundlagen des angestrebten neuen Staates beizutragen. Zwar wurden als zukünftiges jüdisches Heimatland auch Gebiete in Europa, Südamerika und Afrika erwogen, doch schließlich wurde aufgrund seiner religiösen und historischen Bedeutung Palästina ausgewählt. Seitdem die Römer den Tempel in Jerusalem zerstört und die Juden aus ihrem Land vertrieben hatten, gedachten diese ihrer Heimat in Gebeten und Psalmen: „Wenn ich dich je vergesse, Jerusalem, dann soll mir die rechte Hand verdorren". Und jedes Jahr erklingt zum Abschluss des Jom Kippur, des heiligsten Tags des Jahres, der Refrain „Nächstes Jahr in Jerusalem!"[15]

Zu Beginn des Ersten Weltkriegs versuchten in Będzin zionistische Gruppen mit einer neuen Organisation, genannt Hebraica, junge Menschen zu erreichen, die nach Orientierung suchten. Einer der Gründer, Moshe Rozenkar, berichtet darüber in *Pinkas Będzin*, einem Gedenkbuch, das nach der Vernichtung der gesamten jüdischen Bevölkerung Będzins im Zweiten Weltkrieg erstellt wurde.[16] Auf der Grundlage der Arbeit von *Chibbat Zion* verfolgte Hebraica das Ziel, „die Nationalsprache umfassend zu verbreiten".

Dora schrieb sich für Kurse ein, gemeinsam mit zahlreichen jüdischen Jugendlichen unterschiedlichster Herkunft: Assimilierte, Zionisten, Sozialisten, Bundisten. Sogar die extremsten Kommunisten sowie Juden aus den strengggläubigsten Vierteln kamen zusammen. Die Kurse „dienten als Grundlage der zionistischen Bewegung in unserer Stadt, mit all ihren verschiedenen politischen Parteien und Abwandlungen", und boten, so Rozenkar, „eine Quelle der Ermutigung und erfüllten unsere Herzen mit Freude".

Doch die Unterrichtsgebühren konnten nicht die Kosten decken, und so versuchte man, durch Lesungen, Feste, Theater- und Filmvorführungen Geld zu beschaffen. Unter der Leitung eines Lehrers wurde eine Theatergruppe gegründet, deren Vorstellungen „vom Publikum mit großer Liebe aufgenommen wurden". Die ultraorthodoxen religiösen Gruppen allerdings sahen darin eine „Schändung der heiligen Sprache". Die Anhänger des Rabbi von Ger, angeführt von Doras Vater, drohten sogar, „die Eltern der Schüler, die die Hebraica besuchen und dort vom rechten Weg abgebracht werden, aus der Glaubensgemeinschaft auszuschließen". Es ist nicht überliefert, wie Herschel mit dieser Situation zurechtgekommen ist, muss es doch äußerst beschämend für ihn gewesen sein, dass auch seine Tochter zu diesen Schülern zählte.

Dora besuchte einen Kurs für ältere Mädchen und junge Frauen, die ihren Kindern Hebräisch beibringen wollten. Ihr Lehrer war David Maletz, der an einer Jeschiwa, einer Talmudhochschule, studiert hatte und noch eine bedeutende Rolle in Doras Leben spielen sollte. Wie die meisten jüdischen Jungen hatte Maletz schon sehr früh gelernt, Hebräisch zu lesen und zu sprechen. Schon mit drei Jahren lernten die Jungen im Cheder an sechs Tagen in der Woche bis zu zehn Stunden täglich und so konnten die meisten jüdischen Jungen schon mit sechs Jahren Hebräisch lesen. Talentierte Schüler wie etwa Maletz kamen dann an eine Jeschiwa, eine gebührenfreie Schule, die in der Regel von einer Synagoge finanziert wurde. Bildung ist ein wesentlicher Bestandteil des Judentums – allerdings nur für Jungen. Mädchen wurden nicht ermutigt, mehr Hebräisch zu lernen, als für das Gebet am Sabbat erforderlich ist.

Auf dem frühesten von ihr bekannten Foto posiert Dora mit zehn Klassenkameradinnen der Hebräischklasse für Frauen und Mädchen. Dieses offizielle Schulfoto wurde später in *Pinkas Będzin* veröffentlicht. Ihr Lehrer, der einzige Mann, steht in der Mitte der hinteren Reihe. Dora sitzt ganz rechts, am Ende der vorderen Reihe. Große Augen und volle Lippen kennzeichnen ihr Gesicht, herzförmig eingerahmt durch einen spitz zulaufenden Haaransatz in der Mitte der Stirn. Ihr Blick erscheint etwas wehmütig.

Als Dora ein Teenager war, wurde Herzls Traum auch der ihre. Die sogenannte Balfour-Deklaration versprach eine „jüdische nationale Heimstätte" in Palästina. Am 2. November 1917 erklärte der britische Außenminister Arthur James Balfour, dass die Regierung seiner königlichen Majestät, die seit dem Ende des Ersten Weltkriegs ein Mandat über Palästina hatte, „mit Wohlwollen die Errichtung einer nationalen Heimstätte für das jüdische Volk in Palästina" betrachte. Mit dieser Erklärung schien die Vollendung des Werks von Theodor Herzl bevorzustehen, und die Erfüllung von Doras Hoffnungen wurde ›takke‹, wurde tatsächlich möglich.

Dora richtete ihren Blick auf das, was für sie zum Gelobten Land geworden war. Sie lernte Hebräisch mit großem Eifer, denn je mehr Wissen sie erlangte, umso mehr würde sie zum Aufbau des jüdischen Staats beitragen können. Doch eine Zukunft in Palästina schien noch weit entfernt, denn die Übersiedlung der Juden aus Europa sollte nicht in einem plötzlichen Aufbruch geschehen, sondern, wie von Herzl vorhergesagt, allmählich vonstatten gehen, über viele Jahrzehnte: „Zuerst werden die Ärmsten gehen und das Land urbar machen. Sie werden nach einem von vornherein feststehenden Plane Straßen, Brücken, Bahnen bauen, Telegraphen errichten, Flüsse regulieren und sich selbst ihre Heimstätten schaffen. Ihre Arbeit bringt den Verkehr, der Verkehr die Märkte, die Märkte locken neue Ansiedler heran. Denn jeder kommt freiwillig, auf eigene Kosten und Gefahr. Die Arbeit, die wir in die Erde versenken, steigert den Wert des Landes. Die Juden werden schnell einsehen, daß sich für ihre bisher gehaßte und verachtete Unternehmungslust ein neues dauerndes Gebiet erschlossen hat."[17]

Im Jahr 1918 fanden in Doras Familie in Będzin zwei Hochzeiten statt. Doras älterer Bruder David heiratete Gittel Auerbach, deren Familie ein Unternehmen besaß, das Kakao importierte. Es war eine gute Verbindung, und David wurde dadurch zu einem wohlhabenden Mann. Die andere Vermählung betraf Dora jedoch weit mehr: Herschel heiratet wieder, und seine neue Frau, die ebenfalls Gittel hieß, war eine junge Witwe mit einer Tochter, die Herschel adoptierte. Zum Ende des Krieges hatte sich die Familie Dymant noch einmal beträchtlich vergrößert. Doras Stiefmutter hatte Herschel zwei weitere Söhne geschenkt, Nathan und Avner, und mit Helusha, der Tochter ihres Bruders David, wurde Dora zum ersten Mal Tante. Im Laufe der darauf folgenden Jahre gebar Gittel noch drei weitere Kinder: Pinche, Sara and Matitiahu.

Mit seiner neuen Frau hatte Herschel nun auch wieder jemanden, um seinen Haushalt zu führen. Dora aber, inzwischen fast zwanzig Jahre alt, weigerte sich weiter beharrlich, über eine Heirat auch nur zu reden. Zudem wurde Herschel Doras Engagement bei *Hebraica* und ihre Teilnahme an der Theatergruppe immer peinlicher.

Im Jahr 1917 wurden in Osteuropa die ersten Beis-Ya'acov-Schulen für Mädchen gegründet. Bis dahin gab es keine höhere Schulbildung für jüdische Mädchen mit religiösem Hintergrund. Diese Schulen entstanden zum Teil, weil orthodoxe jüdische Frauen ihre frommen und gelehrten, aber häufig mittellosen Männer unterstützen mussten, aber auch um „jüdische Mädchen vor dem subversiven Einfluss des polnischen Feminismus zu beschützen". Doras jüngste Halbschwester Sara berichtete, dass Herschel Dora nach Krakau brachte, wo das erste Beis-Ya'acov-Seminar gerade eröffnet worden war. „Sie sollte dort zur Lehrerin an einer religiös-orthodoxen Schule ausgebildet werden."[18]

Zwei Tage dauerte die Reise mit Pferd und Wagen, ehe Dora und ihr Vater Krakau erreichten, das kulturelle Zentrum Polens. Die alte Straße von Będzin verlief durch ein grünes Tal, entlang eines rauschenden Bachs, wo mittelalterliche Burgen auf hohen weißen Kalksteinfelsen thronten. Dora war zunächst fasziniert von der Ausbildung zu einer Fröblerin, so genannt nach dem deutschen Pädagogen Friedrich Fröbel, der 1840 den ersten Kindergarten gründete. Es war eine solide Berufswahl, denn 1872 wurde in Österreich-Ungarn der Kindergartenbesuch verpflichtend für alle Kinder unter sechs Jahren, und die Fröbel-Methode wurde Lehrgegenstand an Schulen und in der Lehrerausbildung.

In Krakau erfuhr Dora von den „blutigen Judenverfolgungen im befreiten Polen". Juden, die für die polnische Unabhängigkeit gekämpft hatten, wurden niedergemetzelt wie Schafe. Sie war tief erschüttert und das, wie sie sagte, „zum ersten Mal als eine denkende und bewusste Person".[19] Sie begann, an ihren politischen Ansichten zu einem freien Polen zu zweifeln.

Dora blieb lange genug an der Beis-Ya'acov-Schule, um festzustellen, „dass es nichts für sie war". Sie mochte die anderen Mädchen nicht, „die morgens aufstanden, ohne sich die Kissenfedern aus dem Haar zu nehmen".[20] So packte sie wieder ihren kleinen Koffer und fuhr weg, ohne jemandem aus ihrer Familie irgendetwas darüber zu erzählen. Sie kam bis nach Breslau, damals in Deutschland, heute Wrocław in Polen; ihr Vater jedoch machte sie ausfindig, brachte sie zurück nach Hause und, ihre Bitten ignorierend, auch wieder zur Schule nach Krakau. Herschel drohte, er würde sie als eine Tote betrauern, falls sie sich ihm noch einmal widersetzte. Als sie zum zweiten Mal weglief, gab er sie verloren.

Dora kehrte nach Breslau zurück, das sich auf halbem Weg nach Berlin befand und wo Bekannte von ihr lebten. Sie verbrachte dort ein Jahr, arbeitete in einem Kinderheim und lernte Deutsch. Sie bewegte sich dort unter Studenten und in literarischen Kreisen und machte Bekanntschaft mit interessanten jungen Männern, darunter Manfred Georg, der später nach New York auswanderte und ein bekannter Journalist wurde, sowie Ludwig Nelken, ein Medizinstudent, dessen Weg als Arzt nach Berlin und Jerusalem führte. In einem Zeitungsinterview viele Jahre später erinnerte sich Dr. Nelken, wie er Dora bei einer sozialistischen Kundgebung im früheren Preußischen Herrenhaus sprechen hörte. Sie stand auf der Bühne mit der russischen revolutionären Autorin Angelica Balabanoff. Er erinnert sich an Dora als „hübsche und intelligente Frau, deren starkes Engagement für die jüdische Sache eine ganze Reihe jüdischer Jugendlicher beeinflusste, die sich sonst vielleicht assimiliert oder dem linken Lager angeschlossen hätten".[21]

Im Jahr 1920 zog Dora nach Berlin und fand eine neue Heimat in der größten jüdischen Gemeinde Deutschlands, im aufstrebenden kulturellen und künstlerischen Zentrum des Westens, das Tausende junge – und jüdische – Einwanderer anzog, die, so wie sie selbst, auf der Suche nach Freiheit und neuen Ideen waren. Dora fühlte sich in der ersten Zeit „von Deutschland berauscht".[22]

Nie hatte es eine bessere Zeit gegeben, um als Jude in Berlin zu leben. Der früheste Hinweis auf Juden in Berlin stammt aus dem Jahr 1297, ein diskriminierender Erlass, der es Webern verbot, bei Juden Garn zu kaufen. Zwar gab es auch Zeiten des Friedens und der Zusammenarbeit, doch insgesamt dominierte im Lauf der Jahrhunderte der Antisemitismus. Nach jedem Unglück wurden Juden zum Sündenbock gemacht. Als zur Mitte des 14. Jahrhunderts die Pest wütete, wurden die Juden für die Seuche verantwortlich gemacht und aus der Stadt vertrieben. Erst 1671 erhielten fünfzig jüdische Familien wieder die Erlaubnis, sich in der Region anzusiedeln. Nach 1800 lebten in Berlin etwa 3.300 Juden.

Zur Zeit, als Dora nach Berlin ging, lebten in der Stadt und den Randbezirken 170.000 Juden. Ihr Anteil an der Bevölkerung betrug nie mehr als fünf Prozent, für das kulturelle Leben Berlins waren sie jedoch stets von herausragender Bedeutung. Viele Juden hatten während der Weimarer Republik Führungspositionen inne. Seit ihrer Gleichstellung fünfzig Jahre zuvor waren Juden außerordentlich einflussreich geworden, sie dominierten die Banken und großen Kaufhäuser, waren Eigner der zwei größten Zeitungsverlage, Ullstein und Mosse. „Das spektakuläre kulturelle und geistige Leben im Berlin der zwanziger Jahre wurde in großem Maße von jüdischen Künstlern [...] dominiert", schrieb ein Historiker.[23]

Am 6. August 1923 reiste Kafka aus Müritz ab. Wegen ihrer Verpflichtungen im Ferienheim blieb Dora zurück, wollte aber noch in diesem Monat nach Berlin zurückkehren. Kafka fuhr ebenfalls zuerst nach Berlin und wollte dort seine nächsten Schritte planen. Ursprünglich war ein Besuch bei den Eltern in Marienbad vorgesehen, die dort ihre Ferien verbrachten, doch war das Wetter zu schlecht. Dann erwog er, nach Karlsbad weiterzufahren, wo Brod am 13. Zionistischen Weltkongress in der zweiten Augustwoche teilnahm, um dann nach Prag zurückzukehren, wo er seine Übersiedlung nach Berlin vorbereiten wollte. Doch auch dieser Umweg entfiel.

Am 8. August schrieb Kafka im Garten einer Berliner Gaststätte eine Postkarte. Nun, da er fern von Doras Begeisterung war, ließ seine Entschlossenheit nach. Seine Gesundheit hatte sich in den vergangenen drei Wochen an der Ostsee keineswegs gebessert und er fühlte sich ausgelaugt und schwach. Da er nicht die Kraft hatte, in Berlin zu bleiben, kehrte er direkt zurück nach Prag. Berlin war eine „fortwährend drohende" Stadt, räumte Kafka gegenüber Max ein. „Was mich betrifft: ich weiß nicht, wie mir ist. Jedenfalls fühle ich die böse Wirkung des erst eintägigen Alleinseins fast mit jeder neuen Stunde stärker."

Zurück im Haus der Eltern stieg Kafkas Temperatur stetig. Kopfschmerzen, Husten und Schlaflosigkeit brachten ihn „an den Rand des Zusammenbruchs". Seine „große Müdigkeit" überwältigte ihn.[24] Am 16. August besuchte Max Brod Kafka in seinem Zimmer in der elterlichen Wohnung. In seiner vierzehn Jahre später veröffentlichten Biografie berichtet er: „Von der Sommerfrische kam Franz hohen Mutes zurück. Sein Entschluß, nunmehr alle Bindungen zu zerreißen, nach Berlin zu ziehen, mit Dora zu leben, stand fest – und er führte ihn diesmal auch durch, unerschütterlich."[25] Brod meinte, sein Freund leide lediglich an seinen üblichen „Angst-Geistern, nichts Besonderes." Denn trotz des beunruhigenden Tons seiner früheren Postkarte wirkte Kafka optimistisch und setzte seine Hebräisch-Studien fort. Brod bemerkte, dass Kafka eine Faszination für jüdische Gebetsrituale entwickelt hatte. Während seines Besuchs zitierte Kafka Flüche aus dem Levitikus auf Hebräisch und erzählte ihm, er „werde sich Tefillim besorgen, die Gebetsriemen der orthodoxen Juden". Wie aus den unveröffentlichten Erinnerungen seiner Mutter hervorgeht, hatte er sich darüberhinaus „das hebräische Gebetsbuch der Eltern ausgeliehen".[26]

Doch Kafkas Körper widersetzte sich weiterhin seinen Träumen. Offenkundig war er in seiner damaligen Verfassung außerstande, Prag zu verlassen. Er verlor an Gewicht, bis er nur noch „ein mannshohes Skelett von 118 Pfund" war. In der dritten Augustwoche kam seine Schwester Ottla für einen kurzen Besuch aus dem gemieteten Ferienhaus in Böhmen. Sie war so entsetzt über den Zustand ihres Bruders, dass sie „ihn, zusammen mit ihren beiden Kindern […] nach Schelesen brachte".[27]

Ottla war Kafkas jüngste Schwester und vielleicht auch seine beste Freundin. Sie war neun Jahre jünger, sah ihm am ähnlichsten und lebte ebenso wie er vegetarisch. Sie galt zwar im Allgemeinen nicht als hübsch, doch sie war „klug, feinfühlig, selbstständig, witzig und bemerkenswert liebenswürdig und großherzig". Kafka bewunderte Ottlas „Demütigkeit und Stolz, Empfänglichkeit und Abgrenzung, Hingabe und Selbstständigkeit, Scheu und Mut in untrüglichem Gleichgewicht".[28] Er beneidete sie auch um die Eigenschaften, die sie mit ihrem Vater gemeinsam hatte, etwa Kraft, Entschlossenheit und Selbstvertrauen.[29] Sie hatte gegen die strenge, autoritäre Art ihres Vaters rebelliert und ihre Weigerung, sich in irgendeiner Weise schikanieren zu lassen, erfreute Kafka ganz besonders.[30]

Ottlas ältere Schwestern, Ellie and Valli, hatten sich einer Heirat gefügt, die ihr Vater für sie arrangiert hatte. Nicht jedoch Ottla. Nach einer sechsjährigen geheimen Beziehung hatte Ottla den Mann, den sie liebte, einen lebhaften tschechischen Christen, geheiratet – gegen die heftigen Einwände ihrer Eltern. Franz hingegen war damit einverstanden, denn trotz mancher Bedenken ermutigte er Ottla stets, ihrem Herzen zu folgen. Als sie jünger war, wollte sie Landwirtschaft studieren, auf einem Bauernhof arbeiten und sich so auf eine Emigration nach Palästina vorbereiten. Franz hatte ihr sogar angeboten, ihre Ausbildung zu finanzieren, damit sie nicht den Vater um Geld bitten müsste. Ottla und Franz sahen sich oft als Komplizen in einer Verschwörung gegen den Rest der Familie.

Einmal überließ sie ihm sogar ihr Haus. Sie hatte im Winter 1916 ein zauberhaftes kleines Haus in der Alchemistengasse gemietet, als Treffpunkt für sich und ihren späteren Ehemann. Als Kafka, der seit mehreren Jahren an einer Schreibblockade litt, sie fragte, ob sie ihm das Haus für einige Tage überlassen könne, stimmte Ottla gleich zu. Aus Tagen wurden Monate, in denen das winzige Häuschen zu einer „Klosterzelle eines wirklichen Dichters" wurde.[31] Sechs Monate, im Winter 1916/17, betrieb Kafka seine eigene Alchemie in der märchenhaften Behausung an den Mauern des Prager Burgviertels. Er schrieb hier jene Parabeln und kurzen Erzählungen, die zu seinen Lebzeiten im Band *Ein Landarzt* erschienen.

Franz war Hermann und Julie Kafkas einziger lebender Sohn. Seine beiden jüngeren Brüder – Georg wurde geboren, als Franz drei Jahre alt war, Heinrich ein Jahr später – starben plötzlich an Kinderkrankheiten. In ihrem Kummer suchten die Eltern Trost beieinander und gaben Franz in die Obhut seiner Hauslehrerin und des Hauspersonals. Über den Tod der Brüder, den er im Alter von fünf Jahren erlebte, wurde nicht gesprochen, es gab keine Erklärungen. Die Folge war, dass Franz in seiner Kindheit eine furchtbare geheime Schuld tragen musste, denn es gab für ihn keinen Zweifel, dass seine Eifersucht auf die beiden Brüder deren frühen Tod verursacht hatte. Elli Kafka, die mit Franz in Müritz gewesen war (und die Dora irrtümlich für seine Ehefrau gehalten hatte), war die älteste seiner drei Schwestern. Sie wurde 1889 geboren, als Franz sechs Jahre alt war. Valli wurde im Jahr darauf geboren und Ottla zwei weitere Jahre später. Elli war nicht so hübsch wie Valli und nicht so mutig wie Ottla, aber auch gegen sie, ebenso wie gegen ihren Bruder, richtete sich der Ärger des Vaters. Hermann hielt Elli für fett und griff sie vor der ganzen Familie „fast bei jedem Essen" mit Äußerungen an wie: „Zehn Meter weit vom Tisch muß sie sitzen, die breite Mad". Mit widersprüchlichen Gefühlen – denn als Franz jünger war, war Elli ihm ebenfalls ein Ärgernis – beobachtete er still, so hielt er später dem Vater vor, wie „Du [...] ohne die leiseste Spur von Freundlichkeit oder Laune [...] übertrieben ihr nachzumachen suchtest, wie äußerst widerlich für Deinen Geschmack sie dasaß."[32]

Vor ihrem Abschied in Müritz versprach Dora, für Kafka eine Wohnung in Berlin zu finden. Gleich nach ihrer Rückkehr Mitte August machte sie sich auf die Suche. Bisher hatte sie es immer geschafft, eine Unterkunft zu finden, ein Bett oder einen Raum, oder sie wohnte bei Freunden in Berlin-Mitte oder in einem Waisenhaus, in dem sie als Näherin arbeitete, in der Nähe des Schlosses Charlottenburg. Da es leichter war, in den Vorstädten eine Wohnerlaubnis zu erhalten, begann sie dort zu suchen und hatte Erfolg in dem ruhigen, grünen Bezirk Steglitz im Süden der Stadt.

Schon als sie das möblierte Zimmer in der von Bäumen gesäumten Miquelstraße in der Nähe des Steglitzer Rathauses sah, wusste sie, dass Kafka es mögen würde. Es lag in einem friedlichen, grünen Viertel, bewohnt von Beamten und Rentnern, eine halbe Stunde mit der Straßenbahn von Berlins Zentrum entfernt und in der Nähe der Gartenbauschule in Dahlem, wo Kafka, wie er später erklärte, irgendwann studieren wollte. Das Zimmer war keineswegs zu teuer, dennoch groß und hell, mit Erkerfenstern und einer Veranda, die Möbel waren komfortabel, und es gab auch ein eigenes Badezimmer und eine Küche. Geheizt wurde mit einem Kaminofen. Der Vormieter hatte einen Flügel zurückgelassen, der noch entfernt werden sollte, aber Dora fand Gefallen an dem Instrument, denn es verlieh dem Raum Eleganz und Wärme. Selbst wenn es still war, erfüllte es das Zimmer mit Musik.

Dora schrieb an Kafka und wartete gespannt auf seine Antwort. Sie hielt sich so gut sie konnte, betete für Kafkas Ankunft. Doch dieser blieb zunächst noch auf dem Land, in Schelesen, mit Ottla und ihren beiden Töchtern, von denen die jüngere, Helene, erst drei Monate alt war. Das Wetter sei angenehm, erzählte Kafka, die Luft sauber und frisch, doch trotz aller Bemühungen von Ottla und Kafka selbst war das nicht genug – „zu viel Gegenkräfte", erklärte er in einem Brief an Max Brod, „ich muß ein kostbarer Besitz der Gegenkräfte sein, sie kämpfen wie der Teufel oder sind es."[33] Auf einer weiteren Postkarte an Brod schrieb er: „Was mich betrifft: eine kleine Gewichtszunahme ist da, äußerlich kaum zu merken, dafür aber jeden Tag irgendein größerer Mangel, es rieselt im Gemäuer".[34]

Es war Kafkas vierter Rückzug nach Schelesen, einer Kleinstadt an der Elbe in der Hügellandschaft nordwestlich von Prag. Zum ersten Mal war er 1918 dort, um sich von der Spanischen Grippe zu erholen, einer Pandemie, an der weltweit fast 20 Millionen Menschen starben. Ein Jahr zuvor wurde bei Kafka Tuberkulose diagnostiziert. Außerdem litt er noch an einer doppelseitigen Lungenentzündung, und mehrere Tage lang war es „ein prekärer Balanceakt zwischen Leben und Tod."[35]

Während Kafkas zweitem Besuch in Schelesen, im Januar 1919, machte er die Bekanntschaft von Julie Wohryzek, einer jungen Jüdin aus Prag, die sich ebenfalls zu einer Erholungskur in Schelesen aufhielt, und verliebte sich in sie. Zwei Monate lang sprachen und lachten sie miteinander und gingen Hand in Hand. In Prag ging die Romanze weiter, und Kafka machte ihr einen Heiratsantrag, obwohl er sie schon zu Beginn ihrer Beziehung gewarnt hatte, er könne sie wegen seines Gesundheitszustands und seines alles einnehmenden Drangs zu schreiben keineswegs heiraten.

Julie Wohryzek, die hübsche Tochter eines Schusters und Schammes – eines Synagogendieners – hatte im Krieg ihren Verlobten verloren. Sie war, in Kafkas Worten, „im Herzen tapfer, ehrlich, selbstvergessend", wenn auch nicht sehr gebildet. Als er sie zum ersten Mal Max Brod gegenüber erwähnte, beschrieb Kafka sie – seinem besten Freund und im Vertrauen – ziemlich unfreundlich als „im ganzen sehr unwissend" und „zum Volk der Komptoiristinnen" gehörig.[36] Dennoch verliebte er sich in sie, und als er ihr einen Heiratsantrag machte, nahm sie ihn an. Die Trauung sollte im November stattfinden. Als Kafka jedoch seiner Familie diese Heiratspläne mitteilte, geriet Hermann Kafka außer sich.

Er warf seinem Sohn vor, geschlechtliche Anziehung und Ehe miteinander zu vermischen und seine Maßgabe zu missachten, seine Kinder sollten zumindest innerhalb der eigenen Gesellschaftsschicht heiraten (und vorzugsweise darüber, keinesfalls aber deutlich darunter). „Sie hat wahrscheinlich irgendeine ausgesuchte Bluse angezogen, wie das die Prager Jüdinnen verstehn, und daraufhin hast Du Dich natürlich entschlossen, sie zu heiraten. Und zwar möglichst rasch, in einer Woche, morgen, heute", habe Hermann gesagt. „Ich begreife Dich nicht, Du bist doch ein erwachsener Mensch, bist in der Stadt, und weißt Dir keinen andern Rat, als gleich eine Beliebige zu heiraten."[37]

Statt nun Julie im November zu heiraten, fuhr Kafka zum dritten Mal nach Schelesen, diesmal begleitet von Max Brod. In dieser Zeit schrieb Kafka einen sechsundsiebzigseitigen Brief an seinen Vater, in dem er seiner Wut und Enttäuschung freien Lauf ließ. Er schrieb, dass er sich nie gedemütigter fühlte, die Verachtung seines Vaters ihn nie so heftig getroffen hatte wie bei der Ablehnung seines letzten Heiratswunsches. Franz überreichte den Brief seiner Mutter zur Weitergabe an den Vater, diese jedoch las ihn und gab ihn ihrem Sohn zurück. Kafkas *Brief an den Vater*, herausgegeben von Max Brod und 1953 veröffentlicht, ist ein bitteres psychologisches Portrait einer Vater-Sohn-Beziehung. Obwohl Kafka Julie Wohryzek noch mehrere Monate lang sah, wurde die Verlobung im Juli 1920 aufgelöst.

Kafka mochte sich kaum vorstellen, was sein Vater zu Dora Diamant sagen würde. Hermann Kafka verabscheute Ostjuden und hatte nichts als Verachtung übrig für die altmodischen orthodoxen Juden, die nach seiner Auffassung alle Juden in Verruf brachten. Als Kaiser Franz Joseph den Juden in Böhmen die vollen Bürgerrechte gewährte, war Hermann noch ein Junge, der auf dem Land in bitterer Armut lebte. Als junger Mann ging er nach Prag, arbeitete hart und profitierte von der neuen Freiheit. Er gründete ein eigenes Geschäft, heiratete, kam zu Wohlstand, versorgte seine Familie und fügte sich in die tschechische Gesellschaft ein. Als sein erster Sohn am 3. Juli 1883 geboren wurde, benannte er ihn als Geste der Dankbarkeit nach dem regierenden Kaiser.

Um im Geschäftsleben Erfolg zu haben, war es ratsam, wenn nicht gar unverzichtbar, sich zu assimilieren – das heißt, weniger jüdisch zu erscheinen. Hermann Kafka kehrte der altertümlichen Pinkas-Synagoge, wo die alten Riten noch praktiziert wurden, den Rücken und wechselte zur liberalisierten Altneu-Synagoge, die er aber nur gelegentlich besuchte, etwa an hohen Feiertagen.

Später saß er im Vorstand der Heinrich-Synagoge, der ersten reformierten Synagoge, die Gottesdienste auf Tschechisch statt auf Hebräisch abhielt. Als Dora Franz mit der Zeit besser kannte, wurde ihr bewusst, „dass es ihm sehr fehlte, dass er das gläubige Beten niemals gelernt hat. Gelernt in dem Sinne, dass er unter Führung zu etwas hingebracht wurde, was schon da war, was schon bestand."[38]

Zu Hause bei seinen Eltern in Prag erzählte Kafka nichts über Dora oder seinen beabsichtigten Umzug nach Berlin. Selbst Brod hatte er nicht einmal ihren Namen verraten. Doch Ottla hatte er in alles eingeweiht, und sie ermutigte und unterstützte sein Vorhaben, nach Berlin zu gehen, sobald seine Gesundheit es ermöglichte.

Während die Spätsommertage vergingen, kämpfte Kafka vergeblich um eine Besserung seines Gesundheitszustands. Dora schrieb ihm weiterhin enthusiastische und ermutigende Briefe. Die Blätter an den Bäumen in der Miquelstraße verfärbten sich und fielen zu Boden, doch an den warmen Nachmittagen war der Sommer noch zu spüren. Abends duftete die Luft süß nach den Gärten, die jedes Haus in dem Viertel umgaben. Am Ende der Straße wurde das Grün noch üppiger und die Umgebung ländlicher. Es waren nur fünfzehn Minuten bis zu den tropischen Gewächshäusern der berühmten botanischen Gärten, und in einer halben Stunde konnte man zu Fuß den Grunewald erreichen, einen ausgedehnten Birkenwald.

Ottlas Mann hatte das Ferienhaus in Schelesen bis Mitte Oktober gemietet, daher könne er so lange dort bleiben, schrieb Kafka an Dora. Was Kafka jedoch brauche, erwiderte Dora, war die Reise nach Berlin. Er stimmte ihr zu, vielleicht mehr denn je.

„Berlin ist eine Medizin gegen Prag", hatte Kafka ein Jahr zuvor, im September 1922, geschrieben, um den jungen Medizinstudenten Robert Klopstock zu ermutigen, nach Berlin zu gehen. – „da der Westjude krank ist und sich von Medizinen nährt, darf er […] an Berlin nicht vorübergehn. […] Heute ist Berlin übrigens mehr, es gibt, glaube ich, auch einen stärkeren Ausblick nach Palästina als Prag." Doch nun sah Kafka sich nicht in der Lage, „die Hand aus dem Bett nach dieser Medizin zu strecken".[39] Am 13. September schrieb er an Klopstock: „Freilich ist auch Berlin fast unerreichbar (Temperaturerhöhung habe ich auch und sonstiges) und es besteht die Gefahr, dass die Reise nach Palästina zur

Reise nach Schelesen einschrumpft. Mag es wenigstens dabei bleiben und sich nicht zum Schluß nur die Reise mit dem Aufzug vom Altstädter Ring in mein Zimmer ergeben."[40]

Der Sommer verging, doch Kafkas Gesundheit wurde nicht besser. Seine Hoffnung auf ein freies, friedliches Leben in Berlin begann, sich wieder in die Fantasiewelt zu verlieren, in die sie seit über zehn Jahren verbannt war.

3

EIN FREIES LEBEN IN BERLIN

Von einem gewissen Punkt gibt es keine Rückkehr mehr. Dieser Punkt ist zu erreichen.

Franz Kafka, *Blaue Oktavhefte*[1]

Berlin, September 1923

Jom Kippur, der höchste Feiertag im jüdischen Kalender, fiel auf den 20. September, die Herbst-Tagundnachtgleiche. Zehn Tage zuvor, am Rosch ha-Schana (dem Jahrestag der Weltschöpfung, der die zehn ›ehrfurchtsvollen Tage‹ einleitet), hoffte Dora immer noch, Kafka würde in Berlin sein, um mit ihr das jüdische Neujahrsfest zu feiern. Sieben Wochen waren inzwischen vergangen, seit sie ihn zuletzt gesehen hatte, mehr als das Doppelte der Zeit, die sie überhaupt miteinander verbracht hatten. Auf ihr Drängen hin hatte Kafka die Wohnung in der Miquelstraße angemietet und die Miete für August und September im Voraus bezahlt. Dies und seine häufigen Briefe hielten ihre Hoffnung aufrecht.[2] Doch er kam noch immer nicht, und die Zeit verging. Die leuchtenden Farben der Blätter und die frostige Abendluft kündigten einen kalten Winter an, und die Aussichten, dass Kafka doch noch nach Berlin ziehen würde, schienen umso düsterer, je kürzer die Tage wurden.

Selbst wenn Gott sich bereits dagegen entschieden hatte, dass Kafka und Dora gemeinsam glücklich werden sollten, konnten Doras Taten in den zehn Tagen zwischen Rosch ha-Schana und Jom Kippur noch alles verändern: durch Teschuwa, Tefilla und Tzedaka, das heißt Umkehr, Gebet und Wohltätigkeit. Am Rosch ha-Schana schrieb Gott in sein Buch für das kommende Jahr, wer leben und wer sterben, wer ein gutes und wer ein schlechtes Leben haben würde. Am Jom Kippur bedeckte Doras Vater Kopf und Schultern mit einem weißen Gebetsschal, betete im Gotteshaus vor und fastete den ganzen Tag und eine weitere Stunde, so wie es Brauch war. Während der zehn Tage der Ehrfurcht hatte Dora getan, was ihr möglich war, und nun lag alles in Gottes Hand. An diesem Abend, am Jom Kippur, würde nach Anbruch der Nacht, wenn der lange letzte Ton des Schofarhorns erklang, das Buch geschlossen. Dora betete, dass ihr Name neben dem Franz Kafkas in das Buch des Lebens eingetragen würde.

Der Kontrast zwischen Doras Kindheit und ihrem Leben in Berlin war an diesem Tag besonders deutlich. In Będzin wurden die Tage der Ehrfurcht von der ganzen Stadt begangen mit Ausnahme der wenigen Gojim[3], der Nichtjuden, die still durch die leeren Straßen gingen, die Öfen beheizten und die notwendigen Arbeiten erledigten, die gläubige Juden an diesem Tag nicht verrichten durften. In der Synagoge und den Gebetshäusern, die überfüllt waren, riefen die Männer und jubilierten, sie beteten dafür, dass ihre Namen für das kommende Jahr in das Buch des Lebens geschrieben würden. Hinter dem Gitter auf der Rückseite und auf den Emporen murmelten die Frauen über ihren Gebetbüchern. Andere blieben zu Hause bei den Kindern und warteten andächtig auf die Rückkehr der Männer und das Ertönen des Schofar, das das Ende des Fastens und Betens und den Abschluss des Feiertags verkündete.

In Berlin aber ging das Leben weiter wie an jedem anderen Tag, ohne jegliche Form der Sühne und Versöhnung, ohne Besinnung und Nachdenken über die eigenen Sünden und die Bitte um Vergebung. Dora wusste um den Segen und die Weisheit dieser Rituale. Vielleicht war das Fehlen dieser Selbstbesinnung, auch der Besinnung auf die Verantwortung für den Schmerz und das Leid anderer, ein Grund für die Rast- und Ruhelosigkeit, die sie um sich herum wahrnahm. Diese rituelle Form der Aussöhnung, die Suche nach Vergebung und Heilung erfüllte mit Freude und schenkte Seelenfrieden, weit in das kommende Jahr hinein.

Am darauffolgenden Tag, Freitag, dem 21. September, geschah ein Wunder. Kafka schickte ein Telegramm aus Prag: Er war am Morgen aus Schelesen abgereist und würde am Montag in Berlin ankommen. Ob Dora ihn am Bahnhof abholen könne? Sie fragte sich, wie sie noch drei weitere Tage des Wartens überstehen sollte.

Prag, 21. September 1923

Am ersten Tag des Jahres 5684 nach dem jüdischen Kalender verließ Kafka Schelesen und kehrte nach Prag zurück. Der heftige Husten und die Kopfschmerzen hatten nachgelassen und er hatte sogar einige Pfund zugenommen. Gewappnet mit dieser „Schelesner Dicke"[4], wie er es nannte, begann Kafka, für die Reise nach Berlin zu packen. Am Samstag schrieb er eine Postkarte an seinen Freund Robert Klopstock, er „fahre morgen, wenn nicht in den nächsten zwölf Stunden ein großes Hindernis aus dem finstern Hinterhalt mir entgegengeworfen wird". Er spielte sein Vorhaben herunter, sagte, er würde „nur für ein paar Tage"[5] nach Berlin fahren.

Angesichts seines prekären Gesundheitszustands und der politischen und wirtschaftlichen Lage in Deutschland erschien seine Reise nach Berlin, selbst wenn es nur für wenige Tage wäre, fast jedem in seinem Umfeld als eine sehr unglückliche Idee. Auch noch den Sonntag verbrachte Kafka mit „schrecklich umständlichem Kofferpacken".[6] Als er sich am Montagmorgen auf den Weg zum Bahnhof machen wollte, unternahm Hermann Kafka einen letzten Versuch, seinen Sohn von der Reise abzubringen. Ottlas Mann, Josef David, genannt Pepa, erinnerte ihn an die jüngsten Nachrichten über die verheerende Inflation, über Lebensmittelknappheit, steigende Arbeitslosigkeit und nächtliche Straßenkämpfe in der deutschen Hauptstadt.

Zwar war das künstlerische und kulturelle Leben in Berlin aufregend, man befand sich jedoch auch in einer brutalen, gewalttätigen Stadt, und für viele Morde trugen amtliche Organe die Verantwortung. „Die Menschen waren zu viel mehr physischer Gewalt bereit, als man es von anderswo gewohnt war", berichtete ein Engländer, einer von vielen, die 1923 nach Deutschland gezogen waren, um von dem höheren Lebensstandard zu profitieren, den die Inflation Ausländern ermöglichte. „Man ahnte, dass man leicht verhaftet werden konnte, und in diesem Fall war ungewiss, was mit einem geschehen würde. In dieser Stadt schien es erstaunlich leicht möglich, erschossen, zusammengeschlagen oder überhaupt misshandelt zu werden."[7]

„Innerhalb meiner Verhältnisse", gestand Kafka seinem Freund Oskar Baum, war der Umzug nach Berlin „eine Tollkühnheit, für welche man etwas Vergleichbares nur finden kann, wenn man in der Geschichte zurückblättert, etwa zu dem Zug Napoleons nach Rußland."[8] Doch trotz aller innerlichen und äußerlichen Widrigkeiten war Kafka entschlossen, sein Schicksal nun selbst in die Hand zu nehmen. Max Brod berichtete später in seiner Biografie: „Sein Entschluß, nunmehr alle Bindungen zu zerreißen, nach Berlin zu ziehen, mit Dora zu leben, stand fest – und er führte ihn diesmal auch durch, unerschütterlich."[9]

Die Nacht, bevor Kafka sein Elternhaus in Prag verließ, war „eine der allerschlimmsten". Seine Unentschlossenheit, die ihn stets geplagt hatte, raubte ihm den Schlaf. Zuerst, so berichtete er Ottla, habe er sich „einem Überfall durch alle Ängste, die ich habe", gegenübergesehen, „und so groß wie diese ist kein Heer der Weltgeschichte". Später aß er etwas, lag eine Viertelstunde im Halbschlaf und beschäftigte sich „den Rest der Nacht mit der Koncipierung des Absagetelegrammes an den Vermieter nach Berlin und mit der Verzweiflung darüber. Aber früh (dank Dir und Schelesen) fiel ich nicht um, als ich aufstand und fuhr weg, vom Fräulein getröstet, von Pepa geängstigt, vom Vater liebend gezankt, von der Mutter traurig angeschaut."[10]

Berlin, Oktober 1923

Max Brod wusste noch immer nichts über Dora Diamant und ihre immer bedeutendere Rolle in Kafkas Leben. Brod war einen Tag vor ihm von Prag abgereist und bereits in Berlin, als Kafka eintraf. Sie verabredeten ein Treffen nachmittags im Josty, einem beliebten Berliner Café. Kafka gelang es, persönlichen Fragen auszuweichen, und er lenkte das Gespräch auf Neuigkeiten in Brods Leben und auf dessen erfolgreiche Karriere. Denn Brod war in Berlin, um die Aufführung von *Jenufa*, einer tschechischen Oper von Janáček, die er übersetzt hatte, im Opernhaus für die Inszenierung im Frühjahr vorzubereiten. Brods Privatleben jedoch war chaotisch, und er hatte einen weiteren Grund, häufig nach Berlin zu reisen: Seine Geliebte lebte dort. Seit fast zwei Jahren hatte Brod eine stürmische Affäre mit Emmy Salveter, einer ehrgeizigen jungen Schauspielerin, die seinerzeit als Zimmermädchen in einem Berliner Hotel arbeitete. Brod war verheiratet, jedoch in Emmy verliebt, und er idealisierte sie in seinem Roman *Leben mit einer Göttin*.

„Sie ist reizend. Und so ganz und gar auf Dich konzentriert. Es gab keinen Anlaß, aus dem nicht auf Dich Bezug genommen wurde", berichtete Kafka Brod im Juli, nachdem er, auf dem Weg nach Müritz, Emmy in Berlin zum ersten Mal begegnet war. „Eine wirklich starke Ursprünglichkeit, Geradheit, Ernsthaftigkeit, kindlich liebe Ernsthaftigkeit" habe Brods Geliebte, fand Kafka, und schloss seine Postkarte mit den Worten: „Herzlichen Gruß Dir und der Frau".[11] Diese Affäre war in eine Krise geraten. Emmys Familie übte Druck aus und verlangte ein Ende der Beziehung. Zunächst hatten die Eltern der Liaison ihrer Tochter mit dem verheirateten, aber angesehenen tschechischen Autor und Kritiker zugestimmt, doch sie änderten ihre Meinung, als Brod sich nicht von seiner Frau scheiden lassen wollte. Ironischerweise wurde ausgerechnet Kafka, dem es bisher mit keiner Frau gelungen war, über längere Zeit eine glückliche Liebesbeziehung zu führen, von Brod um Rat gefragt, wie er sich gegenüber Emmy und deren Familie verhalten sollte. Brod meinte, sein „wundervoll helfender Freund" sei fähig, den Kern jedes Problems zu erfassen, und vertraute zunehmend auf Kafkas „Weltklugheit, seinen Takt, seinen Rat, der kaum je das Richtige verfehlte".[12] Doch das traf wohl nicht immer zu. Als Lösung für Brods Sorge, zwei Haushalte finanzieren zu müssen, einen in Prag, den anderen in Berlin, schlug Kafka unbekümmert vor, dass Emmy nach Prag ziehen und Max dann mit seiner Frau und seiner Geliebten in einer Ménage-à-trois unter einem Dach leben könne.

Die Beziehung von Max Brod und Franz Kafka hat man als eine Freundschaft bezeichnet, „die vielleicht in der Literaturgeschichte nicht ihresgleichen hat."[13] Die Verbindung, die für Brod „das eigentliche Rückgrat meiner ganzen geistigen Existenz"[14] wurde, begann, als beide noch Studenten an der Prager Karl-Ferdinand-Universität waren. Zum ersten Mal begegneten sie sich im Herbst 1902 nach einem Vortrag Brods über Schopenhauer und Nietzsche in der Lese- und Redehalle der deutschen Studenten. Brod war ein glühender Anhänger der Philosophie Schopenhauers, wogegen er Nietzsches Nihilismus vehement ablehnte. Er bezeichnete Nietzsche „ganz einfach und unverblümt als ‚Schwindler'".

Kafka war neunzehn, ein Jahr älter als Brod, und in vielerlei Hinsicht sein Gegenteil. Gewöhnlich trat Kafka ruhig und zurückhaltend auf und hielt sich bei solchen Veranstaltungen zurück, doch nach diesem Vortrag ging er auf Brod zu und stellte sich ihm vor. Gemeinsam machten sie sich auf den Heimweg, vertieft in „das endlose Heim-Begleitgespräch". Kafka, erinnerte sich Brod, „fing […] mit starkem Widerspruch gegen meine allzu groben Formulierungen an. Von da aus kamen wir auf die Autoren zu sprechen, die wir liebten, verteidigten sie gegeneinander."

In seiner fünfunddreißig Jahre später veröffentlichten Kafka-Biografie beschreibt Brod dieses erste Gespräch. Kafkas „Einfachheit und Natürlichkeit des Gefühls", so Brod, wiesen ihm den Weg, der „aus meinem damals sehr verworrenen und verdorbenen, von einer ganz falschen Blasiertheit und kindischem Stolz aufgeblähten Geisteszustand allmählich herausführte." „Im Gymnasium hatte ich mich an den Klassikern gebildet, alles ‚Moderne' abgelehnt, noch in einer der Oberklassen war aber ein Umschwung eingetreten, jetzt war mir im rechten Sturm-und-Drang alles Seltsame, Ungezügelte, Schamlose, Zynische, Maßlose, Überspitzte willkommen […]. Kafka trat mir mit Ruhe und Weisheit entgegen. […] Nun zitierte ich auswendig ‚schöne Stellen'. Eine aus dem ‚Violetten Tod' von Meyrink, der Schmetterlinge mit großen, aufgeschlagenen Zauberbüchern verglich. Kafka rümpfte die Nase. Derartiges erschien ihm weit hergeholt und allzu aufdringlich; was effektvoll und intellektuell, künstlich erdacht anmutete, verwarf er (wobei er aber nie derartig katalogisierende Worte anwandte). In ihm war etwas (und das liebte er auch an andern) von der ‚leise redenden Stimme der Natur', die Goethe ansprach. Als Gegenbeispiel, als das, was ihm gefiel, zitierte Kafka einen Passus von Hofmannsthal: ‚Der Geruch nasser Steine in einem Hausflur'. Und er schwieg lange, setzte nichts hinzu, als müsse dieses Heimliche, Unscheinbare für sich selbst sprechen. – Das machte einen so tiefen Eindruck auf mich, daß ich noch heute die Gasse und das Haus weiß, vor dem dieses Gespräch stattfand."

Bis dahin hatte Brod von Kafka kaum Notiz genommen, da „dessen äußeres Wesen überhaupt eine tiefe Unauffälligkeit war, – sogar seine eleganten, meist dunkelblauen Anzüge waren unauffällig und zurückhaltend wie er." Er sah in ihm zunächst einen gesunden Neunzehnjährigen, der zwar „merkwürdig still, beobachtend, zurückhaltend", aber auch „kühn, ein guter Reiter, Schwimmer und Ruderer" war.

Die Freundschaft entwickelte sich allmählich. Von ihrem Beginn an war Brod tief beeindruckt von Kafka: „Absolute Wahrhaftigkeit war eines der wichtigsten Kennzeichen seines Charakters. Ein anderes Kennzeichen war seine unvorstellbar präzise Gewissenhaftigkeit. Conscienta scrupulosa. Sie zeigte sich in allen moralischen Fragen, in denen er auch noch den leichtesten Schatten eines Unrechts, das geschah, niemals übersehen mochte."[15]

Kafka und Brod waren jüdische Jurastudenten, die sich für Kunst und Literatur interessierten, doch gab es auch beträchtliche Unterschiede zwischen ihnen. Kafka war eher unsicher, in sich gekehrt und nachdenklich, Brod dagegen gesellig und ehrgeizig. Er war eine Art Wunderkind und schon als Jugendlicher Musiker, Komponist, Dichter und vielversprechender Romanautor. „Während

Kafka sich durch die Universität treiben ließ", schrieb ein Biograf, „eilte Brod hindurch und nutzte jede Gelegenheit, seine vielfältigen Interessen zu erweitern." Brod sprach fließend Deutsch und Tschechisch und arbeitete mit „Elan und Entschlossenheit" daran, sich auf kulturellem Gebiet hervorzutun. Im Alter von sechsundzwanzig Jahren hatte er bereits „vier Bücher veröffentlicht. Mit dreißig waren es neunzehn und zum Zeitpunkt seines Todes dreiundachtzig Veröffentlichungen, darunter Romane, Bücher über Philosophie und Religion, Biografien, literarische Essays, Dramen, Gedichte und journalistische Beiträge verschiedenster Art."[16] Nach dem Ersten Weltkrieg war Brod auch politisch aktiv und kandidierte für eine zionistische Partei.

Kafka kündigte schon als Gymnasiast an, Schriftsteller werden zu wollen. Allerdings waren seine Ansprüche an die eigenen Werke sehr hoch. Er beseitigte alle Spuren der frühesten Schreibversuche; verbrannte alles, was er vor seinem zwanzigsten Geburtstag zu Papier gebracht hatte. Als Junge bestand sein Leben vor allem aus Lesen. Märchen bezauberten ihn, er verschlang Abenteuergeschichten, Berichte von Polarexpeditionen und Reisen in ferne Länder und die Kriminalgeschichten über Sherlock Holmes. Noch als Jugendlicher, zurückgezogen und unsicher (er porträtierte sich selbst als „schamhaften Langen"), weiteten sich seine Lesevorlieben auf Wissenschaftler und Philosophen aus, darunter Goethe, Darwin, Nietzsche, Spinoza und der deutsche Mystiker des 13. Jahrhunderts Meister Eckhart.[17] Kafka entdeckte, dass ein Buch „ein Schlüssel zu fremden Sälen des eigenen Schlosses" sein kann.[18]

Er schrieb sich 1901 an der deutschprachigen Universität ein, die von seinem Elternhaus zu Fuß in wenigen Minuten erreichbar war. Dort entwickelte sich ein Freundeskreis aus Intellektuellen und Autoren, die ihm für den Rest seines Lebens nahestanden. Zunächst studierte er Chemie, wechselte dann zu Jura, um bald festzustellen, dass auch dieses Fach ihm nicht zusagte, denn seine wahre Leidenschaft galt der deutschen Literatur. Er wäre gern zum Literaturstudium nach München gegangen, doch entschied er sich, dem Wunsch seines Vaters entsprechend, letztlich dazu, in Prag zu bleiben. 1906 erwarb er seinen Doktortitel in Rechtswissenschaften, ein Jahr vor Max Brod.

Die äußerlichen Unterschiede zwischen den beiden Freunden fielen ins Auge. Kafka war groß und sehr schlank, Brod klein und etwas bucklig gewachsen. Als er vier Jahre alt war, wurde bei Brod eine „lebensbedrohliche Rückgratverkrümmung" diagnostiziert. Der Kafka-Biograf Ernst Pawel berichtet: „Die Mediziner hatten ihn bereits aufgegeben, aber die Mutter brachte das Kind zu einem im Schwarzwald praktizierenden Wunderheiler. Ein ganzes Jahr lang lebte der Junge bei diesem mürrischen Zauberdoktor, einem ehemaligen Schuster, der ihm ein eisernes Korsett anpaßte, in das er Tag und Nacht eingeschnallt blieb." Zwar war diese Therapie „bis zu einem gewissen Grad erfolgreich, Brod verblieb aber ein deformiertes Knochengerüst, dessen Zerbrechlichkeit durch den auffallend großen Kopf noch hervorgehoben wurde."

Auf einem der veröffentlichten Fotos von Brod blicken seine Augen halb geöffnet durch die Gläser einer Nickelbrille. Seine hohe Stirn, vornehme Nase, fein geformten Lippen unter dem kurzen Schnurrbart und sein markantes Kinn erklären zu einem Teil seine Anziehungskraft auf Frauen. „Wenn seine spätere Promiskuität", bemerkte Pawel, „aus dem Bedürfnis erwuchs, sich selbst zu beweisen, daß er trotz allem ein ganzer Mann war, so dürfte es ihm angesichts der Schar attraktiver Frauen, die seinem Charme erlagen, wohl kaum an Selbstbestätigung gefehlt haben."[19]

Max Brod war zwar der weitaus erfolgreichere Autor und besser bekannt in den literarischen Zirkeln Prags, Wiens und Berlins. Dabei erblickte er aber doch in Kafka immer den bedeutenderen Schriftsteller, wobei „die Grundlage der Gleichberechtigung beiderseits freudig anerkannt wurde."[20] Er war der Erste, der voraussah und überzeugt davon war, dass man seinen Freund einmal als den „bedeutendsten Autor seiner Zeit" anerkennen würde.[21]

Weder Kafka noch Dora Diamant äußerten sich über seine ersten Tage in Berlin oder die Umstände ihres Zusammenlebens. Es gibt auch keine Aufzeichnungen darüber, wann Dora in der Wohnung in der Miquelstraße einzog. Während sie von Anfang an dort zugegen war, hatte sie wohl ihren Schlafplatz im Waisenhaus in Charlottenburg zunächst noch behalten, wo sie weiterhin aushalf. Als Kafka jedoch immer mehr ihre Unterstützung benötigte, verbrachte sie ihre Zeit zunehmend mit ihm. Dass ihr außereheliches Zusammenleben, ja selbst Doras Existenz von Kafka zunächst verschwiegen wurde, diente vor allem Doras Schutz. Kafkas Eltern hätten eine solche Beziehung strikt abgelehnt, und es waren in der Regel die Frauen, denen in solchen Fällen charakterliche Schwäche vorgeworfen wurde. Es war zwar nicht so, dass unverheiratete Paare nicht zusammen lebten oder schliefen, aber man sprach nicht darüber, und so hielten es auch Dora Diamant und Kafka.

Kafka war sehr angetan von der Wohnung und dem Viertel. Eine Woche nach seinem Einzug berichtete er davon auf einer Postkarte an Ottla: „Trete ich abends an diesen lauen Abenden aus dem Haus kommt mir aus den alten üppigen Gärten ein Duft entgegen, wie ich ihn in dieser Zartheit und Stärke nirgends gefühlt zu haben glaube, nicht in Schelesen, nicht in Meran, nicht in Marienbad. Und alles andere entspricht dem bisher. [...] Näheres beschreiben ist schwer". Er wünschte sich, dass Ottla dies selbst erlebte, und lud sie zu einem Besuch ein – „übrigens, hättest Du keine Lust, es Dir anzuschauen?"

Ein unmittelbares, drängendes Problem waren für Kafka die horrenden Preissteigerungen; „die Hausfrau ist angeblich mit mir zufrieden", schrieb er an Ottla: „Freilich, leider, das Zimmer kostet nicht mehr 20 K sondern für September etwa 70 K und für Oktober zumindest 180 K, die Preise klettern wie die Eichhörnchen bei Euch, gestern wurde mir fast ein wenig schwindelig davon".[22] Auf einer Postkarte an Max vom selben Tag gestand Kafka, dass er „gestern z. B. [...] einen starken Anfall des Zahlenwahns" hatte.[23]

Aus wirtschaftlicher Sicht hätte Kafka zu keiner ungünstigeren Zeit nach Berlin kommen können. Während die Schlagzeilen die neuesten ökonomischen Katastrophen hinausschrien, offenbarte der Preis der Zeitung selbst eine weitere Facette der Misere. Im Januar 1923 kostete ein Exemplar der *Berliner Morgenpost* infolge der extremen Inflation bereits vierzig Mark. Acht Monate später, im August, waren die Preise so außer Kontrolle geraten, dass 100.000 Mark für eine Zeitung verlangt wurden, im September waren es 150 Millionen Mark. Der Brotpreis stieg, laut der *Morgenpost*, von 69.000 Mark im August auf 4 Millionen Mark im September, also in dem Monat, als Kafka nach Berlin kam.

Die Inflation nahm groteske Züge an. Die Lebenshaltungskosten stiegen täglich um 20 Prozent, und die Menge und das Gewicht des beinahe wertlosen Geldes waren so gewaltig, dass Schubkarren benötigt wurden, um einen Tageslohn nach Hause zu bringen.[24]

Vor dem Krieg orientierte sich die deutsche Mark am Goldstandard, wobei eine Papiermark einer Goldmark entsprach und ein Dollar etwas über vier Mark wert war. Bevor die Inflation am 20. November 1923 ihren Höhepunkt erreichte, fiel der Wert der deutschen Währung, bis eine Milliarde Papiermark einer Goldmark und knapp eine Billion Papiermark einem Dollar entsprach.[25] Die Mark wurden nicht mehr gezählt, sondern Stapel mit einem Lineal gemessen. Über Nacht lösten sich Ersparnisse in nichts auf. Kleine und mittelgroße

Familienunternehmen, über Generationen profitabel, brachen plötzlich zusammen, die Arbeitslosigkeit stieg exponentiell. Auch wer noch Arbeit hatte, war nicht viel besser gestellt. Es gibt Berichte, wonach Menschen sofort nach der Aushändigung ihres Lohnes „in die Geschäfte eilten und tatsächlich irgendetwas kauften für Papier, das in kürzester Zeit wertlos sein würde". Geld, das Männer, die fern von zu Hause arbeiteten, per Post an ihre Frauen schickten, „war praktisch wertlos, als es ankam. Arbeiter wurden bis zu fünfmal in der Woche bezahlt. Ein glückloser Autor erhielt einen beträchtlichen Vorschuss, doch reichte dieser Betrag nach einer Woche gerade noch für den Versand des Manuskripts".[26]

Nationalisten machten die gewaltige Kriegsschuld für die Inflation verantwortlich, also die hohen Reparationen, die der Vertrag von Versailles Deutschland abverlangte. William Shirer aber schreibt in *Aufstieg und Fall des Dritten Reiches* eindeutig den Großindustriellen und reichen Grundbesitzern die Schuld zu, die die Regierung zwangen, „mit Absicht die Mark abzuwerten, um sich so den Reparationszahlungen zu entziehen". Falls dies zutrifft, so hat es funktioniert: „Der Währungsverfall ermöglichte es der deutschen Schwerindustrie, ihre Obligationen in wertloser Papiermark zurückzuzahlen und dadurch ihre Schulden loszuwerden".[27] Obwohl es noch zehn Jahre bis zum Ende der Weimarer Republik dauern sollte, markierte die Inflation von 1923 den Anfang vom Ende für den ersten Versuch einer Demokratie in Deutschland.

Kafka hielt seine Beziehung zu Dora Diamant weiter geheim. Auf den Postkarten, die er in den ersten Wochen nach seiner Ankunft in Berlin schrieb, erwähnte er ihren Namen nicht, außer in einer Mitteilung an Max Brod. Darin erzählte er von Emmy Salveters erstem Besuch in seiner Wohnung am 27. September; „gestern, Donnerstag, war sie bei mir, es war meine erste gesellschaftliche Veranstaltung, die ‚Eröffnung des Hauses'". Außerdem „war Dora da und sie war auch für die Veranstaltung unumgänglich".[28] Mehr gab er zunächst nicht preis, bis sich Brod beschwerte und eine Erklärung verlangte. Auch an Robert Klopstock schrieb er nur: „Bis sich hier die Verhältnisse, die persönlichen meine ich, geklärt haben, schreibe ich ausführlicher", doch es blieb bei der Ankündigung.[29]

Die Erste, die die Wahrheit über Kafkas Beziehung zu Dora Diamant erfuhr, war Tile Rössler. Ihre Familie lebte in Steglitz und sobald sie herausgefunden hatte, dass Kafka in Berlin war, besuchte sie ihn in Begleitung eines Freundes, eines Malers. Tile war tief enttäuscht. Kafka hatte ihr zwar geschrieben, dass er die meiste Zeit mit Dora verbrachte, doch nie kam ihr der Gedanke, dass es sich dabei um eine Liebesbeziehung handeln könnte. Die Teenagerin, die später in Israel ein bekannte Tänzerin und Choreografin wurde, hatte ihre eigenen Tagträume von Kafka. Er hatte ihr ein Abschiedsgeschenk gemacht, bevor sie Müritz verließ, welches sie gemeinsam mit ihren Erinnerungen an Kafka als ihren wertvollsten Schatz hütete.

Schon an dem Tag, als sie Kafka in Müritz begegnete, schüttete sie ihm ihre Sorgen aus. Und er war „unendlich geduldig" mit ihr. Sie schwärmte, „wie jugendlich und ausgelassen" er sei, dieser „überschlanke, hochgewachsene Mann mit dem schwarzen, ziemlich langen Haar und den tiefblauen Augen". (Kafkas Augen waren in Wirklichkeit grau – aber auch Dora hatte sich ja zunächst getäuscht, als sie seine Augen für braun hielt.) Kafkas Liebenswürdigkeit gegenüber Tile erfüllte das Mädchen „mit einer beinahe fassungslosen Dankbarkeit und Liebe über die Güte dieses großen Menschen".

Nicht nur Dora und Tile, sondern fast jeder in dem Ferienlager war von Kafka sehr angetan. „All diese Jugendlichen, die doch zumeist keine Zeile von ihm gelesen hatten, gerieten gänzlich in Kafkas Bann und empfanden seinen Besuch in ihrem Kreis, der nun immer häufiger wurde, als ein sie alle auszeichnendes Erlebnis von einmaliger Bedeutung". Eine andere, ebenfalls sechzehnjährige ehrenamtliche Mitarbeiterin aus Berlin, Sabine (genannt Bine), begleitete Tile einmal bei einem Schaufensterbummel um das einzige Kaufhaus in Müritz, als sie Kafka begegneten. Tile bewunderte gerade eine Bonbonschale aus leuchtendem rubinroten Glas. Tile seufzte, „sie würde weiß Gott was dafür geben, wenn sie diese Schale besitzen dürfte". Aber „was könne sie dafür geben", entgegnete Bine, „da sie doch nichts besitze". Plötzlich bemerkten die beiden Mädchen Dr. Kafka. Sie waren sich sicher, dass er sie gehört hatte. Verlegen „machten sie sich auf und davon".

Als schließlich Ende Juli Tiles Abreise aus Müritz bevorstand, war sie bekümmert, ihren neuen Freund, der ihr immer mit der „zartesten Einfühlung" zugehört hatte, verlassen zu müssen. Mit ihren letzten Pfennigen kaufte sie ihm eine Vase als Abschiedsgeschenk und lief damit zum Haus Glückauf. Ein heftiger Regen wurde für sie zum „Sinnbild der eigenen Verzweiflung". Als Tile in der Eingangshalle wartete, spielte das automatische Klavier gerade Griegs Trauermarsch. Tile sah bedauernswert aus, als Kafka herunterkam. Noch nass vom

Regen, die „schlanken Arme dicht an den mageren Leib gepreßt, das Gesicht zur Erde gesenkt", rann „die Trauer von ihr wie in langen, triefenden Regentropfen".

„Warte einen Moment", sagte Kafka, „ich bin gleich wieder da!" Er sprang die Treppen hinauf und kam kurz darauf mit einem großen Paket zurück, das er mit besonderer Vorsicht trug und ihr feierlich überreichte. Darin befand sich, zu ihrer großen Freude, eingewickelt in Seidenpapier, die rubinrote Glasbonbonschale, „unerreichbar schön", wie sie fand. Kafka meinte, Tile solle die Schale, nach einem alten Brauch, „bei ihrer Hochzeit zerschlagen".

Als im Oktober bei Tiles Ankunft an Kafkas neuem Wohnort in Berlin die Tür von der „Küchenleiterin" aus Müritz geöffnet wurde, war Tile fassungslos. Der Anblick von Dora Diamant in der Rolle des „Hausmütterchens" „bereitete ihr tiefen Schmerz und es kostete sie einige Überwindung, bis sie die ganze Wahrheit begriff". Für Tiles romantische Fantasien und Tagträume aus den letzten zwei Monaten und für ihre empfindliche Seele bedeutete es einen schweren Schlag.[30]

Am 8. Oktober, nach zwei Wochen in Berlin, schrieb Kafka seiner Schwester Ottla und wiederholte die Einladung, ihn dort zu besuchen, allerdings unter der Bedingung, dass sie allein komme: „Ob du mich stören würdest, darüber müssen wir nicht sprechen. Wenn mich alles in der Welt stören würde – fast ist es so weit –, Du nicht. Und außer der Freude Dich hier zu haben, wäre mir dadurch vielleicht eine Reise erspart. [...] Über Dich hinaus aber, das muß ich sagen fürchte ich mich sehr. Dazu ist es viel zu früh, dazu bin ich nicht fest genug hier eingerichtet, dazu schwanken mir die Nächte zu viel. [...] Diese ganze Berliner Sache ist ein so zartes Ding, ist mit letzter Kraft erhascht und hat wohl davon eine große Empfindlichkeit behalten. Du weißt, in welchem Tone man manchmal, offenbar unter dem Einfluß des Vaters, von meinen Angelegenheiten spricht. [...] Eine derartige noch so gutmütige, noch so freundschaftliche Beurteilung unmittelbar zu sehen und zu hören, wäre mir wie ein Herüberlangen Prags hierher nach Berlin".[31]

Kafka begann, sich in einer neuen, aber nicht unvertrauten Routine einzurichten. Sein Exemplar der *Selbstwehr* war eingetroffen, einer zionistischen Wochenschrift, die er seit 1913 stets treu von Anfang bis Ende las. Der Autor und Philosoph Felix Weltsch war langjähriger Redakteur der Zeitschrift. Er gehörte neben Max Brod und Oskar Baum zum engsten Freundeskreis Kafkas seit ihren Universitätstagen. Weltsch ähnelte Kafka in der

Statur so sehr, dass sie von Weitem oft miteinander verwechselt wurden. Und er war ebenfalls ein eher schüchterner Mensch mit einem „trockenen und manchmal bitteren Humor, Kafkas eigenem nicht unähnlich".[32] Kafka dankte Weltsch für den Versand der neuesten Ausgabe der *Selbstwehr*, „ich bin doch länger geblieben als ich dachte und hätte sie schwer entbehrt." Er erwähnte, dass er Weltschs Kusine Lise, die in Berlin lebte, noch nicht besucht habe, „die Tage sind so kurz, sie vergehn mir noch schneller als in Prag und glücklicher Weise viel unmerklicher. Dass sie so schnell vergehn, ist freilich traurig, es verhält sich eben so mit der Zeit, hat man einmal die Hand von ihrem Rad genommen, saust es an einem vorüber und man sieht für die Hand keinen Platz mehr." Kafka beschrieb ihm sein Leben in Berlin ähnlich wie gegenüber anderen: „Über die nächste Umgebung der Wohnung komme ich kaum hinaus, diese ist freilich wunderbar, meine Gasse ist etwa die letzte halb städtische, hinter ihr löst sich das Land in Gärten und Villen auf, alte üppige Gärten. [...] Dann ist da noch der große Botanische Garten, eine Viertelstunde von mir, und der Wald, wo ich allerdings noch nicht war, keine volle halbe Stunde. Die Einfassung des kleinen Auswanderers ist also schön." Außerdem hatte Kafka noch eine Bitte – „wenn Du kannst, nimm Dich ein wenig (Stellenvermittlung) des armen Klopstock an."[33] Klopstock war der junge Medizinstudent aus Budapest, den er in der Kur in Matliary kennengelernt hatte. Er litt ebenfalls an Tuberkulose und musste in Prag mit sehr wenig Geld zurechtkommen. Kafka war daher stets bemüht, seine Freunde für dessen Unterstützung zu gewinnen.

Nach zwei Wochen in Berlin war Kafka so weit, Ottla, Max Brod und Klopstock zu offenbaren, dass er in Berlin bleiben wolle. Obwohl es „die wirklichen Qualen der Preise" gab und er Beklemmungen hatte, wenn er gelegentlich die herbstlichen Straßen von Steglitz hinter sich ließ und ins Stadtzentrum fuhr, wobei er glaubte, dass er „einen großen Teil der Atemfähigkeit verliere, zu husten anfange, noch ängstlicher werde als sonst, alle Drohungen dieser Stadt sich gegen mich vereinigen sehe" – wollte Kafka Berlin nicht verlassen.[34]

Mitte Oktober schrieb Kafka an Klopstock: „Hinsichtlich meiner, unnötigen Besorgnisse: wenn es nur irgendwie geht, will ich sehr gern den Winter hier verbringen. Wäre mein Fall ganz neu in der Geschichte, wäre die Besorgnis berechtigt, aber es gibt ja Vorgänger, auch Columbus z. B. hat die Schiffe nicht gleich nach ein paar Tagen wenden lassen." Trotz schlechter Nachrichten aus dem Zentrum der Stadt berichtete er: „Übrigens ist hier in Steglitz das Leben friedlich, die Kinder wohl aussehend, die Bettelei nicht beängstigend, der Fundus aus früheren reichen Zeiten immer noch großartig und in gegenteiligem Sinne beschämend. Vor der innern Stadt freilich halte ich mich zurück, war nur dreimal dort, mein Potsdamer Platz ist der Platz vor dem Steglitzer Rathaus, noch er mir zu lärmend, glücklich tauche ich dann in die wunderbar stillen Alleen."[35]

Am selben Tag schrieb Kafka eine weitere Postkarte, mit der er auf frühere Fragen Max Brods einging: „Lieber Max, Emmy hat es Dir wahrscheinlich schon gesagt, ich will nicht nach Prag, nicht jetzt, vielleicht in zwei Monaten. Deine Befürchtungen sind grundlos: die Zeitungen lese ich nicht, schlimme Folgen der Zeit am eigenen Leibe habe ich bis jetzt nicht gespürt, ich lebe, was das Essen betrifft, ganz genau, aber ganz genau so wie in Prag, bei schlechtem Wetter bleibe ich in meinem Zimmer, der Husten, den ich nur zufällig erwähnte, hat sich nicht wiederholt. Schlimmer ist allerdings, daß in der allerletzten Zeit die Nachtgespenster mich aufgespürt haben, aber auch das ist kein Grund zur Rückfahrt; soll ich ihnen erliegen, dann lieber hier als dort, doch ist es noch nicht so weit. Übrigens werde ich Dich ja bald sehn. Wirst Du so gut sein, mir eine Handtasche mit Wintersachen mitzubringen. Man würde sie als Dein Mitgepäck aufgeben, hier würdest Du den Schein dem Gepäckzustellungsdienst übergeben, nur in Bodenbach würdest Du allerdings Plage damit haben. Würdest Du es tun wollen?"[36]

Als Kafka sich bereits einen Monat in Berlin aufhielt, fragte Brod etwas nachdrücklicher nach Kafkas genauen Lebensumständen. Seit zwanzig Jahren waren sie befreundet, und Brod spürte, dass Kafka etwas verbarg. Er verlangte Antworten, wollte wissen, wie Kafka seine Zeit verbrachte, was er aß und was genau Dora für ihn sei. „Lieber Max, es ist wahr, ich schreibe nichts, aber nicht deshalb, weil ich etwas zu verbergen hätte (soweit das nicht mein Lebensberuf ist)", antwortete Kafka in einem langen Brief, für den er drei Tage benötigte. „Wenn ich also nicht schreibe, so hat das vor allem […] ‚strategische' Gründe", formulierte er, „ich vertraue Worten und Briefen nicht, meinen Worten und Briefen nicht, ich will mein Herz mit Menschen, aber nicht mit Gespenstern teilen, welche mit den Worten spielen und die Briefe mit hängender Zunge lesen. Besonders Briefen vertraue ich nicht und es ist ein sonderbarer Glaube, daß es genügt, den Briefumschlag zuzukleben, um den Brief gesichert vor den Adressaten zu bringen […]: manchmal scheint mir überhaupt das Wesen der

Kunst, das Dasein der Kunst allein aus solchen ‚strategischen Rücksichten' erklärbar, die Ermöglichung eines wahren Wortes von Mensch zu Mensch".

Kafkas vorherige Beziehungen zu Frauen, insbesondere zu Felice und Milena, bestanden zum großen Teil aus brieflichen Dialogen. Nun, da er mit Dora in Berlin zusammenlebte, konnte er seine Gefühle stets persönlich mit der Frau, die sie hervorrief, besprechen.

Gegenüber Max gab er sich zunächst noch weiterhin verschlossen. Er erzählte ihm, dass er gerade einen Roman auf Hebräisch lese, eine Seite pro Tag, „doch ist trotz aller Schwierigkeit das Lesen von bisher 30 Seiten keine Leistung, mit der man sich rechtfertigen kann, wenn für 4 Wochen Rechenschaft gefordert wird." Er schrieb ausführlicher über Emmy, seine häufigste Besucherin. Zwar litt sie unter ihrer schwierigen Liebesbeziehung mit Brod, dennoch war sie glücklicher, energischer und mutiger geworden, meinte Kafka. Sie hatte eine Rolle in einem Theaterstück bekommen und sollte in Kürze bei einem Konzert in einer Kirche singen. Kafka hatte sie bei mehreren Gelegenheiten gesehen, und einmal waren sie einander im botanischen Garten begegnet. Häufig rief Emmy auch an. Als Kafka eben dabei war, den Brief an Max zu schreiben, klingelte wieder einmal das Telefon. „Emmy", berichtete Kafka nach der Unterbrechung, „war aufgeregt, Berliner Aufregungen (Furcht vor Generalstreik, Schwierigkeiten des Geldwechselns [...])".

Erst nach drei Tagen beantwortete Kafka Brods drängendste Frage: „Diamant ist der Name"[37], schrieb er – mehr nicht. Am darauffolgenden Tag erwähnte er sie wieder in einem Brief, quälte Brod mit seiner Wortkargheit, nannte nur das Initial ihres Vornamens: „D". Brods Sorgen über die Menge und Qualität seiner Ernährung seien unnötig, schrieb Kafka und berichtete vom Mittagessen in einem vegetarischen Restaurant in der Friedrichstraße; „ich mit D. Wir hatten: Spinat mit Setzei und Kartoffeln (ausgezeichnet, mit guter Butter gemacht, an Menge allein schon sättigend) dann Gemüseschnitzel, dann Nudeln mit Apfelmus und Pflaumenkompot (davon gilt dasselbe wie vom Spinat) dann ein Pflaumenkompot extra, dann einen Tomatensalat und eine Semmel. Das ganze hat mit übermäßigem Trinkgeld etwa 8 K gekostet, das ist doch nicht schlimm."[38]

Doch diese Mahlzeit war erst die zweite, die Kafka seit seiner Ankunft in Berlin in einem Restaurant eingenommen hatte. Meistens bereitete Dora sein Essen zu. Tagsüber ernährte er sich von Obst, Joghurt, Kefir und Brot aus der kleinen Bäckerei in der Nachbarschaft sowie von der hervorragenden tschechischen Butter, die ihm seine Familie reichlich aus Prag schickte. Die Korrespondenz, die Kafka seit Mitte Oktober mit seinen Eltern führte, übertraf die gesamte Menge der vorherigen vierzig Jahre und belief sich bis zu seinem Tod neun Monate später auf mehr als dreißig Briefe. Darin versicherte er, dass es trotz anderslautender Berichte reichlich Nahrung gab für jene, die es sich leisten konnten. Als Vegetarier benötigte Kafka dringend Butter, um sein Gewicht zu halten, doch war diese in Berlin für die meisten Deutschen unerschwinglich, ihr Preis betrug im Oktober sechs Millionen Mark für ein Pfund. Verfügte man über diese Summe oder konnte man in ausländischer Währung zahlen, war Butter erhältlich „soviel man will, nur essen kann man sie nicht", hatte Kafka an seinem zweiten Tag in Berlin geschrieben und Ottla gebeten, ihm „hie und da ein Päckchen" zu schicken.[39]

Gegenüber den Berlinern hatte Kafka als Ausländer einen gewaltigen Vorteil: Seine monatliche Pension von der Arbeiterunfallversicherung, etwa 1000 Kronen, wurde in tschechoslowakischer Währung ausgezahlt, die ihren Wert gegenüber dem amerikanischen Dollar, der internationalen Leitwährung, behaupten konnte. Die Auszahlungen nahmen allerdings seine Eltern in Prag in Empfang, und da sie das Geld oft nur sehr zögerlich an ihn weiterleiteten, war er ständig genötigt, sie brieflich um sein Geld zu bitten.

Gegenüber Klopstock hatte Kafka Dora Diamant noch immer nicht erwähnt. Dieser hatte Kafka enthusiastisch dafür gelobt, dass er sein Ziel endlich erreicht hatte. „Bitte, nicht übertreiben hinsichtlich Berlins", schrieb ihm Kafka am 31. Oktober. „Dass ich hierhergefahren bin, war ungeheuerlich, aber weitere Ungeheuerlichkeiten sind dem hier vorläufig nicht gefolgt, also soll man es nicht durch Lobsprüche schrecken. Es ist nicht einmal ausgeschlossen, dass mich die unheimliche Teuerung – vorläufig nicht, wohl aber wenn sie sich weiter mit gleicher Unermüdlichkeit steigert – vertreibt", meinte Kafka skeptisch und fügte, auf Dora anspielend, hinzu: „Bis jetzt geht es mir äußerlich gut, man kann nicht besser versorgt sein, als ich es bin."[40]

In der Tat aber war Kafkas Umzug nach Berlin der Glückwünsche durchaus würdig. Trotz scheinbar unüberwindlicher Hindernisse gelang ihm mit der Übersiedlung im Alter von vierzig Jahren, wovon er so lange nur hatte träumen können. „Sich von Prag loszureißen – das war, obwohl es erst sehr spät geschah, die große Errungenschaft seines Lebens, ohne die er gleichsam kein Recht auf den Tod hatte": So gibt Dora wieder, was Kafka ihr erklärt hatte.[41]

4

DAS IDYLL IN BERLIN

> *An diesem Orte war ich noch niemals: anders geht der Atem, blendender als die Sonne strahlt neben ihr ein Stern.*
>
> Franz Kafka, Oktavheft G[1]

Berlin, November 1923

„Einen einzigen Tag mit Franz gelebt zu haben, bedeutet mehr als sein gesamtes Werk", sollte Dora später dem Freund Kafkas und Philosophen Felix Weltsch anvertrauen, nachdem Kafkas literarische Bedeutung anerkannt und er weltweit berühmt geworden war. Sie hatte sich nicht in einen Schriftsteller verliebt, sondern in einen Mann, der ihre Vorstellung davon verkörperte, was ein Mensch sein sollte, und der sie immer wieder überraschte und entzückte: „Alles wurde mit Lachen getan." Mit Kafka zu leben sei, sagte sie, „als lebte man im Paradies".[2]

Für Dora waren Kafkas Werke, oder sein „Kritzeln"[3], wie er es nannte, noch das Geringste, was ihn als Menschen ausmachte. Ganz gleich, wie großartig sein literarisches Schaffen war, er selbst schien ihr doch noch größer und bedeutender, auch wenn Kafka niemals so dachte. Er war ein „außergewöhnliches Wesen"; Dora hatte dies schon beim ersten Sehen wahrgenommen, und beinah jeder spürte es. Dora fand, er strahle etwas aus, das auf andere überging. Freunde und Bekannte erzählten von Kafkas Einfluss auf sie. Nach einer Begegnung mit Dora, bei der sie über Kafka sprach, meinte ein Autor, Dora sei „größer, geadelt, zweifellos geprägt von dem Kontakt mit einem außergewöhnlichen Wesen".[4]

Dora Diamant und Kafka verbrachten viele Stunden zu zweit, in denen sie miteinander redeten, einander etwas vorlasen und sich amüsierten. „Kafka war immer heiter", sagte Dora. „Er spielte gern, er war der geborene Spielkamerad, der immer zu irgendwelchen Späßen aufgelegt ist."[5] Er machte alles zu einem

Spiel, sei es, den Tisch zu decken, Briefe zu öffnen oder eine schwierige Entscheidung zu treffen, und Dora ließ sich gern darauf ein, ohne immer genau zu wissen, ob er gerade ein wenig spielte oder völlig ernst war, es kam nicht darauf an.

Dass „mein Bewußtseinsinhalt ganz nebelhaft ist", hatte Kafka einst geschrieben, „daß ich darin, soweit es nur auf mich ankommt, ungestört und manchmal selbstzufrieden ruhe". Die Beziehung zu anderen allerdings, so meinte er, brauche gemeinhin „Zuspitzung, Festigung und dauernden Zusammenhang [...] Dinge, die es in mir nicht gibt. In Nebelwolken wird niemand mit mir liegen wollen".[6] Doch darin täuschte er sich. Zu seiner großen Freude mochte Dora tatsächlich mit ihm „in Nebelwolken liegen" – oder wo auch immer – und, mit Gespür fürs Dramatische und unbändiger Abenteuerlust, an seinen traumartigen Spielen teilnehmen.

Sie dachten beständig daran, Berlin zu verlassen und nach Palästina auszuwandern, um dort ein neues Leben zu beginnen. Sie stellten sich vor, in Tel Aviv zu leben und dort ein Restaurant zu eröffnen. Dora wäre die Köchin, während Kafka sich als Kellner nützlich machen würde. „Auf diese Weise hätte man alles beobachten können, ohne selbst gesehen zu werden, hätte man mitten im Alltagsgeschehen gestanden", erklärte sie später.[7] „Und wie gerne er spielte, und mit welchem Ernst und welcher Gewissenhaftigkeit: Oft spielte er Kellner für mich", erinnerte sich Dora. „Er hatte einen ganzen Raum zu bedienen und da dieses Spiel manchmal eine Viertelstunde dauerte, wurde das Essen kalt!"

Dora wusste, dass Palästina für ihn letztlich nur ein Traum war, eine Wunschvorstellung: „In dem Gesundheitszustand, in dem er sich zu dieser Zeit befand, konnte er ein solches Unternehmen kaum riskieren". Als Kafka viele Jahre später immer wieder als Nihilist gedeutet wurde, wies Dora diese Vorstellung als absurd zurück: „Ein Mensch, der mit solcher Freude aß und trank [...] wie er eine Banane genoss! Und jeder, der Franz einen Schluck Wein trinken sah, hätte (Wein-)Trinker werden müssen! [...] Wie hätte ein Mensch, der intensiv lebte, der sich mit solcher Hingabe dem alltäglichen Tun des Daseins widmete, das Leben hassen können?"

Kafka war, was Doras Leben in Polen anging, neugierig auf alles. Ihr Vater etwa interessierte ihn sehr und, wie sie als junges Mädchen in einer chassidischen Familie aufgewachsen war: „Es gibt nicht genug Worte, um die Intensität dieses Interesses auszudrücken", sagte Dora. „Er hörte so gespannt zu, dass er zitterte".

Seine Begegnung mit dem osteuropäischen Judentum, glaubte Dora, „brachte plötzlich [...] etwas, was in ihm vergraben war, zu Tage, etwas Archaisches. Es berührte das Mystische". Sie sah in Kafka vieles, was für den Chassidismus typisch ist: „Seine Liebe für die Dinge des Alltagslebens, die Tatsache, dass er die Anwesenheit Gottes selbst in den kleinsten Gesten dieses Alltagslebens fand; seine Freude zu ‚dienen' etc."[8]

Kafka sprach sehr gern. „Er hatte braune, schüchterne Augen, in denen es aufleuchtete, wenn er sprach", erinnerte sich Dora viele Jahre später. „Es erschien in ihnen mitunter ein Funke Humor, der jedoch weniger ironisch als schalkhaft war, so als ob er Dinge wüßte, die andere Leute nicht kennen. Aber der Sinn für Feierlichkeit fehlte ihm vollständig. Er hatte gewöhnlich eine sehr lebendige Art zu reden, und er redete gern. Seine Ausdrucksweise im Gespräch war ebenso bildhaft wie seine Dichtungen. [...] Seine Handgelenke waren sehr schlank und seine Finger lang und ätherisch. Diese Finger belebten sich, wenn er eine Geschichte erzählte". Das war für ihn eine zusätzliche Weise zu sprechen, so als würde er seine Worte mit seinen Fingern malen. Dora erkannte bei ihm die „Genugtuung, die ein Handwerker bei einer gelungenen Leistung empfindet"[9], wenn Kafka sich auf diese Weise besonders gut ausgedrückt hatte.

„Er sprach mit einer schütteren, verschleierten Baritonstimme, welche bewunderungswürdig melodiös war, obwohl sie nie die Mittellage von Kraft und Höhe verließ"[10], schrieb Gustav Janouch, ein junger Autor und Sohn eines Arbeitskollegen, mit dem sich Kafka einige Jahre zuvor angefreundet hatte. Im Anschluss an jede Unterhaltung mit Kafka notierte Gustav Janouch nicht bloß dessen Worte, sondern er hielt auch den Eindruck fest, den sie bei ihm hinterließen. Fünfundzwanzig Jahre später veröffentlichte er mit Hilfe von Max Brod seine Aufzeichnungen als *Gespräche mit Kafka*, die er um ausführliche Beschreibungen von Kafkas Eigentümlichkeiten ergänzt hatte. Viele Freunde berichteten, wie sie lange und heftig mit Kafka gelacht hatten, aber nur bei Janouch findet man eine Beschreibung darüber, wie Kafka selbst lachte: „Er neigte den Kopf – je nach der Intensität des Lachreizes – schnell oder langsam nach rückwärts, öffnete ein wenig den breitgezogenen Mund und schloß die Augen zu ganz schmalen Sehschlitzen, als ob er das Gesicht der Sonne entgegenhalten würde. Oder er legte die Hände auf die Tischplatte, hob die Schultern in die Höhe, zog die Unterlippe nach innen, duckte sich und kniff die Augen zusammen, als ob ihn jemand beim Baden plötzlich bespritzen würde".[11]

Dora fand, Kafka spreche mit seinen Fingern – „Kafka spricht durch sein Gesicht", meinte dagegen Janouch. „Wo er das Wort durch eine Bewegung der Gesichtsmuskeln ersetzen kann, tut er es." Kafkas Mimik – sein lebhaftes Lächeln, ein leichtes Zusammenziehen seiner dunklen Augenbrauen, ein Stirnrunzeln oder ein Lippenspitzen – konnte ganze Sätze erübrigen. Kafka gebrauchte mit derselben Wirkung auch sparsame Gesten. Sie waren aber, so Janouch, nicht bloß eine Untermalung seiner Rede, vielmehr eine „gleichsam selbständige Bewegungssprache selbst, ein Verständigungsmittel, also keineswegs passiver Reflex, sondern zeckmäßiger Willensausdruck".

Jedoch war es Janouch zuletzt wichtiger, was Kafka sagte, als wie er es tat. Fast fünfzig Jahre später, kurz vor seinem Tod, verfasste er ein Nachwort zur zweiten Auflage seines Buchs, eine Zusammenfassung von Kafkas Einfluss auf sein Leben, in der Doras Erfahrungen widerklingen:

> „Der in den Jahren, da ich mit ihm zusammenkam, schon im Schatten des Vergehens erlöschend lächelnde Doktor Franz Kafka erweckte mein Fühlen und Denken. Er war die geistig größte Gestalt und damit auch schon der mächtigste Gestalter meiner Jugendjahre, ein wirklicher, um Wahrheit und Lebensbewährung ringender Mensch, dessen in der Stille versunkenen erbitterten Kampf um die menschliche Existenz ich mitansah. Sein Gesichtsausdruck, seine leisen Worte und die lauten Hustenanfälle, das Bild seiner hohen, schmalen Gestalt und die eleganten Bewegungen seiner gütigen Hände, der Schatten und Glanz seiner großen und wandlungsfähigen Augen, mit deren Licht er seine Aussagen zu unterstreichen pflegte, das unvergänglich Einmalige und darum nie Wiederkehrende und Ewige seiner Person, sein äußeres und inneres Wesen zittert in mir wie ein Echo, das die Gänge und Schluchten meiner Tage und Jahre in ständiger Bildwiederholung durchhallt, um mit der Zeit nicht zu verschwinden, sondern nur noch immer größer und deutlicher hervortreten."[12]

Bei gutem Wetter unternahmen Kafka und Dora gemeinsam Spaziergänge in ihrer Umgebung, wie etwa auch zum Steglitzer Marktplatz. Zwei oder drei Straßenbahnen überquerten den Platz, es gab dort ein wenig Verkehr, aber bei Weitem nicht wie auf dem Kurfürstendamm oder in der Friedrichstraße in der

Berliner Stadtmitte. Die Verlagshäuser Ullstein, Mosse und Scherl hatten hier Zweigstellen, und in den Schaufenstern konnten Passanten die Nachrichten vom Tag lesen, ohne sich eine Zeitung zu den exorbitanten Preisen kaufen zu müssen; „aus den ersten Zeitungsseiten, die dort aushängen", berichtete Kafka Max, „sauge ich das Gift, das ich knapp noch ertrage, manchmal (gerade wird im Vorzimmer von Straßenkämpfen gesprochen) augenblicksweise auch nicht ertrage".[13]

Als sie eines Tages durch einen kleinen Park in der Nachbarschaft gingen, begegnete ihnen ein kleines Mädchen, das weinte und „ganz verzweifelt zu sein schien. Wir sprachen mit dem Mädchen", sagte Dora.

> „Franz fragte es nach seinem Kummer, und wir erfuhren, daß es seine Puppe verloren hatte. Umgehend erfindet Kafka eine plausible Geschichte, um ihr Verschwinden zu erklären: ‚Deine Puppe macht nur gerade eine Reise, ich weiß es, sie hat mir einen Brief geschickt.' Das kleine Mädchen ist etwas mißtrauisch: ‚Hast du ihn bei dir?' ‚Nein, ich habe ihn zu Haus liegen lassen, aber ich werde ihn dir morgen mitbringen.' Das neugierig gewordene Mädchen hatte damit seinen Kummer schon halb vergessen, und Franz kehrte sofort nach Hause zurück, um den Brief zu schreiben.
>
> Er machte sich mit allem gebotenen Ernst an die Arbeit, als handele es sich darum, ein Werk zu schaffen. Er war in demselben gespannten Zustand, in dem er sich immer befand, sobald er an seinem Schreibtisch saß, ob er nun einen Brief oder eine Postkarte schrieb. Es war ja auch eine wirkliche Arbeit, ebenso wesentlich wie die anderen, weil das Kind um jeden Preis vor einer Enttäuschung bewahrt und wirklich zufriedengestellt werden mußte. Die Lüge mußte also durch die Wahrheit der Fiktion in Wahrheit verwandelt werden. Am nächsten Tag trug er den Brief zu dem kleinen Mädchen, das ihn im Park erwartete. Da die Kleine nicht lesen konnte, las er ihr den Brief laut vor. Die Puppe erklärte darin, daß sie genug davon hätte, immer in derselben Familie zu leben, sie drückte den Wunsch nach einer Luftveränderung aus, mit einem Wort, sie wollte sich von dem kleinen Mädchen, das sie sehr gerne hätte, für einige Zeit trennen. Sie versprach, jeden Tag zu schreiben – und Kafka schrieb tatsächlich jeden Tag einen Brief, indem

er immer wieder von neuen Abenteuern berichtete, die sich dem besonderen Lebensrhythmus der Puppen entsprechend sehr schnell entwickelten. Nach einigen Tagen hatte das Kind den wirklichen Verlust seines Spielzeugs vergessen und dachte nur noch an die Fiktion, die es nun als Ersatz erhielt. Franz schrieb jeden Satz des Romans so ausführlich und so humorvoll genau, daß die Situation der Puppe völlig faßbar wurde: die Puppe war gewachsen, zur Schule gegangen, hatte andere Leute kennengelernt. Sie versicherte das Kind immer wieder ihrer Liebe, spielte dabei aber auf die Komplikationen ihres Lebens an, auf andere Pflichten und auf andere Interessen, die ihr im Augenblick nicht gestatteten, das gemeinsame Leben wieder aufzunehmen. Das kleine Mädchen wurde gebeten, darüber nachzudenken, und wurde so auf den unvermeidlichen Verzicht vorbereitet.

Das Spiel dauerte mindestens drei Wochen. Franz hatte eine furchtbare Angst bei dem Gedanken, wie er es zu Ende führen sollte. Denn dieses Ende mußte ein richtiges Ende sein, das heißt, es mußte eine neue Ordnung ermöglichen, die durch den Verlust des Spielzeugs heraufbeschworene Unordnung ablösen. Er suchte lange und entschied sich endlich dafür, die Puppe heiraten zu lassen. Er beschrieb zunächst den jungen Mann, die Verlobungsfeier, die Hochzeitsvorbereitungen, dann in allen Einzelheiten das Haus der Jungverheirateten: ‚Du wirst selbst einsehen, daß wir in Zukunft auf ein Wiedersehen verzichten müssen.' Franz hatte den kleinen Konflikt eines Kindes durch die Kunst gelöst, durch das wirksamste Mittel, über das er persönlich verfügte, um Ordnung in die Welt zu bringen."[14]

Doras Geschichte über Kafka und die Puppe, die Dora viele Jahre später Freunden und Kafka-Biografen wieder erzählte, ist, in den Worten des englischen Übersetzers, „eine einfache, vollkommene und wahrhaftige Kafka-Geschichte, in der der Mensch Kafka und der Schriftsteller Kafka freudig und harmonisch miteinander zu verschmelzen scheinen". Führende Kafka-Experten aus den Niederlanden und den Vereinigten Staaten versuchten jeweils, in Berlin das kleine Mädchen aus dem Park in Steglitz ausfindig zu machen, das, falls es überhaupt noch lebte, inzwischen eine sehr alte Frau sein musste und vielleicht die Briefe aus seiner Kindheit, die seine Puppe geschrieben hatte, immer noch besaß. Doch trotz Artikeln in mehreren Berliner Zeitungen, z.B. mit der Überschrift „Wen traf Kafka im Park?", blieb die Suche erfolglos.[15]

Dora wusste zwar, dass Kafka Schriftsteller war, doch bevor sie mit ihm zusammenlebte, hatte sie keine Vorstellung davon, was dies wirklich für ihn bedeutete. „Kafka mußte schreiben", sah sie bald ein, „weil das Schreiben seine Lebensluft war. Er atmete sie im Rhythmus der Tage, an denen er schrieb", versuchte sie einmal zu erklären, was doch mit Worten schwierig zu beschreiben war.[16] Kafka selbst bezeichnete es einmal als „eine Form des Gebetes"[17].

„Sein Tag war genau eingeteilt, und zwar in Hinblick auf seine schriftstellerische Arbeit", so Dora. „Vormittags ging er oft allein spazieren. […] Auf seine Spaziergänge nahm er immer ein Notizbuch mit, und wenn er es einmal vergaß, kaufte er sich unterwegs ein neues." Ganz offenbar war dabei immerzu seine umgreifende Liebe von Natur und Welt, auch wenn Dora ihn dies nie so direkt hat aussprechen hören.

Kafka bestand darauf, die Einkäufe zu übernehmen, und wurde mit der Milchkanne und dem Einkaufskorb in den Händen bald ein vertrauter Anblick in der Nachbarschaft. Jeden Morgen stand er früh, gegen sieben Uhr, auf, verbrachte einige Zeit mit dem Ankleiden und ging dann hinaus ins, wie er es nannte, „Glück der ersten Morgenstunden".[18] Er fühlte sich wohl unter den einfachen Leuten. „Er wollte sich ganz als ein gewöhnlicher, kleiner Durchschnittsmensch fühlen, ohne besondere Wünsche und Bedürfnisse."[19]

All dies änderte sich jedoch, wenn er zu schreiben anfing. „Gewöhnlich wanderte er schwerfällig und unlustig umher, bevor er mit dem Schreiben begann. Er sprach dann wenig, aß ohne Appetit, nahm an nichts Anteil und war sehr niedergedrückt; er wollte allein sein. Anfangs verstand ich diese Stimmungen nicht, später hatte ich immer ein Gefühl dafür, wann er sich dem Schreiben zuwenden wollte." Als sie später an diese frühen gemeinsamen Tage zurückdachte, sah sie sie sich „in ihrem unterschiedlichen Spannungsgehalt nur durch den Vergleich mit Farben voneinander unterscheiden: purpurrote, dunkelgrüne oder blaue Tage."[20]

Dora hatte ein Gespür für Kafkas Verlangen nach Einsamkeit und Stille, sie ließ ihn dann allein. Die ideale Situation, um zu schreiben, wäre für ihn, wie er einmal sagte, „im innersten Raume eines ausgedehnten, abgesperrten Kellers". In einem Brief an seine frühere Verlobte Felice hatte er in allen Einzelheiten beschrieben, wie er eingeschlossen nur mit seinem „Schreibzeug und einer

Lampe" wäre: „Das Essen brächte man mir, stellte es immer weit von meinem Raum entfernt hinter der äußersten Tür des Kellers nieder. Der Weg um das Essen, im Schlafrock, durch alle Kellergewölbe hindurch wäre mein einziger Spaziergang. Dann kehrte ich zu meinem Tisch zurück, würde langsam und mit Bedacht essen und wieder gleich zu schreiben anfangen. Was ich dann schreiben würde! Aus welchen Tiefen ich es hervorreißen würde! Ohne Anstrengung! Denn äußerste Koncentration kennt keine Anstrengung. Nur, daß ich es vielleicht nicht lange treiben würde und beim ersten [...] Mißlingen in einen großartigen Wahnsinn ausbrechen müßte."[21] Felice hatte diese Beschreibung der idealen Lebensweise ihres angehenden Ehemanns als beunruhigend empfunden.

Kafka erzählte Dora von Felice und erklärte, warum er sie nicht heiraten konnte. „Sie war ein prächtiges, aber vollkommen bürgerliches Mädchen", meinte Dora später. „Kafka hatte das Gefühl, daß eine Ehe mit ihr zugleich die Heirat mit der ganzen Verlogenheit Europas bedeuten würde."[22] Felice wünschte sich, so Kafka, „das Mittelmaß, die behagliche Wohnung, Interesse für die Fabrik, reichliches Essen, Schlaf von 11 Uhr abends an, geheiztes Zimmer". Deutlich wurde Felices Wunsch nach Normalität und beständiger Ordnung in seiner Schilderung, wie sie einmal seine Taschenuhr, die er anderthalb Stunden vorgehen ließ, auf die Minute genau zurückstellte. Felice „behält Recht und würde weiterhin Recht behalten", räumte Kafka ein.[23]

Wie Dora verstand, war „diese Verlobung ein Versuch, sich dem Leben der bürgerlichen Mittelklasse zu akklimatisieren, und zugleich Ausdruck eine gewissen Neugier. Er wollte alles kennenlernen, alles selbst aufspüren." Bald nach der Lösung des Verlöbnisses hatte Felice einen anderen Mann geheiratet und war nun, fünf Jahre später, Ehefrau und Mutter. Kafka hingegen galt wegen seines Gesundheitszustands als untauglich für Heirat und Vaterschaft, war arbeitsunfähig und schien in eine Sackgasse geraten zu sein. Andererseits bekam er nun eine Pension, war von den ihn ermüdenden Verantwortungen des Arbeitslebens entbunden und nun zum ersten Mal in seinem Leben wirklich frei, das Leben eines Schriftstellers zu führen.

Er las ihr aus einer seiner Lieblingsgeschichten, *Hermann und Dorothea* von Goethe, vor, an der „ihn unter anderem die Liebe zum alltäglichen Leben besonders anzog", berichtete Dora. „Die Hoffnung, doch ein Leben nach seinem Wunsche führen zu können, ließ ihn eine konkrete Beziehung zu Heim, Geld und Familie eingehen, freilich in einem ganz unbürgerlichen Sinne. […] In Berlin glaubte er eine Zeitlang, eine persönliche Lösung für die inneren und äußeren Wirren gefunden zu haben".[24] Ein Familienleben und seine „Lebensluft", wie Dora es nannte, schlossen sich diesmal nicht gegenseitig aus. Mit ihr war es nicht nötig, sich zwischen dem Schreiben und einer Frau, mit der er sein Leben teilen konnte, zu entscheiden. Er konnte mit Dora leben und immer noch sagen: „Ich lasse nichts nach von meiner Forderung nach einem phantastischen nur für meine Arbeit berechnetem Leben".[25]

An den Tagen, an denen Kafka schrieb, hatte Dora genug zu tun: Sie las für ihren Unterricht an der Hochschule für die Wissenschaft vom Judentum und arbeitete ehrenamtlich beim Berliner Jüdischen Volksheim, wo sie auch an einem kostenlos angebotenen Kurs für rhythmischen Tanz teilnahm und gelegentlich bei den Kindern im Waisenhaus aushalf. Nichts hätte Kafka mehr interessieren und erfreuen können, als Doras dauerhafte Beschäftigungen in Berlin. Wenn sie in die Wohnung zurückkehrte, wollte er immer alles darüber wissen, und er seinerseits las ihr dann oft vor, was er mit „Verve, mit Leidenschaft"[26] geschrieben hatte. Anschließend fragte er: „Bin ich den Gespenstern wirklich entkommen?"[27]

Gespenster: „Unter dieser Bezeichnung", so hatte Dora erfahren, „faßte er alles zusammen, was ihn vor seiner Ankunft in Berlin gequält hatte. Von dieser Vorstellung schien er wie besessen zu sein, es lag darin gewissermaßen ein trotziges Aufbegehren", sagte sie. „Aber er sprach von den ‚Gespenstern' mit dem komplizenhaften Lächeln eines Kindes, das man nicht täuscht, und welches einem den Schwarzen Mann ins Gedächtnis ruft."[28]

Dora fand schnell heraus, was Kafka Freude machte, worin seine besonderen Vorlieben und Abneigungen bestanden. Er mochte exotische Früchte wie etwa Ananas und Bananen. Von seiner Taschenuhr war er sehr angetan und ganz besonders von Doras Kalender, der für jeden Tag einen neuen Aphorismus bereithielt. Er bestand oft darauf, „den Kalender zu befragen", und die beiden lachten über die zufälligen Einsichten und verdrehten Betrachtungsweisen, die diese Sprichwörter ihnen manchmal boten. Als Dora einmal Weintrauben wusch, glitt ihr die Glasschale aus den Händen und zerbrach. Sofort erschien Kafka in der Küche, er hielt den Kalender in der Hand. Mit weit aufgerissenen Augen und großer Ernsthaftigkeit las er ihr den Aphorismus vor: „Ein Augenblick kann alles zerstören!" Er behielt seine ernste Miene so lange wie möglich bei, überreichte ihr dann die Seite und beide mussten lachen. „Die Wahrheit klang so trivial", erinnerte sie sich.

Sein äußeres Erscheinungsbild war Kafka wichtig, jedoch nicht, weil er eingebildet oder selbstverliebt gewesen wäre. „Er legte großen Wert darauf, gut angezogen zu sein", sagte Dora. „Es war in seinen Augen eine Unhöflichkeit, irgendwohin mit einem nachlässig gebundenen Schlips zu gehen. Seine Anzüge ließ er von einem erstklassigen Schneider anfertigen, und zum Ankleiden nahm er sich immer viel Zeit, jedoch nicht aus Eitelkeit", betonte Dora beharrlich. „Er betrachtete sich prüfend und kritisch im Spiegel, ohne alle Selbstgefälligkeit, in der Absicht, bei der Umwelt nicht Anstoß zu erregen".[29] Er war äußerst geräuschempfindlich, Lärm war ihm zuwider. Das Telefon mochte er nicht, wollte nie den Hörer abnehmen oder gar hineinsprechen und bat immer Dora, die Anrufe entgegenzunehmen. „Was täte ich, wenn Prag anläutet und D. wäre nicht zu Hause?", fragte er sich.[30] Überhaupt fand er ›maschinelle Dinge‹ unangenehm und verwirrend. Zwar bewunderte er etwa die Fertigkeiten zur Bedienung einer Schreibmaschine und war von jedem ziemlich beeindruckt, der schnell tippen konnte, er selbst aber schrieb lieber von Hand, in seiner unverkennbaren, irgendwie auch eleganten schwarzen Kritzelschrift.

Mit Dora verbrachte er fast jeden Abend zu Hause. Abends auszugehen war zu teuer, und so unterhielten sie sich an den langen Abenden gegenseitig. Dora lag zusammengerollt auf dem Sofa und Franz las ihr laut aus seinen Lieblingsgeschichten und -büchern vor; dessen wurde er nie müde.

„Und dann liebte er Kleist", erinnerte Dora sich. „Er konnte mir ‚Die Marquise von O.' fünf- oder sechsmal hintereinander vorlesen."[31] Heinrich von Kleist (1777–1811), einer der von Kafka am meisten geschätzten Schriftsteller, hatte seinerseits einhundert Jahre vor Kafka der deutschen Literatur neue Impulse gegeben. Die laut einer zeitgenössischen Rezensentin anstößige Erzählung *Die Marquise von O...* etwa „kann kein Frauenzimmer ohne Erröten lesen."[32]

In seinem Tagebuch hielt Kafka zahlreiche Parallelen zu Kleists Leben fest. Ebenso wie Kafka war Kleist im Staatsdienst tätig, ein Junggeselle, der an der Frage verzweifelte, ob er jemals heiraten würde, ein schüchternes und empfindsames Kind in einer Gesellschaft, die starke oder gar brutale Männer verehrte, und dessen Eltern für die albernen literarischen Ambitionen ihres Sohnes bloß Verachtung empfanden. Kleist starb vorzeitig, er nahm sich mit vierunddreißig Jahren das Leben. Außerhalb Deutschlands ist sein Werk weitgehend unbekannt geblieben.

Nach der Ansicht Thomas Manns ist der erste Satz von Kleists Erzählung *Das Erdbeben in Chili* berühmt „als Meisterstück gedrängter Exposition" eine Autors, „der mit souveräner Sachlichkeit alles Nötige unterzubringen und in schöner Gliederung auf einmal auszusprechen weiß".[33] Gleichermaßen faszinierend ist der einleitende Satz von Kafkas Lieblingsgeschichte *Die Marquise von O…*:

> „In M…, einer bedeutenden Stadt im oberen Italien, ließ die verwitwete Marquise von O…, eine Dame von vortrefflichem Ruf, und Mutter von mehreren wohlerzogenen Kindern, durch die Zeitungen bekannt machen: daß sie, ohne ihr Wissen, in andre Umstände gekommen sei, daß der Vater zu dem Kinde, das sie gebären würde, sich melden solle; und daß sie, aus Familienrücksichten, entschlossen wäre, ihn zu heiraten."[34]

Diese Novelle, die Kleist im Alter von 28 Jahren verfasste, verbindet süße Unschuld und befremdliche Erotik. Die von der Mutter heimlich beobachtete inzestuöse Szene zwischen der Marquise und ihrem mit ihr zerstrittenen Vater, dem Kommandanten, ist auch nach zweihundert Jahren immer noch seltsam und beunruhigend.

> „Drauf endlich öffnete sie die Tür, und sah nun – und das Herz quoll ihr vor Freuden empor: die Tochter still, mit zurückgebeugtem Nacken, die Augen fest geschlossen, in des Vaters Armen liegen; indessen dieser, auf dem Lehnstuhl sitzend, lange, heiße und lechzende Küsse, das große Auge voll glänzender Tränen, auf ihren Mund drückte: gerade wie ein Verliebter! Die Tochter sprach nicht, er sprach nicht; mit über sie gebeugtem Antlitz saß er, wie über das Mädchen seiner ersten Liebe, und legte ihr den Mund zurecht, und küßte sie. Die Mutter fühlte sich, wie eine Selige; ungesehen, wie sie hinter seinem Stuhle stand, säumte sie, die Lust der himmelfrohen Versöhnung, die ihrem Hause wieder geworden war, zu stören."[35]

Kafka schätzte Kleists schöpferische Fähigkeit, hergebrachte Konzeptionen umzugestalten, und verstand, dass Kleists Anliegen nicht lediglich darin bestand, den Leser zu schockieren. *Die Marquise von O…* und die anderen eigenartigen

Erzählungen Kleists stellten das vertraute Gleichgewicht der Welt infrage, verzichteten dabei auf eine gekünstelte Sprache und folgten dem Ansatz, außerordentliche Dinge in einfachen, schmucklosen und sachlichen Worten auszudrücken. Es war eine Suche nach neuer Wahrheit, ein Stil, den Kafka in seiner eigenen literarischen Arbeit übernahm. Kafka stimmte mit Kleist darin überein, man müsse „das Aberwitzige wagen um das Erhabene zu berühren", und machte von dieser Methode in seinem Leben wie auch in seinem Werk Gebrauch.[36]

Kafka hatte seine Lieblingsbücher nach Berlin mitgenommen, aus denen er Dora wieder und wieder vorlas. Lebensansichten des Katers Murr von E. T. A. Hoffmann wurde schnell eines von Doras liebsten Werken. Kafkas dramatisches Talent, seine tiefe, wohlklingende Stimme und tanzenden Finger konnten sie stundenlang bezaubern. Die Memoiren des abenteuerlustigen reifen Katers sorgten schon von den ersten Absätzen an für Gelächter. Kafka hielt das Buch in der linken Hand und veranschaulichte die Worte mit den eleganten, ausdrucksstarken Fingern seiner rechten: „Schüchtern – mit bebender Brust, übergebe ich der Welt einige Blätter des Lebens, des Leidens, der Hoffnung, der Sehnsucht, die in süßen Stunden der Muße, der dichterischen Begeisterung, meinem innersten Wesen entströmten."

Kafkas Tonfall und Körperhaltung wandelten sich, als er die Seite umblätterte, um dann das wahre Wesen des Katers zu enthüllen: „Sollte jemand verwegen genug sein, gegen den gediegenen Wert des außerordentlichen Buchs einige Zweifel erheben zu wollen, so mag er bedenken, daß er es mit einem Kater zu tun hat, der Geist, Verstand besitzt, und scharfe Krallen."

Kafkas echte Begabung als Schauspieler, so Dora, zeigte sich darin, wie er Murrs Begeisterung für seine Welt im Vortrag ausgestaltete: „O Natur, heilige hehre Natur! Wie durchströmt all deine Wonne, all dein Entzücken, meine bewegte Brust!" Als Kater Murr auf einem Dach umherschleicht, beobachtet er eine gurrende Taube in der Nähe des Kirchturms und schnurrt: „Ich fühle wunderbar es sich in mir regen, ein gewisser schwärmerischer Appetit reißt mich hin mit unwiderstehlicher Gewalt! – O käme sie die süße Huldin, an mein liebeskrankes Herz wollt ich sie drücken, sie nimmer von mir lassen."[37] Auf diese Weise vergingen zauberhafte Stunden.

Die beiden waren die meiste Zeit allein, nur gelegentlich kam Besuch. Einmal lud Dora einen Bekannten ein, einen palästinensischen Studenten am Gartenbauinstitut in Dahlem. Kafka erwog selbst, einmal die Schule zu besuchen. Nun, da er nur fünfzehn Minuten entfernt wohnte, wollte Kafka dort einen Kurs belegen. Aber nachdem Doras Bekannter begeistert von der Schule und den Lehrplänen erzählt hatte, war Kafka völlig entmutigt. Er sah ein, wie er an Max Brod schrieb: „Zur praktischen Gärtnerarbeit bin ich zu schwach, zur theoretischen zu unruhig, ich werde die Unruhe in andere Richtungen schicken müssen."[38]

Eine weitere Besucherin war Puah Ben-Tovim, eine hübsche neunzehnjährige palästinensische Jüdin, die in Prag Kafkas Hebräischlehrerin gewesen war. Puah, die jetzt in Berlin studierte, kam zweimal in die Wohnung, um den Unterricht mit Kafka wieder aufzunehmen. Dora war bei den Unterrichtsstunden anwesend, und Puah berichtete später: „Dann wurde mir klar, daß dies eigentlich auch Dora tun konnte, die die Sprache in Grundzügen gut beherrschte."[39] Nach zwei Besuchen kam Puah nicht wieder. Mit der Vermieterin, die zunächst geglaubt hatte, ihr tschechischer Mieter sei ein Glücksgriff für sie, gab es bald Schwierigkeiten. „Ich glaube, in der ersten halben Stunde unseres ersten Beisammenseins hatte sie heraus, daß ich 1000 K Pension (damals ein großes, heute ein viel kleineres Vermögen) habe und danach fing sie an, die Miete [...] zu steigern", schrieb Kafka Anfang November an seine Mutter. „Das Zimmer wurde z.B. Ende August mit 4 Millionen monatlich für mich gemietet und heute kostet es etwa ½ Billion, nun ist auch das nicht einmal zuviel, aber die Unsicherheit, in der man dadurch ist, daß monatlich gesteigert werden kann und auch sonstiges in dieser Art, ist unangenehm."[40]

Die Schwierigkeiten begannen mit Kafkas hohem Stromverbrauch, da das Gaslicht für ihn nicht hell genug war, um nachts schreiben zu können. Als sich die Vermieterin bitter über die Stromrechnung beklagte, fand Dora eine Lösung. Wegen Brennstoffknappheit waren Kerosinlampen rar und nicht bezahlbar. Dora behalf sich, indem sie die einzelnen Teile auslieh und kaufte, um sie dann selbst zusammenzusetzen. Kafka war überglücklich darüber. „Er hatte ihren milden, belebenden Schein sehr gern und wollte sie immer selbst auffüllen", sagte Dora. „Dann pflegte er mit dem Docht zu spielen und entdeckte dauernd neue Tugenden an seiner Lampe."[41]

Auch in einem Brief an Valli, geschrieben beim Licht dieses Beispiels für Doras Selbstständigkeit und praktischen Einfallsreichtum, lobte Kafka die Lampe, „meine Petroleumlampe brennt wunderbar, ein Meisterwerk sowohl der Lampenmacherei als auch des Einkaufs [...] eine Lampe mit einem Brenner, groß wie eine Teetasse, und einer Konstruktion, die es ermöglicht, sie anzuzünden, ohne Zylinder und Glocke abzunehmen". Nur einen Makel habe die Lampe, schrieb er: Sie funktioniert nicht ohne Brennstoff, „aber das tun wir andern ja auch nicht".[42]

Die Vermieterin hatte die Miete von umgerechnet 28 Tschechoslowakischen Kronen im August auf über 70 Kronen im September und 180 Kronen im Oktober erhöht. Im November verdoppelte sie erneut auf 360 Kronen, mehr als ein Drittel von Kafkas monatlicher Pension. Dora hatte sich bereits nach einer neuen Wohnung umgesehen, aber da immer mehr Ausländer nach Berlin kamen, um in den Genuss des für sie äußerst vorteilhaften Wechselkurses zu kommen, waren möblierte Wohnungen zu angemessenen Preisen inzwischen kaum zu finden. Einmal glaubte sie, etwas Geeignetes in der Stadtmitte gefunden zu haben, und sah es sich mit Franz gemeinsam an, doch ihm war die Wohnung nicht recht. Er war, gestand er später, „durch Steglitzer Luft verwöhnt".[43] Dora suchte weiter in der Nachbarschaft, und Anfang November war sie mit dem für sie typischen Glück erfolgreich.

Die neue Wohnung war sogar noch schöner als die vorherige und befand sich nur zwei Straßen weiter in der Grunewaldstraße, die vom Steglitzer Rathaus nach Dahlem führt. Dora war völlig begeistert und als Kafka die neue Bleibe sah, stimmte er voll und ganz zu. Sie würden am 15. November umziehen. Bis dahin, warnte Dora, müssten sie alles unbedingt geheim halten, denn sollte Frau Hermann davon erfahren, würde sie sie vielleicht vorzeitig hinauswerfen oder ihnen das Leben in der verbleibenden Zeit noch schwerer machen.

„Ein sehr vorteilhafter Umzug wie mir scheint", schrieb Kafka an Max. „Ich fürchte mich fast, diese Sache, die meine Hausfrau erst am 15. November erfahren wird, zwischen ihren über meine Schultern hinweg mitlesenden Möbeln aufzuschreiben, aber sie halten, wenigstens einzelne, zum Teil auch mit mir."[44]

Kafka schrieb auch an seine Eltern, teilte ihnen seine Adressänderung mit und beschrieb ihnen das neue Zuhause: „Nicht weit, zwei Gassen weiter, in einer kleinen Villa mit hübschem Garten, im ersten Stock, zwei (zwei!) schön eingerichteten Zimmern, von denen eines, das Wohnzimmer, so sonnig ist wie mein jetziges". In den kleineren Raum, das Schlafzimmer, schien nur am Morgen die Sonne. Zu den weiteren Vorzügen der neuen Wohnung zählten „Centralheizung und elektrisches Licht". Der Mietpreis war derselbe wie zuletzt bei der vorherigen Wohnung, aber, darauf wies Kafka hin, „gesicherter gegen Steigerungen und sonstige Übervorteilungen".[45]

Kafka ging mit der Vermieterin auf die Weise um, mit der er sich am besten auskannte: Er schrieb eine Geschichte. Wer die Frau in *Eine kleine Frau* war, hatte er zwar nie verraten, aber als er Dora die Erzählung vorlas, erkannte sie in ihr zweifellos die Vermieterin: „Diese kleine Frau nun ist mit mir sehr unzufrieden, immer hat sie etwas an mir auszusetzen, immer geschieht ihr Unrecht von mir, ich ärgere sie auf Schritt und Tritt; wenn man das Leben in allerkleinste Teile teilen und jedes Teilchen gesondert beurteilen könnte, wäre gewiß jedes Teilchen meines Lebens für sie ein Ärgernis." Selbst sein Tod, sagte er, würde die Verstimmung der kleinen Frau über seine Existenz nicht beschwichtigen. „Ihre Unzufriedenheit mit mir ist ja, wie ich jetzt schon einsehe, eine grundsätzliche; nichts kann sie beseitigen, nicht einmal die Beseitigung meiner selbst; ihre Wutanfälle etwa bei der Nachricht meines Selbstmordes wären grenzenlos." Dennoch konnte Kafka ihrer Bosheit entgehen und die Geschichte endet optimistisch, mit der Aussicht, daß „ich noch sehr lange, ungestört von der Welt, mein bisheriges Leben ruhig werde fortsetzen dürfen, trotz allen Tobens der Frau."[46]

Im Wissen, dass er die Wohnung bald verlassen würde, schien sich die Einrichtung des Zimmers von ihm abzuwenden. Sogar Doras Kalender schien verändert, war „ganz verschlossen", sagte Kafka. Als er einmal seinen Rat benötigte und zum Kalender eilte, lautete die Antwort nur: „Reformationsfest" – „was ja wahrscheinlich einen tieferen Sinn hat", räumte Kafka in einem langen, fröhlichen Brief an seine Schwester Valli ein, „aber wer kann ihn auffinden"? Ein anderes Mal hatte er „einen Einfall, der mir sehr gut oder vielmehr bedeutungsvoll vorkam, so sehr, dass ich den Kalender darüber fragen wollte (nur bei so zufälligen Gelegenheiten antwortet er im Laufe seines Tags, nicht etwa, wenn man zu bestimmter Stunde pedantisch das Kalenderblatt abreißt)". Manchmal schienen die Sentenzen dazu gemacht, ihn zu demütigen: „Manchmal findet auch ein blindes Huhn usw." Als Kafka dann einmal über die Kohlenrechnung erschrak, die so hoch war wie eine Monatsmiete, hieß es im Kalender: „Glück und Zufriedenheit ist des Lebens Seligkeit" – „vielleicht", grübelte er, „wird hinter dem Kalenderblatt meines Ausziehtages ein Blatt kommen, das ich nicht mehr sehen werde und auf dem irgend etwas stehn wird, wie: ‚Es ist bestimmt in Gottes Rat usw.' Nein, man darf doch nicht alles aufschreiben, was man von seinem Kalender denkt", ermahnte Kafka sich selbst gegenüber Valli, „er ist doch auch nur ein Mensch".[47]

Am 9. November kam Max Brod wieder nach Berlin. Er musste Emmy sehen und sich Klarheit darüber verschaffen, wie es Kafka ging und was er tat. Und er wollte Kafkas geheimnisvolle neue Freundin Dora kennenlernen. Brod brachte aus Prag einen schweren Koffer mit Kafkas Wintersachen mit, welcher ihm Zutritt zum Haus verschaffte, anstatt dass er Kafka, wie im September, in einem Berliner Café traf.

Der Tisch war mit frischen Blumen geschmückt und Dora und Kafka mit ein paar letzten Vorbereitungen für ihren ersten Besuch aus Prag beschäftigt. Dora hatte das Gefühl, dass sie Max Brod bereits kannte. Sowohl Franz als auch Emmy hatten ihr von ihm erzählt und sie wusste daher vertrauliche Einzelheiten aus seinem Leben. Kafka hatte Brod lebhaft und eingehend beschrieben, dabei leuchteten seine Augen vor Liebe und Bewunderung. Beinah jeder, von dem Kafka sprach, reflektierte das Licht, das er so auf ihn warf. Er fand immer etwas Bewunderungswürdiges – an jedem Menschen. Als zum Beispiel die Möbelpacker kamen, um den Flügel mitzunehmen, staunte Dora über Kafkas Hochachtung, mit der er „wie magnetisiert den Männern bis hinaus auf die Treppe nachfolgte", als sie das riesige Instrument durch die engen Lücken manövrierten. Viele Jahre später beschrieb Dora die Szene, wie „er mitten im Frühstück, mit dem Eierbecher in der Hand, [...] den Männern bis hinaus auf die Treppe nachfolgte, dann eilig zurück und ans Fenster, um ihnen so lange nachschauen zu können bis sie verschwanden."[48] „Wenn es eine Möbelpackerschule gäbe, wo man aus jedem Menschen einen Möbelpacker machen kann", schrieb Kafka am folgenden Tag an Ottla, „würde ich leidenschaftlich eintreten, vorläufig habe ich die Schule noch nicht gefunden."[49]

Max Brods Besuch bei Kafka und Dora, der erste von dreien in den nachfolgenden sechs Monaten, verlief großartig. „Ich fand ein Idyll", berichtete Brod in seiner Biografie, „endlich sah ich meinen Freund in guter Stimmung, sein körperliches Befinden hatte sich allerdings verschlechtert. Doch zunächst nicht eben gefahrdrohend. Franz sprach von den Dämonen, die ihn endlich freigelassen hätten. ‚Ich bin ihnen entwischt, diese Übersiedlung nach Berlin war großartig, jetzt suchen sie mich, finden mich aber nicht, wenigstens vorläufig nicht.' Das Ideal des selbständigen Lebens, des eigenen Heims hatte er endlich erreicht, er war nicht mehr Familiensohn, sondern gewissermaßen selbst pater familias." Es sei offenkundig, antwortete Brod denjenigen, die Kafka für immer als einen die Einsamkeit suchenden Einzelgänger festschreiben wollten, „daß Kafka durchaus nicht einem Paradox, einem prinzipiell unerfüllbaren Ideal nachstrebte", sondern „daß er ein sinnvoll erfülltes gutes richtiges Leben wollte".

Brod berichtet, dass Kafka „(unerhörtes Novum in diesen letzten Jahren) gut schlafe" und dass er mit Freude arbeite und ihm laut aus *Eine kleine Frau* vorgelesen habe. Kafka war ganz deutlich glücklicher geworden. „Nicht nur mir erschien Franz in seinem Gehaben damals erlöst, zu einem neuen Menschen geworden", sagte Brod, „man kann auch aus den Briefen seine gute Laune und endlich gewonnene Festigkeit erkennen."[50]

Jenseits des Paradieses, das Dora und Kafka sich in der Wärme und Sicherheit ihres Zimmers in Steglitz geschaffen hatten, versammelten sich einige Kilometer nördlich in Hinterzimmern und Kellern im Zentrum der Stadt und darüber hinaus in Wirtsstuben und Sitzungsräumen in Städten in ganz Deutschland böse Mächte. Am selben Tag, als Max Brod zu seinem Besuch in Berlin ankam, entwickelte sich gut sechshundert Kilometer weiter südlich, in München, ein gewaltsames politisches Drama. Am Abend zuvor, bei einer Versammlung von etwa dreitausend Personen im Bürgerbräukeller mit bayerischen Regierungsbeamten, Industriellen und den Leitern kommunaler und patriotischer Organisationen, drang eine „kleine Gruppe bewaffneter Leute, einige mit Maschinenpistolen", ein, „angeführt von einem Mann, der eine Browning in der erhobenen Hand hielt".

Es war Adolf Hitler, ehemaliger Gefreiter, nun Anführer der NSDAP, umgeben von seinen Braunhemden, den paramilitärischen Schlägereinheiten. Hitler stieg auf einen Stuhl, feuerte einen Schuss in die Decke ab und behauptete: „Die nationale Revolution ist ausgebrochen!" Die Halle sei „von sechshundert schwerbewaffneten Männern umzingelt".[51] Niemandem war es gestattet zu gehen. Hitler rief eine neue deutsche Regierung aus, mit ihm als Führer, und nötigte den amtierenden Verantwortlichen mit vorgehaltener Waffe Treueschwüre ab. Sein Fehler war, dass er sie danach entließ. So konnte die bayerische Administration ihre Kräfte mobilisieren und die Miliz gegen Hitler aufstellen. Als sich Hitler und General Ludendorff am folgenden Mittag mit mehreren tausend Braunhemden und Mitgliedern des Kampfbundes in einem Aufmarsch auf einen der wichtigsten Plätze Münchens, den Odeonsplatz, zubewegten, stießen sie dort auf Polizeieinheiten. Es fielen Schüsse. Mehrere Tote und Verletzte lagen auf der Straße, die Nationalsozialisten und ihre Anhänger ergriffen die Flucht.

Kafka und Dora haben möglicherweise die Zeitungsberichte über den Putschversuch in München gesehen. Die Schilderungen in den Fenstern am Steglitzer Rathausplatz brachten dem ›Bürgerbräu-Putsch‹ viel Aufmerksamkeit, jedoch mit Spott vermischt. Zwei Tage später wurde Hitler in einer Ortschaft südlich von München festgenommen und wegen Hochverrats zu fünf Jahren Haft verurteilt. Es schien, als seien die Nationalsozialisten schon am Ende.

5

DER BAU

> *(...) dort kann ich mich bequem zusammenrollen, mich an mir wärmen und ruhen. Dort schlafe ich den süßen Schlaf des Friedens, des beruhigten Verlangens, des erreichten Zieles, des Hausbesitzes.*
>
> Franz Kafka, Der Bau[1]

Berlin, 15. November 1923

Der Umzug in die neue Wohnung in der Grunewaldstraße 13 verlief leicht und mühelos, besonders für Kafka. Um halb elf am Vormittag verließ er die alte Wohnung und machte sich auf den Weg in die Stadt zu einer Lesung. Dora blieb zu Hause, um den Umzug vorzubereiten. Sie verpasste so ihren Unterricht, ermutigte aber Kafka, dass wenigstens er gehe und sie nicht unnötigerweise beide etwas versäumten.

Seit Anfang November fuhren Kafka und Dora zwei- oder dreimal wöchentlich mit der Straßenbahn in das Scheunenviertel – in „die schmutzigen Berliner Judengassen", wie Kafka es einmal nannte –, um an der *Hochschule für die Wissenschaft des Judentums* Vorlesungen und Kurse zu besuchen. Kafka beschäftigte sich mit der *Haggada*, den Sagen und Erzählungen, wobei er, wie Dora berichtete, „die Worte des Professors Torczyner buchstäblich trank. Er schätzte dessen Geschichten, als wären sie Grimms Märchen."[2]

Dora studierte dagegen die *Halacha*, die Gesetze, deren Studium Frauen im orthodoxen Judentum nicht gestattet ist. Die Hochschule bildete seit über fünfzig Jahren reformorientierte und liberale jüdische Gelehrte und Rabbis aus und gestattete auch Frauen den Besuch des Unterrichts. Dies schätzte Dora besonders an Deutschland: Sie konnte hier etwas über ihre eigene Religion lernen.

Kafka beschrieb einem Freund die Hochschule folgendermaßen: „Ein ganzes Haus schöne Hörsäle, große Bibliothek, Frieden, gut geheizt, wenig Schüler und alles umsonst. Freilich bin ich kein ordentlicher Hörer, bin nur in der Präparandie und dort nur bei einem Lehrer und bei diesem nur wenig, so dass sich schließlich alle Pracht wieder fast verflüchtigt, aber wenn ich auch kein Schüler bin, die Schule besteht und ist schön."[3] Die Existenz der Hochschule war leider von kurzer Dauer. Kaum zwanzig Jahre später, Leo Baeck war der letzte Schulleiter, wurden die schweren Holztüren der Schule in der Artilleriestraße von den Nationalsozialisten für immer geschlossen.

Nach dem Vortrag ging Kafka die Friedrichstraße entlang in Richtung eines der beiden Restaurants, die er und Dora regelmäßig besuchten. Er „wollte dann zum Essen gehn, um nachher gleich nach Steglitz zu fahren und doch noch ein wenig an der Übersiedlung teilzunehmen".[4] Das vegetarische Restaurant in der Friedrichstraße, welches er Max beschrieben hatte, war das eine. Von dem anderen, an der Ecke Dorotheenstraße, konnte man auf der gegenüberliegenden Seite ein Schild über der Tür eines Ladenbesitzers sehen: ›H. Unger‹. „Hunger", sagte hier Kafka einmal leise zu Dora, seine Lippen zu einem bitteren Lächeln verzogen.

„Er brauchte solche zufälligen Wortspiele nicht, um überall die Präsenz von Wahnsinn und Verfall zu sehen", sagte Dora. Kafka ging durch die Straßen von Berlin und beobachtete die Bettler und Krüppel, die verhungernden Kinder und verzweifelten Alten, bemitleidenswerte Opfer der Inflation, die vor riesigen, mit den neuesten Luxusgütern gefüllten Kaufhaus-Schaufenstern bettelten. Kafka wollte sich nicht davon abwenden. „Die einzige mögliche Art zu reagieren schien ihm, sich hineinzustürzen und sich mit dem Leid und der Entbehrung anderer zu identifizieren. [...] Er wollte vor diesem lamentablen Spektakel der Menschen auf der Suche nach einem Stück Brot, das jeden Tag kleiner wurde, nicht den Blick abwenden."[5]

Bevor Kafka das vegetarische Restaurant in der Friedrichstraße erreichte, rief jemand seinen Namen. Es war Dr. Löwy, ein Bekannter aus Müritz. Kafka erzählte später Ottla, Dr. Löwy „war sehr lieb und freundschaftlich, lud mich gleich zum Mittagessen bei seinen Eltern ein, wohin er eben ging, ich zögerte vor diesem Billionengeschenk, auch wollte ich ja nach Steglitz, aber schließlich ging ich doch, kam in den Frieden und die Wärme einer wohlhabenden Familie und ehe ich an der Gartentür in Steglitz läutete, war es schon 6 Uhr und die Übersiedlung restlos vollzogen." – „Was die Übersiedlung betrifft, kann ich nicht sagen, daß sie mich sehr angestrengt hat."[6]

Berlin, 20. November 1923

Am Tag der Einführung der neuen deutschen Mark, der Rentenmark, infolge dessen die große Inflation von 1923 zu ihrem Ende kam (wobei die Nachwirkungen noch viele Jahre spürbar blieben), schrieb Kafka zwei Karten. Die erste war an Milena gerichtet, seine frühere Geliebte, die bisher von Dora noch nicht erfahren hatte. „Es ist nicht so schlimm bis jetzt, wie Du zu glauben scheinst, in Berlin", schrieb er, „es scheint mir, dass ich noch niemals eine so schöne Wohnung hatte, ich werde sie auch gewiß bald verlieren, sie ist zu schön für mich […] Das Essen ist nicht wesentlich anders als in Prag, bis jetzt, allerdings nur mein Essen. Ebenso ist es mit dem Gesundheitszustand. Das ist alles. Weiterhin wage ich nichts zu sagen, schon das Gesagte ist zu viel, die Luftgeister trinken es gierig ein in ihre unersättlichen Gurgeln. Und Du selbst sagst noch weniger in Deinem Brief. Ist der Gesamtzustand ein guter, ein erträglicher? Ich kann es nicht enträtseln. Freilich, man kann es ja bei sich selbst nicht; nichts anderes ist die Angst."[7]

Gegenüber seinen Eltern wiederholte Kafka, wie schön seine neue Wohnung sei und dass er fürchte, sie wieder zu verlieren. „Freilich teuer ist sie", räumte er ein. Vorher dankte er ihnen für die Briefe, die er kurz zuvor erhalten hatte, „diesmal war es eine besondere Freude, Eure beiden Briefe und vor allem des l. Vaters Mitteilung über seine Gesundheit. Schade, dass ich nicht genug Marken habe um Euch ausführlich zu antworten, vielleicht nächstens." Ein Brief, den er eine Woche zuvor, frankiert mit über 18 Milliarden Mark, abgeschickt hatte, kam wegen unzureichenden Portos wieder zurück.[8] Sein Vater, stets praktisch denkend, hatte Kafka gefragt, wie er sich in Berlin zu finanzieren gedenke. „Deine Frage lieber Vater, ob ich hier ‚für später eine Zukunft habe', ist sehr heikel. Für die Möglichkeit des Geldverdienens besteht bis jetzt nicht die leiseste Andeutung für mich. Freilich behandle ich mich hier wie einen Kranken im Sanatorium. Freilich kann ich auch nicht gut in der Stadt wohnen, besonders jetzt, da ich durch Steglitzer Luft verwöhnt bin."[9]

Kafka begann seine Briefe an die Eltern stets mit „Liebste Eltern", wobei sein Ton immer besorgt, wenngleich nicht völlig offen und aufrichtig war. Dora glaubte, dass Kafka seinen Vater nicht mehr respektierte oder liebte. Er sah ihn als „denjenigen, der mittels Besitz dominierte und sogar seine Familie ‚besaß'", sagte Dora. „Was ihn anging, war Kafka sehr bitter, und immer wieder erzählte er mit beißendem Humor die Geschichte, wie er seinem Vater ein Buch gewidmet hatte und dieser, als Kafka es ihm präsentieren wollte, lediglich kühl sagte: ‚Leg es auf meinen Nachttisch.'"[10]

Dennoch war Kafkas Briefverkehr mit seinen „liebsten Eltern" innig und liebevoll, manchmal aber auch gereizt. Er war dankbar für die Päckchen mit Butter und verbarg seinen Unmut darüber, dass seine Pensionszahlungen ihm nur willkürlich und in kleinen Raten gesandt wurden, was ihm ständig Sorgen bereitete. Dazu herrschte bei der deutschen Post große Unordnung. Pakete erreichten die Adressaten nicht in der Reihenfolge, in der sie versandt wurden, und manche kamen auch abhanden, weswegen Kafka nie sicher sein konnte, ob sein Geld nicht vielleicht auf dem Postweg verloren gegangen sein könnte.

In einem Brief an Ottla bat er sie dringend, ihm Geld schicken zu lassen, und beklagte sich, dass seine Mutter ihrem Versprechen nicht nachkam, ihm mit jedem Brief einen kleinen Geldbetrag zu senden. „Nun habe ich schon öfters darum gebeten, aber es kommt nichts, heute ist der 16te und ich habe diesen Monat erst 70 K im Ganzen bekommen; sollte das Geld aus der Anstalt nicht gekommen sein oder sollte der Geldbrief vielleicht doch verloren gegangen sein? Oder will man mich auf diese Weise zum Geldverdienen erziehn".[11]

Kafka konnte und wollte aus zwei Gründen die Versicherungsanstalt nicht darum bitten, ihm das Geld direkt zu senden. Zum einen war sein Leben in Berlin gar nicht legitimiert. Gemäß den rechtlichen Bedingungen seiner Pensionierung war ein Schreiben des Direktors der Versicherungsanstalt erforderlich, um eine Adressänderung zu genehmigen. Zum anderen hätte eine direkte Form des Geldtransfers finanzielle Einbußen infolge von Wechselgebühren und anderen Abzügen zur Folge gehabt.

Am 23. November schrieb Kafka wieder an seine Eltern und teilte ihnen mit, „das Paket ist in ausgezeichnetem Zustand angekommen, nichts fehlt, nichts ist vergessen, die Hausschuhe sind unvergleichlich wärmer als die früheren. Wie viel mag die Versendung kosten und wie viel Mühe mag sie Euch gemacht haben! Es war nicht dringend, aber es ist doch sehr angenehm, alles zu haben, freilich ist heuer ein Herbst, so schön, wie er, glaube ich, während meines ganzen Lebens nicht war, es wird wohl ein harter Winter werden, ich bin in jeder Hinsicht gut für ihn vorbereitet."

Kafkas wiederholte Beteuerungen, dass er in Berlin gut versorgt sei, hatten eine Nebenwirkung: Kafkas Mutter, Julie Kafka, wurde eifersüchtig. Jemand hatte ihren Platz im Leben ihres Sohnes eingenommen. Kafka schrieb ihr: „Wegen der Fürsorge-Konkurrenz brauchst Du Dich liebe Mutter nicht zu sorgen, du behältst Deinen Platz. Immerhin, was habe ich in den letzten Tagen wieder bekommen? Eine Flasche ausgezeichneten Rotweins, an der ich mit Vergnügen rieche, eine Riesenflasche hausgemachten Himbeersaftes und 4 Teller. Nicht übel, wie?"[12]

Berlin-Steglitz, 25. November 1923

„Heute ist Ottla hier, ich glaube, zufrieden mit allem was sie sieht", schrieb Kafka in einer kurzen Nachricht an Max.[13] Entgegen dem Wunsch ihres Ehemanns Pepa, ließ Ottla ihre beiden kleinen Mädchen in Prag zurück und machte sich auf den Weg, ihren Bruder zu besuchen. Sie brachte Wäsche und noch mehr von seinen Wintersachen mit, darunter Hemden, Socken und Unterwäsche. Er hatte darum in einer langen, ausführlichen Liste gebeten. Er wünschte auch „den starken Mantel, einen Anzug (etwa den schwarzen, dessen dünneren Bruder ich mithabe) und irgendeine Hose, die ich zuhause tragen kann", sowie seinen alten blauen Raglanmantel, der sich in einen Hausmantel umwandeln ließ, Handschuhe für tagsüber, seinen Fußmuff und drei Kleiderbügel für Anzug und Mäntel.[14]

Neben mehreren schweren Koffern brachte Ottla auch Geld, das Guthaben aus seinen Pensionsbezügen. Die Rentenmark hatte den täglichen Preisindex stabilisiert. Er entsprach nun dem Vorkriegswechselkurs. 4,2 Rentenmark kamen auf einen US-Dollar. Von seinen Geldsorgen war Kafka somit vorübergehend befreit.

Ottla empfand schon vor ihrer ersten Begegnung eine Zuneigung zu Dora, denn ihr Bruder hatte stets freudig von ihr erzählt. Die erste Begegnung der beiden Frauen war dann auch von beiderseitiger Zuneigung und Bewunderung geprägt. Sie hatten vieles gemeinsam und vertraten ähnliche Ansichten, etwa zu politischen und gesellschaftlichen Fragen. Ottla träumte ebenfalls von Palästina, zumindest bevor sie heiratete und Kinder bekam. Beide waren einfühlsame, intelligente, großzügige Frauen, unabhängige Töchter von erfolgreichen jüdischen Geschäftsmännern und prominenten Persönlichkeiten innerhalb ihrer Gemeinde. Ottla war einunddreißig Jahre alt, sechs Jahre älter als Dora.

Sie war für Dora, die eine solche nie hatte, wie eine ältere Schwester; eine kluge Beraterin, eine Vertraute und Verbündete, wie sie es auch für ihren Bruder war. Als die erste Angehörige Kafkas, die Dora kennenlernte, konnte sie deren angenehmes Wesen, ihre Liebe zu Kafka und dessen neu gewonnene Spiellust und Lebensfreude bezeugen.

Bald nach ihrer Rückkehr nach Prag, so ein Kafka-Biograf, setzte Ottla „Himmel und Erde in Bewegung, um ihnen zu helfen. Sie sorgte sogar dafür, dass sie mehrmals in der Woche Lebensmittelpakete erhielten, kümmerte sich darum, dass ihnen regelmäßig Geld überwiesen wurde, und schickte Haushaltsutensilien und Wäsche, die sie und ihre Schwestern entbehren konnten."[15]

Am Tag von Ottlas Besuch schrieb Kafka an Max Brod: „Krank war ich nicht, es flackert eben nur das Lämpchen ein wenig, sonst ist es bis jetzt nicht schlimm. Es hat mich allerdings verhindert zu E's Theater zu gehn, auch D. war unglücklicherweise an dem Tag nicht ganz wohl. Aber vielleicht wird das Stück Weihnachten wiederholt." Er schloss den Brief mit einem für ihn untypisch vertraulichen Gruß an die gemeinsamen Freunde: „Streichle Felix und Oskar ein wenig für mich."[16]

Erst als Kafka seine Erzählung *Der Bau* verfasste, erblickte Dora die, wie sie später sagte, „unermeßlich tiefen" Schatten in Kafkas Seelenleben. „In Berlin", so Dora, „glaubte Kafka sich tatsächlich von der Tyrannei seiner Vergangenheit befreit zu haben. Aber die früheren Probleme waren zu eng mit seinem Leben verbunden. Sobald man davon nur eine Saite anrührte, schwangen alle übrigen mit."

Er war hart zu sich selbst, berichtet Dora, gestattete sich keine Schonung, keine Entlastung und entsagte manchem aus freien Stücken: „Er wollte sich an ein spartanisches Leben gewöhnen." Darüber hinaus mochte er vor dem Leiden anderer nicht die Augen verschließen. „Er hatte nach seiner Ansicht kein Recht, sich von dem auszunehmen, was um ihn herum geschah", bemerkte Dora.[17]

Dora konnte die Armut und das Elend um sie herum gut ausblenden. Kafka war dies nicht möglich. „Wenn Franz einmal aus dem stillen Vorort nach Berlin fährt, kommt er heim ‚wie aus dem Schlachtgetümmel' (Bericht Doras). Die Not der Armen greift ihm ans Herz, ‚aschgrau' kommt er zurück. ‚Er lebt mit so ungeheurer Intensität', so Dora, ‚daß er in seinem Leben tausend Tode gestorben ist.'"[18]

„Alles Leiden um uns werden auch wir leiden müssen", erklärt Kafka in seinen blauen Oktavheften. „Wir alle haben nicht einen Leib aber ein Wachstum und das führt uns durch alle Schmerzen, ob in dieser oder jener Form. So wie das Kind durch alle Lebensstadien bis zum Greis und zum Tod sich entwickelt – und jedes Stadium im Grunde dem vorigen Stadium im Verlangen oder in Furcht unerreichbar scheint – ebenso entwickeln wir uns – nicht weniger tief mit der Menschheit verbunden als mit uns selbst – durch alle Leiden dieser Welt gemeinsam mit allen Mitmenschen. Für Gerechtigkeit ist in diesem Zusammenhang kein Platz, aber auch nicht für Furcht vor den Leiden oder für die Auslegung des Leidens als eines Verdienstes."[19]

Stundenlang stand Kafka mit anderen Käufern in einer Schlange. Während des Wartens stiegen die Preise für Brot und Tomaten. Kafka ging es neben dem Kaufen auch um Teilnahme, „hier floß Märtyrerblut, und deshalb mußte auch seines fließen". Auf diese Weise, erklärte Dora, fand er zu einer „Gemeinschaft mit einem unglücklichen Volk in einer unglücklichen Zeit". Doch die physischen Auswirkungen auf Kafka waren immens, und wenn er nach einem Tag im Stadtzentrum nach Steglitz zurückkehrte, war er kurz davor, zusammenzubrechen. „Er war oft mehr als deprimiert, sein ganzes Wesen revoltierte." Diese Fahrten in die Stadt waren, wie sie sagte, „für ihn immer eine Art Golgatha".[20] Kafkas Empathie für die Leidenden mit dem sein Kreuz tragenden Jesus in Beziehung zu setzen, stellte für Dora keine Übertreibung dar. Es kann „keine Übertreibung in Aussagen über Franz geben",[21] schrieb sie in ihren Aufzeichnungen.

In der Zeit mit Kafka wuchs in Dora ein neues Verständnis, eine neue Wertschätzung für Literatur. In ihrer Jugendzeit mochte sie besonders die Geschichten von Mendele Moicher Sforim, Scholem Alejchem und Jizchok Leib Perez, den drei Begründern der modernen jiddischen Literatur, die schon als Klassiker galten. Später hatte sie mit den Schriften von Dostojewski und Tolstoi prägende Leseerlebnisse.

Für Kafka aber hatte Literatur eine noch umfassendere Bedeutung. „Die Literatur war für ihn etwas Heiliges, Absolutes, Unantastbares, rein und groß", sagte Dora.[22] Er meinte damit nicht den Journalismus oder die modernen, zeitgenössischen Werke, die er „nur als flackernde Spiegelungen des Heute" betrachtete.[23] Die Literatur hatte eine beinahe religiöse Bedeutung für ihn. „Da er der meisten Dinge des Lebens nicht sicher war, drückte er sich sehr vorsichtig aus", berichtete Dora. „Wenn es jedoch um Literatur ging, ließ er nicht mit sich handeln und kannte keine Kompromisse, denn hier war sein ganzes Dasein betroffen. Er wollte nicht nur den Dingen auf den Grund gehen – er war selbst auf dem Grund. Doch wo es um die Lösung der menschlichen Wirrungen ging, mochte er sich nicht mit Halbheiten begnügen. Er hatte das Leben als ein Labyrinth erfahren, aus dem er keinen Ausweg erblicken konnte. Immer gelangte er nur bis zur Verzweiflung."[24]

Literatur war Kafkas Weg, die Welt zu interpretieren, zu verstehen und zu ordnen. Er lebte jedoch selten in dem Glauben, er hätte mit seinen eigenen Werken etwas Dementsprechendes erreicht. Im Alter von zwanzig Jahren schrieb Kafka: „Ich glaube, man sollte überhaupt nur solche Bücher lesen, die einen beißen und stechen. Wenn das Buch, das wir lesen, uns nicht mit einem Faustschlag auf den Schädel weckt, wozu lesen wir dann das Buch? Damit es uns glücklich macht, wie Du schreibst? Mein Gott, glücklich wären wir eben auch, wenn wir keine Bücher hätten, und solche Bücher, die uns glücklich machen, könnten wir zur Not selber schreiben. Wir brauchen aber die Bücher, die auf uns wirken wie ein Unglück, das uns sehr schmerzt, wie der Tod eines, den wir lieber hatten als uns, wie wenn wir in Wälder verstoßen würden, von allen Menschen weg, wie ein Selbstmord, ein Buch muß die Axt sein für das gefrorene Meer in uns. Das glaube ich."[25]

Einige Monate vor dieser Aussage, im Jahr 1903, hatte Kafka eine erste Phase seiner wiederkehrenden Schreibblockaden: „Gott will nicht, daß ich schreibe, ich aber, ich muß. So ist es ein ewiges Auf und Ab, schließlich ist doch Gott der Stärkere und es ist mehr Unglück dabei, als Du Dir denken kannst. So viele Kräfte sind in mir an einen Pflock gebunden, aus dem vielleicht ein grüner Baum wird".[26]

Max Brod berichtete, dass Kafka im Jahr 1906, zur Zeit des Abschlusses seines Jurastudiums, meinte: „Der Posten dürfe mit Literatur nichts zu tun haben; das wäre ihm als eine Entwürdigung des dichterischen Schaffens erschienen. Brotberuf und Schreibkunst sollten scharf voneinander getrennt bleiben", so Brod. „Was wir beide mit heißer Inbrunst anstrebten, war ein Posten mit ‚einfacher Frequenz' […] bis 2 oder 3 Uhr mittags […]und nachmittags frei."[27] Kafka hatte scheinbar zunächst Glück und fand bei der Arbeiter-Unfall-Versicherungs-Anstalt was er suchte. Seine Hoffnung aber erfüllte sich nicht. Da er nichts halbherzig machen konnte, widmete er jeder, auch der trivialsten Aufgabe stets seine ganze Aufmerksamkeit. So verzehrte die Arbeit bei der Versicherung seine Kräfte, stumpfte ihn ab und ließ ihm kaum Zeit zum Schreiben.

Dora nannte in ihrem Tagebuch ein treffendes Beispiel für Kafkas völlige Hingabe an eine alltägliche Aufgabe, die Zubereitung von Tee für einen Gast: „Diese letzte Gründlichkeit, letzte Aufmerksamkeit fordernde Vorbereitung nahm ihn so in Anspruch, hielt ihn so auf, dass er nicht dazu kam, vor dem geliebten oder verehrten Gast die Tasse Tee auf den Tisch zu stellen. Er verbrauchte seine Kraft in der Vorbereitung. […] Die unzähligen Vorbereitungen […] hielten ihn auf einen Gast zu empfangen […]: Ich bin noch nicht fertig, er kann noch nicht kommen."

In diesen Bemerkungen, niedergeschrieben in ihrem letzten Lebensjahr, versuchte Dora sich immer noch „Franzens scheinbare Pedanterie" zu erklären, „die unzähligen Vorbereitungen – deren Zahl ist Legion – […] hielten ihn auf: einen Gast zu empfangen; zu heiraten; das, was er geschrieben hatte, zu einem Abschluss […] zu bringen. […] Darum konnte der Gast noch nicht kommen, darum konnte man keine Familie gründen, darum konnte man kein Buch veröffentlichen, fertig schreiben, abschließen."

Es gab jedoch auch Zeiten, in denen es besser ging: „In gesegneten Augenblicken" war er manchmal „der von Glauben und Hoffnung überfüllte, glühende, leuchtende, rasende Bote, … seiner Kraft voll bewusst, die zunächst liegenden Hindernisse auseinander stiebend; aber hinter diesen und dann wieder hinter diesen, bäumen sich wieder neue auf, die er zu Anfang nicht ahnte, und so, nie, nie wird es ihm gelingen."[28]

So wie er im Winter 1917/18 in Ottlas winzigem Haus in der Alchemistengasse in Prag jede Nacht geschrieben hatte, so schrieb er auch in Berlin. Er begann am späten Nachmittag oder nach dem Abendessen und schrieb bis lange nach Mitternacht, tagelang oder gar wochenlang. Zum ersten Mal in seinem Leben wollte er beim Schreiben nicht mehr allein sein und bat Dora, im selben Raum zu bleiben. Sie stimmte gerne zu, nahm ihr Nähzeug und arbeitete oder las. Einmal, als Kafka wieder sehr lange schrieb, schlief sie auf dem Sofa ein. Plötzlich erwachte sie, das Licht brannte noch, Kafka saß neben ihr. Sie sah ihn überrascht an. „In seinem Gesicht hatte sich eine deutlich wahrnehmbare Veränderung vollzogen", erzählte sie, „die Spuren der geistigen Anspannung lagen so klar zutage, daß sein Gesicht davon völlig verwandelt war."

Dora erinnerte sich, wie Kafka eines Abends eine neue Erzählung begann, *Der Bau*, die er am nächsten Morgen fertigstellte, um dann allerdings später noch daran weiterzuarbeiten. Als Kafka ihr diese Erzählung vorlas, wurde Dora ihre Rolle in seinem Leben zunehmend verständlich. Kafkas Umzug nach Berlin bedeutete Hoffnung, zu überleben; er sah darin seine letzte Chance, zu retten, was ihm von seinem Leben blieb. Trotz seiner Erfolge betrachtete er sich als Versager, der noch nichts erreicht hatte. „Vielleicht war es eine Vorahnung der Rückkehr ins Elternhaus und des Endes der Freiheit, die in ihm dies panische Angstgefühl erregte", dachte Dora später.

Kafka analysierte oder erklärte seine Werke nie, doch bei *Der Bau* machte er eine Ausnahme, er „erzählte mir davon, scherzhaft und im Ernst. Es war eine autobiographische Geschichte [...] Er erklärte mir, daß ich der ‚Burgplatz' in diesem Bau sei", der Zufluchtsort „für den Fall der äußersten Gefahr."²⁹

Die Geschichte beginnt zunächst in einem Ton der Zufriedenheit: „Ich habe den Bau eingerichtet und er scheint wohlgelungen." Schon im ersten Abschnitt aber schleicht sich Unruhe und Angst ein: „Mein Leben hat selbst jetzt auf seinem Höhepunkt kaum eine völlig ruhige Stunde, dort an jener Stelle im dunkeln Moos bin ich sterblich und in meinen Träumen schnuppert dort oft eine lüsterne Schnauze unaufhörlich herum."

Möglicherweise errötete Dora, als Kafka ihr seine Erzählung vorlas. Der Maulwurf – oder ein anderes wühlendes Tier, Kafka hat sich nie dazu erklärt – bewegt sich durch die labyrinthischen Gänge seines Baus, in die abgelegensten Räume, in einem niemals endenden Kampf, seinen Unterschlupf zu erschaffen, zu erhalten und vor den furchterregenden Kräften von Außerhalb zu beschützen, die ihn stets zu vernichten drohen. Die Erschaffung dieses Baus, insbesondere seines Zentrums, des Burgplatzes – der Platz, den Dora in Kafkas Leben einnahm –, war „das Ergebnis allerschwerster Arbeit meines Körpers in allen seinen Teilen", erklärte das Tier, „gerade an der Stelle wo der Platz plangemäß sein sollte, die Erde recht locker und sandig war, die Erde mußte dort geradezu festgehämmert werden, um den großen schöngewölbten und gerundeten Platz zu bilden. Für eine solche Arbeit aber habe ich nur die Stirn. Mit der Stirn also bin ich tausend und tausend mal tage- und nächtelang gegen die Erde angerannt, war glücklich wenn ich sie mir blutig schlug, denn dies war ein Beweis der beginnenden Festigung der Wand".

Allmählich nähert sich das Tier immer mehr dem Zentrum des Baus, wo es „besonders friedliche Zeiten" genießt, „in denen ich meine Schlafplätze langsam, allmählich von den äußern Kreisen nach innen verlege, immer tiefer in die Gerüche tauche, bis ich es nicht mehr ertrage und eines Nachts auf den Burgplatz stürze, mächtig unter den Vorräten aufräume und bis zur vollständigen Selbstbetäubung mit dem Besten, was ich habe mich fülle. Glückliche, aber gefährliche Zeiten, wer sie auszunützen verstünde, könnte mich leicht ohne sich zu gefährden, vernichten."[30]

Das Tier erkennt nun, dass ihm der Bau zu bedeutend geworden ist. Er „ist seine Burg, das, was er am meisten liebt, was er mit niemandem teilen möchte." Somit ist der Bau zu einer neuen Quelle der Furcht geworden, und so vergeht die endlose Zeit „jeden Tag mit neuen Ängsten, neuen Bedrohungen, neuen Störungen, in einem konstanten Rhythmus der Panik und Verzweiflung, bis eines Tages endlich eine Störung von anderer Art stattfindet."[31]

Der tödliche Angriff auf das Tier beginnt als „kaum hörbares Zischen". Das Geräusch wird lauter und bedrohlicher und ist kaum noch zu ignorieren, während sich das Tier mit guten Gedanken tröstet und sich selbst versichert, dass es nichts zu fürchten gibt. Doch muss es schließlich einsehen, dass eine große Bestie, „über alle Vorstellbarkeit hinaus gefährlich", es belagert. Dora wie auch Max Brod erinnern sich, dass die furchterregende Bestie das verängstigte Tier im Bau schließlich tötet. Das Ende der Geschichte aber ging verloren. Die gegenwärtige Fassung endet damit, dass die Bestie vorläufig Ruhe gibt. In der letzten Zeile heisst es: „aber alles blieb unverändert".[32]

Ende November kam Max Brod erneut nach Berlin, um Emmy zu sehen und um Kafka und Dora einen zweiten Besuch abzustatten, diesmal in der neuen Wohnung. Dabei bestätigte sich sein früherer Eindruck von Kafkas neuem Glück. „Er arbeitete mit Lust", berichtet Brod.[33] Auch früher hatte Kafka „seines Schreibens wegen […] viel Glück empfunden", aber „er sprach freilich stets nur von einem ‚Kritzeln'" damals. Zu Brods Freude las Kafka aus seinem neuesten Werk vor: „Wer ihn nur je in kleinem Kreise seine eigne Prosa mit hinreißendem Feuer, mit einem Rhythmus dessen Lebendigkeit kein Schauspieler je erreichen wird, vorlesen hören durfte, der fühlte auch unmittelbar die echte unbändige Schaffenslust und Leidenschaft, die hinter diesem Werke stand."

Eine der erstaunlichsten Veränderungen bei Kafka, war seine neue, bejahende Haltung zur Veröffentlichung seiner Werke. Brod erinnerte sich „an all die erbitterten Kämpfe", die früher „jede einzelne Veröffentlichung" begleiteten. „Fast alles, was Kafka veröffentlicht hat, ist ihm von mir mit List und

Überredungskunst abgenommen worden", schrieb Brod im Vorwort des postum erschienenen ersten Romans und verriet, dass er viele der Manuskripte Kafkas „erzwungen und oft genug erbettelt habe". Kafka beurteilte seine Werke anhand von äußerst hohen Maßstäben. „Es gab viele Widerstände zu überwinden, ehe ein Band von ihm erschien."[34] So war er nun verblüfft über Kafkas Bereitschaft, die Publikation seiner Werke aktiv zu unterstützen.

Kafka wollte weiterhin in Berlin leben und sich, mit Doras Hilfe, seine Unabhängigkeit bewahren. Daher war er nun auch bereit, alles Erforderliche zu tun, um die Veröffentlichung seiner Werke voranzutreiben. Zu Brods Erstaunen handelte Kafka selbst einen neuen Vertrag mit dem Verlagshaus *Die Schmiede* aus und kümmerte sich um alle Einzelheiten eines neuen Bandes von Erzählungen, der im nächsten Herbst unter dem Titel einer dieser Erzählungen, *Ein Hungerkünstler*, veröffentlicht werden sollte.

Im Oktober allerdings, kaum einen Monat, nachdem er zu Dora nach Berlin gezogen war, erhielt Kafka noch einen Brief von seinem bisherigen Verlag mit der Honorarabrechnung für das Geschäftsjahr 1922/23. Der Verleger, Kurt Wolff, teilte ihm mit, dass Kafkas Honorarkonto geschlossen worden sei, weil man seit Anfang Juli keines seiner Bücher mehr verkauft habe. „Wir benutzen die Gelegenheit, erneut zum Ausdruck zu bringen, dass die Geringfügigkeit des Absatzes Ihrer Bücher uns die Freude an deren Zugehörigkeit zu unserem Verlag in keiner Weise mindert", hieß es in dem Schreiben. Trotz mangelnder Verkäufe wurde Kafka zugesichert, dass man seine Bücher weiterhin bewerben werde, weil seine Verleger „überzeugt sind, dass eine spätere Zeit die außerordentliche Qualität dieser Prosastücke richtig zu würdigen wissen wird".[35] Als Geste des guten Willens bot der Verlag Kafka an, ihm von jedem seiner dort erschienenen Bücher – *Die Verwandlung*, *In der Strafkolonie*, *Das Urteil*, *Der Heizer*, *Ein Landarzt* und *Betrachtung* – mehrere Exemplare zu senden und zusätzlich einige Bücher seiner Wahl aus dem Verlagskatalog.

Berlin, 18. Dezember 1923

Kafka schrieb gerade eine Postkarte an Robert Klopstock, als ihn Dora unterbrach, um zu fragen, wie es ihm gehe. Seit Kurzem hatte er wieder jeden Abend Fieber. Er beruhigte sie und schrieb weiter an Klopstock: „Gerade werde ich nach meinem Zustand gefragt und kann vom Kopf nichts sagen, als dass er ‚löwenmäßig frisiert' ist." Klopstock hatte sich im letzten Brief erkundigt, wie Kafka lebte und warum er ihm nicht schrieb. „Was mich betrifft, so dürfen Sie doch, Robert, nicht glauben, dass mein Leben ein solches ist, wo man im beliebigen Augenblick die Freiheit und Kraft hat, zu berichten oder auch nur zu schreiben, da es doch Abgründe gibt, in die man versinkt ohne es zu merken, um dann wieder erst lange Zeit emporzukriechen, besten Falls."

Kafka beschrieb Klopstock die Hochschule für die Wissenschaft des Judentums als „ein Friedensort in dem wilden Berlin und in den wilden Gegenden des Innern". Zum Schluss fragte Kafka nach Puah Ben-Tovim, seiner jungen Hebräischlehrerin, die Klopstock zuvor erwähnt hatte: „Dass Sie Pua sehen werden, ist sehr gut, vielleicht erfahre ich dann etwas über sie. Sie ist mir unerreichbar seit Monaten. Was habe ich ihr nur getan?" Darauf setzte Kafka noch hinzu: „Ein anderer Hörer will noch einen Gruß mitschicken".[36] Erstmalig in den Briefen von Kafka fügte Dora einen kurzen Gruß an. Von nun an, da Max und Ottla Dora kannten und schätzen gelernt hatten, erwähnte Kafka sie häufiger und ließ am Schluss seiner Briefe immer Platz für eine kurze Mitteilung oder einen Gruß von Dora.

6

DER TÖDLICHE WINTER

> *Ihr gehört zu mir, ich zu Euch, verbunden sind wir, was kann uns geschehn.*
>
> Franz Kafka, Der Bau[1]

Berlin-Steglitz, Januar 1924

Dora und Franz feierten den letzten Tag des Jahres 1923 allein, aber nicht in aller Stille, „ich habe Sylvester auch mitgemacht", schrieb er seinen Eltern, „wenn auch nur vom Bett aus. Trotzdem ich nur zwischen Gärten wohne, das städtische Steglitz ziemlich entfernt ist und Berlin erst recht, war doch der Lärm bei offenem Fenster stundenlang ungeheuerlich, ohne Rücksicht auf den Frost, der Himmel voll Raketen, im ganzen großen Umkreis Musik und Geschrei."

Kafka war vor Weihnachten erkrankt. An die Eltern schreibt er beschwichtigend: „Was das Fieber betrifft, so ist das schon eine alte Sache und war unglaublich schnell, schon den zweiten Tag vorüber. Verkühlung war es wohl nicht, nach der Art seines Auftretens zu schließen. Nun, es ist vorüber. Auch ist die Kälte in der Wohnung nicht so schlimm, wie Ihr zu glauben scheint, ich sitze bei der Centralheizung und dort ist es recht gut."[2]

Dora bereitete „ausgezeichnetes" Essen zu, so Kafka: Nach Max Brod wurden die Gerichte „herausgezaubert aus zwei Spirituskochern und einer Kochkiste".[3] Aufgrund von Brennstoffmangel gab es kein Methanol für den Küchenherd, also war Dora wieder einmal gezwungen zu improvisieren. „Meine Ernährung, nach der Du fragst, ist weiter glänzend und mannigfaltig", schrieb Kafka an Ottla. „Kochen ist so leicht, um Sylvester herum gabs keinen Spiritus, trotzdem verbrühte ich mich fast beim Essen, es war auf Kerzenstümpfen gewärmt."[4]

Es war vermutlich Ottla, die den Eltern von Dora erzählte. Sie war nach ihrem Besuch Ende November nach Prag zurückgekehrt. Hermann und Julie waren nicht glücklich, als sie nun erfuhren, wie es ihrem Sohn überhaupt gelingen konnte, in Berlin zu leben, und warum er so darauf beharrte, dort zu bleiben. Ottlas Darstellung von Doras Charakter und Absichten aber muss sie schliesslich überzeugt haben, denn weiterhin unterstützten sie ihn mit Paketen aus Prag. Das Weihnachtspaket „ist ja prachtvoll, so viel Gutes und Süßes und Saftiges und Banknotliches und so schön ausgewählt und zusammengelegt". Sollten noch mehr Pakete ankommen, besonders wenn sie mehr Butter enthalten, fügte Kafka hinzu, „so ist das eben zu viel, zu teuer, zu üppig, zu beschämend, natürlich werde ich alles ‚zurückzahlen' aber Ihr dürft es mir durch die Menge nicht zu schwierig machen. D. hat übrigens" – und er erwähnte Dora so zum ersten Mal in einem Brief an die Eltern – „von der ganzen Sendung am meisten die ‚gute Fee' gefreut."[5]

In der Woche vor Weihnachten kam ein beeindruckendes Paket an, nach der Aufschrift auf dem Etikett mit „Haushaltsgegenständen". „15 kg", rief Kafka in einem Dankesbrief an Ottla aus, „was kann darin nur alles sein? [...] Du hast doch gar nicht soviel." Er hatte recht, denn die großzügige Sendung war aus den Haushalten aller Schwestern zusammengestellt. „Den größten Eindruck", schrieb er, „machten übrigens auf D. merkwürdiger Weise die Abwisch- und Tischtücher, sie sagte, sie möchte am liebsten heulen und sie tat wirklich fast etwas derartiges."[6]

Aber trotz alledem: Die Eltern hegten weiterhin Verdacht und Zweifel wegen der jungen polnischen Immigrantin, die aus dem Schtetl davongelaufen war und mit der nun ihr Sohn zusammenlebte. Eine von Kafkas Nichten, Ottlas Tochter Vera, damals noch ein kleines Kind, erinnerte sich als Erwachsene daran, dass ihre Großeltern „von Ostjüdinnen und unverheirateter Liebe nichts hielten", und als Kafka nach Neujahr erneut krank wurde, führten es die Eltern, so Vera, „darauf zurück, daß Dora ihn nicht richtig ernährte".[7]

Dora wollte einen Arzt rufen. In den ersten beiden Januarwochen kehrte Kafkas hohes Fieber jeden Abend zurück. Er litt an Schüttelfrost und Darmleiden, und der quälende Husten hielt bis zum Morgen an. Dabei machte er sich ständig Sorgen, sie anzustecken. Auf Doras Drängen hin riefen sie schließlich einen namhaften Universitätsprofessor und Arzt an, der ihnen empfohlen worden war. „Er kam glücklicherweise nicht selbst", berichtete Kafka Max Brod, „sondern schickte zunächst einen Assistenten, einen jungen Mann, noch nicht dreißig, er konnte außer dem Fieber nichts Besonderes finden, verordnete auch vorläufig nichts anderes, als im Bett zu bleiben und zu warten. Für diesen Besuch verlangte er zwanzig Mark, das sind hundertsechzig Kronen."[8]

Dora warf einen Blick auf die Rechnung und hatte darauf ein langes, offenbar erfolgreiches Gespräch mit dem Arzt. „D. hat es dann später auf die Hälfte hinuntergehandelt", berichtete Kafka Max, „jedenfalls habe ich seitdem zehnfache Angst vor Krankwerden, ein Platz zweiter Klasse im jüdischen Krankenhaus kostet 64 Kronen pro Tag womit aber nur das Bett und die Kost bezahlt ist, also wohl weder Bedienung noch Arzt".[9]

Das Geld machte weiterhin Sorgen. Durch die Stabilisierung der deutschen Mark war der Vorteil des günstigen Wechselkurses von Krone zu Mark für Kafka verloren. Dabei stiegen die Preise unaufhaltsam, „man muß Goldmark verdienen, wenn man hier leben will",[10] beschwerte er sich bei Max. An die Eltern schrieb er, „die Teuerung hat doch auch ihr Gutes, sie ist erzieherisch, man wird bescheidener (nicht hinsichtlich des Essens, das liegt nicht in meiner Macht, ich bekomme das Beste und Teuerste, lerne es aber immerhin besser zu würdigen) und es gibt auch sonst noch gute Wirkungen denen sich nur der widerspenstige Körper manchmal entgegenstellt."[11]

Es war zu einem privaten Ritual des Paares geworden, jeden Samstagabend ein Gebet ‚Got fun Awrum', jahrhundertelang von jüdische Frauen zum Ende des Sabbats gesprochen, zu rezitieren. Über vier Monate und „Franz kannte das ‚Got fun Awrum' auswendig. So wie ein Kind die Märchen kennt, die man ihm unzählige Male erzählt hat", berichtet Dora. Das Gebet mahnte und ermutigte, in der kommenden Woche das Heilige in das Weltliche und Alltägliche zu bringen. An keinem Samstagabend vergaß Kafka, Dora um den Vortrag zu bitten:

> „Gott Abrahams, Jakobs und Isaaks, beschütze dein gutes Volk Israel in seiner Not, dass die sieben Tage uns Glück bringen mögen und Glück auch allen Guten und Gläubigen. Unser lieber, heiliger, gesegneter Sabbat geht vorüber, möge die liebe, geliebte Woche mit Gesundheit und Leben kommen, und mit Reichtum und Ehre und guten Taten und guten Erträgen für alle. Eine gute gesunde Woche, eine Glück bringende Woche, ein Lebendigsein möge zu uns allen kommen: zu mir, zu meinem Vater, meiner Mutter, zu meiner Schwester und meinem Bruder und zu allen von uns, allen aus Israel."

Kafka hörte nicht nur zu, so Dora. „An dem Punkt des Gebets, wo es heißt: ‚Mögen die Tore Jerusalems bald offenstehen. Offen sollen sie stehen', bewegte er seinen Kopf im Rhythmus mit, aber sehr langsam, sodass ich, von seinem Nicken dirigiert, die Geschwindigkeit bis zum Ende hin immer mehr verlangsamte":

> „Durch die Tore sollen wir gehen, nach Jerusalem hinein werden wir gehen. Hin zu dir, dem einzigen Gott über der Welt. Wir sollen herausrufen und hoffen und beten: Eine gute Woche, eine gesunde Woche, eine glückliche Woche, eine Glück bringende Woche, eine gute, gesunde Woche, lebendig. Oh, mögen wir von unserer harten und bitteren Verstreutheit erlöst werden, diese Woche und diesen Monat und dieses Jahr."

Dora erkannte an seiner Reaktion, wie gläubig Kafka in Wirklichkeit war. Sie glaubte auch, „dass es ihm sehr fehlte, dass er das gläubige Beten niemals gelernt hat". Sein Lebensweg schien ihr erschwert, weil er nie an den Riten des Gemeindegebets teilgenommen, niemals die „tiefe Hingabe einer Glaubensgemeinde" erfahren hatte.[12]

Seinen letzten Brief aus Berlin an Ottla schrieb Kafka in der ersten Januarwoche. Er fragte, ob sie Neuigkeiten über seinen Freund habe, den ungarischen Medizinstudenten, der sich eine Auszeit von seinem Studium nahm, um literarische Übersetzungen in Max' Zeitung, dem *Prager Tagblatt*, zu veröffentlichen. „Was macht Klopstock?", fragte Kafka. „Schlecht, schlecht geht es ihm wohl. Bei dieser Kälte sich noch nach unsicherem Verdienst herumzutreiben, was für Helden, die das können. Außerdem hat er in seiner Not immer das verständliche Bedürfnis nach irgendeinem phantastischen Luxus, etwa der Věra ein Spielzeug zu kaufen oder – diesmal – nach Berlin zu fahren. Soll ich ihn aufmuntern? Ihm umsonst irgendwo ein Nachtlager für 2 Tage verschaffen wäre nicht schwer, sagt D., das Essen wäre auch leicht zu beschaffen, zwei Tage, aber soll ich ihn in die Riesenausgabe für die Reise treiben […] nein ich werde es wohl nicht tun." Am Ende des Briefs fügte Dora in einem Nachtrag hinzu: „Nur einen recht, recht herzlichen Gruß. So müde! Ich schlafe schon. Gute Nacht".[13]

Kafkas Angst, seine Wohnung, die er „außerordentlich schön" fand, zu verlieren, war nicht unbegründet.[14] Mitte Januar schrieb Franz an Max, „daß wir aus unserer wunderschönen Wohnung am 1. Feber, als arme zahlungsunfähige Ausländer vertrieben werden".[15] Kafka schien keineswegs beunruhigt, „ich habe schon eine andere Wohnung in Aussicht", teilte er seinen Eltern in freudigem Ton mit, „ich werde so die Umgebung von Berlin kennen lernen, das ist gar nicht schlecht. [...] In Prag wäre mir eine Übersiedlung schrecklich gewesen, hier macht es mir nicht viel aus."[16]

Was Kafka „das Wunder des Auskommens mit 1000 K" im Dezember nannte, würde sich im Januar wohl kaum wiederholen.[17] Er wollte Berlin zwar nicht verlassen, befürchtete aber zunehmend, dass er „im Kampf mit den Berliner Preisen zu weichen" gezwungen sein würde.[18] Fortzugehen würde auch bedeuten, seinen Hebräisch- und Talmudunterricht aufgeben zu müssen. Wobei er gestand, „daß es gar kein Lernen ist, sondern nur eine formale Freude ohne Untergrund".

Auf keinen Fall wollte Kafka nach Prag zurückkehren. Er hätte darin seine endgültige Niederlage gesehen. Max' Vorschlag, in „das ‚warme satte Böhmen'" zurückzukehren, lehnte er daher rundweg ab, denn sicherlich „hatte ich Wärme und Sattheit 40 Jahre und das Ergebnis ist nicht für weitere Versuche verlockend." Er gab Max ein Bild seiner selbst: „Wäre das Wesen nur nicht so hinfällig, man könnte ja die Erscheinung fast aufzeichnen: links stützt ihn etwa D.; rechts etwa jener Mann [ein Hebräischlehrer]; den Nacken könnte ihm z. B. irgendein ‚Gekritzel' steifen; wenn jetzt nur noch der Boden unter ihm gefestigt wäre, der Abgrund vor ihm zugeschüttet, die Geier um seinen Kopf verjagt, der Sturm über ihm besänftigt, wenn das alles geschehen würde, nun, dann ginge es ja ein wenig."

In seinen Briefen an Franz hatte Max stets um dessen Hilfe im Umgang mit Emmy gebeten. „Natürlich werde ich bei E. in der Grenze meiner Kräfte und Geschicklichkeit alles zu machen versuchen", versprach Kafka. Aber die Einschränkungen wurden größer. Für diesen Tag war ein Telefonat mit Emmy verabredet worden, doch konnte er den Anruf nicht entgegennehmen; er hatte 38 Grad Fieber und musste im Bett bleiben. „Es ist nichts besonderes, ich habe das öfters ohne weitere Folgen", sagte Franz und gab dem Wetterumschwung die Schuld. Bis zum nächsten Tag würde es ihm besser gehen – „immerhin", räumte er ein, „ist es ein schweres Hindernis der Bewegungsfreiheit und außerdem schwebt die Ziffer des ärztlichen Honorars in feurigen Buchstaben über meinem Bett."

Kafka schloss acht weitere Nachträge an, bevor er den Brief schließlich absandte, Tage nachdem er ihn begonnen hatte. Max hatte ein Essenspaket geschickt, für das Kafka ihm dankte, wobei er zugab, den Inhalt nicht behalten zu haben: „D. hat einen großen Kuchen backen lassen und ihn in das jüdische Waisenhaus getragen, wo sie voriges Jahr Näherin war. Für die Kinder, die dort ein bedrücktes freudloses Leben führen, soll es ein großes Ereignis gewesen sein." Dies war nicht das erste Geschenk, das Kafka dem Waisenhaus gemacht hatte. Anfang Oktober, kurz nach seiner Ankunft in Berlin, hatte er dem Zufluchtsort der Kinder zwanzig Kronen, ein kleines Vermögen, gespendet.

Er fragte Max auch nach seiner Meinung über den bekannten Journalisten Manfred Georg, der für den gerade in Berlin erschienenen Sammelband *Juden in der deutschen Literatur* einen Aufsatz über Brod verfasst hatte. „Dora kennt Manfred Georg aus Breslau (er ist jetzt in Berlin) gut und wäre neugierig, ein paar Urteilsworte von Dir über ihn zu hören"[19], schrieb Kafka. Es ist nicht bekannt, was Brod (oder Dora) über ihn dachten. Manfred Georg wurde jedenfalls später in den USA sehr bekannt. Nachdem er 1938 nach New York emigriert war, entwickelte er das jüdische Wochenblatt *Aufbau* weiter zu einer bedeutenden Zeitung für jiddischsprachige Einwanderer.

Verständlicherweise war Kafka besorgt. Fünf Tage bevor sie ihre Wohnung in der Grunewaldstraße räumen mussten, hatten sie noch immer keine neue Bleibe. In einer Postkarte an Klopstock vom 26. Januar schrieb Kafka: „Augenblicklich haben wir Wohnungssorgen, eine Überfülle von Wohnungen, aber die prachtvollen ziehn unerschwinglich an uns vorüber und der Rest ist fragwürdig. Wenn man etwas verdienen könnte! Aber für Bis-zwölf-im-Bett-Liegen gibt hier niemand etwas."

Der junge Künstler, den Tile Rössler Kafka vorgestellt hatte, hatte es geschafft, inmitten des Wirtschaftschaos „einen schönen Beruf" für sich zu finden, einen Beruf, „um den ich ihn schon manchmal beneidet habe", so Kafka, „er ist Straßenbuchhändler, gegen zehn Uhr vormittag bezieht er den Stand und bleibt bis zur Dämmerung; und es gab schon zehn Grad Frost und mehr. Um die Weihnachtszeit verdiente er zehn Mark täglich, jetzt drei bis vier."[20]

Schon am folgenden Tag aber ergab sich eine Lösung: Dora hatte eine neue Wohnung gefunden. Am 28. Januar schrieb Kafka an Felix Weltsch, „ich schreibe Dir zwar (aus Angst, die Selbstwehr könnte einmal ausbleiben, sie, die so pünktlich jetzt immer kommt, die Treueste der Treuen in Pünktlichkeit und Inhalt, zu dem Unpünktlichsten der Abonnenten) immer nur wenn ich übersiedle, aber die Korrespondenz hat auch so Anlage, lebhaft zu werden. Am 1. Feber (also schon für die nächste Nummer) ist meine Adresse: Berlin-Zehlendorf, Heidestraße 25–26, bei Frau Dr. Busse. Ich tue vielleicht Unrecht (und bin schon von vornherein durch die entsetzlich hohe, für die Wohnung zwar gar nicht ungebührliche, für mich aber in Wirklichkeit unerschwingliche Miete gestraft), in das Haus eines toten Schriftstellers zu ziehn, des Dr. Carl Busse (1918 gestorben)."

Die neue Unterkunft bestand aus einer Ein-Zimmer-Wohnung in einem weniger reizvollen Gebäude. Das weitläufige, zweigeschossige Haus gehörte der Witwe des Dr. Busse, eines Lyrikers und Literaturkritikers, der im Alter von 46 Jahren gestorben war. „Ich tue vielleicht Unrecht [...], in das Haus eines toten Schriftstellers zu ziehn [...], der zumindest zu Lebzeiten gewiß Abscheu vor mir gehabt hätte. Erinnerst du dich vielleicht an seine monatlichen Sammelkritiken in Velhagen & Klasings Monatsheften? Ich tue es trotzdem", schrieb Kafka weiter an Felix, „die Welt ist überall voll Gefahren, mag diesmal aus dem Dunkel der unbekannten noch diese besondere hervortreten."[21]

Berlin-Zehlendorf, 1. Februar 1924

Am Donnerstag, dem 1. Februar, dem Tag des Umzugs – Kafka und Dora hatten sich ein Taxi genommen um mit ihrer Habe überzusiedeln –, erreichte sie ein Telegramm von Ludwig Hardt. Samstagabend wolle er eine Vorführung im Berliner Meistersaal geben. Kafka hätte den Vortrag liebend gern besucht. Hardt (ein bekannter Rezitator) war, so Kafka, „ein Zauberer", ein bezaubernder Interpret von Dichtungen und Literatur und „ein Diener des Wortes. Er erweckt und belebt Dichtungen, die unter dem Staub der Konventionen versinken. Er ist ein großer Mensch."[22]

Kafka war freudig aufgeregt wegen Hardts Einladung, „nur leider, nur leider, ich kann nicht kommen", antwortete er ihm. „Nicht nur, weil ich heute nachmittag übersiedelt bin mit dem ganzen Krimskrams der mächtigen Wirtschaft, die ich führe [...], sondern vor allem deshalb weil ich krank bin, fiebrig und die ganzen Berliner vier Monate abends nicht aus dem Hause war." Kafka machte einen anderen Vorschlag: „Aber könnte ich Sie hier in Zehlendorf einmal sehn nach so langer Zeit? Zum morgigen Abend kommt Frl. Dora Diamant, um diese Möglichkeit mit Ihnen zu besprechen. Leben Sie wohl und Segen über Ihren Abend."[23]

Es war nicht ungewöhnlich für Kafka, dass Dora, die er in einem Brief an Robert Klopstock als „der ‚andere Schüler'" bezeichnete, an seiner Stelle zu Veranstaltungen und Lesungen ging.[24] So konnte sie ihm das Programm in ihrer Erzählung wiedergeben. Kafka schien dabei genauso viel, wenn nicht gar mehr Freude zu empfinden, als wenn er selbst dabei gewesen wäre. Nachher lobte Kafka immer Doras natürliche Begabung für die Schauspielerei. Es sei ihre Pflicht gegenüber ihrem gottgegebenen Talent, dass sie eine professionelle Ausbildung erhalten müsse, meinte er. Eine Karriere beim professionellen Theater, einst ein Traum in romantischer Ferne, nahm in Doras Vorstellung erstmals Gestalt an.

Einige Tage zuvor hatte die Schauspielerin Midia Pines, eine Freundin Kafkas, Dora ebenfalls ermutigt, sich ausbilden zu lassen. Pines war in einer Berliner Galerie aufgetreten, die Dora wieder alleine besucht hatte, da Kafka sich nicht wohlfühlte. Die Schauspielerin, die sich als Sprachlehrerin in Prag ihren Lebensunterhalt zu verdiente, führte die Lebensgeschichte des Eremiten aus *Die Brüder Karamasow* von Dostojewski „auswendig" auf.[25] Dora war begeistert von Midias Darstellung und sehnte sich danach, selbst einmal auf der Bühne zu stehen.

Samstagabend nun ging Dora allein zu Ludwig Hardts Vorstellung im Meistersaal. Sie war noch unglücklich darüber, dass sie am Vortag den Rezitator durch ihre Anmeldung wohl gestört hatte. In ihrer Tasche trug sie einen zweiten Brief von Kafka an Hardt, der ihren Fehler erklären und abmildern mochte. „Lieber Ludwig Hardt", hatte Kafka geschrieben, „eben bekomme ich den Bericht einer Unglücklichen, der Portier hat die Frage, ob Hardt schon angekommen sei, mißverstanden und ihn selbst zum Telephon gerufen", erklärte Kafka, „ich vermehre das Unglück durch die Erinnerung daran, dass H. vor dem Vortrag zu schlafen pflegt (was doch wahr ist), tröste dann aber wieder damit, dass H. nichts stören kann (was doch noch wahrer ist)."

Kafka wiederholte seine Einladung zu einem Besuch in seinem Berliner Vorort. „Frl. Dora Diamant, die Überbringerin, hat die Vollmacht und mehr als das, die Möglichkeit der Zehlendorfer Reise zu besprechen. Wird es möglich sein?"[26], fragte er sich. Hardt jedoch hatte keine Zeit für Reisen in die Vororte des eisigen

Berlins. Andere Besucher aber kamen. Unter den namhaften literarischen Persönlichkeiten, die ihren Weg aus den geschäftigen Berliner Innenstadtbüros in die düsteren Straßen Zehlendorfs fanden, waren Willy Haas, Herausgeber der *Literarischen Welt*, und Rudolf Kayser, Herausgeber der *Neuen Rundschau*. Kayser hatte Kafkas Erzählung *Ein Hungerkünstler* in der Oktoberausgabe 1922 veröffentlicht. Wie Brod erkannte auch Kayser Kafkas literarisches Genie:

> „Sein Wesen und seine Bücher zeigen als gleichen Grundzug: Redlichkeit. Kafka stellte keine Ansprüche. Er sprach und schrieb das, was er war, ohne Ehrgeiz der Form und des Erfolges. Seine Sprache ist klar, sachlich und reinlich. Sie meidet jeden Schmuck, sie kommt ohne Kantilenen und dröhnende Akkorde aus. Trotzdem ist sie reich, gibt Visionen und Träume und ist immer persönlich. Kafkas Prosa gehört zur besten in der heutigen deutschen Literatur. Trotz Einfachheit und Sachlichkeit weiß sie um die Magie des Worts."[27]

Nach Kafkas Tod schrieb Kayser über sein erstes und einziges Treffen mit Kafka im Winter 1923/24. Er traf ihn, so sein Bericht, „in einem Berliner Vorort, wo er einsam lebte, unter dem Schicksal seiner Krankheit, die er lächelnd ertrug. Er wohnte in einer verschneiten Villenstraße, an einem Walde, wo die Stadt, ganz an ihr Ende gekommen, schweigt. Er wollte durch mich hören: vom Leben, von Büchern, Theatern und Menschen. Das Dasein der Welt: er sah es fern von sich und betrachtete es, wie Kinder das Leben der Erwachsenen betrachten: mit Sehnsucht und Lächeln zugleich."

Kafkas Krankheit war, so Kayser, „anderes noch als körperliches Leiden, sie war ganz in sein Wesen übergegangen. Sie gehörte zu ihm, wie er zu ihr. Sie gab diesem vierzigjährigen Manne ein schmales Knabengesicht, ein junges Lachen, eine zarte Stimme. Er hatte durch sie so viel Jugend in sich". Kayser glaubte, es müsse Kafkas nahender Tod gewesen sein, der „ihn seiner Kindheit näher zu bringen schien."[28] Da er ihn zum ersten Mal traf und ihn nur durch sein literarisches Werk kannte, konnte Kayser nicht wissen, dass Kafkas jugendliche Züge schon immer ein wesentlicher Teil seiner Persönlichkeit waren. Trotz seines Leides: Kafka nahm immer die Schönheit um sich wahr, in den einfachsten und kleinsten Dingen. Wie er einmal sagte: „Wer die Fähigkeit, Schönheit zu sehen, behält, der altert nicht."[29]

Auch Franz Werfel kam. Es wurde jedoch ein äußerst unglücklicher Besuch, erinnerte sich Dora. Werfel, der ebenfalls zu Kafkas weiterem Prager Kreis von Literaturfreunden gehörte, war bereits auch außerhalb von Prag als Dichter, Schriftsteller und Dramatiker bekannt.

Seit Beginn des Kreises, etwa ab dem Jahr 1908, hatten Kafka und Werfel ihre Arbeit jeweils begleitet und ihre neuesten Arbeiten sich gegenseitig stets vorgelesen. Bald aber war diese Erfahrung für beide schmerzlich geworden. Zunehmend waren sie nicht mehr imstande, „des anderen Arbeit zu verstehen oder zu schätzen".[30]

Franz Werfel war klein und füllig, hatte ein volles, rundes Gesicht, blondes Haar und blaue Augen. Schon als Jugendlicher, als er von den Prager Literaten als Wunderkind gehandelt wurde, war er von seiner Genialität überzeugt, und seine Zukunft schien tatsächlich vielversprechend.

Im November 1922 hatten Kafka und Werfel nach einer Lesung von Werfels letztem Stück einen miserablen Abend miteinander verbracht. Mailloux' Biografie zufolge „war der Besuch äußerst schwierig, da Kafka den ganzen Abend damit verbrachte, Werfels neues Stück, *Schweiger*, zu kritisieren. Es war nicht so, als habe Kafka das Stück nicht gemocht; vielmehr war er durch einen nicht gänzlich erklärbaren Grund von ihm entsetzt, und es gelang ihm trotz seines gewohnten Zartgefühls nicht, dies vor Werfel zu verbergen. Im Nachhinein hatte Kafka sich schrecklich gefühlt, jedoch geschah beinahe genau dasselbe bei seinem Besuch in Berlin wieder".[31]

Als Werfel eintraf, sein neues Buch in der Hand, begrüßte Dora ihn und führte ihn in Kafkas Zimmer. Die beiden Männer waren, so Dora, eine längere Zeit allein. Plötzlich sprang die Tür auf und Werfel stürmte heraus, mit Tränen in den Augen. „Als ich ins Zimmer kam, saß Kafka dort vollkommen zerschlagen", berichtet Dora, „und murmelte ein paarmal vor sich hin: ‚Daß es etwas so Entsetzliches geben kann!' Auch er weinte." Dora fand bald heraus, was geschehen war: „Er hatte Werfel fortgehen lassen, ohne ihm ein einziges Wort über sein Buch sagen zu können."

Wenn es um Literatur ging, war Kafka nur zu einer kompromisslosen Ehrlichkeit fähig. „Jeder", so Dora, „der sich Kafka auslieferte, erfuhr entweder die stärkste Bestätigung oder mußte verzweifeln", so wie Franz Werfel bei seinem letzten Besuch, „ein Dazwischen gab es nicht. Mit derselben unerbittlichen Strenge betrachtete er auch seine eigenen Arbeiten." Dora schien, dass „er seine

Absichten niemals wirklich erfüllt zu haben glaubte". Hierin sah sie den Grund für den Wunsch zur Zerstörung seiner Werke.

In ihrer gemeinsamen Zeit in der Zehlendorfer Wohnung kam es zu der Verbrennung von Kafkas Arbeiten durch Dora. Sie hatte es aus Liebe getan, erntete dafür aber den Rest ihres Lebens Kritik und Vorwürfe. „Ich war damals so jung", erklärte sie später, „und junge Menschen leben in der Gegenwart, allenfalls noch in der Zukunft. Letzten Endes war für ihn ja alles nur ein Mittel der Selbstbefreiung gewesen." „Von dieser Vorstellung schien er wie besessen zu sein, es lag darin gewissermaßen ein trotziges Aufbegehren. Um seine Seele von diesen ‚Gespenstern' zu befreien, wollte er alles verbrennen, was er geschrieben hatte. Ich achtete seinen Willen, und als er krank im Bett lag, verbrannte ich einige seiner Arbeiten vor seinen Augen."

Während Kafka vom Bett aus zusah, entzündete Dora das Streichholz, hielt es an die Seiten und ließ diese in die Waschschüssel fallen, als sie Feuer fingen. „Was er wirklich schreiben wollte, würde erst später kommen, wenn er seine ‚Freiheit' errungen hatte"[32], erzählte er ihr. Sie schauten zu, wie die kleinen Flammen in einer kurzzeitigen Wärme emporzüngelten. Er entspannte sich erst, als die Asche still auf dem Boden der Schüssel lag.

Dem Kafka-Biografen Ronald Hayman zufolge könnte Dora auch die letzten fehlenden Seiten von *Der Bau* verbrannt haben, da sie „auf seine Anweisungen und in seiner Gegenwart zahlreiche seiner Manuskripte (darunter ein Drama und eine Erzählung über den Ritualmordprozeß in Odessa) verbrennen mußte".[33] Doch Dora verbrannte nicht alles. Viele der Notizbücher, die die Tagebücher enthielten, die er während seiner Spaziergänge in Berlin geschrieben hatte, rettete sie. Sie versteckte sie, allerdings weniger im Gedanken an irgendeine künftige literarische Bedeutung. Was sie sah und wovon sie sich leiten ließ, war ihr Gefühl dafür, wann durch das Verbrennen für Kafkas Empfinden ein Gleichgewicht hergestellt worden war. „Das Geschriebene", sagte er einst, „ist ja nur Schlacke des Erlebnisses."[34]

Max Brod verließ seinen Freund Kafka nach seinem dritten und letzten Besuch tief besorgt. Kafka war zwar noch immer guter Stimmung, und so „sprach er seine Sorgen nur in scherzhafter Form aus". Sein Gesundheitszustand aber hatte sich rapide verschlechtert, was weder er noch Dora angemessen wahrnahmen. „Kaum hat er (durch den Vertrag mit der ‚Schmiede') eine Kleinigkeit verdient, denkt er" – der beinahe bettlägerig war und in bitterer Armut lebte – „an

Rückzahlung der ‚Familienschulden'", berichtet Brod, und „der Familie, die in banger Sorgsamkeit seiner gedenkt, verschweigt er [...] den wahren Stand der Dinge." – „Es war schließlich nicht darüber hinwegzusehen, daß sich – trotz seines seelischen Gleichgewichtes, das anhielt – Franzens körperlicher Zustand verschlimmerte", schreibt Brod.[35] Er scheute sich, das Berliner Idyll zu zerstören, doch als er nach Prag zurückkehrte, nahm er Kontakt zu Kafkas Onkel, dem Arzt Dr. Siegfried Löwy, auf und berichtete ihm, wie ernst Franz' Zustand sei.

Berlin-Zehlendorf, 21. Februar 1924

Dr. Löwy kam bald für ein paar Tage zu Besuch nach Berlin. Zusammen mit Dora ging der Onkel zu einer literarischen Lesung, während Kafka zu Hause blieb und sich in seine „entnervenden Orgien" abendlicher Lektüre stürzte, wie er am letzten Februartag in diesem Schaltjahr in dem einzigen Brief, den er in dem Monat an Robert Klopstock schrieb, berichtet. „Zwei angefangene Briefe und eine Karte treiben sich schon längst irgendwo in der Wohnung herum, Sie werden sie nie bekommen", sagte Kafka und bedankte sich für „alles Gute, womit Sie mich überhäufen (die prachtvolle Chokolade, die ich erst vor ein paar Tagen bekam oder vielmehr, um die Wahrheit nicht zu verschleiern, die wir bekamen [...])".[36]

Dr. Löwy war schockiert vom Zustand seines Neffen und beharrte darauf, dass er Berlin sofort verlassen und zur Spezialbehandlung in ein Sanatorium fahren müsse, wenn er weiterleben wollte. Der Onkel blieb unnachgiebig, aber Franz weigerte sich, mit Doras Unterstützung, seiner Prognose zuzustimmen. Er war nicht bereit, seinen erbitterten Kampf um Unabhängigkeit aufzugeben. Dora wollte die Diagnose ebenfalls nicht akzeptieren. Sie wussten beide, dass eine Rückkehr nach Prag sein Ende bedeuten würde. Sie hätten gerne die Diagnose eines weiteren Arztes eingeholt, konnten aber das Geld dafür nicht aufbringen. Welche Möglichkeiten blieben ihnen noch?

Berlin-Zehlendorf, 4. März 1924

Anfang März, der Frühling lag schon in der Luft, an den Ulmen zeigten sich die ersten Knospen, machte sich Dr. Ludwig Nelken auf den Weg zum Hausbesuch in der Heidestraße 25–26. Er tat Dora damit einen Gefallen. Als sie bei ihm telefonisch anfragte, rief ihre Stimme ihm Bilder der Kundgebung der Linksorientierten im Preußischen Herrenhaus in Berlin vor Augen. Er hatte Dora dort gemeinsam mit Angelica Balabanoff auf dem Podium bei einer Rede erlebt. Dora war damals tonangebend und sehr überzeugend gewesen, dachte Nelken, indem sie das Publikum mit ihrer „starken jüdischen Hingabe" und mit Verantwortungsgefühl und Menschlichkeit zu bewegen verstand.

Dora hatte Nelken zum ersten Mal 1919 in Breslau getroffen, als er noch Medizinstudent war. Damals sprach sie noch Jiddisch und lernte gerade erst Deutsch. Er fand sie hübsch und fühlte sich von ihrer „Unkompliziertheit, Ursprünglichkeit und Auffassungsgabe" angezogen. In Berlin trafen sie sich wieder. Er arbeitete im Jüdischen Krankenhaus und sie als Kinderfräulein im Haus von Dr. Badt, einem Leiter der orthodoxen jüdischen Gemeinde Berlins. Nelken hatte sie nun seit mehreren Monaten nicht mehr gesehen und war überrascht und erfreut, von ihr zu hören, als sie anrief und bat, nach Zehlendorf zu kommen und ihren Freund Franz Kafka zu untersuchen. Sie hätten kein Geld, um zu bezahlen, räumte sie ein. Ob er aber sofort kommen könne, so schnell wie möglich? Man konnte Dora mit dieser Verzweiflung in ihrer Stimme nicht abweisen.

Als Dr. Nelken das Zimmer betrat, lag Kafka nicht im Bett, „aber er war in einem elenden Zustand", berichtete Nelken später. „Er lehnte sich mit einem freundlichen Lächeln an die Fensterbank, fast so als ob er mich bemitleide und mir sagen wolle: ,Warum verschwendest du deine Zeit und dein Talent an mir, junger Mann? Es ist hoffnungslos, mir kann nicht mehr geholfen werden.'" Später, im Jahr 1974, bedauerte Dr. Nelken, ein inzwischen „namhafter Jerusalemer Arzt", in einem in Israel erschienenen Zeitungsartikel, dass er Kafka nicht habe helfen können. „Wenn es damals nur Streptomycin gegeben hätte oder eines der anderen Medikamente, die so viel zur Heilung von Tuberkulose beigetragen haben. Ihm etwas zu verschreiben, das den Husten und andere Symptome linderte, war alles, was ich damals tun konnte."[37]

In seiner Achtung vor Dora sah Dr. Nelken davon ab, ihr eine Rechnung vorzulegen. Aus Dankbarkeit schickte Kafka ihm ein Buch mit persönlicher Widmung. Es war nicht eines seiner eigenen dünnen Bücher – das wäre nicht gut genug gewesen –, sondern ein schönes, großes über den Künstler Rembrandt, eines der Bücher, die er vom Kurt Wolff Verlag als Abschiedsgeschenk erhielt, als sein Honorarkonto geschlossen wurde.

Der 4. März war Doras sechsundzwanzigster Geburtstag. Dora blieb zu Hause, wie sie dies nun für gewöhnlich tat. Sie hatte ihren Unterricht an der Akademie abgebrochen und widmete sich jetzt ganz Kafka. Es ging ihm besser, wenn er lag, wenn er aber längere Zeit stand oder, wie er beschrieb, Spaziergänge zu unternehmen versuchte, die „noch vor dem ersten Schritt den Charakter der Großartigkeit annehmen, ist manchmal der Gedanke, sich lebend-friedlich im Sanatorium zu begraben, gar nicht sehr unangenehm. Und dann doch wieder sehr abscheulich, wenn man bedenkt, dass man sogar in diesen für die Freiheit vorbestimmten paar warmen Monaten die Freiheit verlieren soll."[38]

Dora verdiente ein wenig Geld mit Näharbeiten. „Diesen Zustand im Hause liebte Franz so sehr", erzählte sie Ottla später. „Er pflegte mich immer am Morgen ein wenig beunruhigt mit den Augen zu verfolgen [...] und dann als ich mir das Nähzeug vornahm leuchteten sie so auf, und schauten so beruhigt und dankbar drein, und nannte es dann ein Geschänk [sic], das ich ihm machte."[39]

Als Kafka das Bett nicht mehr verlassen konnte, lasen er und Dora einander vor und fanden neue Wege, sich zu amüsieren. „Wir entwarfen oft zum Vergnügen mit unseren Händen Schattenbilder an die Wand"[40], berichtet sie. Das Spiel von Licht und dunklen Schatten tanzte und sprang über die Wand, während sie Geschichten und Szenen aus Märchen und Legenden improvisierten. Oft spielten sie so, bis die letzte Kerze abgebrannt war.

In seinem letzten von Berlin aus an Robert Klopstock geschriebenen Brief Anfang März weigerte sich Kafka immer noch, Berlin zu verlassen. „Ich wehre mich gegen ein Sanatorium, auch gegen eine Pension, aber was hilft es, da ich mich gegen das Fieber nicht wehren kann. 38 Grad sind zum täglichen Brot geworden, den ganzen Abend und die halbe Nacht. Sonst, trotzdem", fuhr Kafka fort, „ist es ja sehr schön hier, auf der Veranda zu liegen und zuzusehn, wie die Sonne an zwei der Schwere nach so verschiedenen Aufgaben arbeitet: mich und die Birke neben mir zu natürlichem Leben zu wecken (die Birke scheint Vorsprung zu haben). Sehr ungern gehe ich von hier fort, aber den Gedanken ans Sanatorium kann ich doch nicht ganz abweisen". Der „stundenlange Morgen- und Abendhusten [...] und das fast täglich volle Fläschchen" ließen sich nicht ignorieren, „– das arbeitet wieder für das Sanatorium."

Neben seinem Bett nämlich stand ein Gefäß für den Schleim, den er aushustete. Gegen das Sanatorium sprach die „Angst vor den dortigen, schrecklichen

Essenspflichten." Klopstock kündigte in seinem letzten Brief an, dass er nach Berlin komme, um bei Kafkas Betreuung zu helfen. „Lieber Robert, nein, keine Reise, keine so wilde Tat", schrieb Kafka zurück. „Vielleicht – eigentlich denken wir ernstlich daran – kommen wir bald nach Prag, käme ein Wiener Waldsanatorium in Betracht, dann gewiß."

Dr. Löwy rief Franz mehrmals an. Er war es nicht gewohnt, dass sein ärztlicher Rat missachtet wurde, und weigerte sich, seinen Lieblingsneffen aufzugeben. Durch seine Beziehungen wurde ermöglicht, dass ein Sanatorium in Österreich Franz ohne die übliche Wartezeit aufnehmen würde. Der „Onkel schlug mir zwar vor, ich solle von hier direkt nach Innsbruck fahren", schrieb Kafka, „ich erklärte ihm aber heute, warum ich es vorziehen würde, über Prag zu fahren. Vielleicht stimmt er zu."[41]

Am 15. März war der Kampf, in Berlin zu bleiben, verloren. Im letzten Brief, den er von dort aus an seine Eltern schrieb, versuchte Kafka aber immer noch, das Unvermeidliche um ein oder zwei Tage hinauszuschieben, „vielleicht werde ich doch mit den Reisevorbereitungen nicht bis Montag fertig, dann fahre ich paar Tage später. Gewiß soll Robert nicht kommen; ich weiß, er täte es gern, ich weiß auch aus Erfahrung daß man bei ihm aufgehoben ist wie in den Armen eines Schutzengels, aber für diese kurze bekannte Strecke ist es ganz gewiß nicht nötig, bitte, redet es ihm bestimmt aus." Und nochmals schrieb er, er werde vielleicht noch länger bleiben: „Der Diener des Onkels muß Montag abend nicht auf der Bahn warten, da es ja noch immerhin ziemlich unsicher ist, ob ich komme."[42]

Berlin-Zehlendorf, 17. März 1924

Montagmorgen musste sich Kafka stark auf Dora stützen, als sie sein Zimmer zum letzten Mal verließen und zu dem wartenden Taxi gingen. Max Brod wartete am Bahnhof auf sie. Er war wegen der Uraufführung seiner Übersetzung von *Jenufa* an der Staatsoper in Berlin. Max, nicht Dora, würde Kafka nach Prag begleiten.

Franz wollte Dora nicht dem Haus aussetzen, „aus dem all sein Unglück entsprungen war". Er fürchtete die Missachtung und Geringschätzung, die seine Eltern Dora gegenüber sicher zeigen würden. Er wollte sich nicht vorstellen, wie sein Vater Dora behandeln, was für abscheuliche Dinge er sagen könnte. In vielerlei Hinsicht war Franz inzwischen völlig hilflos, doch in diesem Fall hatte er die Möglichkeit, etwas zu tun, auch wenn es für ihn ein persönliches Opfer bedeutete: Er konnte Dora vor seinen Eltern schützen.

Warte, sagte Kafka mal befehlend, mal flehend. Warte. Später, wenn er in ein Sanatorium fahre, könne sie dort zu ihm kommen. Für die Zwischenzeit versprach er, ihr jeden Tag aus Prag zu schreiben. Dora blieb auf dem Bahnsteig stehen, bis der Zug aus dem Bahnhof abfuhr und dorthin verschwand, wo sie ihn nicht mehr sehen konnte.

7

FÜRCHTERLICHSTER UNGLÜCKSTAG

> *Das Leben bedeutet für den gesunden Menschen eigentlich nur eine unbewusste und uneingestandene Flucht vor dem Bewusstsein, dass man einmal wird sterben müssen.*
>
> Franz Kafka, Gespräche mit Kafka[1]

Berlin, Frühling 1924

In Berlin begann es zu tauen und zu tropfen. Die Vögel zwitscherten lautstark und die Bäume standen schon voller Knospen. Dora bemerkte wenig davon. Sie vermisste Kafka, sehnte sich danach, seine Stimme zu hören und auf seinem Schoß zu sitzen, zusammen eingewickelt in seinen Morgenrock, der sie beide wärmte. Sie glaubte noch immer, ihre Trennung sei nur kurzzeitig. Bei seinem Weggang sagte er, er würde nur für zwei oder drei Tage in Prag bleiben. Aber die Tage wurden zu Wochen. Dora war manchmal verzweifelt, aber sie wehrte sich dagegen, stellte sich auf einen positiven, glücklichen Ausgang ein.
Kafka schrieb ihr jeden Tag aus Prag, manchmal sogar zwei- oder dreimal täglich. Seine Briefe wärmten sie, als wäre er bei ihr. Danach war es immer, als läge seine Anwesenheit noch in der Luft. Ein bestimmter Moment eines Tages, ein gewisser Blick von ihm, die Berührung seiner Hand, das wurde für sie zur Gegenwart. „Ich muss vorsichtig sein", schrieb sie fast dreißig Jahre später über ihre Neigung, sich ihn ganz lebhaft vorzustellen, in ihr Tagebuch. „Manchmal, wenn ich an eine Begebenheit, ein Erlebnis mit Franz denke, gleite ich über ins Phantasieren, welches dann ebenso real und intensiv ist wie das wirkliche Erleben."[2]

Dora hütete die Briefe von Kafka wie einen Schatz. Sie las sie immer wieder. Die größte Freude bereitete es ihr, wenn ein neuer Brief in der Morgen- oder Nachmittagspost auf sie wartete, der ihren Namen in Franz' charakteristisch schwungvoller Handschrift trug: Fräulein Dora Diamant; und sie zählte die

Tage, seit er abgereist war, anhand des wachsenden Stapels von Briefen und Karten.

Er hatte eine neue Erzählung über eine Sängerin der Mäuse namens Josefine begonnen. Er las Tolstois Tagebücher und beschäftigte sich daraufhin mit der Frage, in welcher Weise der Mensch auf sich selbst hin handelt oder überhaupt zu handeln vermag, in Anbetracht „einiger dieser technischen Fehler". Er erforschte das Problem ausgiebig und von allen Seiten. Dora kannte niemanden, der die Suche nach Lösungen so sorgfältig anging wie Franz. In solchen Momenten erinnerte Kafka Dora an einen großen talmudischen Weisen oder Rabbi, der nie zu einer Lösung kommen konnte, ohne nicht jede Frage von allen Seiten, mit unendlicher Geduld und enormer Genauigkeit geprüft zu haben, um dabei jedoch immer in dem Gefühl zu verbleiben, dass es eine abschließende Lösung niemals wirklich geben konnte. Für Kafka war dies eine Frage der Redlichkeit, ja der göttlichen Gerechtigkeit: Es gab immer noch die Möglichkeit einer anderen, weitergehenden Perspektive, immer noch ein „andererseits jedoch" für jede scheinbare Lösung.

In einem anderen Brief erzählte ihr Franz von einem Traum, den er in der Nacht zuvor gehabt hatte: „Straßenräuber hatten ihn aus seiner Berliner Wohnung geholt, auf irgendeinem Hinterhof in einen Schuppen eingeschlossen und geknebelt. ‚Ich wußte, daß ich verloren bin, weil du mich nicht finden kannst.'" Dann hört er im Traum plötzlich, dass Dora noch in der Nähe ist. Er versucht, sich zu befreien, wähnt sich schon frei – den Knebel hat er aus seinem Mund gezogen – und er braucht bloß laut nach ihr zu rufen; „aber gerade in diesem Augenblick wird er von den Räubern entdeckt, und sie knebeln ihn von neuem."³

Der Traum erfüllte seinen Zweck. Dora hörte Kafkas Hilfeschrei – sie würde ihn niemals aufgeben. Wenn Kafka ohne sie in der Pflege seiner Eltern in Prag bliebe, so glaubte Dora, würde er sterben. Aber Franz musste leben! Sein schrecklicher Traum stärkte ihre Entschlossenheit und ließ ihre Vorstellung einer gemeinsamen Zukunft für sie beide umso deutlicher werden. Diese Entscheidung beruhte nicht auf dem Verstand, sondern kam voll und ganz aus dem Gefühl und war somit zwingend und unhintergehbar.

Ende März besuchte Klopstock Kafka im Haus seiner Eltern. Franz lag im Bett, auf Kissen aufgestützt. Ein Tablett voll frischer Früchte, Säfte und Wasser stand unberührt in der Nähe. Er sprach in rauem Flüstern. „Ich glaube, ich habe zur rechten Zeit mit der Untersuchung des tierischen Piepsens begonnen. Ich habe soeben eine Geschichte darüber fertiggestellt."⁴ Klopstock wollte sie sehr gern lesen, aber ihm fehlte der Mut, ihn danach zu fragen. Stattdessen redete er über andere Dinge, hauptsächlich über die Sorgen in seinem eigenen Leben.

Robert Klopstock war ein fünfundzwanzigjähriger ungarischer Jude und Medizinstudent aus Budapest. Auch er litt an Tuberkulose, „dabei sieht man ihm von seiner Krankheit gar nichts an", fand Kafka, und wie er ihn beschrieb, war er ein „großer, starker, breiter, rotwangiger, blonder Mensch, im Kleid ist er fast zu stark." Seine jungenhafte Erscheinung und sein zerzaustes Haar erinnerten Kafka an Zeichnungen in klassischen deutschen Kindergeschichten, „ernst und angespannt und doch auch in Träumen."⁵

Zum ersten Mal erwähnte Kafka Klopstock in einem Brief an Max Brod, nachdem er ihn in einem Sanatorium in der Hohen Tatra im Winter 1921 kennengelernt hatte. Kafka meinte, der junge Mann sei „sehr strebend, klug, auch sehr literarisch [...] menschenbedürftig in der Art eines geborenen Arztes". Klopstock war „antizionistisch, Jesus und Dostojewski sind seine Führer".⁶ Zwei Monate später, als Kafka sich noch immer in Matliary erholte, schrieb er Brod erneut über den jungen Mann und bat um Hilfe zu dessen Gunsten. Klopstocks Vater war verstorben, und Kafka wollte, dass Brod und er Klopstock bei der Finanzierung seines Studiums an der Universität halfen.

Als Kafka Matliary nach einem sechsmonatigen Aufenthalt verließ und nach Prag zurückkehrte, blieben er und Klopstock mit häufigen, langen Briefen in Kontakt. Einmal schrieb Kafka über ein neues Heilmittel, das sein neuester Arzt ihm verschrieben hatte, den er als „erhaben kindlich lächerlich wie die meisten" beschrieb. Kafka sprach nicht durchweg zynisch über Ärzte und ihre Heilverfahren, „nachher habe ich sie dann sehr gern", sagte er. „Es kommt doch nur darauf an, dass sie das Beste tun, was sie können, und je weniger das ist, desto rührender ist es." Und „manchmal überraschen sie ja doch."⁷

Während eines Besuchs Klopstocks im Haus der Eltern Kafkas sagte dieser etwas, das Klopstock bis ins Innerste erschütterte: Am dritten Tag nach seiner Rückkehr bemerkte er erstmalig ein seltsames, brennendes Gefühl hinten in der Kehle. Als Medizinstudent, der sich auf Lungen- und Brusterkrankungen spezialisierte, war Klopstock nur allzu bewusst, was geschehen würde, sollte die Tuberkulose Kafkas Kehlkopf infizieren. Und Kafks düsterer Blick gab zu erkennen, dass auch er selbst es wusste.

Drei Wochen blieb Kafka in der elterlichen Wohnung am Altstädter Ring. Max Brod besuchte ihn jeden Tag. „Morgen komm wieder um diese Zeit!", verlangte Kafka am Ende jedes Besuchs. „Er wollte jetzt, dass ich jeden Tag kam, um ihn zu sehen", berichtete Brod später. „In früheren Zeiten hatte er sich nie so energisch geäußert, war immer überaus rücksichtsvoll wegen der Berge von Arbeit gewesen, die mich überwältigten. Nun aber sprach er, als ob er wusste, dass wir einander nicht mehr lange haben würden." Trotz der „zärtlichen Fürsorge, die ihn umgab" im Haus seiner Eltern, fühlte Kafka sich besiegt und „es wurde schlimmer und schlimmer".[8]

Sanatorium Wienerwald, Österreich, 5. April 1924

Dora war zu Kafkas Lebzeiten niemals in Prag gewesen, wenn auch die meisten seiner Biografen, darunter Max Brod, dies behaupten. Sie wollte gerne dorthin und sprach öfters davon; aber letztlich respektierte sie Kafkas Wunsch. Mit der Nachricht vom unheilvollen Brennen in Kafkas Kehlkopf war nun eine neue Situation gekommen, entschieden wurde dann in letzter Minute. Kafkas Onkel setzte sich durch und Franz wurde unverzüglich in ein österreichisches Sanatorium geschickt. Ein Aufenthalt im angesehenen und teuren Sanatorium Wienerwald in Feichtenbach bei Pernitz wurde für ihn arrangiert. Während andere so sein Schicksal regelten, Kafka sich dabei, hilflos, Sorgen über die Kosten machte, reiste Dora sofort nach Wien. Sie nahm sich ein Zimmer, um dort auf die Nachricht von Kafkas Ankunft und genauem Zielort zu warten.

Am 7. April schrieb Kafka eine Karte an seine Eltern, in der er das Sanatorium Wienerwald beschrieb. Nach seiner Unterschrift fügte er hinzu: „Wenn jemand von uns mit Dora sprechen sollte: sie soll mir ihre Wiener Adresse schreiben und nicht früher nach Pernitz fahren (unendliche Reise) ehe ich ihr darüber nach geschrieben habe [sic!]."[9]

Dora kam bereits am nächsten Tag am Sanatorium an. Kafka lag in einem Krankenhausbett in einem vollkommen weißen, sterilen Raum, der zugleich als Behandlungszimmer diente. Es war drei Wochen her, seit sie ihn zuletzt gesehen hatte. Sein Aussehen erschreckte sie. Sie schwor, ihn nun nie wieder gehen zu lassen. Auf der Postkarte, die Kafka Max Brod am folgenden Tag schickte, fügte Dora in einem Nachtrag hinzu: „Der Zustand ist sehr, sehr ernst."[10]

Am 9. April schrieb Kafka seinen Eltern eine Karte, in der er sich über die exorbitanten Kosten seiner Pflege sorgte und sich fragte, ob sein Onkel, der den behandelnden Arzt kannte, nicht einen zehnprozentigen Nachlass erreichen könnte. „D. ist bei mir, das ist sehr gut", schrieb Kafka, „sie wohnt in einem Bauernhaus neben dem Sanatorium, nur paar Tage, dann fährt sie nachhause." Am Ende der Karte ergänzte Dora: „Es ist noch nicht sicher, dass ich nach Hause fahre. Wenn es möglich ist, werde ich die Reise hinausschieben. Für den schönen lieben Brief tausend Dank. D."[11]

Mit Klopstock besprach Kafka „nur das Medizinische, alles andere ist zu umständlich." Die Behandlung war „erfreulich einfach", schrieb er, wobei ihre Einfachheit ihr „einziger Vorteil" sei. Er fasste die Behandlung wie folgt zusammen: „Gegen Fieber dreimal täglich flüssiges Pyramidon – gegen Husten Demopon (hilft leider nicht) – und Anästesinbonbons: Zu Demopon auch Atropin […]. Hauptsache ist wohl der Kehlkopf."

Zu Beginn zeigten die Ärzte im Sanatorium Wienerwald wenig Bereitschaft, eine Diagnose zu stellen. Während der Besprechung seines Falls, bemerkte Kafka, verfiel „jeder in eine schüchterne ausweichende starräugige Redeweise". Wobei sie Umschreibungen äußerten, wie „Schwellung hinten", „Infiltration", „nicht bösartig" und schließlich: „Bestimmtes kann man noch nicht sagen". Kafka wusste, was solche Ausdrücke bedeuteten. In Verbindung „mit sehr bösartigen Schmerzen", schien ihm die Diagnose selbstverständlich.[12] Während des Aufnahme-Prozederes bat man ihn, sich auf eine Waage zu stellen: In voller Wintermontur wog Kafka, einen Meter achtzig groß, nur noch knapp 49 Kilogramm.

Sanatorium Wienerwald, 10. April 1924

„Lieber Robert, ich übersiedle in die Universitätsklinik des Prof. Dr. M. Hajek, Wien IX Lazarettgasse 14. Der Kehlkopf ist nämlich so geschwollen, dass ich nicht essen kann, es müssen (sagt man) Alkoholinjektionen in den Nerv gemacht werden, wahrscheinlich auch eine Resektion", schrieb Kafka Klopstock in einer knappen Karte.[13] Während Dora packte, informierte Kafka auch seine Eltern mit einer Karte über die plötzliche Entscheidung. „Natürlich hätte ich diese ganze Unternehmung ohne D. nicht machen können", sagte er. Doch

Dora fühlte, dass auch sie noch Hilfe brauchte. Bevor sie Kafkas Karte an die Eltern abschickte, fügte sie die Zeile hinzu: „Wenn es irgendwie möglich wäre, dass der Onkel oder sonst jemand herkommt, wäre es gut."[14]

Brod war entsetzt über Kafkas Diagnose. „Fürchterlichster Unglückstag", schrieb er in sein Tagebuch. „Alle Schrecknisse überboten am 10. April [...] durch die Nachricht, daß Kafka vom Sanatorium ‚Wiener Wald' zurückgeschickt wurde. Wiener Klinik. Kehlkopftuberkulose festgestellt."[15]

Die tuberkulösen Läsionen, die sich in Kafkas Hals bildeten, machten ihm das Sprechen äußerst schmerzhaft. Die Luft, die an seinen Stimmbändern vorbeiströmte, stach wie scharfe Messer. Nahrung zu schlucken wurde eine Qälerei und manchmal sogar unmöglich. Man kannte bis dahin weder Vorbeugung noch Behandlung für diese „äußerst schmerzhafte Krankheit. Man konnte nur versuchen, den Patienten ihr Martyrium durch Betäubungsmittel oder Alkoholinjektionen zu erleichtern."[16]

Eine Operation sollte Kafka die Ernährung weiterhin ermöglichen, indem man eine Öffnung dafür an seinem Hals schuf. Klopstock hatte eine stärkere Medikation empfohlen, doch Kafka lehnte ab. „Ich fürchte mich vor Ihrem Kodein", gab er zu und erklärte, dass er ja bereits eine geringe Dosis des Medikaments zu sich nahm, die Symptome aber schlimmer waren als je zuvor. „Wie mags drinnen ausschauen?", hatte Kafka die Krankenschwester gefragt, nachdem sie morgens seine Kehle untersucht hatte. „Wie in der Hexenküche", antwortete die Schwester.[17]

Die Nachricht seines Todesurteils nahm Kafka gefasst auf. Am meisten Sorgen schienen ihm noch die gewaltigen Kosten zu bereiten. „Es kostet und wird unter Umständen entsetzliches Geld kosten", schrieb er in einer Mitteilung an Max, bevor er das Sanatorium verließ. Er bat Max, seine letzte Geschichte *Josefine, die Sängerin oder Das Volk der Mäuse* ihrem gemeinsamen Freund Otto Pick, Feuilleton-Redakteur bei der *Prager Presse*, anzubieten, um somit etwa die Arztrechnungen begleichen zu können. „Josefine muß ein wenig helfen, es geht nicht anders", sagte Kafka, „nimmt er sie, dann schicke sie bitte später der ‚Schmiede', nimmt er sie nicht, dann gleich. Was mich betrifft, es ist doch offenbar der Kehlkopf. Dora ist bei mir, grüß deine Frau und Felix und Oskar."[18]

Es war dies das erste Mal, dass Kafka Brod dringend um die Veröffentlichung eines seiner Werke bat, Max stürzte sich förmlich auf diese Gelegenheit, seinem

Freund zu helfen, und Otto Pick ermöglichte es: *Josefine, die Sängerin oder Das Volk der Mäuse* wurde in der Ostersonntagsausgabe der Literaturbeilage der *Prager Presse* veröffentlicht.

Der Donnerstagmorgen, an dem Kafkas Verlegung nach Wien stattfand, war kalt und verregnet. Tiefe dunkle Wolken hingen grollend am Himmel, der Wind brauste und ein eisiger Nebel dämpfte alle Farben. Als das Fahrzeug die runde Auffahrt zum Eingang des riesigen Sanatoriums heraufkam, starrte Dora ungläubig auf den offenen Wagen. Wie sollte der kranke Kafka bei solchem Wetter in einem offenen Wagen fahren? Die Fahrt von Pernitz nach Wien dauerte fast vier Stunden, Kafka nannte es später eine „unendliche Reise".[19] Doras Protest und Einwände aber konnten nichts ändern. Es stand kein anderes Transportmittel zur Verfügung, und so packte sie Kafka möglichst dick ein, wickelte um ihn auf dem Rücksitz des großen Benz zwei warme Decken. Als der offene Wagen losfuhr, wehte der Wind noch einmal stärker. Dora stellte sich vor Kafka auf und schützte ihn die ganze Fahrt nach Wien über mit dem eigenen Körper vor Wind und Regen.

Wien, 11. April 1924

Die Universitätsklinik Wien, hoch auf einem Hügel mit einem Panoramablick auf die Stadt gelegen, galt als die beste, „schönste und größte laryngologische Klinik der Welt."[20] Bei ihrer Ankunft wurde Kafka von Krankenträgern in weißen Kitteln in Empfang genommen und fortgebracht. Dora durfte ihnen nicht folgen und musste bis zu den offiziellen Besuchszeiten fernbleiben. Sie verließ die Klinik und wanderte den Hügel hinab. Mit Geld von Franz quartierte sie sich im nahegelegenen Hotel Bellevue ein und wartete auf den nächsten Nachmittag.

Die Universitätsklinik unter der Leitung des hoch angesehenen Prof. Dr. Marcus Hajek wurde eher wie ein Militärlager als wie ein Krankenhaus geführt, wobei Prof. Hajek der Befehlshaber über eine wahre Armee von Ärzten und ihren Assistenten war. Man teilte Kafka einer großen Station voller Betten mit sterbenden Männern zu. Die Besuchszeiten waren auf zwei Stunden am Tag begrenzt. Dora war jede Minute, die sie ihn sehen durfte, und darüber hinaus an Kafkas Bett.

Am ersten Tag in der Klinik schrieb Kafka eine kurze Mitteilung an seine Eltern – „so bin ich hier sehr gut untergebracht, unter der besten ärztlichen Aufsicht, die man in Wien haben kann." Er unterbrach sich, um seine Eltern zu versichern, dass er ganz besondere Aufmerksamkeit bekam: „Ich kann nicht schreiben, Dora stört mich immerfort mit Fragen, was sie mir mitbringen soll."[21] Am nächsten Tag, dem 12. April, schrieb Kafka seinen Eltern erneut: „Von 2–4 ist D. immer bei mir, ja sie kommt schon nach 1 und ich fürchte sie wird die ganze Krankenhausorganisation stören." Kafka hatte den Medikamenten und schmerzhaften Injektionen so lange wie möglich widerstanden, aber nun berichtete er, dass er an diesem Tag eine erhalten würde. „Dann wollen wir weiter sehen", sagte er.

Am Nachmittag, kurz bevor die Besuchszeit endete, kam Karl Hermann, Ellis Mann, aus Prag in der Klinik an. Er blieb zwei Tage, um sich davon zu überzeugen, dass Kafka auch anständig gepflegt wurde und die nötigen finanziellen Angelegenheiten geregelt wurden. Bevor Dora Kafkas Postkarte an seine Eltern abschickte, fügte sie wieder einen Nachtrag an: „Herr Hermann eben gekommen. [...] Jetzt wird alles wieder gut." Nachdem sie die lieben Grüße, die Franz' Eltern ihr nun auch in den Briefen ausrichten ließen, wärmstens erwidert hatte, fügte sie am äußersten Rand der Karte noch hinzu: „Franz munter u. vergnügt."[22]

Am folgenden Tag schrieb Dora erneut einen Nachtrag zu Franz' Postkarte, der dritten seit seiner Ankunft in Wien drei Tage zuvor. Sie bat seine Eltern, nach Möglichkeit „eine Daunensteppdecke, oder einfache Steppdecke und ein Polster" zu schicken. „In der Klinik bekommt er nur das notwendigste, und er ist doch ein wenig verwöhnt."[23]

„Mir geht es recht gut, wie Euch ja auch Karl bestätigen wird. Ich habe schon 3 Einspritzungen bekommen, heute keine, was freilich ganz besonders angenehm ist", berichtete Kafka seinen Eltern am 15. April. Er beschrieb seine ausgiebigen Mahlzeiten, die nur für ihn bestimmt waren, „heute mittag z. B. Hühnersuppe mit Ei, Huhn mit Gemüse, Biskuittorte mit Schlagobers, Banane, allerdings, um nicht zu übertreiben, so lebt allerdings nicht das ganze allgemeine Krankenhaus, sondern nur der für den D. kocht."

Einmal deutete Kafka auf einen fröhlichen, gut gelaunten Mann mit einem großen Schnurrbart und leuchtenden Augen. Der Mann hatte einen Schlauch im Hals, aber schien ansonsten robust und gesund. Er lief umher, plauderte mit anderen Patienten und amüsierte sich offensichtlich. Kafka war insbesondere vom großen Appetit des Mannes angetan. Da er selbst nicht ohne Schmerzen essen konnte, bereitete es ihm großes Vergnügen, jemand anders mit solchem Genuss essen zu sehen.

Als dann Dora am nächsten Tag wiederkehrte, nahm sie sofort Kafkas Verdüsterung wahr. Noch bevor sie eine Frage stellen konnte, zeigte er auf das leere Bett des fröhlichen Mannes, der in der Nacht gestorben war. Jedoch „war er weniger erschüttert als ausgesprochen ärgerlich", berichtet Dora, „als könnte er es nicht fassen, daß dieser stets so lustige Mann sterben mußte." Es ängstigte sie. Den Rest ihres Lebens würde sie sein dabei „etwas boshaftes, ironisches Lächeln"[25] nicht vergessen.

An diesem Abend schrieb Dora, allein in ihrem Zimmer im Hotel Bellevue, ihren ersten Brief an Franz' Eltern: „Liebe Franzens Eltern! Entschuldigen Sie, dass ich mir erlaube einmal den Franz im Schreiben zu vertreten. Ich weiss, dass es nicht den entferntesten Ersatz bietet aber immerhin besser, als gar nichts." Sie entschuldigte, das Kafka nicht schrieb an diesem Tag, er habe geschlafen, als sie ihn besuchte, und sie habe ihn nicht wecken wollen. Kafka schrieb seine Briefe in der Regel in ihrer Anwesenheit, sie konnte sie dann immer gleich zur Post bringen. „Die Besuchsstunde, vor deren Schluss Franz immer seine Korespodenz [sic!] erledigt, damit ich sie zum Einwerfen mitnehmen kann, ist heute ganz unmerklich, die erste Hälfte mit schönem Schlaf, die andere Hälfte mit Plaudern vorübergehuscht, ohne dass es [sic!] Zeit zum Schreiben übrigblieb. Also meine Schuld. Morgen wird er gleich am Anfang schreiben. Franz geht es gut", schrieb sie. „Die Schmerzen im Hals haben unter dem Einfluss der Behandlung bedeutend nachgelassen. Das Essen geht viel leichter und er ist guter Laune. Wir hoffen in kurzer Zeit, von hier wieder ins Freie kommen zu können, wo er die richtige Genesung erhalten kann."[26]

Jede Nacht starb jemand auf der Station. In den frühen Morgenstunden an Kafkas siebtem Tag in der Klinik schied der Mann in dem Bett ihm gegenüber dahin. Sein Name war Josef Schrammel. Er war nur ein Jahr älter als Kafka, Schuhmacher von Beruf, ein armer Ehemann und Vater von drei Kindern. So zeigte Kafka, als Dora an jenem Tag eintraf, wiederum stumm auf ein leeres Bett. Mit Gesten, Mimik und Notizen erzählte Kafka ihr vom Tod des Schuhmachers und der „Geduld des Priesters, der bei dem Sterbenden bis zum letzten Augenblick tröstend ausharrte, nachdem die Ärzte ‚längst weggelaufen waren'".[27]

Er „habe heute schon einigemal grundlos geweint", gab Kafka in einer Karte an Brod zu.[28] Zwar war deutlich, dass sich Kafkas physische Gesundheit in Prof. Hajeks Pflege besserte, aber sein seelisches Wohlbefinden verschlechterte sich mit jeder Leiche, die aus der Station getragen wurde.

In Prag tat Brod alles in seiner Macht Stehende, um zu helfen. Alarmiert von Doras Berichten, schrieb er Briefe an wichtige Ärzte und andere einflussreiche Leute in Wien, Franz Werfel eingeschlossen, und versuchte, ein Einzelzimmer für Kafka zu organisieren. Auch Werfel unternahm viel, um Kafka zu helfen, schickte ein Dutzend Rosen sowie ein Exemplar seines neuesten Buches über den italienischen Komponisten Verdi. Bevor er nach Italien fuhr, wo sein Roman Aufsehen erregte, vermittelte er die Untersuchung Kafkas durch eine befreundete Ärztin und schrieb einen Brief an Prof. Hajek mit der Bitte um Verlegung Kafkas auf ein Einzelzimmer.

Professor Hajek jedoch zeigte sich unbeeindruckt, verweigerte sich den Gesuchen zugunsten Kafkas und tat Werfels Bitte kühl ab: „Da schreibt mir ein gewisser Werfel, ich soll etwas für einen gewissen Kafka tun", notierte er. „Wer Kafka ist, das weiß ich. Das ist der Patient auf Numero 12. Aber wer ist Werfel?"[29]

Dora hatte Klopstock über die strengen Einschränkungen für Kafka in der Klinik informiert und ihn um Rat gefragt. Sie bangte um Kafkas emotionales Gleichgewicht in dieser Klinik und wollte sich um eine Alternative bemühen. Ihre Erwägungen zu Naturheilverfahren versetzten Klopstock in Panik. Er schrieb einen langen Brief an Ottla, in dem er darauf bestand, dass Ottla Dora schreiben und sie anweisen müsse, dass sie Kafka unter keinen Umständen der Pflege Prof. Hajeks entziehen solle.

Kafkas Eltern berichtete Dora mit so viel Fröhlichkeit und Feingefühl, wie sie nur eben konnte, und vermied dabei, das Schlimmste zu erzählen. Kafkas Gewicht war inzwischen unter 45 Kilogramm gefallen. Nach einer Woche in der Klinik konnte Dora jedoch wirklich gute Nachrichten überbringen. Die regelmäßigen Spritzen in Kafkas Kehlkopf mit einer Lösung aus 20 Prozent Menthol-Öl zeigten Wirkung, die Symptome wurden schwächer, eine Operation schien nicht mehr nötig. Kafka konnte wieder feste Nahrung zu sich nehmen, konnte sogar Fleisch essen und so dringend benötigte Proteine aufnehmen.

Dora schrieb Franz' Mutter, die besonders über die Ernährung ihres Sohnes besorgt war: „Das Essen in der Klinik ist an sich garnicht [sic!] so arg, wie man es sich vorstellt. Zum Frühstick immer gute Milch oder Kakao nach Belieben. Zum II. Frühstick [sic!] Eierspeisen. Das Mittag koche ich ihm. Es besteht meist aus Huhn gebraten oder Kalbskopf, Rührkartoffeln, mit Butter und Ei verrührt, und Blumenkohl oder junge Erbsen. Als Nachspeise: Torte mit Schlagsahne, manchmal auch Bananen oder ein Apfel. Zur Jause bekommt er Kakao oder Milch mit Buttersemmel. Zum Abendbrot auch immer was gekochtes, Reis oder dgl. mit Eiern."[30]

Am 16. April schrieben Kafka und Dora eine weitere Karte an seine Eltern: „Das Wetter ist sehr schön geworden, das Fenster den ganzen Tag offen. Mit den Einspritzungen habe ich heute zum zweitenmal ausgesetzt, was auch zur Verschönerung der Tage beiträgt." Er begann bereits an dem Durst zu leiden, der zur größten Qual vor seinem Tod werden sollte. „Wenn Ihr einen guten Rat annehmen wollt, so trinkt viel Wasser", schrieb er, „ich habe darin einiges versäumt und jetzt darf ich es nicht nachholen. Das Leben hier gefällt mir sonst auch weiter recht gut, es ist ein allerdings sehr kleiner und schwacher nachträglicher Ersatz für das militärische Leben, das mir gefehlt hat."[31]

Felix Weltsch war nach Wien gereist. Er wollte helfen, die beste Behandlung für Kafka zu besorgen. Er hatte von einem berühmten Spezialisten erfahren, der an einem privaten Sanatorium in Kierling bei Klosterneuburg behandelte, in den ländlichen Randgebieten von Wien. Dora machte sich gleich auf den Weg dorthin. Und schon bald war sie davon überzeugt, dass dies genau der richtige Ort für Franz sei. „Wo er genau dieselbe Behandlung haben kann und gleichzeitig in absolut guter Umgebung ist", schrieb sie in einer Karte an Julie.[32]

Die Entscheidung war schnell getroffen. „Franz geht Samstag ins Sanatoryum", schrieb sie. „Es ist 25 Minuten von Wien. Der Arzt wird zur Behandlung hinkommen. Ich war heute dort, ein prachtvolles Balkonzimmer im Süden gewonnen. Es ist eine Waldgegend, liegt wunderbar. Ab sonnabend Adresse: Sanatoryum Dr Hoffmann, Klosterneuburg-Kierling."[33]

Die beabsichtigte Übersiedlung sorgte für einige Aufregung. Professor Dr. Hajek wollte Kafka nicht so ohne Weiteres entlassen. Er meinte mit gewissem Recht, dass die Behandlung im Sanatorium in keiner Weise der der Klinik standhalten könne. Werfel berichtete Brod darüber: „Professor Hajek hat behauptet, es wäre für Kafka die einzige Möglichkeit, daß er im Spital bleibt, weil alle Heilbehelfe und Kurmöglichkeiten bei der Hand sind. Er hat sich geradezu gesträubt, ihn wegzulassen."[34]

Dora und Kafka aber blieben standhaft: „Morgen übersiedelt er ins Sanatorium", wiederholte sie am 18. April in der Karte an Julie. „Es geschieht mit der Zustimmung der Ärzte und Freunde", schrieb sie, was nicht ganz korrekt war. „Ich werde ihnen nächstens das Prospekt des Sanatoriums einschicken damit Sie sich davon überzeugen können wie schön es draussen ist. Sollte ihm draussen die Kost nicht ganz zusagen, habe ich ausgemacht, für ihn kochen zu dürfen. Es ist ein kleiner Betrieb und der Wunsch jedes Einzelnen wird berücksichtigt." Dora beendete den Brief in sehr zuversichtlichem Ton: „Ich bin im festen Glauben, dass der Sommer im Freien, in guter Luft, in sorgfältiger Behandlung all dies Böse des Berlins und seines ‚drum und drans' wieder gut machen wird. Alles Gute, viele herzliche Grüsse. D."[35]

Inmitten dieser Bewegung traf ein Brief Klopstocks ein. Er wollte sein Medizinstudium auf der Stelle unterbrechen und nach Wien kommen, um Dora dabei zu helfen sich um Franz zu kümmern. „Robert, lieber Robert", schrieb Kafka schnell zurück, „keine Gewalttaten, keine plötzliche Wiener Reise […]. Seitdem ich aus jenem üppigen, bedrückenden und doch hilflosen (allerdings wunderbar gelegenen) Sanatorium weggefahren bin, geht es mir besser, der Betrieb in der Klinik (bis auf Einzelheiten) hat mir gut getan, die Schluckschmerzen und das Brennen sind geringer […]. Samstag will ich, wenn kein besonderes Unglück dazwischen fährt, in Dr. Hoffmanns Sanatorium, Kierling b. Klosterneuburg, Niederösterreich."[36]

Angesichts der Entschlossenheit von Kafka und Dora sah sich Professor Hajek schließlich gezwungen, in die Entlassung des Patienten einzuwilligen.

Kierling, Niederösterreich, 19. April 1924

Samstag, der 19. April, war ein in jeder Hinsicht glänzender Tag. Es war warm und sonnig, bislang der sonnigste Tag des Monats, mit weichen Wolken und einem sanften Nordwestwind, und die Fahrt in das kleine private Sanatorium von Dr. Hoffmann auf dem Lande bei Klosterneuburg stellte das Gegenteil dar von der strapaziösen Reise nach Wien neun Tage zuvor. Beide hatten auf der Fahrt das Hochgefühl einer geglückten Flucht. Kafka strahlte Fröhlichkeit aus.

Er atmete die frische Landluft ein, als sie aus Wien hinausfuhren, in nördlicher Richtung zum neuen Sanatorium. Erste Wildblumen ließen die Wiesen und Felder mit Farbsprengseln leuchten. Hinter ihnen lag die Vergangenheit, und vor ihnen schien die Zukunft heller, als sie es seit Monaten gewesen war.

8

IN DEN BESTEN ANFÄNGEN

Mein Leben war süßer als das der andern, mein Tod wird um so schrecklicher sein.

Franz Kafka, Brief an Max Brod[1]

Sanatorium Hoffmann, Kierling, 19. April 1924

Dr. Hugo Hoffmanns Privatklinik befand sich im Dorf Kierling bei Klosterneuburg, in einer ländlichen Gegend, weniger als dreißig Minuten von Wien entfernt. Das Sanatorium, ein unscheinbares, dreistöckigen Gebäude, lag in der Nähe eines kleinen Postamts, Hauptstraße 187.

Dora und Kafka traten durch einen hohen, engen Eingang ein, der sich seltsam weit außen an der rechten Ecke des Gebäudes befand. Der Aufzug, der sie hinauf zu Kafkas Zimmer im zweiten Stock brachte, verursachte einen beunruhigenden Lärm. Mit erdbebenartigen Stößen und metallischem Kreischen und Krächzen bewegte er sich. Der Stromverbrauch, der zum Antrieb dieses mechanischen Ungetüms erforderlich war, leerte einen Großteil der Stadtreserven und brachte die Lichter in den anliegenden Häusern zum Flackern. Auf diese Weise erfuhr das ganz Dorf augenblicklich von der Ankunft eines neuen Patienten.

Das Haus, eine seit 1913 auf die Behandlung von Lungenkrankheiten spezialisierte Klinik, hatte medizinisch keinen besonders guten Ruf, war jedoch bekannt für gutes Essen und eine angenehme Atmosphäre. Bereits als Klinik hatte es eher schon Züge des Hotels, welches es später tatsächlich einmal werden sollte. Zwölf große, sonnendurchflutete Schlafzimmer boten auch private Balkone, die einen weiten Blick über die Umgebung boten. Erste Geranien leuchteten in den Blumenkästen entlang der Holzbrüstung. Oben gab es kleinere Zimmer für Gäste und Familienmitglieder, Dora konnte hier wohnen. Neben diesen Vorzügen empfand Kafka die geringen Kosten als besonders reizvoll, sie betrugen nur „11 bis 16 Kronen pro Tag".[2]

Kafkas Zimmer war nach Süden ausgerichtet. Vom frühen Morgen bis etwa zwei Uhr mittags beschien die Sonne den Balkon. Kafka konnte dort liegen, er brauchte nicht hinunter in das gemeinsame Sonnenbad-Zimmer zu gehen, um diese hier besonders empfohlene Therapie zur Tuberkulose-Behandlung zu genießen. Der Garten mit seinen gepflegten, in den grünen Rasen eingebetteten Rosenbeeten, eingerahmt von einer Mauer aus Pinien und Tannen, und das blumengeschmückte Maital mit dem Kierlingsbach boten sich dem Blick vom Balkon dar. Am Spätnachmittag warfen die langen Sonnenstrahlen goldene Kreise wie von Rampenlichtern durch die Bäume auf die hügligen Weingärten und, dahinter, auf den Wienerwald.

Das Zimmer war sauber und schlicht, die hohe Decke, ebenso wie die Wände, weiß. Alles, selbst die Möbel, war weiß, bis auf den Boden, einen Terrazzo-Fußboden in hässlichem Gelbton. Darüber aber konnte man hinwegsehen.

Kierling, Ostersonntag, 20. April 1924

Kafka wollte so viel Zeit wie möglich im Freien verbringen. Seit Januar war er bettlägerig oder zumindest nicht aus dem Haus gekommen, nun wollte er den Wind spüren und frische Luft atmen, das Erwachen der Natur im Frühling erleben. Er fühlte sich sogar kräftig genug für einen kurzen Spaziergang ins Dorf. Er erfreute sich an dem Ausflug so sehr, dass er mehr von der Umgebung entdecken wollte. Dora mietete daraufhin ein Pferdegespann für einen gemeinsamen Nachmittagsausflug. Kafka genoss ihn, vertieft in den Anblick und die Gerüche der Landschaft, der Nachbarhöfe und Wälder. Am folgenden Tag aber wurde es wieder kühler und Kafkas Fieber stieg an. Er sollte von nun an sein Zimmer nie mehr verlassen.

Am 23. April schrieb Dora eine Karte an Kafkas Schwester Elli. Sie entschuldigte sich, nicht gleich auf den Brief ihres Mannes Karl geantwortet zu haben. „Felix Weltsch ist gestern nach Prag gekommen, da wusste ich dass er Ihnen alles mitteilen wird", erklärte sie. „Der Hals macht keine Beschwerden, und gibt äusserlich wenigstens keinen Anlass zur Unruhe. Mehr beunruhigend ist das hartnäckige Fieber. 38:6–38:8 am Abend. Bis Mittag fast fieberfrei. Das Wesentliche dabei ist, dass Franz seit gestern durch das Fieber sehr deprimiert ist."[3] Kurz vor dem Ende des Briefes bat sie, „wenn es möglich ist, sofort zu veranlassen, dass Franz das Federbett bekommt. Es ist sonst zu kalt, die Fenster aufzulassen, und das, ist dringend nötig. Dann, dass er die Zeitungen bekommt. Er hat sonst absolut nichts zu lesen und ist sehr mürrisch dadurch." Sie unterzeichnete mit: „Eure Euch innig liebende D."[4]

Am folgenden Tag plante Dora, mit Empfehlungsschreiben von Brod und Weltsch gewappnet nach Wien zu gehen, um zwei Ärzte, führende Spezialisten auf ihren Gebieten, um die Untersuchung Kafkas in Kierling zu bitten. „Ich baue sehr viel auf die zwei Ärzte", erzählte Dora. Einer war auf den Kehlkopf spezialisiert, der andere auf die Lungen. Sie waren „schrecklich teuer", sagte sie, aber wurden stark empfohlen. Der Lungenspezialist, Dr. Oskar Beck, „soll geradezu ein Genie in seinem Fache sein. Mit dem Naturheilkunde-Arzt mussten wir leider brechen, da das Sanatorium keine fremdartige Behandlung von aussen zulassen wollte."

Kafkas medizinische Versorgung in der Klinik war begrenzt. Dr. Hoffmann selbst war wenig oder überhaupt nicht hilfreich. Er war, gestand Kafka seinen Eltern, „ein alter kranker Herr, der sich mit der Sache nicht viel abgeben kann".[5] Ein zweiter Arzt wohnte in Wien, arbeitete in Klosterneuburg und kam nur von Zeit zu Zeit in die Klinik. Da sich Franz Werfel und Felix Weltsch ebenso wie Max Brod stets darum bemühten, eine gute Versorgung für Kafka zu organisieren, blieben andere, höher angesehene Sanatorien und Kliniken nach wie vor im Gespräch. Trotz der Sorge über die inadäquate Pflege in Dr. Hoffmanns Sanatorium setzte Kafka aber jeglicher Diskussion ein Ende, indem er Max sagte: „Ich kann jetzt nicht reisen." Er las Werfels Roman, wie er sagte, „unendlich langsam", denn er war zu müde, um lange zu lesen. „Geschlossensein ist der natürliche Zustand meiner Augen, aber mit Büchern und Heften spielen macht mich glücklich." Kafka schloss: „Leb wohl, mein guter lieber Max."[6]

Ende April baten Kafkas Eltern Dora, sie von Franz' Zustand zu unterrichten. Eine Karte, die sie und Franz noch gemeinsam schrieben, begann Dora: „Schön ist das, dass Sie mir das ----- des Schreibens übergeben haben. Ich bin sehr stolz darauf. Schade nur, dass Sie dabei um Ihre richtige Freude kommen. Aber das wird nicht lange so anhalten. Franz wird allmählich all seine Ämter gefälligst selbst übernehmen. Vorläufig ist er sehr schwach. Fiebert zu manchen Tageszeiten, aber seit gestern scheint es wieder zurückgehen zu wollen.

Der Hals ist unverändert. Einwenig [sic] heiser. Hindert im Sprechen, aber im Essen oder sonst nicht arg. Husten auch nicht sehr viel. Wenn nur endlich die Sonne käme! Da geht ja alles viel rascher und leichter vorwärts." Bevor sie es merkte, hatte sie die Karte vollgeschrieben. „Franz wird schon brummen, dass ich ihm so wenig Platz frei gelassen habe", schrieb sie noch und reichte ihm dann die Karte weiter.[7]

Kafka schrieb seinen Teil auf die Anschriftsseite der Karte: „Liebste Eltern, der Postweg hierher scheint sehr lang zu sein, also auch der Weg von hier, lasst Euch dadurch nicht beirren. Die Behandlung besteht vorläufig – das Fieber hindert anderes – in sehr schönen Wickeln und in Inhalieren. Gegen Arseninjektionen wehre ich mich. [...] Das Fieber dürft Ihr Euch nicht zu arg vorstellen, jetzt früh habe ich z. B. 37."[8]

An diesem Wochenende schrieb Kafka auch an Brod und dankte ihm für all seine Hilfe und Großzügigkeit. Im Moment „ist mein Zustand erträglich, vorläufig kann ich wieder schlucken", schrieb er. „Mit den zwei Sendungen, besonders der zweiten hast Du mir eine große Freude gemacht und die Reclambücher sind wie für mich vorbestimmt." Die dünnen Reclam-Bücher wogen beinahe nichts, bargen aber Perlen der klassischen Literatur; „wie gut Du zu mir bist und was ich Dir alles verdanke in diesen letzten Wochen", fuhr er fort. „Ich bin sehr schwach, aber hier recht gut aufgehoben."[9]

Kafkas Schwestern und Eltern riefen nun täglich im Sanatorium an und Dora schickte weiterhin Karten. Ebenfalls Ende April schrieb sie: „Schade nur, dass Franzens Erholung, durch das Wetter aufgehalten wird. Sobald die Kälten endlich ganz überwunden sein werden, erhoffe ich das beste, von seinem hiesigen Aufenthalte. Die Luft ist hier, trotz des so langweilig schlechten Wetters, wunderbar. Man spürt direkt, wie man Gesundheit einatmet. Auch die Verpflegung lässt nichts zu wünschen übrig, besonders, da es erlaubt ist, manchmal nach Lust und Laune eine Mahlzeit selbst zuzubereiten."[10]

Kafkas Familie hatte inzwischen erkannt, wie wichtig Dora für Franz war, und zeigte in Briefen ihre Dankbarkeit. Dora wiederum bedankte sich für die Anerkennung: „Für die Grüsse und alles andere schöne und Liebe [sic] zu mir, hoffe ich persönlich, in ganzem Ausmasse [sic] danken zu können. Das Geschriebene ist zu blass. Ich hoffe sie verstehen, wie es mich glücklich macht. Viele herzliche Grüße an Alle von Franz und mir."[11]

En route nach Kierling, 1. Mai 1924

Dora schrieb eine Karte im Zug nach Klosterneuburg. Sie wollte sie abschicken, bevor Franz sie sehen konnte; sie wollte auf keinen Fall, dass er von dieser Karte wusste: „Er darf auch nie im Leben von dieser Karte erfahren", warnte Dora die Schwester Elli. „Ich werde ohne jede Vorbereitung antreten. Ich brauche Geld. Ich fahre eben von Wien wo ich den Arzt bestellt habe zurück. Der wird viel Geld kosten, aber nur einmal. Nachdem er den Franz angeschaut hat, wird er das Nötige anordnen können." Sie hatte noch etwas Geld, sagte sie, fürchtete aber, in eine peinliche Lage zu geraten, sollten unvorhergesehene Schwierigkeiten auftreten. „Franz habe ich erzählt, dass wir noch für gut 5 Monate zu leben haben. Sonst hätte er jede Unternehmung gehindert." Sie handle sowohl aus Furcht als auch aus Hoffnung, erklärte sie. „Von diesem Arzt erwarte ich sehr viel."[12]

Zwei Tage später. Dora legte den Telefonhörer auf und sah die Treppe hinauf zum Zimmer, in dem Franz litt. Was konnte sie jetzt noch tun? Sie würde ihm niemals erzählen, was Dr. Beck gerade gesagt hatte. Sie wollte eine andere Meinung hören, dachte an Robert Klopstock. Vielleicht konnte er kommen?

Der renommierte Lungenspezialist Dr. Beck in Wien war besorgt wegen Doras Sturheit, wegen ihrer Weigerung, seine und Prof. Dr. Neumanns Diagnose zu akzeptieren. Die junge Dame wollte die Wahrheit über Kafkas hoffnungslose Lage nicht begreifen. Er hielt es für seine professionelle Pflicht, Kafkas Familie über die Situation zu unterrichten, da die junge Dame nicht Kafkas Frau, sondern bloß seine Freundin war. Ihre Absichten waren gut, aber sie schien dabei wenig rational. Dr. Beck adressierte seinen Bericht an Felix Weltsch:

> „Gestern wurde ich von Fräulein Diamant nach Kierling gerufen. Herr Kafka hatte sehr starke Schmerzen im Kehlkopf, besonders beim Husten. Bei der Nahrungsaufnahme steigern sich die Schmerzen derart, daß das Schlucken fast unmöglich ist. Ich konnte im Kehlkopf einen zerfallenden tuberkulösen Prozeß konstatieren, der auch einen Teil des Kehldeckels mit einbezieht. Bei diesem Befund ist an irgendeinen operativen Eingriff überhaupt nicht zu denken, und ich habe eine Alkoholinjektion in den nervus laryngeus superior gegeben. Heute

rief mich Fräulein Diamant wieder an, um mir zu sagen, daß der Erfolg nur ein vorübergehender war und die Schmerzen in derselben Intensität wieder aufgetreten sind. Ich habe Fräulein Diamant geraten, Herrn Dr. Kafka nach Prag zu bringen, da auch Professor Neumann seine Lebensdauer auf zirka drei Monate geschätzt hat. Fräulein Diamant hat dies abgelehnt, da sie glaubt, daß dadurch dem Patienten die Schwere seiner Erkrankung klar würde.

Es wird angezeigt sein, wenn Sie seine Verwandten über den Ernst der Situation vollständig aufklären. Es ist mir psychologisch begreiflich, daß Fräulein Diamant, die sich in aufopfernder und rührender Weise des Kranken annimmt, das Verlangen hat, noch eine Anzahl von Spezialisten zum Consilium nach Kierling zu rufen. Ich mußte ihr daher klarmachen, daß Dr. Kafka sowohl an der Lunge als auch im Kehlkopf in einem Zustand sich befinde, in dem kein Spezialist ihm mehr Hilfe bringen kann und man nur durch Pantopon oder Morphium die Schmerzen lindern kann."[13]

Am nächsten Tag schrieb Dora eine weitere Karte an Elli. „Ich habe versprochen zu schreiben. So lange ich noch fähig bin, mit der Aussenwelt so viel in Berührung zu stehen um ein Versprechen innezuhalten [sic] will ich es tun. Es hat sich nichts geändert. Dank der Spritzen schläft er ein bischen [sic]. Mein einziger Wunsch ist jetzt nur noch, dass er nicht leidet. Anderseits fürchte ich, dass durch diese Mitteln [sic], der Natur die letzten Möglichkeiten genommen werden. Die Medizin hat keine mehr aufzubieten. Ich bin aber nicht ganz hoffnungslos. Franz muss leben. Er trägt die Hilfe in sich, und die kann ebenso wenig wie er enttäuschen. Bitte ich werde nich jeden Tag schreiben. Ich halte es nicht aus. Habt erbarmen [sic] mit mir." Um die Karte doch etwas fröhlicher enden zu lassen, ergänzte sie am Rand: „Gestern waren ein paar glückliche Stunden. Er wollte Wein haben. Den habe ich besorgt, und er hat ihn mit einem nur ihm eigentümlichen Genuss getrunken ohne, dass es ihm geschmerzt hatte, und das war beglückend!" Auf der Vorderseite der Karte fügte sie einen letzten Nachtrag hinzu: „Wenn Klopfstock [sic] käme, wäre vielleicht manches zu erreichen."[14]

Als Dora an Kafkas Mutter schrieb, erwähnte sie weder Kafkas Zustand noch den Rat der Ärzte. Stattdessen sprach sie über das Wetter, das, wie sie sagte, sich

„inzwischen so schön (unberufen!) geändert hat […] Franz liegt draussen am Balkon in der Sonne, und scheint zu schlafen. Wenn er bis ich fertig bin nicht aufwacht, wird er diesmal nicht anschreiben." Sie dankte Julie für die Pakete und die Bettdecke, die Franz so gut gebrauchen konnte. „Jeden Tag freuen wir uns damit", schrieb sie. Franz war noch nicht aufgewacht, als sie die Karte beendete. „Einerseits schade, aber im Grunde ist es doch wunderbar, dass er so zwischendurch auch ein bisschen schläft. Ich weiss, dass Sie sich auch dadurch trösten lassen, und einmal um diesen Preis auf sein Anschreiben verzichten."[15]

Am selben Tag schrieb Dora auch Ottla und schüttete ihr ihre ganze Verzweiflung aus. Ottla war Ende April kurz zu Besuch gewesen, um nach Franz zu schauen, und Dora hatte ihr seitdem nicht wieder geschrieben. „Liebe, schöne Ottla", begann Dora. „Manchmal möchte ich, einzig und allein um Euch erfreuen zu können, dass sich Franzens Zustand bessert. Aber das sind nur wenige Momente. Ich denke meistens an Nichts. Mein Gefühls- und Denk-Vermögen ist furchtbar eingeschränkt", klagte sie und bat Ottla, ihr langes Schweigen zu verstehen. „Ihr seid zu mir so gut. Ich müsste mehr an Euch denken, mehr schreiben, Euch anrufen. Ich kann nicht, kann nicht. Bei Gott nicht! Nicht meine Schuld, ich weiss nicht, wessen."

Dora schweifte in Gedanken über eine bessere und glücklichere Zukunft aus. „Ich bin voll Hoffnung, dass sie kommt", schrieb sie. „Trotz allem. Es sind manche lichte Augenblicke, die zu hoffen erlauben. Ihr habt es schwerer so von der Ferne. Aber wenn man bei ihm ist, und all die einzelnen Glücksmomente miterlebt, ist es leichter. […] Habt auch Hoffnung. Seid auch so wie ich, der guten Wendung sicher, dann kann sie auch leichter kommen. Wie kann es denn anders sein? Wie ist es denn möglich? Wie ist es denn denkbar? Mit gesunden Sinnen überhaupt nicht", versicherte Dora die Familie. „Wenn ich Euch doch mein Herz, voll Hoffnung und Zuversicht geben könnte!"

Zu Doras großer Erleichterung bewies Robert Klopstock, wie Brod es ausdrückte, seine Liebe und Treue. Er unterbrach sein Studium, welches übrigens später zu wichtigen medizinischen Fortschritten in der Behandlung von Lungenerkrankungen führen sollte, um sich voll und ganz Kafkas Behandlung zu widmen. Vorerst wohnte er oben im Gästezimmer. „Klopstocks hiersein ist in jeder Beziehung günstig", erzählte sie Ottla. Die Familie hatte Klopstocks Reise von Prag nach Kierling finanziert. Dabei spare man durch seine Anwesenheit, so Dora, auch Geld. „Wir ersparen durch ihn, mehr als oder soviel, wie wir beide zusammen (Klopstock, ich) verbrauchen, an Medikamenten, die Franz jetzt sehr viel braucht, und die man bis jetzt im Sanatorium nehmen musste und seitdem er da ist, lässt er sie selbst anfertigen, auch an Nachtvisiten, die jedes Mal bezahlt werden mussten extra [sic]."

Dennoch musste Dora erneut um Geldsendungen bitten. Sie hatte zwar bereits für die kommende Woche bezahlt und hatte noch etwas Geld übrig, wollte aber vermeiden, „in Verlegenheit zu geraten, falls irgend eine plötzliche Ausgabe, nötig sein soll."[16]

Robert Klopstock übernahm nun die Aufgabe, Kafkas Familie brieflich zu berichten. Er schrieb von einem neuen, jungen Arzt, Professor Tschiassny, der ins Sanatorium kommen würde, um Kafka zu untersuchen. Der Arzt, sagte Klopstock, trat sehr ermutigend auf und betrachtete es als Privileg, Franz zu behandeln. Es war ihnen gelungen, Kafkas Fieber die letzten beiden Tage niedrig zu halten, was seine geistigen Kräfte erfrischte und sein Befinden sehr verbesserte. In einer Karte an Ottla erzählte Robert, dass seine frühere Besorgnis, Kafka wäre doch in der Klinik in Wien in Hajeks Behandlung besser aufgehoben gewesen, in der gesunden frischen Luft und Landschaft völlig verflogen war.[17]

Kafkas Mutter Julie wollte ihren Sohn besuchen. Sie befürchtete, ihn nie wieder zu sehen. „Niemand kommen!", hatte Dora Anfang des Monats an Elli geschrieben.[18] Klopstock versuchte ebenfalls, jeden von einem Besuch abzuhalten. Er schrieb, „es würde für Franz schrecklich sein, käme die Mutter her (jeder neue Mensch regt ihn so sehr auf […])".[19] Schließlich kam Kafkas Onkel, Dr. Löwy, nach Kierling. Der Onkel missbilligte die medizinische Versorgung des Sanatoriums und wollte eine professionellere Behandlung für seinen Neffen. Dora hatte Angst, er würde Franz nach Prag zurückschicken oder in ein strengeres Sanatorium einweisen. Alle drei, Dora, Robert und Franz, waren zutiefst erleichtert, als der Onkel abreiste und Franz zumindest vorläufig erlaubte, in Kierling zu bleiben.

Wenn Robert an Kafkas Familie schrieb, erzählte er auch von Dora, die er immer mehr ins Herz schloss. Seine Beschreibungen sind grammatisch seltsam, sie bringen aber hervorragend die leidenschaftliche Ausgelassenheit zum Ausdruck, die er in Doras und Franz' Gesellschaft fühlte. Nach der Abreise des Onkels beschrieb Robert, wie wunderbar es war, Kafka wieder entspannter zu sehen, und in einem Brief an Ottla schwärmte er von dem intensiven Glück, das er bei dem Paar fühlte: „Dora noch vergnügt heiterer, als sonst – und er, wenn er diese lebendige, strahlende Auge [sic] auf uns richtet und Sie beide Dora und er, heiter, glücklich, sein, wunderbar, Herrlichkeit Gottes, sie so beide, so zusammen [sic]!"

Nach der Meinung des Mediziners Klopstock ging es nicht mehr um die Frage, welche Behandlung zur Heilung führen würde, sondern nur noch um die Linderung der Schmerzen beim Schlucken. Nach seinem detaillierten Bericht über zwei neue Wiener Spezialisten und die verschiedenen Behandlungsmöglichkeiten fügte er hinzu: „Jetzt müsste wieder ein Kapitel von Dora kommen, von der jeden Tag eines, ein neues zu Schreiben wäre, sie ist eine unerschöpfliche Quelle der Herrlichkeit, es ist gewiss, dass sie es nur durch Franz geworden – aber heute ist sie es."[20]

Niemand weiß genau, wann Kafka Dora tatsächlich einen Heiratsantrag machte, es war wahrscheinlich in den hoffnungsvollen Tagen Ende April. In seiner Aufregung darüber, dass sie seinen Antrag angenommen hatte, entschloss Kafka sich, ihren Vater in Będzin in einem Brief um seine Einwilligung zu bitten. Dora betrachtete das Einholen der Erlaubnis, wie aber auch schon die Heirat selbst, als unnötig. Sie hatte sich von solchen Konventionen befreit, insbesondere mit Blick auf ihren Vater. Für Dora war ein offizielles, bürokratisches Dokument zum Beweis ihrer unsterblichen Liebe und Bindung nicht nötig. Sie war schon vor Monaten mit Leib und Seele Kafkas Frau geworden. Aber für Kafka hatte die Form, die Bitte um die Erlaubnis ihres Vaters, eine Bedeutung, die er nicht übergehen wollte.

In seinem sorgfältig verfassten Brief erklärte Kafka seine Liebe zu Dora und seinen Wunsch, sie zu heiraten. Indem er um Herschels Segen bat, betonte er, „daß er zwar in des Vaters Sinn kein gläubiger Jude, aber ein ‚Bereuender', ein ‚Umkehrender' sei und daher vielleicht doch hoffen dürfe, in die Familie des frommen Mannes aufgenommen zu werden".[21]

Franz' Brief an ihren Vater war so achtungsvoll und eloquent, dass sogar Dora auf seinen Erfolg hoffte. Wunder geschahen, wusste sie, und vielleicht konnte ihr Vater ihr vergeben. Es waren mehr als vier Jahre vergangen, seit sie ihn oder ein anderes Familienmitglied gesehen oder gesprochen hatte. Das letzte Mal, als Dora ihren Vater gesehen hatte, hatte Herschel gedroht, falls sie nochmals davonlaufen sollte, „für sie Schiwe zu sitzen, sein Hemd zu zerreißen und sie wie eine Tote zu betrauern".[22]

Als Doras Vater den Brief von Dr. Franz Kafka, zurzeit wohnhaft in einem Sanatorium bei Wien, wo Dora offensichtlich ebenfalls lebte, mit der Bitte um die Hand seiner eigensinnigen Tochter erhielt, wusste Herschel der Pabianicer, was zu tun war. Er schickte einen seiner Söhne, wahrscheinlich Avram oder Arje (sie waren, wie ihr Vater, sehr gläubig) nach Ger. Nur der Gerrer Rebbe konnte diese unmögliche Frage beantworten. Als der geliebte Mordechai Alter den Brief Kafkas las, sprach der wundertätige Rabbi nur ein einziges Wort: „Nein."

Kierling, 12. Mai 1924

Der Brief von Doras Vater kam nur wenige Augenblicke vor dem Besuch Max Brods an. Als Dora den Briefumschlag, der in der Handschrift ihres Vaters an Dr. Franz Kafka adressiert war, hinauf zu Franz' Zimmer trug, wurde er mit jedem Schritt schwerer. Nachdem sie den Brief geöffnet und vorgelesen hatte, war Franz am Boden zerstört. Es war ihm gleichgültig, dass die Erlaubnis ihres Vaters zur Heirat eigentlich doch nicht erforderlich war. Für ihn war es eine weitere Niederlage, ein weiterer Misserfolg bei dem Bemühen, die Akzeptanz eines Vaters zu finden. Wenige Augenblicke darauf, als die Klingel Max' Eintreffen ankündigte, legte Kafka den Brief zur Seite und versuchte zu lächeln. Schließlich hatte er Max' Besuch seit Tagen sehnlich erwartet.

Angebahnt worden war dieser Besuch mit einer Lüge – dem fingierten Vorwand, dass Max geschäftlich in Wien zu tun hätte. Es hätte Franz aufgebracht, zu wissen, dass Max die Reise aus Prag nur um seinetwillen angetreten hatte. Brods Besuch in Kierling wurde von Beginn an von seltsamen Omen begleitet. Als er Samstag in seinem Büro beim *Prager Tagblatt* eintraf, schrie jemand: „Schnell zum Telephon, eine Dame aus Wien ruft eben." Brod stürzte zur Telefonkabine und war überrascht, Dora in der Leitung aus Kierling zu hören. „Du hast angerufen", sagte sie. „Nein", erwiderte Max, „ich komme ja erst diesen Augenblick." „Prag hat angerufen", beharrte Dora, „daher fragte ich nach dir."

Nachdem sie aufgelegt hatten, ließ die geheimnisvolle Verbindung Max nicht los, „denn das ‚Prager Tagblatt' ruft zwar oft Wien an, nie aber Kierling", grübelte er. „Auch keine der Schwestern Kafkas hatte an diesem Tage Kierling angerufen." Trotz all seiner Bemühungen blieb die Angelegenheit des seltsamen Anrufs ungeklärt. Es war der erste von mehreren Zufällen, die am

11. Juni auf unheimliche Weise ihren Höhepunkt erreichten, dem Tag von Kafkas Beerdigung.

„Auf besondere Art", schrieb Brod in seiner Biografie, „stand dann die ganze Fahrt im Zeichen des Todes." Kurz bevor Brod von zu Hause aufbrach, erfuhr er, dass ein Nachbar aus der unteren Etage im Sterben lag, und im Zug traf er die schwarz gekleidete Witwe eines Bekannten, die ihm vom Tod ihres Mannes erzählte. In Wien angekommen, wollte er niemanden sprechen. Er fuhr vom Bahnhof direkt ins Hotel und von dort früh am nächsten Morgen wieder zum Bahnhof, zur Weiterfahrt nach Kierling. Brod blieb den ganzen Tag im Sanatorium und kehrte am Abend nach Wien zurück. Bei seiner Ankunft, erzählte er, „war Franz sehr frisch gewesen, allen ärztlichen Attesten entgegen erschien mir seine Lage nicht hoffnungslos. Wir besprachen unser nächstes Zusammensein, ich plante eine Italienreise, die sollte wieder über Wien führen."[23]

Auf ärztliche Anordnung hin war es Kafka nicht erlaubt zu sprechen. Hauptsächlich verständigte er sich durch Pantomime und Gesten, außerdem aber durch kurze, eilig geschriebene Nachrichten. Um die hundert von Kafkas Nachrichten wurden gerettet und später als Gesprächsblätter veröffentlicht. Sie bezeugen Kafkas Sinn für Humor, seine Wertschätzung der Natur und sein Feingefühl für andere, welches er sich bis zum Schluss bewahrte, trotz der quälenden Schmerzen. „Weil ich viele Stunden mit dem Kehlkopf nichts gemacht habe, schmerzt es so?"[24], fragte er einmal.

Der Umgang mit den Gesprächsblättern wurde eine Art Spiel für sie. Kafka beschränkte seine Nachricht oft auf einen einzigen Satz oder ein Bruchstück dessen, „Dora und Klopstock versuchten dann den Rest durch Fragen zu erraten, auf die Kafka mit Kopfschütteln oder einem Nicken antworten konnte."[25] Manche Zettel offenbaren seine Traurigkeit und Angst: „Wie viel Jahre wirst Du es aushalten? Wie lange werde ich es aushalten, daß Du es aushältst?" Und: „Immer wieder Angst."[26]

In einer kurzen Besprechung außer Hörweite Kafkas kamen Brod, Dora und Klopstock überein, dass Franz in Kierling bleiben solle. Wenn er nach Prag zurückgeschickt würde, argumentierte Dora, verlöre er alle Hoffnung, das wesentlichste Element für seine Besserung. Klopstock pflichtete ihr bei: Selbst, wenn man einen Grund für die Rückkehr in sein Elternhaus aushecken könnte, „kein Vorwand würde so undurchsichtig sein, daß seine Blicke nicht durchdringen könnten".[27]

Brod war von der Liebe, die Kafka umgab, tief berührt: „Diese beiden, Dora und Dr. Klopstock, nannten sich nun scherzhaft Franzens ‚kleine Familie', es war ein inniges Zusammenleben im Angesicht des Todes. Franz selbst wußte sich schwerkrank, doch war er, wie ich bei einem Besuch miterleben konnte, voll von Hoffnung und Mut, er schien sich der unmittelbaren Gefahr nicht bewußt."

Das Erste, worüber sie redeten, war der Brief von Doras Vater, der „gewissermaßen das Tagesgespräch der ‚kleinen Familie' bildete, als schlechtes Vorzeichen". Dora schilderte Max „die merkwürdige Geschichte seiner Werbung", erzählte von Franz' Brief an ihren Vater und der Absage, die er soeben erhalten hatte. „Er lächelte, und doch schien er beeindruckt; wir bemühten uns, ihn auf andere Gedanken zu bringen."

Brod kannte Kafka schon seit über zwanzig Jahren und über mehrere verschiedene Lebensabschnitte hinweg, und es schien Brod, als sei Kafka, so krank er auch war, ein neuer Mensch geworden. In den Monaten, seit er Dora kennengelernt hatte, hatte Kafkas „ganzes Dasein eine unvorhergesehene, neue, glückliche, positive Wendung genommen, die diesen Selbsthaß und Nihilismus derogiert."[28] Jetzt wollte Kafka leben. „Dora erzählte mir, daß Franz vor Freude geweint habe, als Professor Tschiassny (schon in seinem letzten Stadium) sagte, im Hals sehe es besser aus. Er habe sie immer wieder umarmt und gesagt, nie habe er so sehr Leben und Gesundheit gewünscht wie jetzt."

Kafkas neue Lebensfreude stand in starkem Gegensatz etwa zu der Zeit vier Jahre früher, auf einer Reise nach Schelesen, die er und Brod während seines zum Scheitern verurteilten Verlöbnisses mit Julie Wohryzek zusammen unternommen hatten. Als der Zug an einem Bahnhof auf der Strecke hielt, sagte Kafka in „tiefster Klage: ‚Daß es so viele Stationen gibt auf der Fahrt zum Tode, daß es gar so langsam geht!'" Nun, an der Endstation seines Lebens, wollte Kafka nicht nur leben, sondern mit Doras Hilfe „hätte er zu leben gewußt".

„Sie scherzten oft wie Kinder miteinander", schrieb Brod. „So erinnere ich mich, daß sie ihre Hände gemeinsam in dasselbe Waschbecken tauchten und dies ‚unser Familienbad' nannten. Rührend war Doras Sorgfalt für den Kranken, rührend das späte Erwachen all seiner vitalen Energien. [...] Franz aber wollte leben, er befolgte mit einer Pünktlichkeit, die ich sonst nie an ihm beobachtet hatte, und ohne Widerstand die ärztlichen Vorschriften. – Hätte er Dora früher kennengelernt, so wäre sein Lebenswille schon früher, rechtzeitig, stärker gewesen. Das ist mein Eindruck."[29]

Den Mai über berichtete Klopstock Kafkas Schwestern und Eltern über Franz' Behandlung, meistens drückte er sich hoffnungsvoll und positiv aus und erwähnte die Darmprobleme nur am Rande, die Kafka alles an Gewicht und Kraft, was er zuvor gewonnen hatte, wieder nahmen. Robert schrieb auch über Dora: „Daß Franz so viel ißt, und so nahrhaft, er trinkt jetzt z. B. zu den Mahlzeiten auch Bier (auch Wein oft), in das Dora, Somatose hineinschwindelt, ohne Franzens Wissen – er bemerkt zwar, daß das Bier nicht besonders gut ist, er trinkt es aber dann doch, ist allein Dora zu verdanken, die immer an den Speisen etwas noch macht, Eier zusetzt etc. – und nicht abläßt, bis er alles gegessen hat."[30]

Vier Tage später schrieb Robert erneut an Julie und entschuldigte sich für die Nachrichtenlücke. Franz' Zustand hatte sich nicht merklich geändert, und es gab nicht viel zu sagen. Doch „Franz reger leuchtender und heiterer Geist gibt schon so viel zu erzählen, dass man wohl den ganzen Tag zu schreiben hätte." Er trank nun Bier zu seinen Mahlzeiten, „es so genießend, dass es ein Ergötzen ist, ihn anzuschauen", sagte Robert. Er beschrieb die großen Mengen Essen, die Kafka zu sich nahm, „alles was man ihm hinstellt", und seine intensive Freude an den Früchten und Blumen, die Robert aus der Stadt mitbrachte. „In Wien sind schon Kirschen, oh, wie er sich darauf freuen kann, seine Freude macht selbst den Weg nach Wien zu einem Triumphzug: diese Kirschen zu holen."[31]

Für Robert sah es so aus, als erfreue sich Kafka des Lebens mehr als jemals zuvor. „Vorgestern hatten wir z. B. einen so lustigen Abend, Franz machte Witze, war lebendig, wollte sich gar nicht zum Schlafen hinlegen. Dora ist sehr streng, 9-1/2 10 Uhr ist alles still und Franz schlafen gelegt."[32]

Einige Tage später aber gab Robert Elli gegenüber zu, sich Sorgen darüber zu machen, dass Franz nicht in der Lage war, genügend Nahrung zu sich zu nehmen. Er strenge sich an so sehr er könne, doch obwohl sein Hals fast nicht mehr schmerze, könne er kaum essen, weil er aus Appetitlosigkeit nichts herunterbekomme.[33]

Dora tat alles, was sie konnte, aber es blieb ein ständiger Kampf, Kafka zum Essen zu bewegen. Sie ermunterte, schimpfte, neckte, bettelte. „Du lobst so willkürlich, wenn ich genug gegessen habe, heute habe ich viel gegessen und Du tadelst, ein anderesmal lobst du ebenso ungerecht", beschwerte er sich auf einem Zettel. Manchmal schien es, als mache sie alles schlimmer für ihn, wenn sie ihn nötigte, ein bisschen mehr zu essen. „So traurig bin ich ja nur, weil diese wahnsinnige Essensmühe unnütz ist", schrieb er. „Ich kann auch den gegenwärtigen

Essenstand nicht lange erhalten bei den Schmerzen und dem Husten." Ein anderes Mal notierte er: „Wenn es wahr ist, und es ist wahrscheinlich – daß mein gegenwärtiges Essen ungenügend ist, um von innen her eine Besserung herbeizuführen, dann ist ja alles aussichtslos, von Wundern abgesehn."[34]

Franz schlief, und Dora saß mit Robert zusammen und schrieb einen Brief an Franz' Eltern, den ersten, seit Klopstock Anfang des Monats zu ihnen gestoßen war. „Ich hab schon ein sehr böses Gewissen", schrieb Dora. „Dadurch, daß der liebe gute Klopfstock [sic] schreibt, ist es nur noch mehr schuldbewußt, wenn auch einerseits beruhigt. Es ist auch nicht viel zu berichten. Viel beruhigender und überzeugender wäre alles, wenn Sie einmal hier gewesen wären, und selbst gesehen hätten, wie schön und gut Franz hier aufgehoben ist. Er liegt von Morgens um 7 Uhr bis Abends 7–8 Uhr, auf dem Balkon. Bis Mittag um 2 ist Sonne dann geht sie weg zu anderen Patienten, die auf der anderen Seite liegen, und statt ihr steigt allmählig aus den Tiefen ein wunderbar berauschender Duft auf, der wie Balsam wirkt. Bis Abend steigert er sich zu einer unglaublichen fast nicht zu ertragenden Stärke. Und die Aussicht und die Klänge rings-herum, schafft dem Auge und dem Gehör auch Atem-Organe. Alle Sinne verwandeln sich zu Atem-Organe [sic] und alle zusammen atmen in sich die Genesung, den Segen, der in Fülle rings-herum verbreitet ist ein. Schade, daß ich nicht die Gabe besitze, es Ihnen schöner zu beschreiben. So wie es richtig ist. Aber durch den Onkel, Ottla und Max, die begabter sind, werden sie allmählig doch den richtigen Eindruck gewinnen. Und da die Bekämpfung der Krankheit, einzig und allein auf das angewiesen ist, muß man unbedingt glauben, und sicher sein, daß es auch gelüngt [sic]."

Sie hörte, wie sie zum Mittagessen gerufen wurde, und hoffte, Franz nicht wecken zu müssen. Sie würde mehr schreiben, meinte sie, aber Klopstock erzählte ihr, dass er der Familie schon von Kafkas medizinischem Zustand berichtet habe. Dora war Robert sehr dankbar: „Was das für ein wunderbarer Mensch ist!", fügte sie in dem Schreiben hinzu. Bevor sie unterzeichnete, schrieb sie noch: „Ihre Beziehung zu mir in den Briefen macht mich jedes Mal von Neuem glücklich. Bloß, weiß ich nicht ob es mir zukommt. Ich will mir Mühe geben es zu verdienen. Viele, viele herzliche Grüße. Darf ich einmal so nach Ihrer warmen herzlichen Art, auch so die Arme zur Umarmung ausstrecken? Wie das gut tut! Nochmal herzlichst. Dora".[35]

Am 26. Mai schrieb Dora ihre letzte Karte an Franz' Eltern. In einem Eilbrief, der eine Woche zuvor angekommen war, hatte Julie angekündigt, dass sie nach Kierling kommen und Franz besuchen wollten. Sie und Franz' Vater, der sagte, er würde gerne ein Bier mit seinem Sohn trinken. „Was das für ein Freuden-Austausch war! Ihre Karte und Franzens Brief. Wenn es doch immer so wäre", begann Dora. „Sie [die Karte] hat nicht weniger Freude zu Folge gehabt als der Expressbrief. Franz hat sie beinahe auswendig gelernt. Ganz besonders stolz ist er auf die Möglichkeit, mit seinem ehrwürdigen und lieben Vater, ein Glas Bier zu trinken", fügte sie hinzu. „Ich bin von den blossen häufigen Unterhaltungen über Bier, Wein, (Wasser), und anderen schönen Dingen sehr oft beinahe betrunken. Franz ist ein leidenschaftlicher Trinker geworden. Kaum eine Mahlzeit ohne Bier oder Wein. Allerdings in nicht zu grossen Mengen. Er trinkt wöchentlich eine Flasche Tokayer, oder anderen guten Feinschmecker-Wein aus. Wir haben 3erlei Weine zu Verfügung, um es, so nach rechter Feinschmecker-Art, recht abwechslungsreich zu machen."

Sie bemerkte, wie sehr sie über das Trinken abgeschweift war, und entschuldigte sich: „Bitte es mir nicht übel zu nehmen, dass ich so viel Platz mit solchem Unsinn vollgekritzelt habe. Bin von Franz angesteckt. Und wenn Sie ihm auch wieder eine Freude machen wollen, dann erzählen Sie ihm wieder, Geschichten von Ausflügen, Spaziergängen, und Trink-Vergnügungen. Auch den Blumen, und den Blumenpflanzen, haben wir einen grossen Platz einräumen müssen, und man erlebt manchmal viele glückliche Stunden mit ihnen."[36]

Wenige Tage später konnte Kafka nicht mehr schlucken, ohne dabei zu würgen. Die Einspritzungen und das Pyramidon, die Kafkas endloses Brennen im Rachen mildern sollten, halfen nicht mehr. Kafka aber konnte dem immer auch noch etwas Vergnügliches abgewinnen: „Das Schlimme ist, daß ich nicht ein einziges Glas Wasser zu mir nehmen kann, ein wenig sättigt man sich auch an dem Verlangen", hielt er in einer seiner Notizen fest.[37]

Kafkas Gesprächsblätter enthüllen auch die Lebenslust, die er trotz der Schmerzen in seinen letzten Wochen und Tagen auskostete. Über zwei Dutzend der Zettel beziehen sich auf Blumen und Natur, auf Wasser und Trinken. Er drängte andere oft, in langen Zügen Wasser und Bier zu trinken, während er zusah. Er wollte, dass Dora den Ärzten und Schwestern Wein anbot. „Das ist ein Glück, zu schenken, was dem andern ganz gewiß und ehrlich und im Augenblick Freude macht", schrieb er.[38] Der Krankenschwester, die Kafka die letzten Wochen pflegte, wurde oft ein Glas Wein angeboten, und sie vergaß nie, wie glücklich er lächelte, wenn sie es annahm und trank. „Es ist so, wie wenn ich ihn tränke", sagte er ihr.[39]

Der Durst wurde unerträglich. „Glauben, daß ich einmal einen großen Schluck Wassers einfach wagen könnte", schrieb er. Auf einen Zettel schrieb er mit Bedauern: „Warum habe ich es im Spital nicht einmal mit Bier versucht / Limonade es war alles so grenzenlos." Bei einem Versuch, seinen schrecklichen Durst durch geschriebene Worte zu löschen, erinnerte Kafka Robert an seinen letzten Besuch im Haus seiner Eltern vor seiner Abreise ins Sanatorium Wienerwald: „Wie leicht ging es damals im Bett, wenn Sie kamen, und dabei hatte ich nicht einmal Bier, allerdings Kompott, Obst, Fruchtsaft, Wasser, Fruchtsaft, Obst, Kompott, Wasser, Fruchtsaft, Obst, Kompott, Wasser, Limonaden, Apfelwein, Obst, wasser."[40]

Mehr als jemals zuvor schwelgte Kafka in den sinnlichen Freuden von Gerüchen, Bildern und Klängen. „Sinnesfreudig wie ein Tier (oder wie ein Kind)" war er, schrieb Dora später über ihn und wunderte sich: „Woher bloß die Vermutung von Franz als Asket herkommt?!"[41] Alles bemerkte und wertschätzte er. „Ein Vogel war im Zimmer", schrieb er auf einen Zettel. „Sehen Sie den Flieder, frischer als ein Morgen", auf einen anderen. Seine Beschäftigung mit Blumen kam auf vielen Gesprächsblättern zum Ausdruck: „Gestern Abend hat noch eine Biene den weißen Flieder ausgetrunken. Sehr schief schneiden, dann können sie den Boden berühren." – „Irgendwo in den heutigen Zeitungen ist eine ausgezeichnete kleine Notiz über die Behandlung gepflückter Blumen, so schrecklich durstig sind sie". – „Haben Sie einen Augenblick Zeit? Dann bespritzen Sie bitte die Pfingstrosen ein wenig". – „Besonders möchte ich mich der Pfingstrosen annehmen, weil sie so gebrechlich sind". – „Und Flieder in die Sonne". – „Wie wunderbar das ist, nicht? der Flieder, sterbend trinkt er, säuft er noch." – „Das gibt es nicht, daß ein Sterbender trinkt."[42]

Ende Mai kamen endlich die Druckfahnen für *Ein Hungerkünstler* von seinem Verlag *Die Schmiede* an. Laut Brod „gab [Kafka] Anweisungen wegen Umstellung der Novellen, zeigte sich über den Verlag gekränkt, der diese und jene Weisung nicht genügend sorgsam beachtet hatte".[43] Angesichts seiner Schwäche war die Aufgabe, die vor ihm lag, überwältigend. „Hier, jetzt, mit diesen Kräften soll ich es schreiben / Jetzt erst schicken sie mir das Material"[44], klagte Kafka in einer Notiz. Aber dennoch: Kafka begann, die erste der vier Geschichten, *Erstes*

Leid, zu korrigieren. Eine Geschichte über einen launenhaften Trapez-Artisten, die er zwei Jahre zuvor geschrieben hatte. „Jedes Glied müde wie ein Mensch"[45], notierte er. Er war erschöpft, setzte aber die Arbeit fort, ein paar Seiten jeden Tag. Die Anstrengung war so groß, dass er „manchmal danach weinte".[46]

In ihrem Tagebuch erinnerte sich Dora später an eine weitere Belastung: „Als es rundum von allen Ärzten hieß, dass Franz sterben muss, fingen die Leute an, mir in den Ohren zu liegen, mich trauen zu lassen. Besonders eifrig war dabei die Frau Dr. Hoffmann und der Hilfsarzt. Sie wollten alles dazu Erforderliche selbst besorgen: Standesbeamten, Rabbiner etc. Dies musste ich mich wochenlang jeden Tag anhören." Dora ignorierte das Drängen, bis die Belästigung eines schrecklichen Nachmittags, kurz bevor Kafka starb, ihren Höhepunkt erreichte: „Eines nachmittags wurde ich in das Zimmer von Dr. Hoffmann gerufen, in dem sich ein mir unbekannter Mensch befand. Ein Beamter von der Wiener jüdischen Gemeinde, der die Trauung vornehmen wollte. Dr. Hoffmann und Frau wollten Zeugen sein. – Es war einer der schrecklichsten Augenblicke meines Lebens, mit solch nackter Grausamkeit das allerunfassbarste eingehämmert zu bekommen: Ein Leben nach Franzens Tode – Robert war davon verständigt. Ottla hat schwach und hilflos zugeredet", aber das Schlimmste von allem war, dachte Dora, die „Grausamkeit Franz gegenüber, der sich so an der Hoffnung zu leben klammerte [...] Sie handelten alle zweifellos im guten Glauben", räumte sie ein, doch bei Dr. Hoffmann und den anderen fehlte in dieser Angelegenheit das „Allernächstliegende an Menschlichkeit: den Sterbenden nicht um seine letzten glücklichen Stunden, um seine Hoffnung zu bringen."[47]

Bis ans Ende ihres Lebens sollte es Dora unbegreiflich bleiben, wie gute, anständige Menschen wie Dr. Hoffmann und seine Frau derartig mit ihr und Franz hatten umgehen können. Dass eine Hochzeit ihre Privatangelegenheit war oder etwa Kafka die Verweigerung der Erlaubnis durch Doras Vater respektieren wollte, bedeutete Dr. Hoffmann und seinen Mitarbeitern wenig.

Kierling, Montag, 2. Juni 1924

Am Tag vor seinem Tod fühlte sich Kafka viel besser. Morgens arbeitete er weiterhin an den Druckfahnen von *Ein Hungerkünstler*. Als Robert abends aus Wien zurückkam, beladen mit frischen Kirschen und Erdbeeren, „ging es Franz sehr gut", berichtet Brod in seiner Biografie. „Er war lustig, zeigte Freude an allem, was Klopstock aus der Stadt mitgebracht hatte, aß Erdbeeren und Kirschen, roch sehr lange an ihnen, genoß ihren Duft, wie er überhaupt in den letzten Tagen alles mit verdoppelter Intensität genoß."[48]

An diesem Tag begann Kafka seinen letzten Brief an seine Eltern. Die ›kleine Familie‹ stimmte überein, dass nur Franz sie überreden konnte, nicht zu kommen. „Liebste Eltern", schrieb Kafka und kam gleich zum Punkt, „also die Besuche, von denen Ihr manchmal schreibt. Ich überlege es jeden Tag, denn es ist für mich eine sehr wichtige Sache. So schön wäre es, so lange waren wir schon nicht beisammen, das Prager Beisammensein rechne ich nicht, das war eine Wohnungsstörung, aber friedlich paar Tage beisammenzusein, in einer schönen Gegend, allein".

Franz sprach das gemeinsame Glas gutes Bier an, „woraus ich sehe, dass der Vater vom Heurigen nicht viel hält, worin ich ihm hinsichtlich des Bieres auch zustimme." Er gab der „Überraschung der Kehlkopfsache", dem Fieber und der Darmkrankheit, die er nicht hatte abschütteln können, die Schuld an seiner Schwäche; „dass Ihr etwa mein [sic] Behandlung hier verbessern oder bereichern könntet, müßt Ihr nicht glauben", beharrte er, „erst jetzt arbeite ich mich mit der in der Ferne völlig unvorstellbaren Hilfe von Dora und Robert (was wäre ich ohne sie!) aus allen diesen Schwächungen hinaus."

Mit größtem Taktgefühl und Liebe bat Kafka seine Eltern, nicht zu kommen, er sei „trotz meiner wunderbaren Helfer, trotz guter Luft und Kost, fast täglichen Luftbades noch immer nicht recht erholt [...], ja im Ganzen nicht einmal so imstande, wie etwa letzthin in Prag. Rechnet Ihr noch hinzu, dass ich nur flüsternd sprechen darf und auch dies nicht zu oft, Ihr werdet gern auch den Besuch verschieben. Alles ist in den besten Anfängen", sagte er, „aber noch die besten Anfänge sind nichts; wenn man dem Besuch – und gar einem Besuch, wie Ihr es wäret – nicht große unleugbare, mit Laienaugen meßbare Fortschritte zeigen kann, soll man es lieber bleiben lassen. Sollen wir es nicht also vorläufig bleiben lassen, meine lieben Eltern?"

Kafka schrieb noch ein paar Zeilen, bevor er, zu erschöpft, um fortzufahren, aufhörte und der Brief unvollendet blieb. „Ich nehme ihm den Brief aus d. Hand", schrieb Dora als Nachtrag ans Ende. „Es war ohnehin eine Leistung. Nur noch ein paar Zeilen, die seinem Bitten nach, sehr wichtig zu sein scheinen".⁴⁹ Um Mitternacht schlief Franz ein. Die ersten, frühen Stunden des 3. Juni blieb Dora an seinem Bett, döste gelegentlich, betrachtete das langsame Heben und Senken seiner schmalen Brust, sein edles Profil und die tief liegenden Augen, die nun geschlossen waren.

Um vier Uhr morgens eilte Dora die Treppe hinauf, um Robert zu rufen, „weil Franz ‚schlecht atme'", und lief zurück, während Robert sich schnell anzog.⁵⁰ Robert sah gleich, wie schlimm es um ihn stand. Er weckte den ansässigen Arzt, der eine Kampfer-Injektion verabreichte, doch sie half nicht. „So geht die Hilfe wieder ohne zu helfen weg", hatte Kafka einst nach dem Besuch eines Arztes geschrieben. Dora blieb an Franz' Seite und beruhigte ihn so gut sie konnte. Auf eines seiner Gesprächsblätter schrieb Kafka: „Gib mir einen Augenblick die Hand auf die Stirn, damit ich Mut bekomme."⁵¹

Dora verließ für gewöhnlich das Zimmer, wenn Kafka eine Injektion bekam. Sie waren furchtbar schmerzhaft, und er wollte nicht, dass sie es sah. Es gab aber nun noch etwas, von dem Franz nicht wollte, dass sie es miterlebte. Er bat Robert, nun ihr geheimes Abkommen zu erfüllen. Kurz vor Mittag, nachdem er Kafka eine weitere, wirkungslose Injektion verabreicht hatte, bat Robert Dora, zum Postamt zu gehen. Kafka wolle, dass der Brief an seine Eltern mit der Morgenpost verschickt werde. Dora aber weigerte sich in Anbetracht von Franz' gegenwärtigem Zustand. Doch Robert brachte sie schließlich doch dazu, den Botengang zu machen. Die Krankenschwester legte einen neuen Eisbeutel auf, und Robert war ja da. Widerwillig brach sie auf.

Laut Max Brod hatte damit der Kampf ums Morphium begonnen. Kafka schickte die Schwester grob weg, berichtet Robert, in einer Weise „brüsk, wie er sonst nie war". „Dann riß er mit aller Gewalt den Herzschlauch weg, warf ihn ins Zimmer."

„Jetzt nicht mehr quälen", schrie Kafka und bettelte um die Droge, „wozu verlängern. […] Sie haben es mir immer versprochen, seit vier Jahren", bedrängte er Robert. „Sie quälen mich. […] Ich rede nichts mehr mit Ihnen. So werde ich eben so sterben." Robert gab ihm zwei Injektionen, aber das war nicht genug. „Schwindeln Sie nicht, Sie geben mir ein Gegenmittel", flüsterte Kafka heiser. „Töten Sie mich, sonst sind Sie ein Mörder."

Robert verabreichte ihm eine weitere Injektion, und Kafka war einen Augenblick lang glücklich. „So ist gut, aber mehr, mehr, es hilft ja nicht." Als Robert vom Bett wegtrat, um die Spritze zu reinigen, sagte Franz: „Gehen Sie nicht fort." „Ich gehe ja nicht fort", antwortete Robert. „Aber ich gehe fort", erwiderte Franz in einer tiefen Stimme. Einige Augenblicke später, als Robert Kafkas Kopf hielt, halluzinierte Kafka und glaubte, Robert sei seine Schwester. „Geh, Elly, nicht so nahe, nicht so nahe", flüsterte er. Er hatte immer Angst, jemanden anzustecken. Robert wich zurück und Kafka seufzte: „Ja so – so ist es gut."[52]

Nach beinahe jeder Kafka-Biografie seit der von Max Brod waren dies Franz Kafkas letzte Worte, bevor er in Bewusstlosigkeit versank und starb. Die Geschichte seines Lebens endet immer in diesem Moment, ohne jegliche Erwähnung von Doras Anwesenheit in seinen letzten Augenblicken. Erst durch einen Zeitungsartikel im *Berliner Tagesspiegel* vom 25. November 1953, verfasst von Willy Haas, einem Journalisten und Bekannten Kafkas, erhielt man den vollständigen Bericht von Kafkas Tod. In einem Buch mit kurzen Schilderungen derer, die Kafka im Leben begegnet waren, herausgegeben von einem der führenden deutschen Kafka-Forscher, wurde der Bericht von Willy Haas 40 Jahre später, im Jahr 1996, wiedergegeben und erinnert.

„Für den Todesfall hatte Kafka verschiedene Vorkehrungen getroffen", schrieb Haas. „Bekannt ist die mit Dr. Klopstock, dass jener, wenn nichts mehr zu hoffen sei, das rasche Ende mit einer Spritze beschleunigen werde. Es scheint, dass Kafka auch seiner Lebensgefährtin Dora in einer schwachen Stunde die Einwilligung gegeben hatte, mit ihm zu sterben. Nichts davon wurde eingehalten; wohl aber erfüllte der treue Klopstock eine dritte, geheime Abmachung, dass er Dora unter einem Vorwand in der letzten Stunde fortschicken werde, damit sie den Todeskampf nicht sehe. Das tat Klopstock auch und sandte Dora mit einem Brief zur Post."

Willy Haas erhielt seine Informationen von „Schwester Anna", der Krankenschwester, die Kafka im Sanatorium in Kierling pflegte und „der die traurige Aufgabe zufiel, dem Toten die Augen zuzudrücken". Obwohl das Morphium seine Wirkung gezeigt hatte und er in den Schlaf gesunken war, wachte Kafka plötzlich auf und vermisste Dora. „Ich schickte das Stubenmädchen hinterher", sagte die Schwester, „denn die Post war in der Nähe". Sie befürchtete, dass es schon zu spät war.

Schwester Anna war dreiundsiebzig Jahre alt, als sie Willy Haas ihre Geschichte erzählte. Beinahe zwanzig Jahre waren seit den Ereignissen, die sie beschrieb, vergangen, aber das Geschehene – und Kafka – waren unauslöschlich in ihr Gedächtnis eingebrannt: „Über den Dichter Franz Kafka kann ich nicht urteilen", sagte sie, „aber als Mensch ist er der einzige Patient, der mir unvergesslich ist und dessen Tod, so einfach er sich vollzog, so erschütternd war, dass uns allen, die wir an seinem Lager standen, die Tränen liefen."

Als Dora in Kafkas Zimmer stürmte, völlig außer Atem und die Arme voller frischer Blumen, die sie gerade gekauft hatte, „schien Kafka völlig bewusstlos. Dora hielt ihm die Blumen vor das Gesicht. ‚Franz, sieh mal die schönen Blumen, rieche mal!', flüsterte Dora". Wie die Schwester staunend sah, „richtete sich der Sterbende, der schon entrückt schien, noch einmal auf, und er roch an den Blumen. Es war unfassbar. Und noch unfassbarer war es, dass sich das linke Auge wieder öffnete und lebendig wirkte. Er hatte so wunderbar strahlende Augen, und sein Lächeln war so vielsagend, und Hände und Augen waren beredt, als er nicht mehr sprechen konnte".[53]

Dora hielt ihn, während er wegdämmerte. Sie spürte, wie sich sein Herz verlangsamte und dann sein schwaches Schlagen einstellte, und sie spürte, wie sein letzter Atem seinen ausgezehrten Körper verließ. Kafkas Qual war zu Ende, und ihre hatte begonnen.

9

BEERDIGUNG IN PRAG

Prag läßt nicht los. Dieses Mütterchen hat Krallen.

Franz Kafka, Briefe[1]

Kierling, Österreich, 3. Juni 1924

„Franz' Tod war mein eigenes Todeserlebnis"[2], schrieb Dora viele Jahre später, als sie auf ihrem eigenen Sterbebett im Krankenhaus East London lag. Als Kafka seinen Körper verließ, verließ sie ihren ebenfalls. Sie hörte auf zu existieren. Dann, plötzlich, durch einen quälenden Schock, wurde sie in die unmögliche Wirklichkeit einer Welt ohne Kafka zurückgerissen.

Die Schwester legte ihre Hand auf Franz' Augen und schloss sie für immer. Dora klammerte sich an ihn, nicht fähig und auch nicht willens, die Wahrheit zu begreifen. Es konnte nicht sein, dass Franz tot war. Man hörte gedämpfte Stimmen, dann herrschte Stille, als die Tür sich schloss. Dora war allein mit ihm. Das edle Profil, ohne Leben, schien in Stein gemeißelt, sein dichtes, schwarzes Haar war vom Schütteln seines Kopfes, bevor die Droge ihn erlöste, zerzaust. So hätte Franz nie gesehen werden wollen. Er war immer so sorgsam, was sein Äußeres betraf, und mochte niemanden auch bloß mit einer schlecht gebundenen Krawatte beleidigen.

Dora öffnete die Schublade des Frisiertischs und nahm Kafkas Bürste heraus. Es war eine Herrenbürste im Armeestil, von GB Kent & Sons of England hergestellt. Das helle Holz lag glatt in ihrer Hand. An den Kanten waren an beiden Seiten die Borsten durch den Druck seines Handballens abgebrochen. Er hatte die Bürste schon seit Jahren und „ging niemals ohne sie irgendwohin".[3] Er hatte sie mit nach Berlin genommen, dann ins erste Sanatorium im Wienerwald, ebenso in die Klinik in Wien und schließlich hierhin, nach Kierling. Franz musste sie auch in Müritz gehabt haben, das war elf Monate, ein ganzes Leben her.

Dora kämmte Kafkas dunkles Haar von seinen hohlen Schläfen, aus seiner Stirn, die nun für immer frei von ihrem Fieber war, und glättete es über seinem

Kopf. Es würde keine ›Chewra Kadischa‹ geben, keine heilige Beerdigungsgesellschaft, um Totenwache zu halten und die rituelle Waschung zu vollführen, die Leiche in ein Leichentuch zu wickeln und sie mit einem Gebetsmantel zu bedecken. Sie hatte keine rituellen Silberwerkzeuge, um sein Haar mit Eiern und Essig zu kämmen und seine Fingernägel zu säubern, aber Dora wusste, was zu tun war, um die Leiche für die Beerdigung vorzubereiten.

Es war ein jüdisches Gesetz: Ehre musste dem Leichnam erwiesen werden, im gleichen Maße wie der Seele, die ihn einst bewohnt hatte. Es ist eine der wichtigsten ›Mitzwoth‹, da der Empfänger keine Dankbarkeit dafür mehr ausdrücken kann. Dora füllte einen Krug mit Wasser und wrang ein Tuch aus. Sie wusch ihn, sanft und liebevoll. Sie hatten kein weißes Tuch, keinen ›Kittel‹, in den sie ihn wickeln konnte. Sie wollte die Dinge richtig machen, genau wie Franz es von ihr gewollt hätte. Einige Zeit später öffnete sich die Tür. Jemand trat ein, und sie fühlte, wie man sie vom Bett weg hob. Die Männer waren da, um Franz hinunter in die Leichenhalle zu bringen. Es war Zeit, sagte Robert. Dora musste Franz gehen lassen. Robert versprach, sie würden ihn später besuchen, wenn sie sich für eine Weile hinlegte. Sie musste ruhen.

Dora hatte ja nicht geschlafen. Sie hatte all ihre Kräfte aus den Tiefen ihres Seins gezogen, damit Kafka nur am Leben bleibe. Nun war nichts mehr übrig. Nur ein tiefer Abgrund von Schwärze und von Leere. Ihr blieb nichts zu tun, und sie willigte ein, sich hinzulegen.

Robert blieb bei ihr, während sie in einen unruhigen Schlaf versank. Er hatte schon die Telegramme verschickt und Anrufe nach Prag getätigt. Max hatte mittags angerufen, nachdem es zu spät gewesen war, und hatte die Nachricht dann Kafkas Eltern überbracht. Sogar im Schlaf wimmerte Dora Franz weiterhin Zärtlichkeiten zu. Robert konnte nur wenige der Worte, die sie unaufhörlich wiederholte, verstehen: „Mein Lieber, mein Lieber, mein Guter du!"

Dora wachte auf und verlangte, Franz wiederzusehen. Wie versprochen brachte Robert sie hinunter in die Leichenhalle. Ihn dort zu sehen, war schlimm, doch ihn dort allein in der dunklen Leichenhalle zurückzulassen, war noch viel schrecklicher. Wieder in ihrem Zimmer wimmerte sie weiter, flüsterte zu ihrem Franz, ihrem Liebsten, „der ja so allein, so ganz allein ist, wir haben ja gar nichts zu tun und sitzen hier, und ihn lassen wir dort, allein im Finstern, unbedeckt – o mein Guter, mein Lieber du".[4] Robert tat, was er konnte, doch nichts half. Dora war untröstlich.

Kierling, 4. Juni 1924

Das erste der beiden Telegramme, die Kafkas Vater nach Kierling schickte, kündigte an, dass Ellis Mann und der Onkel, Dr. Löwy, am nächsten Tag kommen würden, um die Beerdigung zu organisieren. Dies war Doras größte Angst. Der Onkel nahm ihr Franz weg. Erneut. Es war hierbei bedeutungslos, dass Franz nicht mehr lebte, nicht länger ihr gehörte. Dora konnte nicht klar denken, sagte sie später, sie konnte lediglich fühlen.

Dies waren schwere Stunden, auch für Robert. Unglücklich sah er zu, wie Dr. Löwy die Vorbereitungen mit kühler, gleichgültiger Professionalität übernahm. Es sollte keinen rituellen Hokuspokus mit der Leiche seines Neffen geben. Der Verstorbene würde den schwarzen Anzug aus Prag tragen. Robert war entsetzt über Dr. Löwys Schroffheit gegenüber Dora. Robert spürte, dass Dr. Löwy einfach so das auflöste, was von der kleinen Familie noch geblieben war, und Robert und Dora fortschickte, damit sie sich um ihre eigenen Leben scherten.

„Die arme Dora", schrieb Robert an diesem Nachmittag in einem Brief an Elli, „ach wir sind alle arm, wer noch so verarmt auf der Welt wie wir". In seinem blumigen, ungeschickten Deutsch (seiner Drittsprache) suchte Robert Ellis Mitgefühl, während er sein Beileid ausdrückte: „Was hier bei uns zugeht, ist nicht zu beschreiben und soll auch nicht beschrieben werden. Der Dora kennt, nur der kann wissen, was Liebe heißt. So wenige verstehen es, und das vergrößert Qual und Schmerz."

Selbst Robert, der mit seinen medizinischen Kenntnissen und seiner Erfahrung gewusst hatte, was kommen würde, war vollkommen am Boden zerstört. „Wir wissen ja noch gar nicht, was mit uns geschehen ist, langsam, wird es immer klärer, und schmerzhaft dunkler damit. Besonders wir wissen es nicht die ihn noch immer bei uns haben. Jetzt gehen wir wieder hin, zum Franz. – So starr, streng, unnahbar ist sein Gesicht, wie rein und streng sein Geist war. Streng – ein Königsgesicht von edelstem, ältestem Geschlechte. Die Milde seines menschlichen Daseins ist dahin, nur sein unvergleichlicher Geist formt noch sein starres teures Gesicht. So schön ist es wie eine alte Marmorbüste." [5]

Am nächsten Morgen, dem 4. Juni, kam ein zweites Telegramm von Kafkas Vater an, das jede Diskussion, was mit Franz' Leiche geschehen sollte, beendete. „Dora entscheidet" hieß es da, unterzeichnet mit „Kafka".[6]

In der unerträglichen Leere von Kafkas Zimmer im Sanatorium Hoffmann, dem Mittelpunkt von Doras Leben während der letzten sieben Wochen, suchten sie und Robert Franz' Sachen zusammen. Robert sammelte die Gesprächsblätter, die Kafka in den letzten Wochen geschrieben hatte. Dora faltete Kafkas langes, weißes Nachtgewand und packte es zusammen mit seinen persönlichen Gegenständen, darunter Bürste, Füller und Notizbücher, in ihren abgenutzten Koffer. Nach ihrem letzten Besuch im Aufbahrungsraum wurde Kafkas Leiche in einen Sarg gelegt und zur Überführung ins Depot für den Zug nach Prag gebracht. Franz' Beerdigung sollte eine Woche später stattfinden, am Mittwoch, dem 11. Juni, um vier Uhr nachmittags.

Prag, Juni 1924

Dora war aufgelöst in ihrer Trauer. Jemand, Robert oder vielleicht Karl, half ihr, den Zug nach Prag zu bekommen. Im Nebel erreichte sie Kafkas Geburtsort, die majestätische Stadt der Türme, Kirchturmspitzen und Brücken, die Stadt, der er entflohen war um der wenigen Monate mit ihr willen; diese Stadt, Kafkas altes Weib mit Krallen, erhob wieder Anspruch auf ihn, um ihn nun endgültig in sich aufzunehmen. Im Hause Kafka erkannte Dora die geliebten Gesichter von Elli und Ottla. Als sie Kafkas Mutter vorgestellt wurde, fiel sie schluchzend in deren Arme. Doras Trauer berührte Julie und öffnete ihr Herz. Kafkas Vater aber hielt Abstand. Ihm war der Gefühlsausbruch, der ihm würdelos schien, peinlich.
   Laut dem Kafka-Biografen Peter Mailloux erschienen in allen deutschsprachigen Zeitungen in Prag von Kafkas engsten Freunden verfasste Nachrufe; Brod veröffentlichte im *Prager Tagblatt* seine eigene, emotionale Eloge, Oskar Baum einen Nachruf in der *Prager Presse*. Felix Weltsch, Redakteur der zionistischen Wochenzeitung *Selbstwehr*, widmete ihm eine ganze Seite. Die *Kommunistische Literatur-Zeitschrift* pries Kafka als einen Autor, der „tiefe Einsichten hatte in die gesellschaftliche Ungerechtigkeit der Gegenwart […] und in einer eigentümlichen, jedoch eindringlichen Sprache die Reichen schonungslos verurteilte". Außerdem veröffentlichten drei weitere, tschechischsprachige Zeitungen Nachrufe, „wenn auch eine davon seinen Namen falsch schrieb (und aus ihm Franz Kavka machte) und eine andere derart oberflächlich war, dass man sie vernachlässigen kann". Folgender Nachruf stammt von Milena Jesenská, Kafkas

tschechischer Übersetzerin, die in Wien lebte, die verheiratete Frau, die Kafka liebte, bevor er Dora traf. Der am 5. Juni 1924 in der *Národní listy* erschienene Nachruf macht die Liebe und Bewunderung spürbar, die Milena noch immer für ihren früheren Geliebten empfand.

„Vorgestern starb im Sanatorium Kierling bei Klosterneuburg bei Wien Dr. Franz Kafka, ein deutscher Schriftsteller, der in Prag lebte. Nur wenige Menschen kannten ihn hier, denn er war ein Einzelgänger, ein wissender, von der Welt erschreckter Mensch; schon jahrelang litt er an einer Lungenkrankheit, und wenn er sie auch heilte, so nährte er sie doch bewußt und förderte sie in Gedanken. […] Sie verlieh ihm eine fast unglaubliche Zartheit und eine fast grausig kompromißlose intellektuelle Verfeinerung […]. Er war scheu, ängstlich, sanft und gut, doch die Bücher, die er schrieb, sind grausam und schmerzhaft. Er sah die Welt voll unsichtbarer Dämonen, die den schutzlosen Menschen zerreißen und vernichten. […] Er kannte die Welt auf ungewöhnliche und tiefe Art, selbst war er eine ungewöhnliche und tiefe Welt. Er schrieb die bedeutendsten Bücher der jungen deutschen Literatur […]. Sie sind wahr, nackt und schmerzhaft, so, daß sie auch dort, wo sie sich symbolisch ausdrücken, nahezu naturalistisch sind. Sie sind voll trockenen Hohns und sensibler Sicht eines Menschen, der die Welt so klar erblickt hatte, daß er es nicht ertragen konnte und sterben mußte […]."[7]

Am Tag vor der Beerdigung setzten Kafkas Eltern im Namen der hinterbliebenen Familie Anzeigen in die Zeitungen, auf Deutsch und Tschechisch, die den Tod und die Beerdigung ihres Sohnes, Dr. jur. Franz Kafka, ankündigten; mit der Bitte, von Kondolenzbesuchen abzusehen. Der Morgen von Kafkas Beerdigung dämmerte sonnig und warm herauf, ein angenehmer Spätfrühlingsmorgen in Prag.

„Für die deutschen Dichter und Schriftsteller Prags, insbesondere für die deutschen Juden dieser Stadt, war der 11. Juni düster und schmerzvoll", schrieb Johannes Urzidil, ein Bekannter von Kafka, der in der deutschen Botschaft in Prag arbeitete, neunundzwanzig Jahre alt, ein Dichter und Essayist, der über Kultur und Politik schrieb. Die Familie seiner Frau lebte in Kafkas

Nachbarschaft, und ihr Bruder, Friedrich Thieberger, war einer von Kafkas Hebräischlehrern gewesen.

Urzidil gehörte zur jüngeren Generation des Prager Kreises deutschsprachiger Schriftsteller, die Kafka und seine Freunde Brod, Werfel, Weltsch und Baum als Literaten hoch verehrten, Kafka ganz besonders, obwohl er weniger berühmt und erfolgreich als seine Freunde war, und aus „dieser Gemeinde war nun mit seinem Tode ein Schlußstein plötzlich ausgebrochen, die Wölbung aufgerissen." „Sein Tod traf die Familie, die Freunde und Bekannten wirklich wie ein Blitzschlag", berichtet Urzidil, „und schien unglaubwürdig, obwohl die meisten schon seit langem wußten, daß er kommen mußte. Aber wir alle – auch die Dichter unter uns, die doch schon von Jugend an den Tod betrachteten und besangen – waren mit seiner unmittelbaren Wirklichkeit in unserem Kreise nicht vertraut."

Kafkas Neigung, Freundschaft zu schließen, strahlte in sein Umfeld aus, änderte die Beziehungen derer, die ihn kannten, und führte dazu, dass gleichsam in seinem Namen neue Freundschaften entstanden. „Ich glaube, daß es niemanden gab, der ihn persönlich gekannt und nicht geliebt hätte. Und es muß gesagt werden, daß alle, die Kafka liebten, um seinetwillen auch seine Freunde liebten", schrieb Urzidil über zwanzig Jahre später, inzwischen angesehener Professor in New York. Es war so, dass Kafka „ein unsichtbares Band zwischen allen schuf, die fühlten, sie seien in Kafkas Gegenwart und dadurch, daß er lebte und wirkte, mit etwas Höherem und Besserem verbunden und in sich selbst gefördert und bestätigt gewesen."

Urzidil glaubte, diese „stärkende und zustimmende Kraft war von Kafka ausgegangen. Sollte sie nun plötzlich nicht mehr bestehen? [...] Wir in Prag aber wußten, wer da in den alten Gassen durch unseren Tag schritt, wen wir über die Fahrbahn hinüber grüßten – und schon sein bloßer Gegengruß hatte den Schwung besonderen Ereignisses – oder mit wem wir da ein paar Häuser lang dahingingen oder vielleicht eine Weile oder eine Stunde irgendwo bei einer Tasse Kaffee saßen".

Aber, darauf wies Urzidil hin, niemand konnte Kafka erklären. Von all seinen Freunden, die sich zu seiner Beerdigung oder der Trauerfeier acht Tage später in Prag versammelten, konnte keiner Worte finden, um angemessen auszudrücken, wer Kafka als Mensch gewesen war. Weder „Max Brod, der durchleuchtende, immer anregende, noch der philosophische Kopf Felix Weltsch oder der idealistische Religionsforscher Hugo Bergmann". Am ehesten noch der seit der Kindheit erblindete Oskar Baum, „der aber nun ungeblendet in das Strahlen der Seele zu blicken vermochte", konnte Kafkas Fähigkeit, mit jedem Satz, jedem beiläufigen Wort zur Wahrheit durchzudringen, erklären, konnte erklären, wie „jeder seiner Sätze immer und unter allen Umständen, ja jedes leicht hingeworfene Wort, tief bis zum Mittelpunkt der Erde reichte [...]. Aber wie es zuging, daß Kafka sagte, was er sagte; wie es zuging, daß er es so sagte, wie er es sagte; wie es zuging, daß man mit dem, was er sagte, und mit ihm selbst niemals in unmittelbaren Konflikt geriet; das wußte keiner von ihnen zu erklären."

Als Franz Werfel gegenüber Urzidil einmal bemerkte: „Ich würde Kafka viel mehr lieben, wenn er nicht so nihilistisch wäre", war Urzidil verblüfft. „Ein verfehlteres Urteil wurde selten ausgesprochen, obschon es aus Werfels Munde begreiflich klang", sagte er. „Wir alle liebten in ihm [Werfel] das welt- und lebenbilligende Genie, denn wir alle wollten ja Welt und Leben. Auch Kafka wollte dies. Ja, niemand kämpfte wie er so schwer und verzweifelt darum [...]. Ein solcher Bekenner, nicht ein Nihilist war Kafka", schloss Urzidil.

Bis um vier Uhr am Nachmittag, die geplante Zeit für Kafkas Beerdigung, hatte sich der Himmel bedeckt und war der schöne Tag kalt geworden. Jeder aus der Menge von etwa hundert Trauernden „fuhr oder wanderte auf seine Weise zu dem jüdischen Friedhof von Strašnice, einem Vorort an der Peripherie von Prag." Urzidil beschrieb den Tag in einem Essay mit dem Titel *11. Juni 1924*: „Ich ging in dem Trauerzug, der Kafkas Sarg von der Zeremonienhalle zum offenen Grab geleitete; hinter der Familie und der bleichen Gefährtin [Dora Diamant], die von Max Brod gestützt wurde".[8]

Sie kamen an Kafkas Grab am äußeren Rand des Friedhofs an, in der Nähe der großen, schmiedeeisernen Tore. Die Trauernden versammelten sich um die Grabstätte, fast schon ein Meer von schwarzen Schleiern und Zylindern. Die ganze Woche war Dora „die Traurigste unter den Traurigen" gewesen, berichtet Urzidil, und hatte wie besessen Zärtlichkeiten für ihn, der sie nicht mehr hören konnte, wiederholt.[9]

Als Kafkas Sarg in die Erde hinabgelassen wurde, so Urzidil, schrie Dora „qualvoll und durchdringend auf" und brach auf dem Boden neben dem Grab zusammen; „ihr Schluchzen umschleierte der Nachklang des hebräischen Totengebets". Nachdem das Kaddisch[10] vorgetragen worden war, traten Franz' Familie und Freunde, einer nach dem anderen, langsam an den Rand des offenen Grabes heran und warfen etwas Erde auf den Sarg. Vierzig Jahre später erinnerte sich Urzidil noch immer: „Ich habe diese Erde genau in Erinnerung. Es war helle, klobige, lehmige, mit zerbröckelten Steinstückchen und Kieseln durchsetzte Erde, die mit Gedröhne auf die Sargkiste fiel."[11]

Hans Demetz, ein Dichter und Dramatiker, der die folgende Gedenkfeier organisierte, war einer derer, die gesehen hatten, wie Dora an Kafkas Grab zusammengebrochen war. „Sie fiel in Ohnmacht", berichtet er, „aber niemand rührte sich. Im Gegenteil, Kafkas Vater wandte sich ab, was dann die Trauernden in Bewegung brachte. Ich erinnere mich nicht, wer sich um das Mädchen kümmerte, das zusammengebrochen war. Aber ich schäme mich immer noch, dass ich nichts getan habe, um dem armen Mädchen zu helfen."[12]

Urzidil und seine Frau entfernten sich auf dem Kiesweg zwischen der Friedhofsmauer und den von Zypressen gesäumten Gräberreihen von Kafkas Grab. „Es wurde kein Wort gesprochen", erinnerte er sich. Das Wetter spiegelte die beklommene Stimmung wider, „endlich fing es gar aus dem trüb gewordenen Himmel zu regnen an".[13]

Die seltsamen Anzeichen, die Kafkas Tod bereits vorausgegangen waren, erreichten an diesem Nachmittag, nach der Beerdigung, ihren Höhepunkt. „Als wir um Viertel sechs in das Trauerhaus, in Franzens Wohnung am Altstädter Ring zurückkehrten", berichtet Brod in seiner Biografie, „sahen wir, dass die große Rathausuhr um vier Uhr stehengeblieben war und dass ihre Zeiger immer noch diese Stunde zeigten."[14]

10

IN MEMORIAM

> *Das wirkliche selbstständige Leben des Buches*
> *beginnt erst nach dem Tod des Mannes (...)*
>
> Franz Kafka, Briefe an Milena[1]

Prag, 19. Juni 1924

Acht Tage nach der Beerdigung, berichtet Urzidil, wurde eine Trauerfeier in der *Kleinen Bühne*, der deutschsprachigen Veranstaltungshalle in Prag, gehalten. Über fünfhundert Menschen kamen, um Kafkas Andenken mit Reden, Elogen und einer Lesung seiner Werke zu ehren. Die grandiosen Worte, in denen man Kafkas Werke und seine Bedeutung für die Zukunft der deutschen Literatur beschrieb, hinterließen bei Dora einen bitteren Beigeschmack. Dora liebte Kafka nicht als Autor, sondern als Mann, als Menschen. Kafka hatte nie mit ihr über seine früheren Schriften gesprochen, und sie hatte nicht gefragt. Warum sollte sie? Dora glaubte, was Kafka ihr erzählt hatte: dass seine Arbeiten keine fertigen Stücke waren, sondern zumeist bloß gescheiterte Versuche.

Der Text von Max Brods Rede ist verloren gegangen, aber diejenigen, die in der vollen Halle anwesend waren, hörten ihn „von einem Kafka-Zeitalter" reden, „das kommen würde". Brod war fest davon überzeugt, dass künftige Generationen Kafka als großen literarischen Künstler und als einen „Erkenner der menschlichen Grundnatur" erkennen würden. Er sah ihn „als das, was alle großen Propheten gewesen waren, über deren mystischer Union mit ihrer Gemeinde der Glanz der ›Schechina‹ ruhte, die Gegenwart Gottes unter den Menschen".[2] Die Worte Brods von der ›Schechina‹, einer allgegenwärtigen, weiblichen Göttlichkeit waren Dora wohlbekannt.

Die letzten Worte der Trauerfeier waren Kafkas eigene, aus seinen zuvor erschienenen Geschichten. Ein bekannter Prager Schauspieler, Hans Hellmuth Koch, trat auf die Bühne, zwei dünne Ausgaben von Kafkas Erzählungen in der Hand. Zuerst wurde *Ein Traum* verlesen. Dora hörte Echos von Kafkas unverkennbarer Stimme. „Josef K. träumte", begann der Schauspieler. „Es war ein schöner Tag und K. wollte spazieren gehen. Kaum aber hatte er zwei Schritte gemacht, war er schon auf dem Friedhof." Am Ende der Geschichte heißt es, dass Josef K. unwillkürlich in sein Grab sank und „von der undurchdringlichen Tiefe aufgenommen wurde". „Entzückt von diesem Anblick"³ seines eigenen Namens in großartigen Schnörkeln auf seinem Grabstein wachte er auf. Die zweite Geschichte, *Eine kaiserliche Botschaft*, sieben Jahre zuvor in jenem kleinen Haus in der Alchemistengasse geschrieben, rührte Dora zutiefst. Bis an ihr Lebensende sollte sie über die Bedeutung der Erzählung nachdenken.

„Der Kaiser – so heißt es – hat Dir […] von seinem Sterbebett aus eine Botschaft gesendet", beginnt Kafkas Gleichnis. Der Bote, „ein kräftiger, ein unermüdlicher Mann", dem der Kaiser die Botschaft anvertraut hat, bricht sofort zu seiner Reise auf, um die Nachricht zu überbringen, doch er sieht sich einer unlösbaren Aufgabe gegenüber:

> „[…] immer noch zwängt er sich durch die Gemächer des innersten Palastes; niemals wird er sie überwinden; und gelänge ihm dies, nichts wäre gewonnen; die Treppen hinab müsste er sich kämpfen; und gelänge ihm dies, nichts wäre gewonnen; die Höfe wären zu durchmessen; und nach den Höfen der zweite umschließende Palast, und wieder Treppen und Höfe; und wieder ein Palast; und so weiter durch Jahrtausende; und stürzte er endlich aus dem äußersten Tor – aber niemals, niemals kann es geschehen – liegt erst die Residenzstadt vor ihm, die Mitte der Welt, hochgeschüttet voll ihres Bodensatzes. Niemand dringt hier durch und gar mit der Botschaft eines Toten. – Du aber sitzt an Deinem Fenster und erträumst sie Dir, wenn der Abend kommt."⁴

Am nächsten Tag berichtete eine Prager Zeitung über Kafkas Trauerfeier und bemerkte, dass der Schauspieler Hans Hellmuth Koch „die Friedhofszene ‚Ein Traum' las und zuletzt ‚Eine kaiserliche Botschaft', die er – von Rührung überwältigt – ganz leise ausklingen ließ".⁵

Prag, 3. Juli 1924

Es war Kafkas einundvierzigster Geburtstag – oder wäre es zumindest gewesen. Statt der glücklichen Feier, die Dora sich für ihn ausgemalt hatte, war nun der 3. Juli – in Monaten gerechnet – die erste Wiederkehr seines Todestags. Doras Trauer ließ nicht nach mit der Zeit, wie jeder es versprochen hatte. Sie wurde schlimmer. In den Tagen und Wochen nach der Beerdigung geriet Dora mit ihren Gefühlen in eine Starre, „zu stark in ihren Lebenskräften getroffen, um sich dessen bewusst zu werden, was geschehen war." Sie wurde blass, ihr Gesicht verhärmt und dünn.

Unfähig, ihre Verbindung zu Franz zu lösen, blieb Dora „im Haus von Kafkas Eltern und bekam von der Mutter liebevolle Zuwendung". Kafkas Angst, Dora würde bei seinen Eltern schäbig behandelt, erwies sich als grundlos. Dora sagte später, sie fühlte sich in ihrem Haus willkommen. Julie Kafka nahm die junge Frau, die so selbstlos für ihren sterbenden Sohn da gewesen war, gut auf. Dora sagte, Kafkas Mutter „war eine sehr liebe Frau, unendlich gut zu mir".[6]

Das Einzige, was Dora Trost spendete, war, über Franz zu sprechen. Es gab kein anderes Thema für sie. Sie verbrachte lange Stunden im Gespräch mit Franz' Eltern, im Glauben, dass dies auch ihnen „Trost über den Tod ihres geliebten und immer in Probleme verstrickten Sohnes spendete".[7]

Anfangs war Dora unfähig, irgendwelche Entscheidungen zu treffen. Zurück nach Berlin zu gehen, schien ihr aus mehreren Gründen unmöglich. Auch war ihre deutsche Aufenthaltsgenehmigung abgelaufen. Urzidil, Kafkas Freund aus der deutschen Botschaft in Prag wollte ihr eine neue verschaffen, aber Dora konnte den Gedanken nicht ertragen, ohne Kafka zurückzukehren. Prag jedoch war für sie voller Geister, die Stadt voller Spitzen und dunkler, gewundener Gassen wirkte unheimlich und sonderbar auf sie. Die Albträume und die Bedrängnis, die einst Kafka heimgesucht hatten, begannen nun, sie selbst zu verfolgen.

Prag, Mitte Juli 1924

Einige Tage nach Kafkas Tod machte Brod eine Entdeckung, die zum größten moralischen Dilemma seines beruflichen Lebens werden sollte. Seine Entscheidung änderte nicht nur seine eigene Zukunft, sondern den Lauf der Literaturgeschichte. Nach der Beerdigung ging Brod, auf Bitte der Familie, Kafkas Schreibtisch im Zimmer seines Elternhauses am Altstädter Ring durch. In der Trauer über seinen engsten und liebsten Freund war Brod überglücklich, einen „Haufen ungeordneter Papiere" zu finden, den er als etwa hundert Aphorismen über spirituelle Themen beschrieb, dazu eine autobiografische Skizze und ein Notizbuch mit Strichzeichnungen und mehreren Geschichten, einige abgeschlossen, einige beinahe vollendet. Darunter war auch „eine (unvollendete) Tiernovelle".

Schon jetzt hatte Brod entschieden, alles zu veröffentlichen, was Kafka geschrieben hatte. Nur wenige von Kafkas Schriften waren zu seinen Lebzeiten im Druck erschienen, und diese auch nur aufgrund von Brods Drängen. Das Gesamtwerk von Kafkas Schriften – Brod schätzte, dass es fünf Bände füllen würde – schloss drei unveröffentlichte Romane und Dutzende Kurzgeschichten, Gleichnisse und Fragmente aus seinen Notizbüchern ein. Brod glaubte, dass die Romane, wenn auch unvollendet, „die wundervollsten Schätze" darstellten und „auch an seinem eigenen Werk gemessen das Beste, was er geschrieben hat". Ihre Veröffentlichung sicherte Kafkas Vermächtnis in der deutschen Literatur – durch, so Brod, „einen Spezialisten, einen Meister der Kleinkunst", und sie gaben ihm seinen Platz in der Literatur auch „in der großen epischen Form".

Brod räumte ein, dass es zu früh war, um eine Debatte über die Veröffentlichung von Kafkas persönlichen Briefen und Tagebüchern zu beginnen, aber er glaubte, dass sie „dieselbe Natürlichkeit und Intensität […] wie Kafkas literarisches Werk" aufwiesen und notwendigerweise einen Teil von „Kafkas zauberhafter Persönlichkeit"[8] darboten.

Als er Kafkas Schreibtisch und Zimmer im Elternhaus durchsuchte, hielt er nach einem Testament oder anderweitigen rechtlichen Dokumenten Ausschau, fand jedoch nichts dergleichen. Er entdeckte aber etwas anderes, möglicherweise genauso Bindendes. Inmitten der Menge von Papieren in Schreibtisch und Schrank fand Max ein gefaltetes Papier, eine Nachricht, die, in Kafkas elegantem Schwung, an ihn adressiert war:

> Liebster Max, meine letzte Bitte: Alles, was sich in meinem Nachlaß (also im Buchkasten, Wäscheschrank, Schreibtisch, zu Hause und im Büro, oder wohin sonst irgend etwas vertragen worden sein sollte und Dir auffällt) an Tagebüchern, Manuskripten, Briefen, fremden und eignen, Gezeichnetem und so weiter findet,

restlos und ungelesen zu verbrennen, ebenso alles Geschriebene oder Gezeichnete, das Du oder andre, die Du in meinem Namen darum bitten sollst, haben. Briefe, die man Dir nicht übergeben will, soll man wenigstens selbst zu verbrennen sich verpflichten. Dein Franz Kafka.[9]

Brod stieß darauf auf ein weiteres, vergilbtes Blatt Papier, das früher geschrieben worden war. Mit Bleistift hatte Kafka sogar noch genauere Anweisungen für die Zerstörung seiner Arbeit gegeben:

> Lieber Max, vielleicht stehe ich diesmal doch nicht mehr auf, das Kommen der Lungenentzündung ist nach dem Monat Lungenfieber genug wahrscheinlich, und nicht einmal, daß ich es niederschreibe, wird sie abwehren, trotzdem es eine gewisse Macht hat. Für diesen Fall also mein letzter Wille hinsichtlich alles von mir Geschriebenen:
> Von allem, was ich geschrieben habe, gelten nur die Bücher: Urteil, Heizer, Verwandlung, Strafkolonie, Landarzt und die Erzählung: Hungerkünstler. (Die paar Exemplare der ‚Betrachtung' mögen bleiben, ich will niemandem die Mühe des Einstampfens machen, aber neu gedruckt darf nichts daraus werden.) Wenn ich sage, daß jene fünf Bücher und die Erzählung gelten, so meine ich damit nicht, daß ich den Wunsch habe, sie mögen neu gedruckt und künftigen Zeiten überliefert werden, im Gegenteil, sollten sie ganz verlorengehn, entspricht dieses meinem eigentlichen Wunsch. Nur hindere ich, da sie schon einmal da sind, niemanden daran, sie zu erhalten, wenn er dazu Lust hat. Dagegen ist alles, was sonst an Geschriebenem von mir vorliegt (in Zeitschriften Gedrucktes, im Manuskript oder in Briefen) ausnahmslos, soweit es erreichbar oder durch Bitten von den Adressaten zu erhalten ist [...] – alles dieses ist ausnahmslos, am liebsten ungelesen (doch wehre ich Dir nicht hineinzuschaun, am liebsten wäre es mir allerdings, wenn Du es nicht tust, jedenfalls aber darf niemand andrer hineinschauen) – alles dieses ist ausnahmslos zu verbrennen, und dies möglichst bald zu tun bitte ich Dich.
> Franz.[10]

Kafka hatte das Unmögliche von ihm verlangt. Während der zweiundzwanzig Jahre ihrer „niemals getrübten Freundschaft" hatte Max „auch nicht das kleinste Zettelchen, keine Ansichtskarte, die von ihm kam", weggeworfen, und er war „ihm nicht dankbar" dafür, ihn „in diesen schweren Gewissenskonflikt gestürzt zu haben, den er voraussehen mußte". Es war absurd, zu denken, Brod könne die Schriften zerstören, von denen er glaubte, dass sie die Menschheit weiterbringen könnten. Er würde Kafkas Werke niemals verbrennen und hatte dies drei Jahre zuvor auch unmissverständlich gesagt. 1921, als Brod über seinen eigenen letzten Willen und sein Testament geredet hatte, hatte Kafka ihm den Zettel gezeigt, den er nun in den Händen hielt, und gesagt: „Mein Testament wird ganz einfach sein – die Bitte an dich, alles zu verbrennen." Brod erinnerte sich genau an die Worte seiner Weigerung: „Falls du mir im Ernste so etwas zumuten solltest, so sage ich dir schon jetzt, daß ich deine Bitte nicht erfüllen werde."

Brod, der selbst Anwalt war, ging sein moralisches Dilemma logisch an, arbeitete mit soliden Begründungen an seiner Verteidigung, warum er die niedergeschriebenen letzten Wünsche seines Freundes missachten musste. „Von dem Ernst meiner Ablehnung überzeugt, hätte Franz einen andern Testamentsexekutor bestimmen müssen, wenn ihm seine eigne Verfügung unbedingter und letzter Ernst gewesen wäre."

Ein Jahr später, 1925, als er Kafkas ersten Roman *Der Prozess* herausbrachte, beschrieb Brod im Nachwort, wie er die handgeschriebenen Bitten, die Werke zu verbrennen, gefunden hatte, und veröffentlichte diese sogar, um so den Fall darzulegen und sich für die Veröffentlichung zu rechtfertigen. Es sei wahr, dass Kafka eine Art Nihilismus, was seine eigenen Werke angeht, zeigte; „daß er an dieses Werk (freilich ohne dies je auszusprechen) den höchsten religiösen Maßstab anlegte", sagte Brod, „dem es allerdings, aus vielerlei Wirrnissen entrungen, nicht entsprechen konnte. Daß sein Werk trotzdem vielen, die zum Glauben, zur Natur, zur vollkommenen Seelengesundheit hinstreben, ein starker Helfer hätte werden können, durfte ihm nichts bedeuten".

Brod argumentierte, dass Kafka die Anweisungen in einer früheren, unglücklichen Zeit vor seinem Leben mit Dora geschrieben hatte. Kafkas neue Zufriedenheit und Lebensbejahung während seiner Zeit in Berlin trugen, was die Veröffentlichung seiner Werke betrifft, zu einem Sinneswandel bei. Am Ende hatte Kafka seine eigenen Anweisungen missachtet: Franz hatte Max die ausdrückliche Erlaubnis gegeben, Teile aus der *Betrachtung* in einer Zeitschrift zu veröffentlichen, und hatte selbst mit dem Verlag *Die Schmiede* den Vertrag für den Band *Ein Hungerkünstler* ausgehandelt, der in ein paar Monaten postum erscheinen sollte.

Zu Max' bitterer Enttäuschung brachte seine Durchsuchung von Kafkas Unterkunft ans Licht, dass Kafka die Dinge auch selbst in die Hand genommen und Werke von sich verbrannt hatte. Brod fand „zehn große Quarthefte – nur ihre Deckel, den Inhalt vollständig vernichtet." Der Schmerz dieses Verlustes war umso heftiger, als er ahnen konnte, was fehlte. Kafkas Hefte enthielten unzählige Skizzen für Handlungen, Geschichten und Fragmente, von denen er Max viele schon einmal laut vorgelesen hatte. Diese waren nicht unter den Papieren, die Max gefunden hatte. „Wie unvergeßliche, ganz originelle, ganz tiefe Gedanken hat er mir mitgeteilt!", klagte Brod. „Soweit mein Gedächtnis, soweit meine Kräfte reichen, soll nichts verlorengehen", schwor er; „so wird man doch in einem kleinen Kreise rechtzeitig darangehen, alles zu sammeln, was als Äußerung dieses einzigartigen Menschen in Erinnerung geblieben ist."

Brod setzte sich über Kafkas Bitte hinweg, alles zu zerstören. Er war sich „dieser sehr einschmeichelnden Verlockung des Zartsinns"[11] derer, die glaubten, er hätte Kafkas Wünschen Folge leisten sollen, nur zu bewusst. Aber er sah seine größere Verantwortung als Kafkas literarischer Nachlassverwalter darin, alles in seiner Macht Stehende zu tun, um sämtliche Schriften Kafkas zu erhalten und die Menschheit an diesen Geschenken teilhaben zu lassen. Der Bitte Kafkas, seine Briefe, Notizbücher und Tagebücher aus dem Besitz anderer einzusammeln, wollte er dabei uneingeschränkt nachkommen.

Prag, August 1924

Dora würde die Briefe, die Franz ihr geschrieben hatte, niemals freiwillig hergeben. Brods Vorhaben, postum Kafkas Werke herauszubringen, entsetzte sie; seine überzeugenden Argumente dafür machten für sie keinen Unterschied. Ihre Briefe von Kafka waren ihr Schatz. Als Dora erfuhr, dass Brod hoffte, Kafkas persönliche Schriftstücke künftig veröffentlichen zu können, reagierte sie nicht gut darauf. Als Brod sie um alle Notizbücher oder Manuskripte bat, die Kafka ihr vielleicht gegeben hatte oder die nach seinem Tod noch vorhanden waren, sah Dora sich einem eigenen moralischen Dilemma gegenüber: Nun hieß es

Ehrlichkeit gegen Vertrauen. Dora konnte Max nicht die Wahrheit sagen und gleichzeitig Kafkas letzte Wünsche achten. Sie merkte, dass Franz sie noch immer brauchte. Sie konnte ihn vor der Veröffentlichung schützen. Wenn sie Brod von Franz' Notizbüchern in ihrem Besitz erzählte, würde Max versuchen, sie herauszubringen, und somit Franz' ganz private Gedanken vor Menschen offenlegen, die ihn nicht kannten und ihn daher niemals würden verstehen können. Franz Kafka aber gehörte ihr allein. Sie wollte ihn nicht teilen. „Die ganze Welt hat nichts von Franz zu wissen. Er geht sie ja nichts an", so erklärte sie später.[12]

Sie habe alles verbrannt, erzählte sie Max, als er nach den Schriften in ihrem Besitz fragte. Als Brod sich wieder so weit gesammelt hatte, um zu fragen, was genau sie zerstört habe, sagte Dora ihm, sie habe „rund zwanzig Notizbücher verbrannt, während Franz von seinem Bett aus zusah".[13] Doras Lüge war völlig plausibel, enthielt sie doch ein Körnchen Wahrheit. Auf sein Drängen hin hatte sie in Berlin Seiten von Kafkas Arbeiten verbrannt, als er sehr krank war. Erschüttert von dieser Nachricht glaubte Brod ihr vorerst. Doras Beharren, dass sie alles in ihrem Besitz verbrannt habe, war eine Lüge, an der sie fast ein Jahrzehnt festhalten sollte, bis eine schicksalhafte Nacht 1933 sie diese Lüge für den Rest ihres Lebens bereuen lassen würde.

11

DAS LEBEN NACH KAFKA

> *Fange doch an zu sehn, wer Du bist, statt zu rechnen,*
> *was Du werden sollst.*
>
> Franz Kafka, Tagebücher[1]

Berlin, Sommer 1924

Zwei Monate blieb Dora in Prag. Dann reiste sie plötzlich ab. An einem Morgen im August packte sie kurzentschlossen ihren Koffer und stieg in den Zug nach Deutschland, ohne sich von irgendjemandem zu verabschieden. Einer von Kafkas Freunden, ein Beamter in der deutschen Botschaft in Prag, hatte ihr eine gültige deutsche Aufenthaltsgenehmigung verschafft. Sie benötigte diese, um bei der Schauspielschule des Deutschen Theaters in Berlin vorzusprechen. Dies war ihr Plan, ihr neues Ziel, um ihr Leben neu aufzubauen.

Kafka hatte Dora immer zu einer Karriere auf der Bühne, ihrem Traum, ermutigt. Er riet ihr, die hervorragenden Ausbildungsprogramme in Berlin wahrzunehmen. Diese kleine Flamme loderte in ihr, ein kleines Fünkchen Hoffnung, eine Richtung, in die sie der Einöde, in der sie seit seinem Tod umherirrte, entkommen könnte. Seine drei Schwestern hatten sie ebenfalls alle ermutigt. Nun, in ihrer Trauer, klammerte sie sich an diese Hoffnung: ein Leben am Theater.

Während die dunkle Landschaft an Doras Spiegelung im Zugfenster vorüberflog, wuchsen ihre Ängste. Vor ihr begann Berlin sich abzuzeichnen, so erzählte sie später Elli: „Es erschien mir zuerst alles als Friedhof meines Lebens, auf dem ich die Gräber besuchen kam".[2] Sie hatte Geld bei sich, Franz' Familie hatte dafür gesorgt, mit dem Versprechen, dass mehr folgen würde. Kafka hatte einen Vorschuss für die Veröffentlichung des Bandes *Ein Hungerkünstler*, den *Die Schmiede* im Oktober herausbringen würde, ausgehandelt, und diese Tantiemen waren ihr versprochen worden.

Die deutsche Hauptstadt, in die Dora nun zurückkehrte, strotzte nur so vor Energie und Leben. Berlin war das Zuhause der größten jüdischen

Gemeinschaft des Landes. Am Ende der Zwanziger Jahre lebten über 200.000 Juden in Berlin, gesellschaftlich und kulturell durchmischt mit Deutschen und den internationalen Besucherströmen, die auf der Suche nach aufregender Unterhaltung zu Schnäppchenpreisen nach Berlin kamen. Der Dawes-Plan von 1924, erarbeitet von einem amerikanischen Finanzexperten, ebnete den Weg für ausländische Kapitalanlagen für die am Boden liegende Nachkriegswirtschaft. Mit der Zunahme massiver Anleihen aus Amerika und anderen westlichen Nationen verbesserten sich die Verhältnisse zunehmend.

Die Goldenen Zwanziger der Weimarer Republik begannen zu erstrahlen, und Berlin war das Zentrum der Modernisierung. Halsausschnitte wurden tiefer und Rocksäume rückten höher. Kabaretts, Revuen, Kinos und revolutionäre Kunsttheater sprossen hervor und florierten. Die ganze Welt schien es nach Berlin zu ziehen, sogar Einstein lebte hier. Seine Relativitätstheorie, durch die er drei Jahre zuvor, 1921, den Nobelpreis gewonnen hatte, sprengte alte Formen des Denkens und der Wahrnehmung. Alle ›Gewissheiten‹ konnten in Frage gestellt werden. Objektivität und Subjektivität spielten eine gleichberechtigte Rolle bei der Suche nach der Wahrheit, und Moralität war nur noch Ausdruck der Wahl eines Individuums oder einer Gruppe.

Avantgarde-Bewegungen, neue Wissenschaften und Philosophien wie Expressionismus, Dadaismus und die Psychoanalyse blühten auf. Die Bauhaus-Bewegung, nach dem Krieg vom Berliner Architekten Walter Gropius begründet, brachte Architekten, Künstler und Bildhauer zusammen, um eine moderne Umgebung zu schaffen, einen Lebensraum mit Möbeln, die ihrem funktionalen Charakter entsprechend gestaltet wurden. Sexuelle Umgangsformen hatten sich scheinbar über Nacht verändert. Die Lehren von Dr. Sigmund Freud brachten alle dazu, über das Unterbewusste, Verdrängung und Libido zu sprechen. Man wusste nun, „daß es ungesund war, die eigenen Impulse zu unterdrücken, und absurd, sich ihrer zu schämen."[3]

Was Dora dabei besonders nahelag und interessierte, waren die Fortschritte in der Welt des Theaters, in der ebenfalls in Berlin die neuen Standards gesetzt und eine neu Ära hervorgerufen wurde: Der alte Realismus wurde von einem der einflussreichsten Theaterintendanten seiner Zeit, Max Reinhardt, überwunden, indem er Sprache, Bühnengeschehen, Musik und Tanz in einem eindrucksvollen Zusammenwirken neu gestaltete. Er nutzte dabei die neuesten Techniken der Bühnenkunst, wie Drehbühne und geheimnisvolle Rauch- und Lichteffekte.

1894 zog der in Österreich geborene jüdische Schauspieler, Regisseur und Produzent nach Berlin. Seine Produktionen von Stücken der größten Dramatiker der Welt, Shakespeare, Molière und Ibsen, der griechischen Komödien und Tragödien und der modernen Klassiker, feierten enorme Erfolge und schufen ein neues Publikum von Theaterbesuchern.

Im Laufe seiner Karriere leitete Reinhardt über dreißig Theater, darunter, auf dem Höhepunkt seines Ruhms, fünf der erfolgreichsten Berlins. Von seinen Schauspielschulen gelangten professionelle Darsteller zu regionalen Ensembles in ganz Deutschland und Österreich, und viele der frühen Filmstars der Zwanziger- und Dreißigerjahre in Amerika, einschließlich Marlene Dietrich und Luise Rainer, waren an Reinhardts Bühnen ausgebildet worden.

„Man konnte einen Reinhardt-Schüler jederzeit an seinem sprachlichen Ausdruck erkennen", schon etwa, „wenn einer die Hand aufs Herz legte und ‚Oh, Schmerz!' sprach"[4], bemerkte der bekannte (und von Reinhardt ausgebildete) Charakterdarsteller Walter Slezak einmal. Nach Reinhardts Emigration nach New York 1937 und auch viele Jahre nach seinem Tod 1943 beeinflussten sein Stil und sein Wirken weiterhin sowohl Film als auch Theater.

Eine weitere aufregende Revolution des Bühnengeschehens nahm langsam Form an. Ein roher, expressionistischer Ansatz mit einer hochpolitischen Botschaft artikulierte vor allem auch das Leid der aufgrund von Armut und Inflation Besitzlosen.

Im Jahr 1924 stellte Reinhardt einen jungen Dichter und Dramatiker ein, der in seinem prestigeträchtigen Deutschen Theater als Dramaturg arbeiten sollte. Sein Name: Bertolt Brecht. Brecht, beschrieben als „mager, schlecht rasiert, ungepflegt"[5], war sechsundzwanzig Jahre alt, genau in Doras Alter, und nun für das gesamte Repertoire des Ensembles verantwortlich. Auf der anderen Seite der Stadt hatte der revolutionäre bayerische Schauspieler Erwin Piscator die Leitung der Volksbühne übernommen und produzierte moderne Stücke, vornehmlich mit Themen der Arbeiterklasse und der Kommunisten. Es war eine schöne neue Welt, und Dora war bald von ihr gefangen.

Nachdem sie etwa eine Woche in Berlin war und sich „ein bisschen betrunken, von dem heutigen herumschlendern in Berlin" fühlte, setzte sie sich an einen Brief an Elli. Mit Kafkas Füllfederhalter begann sie: „Liebe Elli. Nun wär ich so weit eingerichtet, dass mir mein Abreise-Tag aus Prag, mit den vielen Missverständnissen, wieder einfallen kann. Das war doch sehr dumm. Ich hatte aber auch keine Schuld. Wollte Dich anrufen um Dir zu sagen, dass ich erst Mittag fahre, nun bekam ich aber keine Verbindung, und hinzugehen, zu Dir war es schon zu spät. Du warst eben schon weg. Und so haben wir uns verfehlt. Es war ganz zum verrückt werden. Du bist mir aber nicht böse. Nicht wahr? Ich war halt ein bisschen aufgeregt und zappelig. Jetzt ist alles fast wieder geregelt. Die Angst vor Berlin schwindet allmählig", fuhr sie fort. „Ich gewöhne mich aber wieder an alles. Es ist so ungeheuer viel Leben um mich herum. Vor allem bin ich unter ganz wunderbare Menschen geraten. Die Freunde meiner Freundin von zu Haus. Freilich hat da Franz auch eingegriffen."

Doras Freundin hatte sie im Kreis ihrer Freunde „als die Frau von Franz Kafka angemeldet, und [sie] wurde in den ersten 2 Tagen nur mit Frau Kafka angesprochen", erzählte Dora. „Das war nun ein bisschen eigentümlich." Dora berichtigte sie schließlich wegen ihres Namens. „Die haben für mich ein wunderbares Zimmer in einem Studentenheim besorgt, bis ich ein Zimmer finde, und ich habe auch Aussicht Arbeit zu bekommen. Die Aufenthaltsbewilligung ist fast gesichert. Das habe ich nur Herrn Uřidel zu verdanken. Ich möchte ihm auch gern danken, ich traue mich nur nicht." Auch von ihm hatte Dora sich nicht verabschiedet. „Von meinem Schauspiel-Zeug ist noch nichts zu berichten. Hab noch mit niemandem gesprochen."

Sie würde Ottla jetzt noch nicht schreiben, sagte sie. Sie fühlte sich noch immer schuldig wegen ihrer Abreise. „Es war sehr unbesonnen, dass ich nicht bei ihr war." Sie ließ wärmste Grüße an die Eltern ausrichten, derentwegen sie sich ebenfalls schlecht fühlte: „Ähnlich wie bei Ottla, bedauere ich, nicht auf die Mutter gewartet zu haben." Und auch Ellis Sohn Felix Lebewohl zu sagen, hatte sie versäumt: „Schade. Aber wo ist er den[n] entkommen, damals?" Sie versprach, sich wieder zu melden, bevor sie plötzlich ihre Traurigkeit zugab: „Mir ist so traurig allein", schrieb sie. Obwohl es sie beruhigte, von Kafkas Familie zu hören, bat Dora sie nicht, ihr zu schreiben. „Auf diesen Brief hier will ich gar keine Antwort haben", sagte sie. „Aber so im ganzen – Du verstehst mich doch schon, Elli."[6] Es war der letzte Brief von Dora an Elli, der erhalten ist. Alle weiteren Briefe, die sie womöglich, bis zu Ellis Tod durch die Machenschaften der Deutschen fast zwei Jahrzehnte später, noch gewechselt haben, sind verloren gegangen.

Berlin, Oktober 1924

Im Zimmer war es eisig, als Dora sich auszog und für die Nacht fertig machte. Die Linden draußen standen kahl, ihre Blätter hatten sich, trocken verweht, an den Bordsteinen aufgehäuft. Dora zog das lange weiße Nachthemd von Franz über ihren Kopf und schloss es mit den Armen fest um sich. Es wärmte sie von innen her.

Ein Jahr war seit dem Tag im Steglitzer Park vergangen, als sie und Franz dem kleinen Mädchen begegnet waren, das um seine verlorene Puppe weinte. Kafkas Wunsch, den Verlust des Kindes zu mildern, wie auch der „tiefe hingegebene Ernst"[7], während er sich die Abenteuer der Puppe ausdachte, blieben für Dora unvergesslich. Ob das kleine Mädchen die Briefe ihrer Puppe aufbewahrt hatte? Würde sich das Kind an den großen, dunklen, dünnen Mann mit den leuchtenden Augen erinnern, der ihr die Briefe vorgelesen hatte?

In Franz' Nachtgewand gehüllt, fand Dora auch den Mut, den längst fälligen Brief an Ottla zu beginnen. Vorigen Monat hatte sie Elli geschrieben, aber dies nun war seit Mai, also seit sechs Monaten, der erste Brief an Ottla. Jenen Brief hatte sie noch in Kierling geschrieben, einen Monat vor Franz' Tod, als sie Ottla ermutigte, guter Dinge zu bleiben. Dora starrte lange Zeit auf die leere Seite und hielt Franz' Füller in der Hand. Schließlich begann sie: „Wie ich das fertigbringen soll, den Brief zu schreiben, weiß ich nicht. Ich könnte mir über meinen Leichtsinn und Gedankenlosigkeit die Haare ausraufen. Wer weiß, wann sich wieder Mal Gelegenheit bietet Dich zu sehen, und eine so gute, so schmählich zu verpassen. Ich kann es mir nicht erklären. Wo ich doch bloß meinen Kopf hatte. Aber ist es denn wirklich so? Wir werden uns nicht sehen? Mein Gott, Ottla."

Gutes geschah um sie herum, aber nichts davon schien ihr real. „Von mir nur traumhaft", sagte sie. Sie agierte und reagierte, aber nichts schien sie zu berühren. „Ich weiß, dass übermorgen meine Prüfung ist, die über meine Aufnahme in die staatliche Schauspielschule entscheiden soll. Ich weiß auch, dass ich sie bestehen werde und somit also aufgenommen, bloß weiß ich nicht, dass ich das bin, dass es sich da um mich handelt. Ich bin mir so entfremdet." Eine Schauspielerin, eine Reinhardt-Lehrerin, half ihr, sich auf das Vorsprechen vorzubereiten, und sagte ihr, dass sie „großes Talent" habe, erzählte Dora, „ich weiß nicht, ob ich mich freuen soll, oder traurig sein. Das letzte ist leichter."

Doras Gefühle waren immer ihr Kompass gewesen, hatten sie durch die Welt geführt. Jetzt ließen sie sie im Stich, sie konnte ihnen nicht trauen, konnte sie nicht beschreiben. Es war nur Glück, sagte sie, dass sie inmitten so wundervoller Menschen lebte, und fühlte sich aber dabei ihrer Großzügigkeit und Freundlichkeit nicht würdig. Sie hatte noch immer keine Stelle gefunden, das war sehr schlecht. Die allgemeinen Umstände waren für die meisten Deutschen noch immer nicht gut, viele Menschen litten immer noch Hunger. Dora sagte: Ich „komm mir direkt verbrecherisch vor, hier so einzudringen, und ihr Brot wegzuessen."

Dora drehte das Blatt um und starrte auf die leere Seite. Schließlich fing sie wieder an zu schreiben: „Ich sitze in Franzens Schlafrock eingewickelt. Es ist kalt. Wenn ich die Augen schließe, glaube ich auf seinen [sic] Schoß zu sitzen, und er den Rock um mich und sich wickelt. Ich war in Steglitz."

Endlich stellte Dora die unangenehme Frage, die sie teilweise dazu veranlasst hatte, den Brief zu schreiben. Sie bat Ottla inständig, niemandem zu erzählen, dass sie danach gefragt hatte – Dora konnte niemanden sonst in der Familie fragen: ob der Verlag im September Tantiemen geschickt hatte? – „Was macht Klopstock?", fragte sie gleich darauf und wechselte so abrupt das Thema. Er hatte mehrere ihrer Briefe nicht beantwortet und sie war etwas besorgt. Aber noch mehr besorgt war sie darüber, was Ottla nun von ihr dachte: „Ottla! Verdamm mich nicht!", flehte Dora. „Leb wohl. Du liebe." Unter ihrem Namen fügte sie in kleinen Buchstaben einen Nachtrag hinzu: „Werdest Du mir schreiben?!"[8]

Berlin, Januar 1925

Das neue Jahr fing hoffnungsvoll an. Dora fasste den Vorsatz, nicht so traurig zu sein. Vor Weihnachten hatte sie eine vorübergehende Verdienstmöglichkeit gefunden und war zu etwas Geld gekommen. Man hatte sie zwar doch nicht in die Schauspielschule aufgenommen, aber sie war darüber nicht entmutigt. Sie würde es wieder versuchen. Es gab noch andere gute Schulen in Berlin, auch in Hamburg und Düsseldorf. Die Reinhardt-Lehrerin, die ihr bei der Vorbereitung für das erste Vorsprechen geholfen hatte, glaubte immer noch an sie und unterrichtete sie kostenlos weiter. Dora war in eine hübsche neue Wohnung gezogen, ein großes, freundliches Zimmer mit gemütlichen Möbeln, das einer wunderbaren Vermieterin gehörte. Einmal in der Woche nahm Dora an verschiedenen Kursen teil, Stunden, die sie wirklich genoss: Sie freute sich darauf, in der kommenden Woche mit einem Gymnastikkurs zu beginnen.

Durch eine literarische Gruppe polnischer Juden, von denen viele aus den Nachbarstädten Będzins, Sosnowiec und Czeladź, kamen, lernte Dora faszinierende Menschen kennen. Sie lächelte manchmal und lachte sogar. Aber sie war immer traurig, immer eine Witwe. Sie kleidete sich in Schwarz und trug ihre Trauer wie einen über ihre Schultern geworfenen Mantel, der wie ein Teil von ihr wurde.

Einer ihrer neuen Freunde – er sollte für den Rest ihres Lebens ein sehr guter Freund bleiben – war ein leidenschaftlicher junger jiddischer Dichter namens Avrom Nokhem Stencl. Er war ein Jahr älter als Dora, von kompaktem Körperbau und schroffer Schönheit. Als religiös folgsamer Jude erzogen, war Stencl nur wenige Kilometer von Dora entfernt aufgewachsen, in Czeladź, der Stadt auf der – von Będzin aus gesehen – anderen Flussseite. Er ging auf die Jeschiwa in Sosnowiec, wo sein Bruder der Rabbi und Schulleiter der Stadt war. 1918, mit einundzwanzig, erhielt er seinen Einberufungsbescheid. Mit dem Segen seines Vaters floh er noch in derselben Nacht aus Polen, ohne jemals zurückzukehren. Er emigrierte von Polen nach Holland und arbeitete dort in einer Eisengießerei. 1921 kam er in Berlin an, im selben Jahr wie Dora.

Als romantischer und nomadenhafter Dichter lebte Stencl das Leben eines „Bohemiens, von der Hand in den Mund, spontan". Mit seinem Bedürfnis zu schreiben verhielt es sich wie bei Kafka. Es war „der zentrale Impuls in seinem Leben". Aber damit war die Ähnlichkeit zwischen den beiden schon erschöpft. Stencl schlief in wechselnden Unterkünften, auf Parkbänken, in den Zimmern anderer armer jüdischer Künstler oder bei seinen vielen Freundinnen und Liebhaberinnen. Manchmal blieb er in Arbeiterkneipen die ganze Nacht auf. Wenn er gelegentlich ein Gedicht oder eine Übersetzung verkauft hatte, gönnte er sich „den Luxus eines gemieteten Zimmers". Seine Taschen waren immer mit Gedichten gefüllt, die er ständig denen schrieb oder vorlas, die zuhörten. Wenn das wenige Geld, das er mit den Übersetzungen seiner Gedichte für deutsche Literaturzeitschriften verdiente, ausging und „es in der Hosentasche dämmerte", verdingte er sich mit Gelegenheitsarbeiten auf Bauernhöfen, verhökerte Stoffe auf der Straße und verkaufte Strohhüte auf dem Markt. Am Tiefpunkt angekommen, arbeitete er auf einem Friedhof und trat die Erde auf den frischen Gräbern fest.

Seine freien Stunden verbrachte Stencl im Romanischen Café, dem Mittelpunkt des osteuropäischen jüdischen Lebens in Berlin. Er war „einfach nur freudetrunken", als er dort das erste Mal viele alte Freunde traf, die ebenfalls Exilanten aus Polen waren und an den Tischen an der „östlichen Wand"[9] des Cafés saßen. Das Romanische Café befand sich am südlichen Ende des Kurfürstendamms, an der Ecke Tauentzien- und Budapester Straße, neben der berühmten Kaiser-Wilhelm-Gedächtniskirche. Das scheunenähnliche Bauwerk fasste über tausend Gäste und war der beliebteste Treffpunkt für Künstler und Intellektuelle in Berlin. Es diente auch als Zentrum politischer und literarischer Aktivitäten von jiddischen Schriftstellern, die aus Odessa, Kiew, Warschau oder Wilna vertrieben worden waren.

Das legendäre Café war ein Ort, an dem sich „eine kuriose Ansammlung von Menschen zusammenfand: Langhaarige, Kurzhaarige, Kahlgeschorene". Der Berliner Expressionist George Grosz war bekannt dafür, „oft im Cowboy-Kostüm, gestiefelt und gespornt"[10] zu erscheinen. Auf dem Balkon spielte häufig der Schachweltmeister Emanuel Lasker, der den Titel über ein Vierteljahrhundert hielt, in einer der kleinen Tischreihen. Stencl beschrieb die fiebrige und eklektische Atmosphäre des Cafés einmal so: „Aus denen, die vor den Pogromen gegen Juden in Schteteln in der Ukraine flohen, vor der Hungersnot in den russischen Städten und vor der Revolution, bildete sich im Westen Berlins eine Art jüdische Kolonie, und das Romanische Café war ihr Parlament. Es wimmelte hier von berühmten jüdischen Intellektuellen und Aktivisten, namhaften jüdischen Anwälten aus Moskau und Sankt Petersburg, jiddischen Schriftstellern aus Kiew und Odessa, von Parteiführern vom äußersten linken bis zum extremen rechten Flügel – es summte wie in einem Bienenstock."[11]

Dora war beunruhigt. Auf ihren letzten, (wie sie meinte) „misglückten [sic]" Brief an Ottla vom Oktober hatte sie noch keine Antwort bekommen. In dem Optimismus des neuen Jahres versuchte Dora noch einmal, ihre Beziehung zu Franz' geliebter jüngster Schwester neu zu beleben: „Liebe Ottla! [...] Bist Du mir böse? Scheinbar ja. Sonst hättest Du mir geschrieben. Es würde mich nicht wundern, aber ich wäre sehr traurig", grübelte sie. Vor sich hatte sie Ottlas letzten – „auch einzigen?" – Brief. „Du Schöne, Gute! Du bittest mich, Dir über alles zu schreiben. Aber worüber denn, Liebe? Mein Leben, wie das jedes einsamen – fließt ja so einfach und klar, daß es sich jedes Kind vorstellen kann."

Dora erzählte Ottla von ihren Kursen, ihrer wunderschönen neuen Wohnung und ihrem Engel von Vermieterin: „Sie kocht mir und sorgt für mich, wie eine Mutter für ihr wiedergefundenes Kind. Ich habe einige neue Bekannte, wunderbare Menschen. Einer von Ihnen ein prachtvoller Mensch ist in mich verliebt, und das ist so traurig. Aber manchmal auch lustig. Im Ganzen aber komisch."
Seit Weihnachten hatte Dora Ferien, berichtete sie, und nutzte die Zeit zum Lernen und Nähen. „Habe mir 2 Blusen und ein Kleid gemacht. Sehr gut geworden." Dora erinnerte sich daran, wie Franz ihr jeden Morgen mit den Augen durch den Raum gefolgt war, etwas beunruhigt, bis sie ihre Nähsachen ausgepackt hatte. „Diesen Zustand im Hause liebte Franz so sehr, denn es war immer eine Ankündigung dass ich zu Haus bleibe." Dann leuchteten seine Augen auf und „schauten so beruhigt und dankbar drein", und er „nannte es dann ein Geschänk [sic], das ich ihm machte".
Dora hielt inne, um sich wieder zu sammeln. „Siehst Du ich weine nicht einmal. Stockte nur einen Augenblick." Sie hatte sich vorgenommen, nicht so traurig zu sein, sagte sie, gab jedoch zu: „Aber ich habe sie liebgewonnen die Traurigkeit, dass ich mich nicht mehr schäme traurig zu sein. Ich bin immer traurig. Ich lache und bin traurig; scherze und bin traurig, freue mich und bin am traurigsten. […] Ich schelte mich nicht einmal mehr, wenn andere durch mich traurig werden." Sie schrieb noch einen weiteren Satz, in dem sie ihre Gefühle als Geschwätz abtat, und strich diesen dann wieder durch.
„Schreib mir doch einmal", bat sie. Sie wollte so viele Details wie möglich über alles wissen. „Auch was von Franz. Irgend eine Neuigkeit von ihm, als wenn Du ihm [sic] gesprochen hättest. Ich halte es nicht aus, so lange nichts von ihm zu hören." Sie flehte Ottla an, nicht böse zu sein, aber sie könne sich mit Franz' Tod noch immer nicht abfinden. Eines Tages würde es vielleicht kommen. „Bitte, schreib mir", wiederholte sie, unterzeichnete und fügte einen Nachtrag hinzu, in dem sie nach Neuigkeiten von Elli, Valli und den Kindern fragte. Sie dachte stets an sie alle. Und in der Tat sagte sie, dass sie sich nur lebendig fühlte, wenn sie sich vorstellte, bei ihnen zu sein. Sie fühlte sich immer befangen, wenn sie ihnen schrieb und ihnen zu sagen versuchte, was sie im Herzen fühlte, ohne zu wissen, ob sie von ihr hören wollten. „Aber vielleicht", sagte sie, „wenn Sie mir schrieben würde ich ermutigt werden? Weiß es nicht."[12]
Dieser Brief an Ottla, vermutlich vom Januar 1925, ist der letzte Brief von Dora an ein Familienmitglied der Kafkas, dessen Existenz bekannt ist. Er gehört

nun zum Bestand der Sammlung von Manuskripten und der Korrespondenz Kafkas, die aus dem Familienbesitz der Kafkas an die Bodleian Library an der Universität Oxford übergeben wurden.

12

ZWISCHEN ZWEI WELTEN

> *Die Wahrheit ist immer ein Abgrund. Man muß – wie auf der Schwimmschule – den Sprung von dem schwankenden Brett der schmalen Alltagserfahrung wagen und in der Tiefe versinken, um dann – lachend nach Atem ringend – an der nun doppelt lichtdurchfluteten Oberfläche der Dinge aufzutauchen.*
>
> Franz Kafka, *Gespräche mit Kafka*[1]

Brzeziny, Polen, 1925

Bevor der Winter zu Ende ging, wurde Dora sehr krank. Sie verlor Gewicht und ihre Haut wurde blass, fast blutleer. Sie konnte nicht arbeiten und ihr ging das Geld aus. Schließlich war sie gezwungen, Berlin zu verlassen, da sie ihrer geduldigen Vermieterin bereits mehrere Monate die Miete schuldig geblieben war. Sie ging zurück nach Polen, nicht nach Będzin, sondern in die Heimat der Familie ihrer Mutter, Brzeziny, in der Nähe von Łódź, wo Dora geboren worden war und ihre frühe Kindheit verbracht hatte. Dort befand sich auch das Grab ihrer Mutter.

Alle machten sich Sorgen um Dora. Max Brod versuchte, ihr von Prag aus zu helfen, und auch Robert Klopstock war besorgt und schrieb an Brod und Kafkas Schwestern, um sich nach ihr zu erkundigen. Er teilte Brod mit, dass er hoffe, Dora sei berechtigt, Tantiemen für den kürzlich erschienenen Roman *Der Prozess* zu erhalten. Nach Kafkas Tod hatte Brod einen Vertrag mit dem Verlag *Die Schmiede* über den *Prozess* ausgehandelt, der dem Verlagshaus künftig Rechte an Kafkas unveröffentlichten Büchern sicherte und ausdrücklich festlegte, dass Dora, die er als Kafkas Braut oder Verlobte bezeichnete, Zahlungen aufgrund von Lizenzen bekommen sollte. Brod wusste, dass Kafka es so gewollt hätte, und Kafkas Familie hatte zugestimmt, da sie Doras prekäre Situation kannte.

Die Herausgabe des Romans *Der Prozess* war schwierig gewesen, das Manuskript unvollständig, ohne notierte Titel, die Kapitel nicht nummeriert. Es war Brods Aufgabe, aus dem „großen Papierbündel [...] die vollendeten von den unvollendeten Kapiteln zu sondern"[2]. Glücklicherweise hatte Kafka ihm große Teile des Buches vorgelesen, sodass Brod sich bei der Arbeit auf seine Erinnerung stützen konnte. Er schaffte es, das Buch zu redigieren und es schließlich, ein Jahr nach Kafkas Tod, herauszubringen. Kurz darauf aber ging *Die Schmiede* pleite. Vier Monate lang fragte Brod bei dem Verlagshaus immer wieder brieflich an, doch es gelang ihm nicht, irgendwelche Tantiemen zu erhalten.

Ende Oktober 1925 schrieb Brod an *Die Schmiede* und trat von dem Abkommen zurück, entzog dem Verlag die Rechte an Kafkas Büchern und kündigte seine Absicht an, künftig die Rechte dem *Kurt Wolff Verlag* zu übertragen. „Hierzu war ich gezwungen, um den Erben weitere Zahlungen zu sichern. Ich konnte Frl. Dora Diamant, Kafkas Braut, nicht untergehen lassen. Dazu war mir das Vermächtnis meines Freundes viel zu teuer. Darauf, dass es sich um eine dringende Notlage der Dame handelt, habe ich wiederholt – und auch schon bei Vertragsabschluss – aufmerksam gemacht."

Einen Monat später antwortete *Die Schmiede* endlich, entschuldigte sich für die Verzögerung und gab der Hoffnung Ausdruck, dass Brod seine Meinung ändern würde. Brod jedoch verschwendete nun kein weiteres Blatt Papier mehr an sie. Auf den Briefbogen der *Schmiede* schrieb er, dass es zu spät sei, er habe die Rechte „schon vor geraumer Zeit"[3] übertragen. Brod saß bereits an den letzten Bearbeitungen von Kafkas zweitem Roman, *Das Schloss*, den Kurt Wolff im nächsten Jahr, 1926, herausbringen würde. Bis dahin konnte Max nichts weiter für Dora tun.

Dora kannte den Roman *Der Prozess* nicht, bevor er veröffentlicht wurde. Franz hatte ihn ihr gegenüber nie erwähnt, aber er hatte auch nie über frühere Schriften mit ihr gesprochen. *Der Prozess* machte sie mit einer weiteren Facette von Kafkas Innenleben bekannt, und sie begann, einen Einblick zu bekommen, wie er mit dem Leid und der Armut, die ihn in Berlin gequält hatten, umgegangen war. Beim Lesen seines neu erschienenen Werks, fühlte sie „die freudigste und schmerzlichste Aufregung [...], allein durch die Erinnerung an seinen Akzent, den Rhythmus seiner Sätze."[4] Dora fing an, Ausgaben von jedem seiner Werke zu sammeln. Sie las all seine nun nach und nach erscheinenden Texte und auch alles, was über ihn geschrieben wurde.

Robert Klopstock schrieb nach Kafkas Tod weiterhin an Elli und Ottla. Zwei Wochen nach seiner Rückkehr von einem mehrmonatigen Aufenthalt in Budapest freute Robert sich ungemein, einen Brief von Elli zu erhalten. Er fühle noch immer tiefe Trauer, erzählte er ihr. Er wusste nicht, wie lange er in seiner jetzigen Lage verbleiben konnte, das hing vom Geld ab. Er hatte Arbeit gefunden, aber keinen Vorschuss bekommen, und nun gingen ihm die Mittel aus. Dora hatte ihm 600 Kronen geschickt, von denen er 200 an Doras Vermieterin, Frau Weil, gegeben hatte. Dora hatte ihm eine Postkarte geschickt, in der sie schrieb, dass das Leben für sie erträglich sei. Doch hatte sie sich sehr poetisch und vage ausgedrückt, sodass er keine Einzelheiten erfahren hatte. Ob Elli wusste, wie es ihr wirklich ging? Welche Krankheit sie gehabt hatte?

Es wurde nie genau bekannt, welcher Art Doras Krankheit war, doch sie blieb den Rest des Jahres in Brzeziny, höchstwahrscheinlich im Haus einer Verwandten namens Bela Dimant. Brzeziny war ein überwiegend jüdisches Zentrum des Schneiderhandwerks etwa drei Kilometer vom Stadtrand von Łódź entfernt, dem Mittelpunkt der Textilindustrie Polens. Hier war Dora buchstäblich von Familie umgeben. Sie stammte auf beiden Seiten ihrer Familie von Dimants (oder Dymants) ab: Doras Großmutter mütterlicherseits war ebenfalls eine Dimant, und Dora war Teil einer weitverbreiteten Familie von Urgroßeltern, Tanten, Onkeln, Cousinen und Cousins, Nichten und Neffen.

Sie war noch immer verzweifelt einsam, verloren in Erinnerungen an Kafka. Franz und sie hatten davon geredet, gemeinsam nach Palästina zu gehen. Es war ein geheimer Plan zwischen ihnen gewesen, etwas, das sie nicht mit anderen besprachen. Als deutlich wurde, dass er nicht nach Palästina würde reisen können, überlegten sie, „nach Hause zurückzukehren", nach Polen. Eine andere Art der ›Alija‹: eine Rückkehr nach Osteuropa, an den Ort, so sah es Kafka, wo die echten Werte des Judentums bewahrt wurden.

Kafka hatte lange Zeit eine geheimnisvolle Verbundenheit mit den osteuropäischen Gemeinschaften empfunden, wo noch immer in der alten Sprache gebetet wurde und die Menschen trotz aller Nöte ausharrten und dieselben Gebete seit fünftausend Jahren sprachen. „Um zu überleben, muss man an etwas Unzerstörbares glauben"[5], hatte Kafka gesagt. Im Osten hielten die Juden, trotz der Verlockungen der Moderne, an der Einhaltung der Gesetze fest, was ihnen viel Disziplin abverlangte, aber notwendig war, um die Traditionen zu bewahren. Dies nötigte ihm Respekt ab.

Dora erholte sich langsam von ihrer Krankheit und sie begann, wieder am Leben um sie herum teilzunehmen. Łódź war die zweitgrößte Stadt in Polen, ein Treffpunkt vieler großer Schriftsteller und Schauplatz politischer, gesellschaftlicher und kultureller Bewegungen, mit einer Bevölkerung von über einer Viertelmillion, von der fast ein Drittel jüdisch war. Die Fülle von Backsteinfabriken aus dem neunzehnten Jahrhundert sowie die luxuriösen Anwesen Großindustrieller, die in starkem Gegensatz zu den gefängnisähnlichen Mietshäusern der Arbeiter standen, brachten Łódź den Titel ›Polens Manchester‹ ein. Władysław Stanisław Reymont, der 1924 den Nobelpreis für Literatur erhielt, nahm Łódź in einem Roman als Kulisse für seine Geschichte über die unmenschliche Rücksichtslosigkeit kapitalistischer Gier gegenüber dem Leid der armen Arbeiterschaft. Seit Ende des neunzehnten Jahrhunderts Zentrum politischer Unruhen, war Łódź der Ort des ersten Massenstreiks in der Geschichte Polens. Józef Piłsudski, der Polen 1918 in die Unabhängigkeit führte, war Jahre zuvor in Łódź dafür verhaftet worden, Ausgaben einer Untergrundzeitung, Robotnik, gedruckt zu haben.

Während sich Körper und Seele erholten, hatte Dora Zeit zum Lesen. Seit ihrem Zusammenleben mit Kafka hatte sich die Bedeutung von Literatur in ihrem Leben noch gesteigert. Erneut in die jüdische und jiddische Kultur eingetaucht, entdeckte sie ihr ›Mameloschn‹[6] wieder. In den sechs Jahren, seit sie Polen verlassen hatte, waren neue jiddische Literaturmagazine und Kulturzeitschriften entstanden. Jetzt, da Dora sowohl Deutsch als auch Jiddisch lesen konnte, war es ihr möglich, Übersetzungen in beiden Sprachen zu verstehen; mit diesem neuen, erweiterten Blickwinkel lernte sie die für das Jiddische so eigentümliche magische Verschmelzung von Weltlichem und Heiligem noch einmal tiefer zu schätzen.

Es hatte nie eine ergiebigere Zeit in der jiddischen Literatur gegeben. Während des Ersten Weltkrieges war der „klassische" Zeitraum mit dem Tod der Gründerväter der modernen jiddischen Literatur – Mendele, Scholem Alejchem und J. L. Perez – zu Ende gegangen. Eine zweite Generation von Schriftstellern hatte die Lücke schnell geschlossen und experimentierte mit verschiedenen Stilen und neuen Themen. Bis 1925 wurde Polen als das Weltzentrum der jiddischen Kultur angesehen. Es gab eine florierende Theaterszene, Zeitungen, Magazine und Schriftstellervereinigungen.

In einer dieser neuen Zeitschriften entdeckte Dora einen Artikel über Kafka, der sie aus der Fassung brachte. Er war zusammen mit einer jiddischen

Übersetzung einer seiner Kurzgeschichten erschienen. Der Artikel war ungenau und nichtssagend und die Übersetzung schrecklich. Obendrein war der Autor des Artikels ungenannt geblieben. Dora war entschlossen, herauszufinden, auf wen dies zurückging, und ihm die Meinung zu sagen.

In Warschau hatte sich zu dieser Zeit eine Gruppe jiddischer Schriftsteller gebildet, die sich *di klaliastre* nannte und mit jiddischem Expressionismus experimentierte. Eines ihrer Mitglieder war der damals zweiunddreißigjährige Dichter und Essayist Melech Rawitsch. 1924, kurz nachdem Rawitsch und fünf seiner Freunde eine neue Literaturzeitschrift, *Literarishe Bletter*, gegründet hatten, erreichte sie in Warschau die Nachricht von Franz Kafkas Tod. Nachrufe proklamierten ihn als einen der herausragendsten deutschen Schriftsteller. Rawitsch und seine Kollegen gerieten in eine recht peinliche Lage, da ihre Leser fragten: „Wer ist Kafka?"

Rawitsch war mit Kafkas Werk vertraut und hatte eine seltsame Geschichte über Kafkas Tätigkeit bei der Arbeiter-Unfall-Versicherungs-Anstalt gehört, weswegen er sich umso mehr für ihn interessierte. Vor dem Ersten Weltkrieg war Kafka in der Abteilung für Statistiken angestellt gewesen. „In seinen Berichten für die Versicherung hat er die gespenstischen Zufälligkeiten in den Todesstatistiken aufgelistet", habe Rawitsch von jemandem erfahren, der in derselben Firma gearbeitet hatte. „Kafkas Berechnungen waren, wenngleich mathematisch präzise, auch geheimnisvoll und vage – vage, doch rasiermesserscharf. Sie waren sogar so scharfsinnig, dass sie die Geschäftsführung erschreckten, die ihn schließlich bat, diese Berichte nicht weiterzuführen, und ihm eine andere Arbeit gab." Seither war Rawitsch gelegentlich auf eine Kafka-Geschichte gestoßen und „von seiner Kunst des Geschichtenerzählens sehr eingenommen." Sein Name hatte sich ihm eingeprägt. „Er hatte einen kuriosen Klang an sich", erinnerte sich Rawitsch, „wie ein Getränk, das die Sinne nicht berauscht oder dämpft, sondern einen in eine andere Welt bringt, eine Geisterwelt: Kafka."

Nur wenige hatten etwas von ihm gelesen, da so wenige von Kafkas Arbeiten veröffentlicht worden waren. Rawitsch war in seiner Redaktion der Experte für deutschsprachige Literatur, und er wurde gebeten, für die Zeitschrift einen Artikel über Kafka zu schreiben. „Um Kafka mir und den Lesern erklären zu helfen", berichtete Rawitsch später, „übersetzte ich eine seiner Kurzgeschichten für die Ausgabe. Doch von Zufriedenheit mit meinem Artikel war ich weit entfernt, ich war beschämt über die Unzulänglichkeit meiner Übersetzung und wollte die ganze Sache nur vergessen. Ich setzte nicht einmal meinen Namen unter den Beitrag."

Als alter Mann, der auf ein erfülltes Leben in den Weltstädten Wien, Warschau, Melbourne, Buenos Aires, New York, Montreal und Tel Aviv zurückblicken konnte, schrieb Rawitsch eine Essay-Reihe mit dem Titel *Das Geschichtenbuch meines Lebens*. Einer der Essays, „Ich bin Franz Kafkas Frau", der 1992 im *Jewish Chronicle* in London erschien, erzählt die Geschichte von seinen zwei unvergesslichen Treffen mit Dora Diamant im Abstand von fünfundzwanzig Jahren. Ihr erstes Treffen hatte etwas Geheimnisvolles.

Tomaszóv Lubelski, polnisch-russische Grenze, 1925

Melech Rawitsch war das Pseudonym von Zachariah Bergner, geboren 1893 in Galizien. Er war ein starker, imposant aussehender Mann mit einer hohen, breiten Stirn und einem vollen roten Bart. Zusätzlich zu seinen Tätigkeiten als Schriftsteller und Redakteur war er auch ein beliebter Dozent. Kurz nachdem sein Artikel und seine Übersetzung erschienen waren, reiste Rawitsch nach Tomaszóv Lubelski, eine kleine und etwas abgelegene polnisch-jüdische Stadt an der russischen Grenze, um dort einen öffentlichen Vortrag zu halten. Das „für jene ›wilden‹ Zeiten nicht ungewöhnliche" Thema lautete „Nacktheit als Problem in Dichtung, Literatur und Kunst".

Bevor er mit seiner Vorlesung begann, fand Rawitsch sich von einer kleinen Menschenmenge umringt. „Wenn ein Schriftsteller zu einer jüdischen Gemeinde kam, drängten sich die jungen Leute, Jungen und Mädchen, mit allerlei abstrusen Fragen um ihn, oft zu einem seiner Gedichte oder zu einem kürzlich erschienenen Artikel, den weder sie verstanden noch – oftmals – der Schriftsteller selbst", so Rawitsch. Während er in einem dunklen Gang in der Nähe der Bühne stand und darauf wartete, dass sein Name aufgerufen wurde, bemerkte Rawitsch, wie ein „mageres, düsteres Mädchen, dessen Gesicht nur die Farbe der Blässe besaß", sich ihm durch die Menge näherte, bis es direkt vor ihm stand. „Mit einer Stimme ohne Klang außer jenem des Schweigens fragte sie, ob sie mit mir einige Worte über meinen kurzen Beitrag zu Kafka wechseln könne", erinnerte Rawitsch sich, „und erzählte mir dann, was ich sehr wohl wusste, jedoch mich geschämt hatte, mir einzugestehen: dass der Artikel trivial war und die Übersetzung schlecht. Woher wusste sie, dass ich es war, der den Artikel verfasst und die Geschichte übersetzt hatte? Es lag kein selbstgefälliges Lächeln auf ihrem Gesicht oder irgendeine Andeutung von Selbstgerechtigkeit in ihrer Stimme."

Es wurde Zeit, die Vorlesung zu halten, und Rawitsch musste auf die Bühne. Es gelang ihm bloß noch, sie etwas von oben herab zu fragen, wie sie zu solch einer Expertin in Sachen Kafka geworden sei. Die Frau errötete – und „antwortete laut und in perfektem Deutsch: ‚Genau genommen bin ich Franz Kafkas Frau.'"

Rawitsch wurde auf die Bühne gerufen. „Irgendwie habe ich es geschafft, den Vortrag zu halten, da ich ihn mehr oder weniger auswendig kannte. Aber die ganze Zeit über hörte ich diese Worte: Ich bin Franz Kafkas Frau." Die Frau musste eine Persönlichkeitsstörung haben, dachte er, eine Fixierung auf Franz Kafka. „Aber wie kommt man in Tomaszów auf die fixe Idee, Kafkas Frau zu sein?", fragte er sich, während er in der Menge nach ihrem Gesicht suchte. „Sie saß wohl in der Eingangshalle", überlegte er. „Sie war wegen der Vorlesung gekommen, aber ich konnte sie nun nirgends erblicken. Wir waren uns nur in dem dunklen Gang begegnet und alles, was ich gesehen hatte, war ein weißes Gesicht. Wie sollte ich sie nun wiedererkennen?"

Als der Vortrag beendet war, verlor Rawitsch keine Zeit: „Ich verließ einfach die Bühne und ging auf die Suche nach ›Franz Kafkas Frau‹ in dem sich auflösenden Publikum. Und da war sie, wartete auf mich." Während sie miteinander sprachen, erkannte Rawitsch: „Sie war tatsächlich Franz Kafkas Frau!" Er hatte von ihr gehört. „Sie war Dora Diamant, ein Mädchen aus einem armen Elternhaus in einem jüdischen Dorf in Polen, belesen und von Beruf Kindergärtnerin." Wie er gehört hatte, „war sie der Grund für Kafkas jüdisches Wiedererwachen. Er ließ sie ihm immer jiddische Lieder vorsingen, kleine Volkssagen erzählen und ihm Jiddisch und Hebräisch beibringen".

Rawitsch wusste, dass „sie nie offiziell geheiratet hatten. Es war Liebe auf den ersten Blick gewesen und von dem Moment an, als sie einander begegneten, bestand zwischen ihnen ein ewiges Band", schrieb er. „Ihre gemeinsame Zeit dauerte nur ein Jahr, Kafkas letztes, von Qualen begleitetes Lebensjahr. Als Kafka starb, hatten seine Eltern begriffen, dass Dora die einzige Frau war, die er liebte, dass sie die Frau ihres Sohnes war." Dora erzählte ihm, dass sie nach Kafkas Tod lange Zeit bei seinen Eltern in Prag geblieben war, um sie zu trösten.

„Als ich erwähnte, dass ich von ihr gehört hatte und dass die Leute von ihr wussten – nickte sie, es war ihr bekannt. Wir fanden dann kein weiteres Gesprächsthema, und sie verschwand in der Menge." Danach dachte Rawitsch noch monatelang an ›Kafkas Frau‹, die Frau mit der tonlosen Stimme und dem farblosen Gesicht. Gelegentlich fragte er seine Kollegen, ob es irgendwelche Neuigkeiten über sie gab. Schließlich meinte jemand, dass Dora Diamant Polen für immer verlassen habe, nach Berlin zurückgekehrt sei und dass „aus ihr nichts geworden ist". Rawitsch räumte ein, er habe dann bis zu ihrem zweiten Treffen, das sich als noch bemerkenswerter erwies als das erste, „ein Vierteljahrhundert lang nicht mehr darüber nachgedacht".[7]

13

DAS NATURTHEATER VON OKLAHOMA

> *Solange du nicht zu steigen aufhörst, hören die Stufen nicht auf, unter deinen steigenden Füßen wachsen sie aufwärts.*
>
> Franz Kafka, Erzählungen, Fürsprecher[1]

Berlin-Charlottenburg, Anfang 1926

Nach ihrer Genesung kehrte Dora nach Berlin zurück und bezog ein Zimmer im Charlottenburger Waisenhaus, wo sie früher bereits gelebt und gearbeitet hatte. Sie freundete sich dort mit Elizabeth „Betty" Marcus an, einer jungen Musikstudentin, die bereits seit ihrem neunten Lebensjahr im Waisenhaus lebte. Nach ihrem Studium unterrichtete Betty an einer der besten Mädchenschulen Berlins, der Luisenschule. Eine ihrer Schülerinnen, Hanny Lichtenstern, sollte später eine von Doras engsten und treuesten Freundinnen werden.

Siebzig Jahre nach der Begegnung und Freundschaft Bettys mit Dora interviewte Hanny ihre ehemalige Lehrerin für dieses Buch. Betty war mittlerweile 91 Jahre alt. Aber trotz ihres nachlassenden Gedächtnisses hatte sie Dora noch gut in Erinnerung: „Dora war sehr lebhaft und hatte einen Sinn für Humor", erzählte sie. Sie war „sehr politisch, eine starke Sozialistin". Auf die Frage, ob Dora ihr damals glücklich erschien, antwortete Betty Marcus Kuttner: „Nein, ich glaube nicht, dass sie sehr glücklich war."

Dora sprach ständig über Kafka, berichtete Betty weiter. „Was für schöne Hände Franz hatte", sagte sie dann und fing an, eine Geschichte von ihm zu erzählen. „Wenn sie über Kafka sprach, betonte sie, wie nah sie ihm war – bis zum letzten Augenblick, und dass er sie geliebt hatte." Aber sie fügte hinzu: „Die meisten Leute glaubten ihr nicht." Wie kann das sein? Eine arme Einwanderin aus dem Osten und der Schriftsteller Franz Kafka? Nicht, dass sie geglaubt hätten, Dora würde lügen. „Es war nur so, dass sie solch eine lebhafte Vorstellungskraft besaß, dass man nie wusste, ob ihre fantastischen Geschichten wahr oder erfunden waren."[2]

Als der *Kurt Wolff Verlag* 1926 *Das Schloss* veröffentlichte, erhielt Dora ein kostenloses Exemplar. Wie *Der Prozess* war auch *Das Schloss* unvollendet. Das letzte Kapitel endet mitten im Satz. Um dem Roman ein Ende zu geben und ihm den fragmentarischen Charakter zu nehmen, entschied sich Brod, beinahe das letzte Fünftel des Textes wegzulassen und die Geschichte enden zu lassen, als K. seine geliebte Frieda verliert, weil dies „die entscheidende Niederlage des Protagonisten" sei.[3] Es war eine schwierige und problematische Entscheidung, für die Brod bei nachfolgenden Kafka-Gelehrten kein Verständnis fand.

Jahre später, nachdem Kafkas Tagebücher veröffentlicht worden waren, erfuhr Dora mehr über die Entstehung des Romans. Kafka hatte mit der Niederschrift im Januar 1922 begonnen, kurz nachdem er aufgrund unerträglicher Zustände aus Prag nach Spindlermühle, einem verschneiten Bergdorf an der polnischen Grenze, geflüchtet war. In sein Tagebuch schrieb er am 16. Januar 1922: „Zusammenbruch, Unmöglichkeit, zu schlafen, Unmöglichkeit, zu wachen, Unmöglichkeit, das Leben, genauer die Aufeinanderfolge des Lebens, zu ertragen. Die Uhren stimmen nicht überein, die innere jagt in einer teuflischen oder dämonischen oder jedenfalls unmenschlichen Art, die äußere geht stockend ihren gewöhnlichen Gang. Was kann anders geschehen, als daß sich die zwei verschiedenen Welten trennen?"[4]

Einige Tage später schrieb er: „Merkwürdiger, geheimnisvoller, vielleicht gefährlicher, vielleicht erlösender Trost des Schreibens. [...] Tat-Beobachtung. Tatbeobachtung, indem eine höhere Art der Beobachtung geschaffen wird".[5] Seine einzige Hoffnung sah er im Schreiben, er würde es niemals aufgeben, ganz gleich wie schwer oder schmerzhaft es sein mochte. Einige Monate später schrieb er Max Brod über das Dasein des Schriftstellers, „er darf sich eigentlich, wenn er dem Irrsinn entgehen will, niemals vom Schreibtisch entfernen, mit den Zähnen muß er sich festhalten."[6]

Während der Wochen im Urlaubsort Spindlermühle im Winter 1922 ging Kafka wandern, fuhr Schlitten und probierte sogar Skilaufen aus. Doch seine Depression und sein Gefühl der Isolation wollten nicht vergehen. Er fürchtete, dass die Einsamkeit, in die er sich bewusst begeben hatte, um zu schreiben, ihn verrückt machen könne, während doch das Schreiben wiederum das einzige Mittel war, um dagegen anzukämpfen.

Fünfzehnhundert Exemplare von *Das Schloss* druckte dann später der *Kurt Wolff Verlag* in einer ersten Auflage und bewarb es mit einem Zitat, das Kafka als

„den besten Schriftsteller seit 1900" bezeichnete.[7] Zwei Jahre nach seinem Tod nun nahm die wachsende Bekanntheit Kafkas ihren Anfang. *Die Verwandlung* wurde in einem Seminar über deutsche Literatur an der Universität Marburg behandelt, und mehrere lobende Artikel erschienen im Sommer 1926 in *Die literarische Welt*, verfasst von Kafkas Freunden Max Brod, Felix Weltsch und Oskar Baum. Zunächst allerdings fanden Kafkas Bücher noch keine breite Leserschaft. Die erste Ausgabe von *Das Schloss* verkaufte sich schlecht.

Siebzig Jahre später, 1996, entdeckte ein niederländischer Kafka-Forscher eine seltene Erstausgabe von *Das Schloss* in einem Antiquariat. Das Buch enthielt eine Widmung von 1929: „Dem wunderbaren Menschenpaar Hela und Walter Gohlstein", und sie war mit „Dora Dymant-Kafka" unterzeichnet.[8] Über das Paar ist nichts weiter bekannt, aber das Buch wurde zu einem Preis von 350 Dollar angeboten.

Berlin, Frühjahr 1926

Dora war achtundzwanzig Jahre alt geworden und hatte eine schöne Unterkunft in der Atelierwohnung eines Künstlers am Siegmunds Hof im Hansaviertel gefunden. Die Wohnung gehörte einer Freundin und Dora durfte dort umsonst wohnen. Morgens verdiente sie etwas Geld, indem sie auf einen dreijährigen Jungen aufpasste, gelegentlich nahm sie auch Näharbeiten an. Die meiste ihrer freien Zeit verbrachte sie damit, sich auf Vorsprechen vorzubereiten. Dora setzte die Schauspielstunden mit der Reinhardt-Lehrerin, die ihr weiterhin umsonst Unterricht gab, fort und hoffte auf ein Engagement an der berühmten Volksbühne für die kommende Saison vom Herbst bis zum Frühjahr.

Es war sehr früh an einem frischen Sonntagmorgen Ende Mai, als Robert Klopstock die Wohnung Siegmunds Hof Nr. 11 erreichte. Er hatte den Nachtzug aus Kiel genommen, wo er an seinem Doktortitel arbeitete, und war an diesem Morgen des 23. Mai in Berlin am Bahnhof Zoo angekommen. Von dort war es nicht mehr weit zu Doras Wohnung, eine Station mit der S-Bahn, dann ein kurzer Weg unter den alten Straßenlaternen am Zaun des berühmten Zoologischen Gartens entlang, über die Brücke über den Landwehrkanal zu der ruhigen mit Bäumen gesäumten Straße, die nach einem kurzen Stück am Ufer der Spree endete. Klopstock liebte es, wieder in Berlin zu sein. Es war die Zeit der Pfingstferien. Den Badeort Kiel hatten die Touristen übernommen. Der berühmte Hafen war voll bunter Segel, Berlin hingegen war ruhig und friedlich. Sowohl Christen als auch Juden feierten die einwöchigen Ferien, und viele Geschäfte und öffentliche Einrichtungen hatten geschlossen. Man beging den Pfingstsonntag, den fünfzigsten Tag nach dem Passah und den siebten Sonntag nach Ostern. Robert hatte vor, die ganzen Ferien, also acht Tage, in Berlin zu verbringen.

Ebenso wie Dora war auch Klopstock mehrere Monate lang schwer krank gewesen. Er war der berühmten Seeluft wegen nach Kiel gezogen, doch das Klima hatte ihm wohl gerade nicht gutgetan. Seine Tuberkulose verschlechterte sich so sehr, dass die Ärzte ihm rieten, die Fakultät zu verlassen und wegzuziehen. Er fühlte sich viel besser, als er nun in Berlin durch die kühle, klare Morgenluft lief. Berlin schien ihm die gesündeste aller Städte zu sein. Er hielt es für „die größte Ungerechtigkeit", wenn die Familie Kafka davon sprach, in Franz' Umzug nach Berlin könne man eine wesentliche Ursache für seinen Tod sehen.

Es war erst halb acht, als Robert am Siegmunds Hof 11 die Türglocke läutete. Nach wenigen Augenblicken öffnete sich die Tür einen Spalt breit und Doras schläfriger Kopf erschien. Er könne noch nicht hereinkommen, sagte sie. Sie war nur aus dem Bett gekommen, um zu sehen, wer an der Tür sei. Sie bat ihn, später wiederzukommen, und so besuchte Robert Dora noch einmal später am Nachmittag. Er war froh, sie wieder in einer besseren Verfassung anzutreffen. Sie sah wieder so schön aus wie damals, als Franz noch lebte, schrieb er an Ottla am 10. Juni. Dora war jedoch noch nicht vollkommen wiederhergestellt. Sie hatte immer noch leichtes Fieber. Trotzdem ließ sie es sich nicht nehmen, Robert und seinen Cousin, bei dem er übernachtete, in der nächsten Woche mehrmals zum Essen zu sich einzuladen. Sie begleitete Klopstock auch zur Rückreise nach Kiel zum Bahnhof, mit einer halben Ananas als Abschiedsgeschenk – einer exotischen Frucht, auf die Robert erst kürzlich aufmerksam geworden war.

Kurz darauf fuhr sie zu einer Ruhe-Kur an die Ostsee. Sie hatte 150 Mark Tantiemen erhalten und sich entschieden, den Betrag für ihre Gesundheit auszugeben. In einer Pension, die einer Bekannten aus Berlin gehörte, musste sie nur fünf Mark pro Tag für Unterkunft und Verpflegung zahlen. Robert hatte ihr, über Willy Haas, der erst vor Kurzem zwei von Kafkas Geschichten in der *Literarischen Welt* veröffentlicht hatte, ebenfalls Tantiemen zukommen lassen, und so konnte sie volle zwei Monate an der Ostsee verbringen.[9]

Düsseldorf, November 1926

Doras schauspielerische Ambitionen waren nicht auf Berlin begrenzt. Sie bewarb sich weiter für Engagements und an Theaterschulen und wurde im November 1926 an der Theaterakademie des Düsseldorfer Schauspielhauses, die damals eine hoch angesehene Schauspielausbildung bot, angenommen. In den Aufzeichnungen des Dumont-Lindemann-Archivs im Theatermuseum Düsseldorf ist Dora als eine von dreißig Studierenden im Schuljahr 1926–1927 aufgeführt, fünfzehn Männer und fünfzehn Frauen.

Mit einem Brief, vermutlich von Berthold Viertel verfasst, der seinerzeit als Hauptdarsteller und künstlerischer Leiter des Ensembles angestellt war, wurde sie über ihre Lehrer und Kurse informiert. Der Stundenplan umfasste das Lesen von Theaterstücken, Rollenstudien, Sprechtechniken, Theatergeschichte, Fechten und Gymnastik. Anwesenheit war bei allen Kursen obligatorisch. Abends sollten die Studierenden an Proben teilnehmen und in kleinen Rollen bei professionellen Aufführungen im Theater auftreten.

Das Schauspielhaus war damals ein riesiges Rokokogebäude, erbaut auf den Ruinen einer mittelalterlichen Burg am Graf-Adolf-Platz unweit der Altstadt. Man hatte hier über zwanzig Jahre lang erfolgreich die Klassiker und die Meisterwerke des modernen Theaters produziert und genoss einen herausragenden Ruf in ganz Deutschland und Europa. Die berühmte Gründerin und Leiterin des Theaters, Louise Dumont (1862 in Köln geboren), befand sich auf dem Höhepunkt ihres Ruhms. Auf dem ganzen Kontinent war sie bekannt für ihre Darstellung der Hedda Gabler und anderer Rollen in Stücken von Henrik Ibsen. Ihr Mann, Gustav Lindemann, ein jüdischer Schauspieler und Intendant, war oft ihr Hauptdarsteller und außerdem der Leiter des *Schauspielhauses Dumont*, unter welchem Namen das Theater gemeinhin bekannt war.

Doras Aufnahme an dieser renommierten Schule war eine ungeheure Chance. Wenn sie das zweijährige Programm erfolgreich abschloss, wäre ihre berufliche Zukunft gesichert, versicherte man ihr. Leon Askin, ein beliebter Bühnen-, Film- und Fernsehdarsteller, der in Europa und Amerika Karriere gemacht hatte, bekannte: „Es war einer der größten Glücksfälle in meinem Leben, ein Dumont-Schauspieler zu werden". Askin war als junger Mann zum professionellen Ensemble des Theaters gekommen, etwa zur selben Zeit, als Dora dort studierte. Louise Dumont war mit ihren vierundsechzig Jahren eine beeindruckende Frau

„mit dem Habitus einer antiken Königin", so Askin. Sowohl im Theater als auch in der Schule war sie noch tätig, obwohl ihr um einige Jahre jüngerer Mann inzwischen die meisten Inszenierungen selbst leitete. Sie kam oftmals zu den abschließenden Proben, „um der Produktion den letzten Schliff zu geben".[10]

Laut dem Melderegister im Düsseldorfer Stadtarchiv ließ „Dwora Dimant" dort am 13. Dezember 1926 ihren neuen Wohnsitz in der Remscheider Straße 3 eintragen, ihre Beschäftigung lautete „Schauspielerin, Studentin". Ihr Geburtsjahr verschob sie bei der Anmeldung auf 1899, ein Jahr später als ihr tatsächliches. Am 1. August 1927 zog sie noch einmal um, in die Heresbachstraße, wo das Schauspielhaus Wohnungen und Zimmer für die Schauspieler und Studierenden des Ensembles bezuschusste.[11]

Düsseldorf, nicht weit entfernt von der ›Roten Ruhr‹, wie man das Ruhrgebiet im Volksmund nannte, war eine Brutstätte für politische Aktivitäten der kommunistischen Bewegung, deren Anhängerschaft, auch infolge der schlechten Arbeitsbedingungen in der aufstrebenden Industrie, angewachsen war. Gleichzeitig ließ der Reichtum, der durch die regionale Kohle- und Stahlindustrie geschaffen worden war, eine große Mittelschicht entstehen und stütze viele Museen, Kunstgalerien, die Oper und mehrere Theater.

Anfang 1927 wurde Max Brods Komödie *Die Opunze* im Kleinen Haus der Städtischen Bühnen in der Jahnstraße in Düsseldorf aufgeführt. Brod kam selbst zur Premiere, und wie in den *Düsseldorfer Nachrichten* nachzulesen ist, hielt Brod zwischen Februar und März eine Reihe von Vorträgen im Theater. *Die Opunze* war, so besagten die Plakate, die das Stück ankündigten, eine „Komödie des Prominenten in 3 Akten", welche auf leichte Art die Konflikte zwischen der Arbeiterbewegung und den linken Intellektuellen aus Brods literarischen Kreisen behandelte.[12]

Über ein Treffen Doras mit Max Brod in Düsseldorf gibt es keine Aufzeichnungen, es ist jedoch sehr wahrscheinlich, dass sie sich bei dieser Gelegenheit begegnet sind. Mittlerweile war der dritte – und letzte – Roman Kafkas, *Amerika*, erschienen. Brod hatte wieder die Tantiemen für Dora ausgehandelt, und so konnte sie sich weiterhin voll und ganz ihrem Studium widmen.

Eine weitere Person, die in jenem Jahr nach Düsseldorf kam, um ein Stück aufzuführen, und die großen Einfluss auf Doras Leben hatte, war Berta Lask, eine außergewöhnliche Frau, die fünf Jahre später Doras Schwiegermutter werden sollte. Sie hatte ein politisch höchst aufwühlendes Stück verfasst, *Leuna 1921*. Berta Lask war erst spät zur Schriftstellerei gekommen. Das erschreckende Geschehen des Ersten Weltkriegs – sie hatte beide Brüder auf den Schlachtfeldern verloren – hatte sie aufwachen lassen und ihre Aufmerksamkeit auf politische und soziale Fragen gelenkt.[13] Vor dem Krieg war Berta eine glückliche Ehefrau der oberen Mittelschicht und Mutter von vier Kindern gewesen. Angesichts der sinnlosen Zerstörung fühlte Berta sich zum Kampf und Widerspruch gegen den mörderischen Wahnsinn aufgerufen. Trotz der möglicherweise nachteiligen Auswirkungen für die Karriere ihres Mannes als Neurologe und Dozent an der Universität in Berlin wurde Berta eine radikale Gegnerin des Krieges. Antimilitaristische Gedichte aus ihrer Feder erschienen in linksorientierten Zeitungen. Die nun Achtundvierzigjährige war eine produktive Autorin und leidenschaftliche Kommunistin geworden.

Leuna 1921 war Bertas zweites Stück. Es basiert auf einer wahren Begebenheit, dem Aufstand von 1921 in den für ihre menschenverachtenden Arbeitsbedingungen berüchtigten Leuna-Werken. Die Ereignisse um den Werksarbeiterstreik (und dessen blutige Niederschlagung), später als *Mitteldeutscher Aufstand von 1921* bezeichnet, wurden größtenteils von der Presse verschwiegen und von keiner Stelle dokumentiert. Der Kampf um menschenwürdige Bedingungen in den Chemiefabriken der Leuna-Werke, damals der weltweit größte Stickstoff-Hersteller, blieb, in den Worten Egon Erwin Kischs, der eine Kritik des Theaterstücks verfasste, „in geheimnisvolles Dunkel gehüllt".[14]

Um Material für ihr Stück zu bekommen, wurde Berta Lask zur investigativen Reporterin. Monate brachte sie in den Mansfelder Bergen zu und unternahm lange Wanderungen in die Minen, um geheime Interviews mit den Arbeitern zu führen. Die Leuna-Werke gehörten der I.G. Farben, dem Unternehmen, das später das Gas für die Todeskammern in den Konzentrationslagern der Nazis lieferte. Fünfundzwanzigtausend Arbeiter plagten sich hinter den dicken, undurchdringlichen Ziegelmauern ab. Die Werke waren wegen der Armutslöhne und der hohen Unfallquote in der ganzen Region als ›Leuna-Gefängnis‹ bekannt. 1921 hob die I.G. Farben den Acht-Stunden-Tag auf, diese „knapp vorher erkämpfte" Errungenschaft. Die Arbeiter traten daraufhin in eine Reihe von Streiks. Die Firmenleitung war jedoch vorbereitet: Mit Betriebsspionen, einer privaten Polizeieinheit, einem vollen Waffenlager und einer eigenen Rechtsabteilung traten sie dem Streik entgegen.

Bertas Umsetzung des Stoffs fürs Theater behandelt die Umstände, die zum Streik geführt haben, „die Provokationen der Werkspolizei, den Terror der Unternehmer gegen die Betriebsversammlungen – sowie die Ursachen, die das Scheitern des Streiks bewirkten. Der sozialpolitische Verrat, […] das Auftauchen von unverantwortlichen Führern und eine große Schar von Spitzeln".

Die erste Inszenierung von *Leuna 1921* wurde nie uraufgeführt. Nur Stunden vor der Premiere verhinderte sie der Berliner Polizeichef, ein Mitglied der sozialdemokratischen Regierungsmehrheit, die sich den Kommunisten erbittert entgegenstellte. Das Stück wurde trotzdem besprochen, denn der linke Publizist Egon Erwin Kisch hatte eine Probe gesehen und daraufhin eine glänzende Rezension geschrieben. Berta Lask habe mit sachlichem Material ein Meisterwerk geschaffen, so Kisch. Es zeuge „von einer sozialen Leidenschaft, wie sie außerhalb der russischen Bühne nicht vorhanden ist". Über die wirkungsvolle Inszenierung hinaus lag für ihn die Bedeutung des Stücks in der Aufdeckung der Wahrheit über das, „was sich damals in und um Leuna begeben hat. Die Behörden haben dieses Stück Wirklichkeit beschlagnahmt. Aber die Wirklichkeit und Wahrheit lassen sich nicht beschlagnahmen!"[15]

Auch in Düsseldorf kam es nicht zur Aufführung des Stücks. Die Düsseldorfer Behörden, von mächtigen Industriechefs gedrängt, stoppten die Produktion am Tag der Erstaufführung. Berta Lask, die 1923 der Kommunistischen Partei beigetreten war, stand 1927 bereits unter Verdacht und die Regierung überwachte sie. Ihre Werke, die Theaterstücke und auch Kinderbücher hatte man aus den Buchläden entfernt und als „zu politisch" verboten.[16] Es sollten noch fast dreißig Jahre vergehen, bis *Leuna 1921* erstmals gezeigt wurde. Ein Ensemble des Nationaltheaters Weimar führte es 1956 in Ostberlin auf. Berta Lask war zu der Zeit achtundsiebzig Jahre alt.

Dora begegnete Berta Lask und anderen Kommunisten, die in dem Theater arbeiteten. Der bekannteste, Wolfgang Langhoff, Schauspieler und Intendant des Schauspielhauses, wurde später von den Nazis wegen seiner kommunistischen Agitproptheater-Aktivitäten verhaftet. Dora war sicherlich von diesen Kräften angeregt und beeinflusst, ihr Hauptaugenmerk aber lag zunächst doch auf der Vervollkommnung ihrer künstlerischen Fähigkeiten. Sie stürzte sich mit Eifer in den Unterricht und tauchte in die Stücke von Schiller, Goethe, Heine, Ibsen und Shakespeare ein. Sie studierte und übte die großen Szenen; sie ging ihre Aufgaben mit großer, leidenschaftlicher Intensität an.

Schulaufzeichnungen zufolge verließ Dora Düsseldorf im Jahr 1927 nur bei zwei Anlässen. Im März erbat sie sich eine Auszeit zwischen dem 1. April und dem 1. Mai, da sie „in dringender Familienangelegenheit nach Polen" reisen müsse,[17] und zu einem späteren Zeitpunkt des Jahres bat sie um zwei Wochen Urlaub für eine Fahrt nach Paris, ebenfalls „in einer dringenden Familienangelegenheit".[18]

Der Anlass dieser dringenden Familienangelegenheiten bleibt verborgen, ebenso der Grund für Doras Weigerung, Briefe von ihrer Familie zu beantworten. In den Akten des Theatermuseums gibt es einen Brief vom 17. November 1927 an den „Herr Direktor" mit einer Rücksendeadresse im polnischen Brzeziny. „Verzeihen Sie bitte, wen ich mich […] an Sie wende", begann der Verfasser in holprigem Deutsch, „ich möchte manche Kunde von einer person haben […], die mir sehr nah ist und für welcher ich überhaupt Interesse habe, und zwar Bei Ihnen ins Theater befündet sich nämlich das Fräulein Dora Dimant aus Będzin, von welche ich schon lange keine Nachricht erhalten habe, trotz dem ich immerfort zu Derselben schreibe." Der Brief endet mit der Bitte, die Anfrage gegenüber Dora nicht zu erwähnen, und ist unterzeichnet mit „Bela Dimant."[19] Über eine Antwort des Theaterdirektors ist nichts bekannt.

Die Lehrer der Akademie bescheinigten Dora eine „starke, eigenartige Begabung". Zudem war Dora mit neunundzwanzig Jahren älter als die anderen Studierenden[20] und konnte ihre größere Lebenserfahrung einbringen. Doras Talent war, wie sie selbst, ungewöhnlich. Sie besaß eine seltene geistige Unabhängigkeit, Originalität und Zwanglosigkeit, und obwohl Dora ihrem Studium mit starker Hingabe nachging, neigte sie dazu, eher ihren Instinkten zu folgen. Sie geriet dadurch nicht selten in Schwierigkeiten. Im September bekam Dora wegen ihrer Eigensinnigkeit eine Verwarnung vom künstlerischen Leiter. „Sehr geehrtes Fräulein Diamant", schrieb er, „ich höre Klage, dass Sie wiederholt die Stunden des Herrn Kayser versäumen; es muss Ihnen doch bekannt sein, dass Sie keine Stunde ohne meine Erlaubnis versäumen dürfen. Ich erwarte Ihre Erklärung."[21]

Einmal ging Doras Enthusiasmus auf der Bühne zu weit, und sie weigerte sich, die Bühne zu verlassen, als ihre Szene vorbei war, was mit einem Verweis endete, der besagte, „es wird gemeldet, dass Sie während der Aufführung *Der zerbrochne Krug* […] sich auf der Bühne aufgehalten haben und trotz Aufforderung des Inspizienten die Bühne nicht verlassen haben. Ich mache Sie darauf aufmerksam, dass nichtbeschäftigte Mitglieder und Schüler die Bühne während der Aufführung nicht betreten dürfen."²²

Im Oktober und November verbrachte Dora ihre Abende bei Proben und Aufführungen des Schauspielhauses. Sie trat in *Der Prinz von Homburg* und *Der zerbrochne Krug* auf, beides Stücke von Heinrich von Kleist. Die *Marquise von O...* kannte Dora noch immer auswendig. Doras Gedanken waren nie weit von Kafka entfernt, besonders jetzt, da sie in Kleist-Stücken mitwirkte und gerade Kafkas dritter und letzter Roman erschien, der ein neues Fenster zu seiner Psyche öffnete und auf unheimliche Weise ihr eigenes Leben widerspiegelte.

Der 1912, vor dem Ersten Weltkrieg, verfasste Roman *Amerika* wirkt leichter und optimistischer als andere Werke Kafkas. Laut Brod war Kafka „in unglaublicher Ekstase" und „sehr inspiriert", als er den Roman schrieb.²³ Auf die Frage, wie er ein Buch über Amerika schreiben könne, obgleich er doch nie dort gewesen sei, antwortete Kafka: „Ich kenne die Autobiographie Benjamin Franklins, und ich habe immer schon Walt Whitman bewundert, und ich mag die Amerikaner, weil sie gesund und optimistisch sind."²⁴ Kafka betrachtete Amerika als eine weite, heroische Landschaft: „In seiner Vorstellung trugen alle Amerikaner ein ständiges Lächeln auf den Lippen."

Kafka hatte die Geschichte, seinen „amerikanischen Roman", *Der Verschollene* oder auch *Der Heizer* genannt, nach dem Titel des ersten Kapitels. Das letzte Kapitel ›Das Naturtheater von Oklahoma‹ war Kafkas liebstes: Der junge Protagonist Karl Roßman tritt einem Wandertheater bei, einem großen Theater, „finanziert von unsichtbaren, doch außerordentlich mächtigen Gönnern." Kafka hatte Max anvertraut, „daß sein junger Held in diesem ‚fast grenzenlosen' Theater Beruf, Freiheit, Rückhalt, ja sogar die Heimat und die Eltern wie durch paradiesischen Zauber wiederfinden werde." Kafka war so zufrieden mit diesem unvollendeten Kapitel, dass er daraus, so Brod, „herzergreifend schön vorlas."²⁵

Wie Kafkas junger Held baute auch Dora sich ein neues Leben auf, mit einem Beruf, der all die Aufmerksamkeit, Liebe und leidenschaftliche Konzentration erforderte, die sie einst ausschließlich Kafka gewidmet hatte. Während sie in dem Stück *Der Prinz von Homburg* auftrat, erhielt Dora am 24. Januar ein Angebot für die Rolle des maurischen Mädchens in der Schauspielhausinszenierung von *Peer Gynt*. Leider sind keine Fotos von dieser Inszenierung erhalten, in der Dora mit dunkel geschminktem Gesicht spielte.²⁶

Düsseldorf, Anfang 1928

Im Januar 1928 teilte Dora der Theaterakademie mit, sie hätte die Schreibweise ihres Namens in „Dymant" geändert. Wahrscheinlich wollte sie die Schreibweise der korrekten Aussprache anpassen. Laut ihren Freunden sprach Dora ihren Nachnamen mit nur zwei Silben aus, mit Betonung auf der ersten Silbe, und überging das erste ›a‹. Den Rest ihres Lebens, selbst nachdem sie geheiratet hatte, behielt Dora den Namen Dymant.

Dora experimentierte aber auch mit ihrem Vornamen. Eine Kommilitonin an der Akademie, Luise Rainer, kannte Dora nur als ›Doris‹. Luise war eine siebzehnjährige Schönheit aus Düsseldorf, zwölf Jahre jünger als Dora, und bereits ein Star. Sie ging nur sporadisch zum Unterricht und wurde sofort für Hauptrollen besetzt. „Doris schloss mich sofort ins Herz", erinnerte sich Luise Rainer-Knittel 2002 bei einem Interview im Alter von 92 Jahren. Auch wenn sie sich kaum an die Schauspielstudenten der Theaterakademie erinnerte: Dora hatte Luise Rainer nie vergessen. „Wir waren so unterschiedlich. Ich war in jeder Art und Weise so jung – ich bin auch heute noch nicht erwachsen. Ich war voller Leben und Romantik. Ich fand nicht, dass sie besonders attraktiv war. Sie war eine dunkle Person, immer in Schwarz gekleidet, als ob sie trauerte. Ich hatte Kafka nie gelesen, aber sie unterhielt sich ständig mit mir über ihn. Ich könnte Ihnen heute kein bestimmtes Gespräch erzählen, außer dass wir immer über ihn sprachen. Es kam mir vor, als sei sie vollkommen von ihm erfüllt." Auf die Frage, warum sie sich an Dora, aber niemanden sonst aus dieser Zeit erinnerte, antwortete sie: „Doris war eine Persönlichkeit. Sie war jemand."[27]

Im Februar, drei Monate vor ihrem Abschluss, vereinbarte Dora Termine zum Vorsprechen für ein professionelles Engagement. Sie bemühte sich frühzeitig, spätestens im Mai würden die Theater von den Absolventen der Schauspielschulen überlaufen sein. Obwohl sich die deutsche Wirtschaft im Aufschwung befand, hatten viele Theater die Inflationszeit nicht überstanden, und die beim Theater immer schon große Konkurrenz um Engagements war nun geradezu brutal. Am besten war es, bei einem Ensemble für eine ganze Saison, etwa acht Monate (von September bis Mai), angestellt zu werden.

Im März schrieb Dora mit dem Mut der Verzweiflung einen Brief an Louise Dumont. Trotz ihrer Erfahrung hatten ihr die Termine zum Vorsprechen noch kein Engagement eingebracht. Sie war dreißig Jahre alt und hatte keine Zeit zu verlieren.

„Sehr geehrte Frau Dumont!", begann Dora. „In der Hoffnung, dass Sie meine Bitte auf Diesem Wege erreicht, erlaube ich mir, so schwer es mir fällt, Sie in Folgendem in Anspruch zu nehmen – Man rät mir mich an Fräulein Madeleine Lüders, Direktorin der Hamburgerischen Schauspielbühne wegen Engagement zu wenden. Nun habe ich wiederholt erfahren, wie wenig Bedeutung eine Bewerbung ohne jegliche Fürsprache hat. Und da Fräulein Lüders, wie man mir sagte, mehrere Jahre bei Ihnen war und zu Ihren aufrichtigsten Verehrerinnen gehört, so möchte ich mir erlauben – wenn es nicht als Anmaßung meinerseits angesehen werden würde – Sie inniglich zu bitten, ob Sie mir nicht auf irgend einen [...] Sie unbelastenden Wege dabei behilflich sein könnten." Dora unterzeichnete den Brief: „In aller Verehrung und Dankbarkeit für Sie."[28]

Dora hielt Max Brod über ihre Lage auf dem Laufenden. Sie hatte ihm kurz nach ihrem dreißigsten Geburtstag Anfang März und dann wieder am 15. Mai geschrieben und ihm alles über ihre Pläne für ihre Abschlussvorführung und einen bevorstehenden Vortragsabend, ihr Abschlussprojekt als Studentin der Akademie, erzählt. Dabei hatte sie sich für eine Lesung aus Kafkas zuletzt veröffentlichtem Roman, *Amerika*, entschieden und dafür auch schon Ottlas Segen erhalten. Später schickte Dora Brod ein handschriftliches Programm des Abends.

Ende Mai schrieben zwei Fakultätsmitglieder, Hermann Greid und Franz Evereth, ein Empfehlungsschreiben für Dora. „Sie wurde von Anbeginn an als starke, eigenartige Begabung anerkannt", hieß es dort. „In den zwei Jahren hat sie die an sie gestellten Erwartungen durchaus erfüllt und – unterstützt von einer ganz großen Hingabe und intensivem Fleiss – ihre Bildungs- und Entwicklungs-Fähigkeit bewiesen, sodass wir, die unterzeichneten Lehrer, aus voller Überzeugung sagen können: Bei liebevoller, richtiger Leitung ist Frl. D. befähigt zu starken, ja erschütternden Leistungen."[29] Ob das Empfehlungsschreiben den Erfolg begünstigt hat, ist nicht bekannt. Auf jeden Fall erhielt Dora für die kommende Saison ein Engagement am Rheinischen Landestheater in Neuss. Den Mikrofilmaufzeichnungen des Düsseldorfer Stadtarchivs zufolge zog Dora im folgenden Herbst ans andere Rheinufer, in die südwestlich gelegene und damals ungefähr 45.000 Einwohner zählende Nachbarstadt. Sie wohnte in der Kanalstraße 59, zusammen mit einer anderen Schauspielerin des Theaterensembles, Mia Engels, die ein Jahr zuvor ihren Abschluss an der Akademie gemacht hatte.

Das Theater in Neuss war ein ambitionierter Betrieb. Gerade drei Jahre zuvor, 1925, eröffnet, präsentierte er neben einem klassischen Repertoire fünf neue Stücke. Dora war eine von sieben Frauen, die man, neben elf Männern, für diese Saison eingestellt hatte und die in dem sechshundert Menschen fassenden Rheinischen Landestheater und in kleineren Theatern im Umland auftraten. Im Laufe der nächsten acht Monate reiste Dora mit der Theatergruppe durch sechsunddreißig Theater. Sie traten am Niederrhein in Emmerich, Kleve und Bocholt, in Alsdorf an der belgischen Grenze, in Lüdenscheid und Gummersbach auf.

Zwei Programmhefte des Rheinischen Landestheaters, die man in den Archiven des Theatermuseums in Düsseldorf fand, führen Dora als Teil der Besetzung auf. In Schillers *Kabale und Liebe* spielte sie die Rolle der Sophie, der Kammerjungfer der Lady, und gemeinsam mit ihrer Mitbewohnerin Mia Engels gab sie die Doppelbesetzung für die weibliche Hauptrolle, Prinzessin Alma, in Frank Wedekinds *König Nicolo oder So ist das Leben*.

Diese Rolle war Doras großer Triumph und brachte ihr die erste schwärmerische Rezension ein. Am Abend der Premiere in Bergisch Gladbach war das Theater ausverkauft. Laut lokalen Zeitungen spendete das Publikum dem Stück, das weit über drei Stunden dauerte, „am Schluß begeisterten Beifall. Verheißungsvoll wie die Regiekunst des Intendanten war auch die […] künstlerische Qualität seines Ensembles, das zum großen Teil neu verpflichtet ist. […] Ein so gutes Zusammenspiel eines Ensembles gleich bei der ersten Aufführung ist schlechterdings etwas Neues." Die Rolle der Prinzessin Alma erntete das höchste Lob des Kritikers. Die Schauspielerin, schrieb er, „erhob die Schaffung der Prinzessin Alma zu einigen vorzüglich wirksamen Höhepunkten und fand sich mit der außerordentlich schwierigen Rolle, die die verschiedensten Anforderungen an ihre Darstellerin stellt, so gut ab, daß man ihren Eintritt in ein Ensemble, das im vorigen Jahre an guten Darstellerinnen doch etwas arm war, [nur begrüßen kann].“[30]

Einen Monat später, zurück in Neuss, war Dora Teil der Inszenierung von *Der Tor und der Tod*, einem Stück über Liebe und Tod von Hugo von Hofmannsthal. Die Eröffnungsvorstellung am 2. November 1928 wurde von den

Düsseldorfer Nachrichten rezensiert. Von einem „ergreifenden Spiel" war die Rede. Die Darstellung sei „gut abgestimmt […] Dora Dymant und Albert Löffner sowie E. Wagner fügten sich trefflich dem Spiel an."[31]

Zum Ende des Jahres 1928 hatte Dora erreicht, wovon sie geträumt hatte, sie arbeitete als Schauspielerin, verdiente mit ihrem Handwerk ihren Lebensunterhalt und erfuhr Respekt und Bewunderung für ihre Arbeit und ihr Talent. Zum ersten Mal seit Kafkas Tod vier Jahre zuvor schien ihr alles möglich.

14

BESCHREIBUNG EINES KAMPFES

> *Alles was möglich ist, geschieht ja; möglich ist nur das, was geschieht.*
>
> Franz Kafka, *Tagebücher*[1]

Berlin, Frühling 1929

Doras Engagement am Theater endete am 30. April und sie kehrte, nun stellenlos, nach Berlin zurück. Sie fand eine Wohnung in der Lohmeyerstraße 17, südlich vom Schloss Charlottenburg, die sie sich mit einer jungen Frau, Eva Frietsche, teilte. Der ›Kleine Wedding‹ in der Nähe des Landschaftsparks und des Barockmuseums war schön gelegen, aber politisch spannungsvoll. Es war eine kleine kommunistische Enklave inmitten eines der wohlhabendsten Bezirke, bennant nach dem größten Arbeiterklasse-Bezirk Berlins, dem Wedding, ebenfalls einer KPD-Hochburg.[2]

Bald nach Doras Rückkehr kam es in der Stadt zum Gewaltausbruch. Die Demonstration zum Ersten Mai, dem Feiertag der kommunistischen Arbeiter, hatte bereits Tradition, und jedes Jahr nahmen mehr Bürger daran teil. In diesem Jahr jedoch verbot eine Notverordnung sämtliche Demonstrationen innerhalb der Stadt. Der Polizeipräsident Karl Zörgiebel, ein Sozialdemokrat – derselbe Mann, der die Aufführung von Berta Lasks *Leuna 1921* in Berlin am Tag der Premiere untersagte –, weigerte sich, das Verbot aufzuheben, und ignorierte die Warnungen, dass die Kommunisten „sich gezwungen fühlen würden, das Verbot im Namen der sozialistischen Tradition anzufechten", was dann auch geschah.

Die Polizei geriet in eine „sinnlose Wut", so der für das Friedrichshainer Revier zuständige Leutnant, und begann, auf Schaulustige wie Demonstranten zu schießen. „In der ganzen Stadt", berichtet ein Historiker, „benutzte [die Polizei] ihre Waffen mit einer willkürlichen Rücksichtslosigkeit, die nur dazu führte, Zuschauer zu erzürnen und zu provozieren."[3] Die Bürgerrechte der kommunistischen Radikalen wie auch der friedlich demonstrierenden Bürger wurden völlig missachtet. Für viele, Dora eingeschlossen, bedeutete das Scheitern der sozialistischen Regierung bei der Einhaltung grundlegender Menschenrechte ein Warnsignal und einen Aufruf zum Handeln.

Trotz der blutigen politischen Straßenkämpfe aber war Berlin die wohl pulsierendste Stadt der Welt. Der florierende Wohlstand, durch Milliarden geliehener US-Dollar von Amerikanischen Investoren angefacht, machte das letzte Jahr der „Goldenen Zwanziger" zum Inbegriff des kulturellen, künstlerischen, sozialen und wissenschaftlichen Ruhms der Weimarer Republik. Besonders Künstler zog es in die Metropole, das intellektuelle und geistige Leben Berlins befand sich auf seinem Höhepunkt.[4]

1928 zog der junge Dichter W. H. Auden von Oxford nach Berlin und verliebte sich in die Stadt. Wenn er nach Hause schrieb, schwärmte er von Berlin und der kreativen Energie, die einen hier umgab und antrieb. Von Audens Briefen angelockt, folgte ihm sein Freund Christopher Isherwood. Er zog in ein heruntergekommenes Viertel um den Nollendorfplatz, wo einstmals stolze preußische Bauten in „prätentiöse Elendsquartiere"[5] unterteilt waren. Die Menschen, die Isherwood in seinem Haus traf, wurden zu Protagonisten seiner Berlin-Geschichten, die später durch sein Bühnenwerk und den Film *Cabaret* zu Ruhm gelangten. Ein weiterer Freund Audens aus Oxford, der von Berlin angezogen wurde, war Stephen Spender. Bei seinen Besuchen in Isherwoods Wohnung, erinnerte Spender sich später, „huschte die ein oder andere Gestalt aus seinen bislang ungeschriebenen Romanen aus einem der Zimmer. […] Vielleicht würde Sally Bowles auftauchen, in zerzauster Kleidung, ihre Augen wie große Onyxe, von Wimpern wie lackierte Kabel gerahmt, in einem Gesicht von geschnitztem Elfenbein."

Hinter den Lichtern des erst kürzlich restaurierten Ku'damms mit seinen Geschäften, Theatern und Kleinkunstbühnen lauerte Berlins dunkle Seite. „Man konnte ein Gefühl von Verdammnis in den Berliner Straßen spüren", schrieb Spender in seiner Autobiografie. „Das Gefühl von Unruhe in Berlin ging tiefer als jede Krise. Es war eine dauerhafte Unruhe." In einer explosiven Mischung sah man „die Armut, die Wut, die Prostitution, die Hoffnung und Verzweiflung in die Straßen geworfen. Es gab die offensichtlich Reichen in den eleganten Restaurants, die Prostituierten in militärischen Stulpenstiefeln an Straßenecken, die grimmigen, untergetaucht aussehenden Kommunisten in Umzügen und

die gewalttätigen Jugendlichen, die plötzlich aus dem Nichts auf dem Platz erschienen und riefen: ‚Deutschland, erwache!'"[6]
Inmitten dieser aufwühlenden Zeit kam Dora also zurück nach Berlin und bemühte sich erneut um Engagements bei Theatern. Es stellte sich jedoch als schwierig heraus. Der klassische Stil, den sie gelernt hatte, war aus der Mode gekommen. Angesichts der gesellschaftlichen Situation schienen die Spektakel von Max Reinhardt und das „spirituelle Theater" von Louise Dumont altmodisch und überkommen. Angesagt waren nun Werke, die die soziale Wirklichkeit behandelten. Die *Dreigroschenoper* wurde zu einem unvorhergesehenen Erfolg. Diese Adaption der *Beggars' Opera* von John Gay (200 Jahre zuvor uraufgeführt) hatten Bertolt Brecht und der Avantgarde-Komponist Kurt Weill geschaffen. Der nihilistische und skrupellose Held des Stücks, Macheath, auch als Mackie Messer bekannt, veranschaulicht den Klassenkonflikt aus einer betont proletarischen Sicht. Ein „unglaubliches Getöse" begleitete die Eröffnung der Inszenierung und setzte für die Expressivität des Theaters neue Maßstäbe.[7] Nacht für Nacht strömte die wohlhabende und obere Mittelschicht – die einzigen, die Eintrittskarten überhaupt bezahlen konnten – in das Theater, um sich selbst lächerlich gemacht und denunziert zu sehen. Die Idee, dass das Drama ein Medium der Revolution sein könne, war geboren.

Die Revolution im Theater griff auf die Straßen über. In jenem Sommer veröffentlichte die offizielle Moskauer Zeitung der Komintern in Deutschland, die *Kommunistische Internationale*, einen Artikel mit dem Aufruf zum Kampf gegen den gefährlichen und aggressiven Gegner, die braun gekleidete SA, die Sturmabteilung der NSDAP. Deren Parteiführer Adolf Hitler war gerade vorzeitig aus der Haft entlassen worden. Die moderate Festungshaft in Landsberg, zu der er nach dem gescheiterten Bürgerbräu- oder Hitlerputsch in München verurteilt worden war, hatte ihm die Abfassung und Herausgabe der berüchtigen Progammschrift *Mein Kampf* ermöglicht.[8] Joseph Goebbels, den Hitler zum Leiter des Berliner Bezirks ernannt hatte, baute seit seiner Ankunft in Berlin 1926 eine Armee von SA-Männern auf, die ihren Kampf um Berlin mit dem Angriff auf die ›Marxisten‹ begann.

Inmitten all dieser Ereignisse suchte Dora verzweifelt nach Arbeit. Die immer schlechter werdenden Umstände, die unter den regierenden Sozialdemokraten so offensichtliche Ungerechtigkeit und wachsende Ungleichheit empörten Dora. Ihre Mitbewohnerin Eva Frietsche war „eine sehr aktive Kommunistin". Sie besuchte politische Kundgebungen, las politische Literatur, und hin und wieder nahm sie Dora mit zu einem „Zellenabend".[9] Dora war wie viele Menschen dieser Zeit beeindruckt von den konkreten Plänen der Kommunisten zur Verbesserung der sozialen und wirtschaftlichen Verhältnisse und zur Überwindung der großen Klassenunterschiede. Wenig später war sie von der Sache überzeugt und wurde politisch aktiv. Sie half, Flugblätter herzustellen und zu verteilen und Streiks, Kundgebungen und Demonstrationen zu organisieren. Sie hörte, was die Arbeiter von schrecklichen Arbeitsbedingungen und Misshandlungen erzählen konnten.

Ende Oktober geschah ein Ereignis, das die ganze Welt völlig veränderte: Die New Yorker Börse brach zusammen. Dora und andere Berliner lasen die Schlagzeilen, aber begriffen ihre Bedeutung nicht. Nur wenige verstanden, welche Auswirkung der Aktienmarkt im weit entfernten Amerika auf ihr tägliches Leben hatte. Die Depression erreichte Berlin sehr schnell, und Dora zählte zu den Hunderttausenden, die direkt betroffen waren. Es gab zu diesem Zeitpunkt in Deutschland 1,75 Millionen Arbeitslose, fast die Hälfte davon in Berlin. Im Januar 1930 hatte sich die Zahl bereits verdoppelt und sie stieg jeden Monat weiter an. Amerikanische und andere ausländische Investoren begannen, ihre Darlehen zurückzufordern; die Lage in Deutschland spitzte sich in rasender Geschwindigkeit zu. Nur dank der Tantiemen, die Dora nach wie vor von Kafkas Nachlass zuflossen, konnte sie in Berlin überhaupt noch überleben.

Ende 1929 bewarb Dora sich um die Mitgliedschaft in der KPD, und nach einer kurzen Zeit als Anwärterin wurde sie im Januar 1930 in die Charlottenburger Zelle 218 aufgenommen. Sie bekam einen Decknamen, Maria Jelen, der sie vor staatlicher Verfolgung schützen sollte.[10] Zusammen mit Eva, ihrer Mitbewohnerin, ging sie weiterhin zu ›Zellentreffen‹. Ihr Engagement für die Partei beschränkte sich jedoch auf Aushilfstätigkeiten. Ihre Eigenwilligkeit und Freiheitsliebe hielten sie davon ab, der marxistischen Linie vollkommen zu folgen. Einer ihrer Genossen erinnerte sich daran, dass es während seiner Zeit im Büro des Charlottenburger Bezirks Vorwürfe gegen sie gab „wegen Inaktivität in ihrer Strassenzelle".[11] Sieben Jahre später schrieb ein Sektionsleiter der KPD auf Anfrage der russischen Komintern im Hinblick auf Doras Aktivitäten für die Partei nach Moskau:

„Ich kenne die Gen. Maria Jelen (Diamant) seit dem Jahre 1930, wo sie in eine Charlottenburger Straßenzelle […] eintrat. Während dieser Zeit, ca. 1/2 Jahr, war sie aktiv und nahm an der Kleinarbeit der Partei teil. Über ihre weitere Parteitätigkeit ist mir nichts Genaues bekannt. [...] Über ihre persönlichen Verhältnisse ist mir bekannt, dass sie finanzielle Unterstützung aus dem Nachlass ihres ersten Mannes (Franz Kafka) durch den linksbürgerlichen zionistischen Schriftsteller Max Brod erhält."[12]

Max Brod sah sich zu dieser Zeit massiven öffentlichen Vorwürfen ausgesetzt. Sie betrafen vor allem seine Entscheidung, das gesamte Werk Kafkas zu veröffentlichen. Auch Dora wurde bald in den öffentlichen Streit verwickelt. Es begann mit einem Artikel von Ehm Welk in der Berliner *Vossischen Zeitung*, erschienen Ende September 1929, in dem das kreative Genie von Kafka gerühmt, Max Brod aber scharf kritisiert wurde, mit den Veröffentlichungen das „Vertrauen des sterbenden Freundes gebrochen" zu haben.[13]

Dora eilte Brod sofort zu Hilfe. Bestürzt von der Ungerechtigkeit des Artikels kontaktierte sie Ehm Welk und traf sich mit ihm in der Redaktion. „Ich setze Herrn Welk auseinander, daß er sein Urteil auf völlig irrtümlicher Basis aufgebaut habe; nach kurzer Unterhaltung stimmte er meinen wichtigsten Einwänden bei", berichtet sie. „Er gab zu, daß sein Vorgehen gegen Brod auf einem Irrtum und auf falscher Orientierung beruhe. Er erwähnte dabei auch noch, daß er an Hand einiger Stellen in Max Brods Nachwort bereits vorher darauf aufmerksam gemacht worden wäre, daß seine Anschuldigungen vielleicht doch nicht berechtigt wären. Zum Schluß fragte mich Herr Welk, was er nun meiner Ansicht nach tun solle. Ich entgegnete ihm, daß ich ihm dankbar wäre, wenn er seine Angriffe gegen Max Brod, die er nun als Unrecht empfände, widerrufen würde. Herr Welk versprach, es zu tun, und fügte noch hinzu, daß er sich freue, die Sache nun im richtigen Lichte zu sehen, besonders, da er von jeher Max Brod hochschätze". Dora verließ den Kritiker in dem Glauben, das Treffen sei sehr gut verlaufen. Sie war „aufrichtig erfreut" und „bewunderte außerordentlich seine ehrliche und mutige Bereitschaft, vor der Öffentlichkeit seinen Irrtum bekennen zu wollen."[14] Zugleich antwortete Brod selbst in einem öffentlichen Brief an den Herausgeber der *Vossischen Zeitung* auf die Angriffe: „Daß sich schwere Konflikte ergeben, wenn es sich um ein Werk handelt, auf das die Besten der künftigen Generationen Anrechte haben, auch wenn der Autor selbst Vernichtung wollte, das wird Ehm Welk nicht leugnen", schrieb Brod und wies darauf hin, daß er diese „komplizierten Erwägungen" in seinem

Nachwort zu *Der Prozess* behandelt hatte. „Welk kennt dieses Nachwort, denn er zitiert es", hob Brod hervor und fügte hinzu: „Ohne dieses Nachwort wüßte ja niemand von Kafkas Vernichtungswillen." Als letzten Rechtfertigungsgrund für sein Handeln führte er an, dass, hätte er diese Werke nicht veröffentlicht, Ehm Welk nun gar nicht in der Lage wäre, ihn für ihre Rettung zu kritisieren. Eine Woche später erschien wiederum Welks Antwort mit dem Titel: „Als Entgegnung: Eine Unterhaltung". Gemeint war das Gespräch mit Dora, mit „Frau Kafka". Doch statt eine Entschuldigung für seine früheren Bemerkungen vorzubringen, bekräftigte Welk noch die Vorwürfe gegen Brod – und schlimmer: er stützte sich dabei auf Doras Worte, die er in seinem Sinne völlig verdrehte. Dora war rasend vor Wut, als sie den Artikel in der Ausgabe vom 10. November las. Zudem erfuhr sie, dass sie während ihres Gesprächs mit Welk ohne ihr Wissen „aufgenommen wurde".[15]

Der Streit uferte aus. Die öffentliche Aufmerksamkeit in der Angelegenheit nahm zu, und Brod sah sich immer weiteren Anschuldigungen ausgesetzt. Vier Tage nach Brods Eingabe sandte Dora selbst einen Brief an den Herausgeber der *Vossischen Zeitung*. Sie schrieb, dass die Angriffe gegen Brod eine „persönliche Gegnerschaft" erkennen ließen und dass sie sich zu einer Antwort gezwungen fühle. „Die schiefe Darstellung, die Herr Welk von unserem Gespräch gibt", wollte sie richtigstellen. Erstens, unterstrich sie, hatte Welk sie weder gefragt, noch hatte sie ihr Einverständnis gegeben, eine Unterhaltung zu veröffentlichen, die „einen ausgesprochen privaten Charakter trug". Sie bestritt nicht die Richtigkeit der Zitate, die Welk benutzt hatte. Aber er hatte diejenigen Fragen und Antworten zur Veröffentlichung ausgewählt, „in denen tatsächlich eine gewisse Übereinstimmung zwischen ihm und mir bestand […], während er alles Wesentliche und Grundsätzliche in der Beurteilung der Handlungsweise Max Brods, worin unsere Ansichten weit auseinandergehen, einfach nicht erwähnt hat; dadurch hat er ungefähr das Gegenteil von dem bewirkt, was ich – wenn ich an eine Veröffentlichung der Unterredung je gedacht hätte – mit dieser Unterredung hätte erreichen wollen."

Weiter schrieb sie: „Die Angriffe gegen Max Brod beruhen auch in allen anderen Fällen auf oberflächlicher Beurteilung und mangelhafter Orientierung." Sie lobte Brods Motive und Absichten und betonte, dass es keinen Zweifel an seiner Freundschaft, Loyalität und Achtung gegenüber Franz Kafka oder dem ihm anvertrauten Werk geben könne. Diese Debatte hätte Kafka entsetzt, und sie wünsche nicht, dass man ihn für solche Zwecke benutze, da „Franz Kafka vielleicht nicht das geeignete Objekt ist, um als Pfeil in diesem, nicht durchaus ehrenvollen Kampfe mißbraucht zu werden". Am Ende des Briefes wollte sie noch „etwas Grundsätzliches" zum Ausdruck bringen, ganz gleich ob und wen sie damit beleidigte oder erzürnte: „Es wird viel (leider zuviel) über Franz Kafka geredet und geschrieben. Sollten sich nicht aber diejenigen, die zur Würdigung seiner Persönlichkeit und seines Werkes das Wort ergreifen – ehe sie das tun – erst einmal die Frage vorlegen, ob sie das nur aus einem äußeren Anlaß, oder aber aus einem, dem Menschen und Dichter Kafka würdigen Beweggrund heraus tun? Sich nach dieser Richtung hin zu prüfen, ist die innige Bitte all derer, die Franz Kafka nahestehen."[16]

Am Ende der Ehm-Welk-Angelegenheit stand für Dora ein schmerzlicher Bruch ihrer Freundschaft mit Max Brod – es sollte viele Monate dauern, bevor er wieder mit ihr redete – und der Anfang ihres langen Schweigens über Kafka. Erst etwa zwanzig Jahre später sollte sie der Presse wieder ein Interview über Franz Kafka geben.

Berlin, Januar 1930

Anfang Mai erhielt Dora eine Lizenzgebühr von Brod, aber keinen begleitenden Brief, kein einziges Wort, nicht einmal einen Gruß. Im Andenken an Franz konnte sie die Situation keinen Augenblick länger so belassen, also setzte sie sich hin, um Max einen langen Brief zu schreiben, ein Versuch, ihren Standpunkt sowohl ihm als auch sich selbst zu erklären. „Ich danke Dir, bin aber sehr traurig", begann sie. „Das Traurigste dabei ist, daß ich den Weg, der dazu führt, ahne, bin aber verzweifelt, weil ich meine Unbeholfenheit, dieses Mißverständnis zu entwirren, erkenne. Und um ein solches handelt es sich ja auch nur."[17] Sie entschuldigte sich dafür, ihre ablehnenden Gefühle hinsichtlich der postumen Veröffentlichung von Kafkas Büchern nicht deutlich gemacht zu haben, bevor Brod in Welks Artikel davon las. Selbst jetzt war es ihr unmöglich, es zu erklären. „Aber wie sollst Du es mir denn sonst glauben?"[...] „Es ist geradezu trostlos", schrieb sie, „Ja, Du mußt mir eben glauben, daß ich all Dein Tun Franz und seinem Werk gegenüber voll und ganz bejahe, wenn auch ich selbst die Kraft nicht hätte, so zu handeln. Aber das ist die Feststellung eines Kraftunterschieds, der zu meinen Ungunsten ausfällt."

Dora schrieb, sie verstehe vollkommen, warum Brod die Werke herausgeben wollte. „Aber ich hatte doch Franz zum Lehrer überhaupt allen Dingen gegenüber, die mir zugänglich sind, und Dich lernte ich doch nur mit Franzens Augen kennen, welches doch schon von vornherein einen Irrtum ausschließt. […] Liebster Max, es ist doch vollkommen unmöglich, daß wir auch nur einen Schatten von etwas gegeneinander haben. Die Größe dessen zu beurteilen, was Du noch jetzt Franz gegenüber tust, kann ich nur, wenn ich mir Franzens Blick zu Hilfe nehme. Ich allein genüge nicht."

Es gab noch eine andere, sehr schwierige Angelegenheit zwischen ihnen, doch Dora war noch nicht bereit, zuzugeben, dass sich Kafkas letzte Notizbücher wie auch seine fünfunddreißig Briefe an sie noch immer in ihrem Besitz befanden. Sie fragte sich, ob Max noch glaubte, sie habe alle zwanzig Notizbücher verbrannt, wie er es Martin Buber geschrieben hatte. Sie schrieb, „daß ich ziemlich ehrlich bin, an und für sich, und alles, was mit Franz in Zusammenhang steht, von vornherein jeder Lüge unzugänglich ist." Aber dem fügte sie eine Art Haftungsausschluss hinzu: „Also ich allein, mit meinem Maß allein gemessen, kann und darf nicht urteilen."

Dora fing an, die Selbstsüchtigkeit ihrer Beweggründe zu erkennen, dennoch konnte sie sie nicht abschütteln. „Denn da bin ich ein viel zu kleines – wenn auch in großer Liebe – besitzergreifendes Weib", erklärte sie. „Wie ich noch in so unmittelbarer Nähe von Franz lebte, konnte ich nichts anderes, als ihn und mich sehen. Alles, was nicht er selbst war, war halt unbedeutend und manchmal sogar lächerlich. Sein Werk war im besten Fall unbedeutend. Der Versuch, sein Werk als einen Teil von ihm darzustellen, war mir halt lächerlich. Das ist der Ursprung meines ablehnenden Verhaltens gegenüber der Herausgabe des Nachlasses. Außerdem kam damals das mir erst jetzt zu Bewußtsein kommende Gefühl des Teilenmüssens. Jede öffentliche Äußerung, jedes Gespräch betrachtete ich als einen gewaltsamen Einbruch in mein Reich. Die ganze Welt hat nichts von Franz zu wissen. Es geht sie nichts an, weil – ja, weil sie ihn ja doch nicht versteht. Ich hielt es – ich glaube, daß ich jetzt auch noch so denke – auch für vollkommen ausgeschlossen, Franz jemals zu verstehen oder nur eine Ahnung von ihm zu haben, wenn man ihn nicht kennt, und alle Mittel, es zu erreichen, waren aussichtslos, wenn sie nicht einen Blick oder einen Händedruck von

Franz vermitteln konnten. Na und das können sie eben nicht. – Also, alles das ist sehr schön und gut, was ich da sage, aber eben sehr klein. Das weiß ich seit einiger Zeit sehr genau."

Während Dora erstmals Gedanken dieser Art in dem Brief an Max formulierte, dämmerte ihr, dass auch sie gerade erst anfing, Kafka zu verstehen. Erst jetzt wurden ihr seine Gesten klar, die er einmal in einem Gespräch machte. Er hatte mit einigen Dingen allein fertig werden müssen, erkannte sie, Dinge, von denen sie damals keine Ahnung hatte.

„Die Vorstellung vom Absoluten hatte ich nur in der Liebe und von früher her in dem Glauben an Gott. Die Ahnung davon in anderen oder in allen Dingen hat mir Franz gegeben. Und dies Ahnen ist noch jetzt in Entwicklung begriffen, nach so langer Zeit nicht gereift, wenn ich überhaupt einmal imstande bin, dies näher als im Ahnen zu empfinden. Also dieser in mir von Franz gesäte Ahnensinn läßt mich auch Dich in Deiner innersten Beziehung zu Franz vielleicht noch etwas mehr als ahnen." Dora hielt inne, fühlte sich unsicher. „Ich würde glauben, alles gesagt zu haben, wenn ich wüßte, daß Du mich kennst. Da ich das eben nicht weiß, bin ich in großer Bangigkeit. Lebe wohl und sei aufs herzlichste gegrüßt, Dora."[18]

Doras Schauspieltalent entging auch der Führung der Berliner KPD nicht. Agitprop-Theatergruppen waren seit mehreren Jahren überall im Land spontan entstanden, und die Beliebtheit proletarischer Straßentheatergruppen befand sich auf dem Höhepunkt. Im Sommer 1930 wechselte Dora in die Abteilung für Agitprop der KPD und war nun damit beauftragt, Schauspieler für Straßenstücke auszubilden. Es konnte nicht an die erträumte Karriere an einer seriösen Bühne heranreichen, aber es war ihr so möglich, wenigstens von ihren Fähigkeiten und Talenten Gebrauch zu machen.

Das Agitproptheater hatte sich von seinen Anfängen in Russland zu einer Kunstform und Waffe entwickelt. 1847, in dem Jahr, in dem der ›Bund der Kommunisten‹ gegründet wurde, schrieb schon Friedrich Engels einen politischen Einakter, der von Arbeitern aufgeführt werden sollte. Das Konzept, die Theaterbühne als Sprachrohr für revolutionäre Ideen zu nutzen, hatte sich inzwischen stark verbreitet. Es gab bereits hunderte Agitprop-Gruppen mit tausenden von Mitgliedern. Von den vielen politischen Parteien, die um die Regierungsmacht in Weimar rangen, war die KPD, die die untersten Einkommensstufen repräsentierte, finanziell am schlechtesten ausgestattet. Die Nationalsozialisten und Sozialdemokraten waren im Vergleich dazu reich, da sie von Industriekartellen und ausländischen Investoren finanziert und zunehmend vom Bürgertum, der Mittelschicht, unterstützt wurden. Die KPD konnte in den Massenmedien nicht mit ihnen konkurrieren. Sie musste neue, probate und kostengünstige Mittel und Wege suchen, um die Öffentlichkeit zu erreichen; eine dieser Möglichkeiten war die aktive Förderung der Agitprop-Gruppen, die sich überall im Land zusammenfanden.

Schriftsteller und Intendanten wie Bertolt Brecht und Erwin Piscator schrieben Agitprop-Parodien und -Kabarettprogramme, die sich durch Witz und beißenden Sarkasmus auszeichneten. Walter Langhoff, den Dora aus dem Düsseldorfer Schauspielhaus kannte, formierte sein eigenes Ensemble aus Fabrikarbeitern und Arbeitslosen, die die Lieder und Märsche der KPD auswendig lernten. Er nannte dies später die beste Zeit seines Lebens. Agitprop-Gruppen traten bei Festen, in Fabriken, Hallen, Vorhöfen und überall dort auf, wo öffentlicher Raum zur Verfügung stand. Sie reisten durch ganz Deutschland, um Lieder und kurze Darbietungen vorzuführen.

Die Szenen waren meist den persönlichen Schicksalen und Erfahrungen entnommen. Die Gruppen entwarfen und verfertigten ihre eigenen Kostüme, die eher Uniformen ähnelten, oft Hosen mit blauen Jacken und roten Halstüchern oder Schals. Wegen der mangelnden Erfahrung der Darsteller und des ständig wechselnden Repertoires, das die aktuellen Geschehnisse widerspiegelte, fanden täglich Proben statt. Die Ergebnisse waren beeindruckend. In dem Monat vor den Wahlen im Juli erreichten die Agitprop-Gruppen ein Gesamtpublikum von 180.000 Menschen und warben 1.120 neue Mitglieder.

Dora trat in der Hochphase der Agitprop-Aktivitäten in Berlin der RGO-Gruppe (Revolutionäre Gewerkschafts-Opposition) Film und Bühne bei. Die deutsche Presse berichtete argwöhnisch über die Erfolge und bemerkte: Die Aufführungen veranschaulichten „den proletarischen Kampf mit so viel revolutionärem Realismus wie möglich". Auch die Polizei schaute zu und berichtete, dass „die KPD die Agitprop-Gruppen unterstützt, und das aus gutem Grund. Es gibt kaum eine Veranstaltung oder ein Treffen der Kommunisten ohne eine Aufführung. Solche Gruppen haben zu einem beachtlichen Wachstum der Anwesenheitszahlen bei den Treffen geführt und die Parteimitgliedschaften wesentlich vermehrt. […] Kurze Kabarettszenen, Sketche, Einakter, etc. […]

sind viel geeigneter, das Publikum von der Richtigkeit der kommunistischen Prinzipien zu überzeugen, als die wirkungsvollsten Reden. Nichts hat einen so antreibenden und aufrüttelnden Effekt. Im Interesse des Staates selbst und, um die Öffentlichkeit zu schützen, muss der Staat mit aller Macht gegen [...] die Agitprop-Gruppen vorgehen".

Nach der Verfassung der Weimarer Republik war Theater-Zensur nicht erlaubt, also verabschiedeten die Sozialdemokraten neue Notverordnungen. Alle Agitprop-Vorführungen stellte man unter die Aufsicht von „uniformierten Offizieren, die sie jederzeit zerschlagen oder auflösen konnten, wenn sie dachten, der Inhalt sei umstürzlerisch und gegen die Interessen des Staates"[19] gerichtet. Als der Einfluss der Agitprop-Vorführungen dennoch weiterhin wuchs, wurden sie schließlich deutschlandweit verboten.

Berlin-Zehlendorf, Februar 1931

Im Februar 1931 zog Dora nach Zehlendorf, wo sie und Kafka während ihrer letzten sechs Wochen in Berlin zusammengelebt hatten. Genau sieben Jahre waren seit jenem verregneten 1. Februar vergangen, an dem sie in das Taxi gestürzt waren, das sie und ihr Gepäck von der Wohnung in der Grunewaldstraße zu ihrer neuen und letzten gemeinsamen Unterkunft im Haus der Witwe Busse in der Heidestraße gebracht hatte. Sieben Jahre schienen eine ganze Lebenszeit her zu sein.

Auch in Zehlendorf setzte Dora ihre Parteitätigkeit fort. In ihrem Komintern-Lebenslauf schrieb sie: „Nach Charlottenburg arbeitete ich kurze Zeit in Zehlendorf, zuerst als Kassierer, dann Org., dann Polleiter – je nachdem wo gerade was fehlte. In Zehlendorf fand in meinem Hause d. Zehntageschule f. Kursuslehrer der Masch [Marxistische Abendschule] statt, an der ich auch als Schülerin teilnahm."[20]

In dieser „Zehntageschule", für die sie ihre Wohnung zur Verfügung stellte, lernte Dora ihren zukünftigen Mann kennen, Lutz Lask, den Sohn von Berta Lask, der Verfasserin von *Leuna 21*, der Dora bereits in Düsseldorf begegnet war. Auf den ersten Blick deutete wenig darauf hin, dass Dora den ruhigen, jungen Volkswirt, der in ihrem Wohnzimmer Kurse in marxistischer Wirtschaftstheorie gab, bald schon heiraten würde. Außer ihrer politischen Verbindung schienen sie wenig gemeinsam zu haben. Ludwig ›Lutz‹ Lask war fünf Jahre jünger als Dora und ein nicht gläubiger, assimilierter Jude aus Deutschland mit einem kürzlich erlangten Abschluss des Kieler Instituts für Weltwirtschaft. Anfang des Jahres war er nach Berlin zurückgekehrt, und da er keine Arbeit finden konnte und seine Mutter ihn dazu ermutigte, begann er, sich für die KPD zu engagieren. Im Juli trat er der Zelle Lichterfelde-Ost bei, der bereits seine Mutter und sein jüngerer Bruder angehörten.

Er verliebte sich in Dora, die für ihn wohl aufregende, attraktive, erfahrenere Frau. Er war eher schmal von Statur und hatte eine sanfte Art, weiches, braunes Haar und große dunkle Augen. Auf Familienaufnahmen sieht man ihn stets gut gekleidet, in einem gestärkten weißen Hemd, mit gestreifter Krawatte und einem hellen Anzug. Er war in vielerlei Hinsicht das Gegenteil von Dora: ruhig und verlässlich, sie hingegen spontan, lebhaft und forsch. Er war sehr gebildet, las Griechisch, Latein, Englisch und Französisch und hatte fünf Jahre lang Jura an Universitäten in Berlin und Freiburg studiert, bis er im Sommer 1925 den ersten Band von Marx' *Das Kapital* las und daraufhin zu den Wirtschaftswissenschaften wechselte. 1930 machte er sein Diplom in diesem Fach und veröffentlichte für das Kieler Institut für Weltwirtschaft eine Studie über den Einfluss des Steuersystems auf Exporte.

Die Familie Lask lebte in Berlin. Im Mittelpunkt stand Lutz' Mutter Berta, die berühmt war für ihren revolutionären Eifer und Idealismus. Sie wurde für Dora schnell eine wichtige Bezugsperson. Am 17. November 1878 war sie zur Welt gekommen, in Wadowice, damals ein Teil Galiziens (nicht weit von Doras Geburtsort entfernt), als eines von vier Kindern eines vermögenden deutschjüdischen Fabrikanten. Als sie sechs Jahre alt war, zog die Familie Lask in die Mark Brandenburg; die Kinder sollten in Deutschland aufwachsen. Die Lasks waren politisch liberal. Die beiden Töchter, Berta und ihre ältere Schwester Helene, schickten sie auf eine „höhere Töchterschule", bis die Mädchen fünfzehn Jahre alt waren und man von ihnen erwartete, dass sie sich aufs Heiraten vorbereiteten.[21]

1901, im Alter von dreiundzwanzig Jahren, heiratete Berta den Berliner Neurologen und Hirnforscher Dr. Louis Jacobsohn, der zur medizinischen Fakultät der Friedrich-Wilhelms-Universität gehörte. Er war fünfzehn Jahre älter als sie und trug einen imposanten braunen Bart und einen Kneifer. Berta Lask war eine Schönheit: hochgewachsen und schlank, mit großen, braunen Augen, elegant geschwungenen, vollen Lippen und einem langen, anmutigen Hals. Fünf Jahre später hatte sie vier Kinder zur Welt gebracht: Das älteste, Ruth, wurde 1902 geboren, Hermann 1905 und das jüngste, Ernst, 1906. Die Familie zog mehrmals um, bis sie sich schließlich, 1914, in einem großen, weitläufigen Haus in der Mittelstraße (heute Bassermannweg) in Berlin-Lichterfelde niederließ.

Nach dem Ersten Weltkrieg trat in Deutschland ein Gesetz in Kraft, das es Frauen, die Brüder im Krieg verloren hatten, gestattete, ihren Geburtsnamen wieder anzunehmen, um ihn an ihre Kinder weiterzugeben und somit den Familiennamen zu erhalten. Laut den amtlichen Aufzeichnungen in Berlin-Steglitz führten Berta und Louis ab 1919 den Doppelnamen Jacobsohn-Lask, der für die vier Kinder aber später zu „Lask" verkürzt wurde. Im Gegensatz zu seiner Frau war Louis als Mitglied der SPD politisch gemäßigt. Trotz des Altersunterschieds und Uneinigkeiten in politischen Ansichten führten die Jacobsohn-Lasks eine hingebungs- und liebevolle Beziehung, die ihnen half, viele Krisen zu überstehen.

Berlin-Lichterfelde, Frühling 1932

Ihrer Komintern-Akte zufolge zog Dora bald nach ihrer Begegnung mit Lutz aus ihrer Wohnung in Zehlendorf aus und trat der Straßenzelle Lichterfelde-Ost bei, der die Familie Lask angehörte. Dort stieg sie zur Organisationsleiterin auf, arbeitete an der Herstellung und Verteilung von Flugblättern und Zeitungen und organisierte Demonstrationen und geheime Treffen. Sie und Lutz arbeiteten Seite an Seite. Sie kämpften aber nicht nur für soziale Gerechtigkeit und Freiheit, sondern auch für ihr eigenes Leben.

Dora war mittlerweile vierunddreißig Jahre alt. Sie liebte Kinder und sehnte sich danach, eigene zu haben. Am meisten bedauerte sie, dass sie kein Kind mit Kafka bekommen hatte. Es war schwer, immer allein zu sein. Heimelig und einladend lag das große Backsteinhaus der Lasks in der Mittelstraße hinter dem hohen, schmiedeeisernen Tor, erfüllt von der Lebendigkeit einer großen Familie mit Kindern und Enkelkindern. Die älteste Tochter, Ruth, hatte einen französischen Juden namens Ernest Friedlaender geheiratet, einen Mechaniker. Gemeinsam hatten sie einen hinreißenden Sohn, den dreijährigen Frank. Lutz' Bruder Hermann hatte im Mai Alice Müller geheiratet, und ihre gemeinsame

Tochter, ebenfalls mit dem Namen Ruth, wurde im Juli geboren. Das Lask-Haus war voller Leben, Familie und Freunde, die aufgeschlossen und leidenschaftlich am Geschehen teilnahmen und über Wirtschaft, Kultur, Philosophie und Politik diskutierten. Es dauerte nicht lange und auch Dora lebte bei ihnen.

Mittlerweile lag die Zahl der Arbeitslosen bei über sechs Millionen, einem Drittel der deutschen Arbeitskräfte. Die Weimarer Republik stand am Rande des Zusammenbruchs. Es kursierten Gerüchte „von Militärdiktatur […], von Generalstreik und Bürgerkrieg – aber es geschah nichts."[22] Die Sozialdemokraten stellten immer noch die Mehrheit im Reichstag, aber bei den jüngsten Wahlen hatten sie Sitze an die Nazis und die Kommunisten verloren. Feldmarschall Hindenburg, Reichspräsident der Weimarer Republik, war inzwischen vierundachtzig Jahre alt, schwach und senil. Seine siebenjährige Amtszeit näherte sich dem Ende. Adolf Hitler führte im Rennen um den Sieg bei den bevorstehenden Wahlen.

Viele Berliner erkannten die Zeichen des drohenden Unheils und gingen fort. Dora hatte noch nicht die Hoffnung verloren. Ihrer Ansicht nach besserte sich die Lage gerade wieder. In Berlin erlangten die Kommunisten einen soliden Vorsprung vor den Nazis. Bei den Wahlen vom Juli 1932 gewann die KPD in den Stadtteilen Wedding, Friedrichshain, Neukölln, Prenzlauer Berg und Mitte. Bei den Novemberwahlen legten die Kommunisten weiter zu, während die Nazis weniger als 25 Prozent der Stimmen erhielten.

Im Mai trat Dora aus finanziellen Gründen aus der jüdischen Gemeinde Berlins aus. Sie hatte zu dieser Zeit wenig Kontakt zur Gemeinde, dennoch musste sie als gemeldetes Mitglied ihren jährlichen Beitrag zahlen. In der KPD galt die Religionszugehörigkeit nichts – sie war eher verpönt. Als Parteimitglied musste Dora aber auch hier regelmäßig Gebühren zahlen. Es war eine pragmatische Entscheidung, über die sie damals nicht weiter nachdachte: Sie konnte es sich nicht leisten, für beides zu zahlen.

Doras Erwartungen an ihr Leben waren, wie sie später sagte, „weniger anspruchsvoll" geworden.[23] Sie wusste, dass sie nie wieder jemanden so lieben würde, wie sie Franz geliebt hatte. Sie war glücklich bei der Familie Lask, und Lutz war ein anständiger, guter Mann. Inmitten der Unruhen und Unsicherheiten, die sie umgaben, erschien ihre Hochzeit als ein Akt des puren Optimismus. Es gab eine ruhige, standesamtliche Trauung ohne religiöse Symbole oder Riten. Am Donnerstag, dem 30. Juni 1932, verzeichnete der Standesbeamte die Hochzeit von „dem Diplom Volkswirt Ludwig Johann Lask wohnhaft in Berlin-Lichterfelde und der Schauspielerin Dwojra (Dora) Dymant wohnhaft in Berlin."[24]

In privater Hinsicht war es eine glückliche Zeit, aber jenseits von Doras geschützter Welt sah es düster aus. Der antisemitische Terror durch die SA, Hitlers ›Sturmabteilung‹, inzwischen auf 300.000 Mann angewachsen, verbreitete immer mehr seinen Schrecken. Die Wahlen im Herbst machten die NSDAP zur stärksten Partei im neuen Reichstag. Hitler war bereit, Reichskanzler zu werden.

15

EXODUS AUS BERLIN

Laß dich nicht glauben machen, du könntest vor dem Bösen Geheimnisse haben.

Franz Kafka, Oktavheft G [1]

Berlin, 1933

Am letzten Tag des Februars 1933, fünf Tage vor ihrem fünfunddreißigsten Geburtstag, wurden Doras Mitgliedschaft in der KPD und ihr politisches Engagement zur realen Gefahr. An diesem Tag verkündete Hitler die ›Verordnung des Reichspräsidenten zum Schutz von Volk und Staat‹, die die konstitutionellen Freiheiten und Bürgerrechte der Weimarer Republik außer Kraft setzte und einen Freibrief zur Verfolgung der politischen Opposition darstellte. Unter der neuen ›Notverordnung‹ verloren die Bürger ihre Rede- und Versammlungsfreiheit, die Polizei benötigte keine Durchsuchungsbefehle oder andere rechtliche Befugnisse mehr, um in Wohnungen einzudringen, Privateigentum zu beschlagnahmen oder Verhaftungen vorzunehmen. Jede Handlung, die den Anschein erwecken konnte, dass sie „den Staat gefährdete", stand von nun an unter Todesstrafe.[2] Massenverhaftungen und willkürliche Exekutionen von bekannten Kommunisten und anderen politischen Gegnern der Nationalsozialisten hatten begonnen. Am Tag zuvor war der Reichstag durch eine bis heute nicht vollständig geklärte Brandstiftung abgebrannt. Die Nazis machten schnell Kommunisten für den Brand verantwortlich. Während die Flammen aus der zertrümmerten Glaskuppel, dem Symbol der Weimarer Republik, schlugen, schrie Hitler von einer Empore: „Es gibt jetzt kein Erbarmen; wer sich uns in den Weg stellt, wird niedergemacht. Das deutsche Volk wird für Milde kein Verständnis haben. Jeder kommunistische Funktionär wird erschossen, wo er angetroffen wird. Die kommunistischen Abgeordneten müssen noch in dieser Nacht aufgehängt werden. Alles ist festzusetzen, was mit den Kommunisten im Bunde steht. Auch gegen Sozialdemokraten und

Reichsbanner gibt es jetzt keine Schonung mehr."[4] Die deutsche Bevölkerung war schockiert. Wenige hatten sich vorstellen können, wie schnell die Nazis die Kontrolle an sich rissen und die Regierung in eine Diktatur verwandelten. Seit seiner Wiederwahl im Frühling 1932 hatte Präsident Hindenburg sich geweigert, Hitler – der offen ankündigte, durch die Ausweisung „aller Sozialdemokraten, Kommunisten und Juden […] die Ordnung wiederherzustellen" – zum Kanzler zu ernennen. Weniger als sechs Wochen vor dem Brand des Reichstages sagte Hindenburg seinen Offizieren noch: „Sie werden mir doch nicht zutrauen, daß ich diesen österreichischen Gefreiten zum Reichskanzler berufe!"[3] Trotzdem kapitulierte der gealterte, erschöpfte Hindenburg eines Wintermorgens Ende Januar vor den politischen Intrigen, und Hitler wurde die Regierungsgewalt übertragen.

Am 30. Januar 1933 prangte die Schlagzeile „Hitler Reichskanzler!" auf den Titelseiten von Sonderausgaben der deutschen Zeitungen.[5] Radioreporter übertrugen live die beängstigende Siegesparade, die in dieser Nacht in Berlin stattfand. Tausende SA-Männer und NS-Sympathisanten trafen sich am Nachmittag im Tiergarten, und als die Dunkelheit anbrach, marschierten sie zum Kanzleramt, von jubelnden deutschen Bürgern begleitet, die eine Hysterie gepackt hatte. Mit brennenden Fackeln lief der triumphierende Mob die Charlottenburger Chaussee (heute: Straße des 17. Juni) entlang bis zum Brandenburger Tor. Vor der französischen Botschaft am Pariser Platz hielten die Militärkapellen an und spielten herausfordernd ein Lied aus dem Ersten Weltkrieg, „Siegreich wollen wir Frankreich schlagen", unter dem stürmischen Applaus der Menge und den ängstlichen Blicken der Zeugen, die das Spektakel von den Fenstern des legendären Hotels Adlon aus beobachteten.

Einem deutschen Historiker zufolge „sorgte die Nachricht zunächst für Verblüffung, später für Erschrecken, schließlich für Furcht."[6] Die meisten Bürger unternahmen nichts und warteten darauf, dass der Sturm vorüberzog. Die einzige große politische Partei, die in Aktion trat, war die KPD, die augenblicklich ihre Mitglieder mobilisierte, um einen landesweiten Generalstreik vorzubereiten, mit dem sie die neue Regierung lahmzulegen beabsichtigte, bevor sie sich etablieren konnte. Aber die Sozialdemokraten und Gewerkschaftler weigerten sich zu kooperieren, da sie nicht mit den Kommunisten in Verbindung gebracht werden wollten. Die SPD folgte ihrer Linie: „Nichts Vorschnelles durfte unternommen werden."[7]

Für Anfang März setzte Hitler Neuwahlen an. Die Nazis erhielten 44 Prozent der Stimmen, nicht genug für die absolute Mehrheit im Parlament. Also zerschlug Hitler den letzten Rest der demokratischen Fassade. Er verbannte alle kommunistischen Abgeordneten und befahl seiner Sturmabteilung, an der Krolloper aufzumarschieren, wo der deutsche Reichstag seinen provisorischen Sitz hatte. Der gewaltbereite Mob umzingelte brüllend das Opernhaus. Schließlich stimmte die verängstigte Legislative dem „Ermächtigungsgesetz" zu, das Hitler diktatorische Macht verlieh. „Danach", so ein Historiker, „bestand keinerlei Notwendigkeit mehr für neue Wahlen."[8]

Für alle Gegner der Nazis ging es nun um die Frage, ob man fliehen oder bleiben und kämpfen sollte. Tausende Kommunisten, gemäßigte und linksorientierte Sozialisten, Künstler, Schriftsteller, Schauspieler, Beamte und Politiker, Juden und die Nazis ablehnende Katholiken flohen aus dem Land, solange die Grenzen noch offen waren. Andere schoben ihre Flucht hinaus, in der Hoffnung, dass das neue Regime nicht lange bestehen würde.

Lutz und Dora entschieden sich dafür, zu bleiben und zu kämpfen. Anfang März übertrug die KPD Lutz die Verantwortung für die illegale Publikation der größten kommunistischen Zeitung, *Die Rote Fahne*, im Gebiet Steglitz. Die offizielle kommunistische Presse, wie die meisten linksorientierten und sozialistischen Zeitungen und Publikationen, waren von den Nazis bereits eingestellt worden. Doch Hunderte kleiner Druckerpressen, auf Dachböden, in Kellern und Hinterzimmern versteckt, produzierten weiterhin am laufenden Band Zeitungen und Flugblätter, die zu einem landesweiten Generalstreik aufriefen. Die meisten deutschen Kommunisten, viele von ihnen Idealisten wie Dora, glaubten, dass es immer noch möglich war, Hitler aufzuhalten. Sogar der Sozialdemokrat Dr. Jacobsohn-Lask verteilte gegen die Nazis gerichtete Handzettel an seine Kollegen. In einem Gestapo-Schriftstück heißt es, der siebzigjährige Arzt werde „verdächtigt, [im Jahr] 1933 Dokumente gegen den Staat verteilt zu haben."[9]

Bis Ende März hatte die Gestapo vier Mitglieder der Familie Lask verhaftet, Lutz zum ersten Mal am 23. März 1933, dem Gestapo-Bericht nach „wegen des Verdachts der Beihilfe zur Herstellung und Verteilung der illegalen kommunistischen Zeitung *Die Rote Fahne*." Vier Tage lang wurde er unter Folter verhört, gestand aber nicht und gab auch keine Informationen preis. Auf der Suche nach Beweisen durchsuchte die Gestapo auch das Haus der Jacobsohn-Lasks in der Mittelstraße. Der anschließende Bericht verzeichnete, dass „eine beträchtliche

Menge an höchst verräterischem schriftlichen Material gefunden wurde", jedoch nichts, was speziell auf Lutz' Tätigkeiten für die KPD hingewiesen hätte, und die Anklage gegen ihn wurde letztendlich fallen gelassen. Man verhaftete auch seine jüngeren Brüder, Ernst und Hermann, „wegen des Verdachts an geheimen Treffen der illegalen KPD teilgenommen zu haben", und hielt sie fest.[10] Auch sie wurden aber wieder freigelassen. Sie beantragten darauf sofort die Einreiseerlaubnis in die Sowjetunion. Ende März verhaftete die Gestapo Berta Lask, die fünfundfünfzigjährige Großmutter, vor den Augen ihres Mannes und ihrer Familie, die hilflos zusehen mussten. Berta Lask musste einen Monat in ›Schutzhaft‹ bleiben, bevor sie wieder entlassen wurde.[11]

Bei einer Durchsuchung in Doras Zimmer konfiszierte die Gestapo laut Kafka-Biograf Ernst Pawel „jedes noch so winzige Stückchen Papier, das sie fanden", darunter auch Doras geheimen Schatz: ihre Sammlung von Kafkas Briefen und Notizbüchern. Dora war, so Pawel, „untröstlich, ihre Gewissensbisse trieben sie an den Rand der Hysterie."[12] Sie stand vor einer schwierigen moralischen Entscheidung: Wenn sie schwieg, wenn sie niemandem jemals ihre Lüge eingestand, dass sie entgegen ihrer Behauptung noch Manuskripte von Kafka aufgehoben hatte, dann würde jetzt, nachdem sie konfisziert worden waren, niemand mehr davon erfahren, und niemand würde ihr den Verlust von Kafkas Arbeiten vorwerfen können. Jedoch wenn sie nichts tat, um Franz' Schriftstücke zurückzuerlangen, dann wäre sie letztlich mitverantwortlich, ja geradezu schuld an dem schrecklichen Verlust. Schließlich setzte Dora sich in der dritten Aprilwoche, nachdem Lutz und Berta wieder freigelassen worden waren, daran, einen Brief an Max Brod in Prag zu schreiben, in dem sie ihre Lüge zugab und ihn um seine Hilfe anflehte, um Kafkas Briefe und Aufzeichnungen zurückzubekommen. Da die Post nicht mehr sicher war, benutzte Dora einen falschen Namen und eine falsche Absenderadresse: „Klopstock, Boot-Sommerfeld, Osthavelland."

Doras Brief an Brod, datiert auf den 20. April 1933, ist verschollen und sein Inhalt unbekannt. Die komplette Sammlung von siebzig Briefen Doras an Max Brod, in einem Zeitraum von fünfundzwanzig Jahren geschrieben, wird seit Mitte der Achtzigerjahre vermisst, nachdem sie zuletzt in der Schweiz, unter den Papieren, die Max Brod seiner Sekretärin Ester Hoffe hinterlassen hatte, aufgetaucht war. Hoffes Anwalt ließ damals die Briefe untersuchen und katalogisieren und den Inhalt eines Briefes, der ihm besonders wichtig erschien, stichpunktartig festhalten. Einen kurzen Auszug aus diesem Brief, den Dora geschrieben hat, zitiert er: „Franz Sachen sind weg. Briefe, Seiten aus seinen Tagebüchern, und alles andere, das ich hatte. Bei der Dame, von der ich ein Zimmer miete, gab es eine Hausdurchsuchung [...]".[13]

Max Brod „mobilisierte sofort den Prager Dichter Camill Hoffmann, der damals tschechischer Kulturattaché in Berlin war". Hoffmann, einer von Kafkas alten Freunden und ebenfalls Jude, „tat alles, was in seiner Macht stand. Die Gestapo teilte ihm jedoch mit, daß die Berge von Dokumenten aller Art, die in den ersten Tagen der Naziherrschaft konfisziert worden waren, bereits solche Dimensionen angenommen hatten, daß es unmöglich war, bestimmte Schriftstücke aus ihnen herauszufischen."[14]

Vier Jahre später berichtete Brod zum ersten Mal über den tragischen Verlust dieser Teile von Kafkas literarischem Nachlass in der deutschsprachigen Zeitung *Aufbau*, die 1937 in New York erschien. Brod erwähnte Doras Rolle hierbei nicht, er sagte nur: „Ein Teil der Manuskripte blieb bei Kafkas Tod in Berlin und wurde später von den Nazis beschlagnahmt. Wiewohl sich die tschechoslowakische Gesandtschaft, vor allem Camill Hoffmann (der auch ein Opfer der Nazis geworden ist), mit Energie der Sache annahm, wurden diese Schriften nie mehr entdeckt. Vielleicht liegen sie noch heute in irgendeinem Magazin."[15]

Ein Vierteljahrhundert später erklärte Dora in ihrem ersten öffentlichen Interview über Kafka, was mit diesen letzten Schriften und den fünfunddreißig Briefen an sie geschehen war; „trotz aller Bemühungen", sagte sie, „sind sie bisher unauffindbar geblieben."[16] Jedoch glaubte Dora nicht, dass Kafkas Briefe an sie für immer verloren seien, und sie war nicht die Einzige, die noch hoffte, dass sie eines Tages wieder auftauchen würden. In den Fünfzigerjahren begab sich Max Brod auf die Suche nach Kafkas beschlagnahmten Schriften, diesmal zusammen mit Klaus Wagenbach, doch diese Suche scheiterte am ›Eisernen Vorhang‹, der Grenze in der Zeit des Kalten Krieges. „Möglicherweise", spekulierte Pawel, „sind die Berge [von Papier] immer noch da, unzerstörbar wie die Geheimpolizei selbst. Man kann sich vorstellen, daß die Dokumente sortiert, archiviert und irgendwo in einem bombensicheren Bunker auf der anderen Seite der Berliner Mauer abgelegt sind. Möglicherweise werden sich eines Tages noch weitere belastende Beweise finden, die im Prozeß Kafka gegen Kafka vorgelegt werden können."[17]

Lutz Lask überstand die Folter der Gestapo und stürzte sich mit fester Entschlossenheit wieder auf seine Arbeit als Herausgeber der illegalen *Roten Fahne*. Später berichtete er, „an die Einzelheiten dieser Arbeit kann ich mich heute […] nur noch schlecht erinnern", aber er wusste noch, dass „bis zum Sommer 1933 eine ganze Anzahl an Nummern dieser […] Zeitung verbreitet wurde."[18] Seit seiner Verhaftung und den Durchsuchungen waren Dora und Lutz sehr vorsichtig; sie zogen häufig um, um den Gestapo-Beamten in ihren Ledermänteln zu entgehen. Am 1. April spitzte sich die Lage zu. Jude und zugleich Kommunist zu sein – „man konnte es nicht schlimmer treffen", so Kafkas Nichte Marianne Steiner später in einem Interview.[19] Die Regierungskampagne gegen die Juden begann mit einem Drei-Tages-Boykott von jüdischen Läden und Geschäften. Bewaffnete Truppen der SS und SA bewachten Eingänge und überall hingen Plakate mit der Forderung: „Deutsche! Kauft nicht bei Juden! Juden raus!" Eine Woche später verabschiedete der Reichstag das erste von vierhundert Gesetzen, die gegen die Juden in Kraft treten sollten. Das Gesetz zur Wiederherstellung des Berufsbeamtentums vom 7. April ermöglichte, jüdische und ›nichtarische‹ Beamte zu entlassen. Tausende jüdische Richter, Anwälte, Sachbearbeiter, Staatsanwälte, Lehrer und Universitätsprofessoren waren davon betroffen. Die SA richtete Verhör- und Folterkammern in Kellern von Wohnhäusern in ganz Berlin ein. In Dachau bei München betrieb die SS das erste Konzentrationslager. Ungeahndete tätliche Angriffe auf Juden nahmen zu. Am 25. April wurde das ›Gesetz gegen die Überfüllung deutscher Schulen und Hochschulen‹ verabschiedet. Jüdische Schulkinder wurden aus den Schulklassen verdrängt, Studenten aus den Seminaren ausgeschlossen. Jüdische Doktoranden mit schon abgeschlossenen Dissertationen wurden benachrichtigt, dass sie ihren Grad nicht erhalten würden. Am 10. Mai begann um Mitternacht der Himmel über dem Zentrum Berlins, rot zu glühen. Siebzigtausend Menschen versammelten sich, um zuzuhören, wie der neue Reichsminister für Volksaufklärung und Propaganda, Joseph Goebbels, die „Säuberung des deutschen Geistes" ausrief und die literarischen Werke von Juden, Liberalen, Linken, Pazifisten, Ausländern und anderen, die „undeutsch" waren, verurteilte. Büchereien wurden geplündert und Tonnen von Büchern aus den Regalen entfernt – Werke der Erzählkunst, Dichtung, Wissenschaft, Gesellschafts- wie Wirtschaftstheorie und Philosophie – und zum Opernplatz gekarrt. Als die Fackeln das Feuer entfachten, riefen Banden junger Nazis: „Brenne, Karl Marx! Brenne, Sigmund Freud!", und tanzten wild um die Feuer, in denen die klassische Literatur und die Errungenschaften der modernen Wissenschaft verbrannten. Kafkas eigene Bücher wurden in dieser Nacht verschont, da sie noch zu unbekannt waren, um verboten zu werden. Doch die Werke vieler Schriftsteller, die Kafka gelesen oder persönlich gekannt hatte, zum Beispiel die Max Brods, Franz Werfels oder Thomas Manns, gingen in Flammen auf.

Bücherverbrennungen fanden kurz darauf deutschlandweit statt. Acht Tage nach dem ersten Feuer in Berlin hatte es in fast jeder größeren Stadt in Deutschland Bücherverbrennungen gegeben. Schon bei Heinrich Heine, einem Lieblingsschriftsteller Kafkas, dessen Werke in jener Woche ebenfalls verbrannt wurden, heißt es: „Dort wo man Bücher verbrennt, verbrennt man auch am Ende Menschen."[20]

Berta Lask war die Erste der Familie, die aus Berlin floh. Berta „widerrief ihre Anmeldung und reiste nach Prag", heißt es in einem Bericht der Gestapo vom 1. Juli. In Prag wurde sie weiter von Informanten der Nazis beobachtet. Sie bemerkten, dass Berta Unterstützung von einem Notfall-Flüchtlingsbüro erhielt, das sich der „Sorge demokratischer Flüchtlinge" annahm. Sie fand Arbeit und schrieb für mehrere Emigrantenzeitungen, darunter die *Counter Attack*, eine illustrierte kommunistische Zeitung.[21]

Dora und Lutz arbeiteten weiter für die KPD. Den Sommer des Jahres 1933 über lebten sie in winzigen Wohnungen und Zimmern in Lichterfelde, Steglitz, Lichtenberg, Wilmersdorf und Friedenau, die sie immer wieder wechseln mussten, um der Verfolgung zu entgehen. „Ich war in jedem Wohngebiet in Verbindung mit d. Partei", berichtete Dora später der Komintern, „erfüllte die mir aufgetragenen Arbeiten: Herstellung und Verbreitung v. Flugblättern, Zeitungen, Treffpunktdienst, Demonstrationen."[22] Wochenlang schafften sie es, sich der Gestapo zu entziehen, die systematisch auf alle bekannten Kommunisten, besonders die in führenden Positionen, Jagd machte.

In dieser gefährlichen Zeit wurde Dora schwanger. Und als ob ihre Lage nicht schon schwierig genug war, wurde sie noch aussichtsloser, als in den Morgenstunden des 8. August Gestapo-Beamte ihre Einzimmerwohnung in der Pariser Straße in Schöneberg stürmten, sie verwüsteten und Lutz erneut verhafteten. Es wurde ihm erlaubt, einen Koffer mitzunehmen. Wenige Tage später erhielt Dora den verbeulten Koffer zurück. Darin „fand sie seine mit Blut befleckte

Unterwäsche. Sie dachte, er sei tot."[23] Dora zog sich in das große Haus in der Mittelstraße zurück, wo Dr. Jacobsohn-Lask und ein paar andere Familienmitglieder noch immer wohnten. Sie blieb weiterhin Mitglied der KPD, doch war sie von allen Parteiverpflichtungen entbunden und der Kontakt zu ihren Genossen war ihr untersagt. Dr. Lask durfte seine Stelle an der Universität wegen der großen Wichtigkeit seiner neurologischen Arbeit zu Forschungszwecken noch behalten, Vorlesungen und jeglichen Kontakt zu Studierenden hatte man ihm jedoch verboten.

Lutz wurde unterdessen im Columbia-Haus, einem Gestapo-Gefängnis am Rand des Tempelhofer Felds, festgehalten und gefoltert. Obwohl er „ständig geprügelt" wurde, verriet er niemanden. Nicht ein Mitglied seiner Zelle wurde seinetwegen verhaftet. Nach einem KPD-Genossen, der zusammen mit Lask im Columbia-Haus und auch später im KZ Brandenburg interniert war, konnte selbst die ständige Folter Lutz nicht brechen. Er bemerkte auch, dass Lutz wegen seiner „jüdischen Herkunft unter erhöhter Terrorisierung durch die Wachmannschaft" litt.[24] „Aus den ›Vernehmungen‹ der ersten Tage", schrieb Lask später in seinem Lebenslauf, „konnte ich nicht ersehen, ob die Gestapo irgendetwas konkretes über meine illegale Parteitätigkeit wusste. Ich erklärte, dass ich Mitglied der KPD gewesen sei, aber an der illegalen Parteiarbeit nicht teilgenommen hätte. Schliesslich wurde mir ein verhafteter Parteigenosse aus der Strassenzelle Lichterfelde-West gegenübergestellt, der gegen mich aussagte." Lutz erinnerte sich an ihn, da er ihn einmal wegen einer in seinem Garten vergrabenen Druckmaschine besucht hatte. Trotz der vernichtenden Aussage des Genossen leugnete Lask weiterhin alles und blieb der Gestapo gegenüber bei seiner ursprünglichen Aussage. Er wurde weiter gefoltert, trug jedoch „keine dauernden Gesundheitsschädigungen davon". Im Oktober informierte man Lask, dass er zu acht Monaten ›Schutzhaft‹ verurteilt worden sei, und er wurde in das KZ Brandenburg gebracht. Drei Wochen später war er zurück im Columbia-Haus. Er wurde nun bezichtigt, Berichte über unmenschliche Zustände in den Gefängnissen herausgeschmuggelt zu haben. Er leugnete. Die Gestapo schlug ihn daraufhin erneut und drohte mit weiterer Folter in einem mittelalterlichen Kerker, der als „der Keller" bekannt war.[25] Als er sich weiterhin weigerte, etwas preiszugeben, sperrte man ihn für die restlichen sechs Monate seiner Strafe in Einzelhaft.

In jenem Monat verließen Lutz' ältere Schwester Ruth, ihr Mann Ernest Friedlaender und ihr vierjähriger Sohn Frank Berlin. Sie erreichten am

9. Oktober Holland, wo sie sich in der Gemeinde Den Haag meldeten, um das langwierige Antragsverfahren zur Einreise nach Amerika einzuleiten.

Berlin, 1934

Am Donnerstag, dem 1. März, brachte Dora ein wunderschönes Mädchen zur Welt, Franziska Marianne Lask.[26] Von diesem Augenblick an war es Doras vorrangige Aufgabe, für das Überleben und die Sicherheit ihres Kindes zu sorgen. Zum ersten Mal seit ihrer Zeit mit Franz war Dora wieder ein Leben so stark anvertraut, ein Säugling, dessen Dasein einzig von ihr abhing.

Dora hatte seit sechs Monaten keine Nachricht von Lutz erhalten. Es hieß, dass er noch am Leben war. Genossen, die zur selben Zeit im Berliner KZ Columbia gefangen waren, konnten gelegentlich einen Blick auf ihn werfen und berichteten der Familie später von „seiner aufrechten, mutigen Haltung".[27] Jemand hatte ihn auf dem Übungshof gesehen und ein, zwei Mal auf dem Gang. Bis jetzt war Lask das Schicksal anderer Genossen, die mitten in der Nacht aus ihren Zellen geholt und erschossen worden waren, erspart geblieben. Am 26. März, zwölf Tage bevor er aus der Haft entlassen werden sollte, wurde Lutz Lask in ein Büro gebracht und er erfuhr, dass die Gestapo von seiner Frau verzweifelte Briefe erhalten habe, die sie dazu bewogen, ihm eine vorzeitige Entlassung zu bewilligen; „angesichts lebensgefährlicher Krankheit meiner Frau", erzählte Lutz später, war er „aus der Haft beurlaubt". Sollte Dora tatsächlich krank gewesen sein, so erholte sie sich rasch nach Lutz' Heimkehr.

Am 6. August, Marianne war sechs Monate alt, gaben Lutz und Dora die Geburt ihrer Tochter im Einwohnermeldeamt Berlin-Dahlem an. Fotografien aus den ersten Monaten von Mariannes Leben zeigen glückliche Momente, Dora und Lutz als fürsorgliche Eltern und sie als ein fröhliches Baby. Mit einem breiten, stolzen Lächeln hält Lutz seine Tochter in den Armen, Mariannes kleines Gesicht ist ganz lebendig vor Neugier. Ein anderes Bild zeigt Dora und ihre Tochter, wie sie sich anlachen. Marianne war der einzige Lichtblick in einer Umgebung wachsender Feindseligkeit.

Lutz stand nach wie vor „unter Polizeiaufsicht" und musste dem lokalen Polizeirevier täglich Bericht erstatten. Bis Mai war seine Meldepflicht auf zweimal die Woche reduziert, aber man weigerte sich, ihn endgültig zu entlassen.

Sein KPD-Führer, der ihm nur als „Walter" bekannt war, konnte sich wegen der fortlaufenden Polizeiüberwachung nicht mit ihm treffen, doch er ließ ihn wissen, dass er ihm helfen würde, wenn er sich dazu entschied, das Land zu verlassen. Er wollte nicht emigrieren und sich von seiner Familie trennen, doch nach ein paar Monaten sah er ein, dass die einzige Hoffnung, sich und seine Familie zu retten, darin bestand, nach Russland zu fliehen, um dort eine neue Existenz aufzubauen. Dora und Marianne sollten vorübergehend in der Obhut seines Vaters bleiben und sobald als möglich nachkommen.

Am 28. Oktober überquerte Lutz illegal die deutsch-tschechoslowakische Grenze und erreichte Prag, gerade als seine Mutter Berta sich bereit machte, weiter nach Russland zu reisen. Die Einreisegenehmigung nach Russland war ein begehrtes Privileg. Anträge wurden erst nach gründlicher Untersuchung des Bewerbers sowie seiner Parteitätigkeit und aufgrund von Empfehlungen anderer Genossen genehmigt. Trotz ihrer frühen Mitgliedschaft und aktiven Mitarbeit in der KPD hatte das Zentralkomitee in Moskau über ein Jahr gebraucht, um Berta Lasks Antrag zu bearbeiten. Sobald sie jedoch die Genehmigung hatte, wurde ihr eine Stelle als Bibliothekarin in der Russischen Staatsbibliothek in Moskau zugeteilt. Berta sagte ihrem ältesten Sohn am Bahnhof in Prag Lebewohl und versprach, alles in ihrer Macht Stehende zu tun, um sein Antragsverfahren voranzutreiben. Vier Monate später erhielt Lutz die Einreiseerlaubnis nach Russland. Er traf am 28. Februar 1935, zwei Jahre nach Hitlers Machtergreifung, in Moskau ein. Ihm wurde der Status ›Politemigrant‹ mitsamt all den Vorteilen der russischen Staatsangehörigkeit gewährt und eine Arbeitsstelle als „jüngerer wissenschaftlicher Mitarbeiter des Marx-Engels-Instituts" zugewiesen.[28]

Kurz nach Lutz' Abreise aus Berlin begann auch Dora, ihre Flucht vorzubereiten. Am 11. November 1934 stellte sie einen Antrag und erhielt einen neuen deutschen Pass mit dem Zeichen 195R/543/34 auf den Namen Dora Lask. Ihr wurde mitgeteilt, dass die Wartelisten für die Auswanderung sehr lang seien, besonders für Frauen und Kinder. Nur wenige KPD-Mitglieder und ihre Familien ließ man ohne Empfehlungsschreiben höherer Parteimitglieder in die Sowjetunion einreisen. Vielen Menschen erschien Russland angesichts der Zustände in Deutschland als das Utopia für Juden und ein Paradies für Arbeiter. Erstaunliche Fortschritte waren seit der Oktoberrevolution von 1917 verkündet worden; die sowjetische Produktion habe ihr Vorkriegsniveau verdreifacht, die vorwiegend agrarische russische Wirtschaft sei vollkommen umstrukturiert worden, die Produktion nun sozial organisiert und in Staatseigentum umgewandelt. Eine großes Kollektiv gleichberechtigter Arbeiter sei aus der erdrückenden Armut erstanden. Während die westliche Welt unter der globalen Depression litt, seien die Löhne in der UdSSR um fast 70 Prozent gestiegen. Dora sah darin den Beweis, dass die marxistische Wirtschaftstheorie richtig war. Die Sowjetunion war das erste Land, das die sozialistischen Ideale, an die sie glaubte, verwirklichte und gleiche Einkommen und ein egalitäres Wahlrecht einführte. Gemeinschaftsküchen und Kinderkrippen befreiten die Frauen von ihren traditionellen Pflichten und ermutigten sie, einer Ausbildung und einem Beruf nachzugehen. Die Revolution breitete sich aus, wenn auch nicht so schnell, wie es der Faschismus tat. Sogar in den kapitalistischen Vereinigten Staaten gab es sozialistische Anklänge. Franklin D. Roosevelt war mit seinem ›New Deal‹ wiedergewählt worden, der Arbeitsprogramme und einen Mindestlohn einschloss. 1935 wurde die Sozialversicherung gesetzlich festgeschrieben.[29]

In Berlin eingeschlossen, träumte Dora davon, wieder als Schauspielerin zu arbeiten. Vielleicht in Russland, wo es erfolgreiche jüdische Theater mit großen Ensembles gab wie zum Beispiel das *Jüdische Staatstheater* in Moskau und das Wandertheater *Habimah*. Aber ihre Hoffnungen und Träume standen einer Realität in Russland gegenüber, von der Dora, die aus den Nachrichten nur die geschönte Berichterstattung kannte, noch nichts ahnte. Joseph Stalin hatte mittlerweile die Kontrolle über die Partei erlangt und bis zum Ende des Jahres 1934 seine Macht mit brutaler Gewalt gefestigt. Die Architekten der bolschewistischen Revolution, die den sozialistischen Traum hätten am Leben erhalten können, waren inzwischen tot oder verschwunden. Lenin starb 1924, Leo Trotzki musste 1929 das Land verlassen. Ende 1934 wurde Sergei Kirow, der Parteiführer in Leningrad und einer von Stalins Rivalen im Politbüro, unter mysteriösen Umständen ermordet. Stalin nutzte Kirows Ermordung, um eine blutige Terrorherrschaft einzuleiten, die sogenannte ›Große Säuberung‹, unter der Millionen starben.

Dora wartete weiterhin auf ihre Einreiseerlaubnis für Russland. Sie hielt Kontakt mit Stencl, dem romantischen jiddischen Dichter, der sie einst geliebt hatte, und trat seiner polnisch-jiddischen Literaturgruppe bei, die sich nun heimlich traf. Am 15. September hörte Dora zum ersten Mal von den verhängnisvollen Nürnberger Gesetzen. Beim 7. Reichsparteitag der NSDAP 1935 wurden die antisemitischen und rassistischen Gesetze verabschiedet und traten sofort in Kraft. Allen Juden in Deutschland wurde ihre deutsche Staatsbürgerschaft entzogen. Sie wurden von allen Bereichen des öffentlichen Lebens ausgeschlossen. Zum ›Schutze des deutschen Blutes und der deutschen Ehre‹ waren Eheschließungen und außereheliche Beziehungen zwischen Deutschen und Juden von nun an verboten. Eine neue erschreckende Stufe in der unvergleichlichen Geschichte der Verfolgung der Juden in Deutschland war erreicht.

Doras und Mariannes Rettung kam in Form eines Briefes vom sowjetischen Gesundheitsministerium, übermittelt von der sowjetischen Botschaft in Berlin. Berta hatte ihren Einfluss in Moskau genutzt und ihrem Mann, Dr. Jacobsohn-Lask, der kein Kommunist war, die ungewöhnliche Einladung verschafft, in die Sowjetunion zu kommen, um seine Forschungen an der Universität Sewastopol fortzuführen. Das Wunder für Dora, deren Antrag auf Einreise nach Russland noch immer nicht bewilligt worden war, bestand darin, dass sie und Marianne ihren Schwiegervater auf seiner Reise nach Russland begleiten durften. So schnell wie möglich machten sie sich zur Abreise bereit. Dora packte ihre verbliebenen Schätze in ihren Koffer: die Sammlung von Kafkas erschienenen Büchern und die Haarbürste mit goldenen Borsten, der einzige persönliche Gegenstand, den sie noch von Franz besaß.

Berlin, 10. Februar 1936

Die Einzelheiten von Doras letzter Nacht in Berlin und ihrer Abreise am nächsten Morgen sind uns durch einen Artikel des Dichters Stencl erhalten, der in einer jiddischen Zeitschrift in Warschau erschien. Er berichtet von einer heimlichen Feier anlässlich des hundertsten Geburtstags von Mendele Moicher Sforim, dem Großvater der modernen jiddischen Literatur. Ein jüdisches Restaurant hatte man zur Tarnung für eine traditionelle Feier zur Unterzeichnung des Ehevertrags zwischen Braut und Bräutigam gemietet. Stencl berichtet: „Am Kopfe des Tisches war Dora Dymant, eine professionelle Schauspielerin und Freundin von Franz Kafka, die ›Braut‹ und ich war der ›Bräutigam‹. Um uns herum waren ein paar Dutzend Mitglieder unserer nun nicht existierenden Gruppe, die noch in Berlin waren, und ein paar andere Liebhaber des Jiddischen." Dora las ein beliebtes Kapitel aus Mendeles gerne gehörter Geschichte *Dos wintschfingerl* (Der Wunschring) vor, und Stencl hielt einen Vortrag über Mendele, der Dora sehr bewegte. „Wir alle sangen jiddische Lieder, die dadurch, dass sogar wir, eine Gruppe in Nazi-Deutschland verfolgter Juden, noch immer am Hundertjährigen unseres großen klassischen Autors teilhaben konnten, fröhlich und lustig machten."

Am nächsten Morgen begleitete Stencl Dora, ihren Schwiegervater und Marianne zum Bahnhof. „Jemanden zu begleiten, der nach Moskau aufbrach, war ein Wagnis, das einen ebenso starken Geschmack der Gefahr hatte wie die getarnte Mendele-Feier vom Abend zuvor", schrieb er. Als sie einander Lebewohl sagten, nahm Dora „alle Silbermünzen aus ihrer Börse. Sie hatte mehr als die zehn Mark dabei, die sie mitnehmen durfte." Sie drückte ihm die Münzen in die Hand und sagte: „Lass deinen Vortrag über Mendele drucken!" Das Geld reichte, „um den Essay über Mendele auf Pergamentpapier, mit einem goldenen Rahmen und datiert mit ‚Berlin 1936' zu veröffentlichen. Auf dem Umschlag war eine Zeichnung von Mendele."[30]

Mit zehn Mark in der Tasche, dem Höchstbetrag, den sie aus Deutschland ausführen durfte, trat Dora die lange Reise nach Moskau an, neben ihr der Schwiegervater und auf ihrem Schoß ihre fast zweijährige Tochter Marianne. Noch als der Zug aus dem Bahnhof rollte, wurden sie von Gestapo-Beamten beobachtet. Im Gestapo-Bericht über die Familie Lask ist vermerkt, dass „der bekannte jüdische Professor und Hirnforscher Dr. Med. Louis Jacobsohn-Lask am 11. Februar 1936 abreiste, anfangs nach Moskau ging und dann später einen Sitz an der Universität Sewastopol annahm. Die Tatsache, dass er in den Dienst der Sowjetunion trat, um im Interesse der bolschewistischen Regierung zu handeln, ist als besonders ernster Bruch der Treue zum Deutschen Reich zu betrachten." Weiter ist dort zu lesen, dass die russische Zeitung *Pravda* der Ankunft Lasks einen Artikel widmete, was als Beleg für „die Stellung, die dieser Jude in der Sowjetunion genoss", gesehen wurde.[31]

Die Gestapo verzeichnete sorgfältig alle politischen und privaten Details über jedes Mitglied der Familie und listete Geburtsdaten und -orte auf. Erstaunlicherweise gibt es einen Punkt, der ihnen entging. Zu „Ludwig Lask und seiner Frau, der jüdischen Schauspielerin Dora Dymant", heißt es in der Akte, „so weit es sichergestellt werden kann, sind keine Kinder aus der Ehe hervorgegangen."[32]

16

DAS ARBEITERPARADIES

> *Die Revolution verdampft, und es bleibt nur der Schlamm einer neuen Bürokratie. Die Fesseln der gequälten Menschheit sind aus Kanzleipapier.*
>
> Franz Kafka, *Gespräche mit Kafka*[1]

Sowjetunion, Winter 1936

Ihre Reise von Berlin nach Moskau dauerte achtundvierzig Stunden. Der Zug durchquerte Polen, fuhr durch schneebedeckte Felder, vorbei an alten Dörfern, Wäldern und modernen Städten. Marianne drückte ihre kleine Nase an die kalte Fensterscheibe. Sie war ein hübsches Kind mit großen strahlenden Augen unter einer Mähne dunkler Locken. Die Sammlung an Familienbildern umfasst mehrere Schnappschüsse, die an einem verschneiten Wintertag vor der Abreise vor ihrem Haus aufgenommen worden waren. Sie zeigen Marianne, zweifellos ein lebhaftes Kind, ausgelassen in ihrem Kinderwagen und auf dem Arm ihres Großvaters, der, stets förmlich gekleidet mit dreiteiligem Anzug und Pfeife rauchend, ein freundlicher und würdevoller Mann, ganz vernarrt war in Marianne. Weil ihn das Nazi-Regime zur Untätigkeit zwang, hatte er viel Zeit mit seiner kleinen Enkelin verbracht, und sie vergötterte ihn. Für Dr. Louis Jacobsohn-Lask bedeutete die Flucht aus Deutschland einen Neuanfang mit zweiundsiebzig Jahren. Er ließ alles zurück, was er in seiner fünfzigjährigen Karriere in der medizinischen Forschung erarbeitet hatte.

Nach einem kurzen Zwischenstopp in Będzin, um Marianne Doras Familie vorzustellen, ließen die Reisenden Polen hinter sich, ohne zu ahnen, dass sie nie zurückkehren würden. Auch in Polen traten die Faschisten schon verstärkt auf. Der moralische Verfall und kulturelle Zusammenbruch war nicht auf Deutschland begrenzt. Dora drückte es so aus: „Ganz Osteuropa hob die Röcke und tanzte mit." Es war eine schreckliche Zeit, sagte sie, „als der Begriff ›Jude‹ in Europa gleichbedeutend mit Ungerechtigkeit und Unterlegenheit und, am traurigsten von alledem, mit brüderlichem Verrat wurde." Die Sowjetunion, so hoffte Dora damals, sei der einzige Ort, „wo der Wahnsinn enden musste, wo er kein Einreisevisum hatte."[2]

Am Morgen des zweiten Tags erreichte der Zug die russische Grenze. Polnische Soldaten stiegen ein und überprüften die Pässe. Nach einer langen Wartezeit rollte der Zug langsam durch ein „Niemandsland Richtung Niegoreloye", der ersten Station in Sowjetrussland, wo erneut die Pässe und das Gepäck kontrolliert wurden.[3] Bewaffnete Mitarbeiter des NKWD, der damaligen Staatspolizei, untersuchten sogar die Unterseite des Zuges, um sicherzugehen, dass sich niemand unter den Waggons festhielt, um unbemerkt ins Land zu kommen. Im Zollhaus wurde die Einreisegenehmigung und das Einladungsschreiben des sowjetischen Gesundheitsministeriums verlangt. Dora war nervös. Gedrucktes wurde mit größtem Misstrauen behandelt, und sie war besorgt, dass ihre Kafka-Bücher konfisziert werden könnten. In der Hoffnung, der Beamte würde „ein Auge zudrücken bei der Inspektion"[4], bot sie ihm ein kleines Bestechungsgeld an, doch der schrie sie nur in grobem Jiddisch an: „Ein Fluch auf deines Vaters Vater!" Dora horchte auf. Es war das erste Mal seit drei Jahren, dass sie in der Öffentlichkeit jemanden Jiddisch sprechen hörte. Nachdem die Belange am Zoll geklärt waren – Kafkas Bücher wurden nicht konfisziert –, stiegen die drei müden Reisenden in einen russischen Zug, der sie in einer fünfzehnstündigen Fahrt nach Moskau bringen sollte, wo Berta, Lutz, Hermann, dessen Frau Alice und Ernest auf sie warteten.

Berta, die sich mit achtundfünfzig dem Ruhestand näherte, hoffte, sie könne mit ihrem Mann nach Sewastopol gehen, um dort die Zeit, die ihnen noch blieb, gemeinsam zu verbringen. Seit sie zwei Jahre zuvor in Moskau angekommen war, hatte Berta im Hotel Lux in der Gorkistraße gewohnt, dem Quartier der Prominenz der Kommunistischen Internationale, der Komintern. Berta hatte ihr eigenes Zimmer im zweiten Stock, wo auch die bekannten Führer und Funktionäre der Kommunistischen Partei Deutschlands lebten, darunter Wilhelm Pieck, der gut ein Jahrzehnt später Präsident der DDR werden sollte, und Walter Ulbricht.

Lutz freute sich darauf, bald wieder mit Frau und Tochter vereint zu sein, und es war ihm gelungen, ein eigenes Zimmer in einer Wohnung nahe der amerikanischen Botschaft zu bekommen. Er trat eine gute Stelle beim hoch angesehenen Marx-Engels-Lenin-Institut an, und er hatte seinen deutschen Pass gegen die sowjetische Staatsbürgerschaft eingetauscht.

Der revolutionäre Traum von Freiheit und Gleichheit war allerdings bereits im Begriff, zu scheitern. Die Russische Revolution hatte zu einem blutigen Bürgerkrieg geführt. Sieben Millionen Menschen kamen dabei ums leben. Während die Bolschewisten sich darum bemühten, die umgebenden Länder, aus denen sich die UdSSR, die Union der Sozialistischen Sowjetrepubliken, zusammensetzte, zu beherrschen und zu kontrollieren, wuchs die Bürokratie zum neuen Schreckensinstrument. Zu der Zeit, als Dora in Russland ankam, lebte die Mehrheit der Menschen, besonders die Bauern, „wieder unter der Knute willkürlicher Macht, verängstigt von den allgegenwärtigen Drohungen: Verlust der Brotration, Verlust des Passes, Verlust ihres ärmlichen Lebensraumes."[5]

Es sollte Monate dauern, bis Dora die wahre Situation in Russland erkannte. Ausländische Besucher und Journalisten, so wie Gene Lyons von der UPI[6], der später ein Buch über seine Erfahrungen schrieb, wurden Zeugen der Zwangskollektivierung, der daraus resultierenden verheerenden Hungersnot und der Verhaftung unschuldiger Menschen. Die staatliche Zensur jedoch und auch der blinde Idealismus einiger Journalisten, die immer noch glaubten, in Russland Zeugen der Erschaffung einer besseren Welt zu sein, verhinderten eine offene, internationale Berichterstattung.[7]

Moskau, März 1936

In vielerlei Hinsicht war die russische Hauptstadt an den Ufern der Moskwa noch immer eine historische Stadt, mit Pferdedroschken und alten Holzhäusern. Doch sie veränderte sich schnell. In Stalins zweitem Fünfjahresplan wurde die Stadt mit Elektrizität, fließendem Wasser und Abwassersystemen ausgestattet, Hunderte von Straßen wurden verbreitert und Kopfstein- durch Betonpflaster ersetzt. Die erste Linie der Moskauer Metro nahm 1935 ihren Betrieb auf. Es gab dreizehn prachtvolle Stationen von Sokolniki zum Gorki-Park, jede von ihnen von bekannten russischen Architekten und Künstlern gestaltet.

Dora erschienen die ersten Tage in Russland wie ein magischer Traum. Vor allem ein Abend im jüdischen Theater beindruckte sie tief. Einige Tage nach ihrer Ankunft begleitete sie eine Freundin zu einer Aufführung von *König Lear* im Staatlichen Jüdischen Theater, mit dem berühmten russischen Schauspieler und Intendanten Solomon Michoels. Es war eine Nacht, die sie niemals vergaß.

Nicht nur erstaunte sie Michoels' brillantes und legendäres Spiel, sondern die gesamte Szene, wie sie viele Jahre später in einem Essay für Stencls jiddische Zeitschrift schrieb: „Versuchen Sie sich den Effekt von dem, was ich nun beschreiben werde, auf eine Person wie mich selbst, vor den Nürnberger Gesetzen aus Deutschland geflohen – wie blass und unschuldig sie nun erscheinen, im Vergleich zu all dem, was noch kommen sollte, was niemand in den dunkelsten Alpträumen hätte träumen können – vorzustellen, wenn Sie es können. [...] Wir fahren dorthin, kommen aus der Metro, laufen zum Theater. Gegenüber, auf der anderen Straßenseite, zeichnet sich ein großes Gebäude ab, und hoch über ihm, in beleuchteten hebräischen Buchstaben: ‚Jüdisches Arbeitertheater'. Darüber, ein wenig höher, ein wenig kleiner, in russischen Buchstaben: ‚Yebraiske Gosudarstveni Teater'. Ich stehe und starre, ich kann es nicht glauben." Dora stand erstaunt an der Straßenecke, und ihr wurde warm ums Herz beim Anblick der „glühenden hebräischen Buchstaben auf dem ganzen verzauberten Gebäude, das Meilen von Moskau glücklich macht und erleuchtet." Konnte dies das Land sein, fragte sie sich, „aus dem die besten Menschen jahrzehntelang zur Pilgerfahrt nach Westeuropa gekommen waren", um dort in Freiheit zu leben? Eine Menschenmenge wartete vor dem Theater, um Karten zu kaufen. „Nicht nur Juden", staunte Dora, „sondern Abkömmlinge aller Rassen, alle Sprachen sprechend." Das Bild so vieler Menschen, die „stundenlang in der eisigen Winternacht standen, von einem Fuß auf den anderen sprangen, um sich warm zu halten, ungeduldig warteten, hofften, genug Glück zu haben, um noch eine Karte für das Jüdische Theater zu bekommen, für eine jüdische Aufführung des großartigen englischen Dramas King Lear", konnte sie kaum fassen. „Wenn Sie sich all dies bildlich vorstellen können, jedes kleinste Detail davon", schrieb Dora, „beneide ich Sie um Ihre Vorstellungskraft. Ich habe es bis zum heutigen Tage nicht geschafft, all das zu begreifen, es zu verstehen. Sogar jetzt denke ich, wie in dieser Moskauer Nacht, dass es alles nur ein Traum gewesen ist."[8]

Am 25. Februar 1936 ließ Dora ihre Parteimitgliedschaft von der KPD auf die Kommunistischen Partei der Sowjetunion übertragen. Das offizielle Formular für diesen Vorgang verlangte Angaben über ihre Herkunft, den Grund der Einreise, ihren Familienstand und vieles mehr. Auf die Frage nach genauen Namen und Adressen von „Genossen in Deutschland, die die Angaben bestätigen können oder nähere Auskünfte für politische Vergangenheit machen können", gab Dora nur einen Namen an: „Genossin Rothschild, z. Zt. Gefängnis."[9]

Auf der Rückseite wurde Dora aufgefordert, einen detaillierten Lebenslauf zu schreiben und darin über ihren sozialen Hintergrund, ihre Ausbildung, Parteilehrgänge und -aktivitäten zu berichten. „Ich bin im Jahre 1898 in Polen gebören", beginnt der Lebenslauf. „Meine Eltern sind religiöse jüdische Kleinbürger, bis zum Kriege kleine Unternehmer, dann selbst Handwerker." Sie nannte die Fabrik ihres Vaters nicht, ebenso wenig die Zahl der Arbeiter, Schneider und Näherinnen, die er einst beschäftigt hatte. „Ich wurde sehr religiös erzogen, der geistige Horizont meiner Kindheit [war] dementsprechend reaktionär. Der Krieg änderte dann alles. Ich kam in Berührung mit Kreisen, die der verbotenen KPD angehörten, war jedoch selbst ohne jede politische Orientierung. Im Jahre 1918 erlebte ich zum ersten Mal als denkender und bewusster Mensch die blutigen Judenverfolgungen im befreiten Polen, bekam eine stark nationale Orientierung, näherte mich den Richtungen, die gegen die nationale Unterdrückung kämpften. 1919 verliess ich Polen. Ich kam nach Deutschland mit d. Zweck zu studieren. Ich lebte zwei Jahre in Breslau und dann (ab 1919) in Berlin. Am Anfang habe ich als Hausangestellte, später als Heimarbeiterin, Hausschneiderin meinen Unterhalt bestritten."

„1923", schrieb sie weiter, „heiratete ich den deutsch-tschechischen Dichter Dr. Franz Kafka, der dann im Jahre 1924 starb. 1926–28 besuchte ich die Düsseldorfer Schauspielakademie und 28/29 war ich am Rheinischen Städtebundtheater tätig. Diese ganzen Jahre blieb ich dem politischen Leben fern." 1928, berichtete sie, „traf ich in Düsseldorf mit Leuten zusammen, die mich mit d. ersten Anfängen des Marxismus bekannt machten. Ich wurde jedoch von d. Kommunisten Wolfgang Langhoff, mit d. ich zusammen am Düsseldorfer Schauspielhaus war, darüber aufgeklärt, dass die Kommunisten eine ganz andere Stellungnahme zum Marxismus haben, als dieser Kreis", der, soweit sie sich erinnern konnte, „eine Sternberg-Gruppe" war. Zu dieser Zeit, gab Dora zu, „verstand ich aber nicht, was damit gemeint sein kann."

Dora erzählte, wie Eva Frietsche, ihre Mitbewohnerin in Berlin, sie zu Zellentreffen mitnahm, von ihren ersten Parteiaktivitäten in der Charlottenburger ›Zelle 218‹, ihrer Teilnahme an Streiks, ihrem Engagement, ihrer Arbeit mit der Agitprop-Gruppe und den häufigen Umzügen während der illegalen Zeit bis zur Verhaftung ihres Mannes und, dass sie seitdem von der Partei von allen Pflichten entbunden worden und ihr verboten war, „mit Genossen zusammenzukommen". In den letzten acht Zeilen ihres Lebenslaufs drückte Dora ihre Dankbarkeit gegenüber der Kommunistischen Partei und ihre Hoffnung auf eine Zukunft in Russland aus: „Ich will hier weiter als Schauspielerin tätig sein. Ich bitte um Aufnahme in die Bolschewistische Partei, weil ich wieder als aktiver Mitarbeiter in d. Arbeiterbewegung und im Aufbau d. Sozialismus verwendet werden will. Ich verdanke d. Partei meine eigene Befreiung, meine Höherentwicklung zum bewussten Menschen. Dies gibt ihr das Recht, den Einsatz meiner ganzen Kraft für ihren Dienst zu fordern, welches ich jederzeit mit d. aufrichtigsten Bereitschaft zu erfüllen mich verpflichte."[10]

Kurz nach ihrer Ankunft in Moskau erkrankte Marianne an Scharlach. Ein roter Ausschlag bedeckte Mariannes Gesicht und Nacken und bald auch ihren übrigen kleinen Körper. Sie litt tagelang an einem gefährlich hohen Fieber. Mit kühlen Tüchern bemühte sich Dora, das Fieber zu senken, und bis zu Mariannes zweitem Geburtstag am 1. März hatte es auch nachgelassen, der Ausschlag war ebenfalls verblasst, doch das Kind blieb geschwächt. Penicillin, das Wundermittel, das der Bakteriologe Alexander Fleming 1928 entdeckt hatte – zu spät für Kafka –, hätte Marianne helfen können, doch es war in Russland noch nicht verfügbar. Doras größte Angst war, dass Marianne ins Krankenhaus eingewiesen werden musste, denn wie sie zu ihrem Entsetzen feststellte, entsprachen die gloriosen Berichte über eine für die Allgemeinheit zugängliche medizinische Versorgung ganz und gar nicht der Realität. Die russische Medizin machte bedeutende Fortschritte im Bereich der theoretischen Forschung – Dr. Jacobsohn-Lasks Einladung in die Sowjetunion war ein Beispiel dafür –, doch „um die grundlegenden Medikamente und Ausstattung zu kaufen, um Krankheiten zu bekämpfen"[11], fehlte das Geld. „Es ist nicht angenehm, zu spüren, wie deine Hoffnung sich unaufhaltsam in Verzweiflung verwandelt", schrieb Gene Lyons. Er hatte die traurige Lage selbst kennengelernt, als seine Frau in Moskau ins Krankenhaus eingeliefert wurde und er beobachten musste, dass „die tiefe Kluft zwischen abstrakter Forschung und praktischer Anwendung, zwischen grandioser Planung und schlampiger Ausführung durch alle Bereiche des russischen Lebens verlief, aber in Bezug auf Medizin besonders erschreckend war." Die Krankenhäuser in Moskau waren die schlimmsten, die Lyons jemals gesehen hatte: „Außer unter ungewöhnlichen Umständen wurden die Bettlaken einmal wöchentlich gewechselt. Die Decken wurden nicht gewaschen, sondern bloß desinfiziert, sodass sie mit dem Dreck und Erbrochenen voriger Patienten verkrustet waren." Wegen des proletarischen Prinzips, dass alle die gleiche Behandlung teilten, „verboten die Regeln das Mitbringen von Laken, Decken oder anderen Gegenständen von draußen."[12]

Der einzige Ausweg schien, mit Dr. Jacobsohn-Lask und seiner Frau Berta nach Sewastopol zu gehen. Das heiße, trockene Klima würde unvergleichlich besser für Marianne sein, und Dr. Jacobsohn-Lask hatte an der Universität Zugang zu den Krankenhauseinrichtungen. Lutz musste in Moskau bleiben. Als sowjetischer Staatsbürger unterstand er vollkommen der Kontrolle des Staates. Seine Arbeit wurde als wichtig eingestuft, weshalb er Moskau ohne ausdrückliche Genehmigung nicht verlassen konnte.

Sewastopol, Frühling 1936

Sewastopol war, verglichen mit Moskau, ein Garten Eden. Auf der Halbinsel Krim, an der Küste des Schwarzen Meeres, war die Stadt bereits als Kurort bekannt. Das subtropische Klima und die Seeluft begünstigten Mariannes Genesung tatsächlich. Im Frühling wurde Lutz ein mehrtägiger Urlaubsaufenthalt in Sewastopol bewilligt. Für Doras und Lutz' Ehe blieb die Situation schwierig. Durch die lange Trennung waren sie einander bereits entfremdet, und auch die Umstände, unter denen sie zusammengekommen waren, hatten sich gewandelt; sie umgab nicht mehr die Gefahr, die ihre Leidenschaft angefacht hatte. Da die Großeltern ihrer Enkelin Marianne reichlich Aufmerksamkeit widmeten und sie liebevoll umsorgten, entschied sich Dora, mit ihrem Mann wieder nach Moskau zurückzukehren. Sie wollte sich dort wieder nützlich machen und erneut die Arbeit am Theater aufnehmen. Und wenn sie wieder bei Lutz lebte, würde das vielleicht auch ihre Ehe retten.

Moskau, August 1936

Die ständige gegenseitige Bespitzelung und das gegenseitige Mißtrauen innerhalb der Partei stellte eine zunehmende Gefahr dar, der auch Dora und Lutz sich bald ausgesetzt sahen. Im August fanden in Moskau die ersten Schauprozesse gegen vermeintliche ›Konterrevolutionäre‹ statt. Das Interesse der Öffentlichkeit war groß, als zwei prominente Bolschewisten, Grigori Sinowjew und Lew Kamenew, alte Helden der Oktoberrevolution, vor Gericht gestellt und wegen Verrats zum Tode verurteilt wurden. Es war der erste von vier aufsehenerregenden Schauprozessen in Moskau, in deren Verlauf mehr als sechzig ehemalige Generale und hochrangige Parteifunktionäre der alten bolschewistischen Fraktion verurteilt und hingerichtet wurden.

Zu Anfang glaubte fast jeder (oder gab vor, zu glauben), was von offizieller Stelle verkündet wurde. Es gab keine freie Presse, und Kritiker Stalins oder des Staats konnten jederzeit verhaftet werden. Der Partei zufolge waren die plötzlichen, unerwarteten Verhaftungen von verdächtigen Genossen notwendig, um zu erhalten, wofür man so hart gekämpft hatte. 1936 war die vorherrschende öffentliche Meinung noch, dass jene, die verhaftet worden waren, sich tatsächlich an gegenrevolutionärer Sabotage beteiligt hatten. Jede kritische Bemerkung gegenüber dem Staat wurde als „antipatriotisch" betrachtet und galt als „feige Schwarzseherei".[13]

Dora wurde bezüglich einer Auskunft über ihre Freundin Elisabeth ›Ula‹ Wimmler vom Zentralkomitee angeschrieben. Dora und Ula kannten sich noch von ihrer gemeinsamen Zeit an der Düsseldorfer Theaterakademie. Sie hatten sich zuletzt 1935 in Berlin gesehen. Monatelang hatte Dora die obligatorische Informationsanforderung einfach ignoriert, da sie zu besorgt um Marianne war, um über irgendetwas anderes nachzudenken, und vielleicht auch, weil sie einfach zögerte, eine Auskunft zu geben. Schließlich antwortete sie doch: „Sie pflegte früher mit einer Bekannten v. mir zu korrespondieren, die in Berlin lebt. Diese Bekannte, Hedwig Wittekind", enthüllte Dora unvorsichtig, „stammt aus einer Nazifamilie und war selbst kurze Zeit Mitglied der NSDAP, begann aber dann mit uns zu sympathisieren. Ich habe Ula Wimmler bei ihrem Berliner Aufenthalt voriges Jahr gesprochen, und ihr Aufträge u. Kleinigkeiten an Bekannte in d. Union mitgegeben. Als sie meine Bekannten hier besuchte, bestritt sie vor ihnen kategorisch mich in Berlin gesehen zu haben. Das ist zumindest sonderbar innerhalb d. eventuellen Zusammenhänge." In jenen Zeiten des Verrats konnte Dora die Möglichkeit nicht ausschließen, dass Ula eine Spionin war. In den sowjetischen Zeitungen las man lauter Berichte von Hunderten von „Klassenfeinden, Saboteuren und Betrügern", die durch die „Wachsamkeit von loyalen Bürgern" entdeckt worden waren. Angst und Misstrauen drangen durch alle sozialen Beziehungen und Freundschaften, und Dora war nicht gefeit gegen diese Paranoia. Dora wusste nur zu gut, dass die Nazis verdeckt arbeiteten, und Ula hatte Verbindungen zu Nazis. Weiter berichtete Dora: „Gen. Ula Wimmler war mit Anatoli Becker befreundet. […] Falls der Fall sich als wichtig erweisen sollte, könnte ich, wenn nötig das eine oder das andere in Erfahrung bringen".[14]

Dora kannte Anatoli Becker durch seine Frau Carola Neher, eine junge deutsche Schauspielerin, die in Moskau bei der berühmten Agitprop-Theatergruppe „Kolonne Links" arbeitete. Becker war im selben Jahr der KPD beigetreten wie Dora und nach der Machtergreifung der Nazis 1933 zusammen mit seiner Frau in die Sowjetunion ausgereist. Die Beckers hatten einen Sohn in Mariannes Alter. In ihrer Naivität ahnte Dora nicht, welche Folgen ihre Auskunft für ihren Bekannten Anatoli Becker haben sollte. Er wurde noch im selben Monat wegen Verrats verhaftet. Im September ergriff der NKWD mitten in der Nacht auch Carola. Sie wurde mehrere Monate im Lubjanka-Gefängnis festgehalten, bevor es zu einer Verurteilung zu zehn Jahren Arbeit in einem Lager kam. Niemand weiß, was aus ihrem Sohn geworden ist.

Auch über Dora wurde dem Geheimdienst berichtet, und zwar von Hans Schreiber, der seit seiner Kindheit mit Lutz befreundet war. Am 29. August schrieb der Genosse Tschernomordik dem Genossen Kornilew: „Schreiber informiert uns, dass Dora Lask vor wenigen Tagen von Sewastopol nach Moskau zurückgekehrt ist. Sie lebt am Nowinski-Boulevard 2, Wohnung 4, mit Eiler [Lutz' Deckname]. Als sie mit Schreiber sprach, sagte sie, dass sie von Anatoli Becker wusste, dass sein Bruder früher ein aktives Mitglied der Weißen Garden war."[15] Mit ihrer Aussage im Gespräch mit Schreiber hatte Dora unabsichtlich geholfen, Beckers Schicksal zu besiegeln. Dessen Verbindung mit den Weißen Garden, den antibolschewistischen Truppen im Bürgerkrieg, war weitere Munition gegen ihn. Becker wurde zum Tode verurteilt und im darauffolgenden Jahr erschossen.

Schreiber, der in Wahrheit Heinz Altmann hieß, war eine Leitfigur der KPD im Nordwesten Berlins gewesen. Trotz seiner zehnjährigen Zeit als loyaler und leidenschaftlicher Kommunist stand auch er nun unter Verdacht. Vielleicht wollte er gerade mit dem Bericht über Dora seine Loyalität beweisen. Er gab an, mehrmals im Zimmer ihres Mannes mit Dora gesprochen zu haben. Er kenne sie seit sechs Jahren und habe von Anfang an an ihrem Pflichtgefühl gegenüber der Partei und ihrer Loyalität gezweifelt. Sie sei in Diskussionen „in scharfen Gegensatz" zu ihm geraten und habe „völlig unsinnige Ansichten" geäußert.[16]

Moskau, Dezember 1936

Die kleine Sammlung von Büchern von Kafka war noch immer in Doras Besitz. Sie hatte sie nach Moskau mitgenommen, weil sie es nicht ertragen konnte, von den Büchern getrennt zu sein, aber ebenso, weil sie Kafkas Werk mitteilen, dessen Weisheit dem großen Kollektiv anbieten und vermitteln wollte. Seit Kafkas Romane und die ersten vier Bände seiner gesammelten Werke in Deutschland erschienen waren, hatte Dora ihre Bedeutung neu schätzen gelernt. Weit über den persönlichen Wert hinaus konnte den Büchern, als seltenen Erstausgaben, aber vor allem angesichts der wenigen verbliebenen Originalausgaben in Europa, eine besondere Bedeutung zukommen.

In Deutschland war Kafkas Werk nun verboten. Nachdem Brod die ersten Ausgaben der gesammelten Erzählungen 1935 herausgebracht hatte, zeigte sich ein deutscher Kritiker „erstaunt, dass solche antifaschistischen Bücher direkt unter der Nase der Gestapo veröffentlicht werden konnten." Kafkas Werk wurde prompt als „entarteter jüdischer Einfluss" geächtet.[17] Nichtsdestotrotz verbreitete sich Kafkas Werk in Kontinentaleuropa, England und Amerika. 1930 überzeugten die Übersetzer Willa und Edwin Muir (der ein angesehener Dichter war) einen englischen Verlag, Secker & Warburg, die erste englische Übersetzung von *Das Schloss* herauszubringen. Später in jenem Jahr veröffentlichte Alfred A. Knopf die Übersetzung von *Amerika*. Bis 1936 war *Der Prozess* bereits ins Französische, Norwegische, Italienische und Polnische übersetzt worden.

Ein italienischer Kommunist in Moskau mit dem Decknamen ›Lenari‹ hatte großes Interesse an Kafkas Büchern bekundet. Dora traf ihn zum ersten Mal, als er zu einer Physiotherapie wegen seiner Prothesen ein Kurzentrum in Sewastopol besuchte. Als Opfer von Mussolinis Folterpraktiken hatte Lenari beide Beine und eine Hand in einem faschistischen Gefängnis in Italien verloren. Während der drei Monate, die Dora in dem Herbst in Moskau lebte, besuchte sie Lenari mehrfach in seiner Wohnung, um mit ihm über Kafka und seine Bücher zu reden. „Da er mir in Fragen der Literatur ziemlich bewandert schien", sagte Dora, „beriet ich mit ihm, ob die Werke meines verstorbenen ersten Mannes Franz Kafka einen Sinn für d. Sowjetunion hätten." Lenari war sehr begeistert, erzählte Dora. „Er bejahte dies ausdrücklich, und wollte selbst mit den entsprechenden Instanzen sprechen und in d. Wege leiten."[18]

Mariannes Gesundheit hatte sich doch weiter zum Schlechten entwickelt, sie war sehr krank. Dora musste umgehend nach Sewastopol zurückkehren. Als sie ihre Sachen packte, traf Dora hinsichtlich der Bücher von Kafka eine Entscheidung. Sie wusste, dass ihre Lage in Russland heikel war. Sie hatte noch keine Antwort auf ihren Mitgliedschaftsantrag für die Kommunistische Partei der Sowjetunion erhalten, und ihre Aussichten wurden mit jeder neuen Verhaftung und jedem Verschwinden eines langjährigen Freundes oder vertrauten Genossen düsterer. Ausländer standen besonders unter dem Verdacht der ›Fünfte Kolonne‹-Infiltration und anderer verräterischer Aktivitäten.

Dora war es nicht gelungen, die Schriften Kafkas, die sich in ihrem Besitz befunden hatten, vor den Nazis zu schützen – ein nagendes und anhaltendes Bedauern, das sie noch immer quälte. Sie war entschlossen, dergleichen nicht noch einmal geschehen zu lassen. Bevor sie Moskau verließ, schnürte Dora ihre geliebte Sammlung von Erstausgaben zu einem Bündel, schrieb vorher „Dymant-Kafka" in jede und brachte sie zur sicheren Verwahrung in Lenaris Moskauer Wohnung. Es war ein schmerzvolles Opfer, jedoch eines, das sie erbringen zu müssen glaubte, um Kafkas Bücher für künftige Generationen zu erhalten.

Sewastopol, Frühling 1937

Dora erschrak, als sie ihre Tochter in Sewastopol wiedersah. Sie war gewachsen, hatte aber an Gewicht verloren. Ihre Wangen waren eingefallen und ihre Augen wirkten riesig, ähnlich wie bei Franz, als die Krankheit sich bereits in seinem Gesicht abzeichnete. Ein Foto zeigt das schwache Mädchen auf den Armen ihres Großvaters vor der Universitätsklinik. Man hatte bei Marianne einen bleibenden Schaden an den Nieren und möglicherweise auch am Herzen festgestellt und außerdem „Kindertuberkulose" diagnostiziert. Weitere mögliche Spätfolgen waren nicht ausgeschlossen. Nach Meinung der Ärzte konnte Marianne, wenn überhaupt, nur von Spezialisten im Ausland geholfen werden. Am besten wären „mehrere Jahre ununterbrochen in einem Sanatorium unter ständiger strenger ärztlicher Aufsicht"; in Russland gäbe es unter den gegebenen medizinischen Umständen keine Heilung.

Die Nachricht war erschütternd, denn es war unmöglich, das Land ohne Erlaubnis zu verlassen, und fast ebenso unmöglich war es für Dora, eine solche

Erlaubnis zu erlangen. Sie reichte dennoch ein Gesuch beim ›Narkomindel‹, dem Ministerium für auswärtige Angelegenheiten ein, und bat, Marianne außer Landes bringen zu dürfen. Doras Schreiben ist in den Akten des Ausführenden Komitees der Komintern in den Zentralarchiven der Kommunistischen Partei in Moskau (jetzt Russisches Staatsarchiv für Soziale und Politische Geschichte) erhalten. 1937 geschrieben, zu der Zeit, als Tausenden von desillusionierten ausländischen Kommunisten nicht nur die Ausreiseerlaubnis verweigert wurde, sondern sie schon für die schlichte Bitte darum unter den Verdacht des Verrats gerieten, war Doras unbekümmerte Bitte „um d. Erlaubnis [...] für 8–10 Tage ins Ausland reisen zu dürfen" hoffnungslos optimistisch. Doch in ihrer Entschlossenheit, das Leben ihrer Tochter zu retten, glaubte Dora felsenfest an den Erfolg ihres Gesuches. Etwas anderes ließ sie in ihren Gedanken einfach nicht zu. Sie schilderte in dem Schreiben die ganze Geschichte von Mariannes Krankheit und der fatalen Prognose, sollte sie in Russland bleiben, und wiederholte den Rat der Ärzte, sich im Ausland um eine Behandlung durch Spezialisten zu bemühen. Sie erläuterte die Option, Marianne mit Hilfe einer Tante in ein schweizerisches Sanatorium zu bringen, weil dort die medizinische Versorgung zur Zeit am fortschrittlichsten sei. „Vorausgesetzt also, dass wir die Erlaubnis von Narkomindel bekommen, wollen wir nach der Türkei fahren, das Kind mitnehmen und es ihr [der Tante] dort übergeben, beziehungsw. wenn der Zustand des Kindes es erfordern soll, müsste ich es bis nach d. Schweiz bringen, weil die Tante selbst krank ist und die weite Reise mit einem schwer kranken Kinde nicht allein machen kann." Für den Fall, dass es nötig sei, Marianne in einem deutschen Sanatorium unterzubringen, schrieb Dora, „wollen wir es von einer entfernten Verwandten, namens Wolff adoptieren lassen", da ansonsten, verwies Dora, „die Gefahr besteht, dass es als Kind von Ludwig Lask und Enkelkind von Berta Lask großen Gefahren ausgesetzt sein wird." Sie bat um schnellstmögliche Antwort und unterzeichnete „mit kommunistischem Gruß, Dora Lask".[19] Wie die Kosten dieser Reise und des Aufenthaltes in der Schweiz gedeckt werden sollten, war völlig ungewiss. Es war verboten, fremde Währungen aus der Sowjetunion auszuführen. Im Übrigen benötigte sie ein Visum der Schweizer Botschaft, das nur mit der schriftlichen Erlaubnis des Zentralkomitees der Partei in Moskau zu bekommen war. Auch eine Aufnahme Mariannes durch Bertas Schwester Helene, die noch immer in Deutschland lebte, wurde erwogen. Sämtliche Möglichkeiten wurden in Betracht gezogen.

Dora erhielt nie eine Antwort auf ihre wiederholten und dringenden Bitten; ebenso wenig erhielt Berta Lask die Erlaubnis, ihre Schwester Helene zu besuchen. Dora begann, über die Möglichkeit nachzudenken, das Land zu verlassen. Noch besaß sie ihren deutschen Pass.

Sewastopol, Sommer 1937

Am 9. Juni legte das Ausführende Komitee seinen Bericht im Fall Dora Lask (Maria Jelen), Protokollnummer 2245, betreffs der Übertragung der Genossin von der Kommunistischen Partei Deutschlands zur Kommunistischen Partei der Sowjetunion[20] vor. Der Bericht fasste Doras persönliche und politische Geschichte und einige Berichte anderer Genossen über sie zusammen und kam zu der Schlussfolgerung: „Da die Funktion der D. L. nicht bestätigt, ihre Verbindungen mit den Verhafteten Wimmler und Anatoli Becker nicht geklärt sind, sie politisch schwach entwickelt ist und in den letzten Jahren der Illegalität absolut passiv war, scheinbar überhaupt fast keine Verbindung zur Partei hatte, kommt z. Zt. Ueberführung in die KPdSU (B) nicht in Frage und wird ihr lediglich die Mitgliedschaft in der KPD seit 1930 bestätigt."

Als Ausländerin ohne den Schutz der Partei befand Dora sich nun in extremer Gefahr. Aus Moskau kamen schreckliche Nachrichten über immer häufigere willkürliche Verhaftungen – niemand war mehr sicher.

Im Sommer wurden alle ausländischen Mitarbeiter des Marx-Engels-Lenin-Instituts, darunter auch Ludwig Lask, entlassen. Lutz hielt an seinem Glauben an das kommunistische Russland fest und gab die Schuld an den Massenentlassungen „der Verschärfung der internationalen Lage"[21]. Aufgrund einer Parteiempfehlung durfte er immer noch als Korrekturleser für das Moskauer Verlagshaus *Iskra Revolutzii* und gelegentlich für Verleger von fremdsprachigen Wörterbüchern arbeiten. Ohne diese Empfehlung hätte er bereits seine Lebensmittelkarte und seine Wohnung, das heißt seine Lebensgrundlage, verloren. Einen Monat später erhielt Lutz dennoch eine offizielle Verwarnung der Partei aus der deutschen Abteilung der Komintern, weil er über Jahre mit Heinz Altmann, alias Heinz Schreiber, den man im Jahr zuvor verhaftet hatte, befreundet gewesen war.

Am meisten erschütterte Dora die Nachricht von der Verhaftung Lenaris, in dessen Wohnung sich ihre komplette Sammlung von Kafkas Erstausgaben befand. Niemand, den sie noch in Moskau kannte, wusste etwas von den Büchern, und niemand war bereit, Erkundigungen einzuholen. Trotz bester Absichten war es Dora erneut misslungen, Kafkas Werk zu schützen. In ihrer Verzweiflung traf sie die tollkühne wie auch törichte Entscheidung, selbst einen Brief an den NKWD zu schreiben.

In dem Brief vom 13. August heißt es: „Vor einigen Monaten erfuhr ich von der Verhaftung des italienischen Genossen Lenari [...] und ich möchte in diesem Zusammenhang eine Erklärung abgeben". Sie erläuterte, wie sie Lenari kennengelernt hatte und wie sie dazu gekommen war, ihm ihre Bücher von Kafka zu überlassen, und stellte dann die folgende Bitte: „Die Werke von Kafka sind in Deutschland verboten, alles, was in Verlagen war, herausgezogen und eingestampft, auch woanders sind sie bis jetzt nicht verlegt, und bei der zunehmenden Faschisierung ist es auch kaum zu erwarten, dass sie so bald irgendwo verlegt werden. Die Exemplare, die sich in Lenaris Wohnung befinden gehören zu den wenigen, die noch vorhanden sind. Der Wert dieser Werke wird von der gesamten Weltliteratur unbestritten anerkannt. Ich wäre darum nicht nur aus persönlichem Interesse sehr dankbar, wenn man mir helfen würde, wieder in Besitz der sich dort befindlichen Exemplare zu gelangen."[22]

Auch dieser Brief Doras wurde nie beantwortet.

Moskau, März 1938

Am 26. März 1938 geschah das beinahe Unvermeidliche, Lutz Lask wurde in seiner Moskauer Wohnung vom NKWD verhaftet und als Spion angeklagt. Monatelang hörte man nichts von ihm – selbst Berta wurde die Auskunft verweigert. Lutz wartete unterdessen auf eine Anhörung vor Gericht, die nie stattfand. Er leugnete alles und beteuerte seine Unschuld, doch drei Monate später, nachdem man Hermann und Alice ebenfalls verhaftet hatte, wurde Lutz davon in Kenntnis gesetzt, dass er aufgrund „der ›Besonderen Beratung‹ des NKWD wegen Spionageverdachts zu 5 Jahren Haft im Arbeits- und Erziehungslager verurteilt" worden war.[23] Es gab keine Verhandlung oder Verteidigung, eine Berufung war nicht möglich. Ende Oktober wurde Lutz ins Arbeitslager am Fluss Kolyma am nördlichen Polarkreis weit im Osten von Sibirien verschifft. Dora sah ihn nie wieder.

Kurz darauf floh Dora mit der kleinen Marianne aus der Sowjetunion. Wie ihr die Fucht gelang, auf welchem Weg sie das Land verließ, bleibt das größte Geheimnis, das es über Doras Leben noch gibt. Es existieren keine Berichte darüber, wie oder wann sie und Marianne flohen, und Dora sprach nie darüber. Sicher ist nur, dass sie mit dieser Flucht das schier Unmögliche vollbrachte. In der Kafka-Biografie von Ernst Pawel heißt es: „Nur ein Wunder konnte das Kind retten, nur ein noch größeres Wunder konnte es damals auf dem Höhepunkt der Säuberungsaktionen Stalins der polnischstämmigen jüdischen Gattin eines abgeurteilten deutschen ›trotzkistischen Saboteurs‹ ermöglichen, zusammen mit ihrer sechsjährigen Tochter die Sowjetunion zu verlassen. Dora vollbrachte dieses Wunder."[24]

Der Historiker und Experte für die Thematik ausländischer Opfer des stalinistischen Terrors in der Sowjetunion Bernd-Rainer Barth vertritt hierzu eine faszinierende Theorie. „Solange man keine Erlaubnis des NKWD hatte, war es eigentlich unmöglich, zu gehen", so Barth. Dora konnte es nur genehmigt worden sein, abzureisen, indem sie zustimmte, sogenannte „Spezialarbeit" für die Partei zu erledigen. „Wegen der geringen Zahl der Geheimdienstquellen außerhalb der Sowjetunion wurden Spione bei den ausländischen Kommunisten angeworben, die ausreisen wollten. Beinahe alle Kommunisten, denen die Ausreise gewährt wurde, waren Spionagefälle, entsandt, um Informationen zu sammeln."

Die erfolgreichsten Sowjet-Spione der 1930er- und 1940er-Jahre waren osteuropäische, meist polnische Juden. Barth führt den Fall von Leopold Trepper an, einem polnischen Juden, Kopf des sowjetischen Spionage-Netzwerks, das im besetzten Europa während des Zweiten Weltkriegs als ›Rote Kapelle‹ bekannt war. „Polnische Juden wurden deshalb ausgesucht, weil sie gelernt hatten, in verschiedenen Milieus zu leben", so Barth. „Viele sprachen drei oder vier Sprachen und waren besser gerüstet, ein neues Leben mit einer neuen Identität zu beginnen, als die russischen Kommunisten, Arbeiter oder Bauern, die nie eine Krawatte getragen und keine Ahnung hatten, wie man sich in der Gesellschaft benimmt. Es wurde nicht Spionage genannt, sondern eher ‚Spezialarbeit für die Partei tätigen'."

Mit vierzig „war Dora im richtigen Alter, um ausgesandt zu werden. Die sowjetischen Geheimdienste wollten diejenigen vermitteln, die gute Quellen für künftige Informationen sein würden. Dora sagte, sie wolle in die

Schweiz, und die schweizerisch-sowjetischen Geheimdienst-Netzwerke waren die am weitesten entwickelten in Europa. Die Informationen, die durch diese Netzwerke nach Moskau geschickt wurden, halfen, den Krieg zu gewinnen." Doras Ausbildung zur Schauspielerin mag ihr in dieser Angelegenheit ebenfalls zum Vorteil gereicht haben. Nach Barths Meinung war Doras Ausreise aus der Sowjetunion höchstwahrscheinlich das Ergebnis einer solchen geheimen Abmachung. „Hier haben wir eine Frau, die alles tun wird, um ihre Tochter zu retten. Sie passt perfekt in das Profil derer, die man suchte." Es gibt noch eine andere, weniger faszinierende Möglichkeit, wie Dora die Flucht hat gelingen können. Wenn Ehemänner vom NKWD verhaftet wurden, schnitt man ihre Familien gewöhnlich vollkommen von der Gesellschaft ab. Sie verloren ihren ehemals schützenden Status als Ausländer oder ihre Parteimitgliedschaft und man nahm ihnen ihre Unterkunft, ihre Lebensmittelkarten und ihren Pass. Für viele Frauen führte die Verhaftung ihres Mannes zur eigenen Verhaftung und zum Tod. Einige der Kinder verhungerten oder wurden von russischen Eltern adoptiert. Frauen, denen es bis 1939 gelang, zu überleben, wurden der Gestapo übergeben, als Hitler und Stalin den Nichtangriffspakt unterzeichneten. Einige aber, sehr wenige, räumt Barth ein, wurden schlicht „aus dem Land geworfen".[25] Da Dora noch ihren deutschen Pass besaß, ist es denkbar, dass die Verurteilung und Deportation ihres Mannes ihr und ihrer Tochter erlaubte, die Sowjetunion zu verlassen und so ihre Leben zu retten. Nur sehr wenige Menschen wussten überhaupt, dass Dora einmal in der Sowjetunion gelebt hatte. Über die Umstände ihrer Flucht sprach sie nie.

17

ZWEITE FLUCHT (DIE GROSSE FLUCHT)

> „Ach", sagte die Maus, „die Welt wird enger mit jedem Tag. Zuerst war sie so breit, dass ich Angst hatte, ich lief weiter und war glücklich dass ich endlich rechts und links in der Ferne Mauern sah, aber diese langen Mauern eilen so schnell auf einander zu dass ich schon im letzten Zimmer bin und dort im Winkel steht die Falle, in die ich laufe." „Du musst nur die Laufrichtung ändern", sagte die Katze und fraß sie.
>
> Franz Kafka, Kleine Fabel[1]

En route durch Europa, Oktober 1938

Der sicherste und schnellste Weg von Sewastopol in die Schweiz war die Südroute über das Schwarze Meer nach Istanbul, von dort weiter mit dem Zug über Sofia nach Belgrad, über den Balkan bis Triest, durch Norditalien über Mailand und dann entweder weiter nach Norden zur Schweizer Grenze bei Lugano oder weiter nach Westen durch Frankreich und von dort nach Genf. Mit einem Reisevisum durften sie die Grenzen von Bulgarien, Jugoslawien, Italien und Frankreich überqueren, ohne Visa für diese Länder zu besitzen, jedoch würden sie die gesamte Fahrt über im Zug bleiben müssen. Durchreisenden mit Transitvisum war es verboten, den Zug zu verlassen, bevor sie ihre Endstation erreichten. In großen Bahnhöfen wurden die Waggons mit Transitreisenden abgetrennt und bewacht. Niemand durfte aussteigen, oft wartete man stundenlang oder gar tagelang auf den Gleisen auf die Weiterfahrt.

Welchen Weg Dora und Marianne genommen haben, ist nicht bekannt, doch als sie nach Tagen, möglicherweise Wochen die schweizerische Grenze erreichten, war diese bereits geschlossen.[2] Dora war verzweifelt und erschöpft. Ihre Möglichkeiten waren begrenzt. Wenn sie nach Deutschland zurückkehrte, würde man sie verhaften. Ihr Name stand auf mindestens drei verschiedenen

Listen an den Grenzposten des Dritten Reichs, das nun auch Österreich und das Sudetenland einschloss. Die aktuelle Liste vom Januar 1938 war an alle Polizeireviere des Dritten Reichs, an das Innenministerium für das äußere Preußen, den Reichskommissar des Saarlandes, die Gestapo-Hauptzentrale in Berlin und alle Grenz-Wachtposten geschickt worden, verbunden mit dem Befehl, an „allen lokalen Kontrollpunkten der Grenzübergänge jede solche Person sofort zu verhaften, sollte sie versuchen, die Grenze zu überqueren."[3] Ihr Pass wies sie als „Lask, Dora, geborene Dymant" aus, mit ihrem richtigen Geburtsort und Geburtsdatum und ihrer alten Adresse in der Pariser Straße. Unter ihrem Namen auf der Liste war der Name ihrer verstorbenen Nichte vermerkt, „Ruth Lask, geboren am 12. Juli 1932". Die Tochter von Hermann und Alice war zwei Jahre zuvor im Alter von vier Jahren gestorben.

Der Zeitpunkt für Doras Rückkehr nach Europa hätte nicht schlimmer sein können. Ungefähr zur selben Zeit, als Dora und Marianne an der Schweizer Grenze abgewiesen wurden, verübte ein jüdischer Jugendlicher in Paris ein Attentat. In der deutschen Botschaft erschoss er einen Diplomaten. Am nächsten Tag rief der Propagandaminister Joseph Goebbels zur Rache gegen alle Juden auf. In der folgenden Nacht, vom 9. auf den 10. November, der sogenannten ›Reichskristallnacht‹ wurden über tausend Synagogen niedergebrannt. In Berlin, München, Wien und Dutzenden anderen Städten setzten wütende Mobs jüdische Häuser und Geschäfte in Brand, schlugen Fensterscheiben ein, plünderten Läden und zerstörten Gebetstuben und sonstige jüdische Versammlunsgräume. Dreißigtausend Juden wurden bei den fortgesetzten Novemberprogromen vom 7. bis zum 13. November verhaftet und in Konzentrationslager deportiert.

Entsetzte Juden standen vor ausländischen Botschaften Schlange, sie ersuchten verzweifelt um Aufnahme in anderen Ländern, doch die Immigrationskontingente der meisten westlichen Länder waren bereits erschöpft und es gab lange Wartelisten. Ein Gesetzentwurf, der dem amerikanischen Kongress vorlag und zehntausend deutsch-jüdischen Kindern ermöglichen sollte, ins Land zu kommen, wurde nicht verabschiedet, obwohl tausende US-amerikanische Familien angeboten hatten, die Kinder zu adoptieren. Bei einer Umfrage des *Fortune-Magazins* von 1938 votierten eben auch 83 Prozent der Amerikaner mit ›Nein‹ zu dem Gesetzentwurf, sollten sich durch diesen „die Türen der Vereinigten Staaten einer größeren Zahl europäischer Flüchtlinge öffnen, als im Moment bei unseren Einwanderungsquoten erlaubt ist." – „Wenn wir unser Land so belassen wollen, wie es ist, und unsere Freiheit nicht verlieren wollen, müssen wir nicht nur diese Kinder davon fernhalten, sondern das ganze verdammte Europa"[4], hieß es.

Nur die Grenzen der Niederlande waren noch offen, und so flüchteten Dora und Marianne weiter nach Den Haag. Vielleicht würden sie dort sogar noch ihren Bruder und ihre Schwägerin, Ernst und Ruth Friedlaender, antreffen. Wie Dora an Geld kam, wie sie Zugtickets, Nahrungsmittel und was sonst während der langen Fahrt erforderlich war, bezahlen konnte, bleibt unbekannt.

Den Haag, Winter 1938

In Den Haag gab es ein freudiges Wiedersehen. Ernst und Ruth Friedlaender lebten tatsächlich noch in der Stadt, in die sie 1933 aus Berlin geflüchtet waren. Ihre Namen standen seit fünf Jahren auf der Warteliste der amerikanischen Botschaft für Visa für die USA. Sie konnten jeden Tag eintreffen. Ruth Lask-Friedlaender war überglücklich, Dora und das Kind ihres Bruders kennenzulernen, das, lange nachdem Ruth und Ernst Berlin verlassen hatten, geboren worden war. Ruth fürchtete, ihre Familie nie wiederzusehen, denn sie hatte seit Jahren nichts von ihr gehört. Dora überbrachte ihr die traurige Nachricht vom Tod ihres Bruders sowie der kleinen Ruth und von den Verhaftungen von Lutz, Hermann und Alice.

Das Haus der Friedlaenders bot vorerst eine sichere Unterkunft, doch Dora hatte schon weitere Pläne. „Nach der Schweiz war England ihre nächste Wahl", erzählte Marianne Steiner, eine Nichte Franz Kafkas. Es hieß, englische Ärzte seien exzellent, und im Londoner East End gab es eine große jüdische Gemeinschaft mit Hilfswerken für Flüchtlinge.

Die Zeit drängte. Wenn der Krieg ausbrach, würden die Grenzen geschlossen und sie säßen in den Niederlanden fest. Hitlers Eroberungsdrang würde mit dem Münchner Abkommen nur vorübergehend zu beruhigen sein. Die von den westeuropäischen Ländern als ›Frieden mit Ehre‹ apostrophierte Preisgabe der tschechoslowakischen Demokratie durch den britischen Premierminister Neville Chamberlain und den französischen Premierminister Édouard Daladier blieb vergebens. Hitler verlangte mehr Territorium, neuen ›Lebensraum‹ für

Deutsche. Es war nur eine Frage der Zeit, bis die deutsche Armee die Tschechoslowakei besetzen würde.

Nach ein paar Tagen bei den Friedlaenders brachen Dora und Marianne nach Hoek van Holland auf, um von dort mit der Fähre nach England überzusetzen. Nach der vierstündigen Überfahrt erwartete sie allerdings eine herbe Enttäuschung; sie wurden abgewiesen und sahen sich gezwungen, in die Niederlande zurückzufahren. „Mit ihrem deutschen Pass und der russischen Familie war sie viel zu verdächtig für die Beamten der Einwanderungsbehörde, um ihr eine Einreiseerlaubnis zu erteilen", berichtet die Nichte von Kafka, Marianne Steiner. „Vier oder fünf Mal wurde sie mit ihrem kranken Kind über die See geschickt, weil England sie auch nicht hereinlassen wollte."[5] Nach mehreren gescheiterten Versuchen, nach England zu gelangen, kehrten Dora und ihre Tochter niedergeschlagen nach Den Haag zurück. Vorerst war Marianne zu schwach, um die Reise erneut zu wagen.

Prag, März 1939

Im Laufe eines einzigen Tages verschwand die Tschechoslowakei von der Landkarte. Hitler hielt sich nicht an sein Versprechen vom Münchner Abkommen, nur deutsche Gebiete des industriell starken Sudetenlandes zu annektieren. Am 15. März rollten deutsche Panzer in das Land. Die Wehrmacht besetzte die westlichen tschechoslowakischen Provinzen Böhmen und Mähren vollständig. Die Beute wurde geteilt: Die Slowakei spaltete sich ab und blieb als Marionettenstaat Deutschlands zunächst erhalten. Ungarn verleibte sich die östlichste Provinz mitsamt einem Teil der Karpaten ein und Polen erhielt die Kontrolle über die Stadt Teschen (Cieszyn).

Im bedrohten Prag standen Tausende Tschechen sowie aus Österreich und Deutschland geflohene Juden vor ausländischen Botschaften und Konsulaten und hofften auf Visa. Das britische Konsulat, unter dessen Verwaltung Palästina stand, „stellte widerwillig 1.000 Urkunden aus, ein Tropfen auf den heißen Stein angesichts der über 50.000 jüdischen Flüchtlinge, welche die Regierung weiterhin drängte, so schnell wie möglich das Land zu verlassen."[6] In einem verzweifelten Versuch, zu entkommen, machten sich Tausende jüdische Männer, Frauen und Kinder auf zu rumänischen Häfen am Schwarzen Meer; dort gingen sie an Bord von „erbärmlichen Schiffen, um diese Reise voller Bedrängnisse und Gefahren zu den Küsten des Gelobten Landes anzutreten."

Als prominenter Zionist erhielt Max Brod eines der tausend Dokumente, welches ihm erlaubte, legal aus der Tschechoslowakei nach Palästina auszuwandern. Er verließ Prag in der Nacht des 14. März, nicht ahnend, dass die vorrückende deutsche Armee nur wenige Stunden entfernt war und sein Zug der letzte sein würde, der die tschechoslowakische Grenze überquerte, bevor die Deutschen die Grenzen schlossen. In seinem Handgepäck trug er Kafkas letzte unveröffentlichte Manuskripte, seine Tagebücher und Briefe.

Die Zeit hatte Max Brods leidenschaftlichen Wunsch nicht gemindert, Kafkas Werk herauszubringen. Neben der Herausgabe von Kafkas Schriften verfasste Brod auch eine Biografie über seinen Freund, die 1937 bei einem kleinen Prager Verlag erschien. Dora erfuhr von dem Buch nach ihrer Rückkehr aus der Sowjetunion. Als sie endlich ein Exemplar in den Händen hielt, war sie unendlich erleichtert. Es schien, dass Brod von seiner Meinung über Dora und ihre Beziehung zu Kafka nicht abgekommen war. Im letzten Kapitel erzählt Brod die Geschichte ihrer Liebesbeziehung. Er schildert eindringlich, wie wunderbar sie einander ergänzten und wie liebevoll und aufopfernd sie Kafka in seinen letzten Lebensmonaten pflegte.

Dora begegnet dem Leser in Brods Buch als eine junge, romantische Gestalt, die Erfüllung in Kafkas Leben brachte und „alle seine Lebensenergien" weckte. Nur bei ihrem Alter lag Brod falsch, er hatte sie sechs Jahre jünger gemacht, aber Dora hielt es nicht für nötig, es zu berichten. Ganz im Gegenteil – von da an zog Dora diese sechs Jahre von ihrem Alter ab, und für den Rest ihres Lebens behielt sie Brods Version der Geschichte bei, zumindest wenn es um ihr Alter in offiziellen Urkunden ging.

Den Haag, 1939

Dora und Marianne versuchten weiterhin, nach England einzureisen. Jeder Versuch war mit einer Hinfahrt über den Kanal, und, nachdem sie erneut abgewiesen wurden, der Rückfahrt zum holländischen Hafen verbunden. Die Überfahrten waren, besonders für Marianne, deren Gesundheit noch nicht wiederhergestellt war, strapaziös. Über mehrere Monate zogen sich die Einreiseversuche hin, man musste immer wieder neue Tickets besorgen und wieder zu Kräften kommen. Während der langen Wochen des Wartens in Den Haag nahm Dora Kontakt mit dem gefeierten holländischen Schriftsteller und Kritiker Menno ter Braak auf. Ter Braak hatte schon früh einen Essay über Kafka geschrieben, und Dora suchte das Gespräch mit ihm. Dieses Treffen fand laut ter Braaks Kalender am 17. Februar 1939 um acht Uhr abends in der Wohnung der Friedlaenders statt. Als man sie danach fragte, konnte Ruth Friedlaender sich nur noch daran erinnern, dass Dora und ter Braak „mehrere Stunden in angeregter Diskussion verbrachten". Sie wusste nicht mehr genau, suchte Dora das Gespräch „mit dem Schriftsteller, weil sie so begeistert über seinen Essay war – oder weil er gewisse Aussagen enthielt, denen sie vehement widersprach und von denen sie glaubte, sie mit ihrem eigenen Wissen über Kafka berichtigen zu können."[7] Der niederländische Wissenschaftler Niels Bokhove behauptet, dass Dora ter Braak vor allem treffen wollte, weil sie mit ihm in vielen Punkten im Hinblick auf Kafka übereinstimmte.[8] Doras nachfolgende Treffen mit ter Braak deuten auf ein gegenseitiges Verständnis hin – und eine wachsende Freundschaft: Doras Name erscheint in den nächsten sechs Monaten fünf weitere Male in seinem Kalender, in den Zeiträumen zwischen ihren vergeblichen Versuchen, nach England einzureisen.

Anfang März wurden sie zum fünften Mal in Harwich abgewiesen. So konnte es nicht weitergehen. Kurzentschlossen bat Dora einen Grenzbeamten, ihre Schwägerin in Den Haag anzurufen und sie zu bitten, Marianne am Hafen in den Niederlanden abzuholen. Sie plante nun, die Überfahrt erst einmal allein so lange zu wiederholen, bis ihr die Einreise bewilligt würde, und sich von England aus um alles Weitere zu kümmern. So fuhr sie noch zwei oder drei Mal über den Kanal, bis die Briten sie endlich passieren ließen.[9] Am 16. März, einen Tag nachdem die deutschen Truppen in Prag einmarschiert waren, erhielt sie eine „bedingte Aufenthaltsgenehmigung", die ihr erlaubte, als Ausländerin zwei Monate in England zu bleiben. Dora musste sich nun schnellstmöglich darum bemühen, Papiere für einen dauerhaften Aufenthalt zu bekommen. Als Erstes galt es, eine Unterkunft finden. Zehn Tage bevor ihre bedingte Erlaubnis auslief, konnte sich Dora endlich im Polizeirevier an der Commercial Street registrieren lassen und erhielt ihr Ausweisheft mit der Nummer 430855. Ihre Adresse war 34 Carysfort Road, N16, als aktuelle Staatsbürgerschaft hatte sie ›deutsch‹

angegeben, als vorige Russisch. In der Spalte ›ledig oder verheiratet‹ gab sie an: ›geschieden‹.[10] Doras bedingter Status wurde daraufhin bis zum 30. November auf sechs Monate verlängert. Mit diesen nötigen Papieren in der Hand verließ Dora England und kehrte in die Niederlande zurück, um ihre Tochter zu holen.

Zurück in Den Haag aber musste Dora feststellen, dass ihre Tochter noch zu krank war für die Überfahrt. Ihr Zustand muss bedenklich gewesen sein, denn es war äußerst riskant, die Abreise weiter hinauszuzögern. Mit jedem Tag nahm die Gefahr zu, in den Niederlanden festzusitzen. In jenem Sommer richtete Hitler seinen Blick auf Polen. Briten und Franzosen mussten inzwischen einsehen, dass ihre Beschwichtigungsstrategie gescheitert war, und sicherten zu, Polens Grenzen zu schützen. Am 23. August dann unterzeichneten Stalin und Hitler ihren berüchtigten ›Nichtangriffspakt‹. Im Wesentlichen versprach Stalin, Polen vor Deutschland nicht zu beschützen, wofür ihm im Gegenzug ein Teil der Kriegsbeute in Aussicht gestellt wurde. Dora war klar, dass sie nun nicht länger warten durfte.

Nach einem schweren Abschied von den Friedlaenders – man wusste nicht, ob man sich jemals wiedersehen würde – fuhren Dora und Marianne ein letztes Mal nach Hoek van Holland und bestiegen die Fähre nach England. Genau eine Woche später, am 1. September, marschierte die deutsche Armee in Polen ein. Großbritannien und Frankreich erklärten Deutschland den Krieg und alle internationalen Grenzen wurden geschlossen. Der Zweite Weltkrieg hatte begonnen.

Będzin, September 1939

Doras Vater, Herschel Dymant, war ein Jahr zuvor über Pessach gestorben. Ihm blieb die schreckliche Erfahrung erspart, die der Rest von Doras Familie, ihre Stiefmutter sowie ihre zehn Geschwister und deren Kinder, erleiden musste. Będzin in der Nähe der deutschen Grenze war eine der ersten Städte, die von den deutschen Truppen eingenommen wurden. Es gab keinen Ort, wohin man flüchten konnte; viele gingen in die Hauptsynagoge Będzins und beteten. Zur Mitternacht des 9. Septembers besprühten die Deutschen die Synagoge, in der Hunderte von Juden Zuflucht suchten, mit Benzin und brannten sie bis auf den Grund nieder – die meisten Menschen darin starben. Die Nazis legten daraufhin noch in über fünfzig nahegelegenen Häusern Feuer. Będzin wurde fast vollständig zerstört.

Bracha Plotkin, die den Überfall der Nazis überlebte und später nach Israel auswanderte, berichtete, dass einige Juden nach dem Feuer heimlich Steine der abgebrannten Synagoge herausbrachen, um daraus Menora herzustellen.[11] Eine andere Überlebende der Zerstörung Będzins durch die Nazis, Dasha Werygier Rittenburg, die später nach New York zog, erinnerte sich, dass während eines Monats seit dem Beginn der Besatzung eine strenge Ausgangssperre verhängt wurde; jeder, der nachts ein Licht anmachte, wurde erschossen. Um mit dem hohen Anteil von über 27.000 jüdischen Einwohnern in der Stadt zurechtzukommen, ließen die Deutschen einen jüdischen Rat aus den lokalen Führungspersönlichkeiten bilden. Man beschäftigte Juden in Werkstätten, die Deutschen gehörten, und ließ sie glauben, dass sie wegen der wichtigen Arbeit, die sie leisteten, verschont würden.

Aber schon bald erschallten „Juden raus!"-Rufe in den Straßen Będzins. Deutsche Soldaten schlugen an alle Türen und brachten die Juden zu ›Selektionen‹ auf den Bahnhofsvorplatz. Sie mussten in Reihe antreten; nur die Jungen und Gesunden wurden zur Arbeit in einem Lager ausgesucht. Die Erste, die aus Doras Familie bei einer dieser ›Selektionen‹ ausgewählt wurde, war die siebzehnjährige Sara, Doras jüngste – und gläubigste – Halbschwester. Sara kam zuerst nach Chebina, ein Durchgangslager, wo sie auf den Transport nach Deutschland wartete. Ihre Familie schickte ihr Pakete nach Chebina, an deren Inhalt sie sich sechzig Jahre später noch genau erinnerte. Darin waren ihr „schöner warmer blauer Mantel mit einem teuren Pelzkragen", ihr Fotoalbum und ein Erinnerungsbuch mit Fotos von Freunden und geliebten Menschen, die ihr Botschaften hineingeschrieben und ihre Namen eingetragen hatten.[12] Unter den Fotos für Sara waren auch zwei von Dora, eines mit Marianne als Baby. Einen Monat später wurde Sara in ein Arbeitslager in Deutschland deportiert, wo sie jeglichen Kontakt zu ihrer Familie verlor. Sechs Jahre lang hörte Dora nichts von Sara oder einem der anderen Familienmitglieder.

London, Winter 1940

Nach Ausbruch des Kriegs wies das britische Innenministerium alle Ausländer mit deutschen und österreichischen Pässen an, vor Polizei-Gerichten zu erscheinen, wo sie in eine von drei Kategorien eingeteilt wurden: ›Enemy Aliens‹ der

Klasse ›A‹ stellten ein Sicherheitsrisiko dar und wurden augenblicklich interniert. Jene mit der Klassifikation ›B‹ waren möglicherweise nicht loyal und sollten überwacht werden. Sie durften sich ohne polizeiliche Erlaubnis nicht über einen Fünf-Meilen-Radius hinaus von ihrem Wohnsitz entfernen und mussten alle Gegenstände abgeben, die zur Spionage genutzt werden konnten, wie Kameras, Karten und Ferngläser. Ausländer, die als Flüchtlinge vor den Nazis galten, wurden mit ›C‹ klassifiziert und blieben unbehelligt.[13] Am 11. Januar 1940 erschien Dora vor dem Tribunal Nummer 8 der Metropolitan Police. Sie wurde als Ausländer der Kategorie ›B‹ eingestuft, war „bis auf weitere Anweisungen von der Internierung ausgenommen" und durfte sich, mit Einschränkungen, vorläufig frei bewegen.[14]

Im Frühjahr 1940 wurden Dänemark und Norwegen von den Deutschen besetzt. Am 10. Mai überrollte die Wehrmacht die Niederlande und Belgien, auf dem Weg nach Frankreich. Weniger als einen Monat zuvor hatten Ruth und ihre Familie endlich ihre Visa erhalten und waren am 15. April an Bord eines Schiffs der Holland-America Line nach Nordamerika aufgebrochen.

Am 14. Mai, Rotterdam stand bereits in Flammen und die Deutschen rückten nach Den Haag vor, beging Menno ter Braak Selbstmord. Er war kein Jude und wurde auch nicht von den Deutschen gesucht. Er ging in den Tod, schloss sein Biograf, „weil er glaubte, ein Leben unter deutscher Besatzung würde unerträglich sein".[15]

Am selben Tag, als Hitler seinen Blitzkrieg in die Niederlande in Bewegung setzte, dankte der britische Premierminister Chamberlain ab. An seine Stelle trat Winston Churchill, von Beginn an ein Gegner der Appeasement-Politik. Seine Haltung gegenüber den Flüchtlingen in England wurde härter, als Berichte die Runde machten, unter ihnen befänden sich deutsche Informanten. Er forderte „ein großangelegtes Zusammentreiben aller feindlich eingestellten Ausländer und verdächtigen Personen in diesem Land."

An jenem Tag, dem 15. Mai, wurden alle männlichen Ausländer der Klasse ›B‹ im Alter zwischen sechzehn und sechzig verhaftet. Als der Innenminister, Sir John Anderson, die Aktionen im Unterhaus ankündigte, fanden viele Politiker, er gehe nicht weit genug. Sie machten Bemerkungen darüber, wie gefährlich auch weibliche Spione, die möglicherweise unterschätzt würden, sein könnten. Ihre Schlussfolgerung war, dass „sofort alle Ausländer mitsamt allen Kommunisten, Faschisten und Pazifisten an einen sicheren Ort" zu bringen seien.

Auch die öffentliche Meinung hatte sich gewendet. Es gab insgesamt 70.000 deutsche und österreichische Flüchtlinge in Großbritannien. Während unter ihnen nur einige wenige Nazi-Sympathisanten waren, die man verhaftet und interniert hatte, bestand die überwältigende Mehrheit der gefürchteten ›feindlichen Ausländer‹ aus jüdischen Flüchtlingen wie Dora – die sich nun verdächtigt sahen, Nazi-Spione und Kollaborateure zu sein. In den Zeitungen wurde die Angst weiter geschürt; es herrschte eine „ungezügelte Anti-Flüchtlings-Paranoia". Alle Ausländer galten als potienzielle Bedrohung.

Am 20. Mai erreichte die deutsche Armee den Ärmelkanal. Vierhunderttausend alliierte französische, britische und belgische Soldaten wurden in die französische Stadt Dünkirchen nahe der belgischen Grenze zurückgedrängt. Vier Tage darauf ging eine geheime Mitteilung vom Innenministerium an alle Polizeipräsidenten in Großbritannien, die besagte, dass „die Gefangennahme aller ›B‹-Frauen im Alter zwischen sechzehn und sechzig" am Montag, dem 27. Mai, um 7 Uhr morgens beginnen sollte. Früh an dem Morgen, an dem die Evakuierung der eingeschlossenen Alliierten in Dünkirchen begann, klopfte die Polizei in Begleitung eines Mitglieds des Women's Voluntary Service auch an Doras Tür. Ihr Zimmer wurde durchsucht, anschließend wurde sie aufgefordert, ihren Koffer zu packen. Den einen Schatz, den sie noch von Kafka besaß, seine Haarbürste, versteckte sie rasch in ihrer Handtasche.

Zusammen mit Hunderten anderer deutschsprachiger Frauen und Kinder wurden Dora und Marianne durch die düsteren Tore des Holloway-Frauengefängnisses im Norden Londons geführt. Man sperrte sie in einen großen Zellenblock und gab ihnen am ersten Tag lediglich Tee und Plätzchen zu essen. Dora versuchte, sich zu beschweren und für Marianne etwas frisches Wasser zu bekommen. Sie hatte von ihrer langen Erkankung einen Nierenschaden davongetragen und war dringend auf bessere Ernährung angewiesen, aber die Gefängniswärter schenkten den Bitten keine Beachtung. Dora war außer sich. Weder in drei Jahren als jüdische Kommunistin in Deutschland noch in zwei Jahren in der Sowjetunion auf dem Höhepunkt der ›stalinistischen Säuberungen‹ war sie verhaftet oder eingesperrt worden. Sowohl Hitler als auch Stalin war sie entkommen – um nun in England als Gefangene zu enden.

Zwei Tage später wurden die Frauen in Bussen nach Liverpool und von dort mit einem Dampffrachter auf die Isle of Man in der Irischen See gebracht. Auf dem Weg gerieten sie zur Zielscheibe von Wut und Ressentiment der Bevölkerung. Einwohner der Ortschaften, durch die sie fuhren, bewarfen die Busse mit faulen Eiern und riefen ihnen wüste Beschimpfungen hinterher. Zudem waren die Busse hoffnungslos überfüllt. Dora und Marianne mussten während der ganzen Fahrt stehen. Eine junge Frau bemerkte das dunkelhaarige Kind und sagte: „Hier, setz dich auf meinen Schoß."[16] Es war die vierundzwanzigjährige Johanna Metzger-Lichtenstern, genannt Hanny. Aus dieser Begegnung sollte sich eine lebenslange Freundschaft entwickeln.

18

DIE ISLE OF MAN

> *An Fortschritt glauben heißt nicht glauben daß ein Fortschritt schon geschehen ist. Das wäre kein Glauben.*
>
> Franz Kafka, Oktavheft G[1]

Port Erin, Isle of Man, Juni 1940

Die Überfahrt von Liverpool nach Douglas, der Inselhauptstadt, war für Dora und Marianne ein Albtraum. Ein später Frühlingssturm hatte die Irische See aufgewühlt und viele der dreitausend Frauen und Kinder auf der Fähre wurden seekrank. Hinzu kam die Ungewissheit darüber, was mit ihnen geschehen würde. In den kleinen Kabinen, in die man sie gesperrt hatte, verharrten sie ängstlich bis zur Ankunft früh morgens am nächsten Tag.

Als die Fähre in die Bucht von Douglas einlief, lichtete sich die Wolkendecke und der Anblick der landschaftlich schönen Küste vermochte die Stimmung etwas zu heben. Mit dem alten Steinfort an der Einfahrt zum Hafen, den viktorianischen Hotels entlang der Hafenpromenade und dem alten Pier mutete die Küstenstadt beinahe wie ein Urlaubsparadies an, wäre da nicht der Stacheldraht gewesen, der einen Teil der Gebäude umzäunte, die schon als Internierungslager für Männer eingerichtet worden waren.

Dora wusste seit ihrer Verhaftung in London vier Tage zuvor, dass man sie auf die Isle of Man deportieren würde. Die winzige Insel mit eigener Regierung, Währung und Sprache lag mitten in der Irischen See, zwischen England, Schottland und Irland. Eine spektakuläre Landschaft, geschützt gelegene Häfen und Sandstrände, die der Golfstrom wärmte, machten die unabhängige Insel zu einem beliebten Urlaubsziel. Seit Beginn des Krieges aber war der Tourismus, die Haupteinnahmequelle der Insel, stark zurückgegangen. Das britische Innenministerium hatte bei den Hotels und Pensionen angefragt, „ob sie dafür gerüstet wären, für […] drei Schillinge pro Tag und Person, Internierte unterzubringen". So wurde die Insel im Mai 1940 zum Haupt-Internierungszentrum für ›Enemy Aliens‹ in Großbritannien. Innerhalb von Tagen wurden die für Frauen bestimmten Internierungseinrichtungen in den Städtchen Port Erin und Port St. Mary aufgebaut; sie bekamen den Namen Rushen Camp, benannt nach der an der südwestlichen Spitze gelegenen Halbinsel, wo sich die abgelegenen Städtchen befanden. Die von Stacheldraht umgebenen neuen Lager wurden unter die Leitung einer „rauen alten Kommandantin" gestellt, Joanna Cruickshank, eine ehemalige Militärkrankenschwester, die im Ersten Weltkrieg den Royal Air Force Nursing Service gegründet hatte, dessen erste Matron-in-Chief sie wurde.[2]

Das erste Schiff mit 3.200 Internierten traf am Donnerstag, dem 30. Mai, um 8.30 Uhr morgens im Hafen von Douglas ein. Von der Anlegestelle liefen die Frauen und Kinder mit Enemy-Alien-Status mit ihren Koffern und Bündeln in einer Reihe an feindselig gestimmten Insulanern vorbei, den Manx, die sich versammelt hatten, um Zeugen dieses Spektakels zu werden. Weiter ging es zum Bahnhof, wo sie unter Pfiffen und Beschimpfungen wie „verdammte Deutsche" oder Schlimmeres die Züge bestiegen, die sie ins Frauenlager bringen sollten. Die einstündige Fahrt ans südliche Ende der Insel, entlang der Klippen und dann durchs Landesinnere, vorbei an grünen Hügeln voller Wildblumen, war eine Wohltat. Während einige Frauen, erschöpft von der langen Reise, einschliefen, stimmten andere Lieder an und waren durch die herrliche Aussicht aus den Zugfenstern zuversichtlicher gestimmt.

In Port St. Mary musste etwa die Hälfte der Frauen und Kinder aussteigen; die andern, auch Dora und Marianne, fuhren weiter bis Port Erin. Dort wurden sie fotografiert und registriert und erhielten einen Gefangenenausweis. Man teilte den Frauen Hotelzimmer zu, meist vier pro Zimmer, also zwei pro Bett. Dora und Marianne wurden im Bradda Glen Hotel einquartiert. Zusammen mit den anderen Frauen gingen sie zu Fuß zur weiträumigen Hotelanlage oberhalb der Stadt. Der Weg führte über die Strandpromenade, die große edwardische Hotelbauten und kleine Pensionen säumten, vorbei am Leuchtturm und hinauf ins hügelige Hinterland, von wo man die Klippen, das Dorf und den Hafen der Spaldrick Bay überblickte. Riesige blühende Hecken aus Fuchsien umgaben die weiträumige Anlage, und am äußersten Rand des Bradda Head, mit Stacheldraht versperrt, stand ein alter einsamer Turm, der wie ein Wachtposten am Rande der Klippen über dem Meer aufragte.

Während sich die Frauen in ihren neuen Quartieren einrichteten, spielte sich einige hundert Kilometer südlich, auf dem Ärmelkanal, eines der dramatischsten Geschehnisse des Krieges ab. Vier Tage nachdem ihr Schiff die Isle of Man erreicht hatte, war die Evakuierung der britischen Armee aus Dünkirchen abgeschlossen, die alliierten Truppen zogen sich vollkommen zurück. Der gesamte südliche Küstenstreifen des Ärmelkanals war jetzt von den Deutschen besetzt, es würde nicht mehr lange dauern, bis sie Großbritannien angriffen. Zur selben Zeit marschierten deutsche Truppen in Richtung Paris. Belgien und Norwegen kapitulierten vor den Nazis, und in Italien erlag Mussolini der „Versuchung, die Beute von Deutschlands Triumphen zu teilen", und erklärte seinerseits Frankreich und Großbritannien den Krieg. Am 14. Juni besetzten deutsche Truppen Paris, am 16. Juni wurde Marschall Pétain als neuer Premierminister Frankreichs eingesetzt. Ganz Großbritannien, die Internierten von Rushen Camp eingeschlossen, betete an diesem Tag für Frankreich und die französischen Juden. Von nun an wurden Tausende von ihnen der SS übergeben und in Konzentrationslager in Deutschland und Polen deportiert. Die Frauen auf der Isle of Man wussten, dass dies auch ihr Schicksal sein würde, sollten die Deutschen England erreichen.

In Port Erin traf Dora Hanny Lichtenstern wieder; die junge Frau, deren Bekanntschaft sie im Bus auf der Fahrt zum Hafen gemacht hatte. Sie wurde nicht weit von ihr, in einem kleinen Zimmer im Snaefell Hotel einquartiert. Hanny war im Sommer 1939 mit der Erlaubnis, als Haushaltshilfe zu arbeiten, von Berlin nach London gekommen. Sie war Sängerin und hatte sich in London in den jüdischen Musiker Paul Lichtenstern, einen Flüchtling aus Österreich, verliebt, der bald darauf ihr Mann wurde. Er war ebenfalls auf der Isle of Man, in einem Lager für Männer interniert.

Um ihre Gefühle der Hilflosigkeit und Angst zu bewältigen, hatte Hanny begonnen, ein Tagebuch zu schreiben. Diesen Aufzeichnungen verdanken wir den einzigen Bericht über Doras Leben auf der Isle of Man. Dora selbst sprach nie über diese Zeit, und nur wenige erfuhren davon. Wohl aufgrund der Stigmatisierung durch das Geschehen wollte sie nicht darüber sprechen. Auch Marianne sollte es niemals erwähnen, genauso wie beide Russland nie erwähnten, niemandem gegenüber. Viele Kafka-Biografen, die in den letzten Kapiteln auch über Dora schreiben, wissen, dass es sie nach England verschlug, doch von den Monaten im Internierungslager auf der Isle of Man berichtet keiner.

Hanny und Dora freundeten sich schnell an. Doras Lebensfreude und ihre Einsicht in das Wesen der Menschen hatten Hanny sofort angesprochen, und auch die damals sechsjährige Marianne hatte sie direkt ins Herz geschlossen. Nach zwei Wochen im Lager notierte Hanny in ihr Tagebuch: „DAS Ereignis hier – für mich – bis jetzt, ist Dora Kafka."[3]

Anfangs glaubte Hanny, Dora sei Kafkas Frau gewesen, weil sie so häufig und leidenschaftlich von ihm erzählte, obwohl seit seinem Tod schon sechzehn Jahre vergangen waren. „Ich glaube, dass sie noch – oder vielleicht mehr denn je – bei ihm ist, an ihn gebunden, und sicherlich hat sie gelernt, so zu denken, wie er dachte, so zu fühlen, wie er fühlte."[4]

Hanny suchte oft Doras Gesellschaft, wenn sie Aufheiterung brauchte: „Dora strahlte Wärme aus und lachte gern." Sie sprachen über viele Dinge, meist „über Religion, Judentum und Bewusstsein". Hanny war sehr beeindruckt von Doras Verständigkeit und Urteilsvermögen.[5]

„Dora Lask ist, wieder, mit Gelassenheit und Besonnenheit für mich da", heißt es in Hannys Tagebuch. Als sie von Frankreichs demütigenden Kapitulationsverhandlungen erfuhren, Nachrichten, die „einem wie ein Hammer auf den Kopf fallen", notierte Hanny: „Das verdorbene, zerfallende Europa – überall tritt man in Sümpfe – wenn man es nur von seinen Füßen wischen könnte. Dora hat vollkommen recht, wenn sie sagt, wir Juden waren eine Warnung, als wir in Scharen flohen – und noch immer fliehen. [Die Juden] fühlten den Boden unter ihnen beben und die drohende Zerstörung, wie sie es immer gefühlt haben."[6]

In der ersten Zeit gab es wenig zu tun. Man hatte nichts zu lesen, keine Zeitungen und kein Radio. Die Frauen spazierten so weit sie konnten, bis zum Stacheldraht und wieder zurück. Das Gebiet, das Port Erin umgab, war schön. Ein steiniger Strand lag unterhalb des Abhangs. Anfangs war sogar der nahgelegene Golfplatz für die Internierten zugänglich. Mehrere Frauen ließen sich ihre Golfschläger zuschicken und spielten jeden Tag. Wegen der „besonders gefälligen Zustände", die die Frauen auf der Isle of Man genossen, sah sich das britische Innenmisnisterium bald Vorwürfen ausgesetzt. Ob es denn richtig sei, „dass man diese Personen in luxuriöser Faulheit" leben ließ. Es gab eine „beträchtliche öffentliche Missgunst" demgegenüber, dass „ausländische Frauen, die auf der Isle of Man interniert waren, von der Regierung in Hotels und Pensionen zum Preis von einundzwanzig Schillingen die Woche komplett versorgt wurden und Schwimmbäder, Tennis- und Golfplätze bereitgestellt wurden, während die Frau eines einfachen Soldaten der Armee eine Beihilfe von siebzehn Schillingen die Woche nebst sieben Schillingen, abgezogen vom Sold ihres Mannes, bekam".[7]

Für die Internierten, die Geld besaßen, war das Leben in der Tat nicht schlecht; sie konnten Luxusartikel wie gute Seife, frisches Obst und Gemüse in der Stadt einkaufen. Den Frauen, die über wenig oder gar keine Geldmittel verfügten, wurde nach einer Weile ermöglicht, nichtgewerbliche Arbeit in den Hotels zu übernehmen, was ihnen etwas Geld vom Innenministerium einbrachte. Später wurde ein strukturiertes Arbeits-Tausch-System eingeführt. Dora half in der Küche des Hotels aus. Sie verdiente sechs Pence am Tag, und weil sie sich mit den Köchen gut verstand, bekam sie öfters frisches Gemüse und Obst für Marianne. Hanny wusste, dass es Marianne nicht gut ging, doch das Kind war nicht mehr so schwach, dass es nicht umherrennen und spielen konnte. Falls Marianne erneut schwerer erkrankte, gab es ein kleines Hospital, das in einem Häuschen abseits der Hauptstraße eingerichtet worden war und von einer internierten Ärztin aus Wien und einem Amtsarzt von der Insel betreut wurde.

An den warmen Abenden spazierte Hanny mit Dora und Marianne über die Wiese oder hinunter zu den Felsen am Meer. Viele Frauen beschwerten sich bitter über die Ungerechtigkeit ihrer Internierung, die unzureichende Ernährung und den Verlust produktiver Arbeit. Außerdem waren sie in unmittelbarer Nähe zu den tatsächlichen Nazi-Sympathisanten untergebracht, die ihren Hass auf Juden offen aussprachen. Nicht alle in Rushen Camp internierten Frauen nämlich waren Jüdinnen oder Feinde der Nazis. Mehrere deutsche Frauen sehnten die Eroberung Englands durch die Deutschen herbei. Sie nähten heimlich Hakenkreuze auf Flaggen, um die deutschen Truppen zu begrüßen, wenn sie auf britischem Boden einfielen. Im Vergleich zum Schicksal all derer, um die sie sich unaufhörlich sorgte, war Doras Lage jedoch glücklich. Was geschah mit ihrer Familie, ihren Freunden? Wie ging es den Schwestern Kafkas? Die Frauen lebten isoliert, aber in Sicherheit. Eine andere Internierte in Port Erin erklärte: „Trennung von der Familie bedeutete natürlich Leid. Doch wie kann man dies vergleichen mit der Erniedrigung, Folter, Sklavenarbeit, Ermordung in den Konzentrationslagern. Sogar im Gefängnis fühlte ich mich sicher, der Gestapo entkommen."

Nachrichten über den Krieg gab es nur durch Hörensagen. Bei einem Gerücht, das die Frauen unmittelbar betraf und sich später als wahr erwies, ging es um die Deportation internierter ›Enemy Aliens‹ nach Kanada. Da die insgesamt 12.000 deutschen und österreichischen ›feindlichen Ausländer‹ unter der gemeinsamen Kontrolle von Kriegs- und Innenministerium nationale Ressourcen verbrauchten, wollte Churchill sie aus dem Land schaffen. Am 19. Juni verkündete der kanadische Premierminister, dass „Kanada bereit ist, internierte Ausländer und deutsche Kriegsgefangene aus Großbritannien aufzunehmen."[8] Die Vorstellung einer Überführung nach Kanada, in die Neue Welt, weit weg von Hitler, wurde im Lager mit gemischten Gefühlen aufgenommen. Dora war glücklich über diese neue Möglichkeit. Zwei Wochen später allerdings erreichte sie die Nachricht, dass ein ehemaliges britisches Passagierschiff, das das Kriegsministerium angefordert hatte , um deutsche und italienische Internierte, zumeist Juden, und auch einige Kriegsgefangene nach Kanada zu transportieren, von einem deutschen U-Boot beschossen worden und im Atlantischen Ozean gesunken war. Sechshundert Internierte starben bei dem Angriff, und es vergingen Wochen des Wartens, bis die Frauen erfuhren, ob ihre Männer oder Söhne an Bord gewesen waren.[9]

Zusammengedrängt mit Fremden, fanden die Frauen wenig, das die Eintönigkeit und das quälende Warten hätte mildern und von der ständigen Angst vor weiteren schlimmen Nachrichten von Hitlers Eroberung Europas ablenken können. Dora musste sich häufig Streit und Gezänk unter den Frauen anhören, die in der gedrängten Situation oft aneinandergerieten. Auf dem Weg in die Internierung entstandene Freundschaften schlugen oftmals in regelrechten Hass um. „Mein Kopf fühlt sich sehr leer an und nicht mal Schütteln hilft"[10], beschrieb Hanny ihren Zustand. Ende Juni tobte drei Tage lang ein wütender Sturm auf der Irischen See, der die Gemüter zusätzlich belastete: „Dieser wilde, andauernde, eisige Sturm ist schrecklich ermüdend [...], er pfeift durch dich, als wärst du ein Sieb."[11] Das Warten und die Untätigkeit waren schwer zu ertragen. Um etwas gegen die zermürbende Langeweile zu tun, dachte man sich gemeinsame Projekte aus.[12] Man richtete einen Kindergarten und eine Schule ein, bot Berufsklassen für die Jugendlichen an, um sie auf die Hochschulreife vorzubereiten, und gründete sogar eine Theatergruppe. Viele der Internierten hatten in der Vergangenheit Schauspielerfahrung gesammelt, und die Räumlichkeiten der Hotels – Bradda

Glen zum Beispiel besaß einen großen Festsaal und eine Bühne – eigneten sich hervorragend für Vorführungen und Konzerte. Am 26. Juni heißt es in Hannys Tagebuch: „sehr bunt gemischte, sehr lustige ‚Varietévorführung'" und „vor Lachen gekreischt und Tränen geweint. Es war wie eine erfrischende Dusche und sorgte sogar danach noch für eine heitere Stimmung."[13]

Auch Dora begann, Vorstellungen, Lesungen von jiddischer Dichtung, Vorträge und Musikkonzerte zu organisieren. Eva Nathan zeichnete die Plakate, die im Snaefell, dem Hydro, dem Ballequeeny und anderen Hotels ausgehängt wurden. Andere Frauen fertigten Kostüme aus Krepppapier. Dora tat, was sie konnte, um die Stimmung zu heben und dazu beizutragen, dass jeder sich unterhalten fühlte und kreativ blieb. Sie ermutigte auch Hanny, die als Sängerin eine wundervolle ausgebildete Stimme hatte, zusammen mit ihr Schauspieltechniken zu trainieren und an ihrer Vortragskunst zu arbeiten. Über die nächsten Wochen und Monate übten sie sich in Bewegung und Ausdruck beim Vortrag von Liedern. Dora gab Hanny Aufgaben, zum Beispiel zur „Wichtigkeit von Konsonanten beim Sprechen und Singen." Bis zur dritten Juniwoche hatte Hanny ein besseres Gefühl und notierte, „dieses Tagebuch und die nächtlichen Atemübungen fangen an, mir etwas Disziplin beizubringen."[14]

Am 3. Juli dachten sie gemeinsam an Kafka. Er wäre an diesem Tag siebenundfünfzig Jahre alt geworden. Man verbrachte den Tag auf eine Art, die Kafka sicher begrüßt hätte: mit einer Probe für die Vorführung von Schuberts *Dreimäderlhaus*. „Und Dora! Was sie aus diesem ‚Lied einer Möwe' gemacht hat. Die Intensität und schöpferische Energie und die Farben, die sie erzeugt, sind atemberaubend, tief bewegende Beweise für großartiges Können – oder besser noch – für einen großartigen Charakter. Ich muss so viel lernen, alles, was ich vielleicht aufnehmen kann."[15] Wenn Dora mit Proben beschäftigt war, passte Hanny manchmal auf Marianne auf, die, wie ihre Mutter, eine angeborene darstellerische Begabung hatte. An einem Sonntag holte Marianne ihre Sammlung von Familienfotos hervor, zu denen sie Hanny Geschichten erzählte. Es waren bezaubernde Bilder von Mariannes früher Kindheit in Berlin, wie sie als Vierjährige neben ihrer Puppe schläft, und von ihrem Großvater, den sie sehr liebte.

Dr. Jacobsohn-Lask war vor Kurzem im Alter von siebenundsiebzig Jahren in Sewastopol gestorben; Dora und Marianne wussten davon noch nicht. Auch von den anderen Mitgliedern der Familie Lask hatten sie seit ihrer Flucht aus Russland nichts mehr erfahren. Von Lutz hatten sie seit seiner Verhaftung kein

Wort mehr gehört. Dora und ihre Tochter konnten über sein Schicksal nur spekulieren – und versuchen, nicht daran zu denken.

Während der Krieg andauerte, trafen neue Internierte im Lager ein. Anfang Juli kamen 250 neue Frauen, das Lager wurde enger und die Ressourcen knapper. Hanny fiel auf, dass die neuen Internierten recht alt waren, zwischen sechzig und siebzig Jahre. Einige waren sehr krank, und alle kamen „ohne Strümpfe. Sie hatten einen Monat im Holloway-Gefängnis verbracht."[16]

In jenem Sommer begann die ›Luftschlacht um England‹. Nach dem Zusammenbruch von fünf europäischen Nationen in weniger als achtzig Tagen stand Großbritannien der Militärmaschinerie der Nazis praktisch allein gegenüber. Die Vereinigten Staaten blieben unverändert bei ihrer Entscheidung, sich nicht in einen weiteren europäischen Krieg verwickeln zu lassen. Im Juni sicherte Präsident Franklin D. Roosevelt aber doch zumindest materielle Unterstützung zu. Das Leih- und Pachtgesetz, das im folgenden Jahr verabschiedet wurde, erlaubte es Großbritannien, militärische Ausrüstung und Munition von den Vereinigten Staaten zu ›leihen‹.

Der Luftkrieg über dem Ärmelkanal begann Anfang Juni. Mitte Juni unternahm Hermann Görings Luftwaffe ihren ersten Bombenangriff im großen Stil auf England. Im August verschob sich die deutsche Bombenoffensive von den Häfen am Ärmelkanal zu Flugfeldern und Radarstationen im Landesinneren von Großbritannien. Fünfhundert deutsche Bombenflugzeuge und Kampfflieger verdunkelten tagelang den Himmel über England. Im September schlugen die Briten zurück und bombardierten Berlin. Deutsche Kampfflieger begannen darauf, sowohl Zivil- als auch Militärziele zu attackieren. Die Angriffe erfolgten Tag und Nacht, über den gesamten Herbst und Winter 1940/41. Große Teile Londons, Southamptons, Bristols, Cardiffs, Coventrys, Liverpools, Manchesters und fast jeder weiteren Großstadt in England wurden zerstört.

Berichte über die deutschen Bombenangriffe auf England machten auf der Isle of Man die Runde. Niemand wusste, ob die Geschichten stimmten oder bloß Gerüchte waren. Die nationalsozialistischen Internierten wurden selbstbewusster und begannen, die jüdischen Flüchtlinge in den Straßen zu verspotten und sie mit dem Hitlergruß zu verhöhnen. Eines Nachts, bei einem Stromausfall, entdeckte man eine Gruppe von Nazi-Frauen, die mit ihren Taschenlampen Signale auf die See hinaus sendeten. Gerüchte, dass eine deutsche

Invasion jeden Tag vom Meer aus erfolgen könne, versetzten das Lager in einen Zustand der Panik.

Dora versuchte, ruhig zu bleiben und sich zu beschäftgen. Wenn sie nicht in der Küche arbeitete oder Marianne bei ihren Schulaufgaben half, verbrachte sie ihre Zeit mit der Theatergruppe. Oft probten sie wochenlang für nur eine Aufführung. Sie führte Regie bei den Proben im Bradda Glen, und gelegentlich spielte sie auch selbst mit, trug Gedichte und Erzählungen vor. Sie konzentrierte sich auf jiddische Lieder und Stücke. Es war dies ihre Art, gegen die Nazis zu kämpfen, die die jüdische Kultur, die sie liebte, zerstören wollten. Doras Gefühl und Hingabe durchdrangen ihre Darbietungen. „Sie war ausgezeichnet, eine wundervolle jiddische Schauspielerin", sagte Hanny. [17]

Port Erin, Isle of Man, November 1940

Dora machte sich zunehmend Sorgen um Hanny. Sie war für sie inzwischen eine enge Freundin, ja beinahe wie eine kleine Schwester oder gar wie eine weitere Tochter geworden. Hanny hatte so viel abgenommen, dass sich ihre Knochen unter der Haut abzeichneten. Trotz ihrer Freude an der Musik und am Gesang wurde Hanny von der ständigen Angst und dem Stress zermürbt. Ihren Mann Paul durfte sie einmal monatlich, allerdings nur in der Öffentlichkeit, besuchen. Pro Woche waren zwei Briefe à vierundzwanzig Zeilen erlaubt, der Briefverkehr wurde natürlich überwacht. Da Dora niemanden hatte, dem sie schreiben konnte, überließ sie ihr Brief-Kontingent Hanny, die dadurch zwei zusätzliche Briefe pro Woche schreiben konnte. Um sie etwas aufzupäppeln, besorgte sie ihr zusätzliche Lebensmittel und Lebertran durch den Lagerarzt.[18]

Seit dem vorigen Sommer durften Internierte, die nachweisen konnten, dass sie den Briten bei ihren Kriegsanstrengungen „nützlich" waren, ihre Entlassung beantragen.[19] Ein spezieller Beirat hörte die Fälle an, und diejenigen, die man sowohl für harmlos als auch für nützlich hielt, wurden von Klasse ›B‹ zu Klasse ›C‹ hochgestuft. Bis zum Februar 1941 wurden so 10.000 Flüchtlinge entlassen, darunter auch Paul und Hanny Lichtenstern.

Als Erinnerung an ihre letzte Vorführung vor ihrer Entlassung behielt Hanny das Plakat, das das Programm in der Dandy-Hill-Schule am 25. Januar 1941 um halb vier am Nachmittag ankündigte: „Jüdische Volkslieder und Anekdoten;

Motive aus ‚Dybbuk': Chassidische Melodien (Nigunim); Regie: D. Lask, dargeboten von J. Metzger und R. Salinger." „J. Metzger" war Joanna Metzger. Joanna war Hannys Mädchenname. Die Illustration auf dem Plakat stammte von Eva Nathan: ein gläubiger Jude mit Schläfenlocken, die Augen aufwärts gerichtet, seine Arme weit gen Himmel geöffnet.

Die Lichtensterns gingen zurück nach London, das sie in Trümmern vorfanden. Es war schwer, ohne Geld und Familie eine Unterkunft zu finden, insbesondere als deutsche Flüchtlinge, die weiterhin oft beschimpft wurden. Tausende Obdachlose lebten auf den Straßen. Endlich fanden sie ein Zimmer, das sie sich mit einem anderen Paar, einem Rabbi und seiner Frau, teilten.

Ein einziger Brief ist aus Doras fünfzehn Monaten der Internierung erhalten, abgestempelt am „15. April 1941, Frauen-Internierungslager, Isle of Man"[20] und adressiert an Hannys neue Adresse in London. In fröhlichem Ton und mit zärtlichen Worten schreibt Dora: „Ich vermisse Sie sehr, Sie Liebe! Von Rechts wegen müsste ich Ihnen etwas böse sein, weil Sie nicht schreiben. Aber wer so im Glaskasten sitzt wie ich, muss es sich verkneifen, mit Steinen zu werfen. Aber nur darum, halte ich d. Mund." Ob Hanny schon eines der jiddischen Lieder gesungen hat, fragt Dora. Sie spielt mit den Worten und würzt ihre Sätze mit Jiddisch. Hannys Humor sei „bechaint" und Hanny als die „so tüchtige Balebosste hat d. 50 (oder waren es 90?) Paar Socken allesamt gestopft."

„Wie schön", fuhr Dora fort, „dass ich vor Ihnen nicht so sehr Angst habe, Sie könnten mich missverstehen. Ich leide sehr unter dieser Angst in meiner Beziehung zu Menschen. Zum Verstehen gehört – noch vor Klugheit – gütiges Wollen. Und das ist ein schwieriges Ding, denn dies setzt die Fähigkeit voraus das eigene Rechthaben hintanzusetzen. [...] Du heiliger Bim-Bam! wo bin ich da hingeraten?! – Ich wollte Ihnen nur sagen, dass ich vor Ihnen keine Angst habe weil Sie gut u. ehrlich sind – und mache da so einen Summs. – Na, schön. – Es sind ja noch 5 Zeilen."

Dora wollte auch wissen, ob Hanny schon mit ihrem langjährigen Freund Stencl in Kontakt getreten war. Sie hatte lange Zeit nichts von ihm oder irgendjemand anderem gehört. „Ob Sie gelegentlich dazu kommen an meine Schwägerin zu schreiben?", fragte sie, und ganz am Ende, obwohl ihr schon der Platz ausgegangen war, fügte sie noch in winzigen Buchstaben hinzu: „Bin ›C‹ geworden, wäre released, wenn ich wohin könnte."

19

FREUNDE DES JIDDISCHEN

> *Die Krähen behaupten, eine einzige Krähe könnte den Himmel zerstören. Das ist zweifellos, beweist aber nichts gegen den Himmel, denn Himmel bedeutet eben: Unmöglichkeit von Krähen.*
>
> Franz Kafka, *Aphorismen*[1]

Northenden, Manchester, August 1941

Kafkas späte Wirkung als Schriftsteller brachte Dora auch unverhofftes Glück. Im Sommer 1941 schrieb eine junge Frau, Ilse Sarwitz, die ebenfalls aus Polen nach England geflohen war, ihre Master-Abschlussarbeit an der Universität über Franz Kafka. Sie war in Manchester, im Haus von Dorothy Emmet, einer Professorin für Religionsphilosophie an der University of Manchester, untergekommen. Durch die Biografie Max Brods hatte sie auch von Dora Dymant erfahren. Als sie nun hörte, dass Dora auf der Isle of Man interniert war und entlassen würde, wenn sie einen Wohnsitz oder die Adresse eines Freundes angeben könnte, bat Ilse Dorothy, die auch ihr eigenes Leben gerettet hatte, um Hilfe.

Dorothy Emmet war 1938, im Alter von vierunddreißig Jahren, nach Manchester gekommen. Sie war unverheiratet. Als 1939 der Krieg ausbrach, begann sie zusammen mit ihrer Schwester, bei den Quäkern in der Flüchtlingshilfe zu arbeiten. Sie halfen vor allem jüdischen Flüchtlingen aus Polen und Deutschland bei der Beschaffung einer Aufenthaltsgenehmigung und stellten ihr Haus als vorübergehende Bleibe und Unterkunft zur Verfügung. Ilse Sarwitz lebte schon zwei Jahre bei Dorothy und hatte in der Religionsphilosophin auch eine hochkompetente Hilfe bei der Abfassung ihrer Abschlussarbeit.[2]

Dorothy Emmet war eine außergewöhnliche Frau. Die 1904 geborene Tochter eines Landpfarrers und christlichen Gelehrten, der kurz vor seinem frühen Tod zum Dekan des Universitätskollegs in Oxford ernannt worden war, zählte dort zu den besten Absolventen ihres Studiengangs, mit Bestnoten in Altphilologie und Philosophie. Nachdem sie eine Rede von R. H. Tawney im Parlament gehört hatte, in der er die armen walisischen Bergarbeiter im Generalstreik von 1926 unterstützte, durchlebte sie, „was einer Bekehrungserfahrung am nächsten kam", sagte sie.[3] Es veränderte alles für sie. Sie lebte von da an in Rhondda, wo sie in den armen Bergbaugemeinschaften als Lehrerin für den Arbeiterbildungsverein tätig war. Als Sozialistin beschäftigte sie sich weiterhin leidenschaftlich mit Philosophie. Mit zweiundzwanzig las sie ein Buch von Alfred North Whitehead, und ihr Leben nahm erneut eine völlige Wendung. Sie erhielt ein Stipendium in Radcliffe, dem Frauencollege in Harvard, USA. Dort arbeitete sie mit dem achtzigjährigen Whitehead zusammen und wurde eine Freundin der Familie. Whitehead hatte sich mit einer metaphysischen Theorie einen Namen gemacht, die Raum, Zeit, Materie und Geschehen vereinte. „Natur ist eine Struktur aus sich entwickelnden Prozessen", schrieb er. „Die Realität liegt im Prozess."[4] Als Oxford-Stipendiatin kehrte Dorothy 1928 nach Großbritannien zurück und setzte ihre Arbeit mit Bergarbeitern fort. 1932 brachte sie ihr erstes Buch heraus, *Whitehead's Philosophy of Organism*. Als sie 1938 zur Dozentin der University of Manchester ernannt wurde, war sie bereits eine „Philosophin von Rang mit vielen Veröffentlichungen", deren Interessen sich von der Philosophie der Religion über die Metaphysik und Ethik bis hin zu Fragen der sozialen Verantwortung erstreckten.[5]

Auf einer Reise durch Deutschland in den 1930ern war Dorothy selbst Zeugin des Judenhasses geworden. In Nürnberg stieß sie auf eine größere Versammlung der NSDAP, die sie sich aus Neugierde näher ansehen wollte. Göring redete vor einer großen Menge in einem Stadion, und Hitler fuhr, in einem offenen Wagen stehend, mit einer Autokolonne durch die Menge. „Jeder machte den Hitlergruß", schrieb die Vierundneunzigjährige 1998 in ihrem letzten Buch. „Ich ließ meine Hände in den Taschen und war froh bei dem Gedanken, einen britischen Pass zu haben."[6]

Als Ilse Sarwitz ihr nun im Sommer 1941 erzählte, dass „Kafkas Dora" im Internierungslager saß, und sie fragte, ob sie sie aufnehmen könnten, willigte sie ohne Zögern ein. So kam es, das Dora und Marianne den folgenden Herbst und Winter in Manchester verbrachten. Dorothy war eine großzügige Gastgeberin, und trotz der beengten und ungewöhnlichen Umstände in ihrem Stadthaus in der Yew Tree Lane gelang es allen, gut miteinander zurechtzukommen.

„Es war die Zeit der Luftangriffe", erinnerte sich Dorothy in einem Interview, das sie im Sommer 2000, beinahe sechzig Jahre später, in ihrem Pflegeheim in Cambridge kurz vor ihrem Tod gab. „Ich kann mich noch an uns drei erinnern, Dora, Marianne und ich, wie wir während eines Luftangriffs unter den großen Stahltisch im Wohnzimmer krochen und dort zusammen warteten, bis die Sirenen verklangen."[7] Der Stahltisch war der sogenannte ›Morrison Shelter‹, benannt nach dem Regierungsminister Herbert Morrison, der die Versorgung aller Haushalte mit diesem mit Stahl verstärkten Tisch anstrebte, der bei Bombenangriffen als Schutz dienen konnte. Auch Gasmasken aus dem Ersten Weltkrieg waren verteilt worden, und alle Vorhänge mussten mit schwarzem Stoff verstärkt werden, damit kein Licht durchkam.

Dorothy genoss die Gesellschaft: Dora war „eine fabelhafte Köchin.[8] Sie machte sehr gute Suppen, die während des Kriegs sehr willkommen waren", erinnerte sich Dorothy.[9] Marianne charakterisierte sie als ein besonderes Kind, ungewöhnlich nachdenklich und ernst: „Ich gewann sie besonders lieb."[10]

Dorothys Haus lag in Northenden, einem Vorort von Manchester mit schönen alten Häusern aus der viktorianischen Zeit. Hier wohnten die Fabrikbesitzer und Großindustriellen. Über Jahrhunderte war Manchester, ähnlich wie Łódź in Polen, das Textilzentrum des Landes. Fabriken und Schornsteine aus Backstein prägten das Stadtbild. Außerdem besaß Manchester die zweitgrößte jüdische Bevölkerung im Vereinigten Königreich. Die Stadt hatte eine großes Kulturangebot, Musik, Kunstgalerien und faszinierende alte Bibliotheken wie die Chetham's Library aus dem Jahr 1653, eine der ersten freien öffentlichen Bibliotheken Europas. In einer der Nischen unter den Steinbögen der Bibliothek hatten sich bereits Karl Marx und Friedrich Engels getroffen.

Dora sprach nie über ihre kommunistische Vergangenheit, sie erzählte nie, dass sie einmal in Russland gewesen war. Dorothy wunderte sich über Doras Desinteresse, ihren vermissten Mann finden zu wollen, sogar als einmal das Rote Kreuz ihr seine Hilfe anbot. Sie konnte nicht wissen, dass Ludwig Lask Kommunist war und interniert in einem Arbeitslager in Sibirien. „Als Dora und Marianne bei mir waren", berichtete die sechsundneunzigjährige emeritierte Professorin, „ließ sie diese anderen Seiten ihres Lebens nie durchblicken. Ich wusste nur, dass sie mit Kafka zusammen gewesen und dass sie nach England gekommen und auf die Isle of Man geschickt worden war."[11]

Yealand Manor, North Lancashire, 1942

Marianne hatte sich zu einem sehr schüchternen Mädchen entwickelt. Ihre Krankheit, die schwierigen Reisen und die lange Zeit der Internierung hatten auch bei ihr Spuren hinterlassen. Als sie sieben Jahre alt wurde, wollte Dora sie einschulen, um ihrem Leben etwas Normalität zu geben und um den Kontakt mit anderen Kindern zu fördern. Die meisten örtlichen Schulen waren allerdings wegen der Luftangriffe geschlossen, ein Großteil der Kinder aufs Land evakuiert. Dorothy Emmet sorgte dafür, dass Dora und Marianne in Yealand Manor, einem Landgut aus dem neunzehnten Jahrhundert, das nun eine Privatschule für Evakuierte beherbergte, aufgenommen wurden. Die Schule wurde von Quäkern geführt und alle Kinder, ungeachtet ihrer Religion oder Zahlungsfähigkeit, aufgenommen.[12] Damit Marianne mit Dora zusammen dort leben konnte, schrieb Dorothy der Schulleiterin Elfrida Foulds: „Hier ist ein Mädchen, dem die Schule guttun wird, und eine Mutter, die helfen kann".[13]

Die Schule in Yealand Conyers in der friedlichen Landschaft nördlich von Carnforth, im Nordwesten Englands, war bereits überfüllt, als Dora und Marianne eintrafen. Die Zimmer der Schule waren „geräumig, mit der für die Zeit typischen hohen Decke, doch alle Wohnzimmer wurden zu mindestens zwei Zwecken genutzt, und die Schlafzimmer waren überfüllt mit Kindern und Erwachsenen. Beide Wohnzimmer dienten zwischen den Mahlzeiten als Klassenräume, sodass die Schüler, sobald sie ihre Arbeit zur Seite gelegt hatten, Geschirr und Besteck holen und die Tische decken mussten."[14] Die Schule existierte nur während des Krieges. Ihre Leiterin, Elfrida Foulds, hat die Zeit ausführlich dokumentiert: „Ein Ort, wo sich so viele Kinder wie möglich während der Kriegsjahre versammeln und, wie unvollkommen auch immer, erzogen werden konnten, um in dem Geist zu leben, von welchem George Fox geschrieben hatte, dem Geist, der ‚die Möglichkeit jeden Kriegs fortnimmt'."[15]

Dora wusste sehr wenig über die Quäker, doch fühlte sie sich wohl mit Menschen, die sich gegenseitig als „Freund" ansprachen, ohne auf Rang, Vermögen, Religion oder Rasse, Staatsbürgerschaft oder Geschlecht zu achten. Die Sekte war drei Jahrhunderte zuvor in England als religiöse Reformbewegung gegründet worden. Sie fußte auf dem, was ihr Gründer George Fox als den wahren Geist des Christentums ansah.

Als das Innenministerium die Evakuierung aller Kinder im Schulalter in die Wege leitete, füllte sich Yealand Manor mit Kindern aus Manchester und der Umgebung, Kindern von emigrierten Familien und Flüchtlingen. Die Schule hatte wegen ihrer sicheren Lage und der gesunden Umgebung einen sehr guten Ruf und war bekannt für ihren besonders guten Umgang mit Kindern, von denen viele bereits durch Kriegserlebnisse traumatisiert waren.

Auch Marianne gehörte zu diesen Kindern. Sie rebellierte dagegen, getrennt von ihrer Mutter in einem überfüllten Saal schlafen zu müssen, hatte große Ängste und mitunter „dramatische Wutausbrüche". Es dauerte eine Weile, bis Mariannes Ängste nachließen. „Sie war ein sehr nachdenkliches Kind, verständnisvoll und liebevoll, und sie muss mit ihrem sensiblen Wesen sehr gelitten haben", schloss die Schulleiterin.[16]

Anfangs führten die Mütter der Quäker-Kinder den Schulbetrieb, aber je mehr Kinder kamen, desto mehr Hilfe wurde gebraucht, und Doras Anwesenheit war mehr als willkommen. Sie half in der Küche und hinterließ offenbar einen bleibenden Eindruck im Gedächtnis der Schüler. „Dora war eine Köchin mit Ausstrahlung", erzählte Anthony Wilson, der Sohn von Dorothy Emmets Schwester.[17] Wilson, der ein Jahr älter als Marianne war, erinnerte sich deutlicher an die Mutter als an die Tochter. Die Kinder wussten, dass Dora eine Frau mit einer bewegten Vergangenheit war, obwohl sie nicht wirklich verstanden, was dies bedeutete. Elfrida Foulds Tochter, Carol Shaw, erinnerte sich aufgrund dieses besonderen Rufes an Dora. „Uns wurde erzählt, dass Frau Lask ‚Kafkas Dora' war, was mir damals gar nichts sagte."[18] Auch Marianne hatte Kafka, obwohl sie lange nach seinem Tod geboren wurde, so sehr verinnerlicht, dass sie ihn „ihren ersten Vater" nannte. An Kafkas Geburtstag verkündete sie: „Heute ist der Geburtstag meines ersten Vaters." Dorothy berichtete: „Wir pflückten ein paar Wildblumen und legten sie in einen Kreis aus Steinen und dachten an ihn."[19]

Am selben Tag, dem 3. Juli 1942, nahmen die Deutschen Sewastopol ein. Nach monatelanger Belagerung eroberten sie den Krim-Hafen und drängten darauf in Richtung Norden, nach Stalingrad. Dora las die Schlagzeilen und sorgte sich. Sie konnte nicht wissen, dass Berta Lask sicher in Moskau und Dr. Jacobsohn-Lask bereits ein Jahr zuvor verstorben war. Sie vermochte nicht, darüber nachzudenken, was Lutz vielleicht erlitt, falls er noch lebte. Seine Chancen standen nicht gut. Im Gulag starb beinahe jeden Tag einer seiner

Mitgefangenen. In Polen aber war die Lage noch weitaus schlimmer. Ihre Familie aus Pabianice und Brzeziny war zusammengetrieben und ins Getto Litzmannstadt (Łódź) gebracht worden. Im Juni hatte die sogenannte ›Endlösung‹, der Massenmord an den Juden durch Vergasung, begonnen: in Auschwitz – nur etwa 30 Kilometer von Będzin entfernt.

London, 1942–1944

Da Marianne in Yealand Manor sicher war, kehrte Dora nach London zurück, um Arbeit zu finden. Was sie aber in den zerbombten Straßen von Whitechapel, in den Überresten des einst lebhaften jüdischen East Ends, fand, war zunächst eine neue Bestimmung, der sie sich mit Hingabe widmen konnte: die Erhaltung der jiddischen Sprache.

In Whitechapel traf sie ihren alten Freund Stencl wieder. Er war dort mit der Herausgabe einer jiddischen Zeitschrift beschäftigt, *Loshn un Lebn* (Sprache und Leben). Vor Beginn des Zweiten Weltkriegs hatte Stencl die Literatur- und Kulturgruppe ›Freunde des Jiddischen‹ gegründet, ähnlich dem jiddischen Kreis, den Stencl zuvor in Berlin führte und dessen Mitglied Dora damals bereits war. Es lebten damals über 100.000 Juden im East End von London. In Whitechapel fand Stencl sein „erstes dauerhaftes Zuhause".[20] Er lebte in der Greatorex Street und „weigerte sich, über die Grenze des East End hinaus umzuziehen", und dies für über fünfzig Jahre bis zu seinem Tod 1982. Seine Leidenschaft und Liebe galten dem Jiddischen und seiner obsessiven „Kampagne, Jiddisch als lebendige Sprache zu bewahren", eine Begeisterung, die auch in Dora entflammt war.[21] „Sofort nach ihrer Ankunft schloss sie sich unserer Arbeit an", schrieb Stencl in einem Artikel in *Loshn un Lebn*. „Sie veranstaltete Lesungen an den Nachmittagen des Schabbat, las aus jiddischer Literatur vor, besonders den Klassikern. Dora Dymants Lesungen von Auszügen aus jiddischen Geschichten oder beispielsweise des Gedichts ‚Monish' machten den jiddischen literarischen Nachmittag immer zu einem ›Yontif‹, einem heiligen Tag."[22]

Majer Bogdanski, der als junger Flüchtling aus Łódź in England angekommen war, begegnete Dora zum ersten Mal, als er an einem Treffen der Freunde des Jiddischen als Zuhörer teilnahm. Fünfzig Jahre später erinnerte Bogdanski sich noch immer an jene magischen Samstagnachmittags-Zusammenkünfte, die er nach dem Krieg besuchte, als „jedes Treffen ein Ereignis"²³ war. Er presste sich dann gegen die Wand am Ende des Raums, um Dora Dymant vorne in der Halle sehen zu können, die, wie er sagte, „der Star der Schau" war. Nach Stencls Tod übernahm Bogdanski die Leitung der Gruppe, die bis ins einundzwanzigste Jahrhundert überlebt hat. Mit neunzig Jahren, schon gebrechlich, besucht Bogdanski immer noch die Treffen der ›Freunde des Jiddischen‹ und beteiligt sich an Lesungen von Dichtung und Prosa, die, wenngleich auch in kleinerem Umfang, noch immer jeden Samstagnachmittag um 3 Uhr in der Toynbee Hall in Whitechapel stattfinden. Bogdanskis Vorführungen sind eine erstaunliche Erfahrung, selbst für diejenigen, die zwar kein Jiddisch können, aber dennoch instinktiv, wie Kafka einmal²⁴ sagte, den großartigen Humor, das Pathos und die alten, beinahe verloren gegangenen Gefühle einer anderen Zeit und Welt verstehen.

Laut ihren Freunden arbeitete Dora während des Krieges in vielen verschiedenen Jobs, um sich über Wasser zu halten. Unter anderem schneiderte sie Kleider und eröffnete sogar ein Restaurant. „Sie war ziemlich fähig und sehr zäh; sie konnte für sich selbst sorgen", sagte Marianne Steiner. „Obgleich sie keine Ausbildung zur Schneiderin hatte, hatte sie den Mut, es zu versuchen. Sie war keine Gastronomin, doch führte sie erfolgreich ein Restaurant. Sie hatte die Gabe der osteuropäischen Juden, Fuß zu fassen und in jeder Lage ihren Lebensunterhalt zu verdienen."

Obwohl es ein Erfolg war, wie Frau Steiner berichtet, ist wenig über Doras Restaurant im East End bekannt. Einmal aber, so Marianne, sprach Dora davon, dass es „so gut [gedieh], dass ich es loswerden musste." Auf die Frage, was sie damit meine, sagte sie: „Es war zu viel Geld, ich konnte es nicht ertragen."²⁵

Doras Freundeskreis erweiterte sich so stetig, da sie andauernd Kontakt zu Menschen aus Londons jiddischer Literatur-, Theater- und Kunstszene knüpfte. Sie traf unter anderem Sala und Joseph Leftwich, ein liebenswertes Paar, die sehr in der jüdischen Nothilfe engagiert waren. Joseph Leftwich war ein Journalist und Schriftsteller, der im goldenen Zeitalter des jüdischen East End aufgewachsen war. Als wichtigster Übersetzer und Verleger von jüdischen Schriftstellern und Dichtern seiner Zeit veröffentlichte er mehrere Sammelbände über jüdische Prosa, Dichtung und Essays. Er übersetzte viele jiddische Autoren erstmals ins Englische und machte so ihre Geschichten der Weltliteratur zugänglich, außerdem übersetzte er sowohl Stencl als auch Brod und nahm eine von Kafkas

Erzählungen in sein Buch *Yisroel, The First Jewish Omnibus* auf, einen Leitfaden der „besten jüdischen Texte des neunzehnten und zwanzigsten Jahrhunderts". Ironischerweise erschien das Buch am 10. Mai 1933, demselben Tag, an dem die Nazis begannen, Bücher zu verbrennen. Doch selbst in London war Leftwichs Buch nicht sicher vor Hitler, den Deutschen und dem Hass auf die ›entarteten‹ jüdischen Schriftsteller.[26] Während der Bombenangriffe auf London zerstörte eine deutsche Brandbombe den Buchladen und die Räume, in denen alle zum Verkauf stehenden Exemplare gelagert waren.

Der Krieg wütete weiterhin. An Doras fünfundvierzigstem Geburtstag war die Schlagzeile zu lesen vom ersten Bombenangriff auf Berlin bei Tageslicht. Die Stadt, die ihr so viel bedeutet hatte, stand in Flammen.

Dora lebte nun in einem weitgehend deutsch-jüdischen Mittelschichtsviertel in West Hampstead. Ihre Wohnung unter der Adresse Broadhurst Gardens 59 befand sich im zweiten Stock eines viktorianischen Gebäudes, unweit der U-Bahn-Station Finchley Road.

Marianne blieb weiterhin in Yealand Manor. Nach der Zeit der schlimmsten Bombenangriffe 1941 kehrten viele Kinder, die aus der Stadt evakuiert worden waren, nach London zurück. Der Unterricht in den Schulen wurde wieder aufgenommen, doch es gab zu wenig Lehrer und die Klassenräume waren überfüllt, da die Bomben viele Schulgebäude zerstört hatten. Obwohl Dora ihre Tochter vermisste, wusste sie, dass Marianne in Yealand in Sicherheit war und dass sie dort eine gesundheitliche Versorgung erhielt, die Dora ihr in London nicht hätte zukommen lassen können. Dabei verschlechterte sich Mariannes Gesundheit unaufhaltsam. Sie bekam ernsthafte Probleme an ihren Nieren und musste ins Krankenhaus eingewiesen werden.

Im Februar 1944 begannen die Deutschen erneut mit der Bombardierung Londons. Einen Monat lang warfen sie jede Nacht Bombenteppiche über der Stadt ab und über den Vororten ein bis zwei hochexplosive Brandbomben. Der April und der Mai verliefen dagegen ruhig, aber im Juni schlug ein V1-Marschflugkörper in Stepney in Ostlondon ein, und die folgenden achtzig Tage lang fielen wieder Tausende von Bomben auf London und seine Vororte. Eine einzige dieser Bomben konnte die Fensterscheiben im Umkreis von einem Kilometer zerschmettern und bis zu fünfzehnhundert Häuser beschädigen. Nach den ersten zwei Wochen belief sich die Zahl der zerstörten oder beschädigten

Gebäude auf beinahe 400.000, nach fast drei Monaten täglicher Angriffe waren über eine Million Häuser und Gebäude beschädigt. Tausende Menschen starben. Im September 1944 schlug die erste V2-Rakete ein. Durch den Herbst und den Winter hindurch stieg die Zahlen der Toten weiter und die Zerstörung der Stadt nahm zu.

Auch Doras Haus in Broadhurst Gardens wurde von den Bomben getroffen. Glücklicherweise übernachtete Dora in diesen Monaten der Bombenangriffe, wie beinah eine halbe Million anderer Londoner, in einer U-Bahn-Station.

London, 1945

Als der Krieg in Europa am 8. Mai 1945 endete, mischte sich in Doras Euphorie und Erleichterung wachsendes Entsetzen darüber, was in den jüdischen Gettos und den Konzentrationslagern in Osteuropa geschehen war. Über das Rote Kreuz schickte Dora Postkarten an ihre Familie und Freunde und ließ sie wissen, dass sie und Marianne den Krieg überlebt hatten und bald von ihnen zu hören hofften. Es sollte beinah ein Jahr dauern, bis sie Antworten auf ihre Briefe nach Polen oder Prag erhielt. Über ein ganzes Jahr blieb sie ohne Nachricht und musste das Schlimmste befürchten.

Am 28. Mai 1945, zwanzig Tage nach der deutschen Kapitulation, sandte Dora ein Telegramm an Max Brod nach Palästina. Sie hatten sich im März bereits einmal geschrieben. Als sie nun aber keine Antwort erhielt, schickte sie am 11. Juni ein zweites Telegramm. Der Inhalt dieser Briefe und Telegramme ist, wie fast die ganze Korrespondenz zwischen Dora und Brod, noch immer unbekannt. Es ist wahrscheinlich, dass Dora Geld benötigte. Marianne lag im Kinderkrankenhaus Paddington Green, wo sie, wie die Ärzte sagten, eine ganze Weile bleiben musste.

Man kannte Dora als begabte jiddische Schauspielerin, obwohl sie nie auf Londons jüdischer Theaterbühne aufgetreten war. Der Grund dafür lag laut Stencl darin, dass Dora ihre Ideale nicht preisgeben mochte. „Sie probte eine kurze Zeit im Jiddischen Theater, aber ihre Professionalität und ihr tiefes Kunstverständnis waren nur schwer mit dem Standard unseres hiesigen Theaters vereinbar." Als Kritikerin aber blieb Dora dem Theater eng verbunden, besonders dem jüdischen, von dem sie befürchtete, dass es langsam verschwand, besonders durch die von den Nazis betriebene Zerstörung ihres Volkes, ihrer Sprache und ihrer Kultur.

1945 begann Dora, wahrscheinlich auf Stencls Drängen hin, selbst zu schreiben. Sie veröffentlichte ihre erste Theaterkritik in *Loshn un Lebn*. Über die nächsten vier Jahre schrieb sie ein halbes Dutzend Artikel und Essays für die Zeitschrift. Zwei von Doras Übersetzungen von Artikeln Stencls für deutsche Publikationen sind in einem Archiv in Frankfurt erhalten. Die in den 1930er-Jahren geschriebenen deutschen Artikel umfassen einen Essay über jiddisches Theater sowie eine Kritik, „Ludwig Hardt liest Scholem Alejchem", mit einer deutschen Übersetzung des Gedichts *Tewje der Milchmann*. Der Artikel erschien mit einer Widmung: „Für Hardt, mit Dank für Ihre Lesung".

Doras gesammelte und erstmals übersetzte, auf Jiddisch verfasste Artikel zeugen von ihrer Sorge um die Zukunft des jiddischen Theaters und ihrem Wunsch, jüdische Kultur zu erhalten. Doras Erwartungen waren sehr hoch. Sie war in einer Zeit aufgewachsen, als die drei Begründer der modernen jiddischen Literatur – Mendele Moicher Sforim, Scholem Alejchem und J. L. Perez – ihre Klassiker verfassten, in der Hochblüte der jiddischen Literatur. Sie hatte einige der großartigsten Augenblicke erlebt, die das jiddische Theater je hervorbrachte, die majestätischen Aufführungen der großen Künstler des Moskauer *Habimah-Theaters*, das sich nun in Palästina angesiedelt hatte, und die Wilnaer Truppe, die jetzt in Amerika war. Was Dora nun in London als „verarmtes" jüdisches Theater erlebte und beschrieb, hatte seine Ursachen in den Auswirkungen des Holocausts. Über ein Drittel der jiddischsprachigen Bevölkerung war verschwunden. Die Lebensräume der Sprache waren verwüstet. Es ergab sich für sie hierdurch ein besonderer Antrieb, ihre Kultur zu erhalten und zu verhindern, dass sie am Ende gänzlich dem Morden zum Opfer fiel.

Von dem Augenblick an, als sie „die ersten Zeichen in den Straßen sah" (wie sie die Plakate nannte, die Perez' Geschichte *Die Drei Geschenke* auf der jiddischen Bühne in London bewarben), „wartete sie wochenlang voller Hoffnung und Ungeduld auf die Inszenierung. Es war offensichtlich, dass alle Beteiligten sich dem Werk mit der Ernsthaftigkeit verschrieben, die sowohl Perez als auch die Bühne geboten. Diejenigen, die jahrelang den hoffnungslosen Zustand solch einer wichtigen Institution wie des jiddischen Theaters hatten beobachten müssen, begannen wieder zu hoffen", schrieb sie in ihrer Rezension, die durchaus auch kritisch war. Sie stellte darin die Frage: „Erfüllt dieser erste Versuch eigentlich einigermaßen die Erwartungen?" Ja und nein, meinte sie. „Endlich – langsam – entwickelte sich aus den gemischten Gefühlen und Eindrücken der Premiere ein Bild – ähnlich der Seele am Tag des Jüngsten Gerichts. Die Waage blieb in der Mitte stehen, zwischen gut und schlecht." Positiv waren für Dora „großartige einzelne Schauspielmomente [indem sie die Arbeit von Shloyme Kohen herausstellte], doch keine Einheit, kein Ensemble. Was fehlte, war ein festes Anpacken der Idee". Den besten Teil der Produktion machte die Besetzung aus, die hervorragenden Schauspieler, die Dora einzeln lobte, während sie gleichzeitig die Schwächen der Inszenierung aufzeigte. „Shloyme Kohen", berichtete sie, „besitzt dieses seltene Charisma, sodass selbst die langweiligste, dilettantischste Kulisse in passender Atmosphäre zum Leben erwacht, wenn er die Bühne betritt." Eine andere Schauspielerin erfüllte Doras sehnsüchtigen Wunsch, ihre Muttersprache auf eine schöne Weise erklingen zu hören. Über die Darbietung der Schauspielerin sagte Dora, dass „ihr großartiges, schönes Jiddisch erfrischt wie eine Oase auf einer Wüstenreise."

Es war in der Tat so, dass eine große Zahl von Schauspielern, wie Dora feststellen musste, eigentlich kein Jiddisch sprach, und obwohl sie diesen Schauspielern ihr „Lob von ganzem Herzen" für die Bemühungen, Jiddisch auswendig vorzutragen, zum Ausdruck brachte, fragte sie sich: „Ist dies genug, um das jiddische Theater aufzuwecken? Warum haben wir nur solch eine verächtliche Einstellung uns selbst, unserer Sprache und unserer Kultur gegenüber? Wie können wir mit so einer Einstellung erwarten, Respekt in anderen zu erwecken? Was ihren Anspruch an die Kunst angeht, mag man über die Whitechapel-Juden denken, was man will", schloss Dora, „aber was das Jiddische betrifft, gibt es keine Meinungsverschiedenheit: Auf einer jiddischen Bühne in Whitechapel muss man ein jiddisches Jiddisch sprechen."

Nach dieser ersten Rezension wurde Doras Stil in der Kritik direkter, auch wenn sie weder jemals ihren Sinn für Humor verlor, noch jemals einem Schauspieler gegenüber ungerecht war. Selbst in den schlimmsten Fällen suchte sie nach dem Lichtblick in der Darbietung, und wenn sie etwas entdeckte, das ihr gefiel, kannte ihre Anerkennung keine Grenzen. Als die berühmte jiddische Schauspielerin Dina Halpern aus Amerika anreiste, um im Sommer 1946 eine Reihe jiddischer Stücke in London aufzuführen, war Dora begeistert, „echte jiddische Schauspielkunst von hohem Rang zu sehen".

„Nach so vielen Jahren, in denen zweit- bis zehntrangige Schauspielkunst – die oft sogar unter jeder Art von Rang lag – an uns verfüttert wurde, hat man sich daran gewöhnt", schrieb Dora in ihrer Kritik über Dina Halpern. „Man hatte an seinen Erinnerungen an ein besseres Theater in längst vergangenen Zeiten zu zweifeln begonnen, da sie dem vermoderten Misthaufen eines überkultivierten Europas entstammten, auf dem der letzte Abschaum, das Nazi-Monster, sich abgeladen hatte." Nachdem sie in näheren Einzelheiten den traurigen Zustand des jiddischen Theaters in London beklagt hatte, endete Dora: „Der wichtigste Effekt, den Dina Halpern mit ihrem Erscheinen erzielte, war, dass sie ein Loch in den Müll riss. Der kleinste Wurm spürte ein wenig frische Luft und einen Lichtstrahl, die zeigten, dass es immer noch Reichtum in der Welt gibt. Wie tief Dina Halpern beeindruckte – buchstäblich wie eine Granate – zeigt sich daran, dass sie wochenlang, Abend für Abend, vor vollem Haus spielte und mit solcher Bewunderung, Faszination und Liebe angenommen wurde, wie nur Herzen, die lange nach Schönheit und Wahrheit hungern mussten, sie in ihrer überfließenden Dankbarkeit empfinden können."

In ihren Kritiken nahm Dora, auch wenn es Bekannte betraf, kein Blatt vor den Mund. Ihr Freund Stencl stellte Dora Mosheh Oved und seine Frau vor. Oved besaß ein kleines Juweliergeschäft, Cameo Corner, in der Museum Street zwischen Great Russel Street und Bloomsbury Way. Er dichtete selbst und half dabei, Stencls Zeitschrift zu finanzieren, indem er darin regelmäßig Anzeigen für sein Juweliergeschäft schaltete. Gelegentlich veröffentlichte Stencl auch ein oder zwei von Oveds Gedichten.

Als Mosheh Oved sechzig wurde, half Dora, eine Feier zu seinen Ehren zu organisieren, und veröffentlichte einen Text dazu in *Loshn un Lebn*. Der dreiseitige Essay begann ganz unschuldig: „Als ich eifrig damit beschäftigt war, darüber nachzudenken, was ich zu seiner großen, von den ‚Freunden des Jiddischen' arrangierten Feier über Mosheh Oved sagen sollte, erkannte ich plötzlich, dass ich gar nicht darüber nachdenken musste. Es liegt alles schon da und bereit, der Sabbat-Teller eines echten reichen Mannes – bedient euch ruhig selbst". Sie hoffte, da so viele Themen zur Auswahl standen, dass „niemand verletzt sein wird, wenn ich aussuche, was mir am meisten gefällt, und einen Segen darüber spreche."

Sie lobte seine Fähigkeit, die „Wochentage zu befreien und sie in Festtage zu verwandeln", doch von seiner literarischen Kunstfertigkeit war sie nicht vollends beeindruckt. „Bei manchen Gelegenheiten kommt es vor, dass Reden über den großen Mosheh Oved, über die Bedeutung seines Werks gehalten werden. Ich muss sagen, dass ich mich während solcher Reden immer etwas verlegen fühle", gab Dora zu. „Ich weiß nicht, ob das, was er kreiert, großartig ist." Seine Dichtung, entschied Dora, nachdem sie Beispiele gegeben hatte, „besteht nicht aus einheitlichen schönen Perlen, ausgesucht und dann eine nach der anderen gesetzt. Sie ist eine Kette aus Glaskugeln, glitzernd in funkelnden, aufeinandertreffenden Farben, beim Spielen gefunden und gesammelt und aufgefädelt, während er irgendwo auf der Veranda der Welt saß." Dora fand dennoch, es sei etwas Großartiges in allem, was er tat, und dankte ihm: „Für just diese seltsame Kette, Mosheh Oved, mögest du auf ewig gepriesen sein."

Mosheh Oved war zu Erfolg und Wohlstand gekommen. 1885 in Polen geboren, kam er mit achtzehn nach England. Er wollte vermögend werden. Durch geschäftliches Geschick und einen scharfen Blick für Diamanten, Rubine und andere „Weihnachtskugeln", wie Dora sie nannte, konnte er vom jüdischen East End mit seinen Mietshäusern und Suppenküchen bald in den besten Stadtteil Londons umziehen. Er heiratete eine Britin, die zeitweise Dora anstellte, damit sie Änderungen an ihrer Kleidung vornahm oder gleich neue Kleider entwarf.

Hohes Lob zollte Dora einer ungewöhnlichen Aufführung: der jiddischen Inszenierung Meier Tzelnikers von Shakespeares *Der Kaufmann von Venedig*, lange umstritten wegen des Charakters *Shylock*, eines blutrünstigen Juden, des grausamen, gierigen Bösewichts des Stücks. „Ich habe Shylock schon acht- oder zehnmal dargestellt gesehen", schrieb Dora. „Am besten davon war Rudolf Schildkraut, der aufrichtig bestrebt war, eine großartige tragische Figur zu erschaffen. Aber aus jeder jener Vorführungen ging ich geschlagen und verstört, ausgeraubt und entehrt, unfähig zu verstehen, was einen Kopf wie Shakespeare dazu gebracht hatte, uns solch einen grausamen Tritt in die Rippen zu versetzen. Ich beneidete die Nichtjuden, die es leicht hatten, sich voll und ganz der Freude und dem Genuss des Feingefühls hinzugeben, das jedem Vers des Stücks entströmt. Doch als Juden fühlen wir, dass großartige Verse wie ‚On such a night as this' und andere, ähnlich bezaubernde, uns mit Bosheit vermischt gereicht werden. Keinen einzigen Moment lang konnte ich vergessen, dass das Tuch, auf das all diese funkelnde Magie gewebt wurde, wie ein Messerstich ist, eine Abscheulichkeit und Beleidigung für das gesamte jüdische Volk. Die Formel l'art

pour l'art – die Kunst um der Kunst willen – hat nie zur jüdischen Seele gepasst, wie ›europäisch‹ oder assimiliert auch immer wir gewesen sein mögen. Die Wurzel, die die Seele des jüdischen Volkes nährt, ist die Ethik, nicht die Ästhetik." Die Vorstellung, dass einem Werk hohe künstlerische Bedeutung zukommen könne ohne Beachtung dessen, ob es moralisch sei oder nicht, sei „ein Widerspruch", argumentierte Dora. „Wenn ein Werk in seinem Kern gegen einfache, natürliche Gerechtigkeit verstößt, ist es zwangsläufig unkünstlerisch. Unsere oberste Maxime – und nichts steht höher – heißt: ‚Sei menschlich zu einem Menschen.' Sogar unser rebellischer, eifersüchtiger Gott trat bei diesem Gebot zur Seite und gab sich mit dem zweiten Rang zufrieden. So künstlerisch herausragend all diese Shylock-Darbietungen auch immer gewesen sein mögen, müssen wir als Juden das Stück kategorisch ablehnen, da sowohl der Autor als auch seine Interpreten die Kunst entweiht haben, indem sie sie benutzt haben, um blinden Hass, Raub und Entehrung zu verherrlichen."
Nachdem Dora aber die jiddische Übertragung des Stücks mit einem großartigen Schauspieler in der Titelrolle gesehen hatte, war sie begeistert und leitete ihre Kritik mit einem biblischen Zitat auf Hebräisch ein: „Solange ist unsere Hoffnung noch nicht verloren!" Die von der Inszenierung Überraschte „tanzte vor Freude" und fragte: „Wie shakespearisch kann man auf Jiddisch sprechen und handeln?"

Tzelnikers Darbietung war „der bewegendste, schockierendste Shylock", den sie je gesehen hatte. „Ich bemerkte, dass ich ernsthaft darüber nachdachte, wie gerecht meine negative Einstellung gegenüber dem Drama war, und wurde etwas unsicher", gab Dora zu. „Allerdings nur ein kleines bisschen. Es braucht schon mehr, um solch einen selbstgewählten Standpunkt zu erschüttern. In der Zwischenzeit wurde eines jedoch sehr deutlich: Jeder andere Part des Stücks kann von jedem gespielt werden, sogar von einer Leiche, doch Shylock muss von einem Juden aus der Heimat dargestellt werden, wenn der Gehalt dieser Rolle ausgelöst werden soll."

In dieser jiddischen Inszenierung, bei der Robert Atkins Regie führte, „war der Hass am rechten Ort, ohne Wut auf Shakespeare. Meier Tzelniker hat das Stück aus der Hand des Meisterschützen genommen, wo es bis zum heutigen Tag auf allen Bühnen der Welt zu finden ist, und es auf den Weg der Versöhnung entlassen. Es ist die meisterlichste Arbeit, die ich je von Tzelniker gesehen habe (und er hat eine ganze Reihe von Meisterwerken auf seiner Liste). Es ist einer der seltenen, überzeugenden Triumphe eines Schauspielers über seine Rolle."

Einzig die Schauspieler, die die Liebenden darstellten, kritisierte Dora. Die Schauspielerin war, bemerkte sie, „goldig und voller Charme, und sie stellte auch ihr Talent unter Beweis, aber leider ermordete sie das hebräische Lesen in einem Ausmaß, dass man nicht wusste, wo in aller Welt man war. Wenn sie nur daran gedacht hätten, ihr einen Partner mit gutem Jiddisch an die Seite zu stellen, ich meine: Arnold Kalline als Lorenzo? Man kann sie kaum verurteilen. Sie litten, wir litten."

In derselben Rezension richtete sie ihr Augenmerk auch auf die jüngeren Schauspieler, die sie, angezogen von professionelleren und lukrativeren Möglichkeiten auf anderen Bühnen, entgleiten sah. „Ein seltsames und sehr verstörendes Phänomen zeigt sich seit einiger Zeit: Eine Art Aussterben – Himmel hilf! – von jungen Talenten. Sobald ein junges Schauspieltalent entdeckt ist – und man kaum die Chance hatte, davon zu kosten – haben wir das Kind schon wieder verloren. Seid sehr vorsichtig, Londoner Intendanten des jüdischen Theaters", warnte Dora, „dass euch nicht ein Schiff – und zwar nicht voll saurer Milch, sondern vielmehr voller Sahne – davonsegeln wird. Pinje Goldstein, unser talentiertester, auf eine natürliche Art komödiantischer Charakterdarsteller, könnte nach Amerika gehen. Das ist im Fall der sehr begabten Tamara Solomov, inzwischen beim Habimah in Palästina, geschehen. Und so war es auch mit Fela Feld – und was ist mit unserem Shloyme Kohen? Wie viele Shloyme Kohens hat die jüdische Bühne?"

20

ETWAS UNZERSTÖRBARES IN SICH

> *Der Mensch kann nicht leben ohne ein dauerndes Vertrauen zu etwas Unzerstörbarem in sich, wobei sowohl das Unzerstörbare als auch das Vertrauen ihm dauernd verborgen bleiben können.*
>
> Franz Kafka, Aphorismen [1]

London, Januar 1947

Vier Jahre nachdem die Schule in Yealand Manor aufgelöst worden war, verschickte Elfrida Foulds noch immer den jährlichen Rundbrief an ehemalige Schüler und Angestellte. 1947 schrieb sie, dass „Marianne Lask in der High School South Hampstead sehr gut ist. Sie hatte eine anstrengende Zeit zu Hause, da es ihrer Mutter überhaupt nicht gut ging. Dora Lask war es gelungen, zwei ihrer Brüder und eine Halbschwester in Deutschland ausfindig zu machen: Es muss eine große Freude für sie gewesen sein, zu erfahren, dass sie nach all diesen tragischen Jahren unversehrt sind."[2]

Freude und Trauer gingen Hand in Hand. Die Nachricht von einem geretteten Leben ging einher mit unerträglichen Nachrichten vom Foltertod zahlloser anderer. Dora war überglücklich, als sie durch das Rote Kreuz erfuhr, dass ihre Geschwister David, Avner und Sara noch lebten und in einem Sammellager bei Dachau untergebracht waren. Von Doras elf Brüdern und Schwestern hatten nur diese drei überlebt. Doras älterer Bruder David hatte alles verloren: Seine Frau Gittel und seine drei Kinder waren tot, ermordet. Im Alter von fünfzig Jahren war David Diamant nichts geblieben, nicht einmal sein Glaube an Gott. „Die Nazis haben ihn mir genommen", erzählte er einem Freund.[3] Doras jüngerer Bruder Avner war sehr schwer an Tuberkulose erkrankt und konnte das Krankenhaus nicht verlassen. Doras jüngste Schwester Sara, inzwischen vierundzwanzig, hatte die Torturen durch ihren festen Glauben überstanden. Nach der Befreiung aller Konzentrations- und Arbeitslager waren zwischen sieben und neun Millionen Menschen auf den Straßen Europas unterwegs, um nach Hause zurückzukehren. Die Rückführung aller ehemaligen Gefangenen in ihre Heimatländer war eine gewaltige Aufgabe und unterstand der Kontrolle der alliierten Militärmachthaber. Die Versorgung der Vertriebenen wurde der Nothilfe- und Wiederaufbauverwaltung der Vereinten Nationen (kurz: UNRRA) anvertraut. Bis Anfang 1946 waren Millionen wieder in ihre Heimatländer zurückgebracht worden, zumeist in westeuropäische Länder.

Für Juden aus Osteuropa war es eine andere Sitauation. Viele, die wie Sara versuchten, nach Hause zurückzukehren, fanden dort nur neue Schrecken vor. Als die Russen das Außenlager Görlitz befreiten, das letzte der sechs Zwangsarbeitslager, die sie durchlitt, war Saras erster Gedanke, nach Będzin heimzukehren, um ihre Familie wiederzufinden. Sie hatte furchtbare Angst vor den russischen Soldaten, die, wie sie gehört hatte, „oftmals die Mädchen vergewaltigten". Also bat sie einen anderen Überlebenden, sie nach Polen mitzunehmen. Abraham Baumer, dessen Schwester Saras älteren Bruder Nathan geheiratet hatte, war auf dem Weg nach Sosnowiec, um seine Frau und seine drei Kinder zu finden. Es standen keine öffentlichen Verkehrsmittel zur Verfügung, also fuhren sie per Anhalter mit russischen Truppen mit. Einmal wurden sie getrennt und Sara fuhr in einem anderen Fahrzeug. Ein russischer Soldat bedrängte sie: „Ich habe dich befreit, jetzt musst du mir ein Geschenk geben!" Sie schrie und wehrte ihn ab. Er schlug sie, rührte sie aber nicht mehr an. Stattdessen öffnete er ihr Handgepäck und suchte nach einem ›einfacheren‹ Geschenk, dabei entdeckte er ein Exemplar von *Mein Kampf*. Der russische Soldat beschuldigte Sara, eine Nazi-Spionin zu sein. Sie versuchte, zu erklären, dass sie nach der Befreiung zufällig auf ein Exemplar des Buches gestoßen war und es nun aus Neugier lesen wollte, „um zu sehen, was darin stand".[4] Der Soldat gab sich damit nicht zufrieden und übergab sie, als sie in Katowice ankamen, russischen Offizieren. Einer der Offiziere war Jude. Nachdem Sara ihm von den vergangenen sechs Jahren in den Lagern erzählt hatte, wurde sie entlassen. Als sie schliesslich, wieder zusammen mit Abraham Baumer, Będzin erreichte, ging Sara sofort zu ihrem Haus und klopfte an die Tür. Fremde öffneten. Polen lebten nun dort und weigerten sich, sie hineinzulassen. Als ihr die eigene Eingangstür vor der Nase zugeworfen wurde, brach Sara zusammen. In den Jahren in der Hölle im Konzentratiosnlager hatte sie nur dadurch überleben können, dass sie an ihre Familie dachte und sich vorstellte, sie wiederzusehen. Sie hatte ein kleines Erinnerungsbuch mit Fotos von ihren Schwestern und deren Kindern versteckt gehalten, das ihr Trost spendete. „Diese Fotos ermöglichten es mir, daran zu glauben, dass ich eines Tages vielleicht irgendwie meine Familie wiedertreffen würde", sagte Sara.[5]

Im Gemeindehaus von Będzin, wo die Namen der Überlebenden aushingen, fand sie von ihrer Familie nur ihren eigenen Namen. Bis sie später erfuhr, dass ihre Brüder David und Avner ebenfalls überlebt hatten, glaubte sie, die einzige Überlebende ihrer Familie zu sein. Ihre geliebte Mutter, Gittel, ermordet. Tot waren auch Nacha und ihr Kind Friedele, das während des Kriegs geboren worden war. Ihre Brüder Nathan, Pinches, Matis, Arie und Avraham und ihre Familien lebten alle nicht mehr. Davids Frau Gitle mit ihren Kindern Helusha, Tuvia und Frania – alle verloren.

In Będzin war Sara nichts geblieben. Als Abraham Baumer in die Nachbarstadt Sosnowiec weiterfuhr, ging Sara mit ihm. Auch aus seiner Familie war niemand unter den Überlebenden aufgeführt. Seine Frau und seine drei Kinder wurden vermisst und für tot gehalten. Auch Baumer fand sein Haus von Polen besetzt vor, die ihm den Eintritt verweigerten. Da die beiden keine Unterkunft hatten, fuhren sie in die nächste Stadt in Polen, wo sie Menschen kannten, und versuchten, neu anzufangen, aber es war unmöglich. Die Nazis waren verschwunden, aber der antisemitische Hass zeigte sich unter den Polen als ein lebendiges Geschwür, und die Juden, die zu ihren Häusern zurückkehrten, wurden attackiert, geschlagen oder getötet. Am 4. Juli 1946 griffen polnische Einwohner von Kielce, einer Stadt nördlich von Krakau, heimkehrende Juden an. Hunderte Überlebende aus Konzentrationslagern wurden zu Krüppeln gemacht oder starben.

Sara und Abraham hatten keine andere Wahl, als nach Deutschland zurückzukehren, wo sie in den Vertriebenenlagern Unterkunft und Verpflegung finden konnten und relativ sicher waren. Tausende osteuropäische Juden waren angesichts andauernder, weitverbreiteter Angriffe gezwungen, wieder zu fliehen, und im Jahr 1946 verdoppelte sich die Zahl der Vertriebenen sogar noch. Zum Ende jenes Winters lebte eine Viertelmillion Juden in den Vertriebenenlagern Europas. „Die Rückführung der Juden muss natürlich als außer Frage stehend angesehen werden",[6] betonte das deutsche Hauptquartier der UNRRA in seinem Bericht vom April 1946. Die Frage war nur: Wo sollten all diese Menschen hin?

Als Sara und Abraham das Vertriebenenlager bei Dachau erreichten, waren die Umstände dort schrecklich und nicht viel besser als unter den Deutschen. 1945 hatte Präsident Truman eine von Earl Harrison, dem Dekan der Juristischen Fakultät der Universität von Pennsylvania, geführte Mission ausgesandt, „um die Zustände bei den Juden in den Vertriebenenlagern in der amerikanischen Zone Deutschlands zu untersuchen."[7] Harrison war schockiert von dem, was er sah: „So wie die Dinge im Moment stehen, scheinen wir die Juden genauso zu behandeln, wie die Nazis es taten, außer, dass wir sie nicht hinrichten." Er berichtete, dass die große Mehrheit jüdischer Vertriebener „überwiegend nach Palästina gehen wollte", und empfahl, dass die Briten ersucht werden sollten, „umgehend einhunderttausend Einreisegenehmigungen auszustellen, ohne auf eine allgemeine Regelung der Palästinafrage zu warten."[8]

Die ›Palästinafrage‹ war explosiv. Die Briten kontrollierten die Region seit dem Ende des Ersten Weltkriegs, und in den dreißig Jahren, seitdem die Balfour-Deklaration die Errichtung einer ›nationalen Heimstätte‹ für die Juden in Aussicht stellte, war in der Wüste ein Wunder geschehen. Die Arbeit von zwei Generationen zionistischer Pioniere hatte Wüsten- und Sumpfgebiete bewohnbar gemacht; Gemeindehöfe und Städte wuchsen aus der Wildnis, die Agrikultur florierte. Es war genau so, wie es sich Theodor Herzl fünfzig Jahre zuvor vorgestellt hatte. Die neue Stadt Tel Aviv funkelte wie ein weißes Juwel am Mittelmeer – es war die erste jüdische Stadt der modernen Welt. Die Briten hofften, dass die Araber die neue Entwicklung begrüßen würden, da auch sie höhere Löhne und einen höheren Lebensstandard erwarten konnten. Aber diese Hoffnung erfüllte sich nicht. Ein Historiker fasste das Problem folgendermaßen zusammen: „Die Araber in Palästina fühlten, dass jeglicher Zustrom von Juden schon an sich eine inakzeptable Wirkung auf ihre Bürger- und Religionsrechte mit sich bringen würde."[9]

Die große Mehrheit der vertriebenen Juden wollte nach Palästina. Aber das Einwanderungskontingent war nach den Weißbüchern der britischen Regierung aus den Jahren 1922 und 1939 streng begrenzt. Die Briten reagierten auf den Druck und die Kriegsdrohungen der arabischen Länder, auf deren Öl und Loyalität sie angewiesen waren. Ägypten, Saudi-Arabien, Syrien, der Iran und der Irak, der seine erste Ölpipeline 1934 eröffnete, protestierten heftig gegen jeden Vorschlag, Palästina in zwei Staaten aufzuteilen, und lehnten eine größere Präsenz von Juden in ihrer Mitte ab. Um die benachbarten Araber zu besänftigen, wurde das palästinensische Gebiet östlich des Jordan, das ursprünglich als Teil der jüdischen nationalen Heimstätte vorgesehen war, vom Mandat Palästina abgespalten und in „Transjordanien" umbenannt. Es erhielt 1946 als Haschemitisches Königreich Jordanien die volle Unabhängigkeit.

Die Juden fühlten sich von den Briten betrogen. Zusätzlich zu den Rechtsansprüchen, die ihnen eingeräumt worden waren, um ihr Land aufzubauen, glaubten sie auch, dass sie ein historisches Recht auf dieses Land hatten. Seit Jahrhunderten in der Diaspora galten viele ihrer täglichen und heiligsten Gebete einer Rückkehr nach Jerusalem. Gerade als es für die europäischen Juden entscheidend war, einen Zufluchtsort zu haben, sah das britische Weißbuch von 1939 vor, die Einwanderung auf nur 75.000 Juden über einen Fünf-Jahres-Zeitraum zu begrenzen und sie danach vollkommen einzustellen. Als das Weißbuch erschien, erklärte David Ben-Gurion, der als junger Mann in den Feldern im Karmel gearbeitet und geholfen hatte, die Jüdische Legion zu formieren, die im Ersten Weltkrieg an der Seite der Briten gegen das Osmanische Reich kämpfte: „Wir werden gegen Hitler kämpfen, als gäbe es kein Weißbuch, und wir werden gegen das Weißbuch kämpfen, als gäbe es keinen Hitler."[10]

Nach dem Zweiten Weltkrieg wollten die Juden nicht länger zurückstehen und zulassen, dass ihnen ihre Rechte genommen werden. Sie wollten die Misshandlung und das Leben im Exil nicht länger dulden. Die jahrhundertealte jüdische Art, rassistischem Hass „einfach, unauffällig und bescheiden" zu begegnen, hatte zur Vernichtung von sechs Millionen Juden geführt. Genug war genug. Als der Krieg endete, begannen die Juden, sich zu wehren.[11]

Bis 1947 war Palästina ein Schlachtfeld von Terrorangriffen zwischen Arabern und Juden geworden; Juden bekämpften auch die Briten. Ein Jahrzehnt lang hatte die britische Regierung wenig getan, um arabische Angriffe auf Juden zu verhindern. Als Antwort darauf bildeten die Juden ihre eigene Armee, die illegale Hagana, um jüdische Menschenleben auf jüdischem Boden zu beschützen. Seit dem Beginn der zionistischen Bewegung in Palästina hatten Juden arabischen Eigentümern Land abgekauft, um dort ihre Kollektive und Siedlungen aufzubauen. Das Weißbuch von 1939 schränkte weiteren jüdischen Landerwerb strikt ein, da die Briten über das Problem einer landlosen arabischen Bevölkerung besorgt waren. Sofern man die jüdische Einwanderung nicht unterbinde, warnten die Briten, werde einer verhängnisvollen Feindschaft zwischen den beiden Völkern Vorschub geleistet, und die Lage in

Palästina könne zu einem anhaltenden Krisenherd für alle Völker des Nahen und Mittleren Ostens werden.

Inmitten des wachsenden internationalen Drucks, Palästina in zwei separate Staaten zu teilen, zogen die Briten weiterhin bei den Einwanderungsquoten die Zügel streng an. Nur weniger als 20.000 Juden im Jahr durften nach Palästina einreisen. Bei dieser Rate würde es ein Jahrzehnt oder länger dauern, bevor jeder, der kommen wollte, eine Genehmigung erhielt.

Amerika hatte unterdessen seine Einwanderer-Quoten gelockert und erlaubte 100.000 Juden (vorrangig Waisen) über einen Fünf-Jahres-Zeitraum, in die Vereinigten Staaten einzuwandern. Doch Tausende weitere warteten in den Lagern, entschlossen, nach Palästina zu gehen oder bei dem Versuch zu sterben. Die Wartelisten waren lang und viele brachen in ihrem verzweifelten Wunsch, ein neues Leben zu beginnen, illegal auf. Sara und Abraham blieben zwei Jahre lang auf der Warteliste für die legale Einwanderung nach Palästina, bevor sie endlich reisen durften.

Das Leben in Deutschlands Vertriebenenlagern besserte sich nach der Harrison-Kommission, und außerdem brachten weitere unabhängige Berichte über die Lager zunehmend Verbesserungen mit sich. Internationale jüdische Hilfsorganisationen schickten Abgesandte in die Lager, um die geistige, körperliche und berufliche Rehabilitation zu unterstützen. Der menschliche Drang zu leben, Leben zu vermehren, die Leere zu füllen, die das Verlorene hinterlassen hatte, trug Früchte – und brachte eine Menge Kinder hervor. Tausende Hochzeiten fanden in den Vertriebenenlagern statt, und tausende jüdische Kinder kamen zur Welt.

1946 heiratete Sara Dimant Abraham Baumer. Anfang 1947 war Sara schwanger und das Paar zog in ein Vertriebenenlager in Hessen, in die Nähe von Frankfurt. In jenem September schaltete Dora eine Anzeige in der Rubrik „Persönliches" in *Loshn un Lebn*, in der sie stolz die Geburt ihrer Nichte, Gitle Tova Baumer, mit der Überschrift „Mazel Tov!" verkündete: „Ein herzliches Mazel Tov an meine einzige Schwester, die Überlebende Sarah'le, und an meinen Schwager Abraham Baumer zur Geburt ihrer Tochter Gitale in Hessen, Deutschland. Möge dieses neugeborene Leben euch helfen, euer ausgelöschtes Glück wiederzuerwecken, und möge es euch die Kraft verleihen, an eine hellere Zukunft zu glauben. Eure treue und liebende Schwester Dora Dymant."[12] David heiratete unterdessen Branka Besserglick, eine polnische Überlebende aus den Lagern Dachau und Bergen-Belsen. Brankas Ehemann war von der

Gestapo getötet und ihre zwölfjährige Tochter in den Gaskammern ermordet worden. Zelig Besserglick, Brankas jüngster Bruder, Überlebender von sieben Konzentrationslagern, war das einzige bei der Hochzeit anwesende Familienmitglied. Am 4. Juli 1947 schenkte Branka David einen Sohn, Zvi, Doras einzigen lebenden Neffen.

Laut Elfrida Foulds Rundschreiben war Dora mehrere Monate lang krank gewesen. Wie Marianne hatte auch sie Nierenprobleme bekommen. Ihr Gesicht und ihre Beine waren sehr angeschwollen und sie brauchte lange Zeit Bettruhe. Es gelang ihr, etwas Geld in Heimarbeit zu verdienen, indem sie Frauenkleider für eine Firma herstellte und Pensionsgäste aufnahm. In ihrem Bett las sie Zeitungen und verfolgte die Ereignisse in Palästina.

Während sich Doras Gesundheitszustand etwas besserte, verschlechterte er sich bei Marianne. Jeden Samstag musste sie per Zug zum Krankenhaus in Luton, um Injektionen zu bekommen. „Dora war sehr besorgt um sie", sagte Ottilie McCrea, Doras Nachbarin aus der Glenloch Road, die mit ihr und Marianne in Kontakt blieb.[13] Ottilie, selbst Mutter von zwei kleinen Mädchen, kümmerte sich um die kranke Dora und brachte Marianne regelmäßig zum Zug zur wöchentlichen Fahrt ins Krankenhaus. Entschlossen fuhr sie los, erinnerte sich Ottlie, mit einem Buch oder einem Bündel Socken zum Stopfen, das Dora ihr mitgegeben hatte, um sie zu beschäftigen.

Im Nachkriegsdeutschland erschienen nun nach und nach Kafkas Bücher, und die Literaturkritik brachte die unterschiedlichsten Interpretationen seines Werks und seiner Person hervor. Man nannte ihn „ein seltsames und befremdliches Genie"[14], einen „religiösen Humoristen"[15] oder einen „Existentialisten".[16] Zehn Jahre nach der Erstveröffentlichung 1937 brachte Max Brod eine zweite Auflage seiner Kafka-Biografie heraus. Sie enthielt ein zusätzliches Kapitel, das auf die manchmal erbittert geführten akademischen Debatten über Kafkas Werke einging: „Die grelle Bedeutung, in der heute die Persönlichkeit Kafkas erscheint, hat selbstverständlich auch zu manchen Verzerrungen seines Bildes geführt"[17], bemerkte Brod, und im Nachwort zur zweiten Auflage fügte er hinzu, „daß da und dort nur Äußerlichkeiten der Methode Kafkas nachgeahmt oder analysiert werden, nicht aber sein wesentliches Streben, das vielleicht einigen, die so viele Worte über ihn und seine Kunst machen, ganz unzugänglich ist."[18] Er gab zu, dass nicht einmal seine Biografie beanspruchen könne, Kafkas persönliche und literarische Bestrebungen, die auf „eine innere Vervollkommnung, auf ein fleckenreines Leben" ausgerichtet waren, endgültig erklären zu können. Laut Brod war Kafka „völlig ausgefüllt [...] vom Streben nach dem ethisch Höchsten, das ein Mensch erreichen [...] kann".[19]

Josef Paul Hodin, ein zunächst dem Expressionismus zugewandter vierundvierzigjähriger Student, war einer der vielen, die nun von Kafka tief berührt wurden. Er war durch die Erinnerungen eines in London lebenden Malers auf Kafka gestoßen. Dieser Maler, der Kafka im Prager Gymnasium selbst begegnet war, gehörte zu denen, die zu einem Kafka-Bild beitrugen, welches sich – beinahe als Karikatur – im öffentlichen Bewusstsein entwickelte. Er attestierte Kafka „eine völlig anomale sexuelle Entwicklung" und meinte, „er haßte die Realität."[20] Obwohl seine Erinnerungen an Kafka als Schuljungen bereits verblassten, fühlte der Maler sich berufen, eine Analyse von Kafkas Psyche anzustellen. In einem Interview, das er Hodin über Kafka gab, erklärte er: „Was das Eigentümliche von Kafkas Werk anbelangt, möchte ich sagen, dass es alle Anzeichen einer verzerrten Vorstellungskraft aufweist." Kafka sei aufrichtig gewesen und habe sich aus weltlichem Erfolg nichts gemacht, aber er sei kein Genie gewesen. „Kafkas Geist war im Grunde zersetzend und analytisch. Warum ist Analyse als Selbstzweck nicht das Kennzeichen des Genies?", fragte er sich daraufhin und gab die Antwort, „weil dies keinen wirklichen Inhalt hat. Es hat keine wirkliche Bedeutung."[21] So erhob ein weiterer Experte der Kafkalogie seine Stimme, der exemplarisch ein monströses und absurdes Bild von Franz Kafka zeichnete.

Trotz seiner Bemühungen und besten Absichten, Kafkas Werk der Welt zugänglich zu machen, wurde Max Brod von den neuen Kafka-Experten und -Gelehrten oftmals scharf kritisiert. Es hieß, dass Brod „der niemals endenden Debatte" über Kafkas Werk zu nahe stehe, und es wurde ihm sogar vorgeworfen, als Teil „einer kleinen Gruppe Eingeweihter" die Auslegung Kafkas für sich allein zu beanspruchen. „Zu einem mehr oder weniger großen Grad teilten sie seinen Hintergrund und seine Erfahrungen, die ihn dazu inspirierten, seine Erzählungen zu schreiben. Sie bildeten eine Sekte, eine intellektuelle Verschwörung und eine Elite."[22]

Inmitten dieser brodelnden Kontroversen – oder ›Zimmes‹, wie sie vielleicht gesagt hätte – erhob Dora wieder ihre Stimme. Seit der katastrophalen

Angelegenheit mit Ehm Welk hatte sie mit keinem der Dutzende von Journalisten und Schriftstellern, die einen Einblick in Kafkas Welt gewinnen wollten, gesprochen. Als Josef Paul Hodin sie aber Ende 1947 kontaktierte und die Missverständnisse, die sich um Kafka rankten, groteske Züge annahmen, entschloss sie sich, ihr langes Schweigen über Kafka zu beenden.

Sie empfing Hodin in ihrem kleinen, spärlich möblierten Wohnzimmer in London. „Von dem Sims über einem offenen Kamin", beschrieb Hodin das Zimmer, „blickten aus der letzten Photographie, die er in Berlin für seinen Paß hatte machen lassen, Kafkas Augen forschend in den dämmrigen Raum."

Bevor Dora zu erzählen begann, bat sie Hodin, das Interview mit einer Art Haftungsausschluss einzuleiten, eine Bitte, der er nachkam. Der Artikel „Erinnerungen an Franz Kafka", der im Januar 1948 vorerst nur auf Englisch in der britischen Zeitschrift *Horizon* erschien, begann mit den Worten: „Ich habe mit Frau Dora Dymant lange Stunden im Gespräch über Kafka und über diese letzten Monate seines Lebens verbracht. Ich schulde ihr Dank für all das, was sie mir so einfach, warm und offen erzählte. Bevor ich es wiedergebe, muß gesagt werden, was sie selbst von sich beteuerte: ‚Ich bin nicht objektiv und kann es auch nicht sein. Es ist über zwanzig Jahre her, daß Kafka starb. Aber schließlich kann man Zeiträume nur nach dem Gewicht der eigenen Erfahrung messen, und so fällt es mir selbst heute noch oft schwer, von Kafka zu sprechen. Dabei sind meist nicht die Tatsachen ausschlaggebend, es ist vielmehr eine reine Frage der Atmosphäre. Was ich erzähle, hat eine innere Wahrheit, und dazu gehört auch Objektivität.'"

Dora schilderte die Geschichte ihres Lebens mit Kafka von ihrem ersten Treffen in Müritz an. Ihre Erinnerungen und Gefühle kamen hervor und ihre Beschreibung wurde so lebendig, als wäre es erst gestern gewesen:

„Ich begegnete Kafka zum ersten Male an der Ostsee, im Sommer 1923. Ich war damals sehr jung, neunzehn Jahre, und arbeitete freiwillig für ein Ferienlager in einem Berliner Volksheim [...] Eines Tages sah ich am Strand eine Familie spielen, Eltern und zwei Kinder. Der Mann fiel mir besonders auf, ich konnte seinen Eindruck nicht loswerden. Ich ging diesen Leuten sogar in die Stadt nach, und später traf ich sie dann wieder. Eines Tages wurde im Volksheim bekanntgegeben, daß Dr. Franz Kafka zum Abendessen kommen würde. Ich hatte zu der Zeit gerade in der Küche zu tun. Als ich von meiner Arbeit aufblickte – der Raum hatte sich verdunkelt, es stand jemand draußen vor dem

Fenster – erkannte ich den Herrn vom Strand wieder. Dann trat er ein – ich wußte nicht, daß es Kafka war und daß die Frau, mit der ich ihn am Strande zusammen gesehen hatte, seine Schwester war. Er sagte mit sanfter Stimme: ‚So zarte Hände, und sie müssen so blutige Arbeit verrichten!' [...]

Das Markanteste an seinem Gesicht waren seine Augen, die offen, mitunter sogar weit geöffnet waren, er mochte reden oder zuhören. Sie starrten nicht erschreckt, wie manchmal von ihm behauptet wurde, eher war ein Ausdruck von Verwunderung in ihnen. [...] Es erschien in ihnen mitunter ein Funke Humor, der jedoch weniger ironisch als schalkhaft war, so als ob er Dinge wüßte, die andere Leute nicht kennen. [...] Kafka war immer heiter. Er spielte gern, er war der geborene Spielkamerad, der immer zu irgendwelchen Späßen aufgelegt ist."

Von der Berliner Zeit erzählte sie: „Es war in der Inflationszeit. Kafka litt schwer unter den äußeren Lebensbedingungen, doch verfuhr er sehr rigoros mit sich selbst. Er hatte nach seiner Ansicht kein Recht, sich von dem auszunehmen, was um ihn herum geschah. So bedeutete der Weg in die Stadt für ihn immer eine Art Golgatha [...]. Er konnte stundenlang in Schlangen anstehen, und zwar nicht nur, um etwas einzukaufen, sondern einfach aus dem Gefühl heraus: hier floß Märtyrerblut, und deshalb mußte auch seines fließen. So erlebte er die Gemeinschaft mit einem unglücklichen Volk in einer unglücklichen Zeit. Für mich ist das ganz deutlich in dem Grundthema des ‚Prozesses', wo er K. verurteilt, weil dieser sein Leben nicht zu einer lebenslangen Kreuzigung machen wollte. Leben aber gibt es nur in der ‚Kreuzigung', und vor dem obersten Gerichtshof wird niemand freigesprochen."

„Warum machte Kafka auf mich einen so starken Eindruck? Ich kam aus dem Osten, als ein dunkles Geschöpf voller Träume und Vorahnungen, wie aus einem Roman von Dostojewski entsprungen. Ich hatte soviel vom Westen gehört, von seinem Wissen, seiner Klarheit und seinem Lebensstil, und so kam ich nach Deutschland mit einer aufnahmebereiten Seele, und es hat mir viel gegeben. Aber immer wieder hatte ich dabei das Gefühl, daß die Menschen dort irgend etwas brauchten, was ich ihnen geben könnte. Nach der Katastrophe des Krieges erwartete jedermann Rettung vom Osten. Ich aber war aus dem Osten davongelaufen, weil ich glaubte, daß das Licht aus dem Westen käme. Später wurden meine Träume weniger anspruchsvoll: Europa hatte meine Erwartungen enttäuscht, seine Menschen waren im Grunde ihres Herzens ruhelos. Irgend etwas fehlte ihnen. Im Osten wußte man um den Menschen; vielleicht konnte man sich dort nicht so frei in der Gesellschaft bewegen und wußte sich nicht so leicht auszudrücken, aber man wußte um die Einheit von Mensch und Schöpfung. Als ich Kafka das erstemal sah, erfüllte sein Bild sofort meine Vorstellung vom Menschen. Aber auch Kafka wandte sich mir aufmerksam zu, als ob er etwas von mir erwartete."

„Ich glaube nicht, daß Depressionen sein hervorstechendes Merkmal waren. [...] Gewöhnlich wanderte er schwerfällig und unlustig umher, bevor er mit dem Schreiben begann. Er sprach dann wenig, aß ohne Appetit, nahm an nichts Anteil und war sehr niedergedrückt; er wollte allein sein. [...] Sonst brachte er auch für die unwesentlichsten Dinge das lebhafteste Interesse auf, doch an solchen Tagen verschwand dies vollständig. [...] Er hatte es später gern, wenn ich im Zimmer blieb während er schrieb. Einmal begann er nach dem Abendbrot zu schreiben; er schrieb sehr lange, so daß ich auf dem Sofa trotz des elektrischen Lichtes einschlief. Auf einmal saß er neben mir, ich erwachte und blickte ihn an. In seinem Gesicht hatte sich eine deutlich wahrnehmbare Veränderung vollzogen; die Spuren der geistigen Anspannung lagen so klar zutage, daß sein Gesicht davon völlig verwandelt war. [...] Oft las er mir vor, was er geschrieben hatte; aber niemals analysierte oder erklärte er. [...] Hin und wieder sagte er: ‚Ich möchte wohl wissen, ob ich den Gespenstern entkommen bin!' [...] Von dieser Vorstellung schien er wie besessen zu sein [...]. Um seine Seele von diesen ‚Gespenstern' zu befreien, wollte er alles verbrennen, was er geschrieben hatte. Ich achtete seinen Willen, und als er krank im Bett lag, verbrannte ich einige seiner Arbeiten vor seinen Augen. Was er wirklich schreiben wollte, würde erst später kommen, wenn er seine ‚Freiheit' errungen hatte. [...] Man hat mir vorgeworfen, daß ich einiges von Kafkas Arbeiten verbrannt habe. Ich war damals so jung, und junge Menschen leben in der Gegenwart, allenfalls noch in der Zukunft."

„Die Literatur war für ihn etwas Heiliges, Absolutes, Unantastbares, rein und groß. [...] Da er der meisten Dinge des Lebens nicht ganz sicher war, drückte er sich sehr vorsichtig aus. Wenn es jedoch um Literatur ging, ließ er nicht mit sich handeln und kannte keine Kompromisse, denn hier war sein ganzes Dasein betroffen. [...] Für ihn war alles mit kosmischen Ursachen verknüpft, selbst die alltäglichsten Dinge. Man findet diese Einstellung auch im Osten, dieses Verlangen nach Ganzheit des Lebens. Es gibt im Osten geistige Voraussetzungen, die bedingungslos erfüllt werden müssen, wenn man nicht lebensunfähig werden will. Kafka fühlte das. Der Westen hat es vergessen, und darum hat Gott ihn verlassen. Deshalb konnte all das geschehen, was wir erlebt haben. Das scheint mir einer der Gründe zu sein, weshalb man sich heute so für Kafka interessiert: das Bewußtsein, daß Gott uns verlassen hat."

Hodin brauchte keine Fragen zu stellen. Hatte Dora einmal angefangen, von Kafka zu reden, war sie nicht mehr zu bremsen. Die Stunden vergingen schnell. Während das Licht im Zimmer dämmrig wurde, machte Hodin sich Notizen und Dora erzählte von Kafkas schwierigem Verhältnis zu seinem Vater, seinen Gefühlen gegenüber Prag und von den alltäglichen Dingen seines Lebens, die er mochte, Einkäufe erledigen, spazierengehen, auch von seiner Taschenuhr, die er liebte, und der Petroleumlampe, die sie für ihn besorgt hatte. „Er hatte ihren milden, belebenden Schein sehr gern und wollte sie immer selbst auffüllen."

Sie berichtete auch von seinen Schwierigkeiten im Alltag, zum Beispiel von seiner Abneigung gegen das Telefon. Er „litt unter seinem Klingeln; ich mußte alle Anrufe entgegennehmen."

„Er hatte das Leben als ein Labyrinth erfahren, aus dem er keinen Ausweg erblicken konnte. Immer gelangte er nur bis zur Verzweiflung. [...] In Berlin glaubte er eine Zeitlang, eine persönliche Lösung für die inneren und äußeren Wirren gefunden zu haben, mit der er sein Leben zu retten hoffte. Er wollte sich ganz als ein gewöhnlicher, kleiner Durchschnittsmensch fühlen, ohne besondere Wünsche und Bedürfnisse", „und in Berlin glaubte Kafka sich tatsächlich von der Tyrannei seiner Vergangenheit befreit zu haben. Aber die früheren Probleme waren zu eng mit seinem Leben verbunden. Sobald man davon nur eine Saite anrührte, schwangen alle übrigen mit. Sein inneres Leben war unermeßlich tief und unerträglich."

Sie beschrieb, wie Kafka ihr stundenlang vorlas, aus Grimms und Andersens Märchen, E. T. A. Hoffmanns *Kater Murr*, Goethes *Hermann und Dorothea*, Kleists *Die Marquise von O…* und Hebels *Schatzkästlein*:

„Da war zum Beispiel die Geschichte von der Liebsten des Bergmanns, die ihren Geliebten zur Grube begleitete und ihn dann niemals lebendig wiedersehen sollte. Ihr Leben verstrich, sie wurde alt und grau. Da wurde eines Tages seine Leiche in einem Schacht gefunden, sie war durch die Gase konserviert und völlig unverändert geblieben. Die alte Frau trat herzu und küßte ihren Geliebten; jahrelang hatte sie auf ihn gewartet, und nun hielten sie Hochzeit und Begräbnis zugleich."

„Jahre danach habe ich oft Kafkas Bücher gelesen, immer mit der Erinnerung daran, wie er selbst mir laut daraus vorlas. Dann fühlte ich, wie selbst mir dabei die deutsche Sprache im Wege war. Deutsch ist eine allzu moderne, allzu heutige Sprache. Kafkas ganze Welt verlangt nach einer älteren Sprache; in ihm steckte ein uraltes Bewußtsein, alte Dinge und alte Furcht. Sein Gehirn kannte feinere Nuancen, als sie das moderne Gehirn überhaupt fassen kann. Er ist so wenig der Repräsentant eines Zeitalters wie er Repräsentant eines Volkes und seines Schicksals ist. Sein Realismus gibt auch nicht das Leben des Alltags wieder: es ist eine absolute, komprimierte Logik, in der man nur ein paar kurze Augenblicke lang leben kann."[23]

Zum ersten Mal erwähnte Dora auch öffentlich die fünfunddreißig Briefe, die Kafka ihr geschrieben hatte, und enthüllte deren tragischen Verlust: „Sie sind mir später zusammen mit seinen Tagebüchern von der Gestapo abgenommen worden, und trotz aller Bemühungen sind sie bisher unauffindbar geblieben."

Sie sprach von Kafkas Besuchern, Willy Haas, Rudolf Kayser und Franz Werfel, und beschrieb den Vorfall, als sie Werfel das Haus unter Tränen verlassen sah. „Jeder, der sich Kafka auslieferte, erfuhr entweder die stärkste Bestätigung oder mußte verzweifeln – ein Zwischending gab es nicht." Doch wies sie darauf hin: „Bei Kafka fühlte sich niemand unbehaglich, im Gegenteil, er zog jeden an, und man besuchte ihn mit einem gewissen feierlichen Gefühl, so als ob man vorsichtig auf den Zehenspitzen oder über weiche Teppiche ginge."

Dora erzählte von ihren gemeinsamen Umzügen von Krankenhäusern in Sanatorien und von Kafkas letztem Aufenthalt in Kierling, wo er ein „wunderbares, zu jeder Tageszeit sonniges Zimmer mit einem Balkon" hatte, und schließlich von Kafkas Sterben und seinem Tod. „Das Unheimliche an Kafkas tödlicher Krankheit war ihr Ausbruch. Ich spürte es, daß er ihn geradezu mit Gewalt herbeigezwungen hatte. Es kam für ihn wie eine Befreiung: nun war ihm die Entscheidung aus der Hand genommen worden. Kafka begrüßte die Krankheit direkt, wenn er auch in den letzten Augenblicken seines Lebens gern wieder weitergelebt hätte."

Obwohl Dora das Englische hervorragend beherrschte, hatte sie darauf bestanden, das Interview auf Deutsch zu führen, in der Sprache, in der Kafka geschrieben hatte und die Dora für einzig angemessen hielt, um über ihn zu reden. Im deutschsprachigen Original wurde Hodins Artikel im Juni 1949 in

Der Monat, als Teil einer Hommage an Franz Kafka zu seinem fünfundzwanzigsten Todestag, veröffentlicht.

London, Frühjahr 1948

Mit Ausnahme von seinen Nichten waren alle Familienangehörigen von Franz Kafka tot. Kafkas Eltern, Hermann und Julie, starben noch vor dem Krieg, 1931 und 1934, und wurden im Familiengrab mit Franz auf dem jüdischen Friedhof in Prag-Straschnitz bestattet. Kafkas drei Schwestern wurden von den Deutschen ermordet; Valli und Elli mit ihren Männern Josef Pollak und Karl Hermann im Oktober 1941 festgenommen, in das polnische Getto Litzmannstadt deportiert und vermutlich 1942 im Vernichtungslager Kulmhof umgebracht. Von Ellis Kindern war Gerti „einfach verschwunden" und Jahre vergingen, bevor ihr Schicksal bekannt wurde, und Kafkas Neffe Felix starb in einem Konzentrationslager in Frankreich.

Ottlas Kinder Vera und Helene überlebten, da ihr Vater kein Jude war und Ottla ihn überzeugen konnte, sich von ihr scheiden zu lassen, um ihre Töchter zu retten. Als die Deutschen Prag besetzten, trug Ottla sich freiwillig als Jüdin ein. Dadurch „zeigte sie einmal mehr ihren Mut, ihre Selbstlosigkeit und ihren starrköpfigen Idealismus, was Kafka so an ihr bewundert hatte. [...] Da sie die Frau eines ›Ariers‹ war, blieb sie von der Deportation ausgenommen, doch galt ihr das nur als Beweis dafür, wie absurd das Gesetz war. Sie war noch immer Jüdin, und wenn Juden litten, würde nicht solch ein Detail sie daran hindern, ihr Schicksal zu teilen. Darüber hinaus meinte sie, dass sie die Ehe verderben würde, wenn sie sich hinter ihr versteckte." Ottla wurde nach der Scheidung im August 1942 von den Deutschen verhaftet und nach Theresienstadt gebracht, „wo sie das nächste Jahr ihr Bestes gab, um den anderen Gefangen zu helfen und sie zu trösten."[24]

Im Herbst 1943 meldete Ottla sich freiwillig, um eine Gruppe polnischer jüdischer Waisen aus dem Getto Bialystok zu begleiten. Laut der Lagerleitung sollten sie nach Dänemark oder Schweden geschickt werden, tatsächlich ging der Transport jedoch direkt nach Auschwitz. In den Aufzeichnungen im dortigen Museum des Todeslagers steht Ottlas Name, „Ottilie David", als sechster auf einer Liste von dreiundfünfzig Freiwilligen, die 1.260 Kinder begleiteten und die Theresienstadt am 5. Oktober verließen und Auschwitz zwei Tage später erreichten. Die Bezeichnung ›Sondertransport‹ bedeutet, dass alle Passagiere des Zugs noch am Ankunftstag in die Gaskammern geschickt wurden.

Marianne Steiner, Kafkas Nichte, hatte den Krieg überlebt. Sie war mit ihrem Mann und ihrem noch nicht einjährigen Sohn von Prag nach England geflohen. Marianne war groß und schlank, ihr Haar dunkel und voll und man konnte ihr noch immer die „atemberaubende Schönheit" ansehen, die sie in der Vorkriegszeit in Prag gewesen war, als Georg Steiner ihr zum ersten Mal begegnete.[25] Sie war nun vierunddreißig und ähnelte ihrem Onkel in vielerlei Hinsicht. Die, die sie kannten, sagten: „Sie hatte mit ihm seine Ehrlichkeit, seine Klarheit und seine Leidenschaft für die Wahrheit gemeinsam. Sie war bekannt für ihren Scharfsinn, ihren Mut und ihre Toleranz, und ihre Herzlichkeit hatte einen Anflug von ironischer Nüchternheit, die ihr half, selbst im Exil aufzublühen."[26]

Nach Kriegsende kehrten Marianne und Georg Steiner im Herbst 1945 nach Prag zurück, in der Hoffnung, ihr altes Leben wieder aufnehmen zu können. Sie erkannten aber bald, dass es naiv war und kaum möglich. Doch blieben sie dennoch drei Jahre in Prag. Im Februar 1948, zur Zeit des ›Februarumsturzes‹, des stalinistischen Gottwald-Putsches, zogen sie zurück nach London.

An einem verregneten Nachmittag im Jahr 1990 sprach Marianne Steiner zum ersten Mal über ihre Beziehung zu Dora, die einen großen Einfluss auf ihr Leben gehabt hatte. Ihre erste Begegnung – Marianne war noch ein kleines Mädchen – fand in Prag statt, kurz nach dem Tod ihres Onkels. Viele Jahre später trafen sie sich dann zufällig in London wieder. Es war „das Seltsamste, was mir je passiert ist", sagte Kafkas Nichte im Interview und erzählte, wie es dazu gekommen war.

Während ihres dreijährigen Aufenthalts in Prag wurden die Steiners „enge Freunde" des Dichters Edwin Muir und seiner Frau Willa, Kafkas erste englische Übersetzer. Edwin Muir war als Leiter des British Council nach Prag berufen worden und hatte sich dort auf die Suche nach Angehörigen von Kafka gemacht.[27] Während eines Gesprächs mit den Muirs machte Marianne einmal die Bemerkung, sie kenne „Kafkas letzte Freundin, Dora Diamant". Sie erzählte, dass sie ihr nur einmal begegnet sei, als sie nach seinem Tod zu einem kurzen Besuch nach Prag kam, und nicht wisse, was weiter mit ihr geschehen sei. Muir rief ganz erstaunt, dass Dora doch in England lebe und dass er sie und ihre Tochter bereits mehrmals getroffen habe. Dora habe mit ihm Kontakt aufgenommen. Er hatte so auch erfahren, dass sie sich finanziell in einer sehr schlechten Lage befand.

Nach ihrer Rückkehr nach London 1948 suchte Frau Steiner Kafkas englischen Verlag *Secker & Warburg* auf. „Ich wusste, dass es für die Erben Tantiemen im Ausland gab", erklärte sie. „Ich wusste auch, dass Dora irgendwo in England lebte und sehr wenig Geld hatte. Ich war entschlossen, sie zu finden und ihr finanzielle Hilfe anzubieten." Nachdem sie den Verlagschef Roger Senhouse getroffen und mit ihm über die Tantiemen gesprochen hatte, fragte sie, „ob er zufällig Dora kannte". Er bejahte dies und kramte, auf der Suche nach ihrer Adresse, in einem „chaotischen" Stapel von Papieren auf seinem Schreibtisch. Schließlich gab er es auf und versprach, die Adresse zu finden und sie Frau Steiner mit der Post in das Gästehaus zu schicken, wo sie und ihre Familie vorübergehend wohnten.

„Wenige Tage nach meiner Unterhaltung mit Herrn Senhouse rief uns ein Immobilienmakler an, der eine Wohnung für uns finden sollte, und teilte uns mit, dass er eine angemessene gefunden hatte. Ich sagte ihm zu, direkt mit einer Freundin zu kommen. In genau diesem Augenblick brachte mir der Postbote einen Brief von Herrn Senhouse mit Doras Adresse. Ich las die Adresse und erkannte, dass sie nur einen Steinwurf von dem Makler entfernt wohnte, den wir zu treffen im Begriff waren. Da ich in Eile war, meinen Termin mit ihm einzuhalten, beschloss ich, Dora hinterher aufzusuchen. Ich ging also mit meiner Freundin zum Maklerbüro und sprach mit dem Mann, der uns etwa dreißig Minuten zuvor angerufen hatte, als plötzlich eine Frau hereinkam und mit einem anderen Angestellten am anderen Ende des Raums zu reden begann. Ich konnte sie nicht wirklich sehen, hörte nur ihre Stimme. Sie hatte einen Schal um ihren Kopf, war klein und eher rundlich. Doch aus irgendeinem Grund wusste ich von diesem Augenblick an, dass es Dora war."

„Ich wandte mich meiner Freundin zu und sagte zu ihr, dass die Frau Dora sei. Sie lachte mich aus: ‚Du hast bloß gerade die Adresse gesehen, und jetzt denkst du bei jeder Frau, die dir begegnet, dass es Dora ist.' Ich selbst konnte es auch kaum glauben. Also lauschte ich dem Gespräch und hörte, wie sie sagte, sie wolle eines der Zimmer ihrer Wohnung vermieten. Der Angestellte bemerkte, dass ich lauschte, und runzelte die Stirn über meine Indiskretion. Aber ich musste wissen, ob die in den Schal gehüllte Frau die Adresse nennen würde, die ich in meiner Tasche trug. Und das tat sie. Es war Dora! In dieser riesigen Stadt war Dora in derselben Minute in das Maklerbüro gekommen wie ich. Und obwohl ich sie nur ein Mal getroffen hatte, 1924, als ich elf war, erkannte ich sie."

„Seit diesem Tag glaube ich, und das ist ein sehr tröstender Gedanke, dass es mehr Dinge zwischen Himmel und Erde gibt, als wir begreifen."

„Ich ging zu ihr hinüber und sagte: ‚Du bist Dora.' Sie nickte, und ich sagte: ‚Ich bin Marianne.' Das sagte ihr nichts, also fügte ich hinzu: ‚Vallis Tochter.' Sie sah mich verständnislos an. Ich sagte: ‚Die Tochter von Franz' Schwester Valli.'"[28]

„Da verstand sie. Sie zitterte, Tränen liefen über ihr Gesicht und wir standen dort mitten im Zimmer und waren ganz durcheinander. Wir konnten gar nicht glauben, dass es kein Traum war."

21

DAS GELOBTE LAND

> *Es ist sehr gut denkbar, daß die Herrlichkeit des Lebens um jeden und immer in ihrer ganzen Fülle bereitliegt, aber verhängt, in der Tiefe, unsichtbar, sehr weit. Aber sie liegt dort, nicht feindselig, nicht widerwillig, nicht taub. Ruft man sie mit dem richtigen Wort, beim richtigen Namen, dann kommt sie. Das ist das Wesen der Zauberei, die nicht schafft, sondern ruft.*
>
> Franz Kafka, Tagebücher[1]

Tel Aviv, Mai 1948

In der Morgendämmerung des Sabbats am 15. Mai 1948 wurde zum ersten Mal die Fahne Israels, weiß mit einem blauen Davidstern im Mittelpunkt, über dem neugegründeten Staat gehisst. Für Dora und Millionen Juden weltweit wurde ein lange gehegter Traum wahr. Für die benachbarten arabischen Länder bedeutete dies Krieg.

Sechs Monate zuvor hatten die Vereinten Nationen eine Resolution verabschiedet, die die Teilung Palästinas in zwei gesonderte Staaten vorsah, einen arabischen und einen jüdischen. Der Teil des Völkerbundsmandats für Palästina, der östlich des Jordans lag, war 1921 abgespalten und von den Briten an den Emir Abdullah übergeben worden, einen britischen Verbündeten aus dem Hedschas (heute ein Teil von Saudi-Arabien). 1946 entließen die Briten Transjordanien unilateral in die Unabhängigkeit, und es wurde von „Autonomes Emirat Transjordanien" in „Haschemitisches Königreich Jordanien" umbenannt. Der Teil des Völkerbundsmandats für Palästina, der westlich des Jordans lag, wurde zwischen Juden und Arabern aufgeteilt und die Hauptstadt Jerusalem zu internationalem Gebiet erklärt. Die Juden begrüßten die Trennung und feierten ihren Staat mit Jubel, Gesang und Tänzen in den Straßen.

Aber dieser Freudentag für 600.000 jüdische Israeliten war ein Tag der Trauer für Millionen von Arabern in den benachbarten Ländern. Palästinensische Araber lehnten die Teilung wie auch den Staat, der ihnen angeboten wurde, ab. Als die Sonne zum ersten Mal über dem neuen jüdischen Staat aufging, griffen die vereinten Armeen von Ägypten, Libanon, Irak, Jordanien und Syrien die neuen Grenzen Israels an, mit der erklärten Absicht der Beseitigung des israelischen Staates[2]. Die ägyptische Armee marschierte in den Süden Israels ein, mit dem Ziel Tel Aviv, die Syrier griffen Degania an, den ältesten Kibbuz in Galiläa, die libanesische Armee nahm Nazareth ein und die jordanische schnitt Jerusalem von der Außenwelt ab. Bereits am Tag seiner Geburt begann Israels Kampf um seine Existenz.

Der Einwanderungsstrom von Juden aus aller Welt riss dennoch nicht ab. Im Sommer 1948 kamen Sara, ihr Mann und ihre Tochter in Tel Aviv an. Sie ließen sich in der winzigen oberen Wohnung eines zweigeschossigen Hauses nieder, das auf dem Sand der engen Straßen von Neve Tzedek errichtet war, dem alten, von jüdischen Siedlern im späten neunzehnten Jahrhundert erbauten Viertel. Es grenzte an den alten arabischen Hafen von Jaffa. Doras Bruder David, der in München bereits erste unternehmerische Erfolge hatte, musste noch zur Ausreise überredet werden und kam 1949 mit Branka und ihrem zweijährigen Sohn Zvi nach Israel. Sie siedelten sich in Jaffa an.

London, Mai 1948

Dora wollte schon immer nach Eretz Israel. Die zionistische Vorstellung einer jüdischen Heimstätte war ein Jahr vor Doras Geburt begründet worden, und ihr ganzes Leben lang fühlte sie eine starke Anziehung zum alten Land, das sie als ihre wahre Heimat ansah. Nun, da Israel existierte und ihre Familie sich dort aufhielt, wollte sie es mehr als jemals zuvor, aber es war nicht möglich, noch nicht. Dora war zwar wieder genesen, doch Mariannes Zustand verschlechterte sich immer weiter, ihre Nieren brauchten nun tägliche Behandlungen. Sie musste ihren Unterricht in der South Hampstead High School aufgeben und wurde in das Pembury Krankenhaus bei Tunbridge Wells in Kent geschickt, etwa fünfzig Kilometer südlich von London. Alles, was Dora verdiente, wurde für die monatlichen Ausgaben und Mariannes Behandlung verwendet. Es war unmöglich, Geld für eine Reise zu sparen. Dennoch träumte Dora weiter davon, nach Israel auszuwandern.

Sie dachte über ihre Beziehung zum Judentum nach. Obwohl sie ihren Glauben nicht mehr praktizierte, fühlte sie sich, vielleicht mehr denn je, durch ihn bestimmt. Insbesondere zwei Sätze aus Psalm 1 gingen ihr immer durch den Kopf: „Ashre ha'ish" („Wohl dem Mann, der nicht dem Rat der Frevler folgt") und „Lo chen harescoim" („Nicht so die Frevler").

1947 kam Solomon Michoels, der bekannte jiddische Schauspieler und Intendant des Moskauer *Jüdischen Staatstheaters*, aus Russland nach London, um über die grausamen Ereignisse unter der deutschen Besatzung in Osteuropa und Russland zu berichten. Er war Vorsitzender des Jüdischen Antifaschistischen Komitees, einer sowjetischen Propagandaorganisation, der prominente jüdische Gelehrte, Künstler, Dichter, Schriftsteller und Politiker angehörten.

Wenn Dora an Solomon Michoels dachte, kam ihr der erste Satz des Buchs der Psalmen in den Sinn: *Wohl dem Mann*. Für sie war er ein Symbol „der unbestreitbaren Gewissheit des Naturgesetzes: Wie der Zweig eines Baumes ausschlägt, wenn den Baum die Strahlen der Frühlingssonne wärmen, und zittert und seufzt in Kälte und Sturm, und wie er in Rauch sich verwandelt, wenn der Wald brennt ... weißt du, dass er dich nicht verraten wird, da er weder sich noch seine Welt jemals verriet."

Sie hatte ihn zuletzt im Winter 1936 als König Lear auf der Bühne gesehen, jetzt saß er vor seinen Zuhörern in London und „zitterte, als er beschrieb, wie die Deutschen auf den Thora-Rollen getanzt hatten". In Doras Augen war Michoels ein „Kämpfer für die gesamte Menschheit", der mit „einem leidenschaftlich schlagenden, jüdischen Herzen" sprach. Sie sah in ihm einen Mann, „der seine geistige Nahrung noch immer aus den Wurzeln seines Volkes zieht und der ganz organisch daraus gewachsen war. Nur ein solcher Mensch kann sich so eins fühlen mit seinem eigenen Menschsein."

Im Januar 1948 berichtete die sowjetische Presse, dass Solomon Michoels bei einem tragischen Autounfall ums Leben gekommen sei. Tatsächlich aber wurde er auf Stalins Befehl hin ermordet, der seinen eigenen Feldzug gegen die Juden begonnen hatte. In der Februarausgabe von *Loshn un Lebn* veröffentlichte Dora eine Ehrung mit dem Titel „Solomon Michoels, der Jude". Das Gedenken an Michoels brachte Dora auch wieder zur Prüfung der spirituellen Fragen, die ihre eigene Anpassung an die westliche Kultur betrafen und ihren Unwillen oder ihre Unfähigkeit, vorwärts zu blicken, die Vergangenheit zurückzulassen. Seit dem Ende des Krieges waren diese Fragen bei ihr wieder stärker aufgekommen, der „ständige Gedanke", der sie jahrelang plagte: „Nein zur Anpassung? Ja zur Anpassung? Das muss endlich ein Ende finden!"[3]

London, 1949

Yealand Manors jährlicher Rundbrief, erschienen im Frühjahr, enthielt folgende Nachricht: „Marianne Lask war über Weihnachten noch immer im Krankenhaus (Pembury Hospital, H2, bei Tunbridge Wells, Kent), wo sie sich seit Juni aufhielt. Sie schreibt tapfer und fröhlich und sagt, dass die Ärzte und Krankenschwestern alle sehr nett sind. Die Kinder haben einen Lehrer, sodass sie ihre Schulausbildung fortführen können, und sie werden mit reichlich Handarbeitsmaterialien bedacht."[4]

Dora besuchte Marianne jede Woche in Kent. Mittwochs brachten Ottilie und ihr Mann Dora mit dem Auto nach Pembury. Sie hatten inzwischen selbst zwei Töchter, Doreen und Pamela. Gelegentlich begleitete die ganze Familie Dora zum Besuch ihrer Tochter ins Krankenhaus.

Marianne war fünfzehn Jahre alt, aber in vielerlei Hinsicht so ahnungslos von der Welt wie ein Kind. Zwei Jahre lang blieb sie im Krankenhaus in Kent und wuchs in ihrem Krankenbett zu einer jungen Frau heran. Sie zog Trost aus ihrem behüteten Dasein, das Krankenhaus war ein sicherer Ort und eine Zuflucht vor der Welt. Sie erkundete das Leben durch die Literatur, die sie ohne Unterlass las.

In den dunklen Veranstaltungssälen von Whitechapel engagierte sich Dora weiterhin „gegen das Vergessen"[5] der jiddischen Kultur. Sie inszenierte Theateraufführungen und organisierte „Konferenzen, Versammlungen, Lesungen und Vorstellungen, bei denen sie sich verkleidete und mehrere Rollen gleichzeitig las – vortragend, mimend, singend und zum Singen ermunternd, alles vor diesem Publikum aufbietend, das man zu alten, fast vergessenen Gefühlen zurückbringen musste [...]. Es war eine besonnene Leidenschaft, motiviert durch den Untergang jenes jüdischen Polens, aus dem sie in ihrer Jugend, wie so viele andere, hatte fliehen müssen und welches sie dennoch nie verlassen hatte."[6]

Doras Leben war sehr von Traurigkeit und Verlust bestimmt sowie von der ständigen Angst um ihre Tochter. Ihre jiddische Welt der Kunst verschwand vor ihren Augen und vermochte nicht, in der Welt zu überdauern, die aus dem apokalyptischen Krieg erstanden war. 1945 zeigte sich eine andere Zusammensetzung der Dinge, und die alte Welt des Jiddischen dämmerte dahin, lag im Sterben. Dora fühlte sich „in einem bitterer Kampf, das bisschen Ehrlichkeit und Reinheit, das wir besitzen, zu bewahren."

Auch die Geburt einer jüdischen Nation hatte der jiddischen Lebenskultur nicht geholfen. Israelis sprachen Hebräisch, die als Sprache der Zukunft wiederbelebte und modernisierte historische Sprache des auserwählten Volks. Jiddisch wurde von den israelischen Literaten verschmäht und als der altmodische Jargon eines gedemütigten Volkes gemieden.

Dora hatte sich eine schwierige Aufgabe vorgenommen, so Marthe Robert, „eine Aufgabe, die eines Tages vielleicht nicht mehr nötig sein würde, aber für den Moment dringlich blieb: die jiddische Sprache vor dem Aussterben zu bewahren, dort, wo sie im Augenblick gerettet werden konnte. Die jiddische Poesie und Literatur waren in ihren Augen der einzige Teil der Wahrheit, den sie beschützen und weitergeben konnte."

Oft war sie entmutigt und deprimiert, wenn sie sah, wie das jiddische Publikum alterte und schwand, während keine neuen Künstler in Erscheinung traten. Sie überlegte: „Was kann man tun? Aus großer Not und Elend nimmt man an, was gegeben ist, und zuckt mit den Schultern. Man muss doch die Seele am Leben halten. Also gibt man nach. Aber dieses ‚Nachgeben' ist der traurigste Teil unserer Hoffnungen und Mühen."[7]

Drei Jahre später, 1952, gab in Israel ein Zeitzeuge, der jiddische Schriftsteller Mendel Mann, seine Erinnerung an Doras Auftritt auf einer Bühne in Whitechapel weiter:

> „Sie stand dort, in der Enge der dunklen Vorhänge, und las einen verwickelten Einakter vor. In dem halbleeren Saal saßen betagte Juden aus Whitechapel. Träumende Juden in dunklen Anzügen mit großen Westen. Frauen mit Doppelkinn in Schleiern. Ein Mann in der ersten Reihe holte eine große Taschenuhr mit römischem Zifferblatt hervor und hielt sie sich dicht vor die Augen. Die Silberkette klirrte und

wurde wieder still. Ihre Stimme schluckten die dunkle Decke und die schweren Bänke, und ich konnte nicht alles verstehen, was sie in ihrer Rede sagte. Ich ging mitten in der Lesung. Meine Schritte hallten im halbleeren Saal. In dem dunklen Gang sah ich mich um und hatte das Gefühl, etwas versuche, mich zurückzuhalten, damit ich nicht aus dem Dunkel nach draußen ging."[8]

Obwohl ihr Publikum immer älter wurde, organisierte Dora weiterhin Lesungen, Konzerte und Vorführungen und schrieb auch weiter Aufsätze und Kritiken für *Loshn un Lebn*. Besonders freute sie sich, ein Konzert zu rezensieren, das im Januar 1949 im People's Palace stattfand. Hanny Lichtenstern bot unter ihrem Künstlernamen Hannah Metzger eine Auswahl jiddischer Volkslieder dar, die ihr, wie Dora schrieb, „die wilde Begeisterung des Publikums" einbrachten. Dora gab gerne zu, in ihrer Kritik bei den Talenten von Fräulein Metzger „eingehend verweilen" zu wollen, deren „Entwicklung im Bereich der jiddischen Volkslieder" Dora „von Anfang an verfolgt hatte". In der Tat war Hanny durch Dora auf die jiddischen Volkslieder gestoßen.

„Sie konnte kein Jiddisch und war musikalisch nach der klassischen Schule ausgebildet", berichtete Dora vom Anfang ihres gemeinsamen Trainings im Internierungslager. „Dennoch hörte während der Arbeit mit ihr die Leichtigkeit, mit der sie sich mit den jiddischen Klängen, jiddischen Gesten und jiddischen Worten vertraut machte, nicht auf, mich zu begeistern: Es war, als brächte man ein altes Instrument mit einem volltönenden Korpus, das lange Zeit von seinem Meister vergessen worden war, plötzlich wieder zum Leben und ließ unter den Fingern des Meisters seinen alten Glanz erklingen. Eine Art archaischer Naturvorgang hat sie zu ihren Ursprüngen zurückgeführt."[9]

Doras Freundschaft mit Marianne Steiner wurde nach ihrem ersten, zufälligen Treffen im Maklerbüro rasch enger. Die Steiners genossen es, mit Dora zusammen zu sein. „Sie war sehr lebendig", schilderte Frau Steiner. „Ihr Lachen und ihre Tränen kamen sehr leicht."

Bei ihrem ersten gemeinsamen Abendessen in Doras Wohnung war Dora so aufgeregt, dass sie trotz klirrender Kälte vergaß, das Fenster zu schließen. „Es war sehr kalt in dem spärlich möblierten Zimmer. Es gab einen Ofen, der vor Hitze glühte, und trotzdem war der Raum vollkommen eisig. ‚Behaltet eure Mäntel eine Weile an, es wird bald sehr warm'", sagte Dora, aber das Zimmer blieb eisig kalt. „Ich bemerkte, dass eines der Fenster offen war. Ich dachte, das Glas sei vielleicht zerbrochen und Dora habe nicht das Geld, um es zu reparieren, also sagte ich nichts. Und so saßen wir mindestens eine Stunde zitternd da, als Dora plötzlich aufschrie: ‚Ich habe vergessen, das Fenster zu schließen!' Das war so typisch für sie. Sie war so lebhaft und aufgekratzt von diesem Treffen, dass sie gar nicht daran gedacht hat, das Fenster zu schließen."

„Und sie war auch äußerst großzügig", erinnerte sich die Nichte Kafkas weiter. „Als eine meiner Cousinen, die in Kanada lebte, uns besuchte, schenkte Dora ihr augenblicklich eines der Kleider, die sie für ihren Lebensunterhalt nähte. Obwohl sie so wenig Geld hatte, standen auf ihrem Tisch immer Sandwiches, Gebäck und Obst."[10]

Als Marianne Steiner Dora Geld aus Kafkas Nachlass anbot, nahm sie es an: um Marianne besser versorgen zu können und um für eine Reise nach Israel zu sparen.

In Israel unternahm ihr Bruder David bereits, was er konnte, um Dora zu helfen. Sein Schwager, Dov Goldman, einer der Gründer des Kibbuz Mischmar ha Scharon nordöstlich von Netanya, hatte Kontakt zu dem einflussreichen israelischen Gewerkschaftsführer und Diplomaten in der Sowjetunion Mordechai Namir. David und Dov überzeugten Namir, Dora nach Tel Aviv einzuladen, damit sie über Kafka sprechen könne. Seine Werke waren inzwischen ins Hebräische übersetzt und so auch in Israel bekannt geworden. Schließlich erhielt Dora eine Einladung mit offiziellem Empfang, um als Gast der Stadt Tel Aviv zu sprechen.[11]

Sie plante, im Oktober oder November zu reisen und bis zum Jahresende und vielleicht noch länger zu bleiben. Seit Beginn jenes Jahres stand Dora auch wieder mit Max Brod in Briefkontakt. Sie schrieben sich fast monatlich. In einem Brief von Ende August heißt es: „Mir kommt noch diese ganze Sache ganz unglaubhaft vor. [...] Es wird mir eben klar, daß ich mich unbeschreiblich freue, Dich zu sehen. Ich sehne mich so unsagbar nach Franz. Die Sehnsucht all dieser Jahre drängt sich so zusammen, daß ich ganz hilflos werde, wenn ich bei ihr verweile. Franz' Traum war, ein Kind zu haben und nach Palästina zu gehen. Nun habe ich ein Kind – ohne Franz, und gehe nach Palästina – ohne Franz, aber mit seinem Geld kaufe ich die Fahrkarte dorthin. Wenigstens so viel."[12]

Israel, Oktober/November 1949

Doras Weg führte sie also, wenn auch viele Jahre später, doch noch nach Israel, und wenn auch Kafka sie nicht begleitete, so war er zumindest der Anlass für die Reise. Dora war sehr bewegt von dem Verständnis und der Tiefe des Gefühls der israelischen Öffentlichkeit in Bezug auf Kafka. Diese jüdischen Einwanderer, erzählte sie einem französischen Journalisten später, „erreichten das sonnige Land aus der Tiefe von Höllen, die mindestens so schlimm wie die von Kafka protokollierten sind". Sie sahen Kafka anders als die Europäer, die ihn als „neurasthenisch und mutlos" wahrnahmen. Für sie war Kafka „wie ein großer Bruder, dessen Mut und Weitblick geholfen haben"[13]. Diese Sicht auf Kafka, so fand Dora, kam seinem Wesen wirklich näher.

Kafkas Freunde in Israel – Max Brod in Tel Aviv und Felix Weltsch in Jerusalem – hießen Dora herzlich willkommen bei ihrem „leider allzu kurzen Aufenthalt hier in Israel"[14], wie Max Brod es ausdrückte. Er organisierte ihr zu Ehren „einen Abend mit Dora Diamant im Habimah"[15], dem legendären Theater mit russischen Ursprüngen, den er mit einleitenden Bemerkungen begleitete.

Dora besuchte Max mehrmals während ihres Aufenthalts in Israel. Bei einem dieser Treffen las Max ihr einmal aus dem Buch *Gespräche mit Kafka* von Gustav Janouch vor. Max hatte das Manuskript von Janouch beinahe drei Jahre zuvor erhalten, es jedoch nicht gelesen und vergessen, bis seine Sekretärin, Ester Hoffe, sich des Buchs annahm. Brod bekannte, er sei „frappiert von der Fülle des Neuen, das auf mich eindrang und das ganz deutlich und unverwechselbar den Stempel des Genies trug, wie es sich in Kafka manifestiert hatte. Auch das Äußere Kafkas, seine Sprechweise, seine besonders ausdrucksvolle und dabei zarte Weise, mit den Händen zu gestikulieren, und ähnlich Physiognomisches war auf das anschaulichste wiedergegeben. Mir war zumute, als sei mein Freund plötzlich wieder zum Leben erwacht und soeben ins Zimmer getreten. Aufs neue hörte ich ihn reden, sah seinen glänzenden lebhaften Blick auf mir ruhen, empfand sein stilles schmerzliches Lächeln, fühlte mich von seiner Weisheit ergriffen und gerührt."

Dora reagierte auf das Manuskript genauso wie Max: „Sie war sofort sehr eingenommen davon", berichtet Brod, „und erkannte den unverwechselbaren Stil Kafkas und seine Denkweise in allem, was durch Janouch aufbewahrt worden ist. Sie empfand das Buch als wahre Wiederbegegnung mit Kafka und war erschüttert."[16]

Sie erfuhr dort beinah täglich die Wärme Kafkas, oft auch ganz unverhofft. Ein Bauarbeiter auf der Straße hielt sie an, um mit ihr über seine Liebe zu Kafka zu sprechen. Im seinem Baustellen-Häuschen bewahrte er, als „sein ganzes Hab und Gut, eine schöne Sammlung von Kafkas Büchern"[17] auf. Ein anderes Mal, bei einem Besuch in einem Kibbuz, fand sie sich umringt von „25 Kafka-Enthusiasten", die sie mit Neugierde befragten. Und auch Tile Rössler begegnete sie wieder. Ein Vierteljahrhundert war vergangen, seitdem Tile, in Kafka verliebt, zu seiner Wohnung in Berlin gekommen war und dort zu ihrer großen Enttäuschung Dora vorgefunden hatte.

Aus dem Kibbuz Mischmar haScharon kamen mindestens fünfzig Personen zu Doras Vortrag, und Dov Goldman hatte auch einige Menschen aus Będzin versammelt, die Dora oder ihre Familie vor dem Krieg gekannt hatten.
Eine ehemalige Bewohnerin Będzins, Bracha Plotkin, konnte nicht an Doras Vortrag und dem Empfang zu ihren Ehren teilnehmen. Mit über achtzig Jahren erinnerte sie sich noch immer an die Enttäuschung, die sie deshalb empfand. Bracha hatte Dora selbst nicht gekannt, aber ihre Familie. Als Mädchen war sie in Tuvia, Davids ersten Sohn, verliebt gewesen. Tuvia war zwanzig, als die Deutschen Będzin besetzten. Bei der Auflösung des Gettos 1943 wurde er nach Auschwitz gebracht. Brachas Schwester hatte ihn dort gesehen. „Er hatte seinen Hut nicht auf, den er immer trug", sagte sie. „Seinen Kopf hatte man geschoren und ihm seine Schläfenlocken abgeschnitten." Später sah Brachas Schwester auch „den Selektionsvorgang, bei dem er zum Sterben ausgewählt wurde".
Bracha kannte auch einige Geschichten aus Doras Leben, zum Beispiel über ihre Rebellion gegen den Vater. Sie wusste, dass David seine Schwester, nachdem sie die Familie verlassen hatte, sehr vermisste, und dass er bereute, ihr damals nicht geholfen zu haben. „Er glaubte, dass er ihr etwas schuldete. Er sagte, er bereue noch immer, dass er damals nichts getan hatte, um ihr zu helfen, und nichts unternommen, um die Lage zwischen ihr und ihrem Vater zu verbessern."[18]

Die erste Zeit wohnte Dora bei ihrem Bruder David und seiner Familie, die sich ein Haus mit einem bulgarischen Einwandererpaar teilten. David hatte es einige Schwierigkeiten bereitet, sich an das Leben in Israel zu gewöhnen. Vor dem Krieg war er ein erfolgreicher Geschäftsmann gewesen, und in den vier Jahren nach Kriegsende hatte er in München bereits unternehmerisch Fuß gefasst. Er betrieb ein Restaurant mit Musik und Tanz, das von amerikanischen Militärs frequentiert wurde, und einen Geldwechselbetrieb. 1947 zog er mit seiner Familie, den vier Geschwistern seiner Frau und einem Kindermädchen in eine geräumige Sechs-Zimmer-Wohnung in München, die vorher ein hochrangiger Nazi bewohnt hatte. In Israel, das wirtschaftlich noch in den Anfängen steckte und ums Überleben kämpfte, gelang es David zunächst nicht, an seine vorherigen Erfolge anzuknüpfen. Er kaufte einen Lieferwagen und arbeitete als Lieferant für Lebensmittelgeschäfte. Er kaufte Erzeugnisse und Nahrungsmittel von den Bauern, zum Beispiel Essiggurken, und verkaufte sie, indem er von Laden zu Laden fuhr. Sein Schwager Zelig begleitete ihn manchmal. In einem Interview 1990 erinnerte sich Zelig: „Von ihm lernte ich, Geschäfte zu machen. Jeder sagte ihm, er solle ein Haus kaufen: ‚Oh Herr Diamant, sie sollten ein Haus haben!' ‚Ein Haus kann ich noch später kaufen', sagte er, ‚aber zuerst kaufe ich ein Geschäft. Ich kann mich nicht von den vier Wänden ernähren.'"

David nahm in Jaffa eine ähnliche Position ein wie einst sein Vater in Będzin. „Wie ein Anwalt. Jeder ging zu ihm, und er löste ihre Probleme. Er wusste, wie man mit Menschen umgehen musste. Er war auch ein Gelehrter. Er sprach Jiddisch, Hebräisch, Polnisch und Deutsch. Jeder kam zu ihm, um ihn um Rat zu fragen – ich auch. Er war wie ein Rabbi, doch er betete nicht mehr die Thora vor. Ich fragte ihn, warum er dies nicht mehr tat. ‚Die Nazis haben mir das weggenommen', sagte er."[19] Gleichwohl ging David weiterhin jeden Sabbat in die Synagoge. Sein Sohn Zvi erinnert sich, dass sein Vater, der kurz vor seiner Bar-Mizwa starb, ihn jeden Samstag in unterschiedliche Synagogen mitnahm. Auch wenn er sagte: „Gott ist tot"[20], wollte David sichergehen, dass sein Sohn die Erfahrung der jüdischen Riten machte und ein Wissen über die Religion bekam, damit er seine eigene Entscheidung treffe konnte.

David war seinem Kind ein guter Vater, sagte Zelig. „Er erzählte mir, dass er Zvi beibrachte, Akkordeon zu spielen. Warum? Damit er, wenn er erwachsen wird, die Mädchen einfangen kann!"[21]

In Tel Aviv traf Dora endlich auch ihre Schwester Sara wieder. Dora wusste nicht, dass sie in Tel Aviv lebte, bis David es ihr sagte. Dora hatte den Kontakt zu Sara verloren und sogar geglaubt, dass sie „verschwunden war"[22]. Ihre einzige Schwester nun lebend in Tel Aviv wiederzufinden, machte Doras Reise zu einem unermesslichen Erlebnis. Worte können die Freude kaum beschreiben, die auch Sara Baumer empfand, als sie ihre Schwester wiedertraf. Die in ihrem kleinen Erinnerungsbuch versteckten Fotos – Dora mit Marianne und Nacha mit ihrem Kind Friedele – hatten Sara in den Lagern am Leben gehalten. In einem persönlichen Interview, das sie 1999 im Alter von siebenundsiebzig Jahren in London gab, sagte sie: „Während Doras Besuch war die Verbindung sehr tief. In kurzer Zeit ist zwischen uns eine große Nähe entstanden. Wir spürten, dass unsere Seelen vereinigt waren. Wir waren überzeugt, dass wir nie wieder getrennt sein, dass wir unsere Leben gemeinsam in Israel beschließen würden."[23]

Saras Tochter Gitele, die man mit ihrem hebräischen Namen Tova rief, war drei Jahre alt, als sie ihre Tante kennenlernte. Für sie war Doras Besuch ein Lichtblick in ihrem Gefühl der „Familienverwaistheit"[24], das ihr junges Leben prägte. Jeden Freitagabend zündeten sie die Sabbatkerzen an und nannten in ihren Gebeten die Namen aller Familienmitglieder, die im Holocaust ermordet worden waren. Doras Anwesenheit in ihrem Zuhause milderte den Schmerz, den Tova als Kind stark spürte, „da sie nicht wusste, was es bedeutet, eine Großmutter, einen Großvater, Onkel, Tanten, Cousins, eine Großfamilie zu haben." In einer Rede, die sie 1999 an Doras Grab hielt, dachte Tova an ihr „Tantchen"[25] zurück, an ihre Wärme und den Optimismus, den sie ausstrahlte. Sie erinnerte sich daran, wie Dora ihr Geschichten erzählte, ihr Schlaflieder sang und auch wie sie, Hand in Hand, zwischen ihrer Mutter und Dora die Straße entlang zum Haus von Max Brod lief.

En Harod, Jesreelebene, Israel, Januar 1950

Auf ihrer Reise durch Israel besuchte Dora auch ihren ehemaligen Hebräischlehrer David Maletz. Es wurde ein herzliches und freudiges Wiedersehen. All ihr schrecklicher Verlust war für einen Augenblick verschwunden. Maletz und seine Familie waren dem europäischen Holocaust entkommen, nicht aber dem Judenhass. Sein einziger Sohn, Rafael, starb 1948 im Israelischen Unabhängigkeitskrieg.

Maletz lebte im Kibbuz En Harod in der Jesreelebene, einem üppigen, fruchtbaren Tal, durch das jahrtausendelang der Weg zwischen Mittelmeer und Galiläa führte. Als Ort zahlreicher biblischer Schlachten wird es im Buch der Offenbarung die „Bühne für das apokalyptische Finale der Menschheit"[26] genannt. Dora schien es wie der Himmel auf Erden.

Als die erste Gruppe von Siedlern nach En Harod kam, um den Kibbuz am Fuß des Gilboa aufzubauen, war das Gebiet noch ein sumpfiges, von Malaria verseuchtes Feuchtgebiet. David Maletz kam mit der zweiten Gruppe von Pionieren, die viele Jahre ohne Strom, fließendes Wasser oder Gesundheitseinrichtungen hart arbeiteten. Das Leben war brutal für die Siedler und der Friedhof des Kibbuz existierte bereits vor der Fertigstellung der ersten dauerhaften Gebäude. Der große Speisesaal und die Küche, das Herz des Kibbuz, wurden 1929 gebaut. Als Dora 1950 En Harod besuchte, fand sie eine blühende, dynamische Gemeinschaft von über tausend Mitgliedern vor. Der Kibbuz, umgeben von Nationalparks und Reservaten und einer ausgedehnten Ackerlandschaft, besteht noch heute.

Noch ein halbes Jahrhundert später erinnerten sich Maletz' Töchter deutlich an Doras Besuch in En Harod. Rena war damals fünfzehn und Noga elf Jahre alt. Bei beiden Schwestern hatte Doras Aufenthalt einen bleibenden Eindruck hinterlassen. „Sie war sechs, vielleicht acht Wochen lang unser Gast", sagte Noga bei einem Interview in ihrem Haus im Jahr 2000. „Sie war sympathisch, fröhlich und freundlich, war klein, zierlich und hatte ein wunderbares Lächeln. Sie hatte eine sehr blasse und schöne Haut, und ihr Haar war hellbraun und entsprach ihren Augen. Ich liebte ihr Lachen, ein sehr junges Lachen, wie das eines Mädchens. Dora genoss alles. Ein Licht strahlte aus ihr heraus. Es gibt ein hebräisches Wort dafür: Korenet. Uns kam es vor, als habe sie einen Schein, da war eine Helligkeit in ihr. Meine Schwester und ich erinnern uns beide daran."

„Sie war viel unbeschwerter als meine Mutter," erinnerte sich Noga. Sie schätzte besonders die persönliche Aufmerksamkeit, die Dora ihr schenkte. „Ich spürte, dass sie sich wirklich für mich interessierte. Wenn ich von der Schule nach Hause kam und meine Mutter nicht da war, begrüßte Dora mich an der Tür und gab mir das Gefühl, willkommen zu sein, lächelte und fragte mich nach meinem Tag." Obwohl beide Mädchen nur Hebräisch sprachen, hatten sie keine Schwierigkeiten, sich mit Dora zu verständigen. Ihr Umgang mit der Sprache war „natürlich und spontan"[27].

Beide Schwestern, Rena und Noga, erinnerten sich an Dora als sehr feminin, verglichen mit den anderen Frauen, die sie kannten. Damals im Kibbuz

„standen den Frauen keine Schminksachen zur Verfügung, aber Dora zeigte meiner Mutter und meiner Schwester, wie sie ihre eigenen machen konnten", erzählte Noga. „Dora hatte die Zutaten aus England mitgebracht. Rena half ihr, Gurken zu pürieren, um eine Gesichtscreme herzustellen. Sie machten auch kleine Seifen. Niemand im Kibbuz verwendete Kosmetika oder Cremes, es gehörte nicht zum Lebensstil. Aber ich erinnere mich, dass Mutter sie nachher hingebungsvoll benutzte."[28]

Mehrere Familien teilten sich das kleine Haus, und Dora schlief mit den beiden Mädchen im Schlafzimmer oder blieb gelegentlich in dem großen, weitläufigen Gästehaus oben auf dem Hügel. Der Kibbuz war ein schöner Ort inmitten einheimischer Akazien, Olivenbäume, Palmen, Zypressen und riesiger, blühender Büsche von Oleander, Jasmin und Bougainvilleen. Doras Tage waren erfüllt von der Sonne und der Natur.

Der Kibbuz hatte einen sehr aktiven Literaturverein und Lesegruppen, die Maletz mehrere Jahre zuvor ins Leben gerufen hatte. Anfangs, als Maletz noch in der Landwirtschaft arbeitete, stand er jeden Morgen um vier Uhr auf, um zu schreiben. Er veröffentlichte einige Bücher und Romane, arbeitete später als Lehrer für Literatur und Philosophie und wurde dann der Rektor der Kibbuzschule.

Nach fast vier Monaten in Israel musste Dora nach England zurückfahren, doch sie war entschlossen, mit Marianne zurückzukehren. Sie fühlte sich durch die Energie der jungen Israelis, die ihr Leben dem Aufbau und dem Schutz des Landes widmeten und die selbst ein Teil von ihm geworden waren, ermutigt. Sie wollte nach vorn blicken und sah für sich neue Möglichkeiten. Es war noch nicht zu spät. Viele, die älter waren als sie, begannen ein neues Leben in Israel.

Ihre Tochter Marianne schrieb später: „Dora's Reise nach Israel hat sie wieder, zum ersten Mal seit dem Krieg, zum Mensch gemacht"[29], und Sara erzählte: „Sie war ganz meschugge danach und liebte alles daran, verlor darüber kein schlechtes Wort. Sie sprach die ganze Zeit davon, zurückzukommen. […] Dora fuhr nach England, um Marianne zu holen und zurückzukommen. Sie ging mit dem Gedanken an die Rückkehr."

Sie wollte zurück nach En Harod und dort den Rest ihres Lebens verbringen. Sie übergab einen Koffer voller Kleidung dem Herbergsleiter, der versprach, ihn bis zu ihrer Rückkehr sicher zu verwahren, und ließ zwei Gegenstände bei Familie Maletz, eine gerahmte Kafka-Fotografie sowie den einzigen Gegenstand von Kafka, den sie noch besaß, seine Bürste mit den goldenen Borsten, die sie seit ihrer Flucht nach Russland bei sich trug. Die Bürste hatte sogar den Bombeneinschlag in ihr Haus in London überstanden. Jetzt ließ sie sie in Israel, wie einen Talisman, der ihre Rückkehr garantieren sollte. Die Widmung in Brods neuem Buch, seinem Abschiedsgeschenk für Dora, lautete: „Auf baldiges Wiedersehen!"[30]

22

EIN LEBENDIG GEWORDENES GEDÄCHTNIS

> *Wer das Leben voll begreift, hat keine Angst vor dem Sterben.*
>
> Franz Kafka, Gespräche mit Kafka[1]

Paris, Februar 1950

Auf ihrer Rückreise nach London machte Dora einen Zwischenstopp in Paris, um den Schauspieler und Regisseur Jean-Louis Barrault zu treffen. Er hatte sich einen Namen mit der Darstellung des Hamlet gemacht, war durch seine Hauptrolle als Pantomime in dem Film *Kinder des Olymp* von 1945 international bekannt geworden und nun, mit vierzig Jahren, auf dem Höhepunkt seines Ruhms.

Nach dem Krieg gründete Barrault sein eigenes Schauspielensemble am Théâtre Marigny in Paris. Eine seiner ersten Inszenierungen war ein experimentelles Werk, eine Bühnenfassung von *Der Prozess*, nach der Adaption von Kafkas Roman durch André Gide, den Literaturnobelpreisträger von 1947. Barrault übernahm selbst die Rolle des Josef K. Das Stück steigerte Kafkas Bekanntheit in Frankreich, auch weil die Inszenierung sehr kontrovers diskutiert wurde. Was Barrault und Gide geschaffen hatten, sei ein „Melodram" und „die populärste wie zugleich irreführendste Verfälschung eines kafkaschen Helden", konstatierte der Kritiker und Kafka-Kenner Heinz Politzer. „Durch Barrault wurde Kafkas Held ein verwelkter Tänzer auf den Chausseen unseres Kummers, der charmant ausweichende Hamlet des französischen Existenzialismus nach dem Zweiten Weltkrieg."

Dora und Barrault trafen sich im Foyer des Théâtre Marigny. Er zeigte ihr Fotos des Bühnenbildes und einiger Szenen, die Dora interessiert begutachtete. Die Maske Barraults hatte wirklich eine große Ähnlichkeit mit Kafkas Gesichtszügen, doch war er ihrer Meinung nach „zu jung, um diese Persönlichkeit zu interpretieren"[2].

Barrault nahm Doras Kritik an und bat sie um Hilfe in einer vertraglichen Angelegenheit. Er benötigte die Unterschriften von Kafkas Nichten Vera und Helena aus Prag, damit die Einnahmen aus der Inszenierung, die die *Société des Auteurs et Compositeurs Dramatiques* zunächst gesperrt hatte, an ihn ausgezahlt werden konnten. Marianne Steiner hatte den Vertrag, der die Rechte übertrug, bereits unterzeichnet, doch da die Tschechoslowakei seit 1948 unter sowjetischer Kontrolle und hinter dem ›Eisernen Vorhang‹ lag, schien es unmöglich, an die Unterschriften der anderen beiden Nichten zu kommen. „Eine kafkaeske Situation", merkte jemand an.

Bei Doras Begegnung mit Barrault war auch der französische Essayist und Schriftsteller Nicolas Baudy anwesend. Er beobachtete Doras Reaktion: „Solche Bemerkungen scheinen Dora nicht zu berühren", schrieb er. „Inzwischen hat sie ausreichend Erfahrung mit Missverständnissen aller Art gesammelt, von denen es um Kafka reichlich gibt. Sie hat aufgehört, sie einzeln aufzuklären. Es wäre ihr unmöglich. Aber sie hat, nach mehr als zwanzig Jahren, beschlossen, sich bei der Rekonstruktion von Kafkas wahrem Gesicht zu beteiligen, um einen ‚Weg, so eng er auch sein mag, zum Verständnis seiner' zu eröffnen."

Dora wollte die Vorstellung korrigieren, es gäbe bei Kafka keine Hoffnung. „Niemals hätte er gewollt, davon bin ich überzeugt", sagte sie Baudy, „dass die jungen Menschen, die seine Bücher lesen, ein Bild der Welt verinnerlichen, wie es aus *Der Prozess* oder *Das Schloss* hervorscheint. Er ging seinen Weg – erst heute begreife ich, um den Preis welcher Leiden – um am Fuß der großen Mauer anzukommen, über die noch zu steigen blieb. Er wäre entsetzt darüber, dass man für gewöhnlich ihn als Zeugen dafür anführt, zu bestätigen, dass *Der Prozess* letztinstanzlich und keine Berufung möglich ist. Es gibt nichts Grässlicheres, nichts Beleidigenderes gegenüber Kafka, als ihn als Repräsentanten der vollkommenen Resignation anzusehen, als jemanden, der auf passive Art – sogar mit einer verklärenden Passivität – das menschliche Scheitern gutheißt. Während K. in dem Prozess verurteilt wurde, hat Kafka die Absurdität des Prozesses aufgezeigt und niemals die Hoffnung verloren, dass der Fall neu aufzurollen sei. Er führte uns dahin, ohne Lügen und besser gewappnet gegen die große Mauer anzustürmen."

Als Baudy Dora um ein Treffen bat, um über Kafka zu sprechen, willigte sie ein, und in den nächsten Tagen führten sie mehrere lange Gespräche. Baudy war fasziniert von Kafka; er kannte seine Romane und verfolgte die unterschiedlichen Auslegungen seiner Person und seines Werks. Ihm war die große Kluft deutlich geworden zwischen dem weitverbreiteten Bild Kafkas als ruheloser, einsamer und dem Leben entfremdeter Existenzialist und dem Mann, den diejenigen beschrieben, die ihn persönlich gekannt hatten.

Sein Artikel, den er kurz darauf in einer französischen Literaturzeitschrift veröffentlichte, beginnt mit Doras Erscheinen im Theaterfoyer: „Letzten Freitag durchquerte eine Frau, den Kopf unbedeckt und mit anscheinend immer Sonne, Wind und Regen ausgesetztem rebellischen Haar, bekleidet mit einem langen, eckigen Mantel aus jenem rauen, groben Stoff, der gerade hinabfällt und niemals ganz am Körper anliegt, das Foyer des Théâtre Marigny."

Dora erzählte Baudy ihre Geschichte über Kafka ebenso lebendig, wie sie sie J. P. Hodin erzählt hatte. „Dora wartet nicht darauf, dass ich ihr sonderlich viele Fragen stelle", schreibt Baudy. „Sie hat sie sich alle selbst gestellt. Sie weicht keiner davon aus."

Baudy war fasziniert von Doras Erzählkunst und dem Eindruck von Kafka, den sie ihm vermittelte: „Seine Liebenswürdigkeit und eine Art Leuchten, das von ihm ausging, beeindruckten jeden, der in seine Nähe kam", schreibt er. „Seine Freunde wie auch Fremde, die nichts über ihn wussten, erlebten seinen Einfluss, und mehr oder weniger alle sprechen von dieser Erfahrung. Aber Dora Dymant tut dies besonders fesselnd. Man sieht sie gewachsen, erhoben und maßgeblich geprägt durch den Kontakt mit einem außergewöhnlichen Wesen. Und indem man ihr zuhört, kann man von Nahem Kafkas Bemühungen nachverfolgen, Orientierung für sich zu finden und für sein Leben in der Welt. Ein beispielhafter Mann, der sich nicht zufriedengab mit halben oder mit Pseudo-Lösungen; selbst mit den fortschrittlichsten Lösungen sah er sich kaum in der Lage, zum Menschsein durchzudringen."

„Man hat das Wort ‚Heiliger' im Zusammenhang mit Kafka ausgesprochen", sagte Baudy zu Dora. Dora war das nicht neu, doch sie wollte nicht weiter darauf eingehen. Sie sagte bloß: „Unter dem Leid anderer litt er immer selbst intensiv. Er hat nie daran gedacht, sich ein abgeschirmtes Leben zu seiner eigenen Sicherheit einzurichten. Das stimmte ihn aber nicht pessimistisch. Pessimismus ist eine Art Verzicht und tendiert zum Kompromiss, gibt den Kampf auf. Dagegen verfügte Kafka über einen unerschöpflichen Quell der Lebensfreude und der Großzügigkeit."[3]

In Israel, so Felix Weltsch, habe einmal „ein Mann, der sich mit diesen Dingen auskennt"⁴, Kafka einen „Mekubal"⁵ genannt. „Mekubal" ist das hebräische Wort für einen hohen Kabbalisten, der weit fortgeschritten im Studium und im Praktizieren der mystischen jüdischen Tradition ist.

Beinahe jeder, der sie befragte, wollte etwas über Kafkas Spiritualität wissen. Es war auch eines ihrer ersten Gesprächsthemen mit Marthe Robert, einer Pariser Intellektuellen und Sozialistin, die Kafkas Werk übersetzen wollte. In einem Artikel, den sie nach Doras Tod verfasste, überlegt Marthe Robert: „Denen, die sie über Kafka befragten […], konnte Dora nichts Definitives oder Neues mitteilen. Vor allem war sie nicht in der Lage, ‚fundamentale' Fragen zu beantworten, die man ihr regelmäßig stellte, – zum Beispiel über Kafkas Standpunkt zum Problem der Religion. Sie wäre ihm nicht ähnlich gewesen – ehrlich, gewissenhaft und besonnen –, wenn sie auf Anhieb auf diese Fragen hätte antworten können. Wenn man sie zu sehr drängte, konnte sie nicht umhin, den Zuhörer zu enttäuschen, indem sie ihm sagte, er sei auf der falschen Fährte. Ich nehme an, dass sie manche Geister nicht bloß überraschte, sondern sogar verärgerte, die Appetit auf eine leicht verdauliche Wahrheit hatten."⁶

Auch Edwin und Willa Muir, Kafkas englische Übersetzer, fragten Dora bei jedem Treffen: „War Kafka gläubig?" Dora antwortete jedes Mal: „Nein." Das war, so Marthe, „eine skandalöse Antwort und, bedenkt man Kafkas Besessenheit von dieser Problematik, nicht ohne Schadenfreude, aber gleichwohl eine Antwort, die gut die Warnung zum Ausdruck brachte: Wir können nicht dort beginnen, wo er vielleicht aufgehört hat, sondern die Dinge nur dort aufgreifen, wo er sie gesehen hat, in der schmerzlichen und unvermeidbaren Berührung mit der Menschheit. Reden Sie nicht von Gott – wo und wann hat er je von ihm gesprochen? –, sondern blicken Sie auf sein Leben, lesen Sie seine Bücher, betrachten Sie sie mit ungeteilter Aufmerksamkeit und der höchsten Genauigkeit, und wenn es Ihnen gelingt – es ist schwer, hätte er gesagt –, dann werden Sie keine Antwort erhalten, aber wenigstens werden Sie aufhören, dem, was Sie suchen, den Rücken zuzukehren."

Dora fing an, es zu genießen, von Kafka zu erzählen, auch weil ihr beim Erzählen selbst noch so vieles klar wurde. Ihr „gingen nie die Beispiele aus, Dinge, die sie mit ihm erlebt, aber damals nicht verstanden hatte. Sie schilderte Anekdoten, Augenblicke aus dem Alltag, einen besonderen Telefonanruf, das

Aufstellen eines Möbelstücks, einen Brief, – die ihr damals wie ein Spiel vorgekommen waren, aber die eine neue Bedeutsamkeit erhalten hatten."

„Das Spiel wie auch die Übertreibung des Spiels waren wesentlicher Bestandteil dessen, was er zu sagen hatte, und da ich wirklich spielte, wusste ich nie, ob er nicht auch zur Hälfte spielte oder ob er es ernst meinte", erzählte Dora Marthe.

„Plötzlich war die Anekdote, die sie vor Augen führte, von Bedeutung erfüllt und glich in ihrer Verdichtung des Sinns einer Seite, die Kafka geschrieben hatte", sagt Marthe. „Gern würde man all die Geschichten, die Dora erzählte, selbst anderen erzählen. In jeder ist ein Teil von dem bewahrt, was Kafka in seinem Leben und seinem Werk hat sagen wollen. Alle enthüllen sie eine Facette der Wahrheit."

Als Marthe Robert Dora im Winter 1950 in Paris traf, war sie vierunddreißig Jahre alt und stand am Anfang ihrer herausragenden Karriere als Schriftstellerin und Übersetzerin von Kleist, Freud und Kafka. In den zwei Jahren, in denen sie einander kannten, wurden Marthe und Dora gute Freundinnen. Nach Doras Tod avancierte Marthe zum führenden weiblichen Kafka-Kenner in Europa und arbeitete redaktionell an der historisch-kritischen deutschen Gesamtausgabe von Franz Kafka mit. Für ihre umfangreichen Kafka-Übersetzungen erhielt sie Frankreichs höchste literarische Auszeichnung. „Um einen Autor zu übersetzen, um zum Herzen seines Satzes vordringen zu können", habe sie, so wird zitiert, nach Erscheinen des letzten ihrer dreizehn Bücher 1994 gesagt, „ist es notwendig, zu wissen, was er liebte." Sie brauchte beinah dreißig Jahre, um ihre Biografie Kafkas fertigzustellen, die 1979 endlich erschien. Im Nachruf der *Associated Press* auf Marthe Robert, die 1996 im Alter von zweiundachtzig Jahren starb, hieß es: „Mit ihrem leidenschaftlichen Interesse an Sprachen und der Psychoanalyse tauchte Frau Robert tief in den Hintergrund dessen ein, was sie übersetzte, um so nah wie möglich am Originalwerk zu bleiben. Auf diese Weise war sie die erste, die darlegte, wie Kafkas Schriften von dem französischen Schriftsteller Gustave Flaubert und dem österreichischen Pionier der Psychoanalyse Sigmund Freud beeinflusst waren."[7]

London, 1950

Als Dora wieder in London eintraf, begann sie gleich, „ihre endgültige Abreise nach Israel vorzubereiten"[8]. Marianne jedoch war noch immer zu krank, um zu reisen.⁹ Für die britische Regierung waren sie und ihre Tochter nach wie vor staatenlose Flüchtlinge. Aber sie wurden sehr gut behandelt, wie Marianne Steiner sich erinnerte, besonders, was Mariannes Ausbildung und gesundheitliche Versorgung anging. „Da Marianne sehr begabt war, wurde sie im Krankenhaus von einem Lehrer unterrichtet, der jeden Tag kam, um sie auf die Hochschulreife vorzubereiten. Sie bestand diese Prüfung im Krankenbett."¹⁰

An manchen Wochenenden durfte sie nach Hause fahren, und wenn sie sich gut genug fühlte, begleitete sie Dora zu den Treffen der ›Freunde des Jiddischen‹ im Jüdischen Zentrum bei Whitechapel. Die literarischen Treffen wurden von dem Dichter A. N. Stencl organisiert, den auch Marianne gut kannte.

Am ersten Julisamstag nahmen sie zusammen die U-Bahn von Finchley Road Station bis Aldgate East und gingen zu Fuß die wenigen Blocks weiter zum Versammlungsraum in der Toynbee Hall. Nur ein kleiner Teil der Mitglieder kam an diesem Tag, was sehr schade war, da ein besonderer Gast aus Kanada, ein bekannter jiddischer Dichter und Essayist, erwartet wurde: Melech Rawitsch. Dora hatte ihn fünfundzwanzig Jahre zuvor in einer kleinen Stadt an der polnisch-russischen Grenze getroffen. Rawitsch hatte seit Jahren nicht mehr an Dora gedacht, doch nach diesem erneuten, zweiten Zusammentreffen sollte er sie nie wieder vergessen. In seinen Memoiren, *Stories from My Life*, schreibt er über seine zwei bemerkenswerten Begegnungen mit Dora. „Es sind etwa sechzig Menschen im Publikum, addiert näherten sich ihre Lebensalter vermutlich dem Alter der Welt an, und der jüdischen Tradition gemäß werde ich dem Publikum vorgestellt", beginnt seine Erzählung des zweiten Zusammentreffens in London. „Ich erzähle ihnen etwas über das jüdische Leben in Kanada. Einige meiner Gedichte werden vorgelesen, und das Treffen nähert sich dem Ende. Da kommt eine kleine, kräftige Frau auf die Bühne zu. Ihr Gesicht hat keine Farbe, allein die Blässe der Entbehrung, wie auch ihre Stimme keine Klangfarbe hat, nur die Gedämpftheit von Armut und Schmerz. Die Frau fragt, ob ich sie erkenne: ‚Wie schnell die Jahre vergehen', sagt sie. ‚Es kommt mir vor, als hätten wir uns gerade erst in Tomaszów getroffen …'"¹¹

„Ich hatte so viele Freunde in Tomaszów", entgegnete Rawitsch. „Woran kann ich sie jemals wiedererkennen? Wie schafft man es, sich zu erinnern? …"

„‚Ich bin Dora Diamant', sagte die Frau, ‚Franz Kafkas Frau – erinnerst Du dich?'" Und ja, nun erinnerte sich Rawitsch: „Dora Diamant, ‚Franz Kafkas Frau'!"

„Sie bittet mich um Erlaubnis, dem Publikum eines meiner Gedichte vorzulesen. Ich versuche, sie umzustimmen. Erstens sind meine Gedichte schwer vorzutragen; zweitens machen die Menschen sich schon auf den Weg nach draußen. Sie sagt, das Publikum kümmere sie nicht. Sie selbst und der Dichter sind es, denen sie das Gedicht vorlesen möchte. Wenn die Leute gehen wollen, lass sie. Natürlich stimmte ich zu. Das Gedicht, um das es sich handelte, war ‚And it came to pass at the end of days'. Langsam, mit tiefer, belegter Stimme, las sie. Sacht, sehr sacht, dann laut, sehr laut."

Melech Rawitsch war erstaunt und tief bewegt von Doras Lesung. „Wenn jemals jemand eines meiner Gedichte gelesen oder vorgetragen hat, und nicht nur gelesen, sondern aus tiefster Seele erzeugt, war sie es: Dora Diamant, ‚Franz Kafkas Frau'. Und wenn jemals eines meiner Gedichte in Vollendung wiedergegeben wurde, dann damals, an diesem Sabbatnachmittag. Sie drang zu jedem einzelnen Wort des Gedichts durch. Warum sie dieses ausgewählt hatte, weiß ich nicht. Nach der Lesung stellte sie mir ihre Tochter vor und wir begaben uns gemächlich auf den Weg durch die Ruinen von Whitechapel, bis sie und ihre Tochter an der U-Bahn ankamen."

Die nächsten fünfundzwanzig Jahre lang, bis zu seinem Tod 1976, dachte Melech Rawitsch immer wieder über Dora nach. „Ich höre noch immer diese ihre tonlose Stimme 1925 zu mir sagen: ‚Ich bin Franz Kafkas Frau' – und ein Vierteljahrhundert später jene Worte in jeder erdenklichen Nuance."

Die Geschichte „I Am Franz Kafka's Wife" wurde aus dem Jiddischen übersetzt und 1992 in der Literaturbeilage des *Jewish Chronicle* abgedruckt.

Plaistow Hospital, Januar 1951

Im Januar 1951 wurde bei Dora eine chronische Nierenentzündung diagnostiziert, eine schnell fortschreitende und tödliche Krankheit. Die frühen Anzeichen, Schwäche, Müdigkeit und allgemeine Grippesymptome, hatten sich nur unterschwellig gezeigt, und wie krank sie war, erkannte Dora zu spät. Die Entzündung beider Nieren war seit weit über einem Jahrzehnt vorangeschritten. Zu dem Zeitpunkt, als Dora einen Arzt aufsuchte, war sie schon einem Nierenversagen nahe. Die einzige Hoffnung, ihr Leben zu verlängern, bestand in vollkommener Bettruhe und strenger Diät. Eine Heilung schien nicht mehr möglich.[12]

Zwei Gedanken quälten Dora, zum einen, dass sie ihre Gedanken über Kafka nicht aufgeschrieben hatte, und zum anderen, dass sie Marianne völlig mittellos zurücklassen würde. Sie hatte nichts, was sie ihrer Tochter hinterlassen konnte, kein Geld, nur den Mietvertrag für die Wohnung und ein paar Möbelstücke. Marianne wusste wenig über die Welt außerhalb von Krankenhäusern. Wie sollte sie überleben? Was würde aus ihr werden? Während sie flach auf dem Rücken lag, unfähig, sich zu bewegen, verzehrten Dora Sorge und Schuld. „Ich kann mich nicht entsinnen, etwas so Quälendes je im Leben erlebt zu haben"[13], schrieb sie. „An sich müßten es diese Qualen sein, die den Tod herbeiführen, sie übersteigen eben jede Grenze des Erträglichen und Fassbaren."

In ihrer Not bat sie die Steiners, Mariannes Vormund zu werden und dafür einzustehen, dass man, würde Dora sterben, bevor Marianne volljährig war, für sie sorge, womöglich auch mit den Tantiemen aus Kafkas Nachlass. Dora empfand eine immense Erleichterung und Dankbarkeit, als Marianne zustimmte.

Schon vor ihrer Krankheit hatte Dora für ihre Tochter die Vorteile der britischen Staatsbürgerschaft in Erwägung gezogen, und die Steiners rieten ihr dazu, den Antrag zu stellen. „Unser Argument war Mariannes perfektes Englisch"[14], sagte Frau Steiner. „Sie sprach auch sehr gut Deutsch, aber Englisch war die Sprache, in der sie unterrichtet wurde, und England das Land, in dem sie leben würde." Dora beantragte beim Innenministerium die britische Staatsbürgerschaft. Sie bekam die Antwort, dass Marianne die Staatsbürgerschaft unter einer Bedingung erhalten könne: „Dora müsste ihren Mann, Ludwig Lask, für tot erklären lassen."

Es war schon über zehn Jahre her, dass Dora eine jener Postkarten des Roten Kreuzes von Lutz erhalten hatte, aber das hieß nicht, dass er nicht mehr lebte. Sie hatte keinen Versuch unternommen, Kontakt mit ihm aufzunehmen, weil sie und Marianne in Gefahr geraten wären, wenn sie ihre kommunistische Vergangenheit preisgegeben hätte. Die antikommunistische Stimmung und Rhetorik hatten in England und besonders in Amerika seit Beginn des Kalten Krieges 1948 noch zugenommen. Und selbst wenn Dora alles riskiert hätte, um etwas über Lasks Verbleib herauszufinden, und dann erfahren, dass er wie durch ein Wunder zwar immer noch lebte, aber in einem Arbeitslager im fernöstlichen sowjetischen Gulag, – was hätte das genützt?

Dora und Marianne mussten sich aber eine andere Frage stellen: Konnten sie ihn eigennützig für tot erklären lassen? Sie entschieden sich dagegen. „Obwohl es ihnen so sehr geholfen hätte", erzählte Frau Steiner, „sagten sie: ‚Nein, wir können aus Prinzip nicht, weil er noch immer am Leben sein könnte.'"

Plaistow Hospital, März 1951

Im Krankenhaus, am 4. März, ihrem dreiundfünfzigsten Geburtstag, begann Dora schließlich mit ihren Aufzeichnungen über Kafka. Am selben Tag schrieb sie auch einen dreiseitigen Brief an Max Brod, in dem sie ihm mitteilte, dass sie „begonnen habe, Erinnerungen an Kafka systematisch niederzuschreiben"[15]. Das Heft versah sie mit der Beschriftung in schwarzer Tinte quer über den roten Kartonumschlag: „Zu übergeben an Max Brod". Dann begann sie: „Erster Schritt: sich befreien = den Weg säubern zum ‚Unzerstörbaren'; säubern, dann erst kann man ‚sein'."[16] Auf der ersten Seite, die Dora später vollkommen durchstrich, versuchte sie, die Intensität zu erklären, mit der Kafka an das Leben herangegangen war. Als Sinnbild dessen schilderte sie, wie Franz penibel eine Tasse Tee für einen erwarteten Gast zubereitete. „Alles was er tat, noch die unbedeutendste Handlung, war so, dass man glaubte, es geschieht für jemanden (oder etwas), das er verehrt oder liebt. Das gab allem, was er tat, diese religiöse Intensität, Ton. Diese letzte Gründlichkeit, letzte Aufmerksamkeit fordernde Vorbereitung nahm ihn so in Anspruch, hielt ihn so auf, dass er nicht dazu kam [...] die Tasse Tee auf den Tisch zu stellen."

Doras Schilderungen sind von Selbstzweifeln begleitet: „Ich habe es bereits erkannt, dass man nicht fertig werden kann, ich kann mit keinem der auf mich einstürzenden Gedanken zu Rande kommen. Die Zeit reicht nicht aus, der Atem reicht nicht aus, die Hand kann nur ein erbärmlich armes Häufchen fassen, und wenns vor mir steht, sind es ein Haufen verkrüppelter, zappelnder, piepsender Zwerge."

„Es ist an der Zeit, an dieser Stelle zu sagen, dass, [...] wenn ich die Zeit dazu haben werde, meine Aufzeichnungen über Franz besser sein würden als bisher." Ihre Notizen waren weit von dem entfernt, was sie sagen wollte, aber auch dies teilte sie mit Kafka: „Sie verhalten sich zu dem, was mir vorschwebt etwa wie Franzens Schreiben zu dem was ihm vorschwebt." Anders als Kafka jedoch, der den Beweis seines Versagens vernichten wollte, ließ Dora ihre Aufzeichnungen so stehen, wie sie waren, auch für den Fall, dass etwas geschehen und sie „durch irgendwelche Störungen verhindert sein sollte, sie weiter zu führen."

„Alle hier in diesem Heft vorkommenden Übertreibungen sind, von mir aus, echt. Ich lasse sie darum stehen, falls es mir nicht gelingt, eine schönere Form für das, was ich sagen möchte, zu finden – wünsche aber auf keinen Fall, dass das Gesagte in dieser Form an die Öffentlichkeit kommt. Max kann es lesen, weil er allein weiß, wie schwer es ist, das vollkommen adäquate, an Mass und Form, zu finden um über Franz auszusagen".

Zwei Bände von Kafkas Tagebüchern, herausgegeben von Max Brod, waren kurz zuvor bei *Schocken Books* erschienen. Dora bekam kostenlose Exemplare, die sie auf der Suche nach neuen Erkenntnissen über Kafka genau studierte. Die Tagebücher waren lange vor ihrer gemeinsamen Zeit geschrieben worden, doch manchmal stieß sie auf Einzelheiten, die sie zum Lachen brachten, wie zum Beispiel die Eintragung vom 9. Oktober 1911, in der es hieß: „Sollte ich das 40te Lebensjahr erreichen, so werde ich wahrscheinlich ein altes Mädchen mit vorstehenden, etwas von der Oberlippe entblößten Oberzähnen heiraten."[17] Kafka war tatsächlich vierzig, als er Dora traf. Dora kopierte sich diese Stellen, und notierte dazu: „Ich habe eine kurze Oberlippe, die ein wenig die oberen Zähne sehen lässt."

Aus seinen Tagebüchern erfuhr Dora einiges, das ihr eigenes instinktives Wissen bestätigte, und sie verstand mit der Zeit viele Erlebnisse mit ihm besser, etwa den Besuch Werfels 1924 in ihrer Berliner Wohnung, der damit endete, das Werfel unter Tränen Kafkas Zimmer verließ. Im Alter von achtundzwanzig Jahren hatte Kafka in sein Tagebuch geschrieben: „Ich hasse W., nicht weil ich ihn beneide, aber ich beneide ihn auch. Er ist gesund, jung und reich, ich in allem anders. Außerdem hat er früh und leicht mit musikalischem Sinn sehr Gutes geschrieben, das glücklichste Leben hat er hinter sich und vor sich, ich arbeite mit Gewichten, die ich nicht loswerden kann und von Musik bin ich ganz abgetrennt."[18]

Dora versuchte, systematisch vorzugehen, indem sie ihr wichtige Tagebucheinträge Kafkas mit Seitenangabe und Datum in ihr Notizbuch übertrug, um dann einen Kommentar dazuzuschreiben.

Sie fand auch einige Stellen, die ihrer Meinung nach Aufschluss über Kafkas Schwierigkeiten mit Frauen oder, wie Dora es nannte, „die vermeintliche

Impotenz" Kafkas gaben[19]. Viele „Psychoanalytiker, manche von ihnen sehr ernst zu nehmende", gab sie zu, seien „wohl schon ganz nahe gekommen. Ich muss bei ihren Bemühungen immer an das Kinderspiel Kalt-Warm-Heiß denken: Manche von ihnen erinnerten an ein intelligentes Kind, das im Spiel durch geschicktes, geübtes Fragen und lebhafte Phantasie flugschnell zu warm und heiß kam, aber dann doch versagte, weil der Gegenstand von dem noch intelligenteren Verstecker so klug versteckt war […]. Und wenn ich so wirklich ernste Menschen in diesen ihren Bemühungen sah, hat's mich manchmal geprickelt, ihnen einen kleinen Stoß in die richtige Richtung zu geben. Aber selbst wenn ich das wirklich fertiggebracht hätte, hätte es kaum was genützt. Der Gegenstand, den sie suchen, befindet sich in einer Region, die außerhalb ihrer Reichweite ist. Sie könnten's, vielleicht menschlich nur ahnen, wenn sie es fertigbrächten, das analytische Werkzeug beiseite zu legen und nur intuitiv sich auf die Suche zu machen."

„Sinnesfreudig wie ein Tier (oder wie ein Kind)" sei Kafka gewesen. „Woher bloß die Vermutung von Franz als Asket herkommt!?", fragte sie. Viele Menschen befragten Dora nach Kafkas Sexualität, doch sie sprach nie über ihr Liebesleben mit Kafka. Auch in ihrem Tagebuch deutete sie diese Thematik nur an. „Da ich kaum je darüber mehr sagen werde, möchte ich die, die mich oft über dieses Problem zu befragen versuchten, (ich habe es ihnen nicht übel genommen), auf diese und unzählige ähnliche Stellen hinweisen". Die Ausschnitte, auf die sie sich bezog, stammten aus Kafkas Tagebucheintrag vom 3. Oktober 1911. „Hungerkünstler ist auch eine Hilfe", deutete sie an, „aber nicht so aufschlussreich."

Hauptsächlich schrieb Dora auf Deutsch, wechselte jedoch ins Englische, Jiddische oder Hebräische oder verwendete auch eigene Wortschöpfungen, um bestimmte Gemütslagen oder Gedanken zu vermitteln, zum Beispiel wenn sie über die „verträumte, blütensamenwinzige Exaktheit" von Kafkas Humor nachdachte. Sie schrieb einfach heraus, was sie gerade dachte, und strich wieder ganze Zeilen aus, wenn sie an ihrem Unvermögen verzweifelte, die Gedanken und Ideen, die sie mitteilen wollte, in Worte zu fassen. „Ich möchte hier etwas Wesentliches sagen oder es erfahren. Muss daher in jedem Fall wachsam sein …"

Sie hatte Angst, missverstanden zu werden, und gleichzeitig schienen ihr die Worte nicht angemessen und ausreichend, um all das wiederzugeben, was sie empfand.

„Wem nützt all das Schreiben! [...] Jedes Mal wenn ich etwas aufgeschrieben habe, ist es nach ein paar Tagen lächerlich und dilettantisch [...]. Ich würde mich dann zu Tode schämen, wenn es jemand in dieser zwerghaften Form zu sehen bekäme."

Dennoch wusste sie, dass ihre Versuche, über Kafka zu schreiben, keine völligen Fehlschläge waren. „Ich erfahre jedenfalls, bei jedem neuen Versuch, wieweit die alten falsch waren oder nicht zureichend. Auch in Hinblick auf Ehrlichkeit, Mut zur Ehrlichkeit, helfen sie mir. Ich halte sie deswegen für nicht wertlos. Auch wenn ich gar nicht weiterkommen sollte, deuten sie etwas an."

Doras Stimmung schwankte, mitunter war sie sehr niedergeschlagen, auch wegen der Sorge um Marianne, die erneut operiert werden musste. Sie hatte einen Abszess im Nacken, eine weitere Folge des Scharlachs, der die Operation und anschließende Strahlenbehandlung erforderlich machte. Doras Freundinnen, darunter Frau Steiner, Hanny und Ottilie, schauten nach ihr, doch Dora fühlte sich dennoch furchtbar beim Gedanken an ihr „Mariannchen", das nachts in der Kälte und im Dunkel in ihrer einfachen Wohnung ganz allein war.

Am Tag vor Ostern schrieb Dora in einem Brief an Hanny: „Ich habe mit grosser Betrübnis gestern den ganzen Tag aus dem Fenster geschaut. Diese armen Menschen, Millionen, auf den Landstrassen, in den Dörfern, an der See."[20] Nach einem derart bitteren Winter waren sie „ausgehungert nach einem Sonnenstrahl".

Am 9. April, Marianne hatte die Operation gut überstanden und erholte sich im Haus der Steiners, klang Dora wieder zuversichtlich. „Sie macht überhaupt nicht den Eindruck von Kranksein, und ich bin sehr beruhigt", schrieb sie an Hanny. „Aber die Schwellung am Halse ist immer noch da. Sie wird jetzt behandelt mit Bestrahlung. Angeblich fängt die Schwellung an zurückzugehen."[21]

Dora ging es nach einer Zeit etwas besser, sodass sie sich für eine Stunde in einem Sessel aufsetzen konnte. Sie erledigte ihre Korrespondenz und empfing Besuche von besorgten Freunden wie Stencl, Hanny und ihrem Sohn David, Ottilie und ihren beiden Mädchen, den Steiners, den Leftwichs und anderen, die sie weniger gut kannte. Unter ihnen war auch Hannys Cousin, Gustav Metzger, ein international anerkannter Künstler, der sich daran erinnerte, Kafkas gerahmtes Bild auf Doras Krankenhausnachttisch gesehen zu haben. Bis dahin hatte er von Doras Beziehung mit dem berühmten Schriftsteller nicht gewusst. Frau Steiner schickte Dora Mazze und Shampoo, zusammen mit einem freundlichen Brief. Sollte Dora irgendetwas benötigen, schrieb sie, solle sie ihr Bescheid geben.

Doras Ärzte unterrichteten auch Max Brod von Doras Krankheit. Am 10. April schrieb Ester Hoffe in Brods Auftrag an Dora, die Nachrichten hätten sie „arg erschreckt"[22]. Ester erwähnte, dass Kafkas Tagebücher nun in Deutschland erschienen, und am Schluss des Briefs fügte Max noch eine handschriftliche Bemerkung an: „Ich freue mich sehr, daß Du Deine Erinnerungen an Franz niederschreibst! Wenn ein Teil davon fertig wird, möchte ich ihn gern lesen. Die Erinnerungen von Janouch an Franz habe ich gerade jetzt bei S. Fischer (deutsch) und französisch bei Calman-Lévy in Paris untergebracht."[23]

Nach dieser Ermutigung setzte Dora ihre Aufzeichnungen fort. Wenn sie ihr Heft öffnete, öffnete sie gleichzeitig auch sich selbst. Mit Aufregung und Begeisterung ging sie das Schreiben an, begann mit einer fiebrig im Herzen schlagenden Idee, wie sie sie immer fühlte, wenn sie an Franz dachte und von ihm träumte. Aber das Gefühl schwand, sobald sie versuchte, es aufzuschreiben. Nach ein oder zwei Sätzen, manchmal nur einem Wort, verließen sie ihre Aufregung und Sicherheit. „In Briefen ist es viel leichter"[24], klagte sie. „Aber dieses Niederschreiben hier bringt mich zur Verzweiflung. Ich kriege da überhaupt keine Hilfe. Wie leicht können ein paar Ohren oder ein paar Augen alles aus mir heraussaugen." Statt eines erwartungsvollen Publikums, das sie antrieb, wenn sie über Kafka sprach, oder der Augen, die sie sich vorstellte, während sie die Briefe an Max schrieb, war unter der Seite ihres Heftes immer bloß eine weitere, ein „ebensolch hilf- und klangloser Papierbogen". Sie musste sich zwingen, weiterzuschreiben.

„Die vollkommene Ehrlichkeit geht mit einem, freiwillig, nur ein kurze Strecke mit, dann muss man sie zwingen, und wenn auch das nicht hilft, statt sich mit diesem abzufinden, lässt man sie hinter sich und geht so bettelarm weiter, nur weil man glaubt, dass man zu Ende gehen muss. Um wie vieles, was man erreicht hat, bringt man sich auf diese Art. – Oh, Franz kannte sich da aus! Und er war auf der Hut. Warum hätte er sonst nur Fragmente geschrieben. […] Er machte sich mit so viel Hoffnung auf den Weg, so beschützt und geborgen, so sicher – und plötzlich, auf einmal alles dunkel, verlassen. Es sein lassen, aufgeben, konnte er nicht. Er musste es immer wieder noch einmal versuchen.

Denn es war ja da! In Hülle und Fülle war es da. Man hatte es ja so oft leibhaftig erfahren, wie soll man da die Waffen strecken! Man muss es noch einmal versuchen – vielleicht sich diesmal länger vorbereiten, auf mehr verzichten, sich hauptsächlich, nein, nicht hauptsächlich, diesmal ausschließlich der Sache widmen, vielleicht kommt man doch einen Schritt weiter. Und für jeden einzelnen, weiteren Schritt hat es sich gelohnt und wird es sich immer wieder lohnen alles aufzugeben. – Er gab nie auf. Er starb vor Erschöpfung."

Bei ihrer sehr persönlichen Ergründung der Bedeutung Kafkas für die Welt verlief sich Dora oft auf unsicherem Terrain und musste abbrechen. „Ein Mensch allein kann Franz nicht erklären", stellte sie fest.

Sie mahnte sich selbst zur Vorsicht; „manchmal, wenn ich an eine Begebenheit, ein Erlebnis mit Franz denke, gleite ich über ins Phantasieren, welches dann ebenso real und intensiv ist wie das wirkliche Erleben. Auch ebenso beglückend. […] Meine Phantasien und Träume sind eine folgerichtige logische, organische Fortentwicklung, Fortsetzung des Erlebten. […] Vielleicht wäre es besser, ein Buch zu schreiben. Es würde mehr Wahrheit enthalten und vermitteln, wenn ich nicht an die Wahrheit von Tatsachen gebunden wäre."

Doras Tagebuch hielt ihre zahlreichen schmerzlichen Versuche fest, etwas zu erklären, für das es keine angemessene Sprache gab. Doch war nicht die Sprache selbst daran schuld, sondern, wie Dora zugab, ihre Kenntnisse in diversen Sprachen. „Wie ist es traurig", sagte Dora, „dass ich so wenig zuhause bin in der deutschen Sprache. […] Und da Englisch nicht meine Sprache ist, so bin ich in diesem wichtigsten Punkt zur ewigen Heimatlosigkeit verurteilt. Meine Muttersprache Jiddisch habe ich in den für den ehrlichen Aufbau entscheidenden Jahren verlassen. Der Zwischenraum ist jetzt zu groß, um eine nur annähernd gangbare Brücke zu ihr zurück schlagen zu können. Und obschon sie mir in Momenten großer Dringlichkeit mütterlich hilft, versagt sie mir ihren Dienst in den meisten Dingen, und ich muss nach dem hilfreicheren Ersatz, dem Deutschen, greifen."

Dora erkannte, dass sie mit diesem Problem nicht allein war. „Sogar Franz, dessen Spannweite sich über Generationen, vielleicht über Epochen hin erstreckt (ich räume Franz nicht weniger Raum ein als Christus), sogar er hat über Unzulänglichkeiten in seiner Sprache geklagt, die ihn hemmten, Dinge zu sagen. [...] Hat jemals jemand in einer Sprache alles sagen können, was gesagt werden kann?"

Auf die unmittelbare Umgebung, die Ereignisse im Krankenhaus, ging Dora nur selten ein. Einmal schilderte sie die Szene, wie eine Frau im Bett gegenüber starb. Der Arzt und die Schwester kamen herein, um die alte Frau zu untersuchen, und ihr Bett wurde abgeschirmt. „Ich glaube, es geht drüben zu Ende", schrieb Dora. „Man kann schwer an was anderes denken."

Es war der erste Tod in den sechs Wochen, seit Dora sich im Krankenhaus befand, und, trotz der gewalttätigen Zeiten, die Dora erlebt hatte, auch „der erste Todesfall eines anderen Menschen, den ich miterlebt habe." In Klammern dahinter: „Franzens Tod war mein eigenes Todeserlebnis."

Dora schrieb dann mehrere Wochen lang nicht mehr. Mitte April erlitt sie einen schweren Rückschlag, der auf zu viel Aktivität und die Sorge über Mariannes Krankheit zurückgeführt wurde, und Dora bekam die Anweisung, mehrere Wochen lang flach auf dem Rücken zu liegen und sich nicht zu bewegen.

Als sie sich endlich wieder aufsetzen durfte, schrieb sie ihren ersten Brief an Marthe Robert, die den Vorschlag gemacht hatte, nach London zu kommen, um mit Dora weiter über Kafka zu sprechen.

Marthes Brief an Dora ging verloren, aber Doras Antwort vom 12. Mai 1951 lässt auf seinen Inhalt schliessen. Es ist einer von vierzehn Briefen, die Dora in den folgenden zwölf Monaten an Marthe schrieb. Der Briefwechsel wurde im Jahr 2000 in Paris entdeckt und wird hier zum ersten Mal zitiert.

„Was für ein lieber Einfall, mir einen solchen Brief zu schreiben"[25], begann Dora. „Es ist mir ganz warm von ihm geworden. Ich hätte ihn eigentlich noch gar nicht beantworten sollen; sondern mich erst noch ein bisschen an ihm wärmen." Sie ermunterte Marthe, nach London zu kommen, und bot ihre Wohnung als Unterkunft an. Der persönliche Ton ihrer Briefe zeigt, dass sie sich bereits in Paris näher befreundet hatten und auch in Bezug auf Kafka gut verstanden.

„Darüber, wie ich Sie sehe – Wie kann man Sie denn anders sehen, als wie Sie sind? Nicht ist es zufällig, dass Sie Kafka lieben, nicht ist es zufällig, dass Sie Kafka übersetzen, vielleicht ist es nicht einmal zufällig, dass wir uns trafen. (Obwohl ich in der Regel eine Abneigung gegen mystische Hilfsmassnahmen habe, die sich so willig anbieten.)"

Auf Marthes Bitte hin schrieb sie ihr sogar, was sie sich nach ihrem Treffen über Marthe notiert hatte: „Marthe spricht in heller offener Sprache, ganz so, beinahe ungehemmt, wie ich es nur in der Sicherheit des Denkens tue. Ich spreche nie so von Franz, ich wage es nicht, es ist niemand da, mit dem man so sprechen kann. Ich bewundere ihren Mut und Unbekümmertheit. Ich wage es nicht einmal ernsthaft zuzuhören, wenn mal einer so (mit sehr grossen Worten, mit religiöser Beziehung) spricht. Ich lache sogar manchmal darüber, um nicht zeigen zu lassen dass ich an so etwas glaube."

Dora konnte den Brief kaum zu Ende bringen, so schwach waren ihre Arme durch das lange Stillliegen. „[D]er blut- und muskellose Anblick meines Schriftbildes ärgert mich", schrieb sie. „Ich würde es kaum glauben, dass ein Mensch so auf'n Hund kommen kann, so bettelarm, dass man dankbar ist, wieder man doch an 2 1/2 Seiten den Federhalter entlang zu kriechen."

Doch sie schrieb ebenfalls, dass sie sich mit ihrer Lage abgefunden habe, und bat Marthe auch, sich keine Sorgen zu machen: „Wenn ich Sie noch um einen Gefallen bitten könnte", schloss sie, „dann wäre es, dass Sie dies alles so ruhig hinnehmen wie ich. Ich war sehr unruhig nur in den aller ersten Wochen. Damals habe ich nichts für meine Tochter erledigt und hatte nichts von Franz geschrieben. Jetzt habe ich den beiden etwas die Schuld abgetragen. Kann mir somit erlauben meiner Müdigkeit nachzugeben, also einen Grad von Freiheit erreicht."

23

„MACH, WAS DU KANNST"

> *Von einem gewissen Punkt gibt es keine Rückkehr*
> *mehr. Dieser Punkt ist zu erreichen.*
>
> Franz Kafka, Oktavheft G[1]

London, Juli 1951

Doras Entlassung aus dem Krankenhaus stand kurz bevor. Der behandelnde Arzt wollte nur noch die Ankunft ihrer Schwägerin Ruth Lask-Friedlaender aus den USA abwarten, um sicherzugehen, dass sie, als Gast und Betreuerin in Doras Wohnung, über den Ernst des Zustands seiner Patientin Bescheid wusste. Dora war aufgebracht, da anscheinend niemand Ruth vom Bahnhof abholen oder sie wenigstens zu Hause empfangen konnte. Ein „vollständiges Fiasko", fand sie, „dass einem übel werden kann."[2] Ruths Reise und Überfahrt war geplant worden, lange bevor man hätte ahnen konnte, dass Dora im Juli immer noch im Krankenhaus liegen würde. Zudem war Marianne, nach Monaten guter Gesundheit, ebenfalls wieder im Krankenhaus. Dora konnte den Gedanken nicht ertragen, dass ihre liebe Schwägerin, die sie das letzte Mal vor zwölf Jahren in Den Haag gesehen hatte, um die halbe Welt reiste und dann in einem leeren Haus ankommen sollte. Schließlich bat sie Hanny um Hilfe.

„Hannychen", begann Dora einen Brief am 2. Juli. „Hier presentiere ich Ihnen eine alte Weisheit: Wenn sich mal jemand vor Ihnen aufpflanzt und mit grosser beschwörender Geste, seine Handfläche auf die rechte Herzseite legt und abwehrend, mit grossem Pathos sagt: ‚Nein, das kann ich nicht annehmen, das ist zu viel! Das kann man von keinem erwarten, et-cetra, et-Cicero.' So gibt's nur eins, Hanny: ‚Nemmen die fiess of die plejzes.' und laufen! Laufen, Hanny, haste was kannste, ohne sich umzukucken, als wenn das Feuer der englischen Juni-Sonne hinter Ihnen her wäre."[3]

Nach einigen weiteren vorwarnenden Absätzen sprach Dora endlich ihre Bitte aus, Ruth für sie vom Bahnhof abzuholen, sie in die Wohnung zu bringen, eine Stunde oder zwei mit ihr zu verbringen, damit sie sich einrichten kann, und ihr die Wegbeschreibung zum Krankenhaus zu geben. Sie fügte noch eine genaue Beschreibung und ein kleines Foto ihrer Schwägerin bei.

Kurze Zeit später konnte Dora das Plainstow Hospital endlich verlassen, insgesamt vier Monate hatte sie dort verbracht. Sie musste zwar immer noch im Bett bleiben, konnte aber doch, wenigstens so gut es ging, Ruths Gastgeberin sein. Es war ein warmes und glückliches Wiedersehen, auch für Marianne, die sich noch gut an ihre Tante erinnerte. Ihr Besuch gab ihr ein Gefühl von Familienzugehörigkeit, das sie kaum kannte.

Von den anderen Mitgliedern der Familie Lask in Russland gab es immer noch keine Nachricht. Ruth und ihr Mann lebten seit ihrer Flucht in den USA. Sie besaßen ein großes Haus mit Garten in San Mateo in Kalifornien. Marianne, die bisher noch nie daran gedacht hatte, zog das erste Mal die Möglichkeit in Betracht, nach Amerika zu gehen und die weite und gewaltige Landschaft des amerikanischen Westens zu sehen.

Dora und Marianne benötigten noch immer ärztliche Versorgung. Jeden zweiten Montag kam ein Krankenwagen, um sie beide ins Krankenhaus zu bringen. Marianne ging es stetig besser, und die Ärzte wagten die Prognose, sie könne endlich vollständig gesund werden. Auch Doras Gesundheit blieb den restlichen Sommer und den Herbst über stabil. Sie setzte die Arbeit an ihrem Kafka-Tagebuch fort, kam aber dem, was sie sagen wollte, nicht näher.

In ihrem letzten Brief an Ester Hoffe äußerte Dora große Zweifel, ob sie wolle, dass irgendjemand ihr Kafka-Tagebuch zu ihren Lebzeiten liest. „Nicht zuletzt aus dem Grunde, dass ich mich nicht so frei fühlen würde. Und wenn man nicht frei ist, kann man auch nicht wahr sein, und das ist das erste und letzte Gebot in allen Dingen, die mit Franz zu tun haben."[4]

Marthe Robert hatte aus Paris geschrieben, dass sie Kafkas Tagebücher ins Französische übersetzen wolle. Es war ihr bisher nicht gelungen, das Interesse eines Verlegers zu wecken, aber sie wollte das Vorhaben dennoch in Angriff nehmen. Dora bestärkte Marthe darin, und sie hatte sogar eine Idee, vermutlich eine „sehr dumme und untüchtige", schrieb ihr Dora in einem Brief, „aber ich glaube fest an ihre Möglichkeit, habe sogar ganz grossartige Visionen: Ich will vorschlagen, die Mittel zu suchen, um die Tagebücher […] erscheinen zu lassen. […] Ich werde auch mit etwas Geld beitragen können. Jedes Geld, das ich von nun an an Tantiemen bekommen werde, wird für diesen Zweck verwendet werden. Du weisst ja, dass ich es nicht mehr annehmen wollte. Nun für dies, werde ich es annehmen. Wir würden es zusammen mit einem Teil meines Buches veröffentlichen. Sonst würde ich nichts davon, zu meinen Lebzeiten veröffentlichen. Wir würden, beide, diese Gelegenheit ausnutzen, um einmal, das zu sagen, was im Zusammenhang mit Kafka, zu sagen nötig ist. Alles. Ohne Rückhalt. Ich habe keine Zweifel darüber, dass das richtig ist, es so zu tun. Hier steht vor den Augen Ottla, mit bös-blitzenden Augen, uns eifrig zunickend. Franz wäre schwer zu befragen, unberechenbar, wie die Antwort ausfallen würde." Zuversichtlich schloss sie den Brief: „Mir geht es gesundheitlich besser, ich werde mich, glaube ich, wieder herausrappeln."[5]

Im Herbst besuchte auch Marthe Dora in London. Die wachsende Freundschaft zwischen beiden Frauen wird am deutlichsten in Doras folgenden Briefen an Marthe, die mit der freundlichen Genehmigung von Marthe Roberts Witwer, Dr. Michel de M'Uzan, der seine Frau bei den Besuchen in London begleitete, hier wiedergegeben werden:

59, Broadhurst Gardens
N.W. 6
28. September

„Liebe Marthe. – Nun ja, weg bist Du nun einmal, daran ist nicht zu rütteln. Aber doch nicht so ganz wie Du glaubst.
Fast jeden Tag tauchen Spuren auf: Beim Bett-Machen, fand ich in meinem Bett 2 Haarnadeln; heute fand ich Deine Armband-Uhr, die auf 4 Uhr stehengeblieben war (wie damals die Prager Kirchturm Uhr, nach Brod's Aussage); der Kafka-Band, der es allerdings verursacht, dass ich das Paket erst morgen abschicke; der verbrannte Topf wird, nach urteil der Experten, mir zum ewigen Andenken bleiben. [...] ich lasse ihn für Januar, für ein Wiedersehen mit dir. [...]
Das Paket mit den Paar Sachen, geht also morgen ab. Dabei gab's auch ein Dilemma. Ich wollte das Pyjama von der Putzfrau erst waschen lassen, da bemerkte ich, dass es ein Herrn Pyjama war. Und auf was

für verwegene Gedanken die Frau da kommen könnte – darüber wag ich garnicht zu denken, schicke es Dir also ungewaschen. Sonst habe ich keine Sorgen. Nur, ob Du gut angekommen bist, und ob alles geklappt hat. Wohl hätte ich gern Deinen Triumph-Einmarsch zurück nach Frankreich zugeschaut, empfangen und umgeben von Deinen treuen Untertanen. Hast Du schon das Eiserne Kreuz bekommen?? Das hättest Du allerdings hier bekommen sollen. Aber die ahnten ja nicht, dass Du noch keins hast, die waren im Glauben, dass Du ein alter, im Kampf geübter, und Orden geschmückter Kriegsveteran bist. Aber die dorten wissen's ja, dass dies Deine ersten grossen Heldentaten waren. Also, berichte darüber, bitte. Meine Bewunderung folgt Dir wie ein Schatten. [...]
Und nun sei aufs herzlichste gegrüsst, liebes Mädchen [...]. Ich danke Dir von Herzen, für jeden einen, der wunderbaren 11 Tage.
Deine Dora"[6]

In einem späteren Brief vom 9. Oktober 1951, als Marthes Arbeit an der Herausgabe der Tagebücher bereits Fortschritte machte, heißt es:

„Mir wird schon ganz schwindelig von Deinen rasenden Erfolgen und Aussichten mit dem Übersetzen, habe fast Angst davon zu sprechen. Ich warte jetzt gespannt, auf das letzte, entscheidende Wort. Sobald Du's hast, bitte, lass mich keine Minute warten. – Wenn doch diese Herde, bloss mal eine Spur von einer Ahnung hätte, was es bedeuten würde, wenn Du die Übersetzung machst. Auf den Knien, müssten sie vor dir rutschen, und Dich anbetteln, dass Du es tust. Es fehlt einem Atem aus, diesen Irrsinn zu fassen.
Mir geht es leidlich. Der Arzt schien zufrieden! Aber aufstehen lässt er mich nicht, und das ist sehr gedankenlos von ihm, denn ich kann nicht, nicht aufstehen. Und Du bist auch naiv. Wie kann ich im Bett sein, ohne aufzustehen, wenn ich 22 Stunden aus 24 allein bin?"[7]

Am letzten Freitag des Dezembers 1951 schickte der Fischer Verlag in Frankfurt Dora ein Belegexemplar von Gustav Janouchs *Gespräche mit Kafka*. Ein Jahr war vergangen, seit Max ihr zum ersten Mal in seinem Büro in Tel Aviv daraus vorgelesen hatte. Nun, beim Lesen von Janouchs Buch, wurden Doras Erinnerungen wieder lebendig. „Wie ich mich darüber freue. Du weisst ja garnicht, wie er geniessen konnte. Ganz genau so, wie leiden. Nicht um ein Haar weniger. Ach, Du lieber Himmel, wie habe ich diesen Mann gern. Ich kann vollkommen glücklich sein, bei der kleinsten Sache, von der ich weiss, dass sie ihm Freude gebracht hat. Ich sammle diese Freudenfunken wie Schätze, und behüte sie, und bin dankbar," schrieb sie Marthe. „Wenn Du es noch nicht bekommen hast, schicke ich Dir meins", sagte sie. „Du musst es, vor allem, lesen."

Dora erkundigte sich nach der Übersetzung von Kafkas Tagebüchern. *Schocken Books*, der Inhaber der Rechte an Kafkas Werken, hielt die erforderliche Genehmigung noch zurück. Auf Doras Drängen hin hatte Brod an *Schocken* eine „dringende Empfehlung" zu Marthes Gunsten geschrieben.[8]

Dora erwähnte, dass Miron Grindea gekommen war, um sie zu besuchen. Zusammen mit dem Künstler Henry Moore und dem Dichter Stephen Spender war Grindea Mitbegründer der *International Arts Guild*, die Veranstaltungen, Lesungen, Konzerte, Vorträge und Ausstellungen organisierte. Er gab auch die *ADAM International Review* heraus, eine bekannte internationale Literatur- und Kunstzeitschrift, die in London erschien. Grindea war auf dem Weg nach Israel, und Dora gab ihm ein Empfehlungsschreiben an Max Brod mit, den er treffen wollte. Grindea machte den Vorschlag, die *Arts Guild* könne Max Brod nach England einladen, um über Kafka zu sprechen. „Ich bin mit Herz und Seele, dafür", erzählte Dora Marthe und schlug vor, dass damit auch eine Einladung nach Frankreich verknüpft werden sollte. „Ich finde, dass dies das wenigste ist, was ihm Europa schuldet. Er verdient seinen Dank."[9]

London, Januar 1952

Je mehr Publikationen von Kafkas Werken und Tagebüchern erschienen, desto mehr fühlte sich Dora einverstanden mit ihrem Erscheinen. Ester Hoffes Nachricht über die Veröffentlichung von Kafkas Tagebüchern in Deutschland hatte Dora zwar aufgewühlt, doch als sie die Bücher vom Verlag zugeschickt bekam und sie in den Händen hielt, konnte sie „das Gefühl der Freude nicht unterdrücken".

„Ich habe, wie es mir jetzt scheint, die ganze Zeit gehofft, dass Franz in Deutschland erscheinen würde. [...] Ich bin im festen Glauben, daß Deutschland sich in Franz retten kann. So wie die Welt sich einmal im Monotheismus gerettet hat. [...] Ich glaube, ich fürchte, daß Franzens ‚Mandat' darin besteht. Ich zweifle nicht, dass man in der ganzen Welt Franz nicht so zuhört, wie in Deutschland und dass die ganzen Stürme um Franz in der Welt wie ein kleiner zahmer Windhauch werden im Vergleich zu dem, was in Deutschland werden wird. Es ist der einzige Boden, der für diese Saat voll reif ist."[10]

Dora hatte beinah vierzig Seiten ihres Notizheftes gefüllt und begann am anderen Ende des Heftes neu, das heißt: Sie schrieb von hinten nach vorne, im hebräischen Stil. Sie zitierte Äußerungen anderer Schriftsteller über Kafka, darunter Pavel Eisner, Kafkas tschechischer Übersetzer, und der Dichter W. H. Auden, der sagte: „Kafka steht in der gleichen Beziehung zu unserem Zeitalter wie Dante, Shakespeare und Goethe zu ihrem"[11]. Sie zitierte und kommentierte und brachte ihre Standpunkte zu Kafka ein, wenn sie mit den Aussagen nicht einverstanden war.

So erhob sie zum Beispiel Einwände gegen Eisners Deutung Kafkas als „Verkörperung der Tragödie des Westeuropäischen Juden". Dora glaubte nicht, dass Kafkas Abgeschiedenheit von seiner Erfahrung als Prager Jude und als assimiliertes Mitglied des tschechischen Kleinbürgertums herrührte. „Franz' Isoliertheit", sagte Dora, „begann bei ihm selbst."[12]

In ihrem Tagebuch entwickelte sie ihre eigenen Theorien über das Wesen seiner Werke. Ihr schien Kafka in seinen Schriften wie ein Wissenschaftler, der mit dem Menschen als Forschungsgegenstand experimentiert. „Er befand sich (noch?) in dem Stadium des Sezierers: kalt, sachlich, sichere Hand (in der Nacht im Dunkeln geschrieben). Er übte sich an den Menschen, das Schreiben war das Ordnen des Übungsmaterials, die Sichtung. Auch so war auch sein Schreiben soweit noch Sezierarbeit und darum konnte er es in diesem Stadium nicht zurücklassen. Er ist nicht dazugekommen, die Forschungen zu Ende zu führen, die ihn näher an die Lösung der Aufgabe bringen könnten: an das Ergebnis die Welt ins Reine, unveränderlich an den Tag bringen. [...] Und einen nackten, aufgerissenen Körper, ausgestreckt auf dem Seziertisch mit allen Eingeweiden herausstarrend – das kann man [...] nicht als seine Arbeit präsentieren. Wenn man nicht weiter kann, ist es besser, diese ungetane Arbeit niemals an's Tageslicht gelangen zu lassen."[13]

London, März 1952

Obwohl Dora bettlägerig war, kamen doch weiterhin gelegentlich Besucher, die sie über Kafka befragen wollten. Einer ihrer letzten Besucher war der damals fünfundzwanzigjährige Schriftsteller Martin Walser, der seine Doktorarbeit über Kafka geschrieben hatte. Walser kam erstmals 1952 nach England, um bei einem Gemeinschaftsprojekt der BBC und des Süddeutschen Rundfunks mitzuarbeiten. Über den Direktor des Senders ergab sich ein Kontakt zu jemandem, der Dora kannte und ihr ein Treffen mit Walser vorschlug.

Walser hatte von Dora bereits durch Brods Biografie erfahren. Zwei Bilder von ihr beschäftigten ihn dabei besonders. Zum einen die Szene, wie Dora in Müritz an der Ostsee in der Küche steht und Fisch entschuppt und Kafka die ersten Worte zu ihr sagt: „So zarte Hände, und sie müssen so blutige Arbeit verrichten!" Zum anderen Brods Schilderung der Fahrt vom Sanatorium nach Wien, auf der Dora angeblich „während der ganzen Fahrt in dem offenen Auto aufrecht vor Kafka stehend ihn mit ihrem Leib gegen Regen und Wind zu schützen versucht" hatte.

Vierzig Jahre vergingen, bis Walser begriff, was er bei dem Besuch bei Dora verpasste; „ich habe wenige Gelegenheiten so vollkommen verpatzt […] wie diesen Nachmittag auf dem Stuhl am Bett einer Frau, die die letzten zwei Jahre mit Kafka zusammenlebte."

Eindringlich beschrieb Walser ihr einziges Treffen. „Es war der dunkelste Spätnachmittag meines Lebens", notierte er. „Im Treppenhaus des alten Mietshauses in Chelsea herrschte eine Art Nacht, gegen die die wirkliche Nacht Tag genannt werden muß. Ich tastete mich am Treppengeländer hinauf. Oben öffnete ein dreizehn- oder sechzehnjähriges Mädchen. Das führte mich zu Dora Diamant. […] Es gab eine minimale Nachttischlampe, die dem vor Dunkelheit grenzenlos wirkenden Raum ein Lichtinselchen abrang. Dora Diamants Haare, offen. Vielleicht gerade gekämmt von der Tochter, die mich zu dem Stuhl am Bett brachte und verschwand. Dora Diamant sah krank aus. Aber die eigentliche Katastrophe für mich wurde nicht ihr Zustand, sondern meine Unfähigkeit, diesem Zustand zu entsprechen.

Kaum saß ich, griff sie unter eines der vielen Kissen, vor denen sie mehr saß, als daß sie auf ihnen gelegen hätte. Sie holte eine Art Schulheft hervor und fing an vorzulesen. Es waren ihre Aufzeichnungen über Franz Kafka. Aber sie

handelten nicht von dem Franz Kafka, mit dem ich mich seit sechs Jahren beschäftige, der mich immun gemacht hatte gegenüber fast jeder anderen Lektüre."
Walser verstand nicht. „Das war ein Religionsstifter, den ich nicht kannte und den ich, weil ich literarisch borniert war, nicht kennenlernen wollte. Ich war nicht imstande, die ganz und gar religiös bestimmte Erlebnisart einer aus der ostjüdischen Tradition stammenden Frau als Sprache für ein Kafka-Erlebnis gelten lassen zu können. Sie sprach von Kafka wie von einem Erlöser. Das Licht, in dem uns jemand erscheint, stammt immer aus uns selbst. Bei mir schloß das einander aus: Religion und Literatur. [...] Trotzdem hätte ich doch die wirkliche Herkunft des Religionstons der Dora Diamant hören müssen. Aber nein, ich fühlte mich eher abgestoßen von dem Ton, in dem sie ihren Kafka religiös verklärte. Ich hätte doch wenigstens neugierig bleiben müssen. Aber nein, ich war das Gegenteil: borniert. So habe ich eine einmalige Gelegenheit lächerlich verpatzt. Als ich in dieser Brief-Edition[14], die Dora Diamants Mitwirkung so genau bewahrt, die Sätze dieser Frau las, sah ich, wie nah sie Kafka war, was für eine Hilfe sie für Kafka hätte sein können. Dadurch ist mir das Ausmaß meines damaligen Versagens noch einmal ganz bewußt geworden. Ich ließ Dora Diamant vor ihren Kissen sitzen, fuhr von Chelsea zurück zum Picadilly Circus und ging ins Theater. Etwas mit Musik. Was ich versäumt hatte, merkte ich erst viele Jahre später."[15]

Doras Zustand wurde in diesen Wochen kritscher. Als Hanny zu Besuch kam, zeigte Dora ihre Zunge, die „sehr dunkel, fast schwarz"[16] war. „Das ist kein gutes Zeichen", sagte Dora ihr.
Auch Frau Steiner besuchte Dora in ihren letzten Tagen. „Wir sprachen nie über ihren bevorstehenden Tod, aber beide wussten wir, dass ihr Ende nahte."
An ihrem vierundfünfzigsten Geburtstag, es sollte ihr letzter sein, verfasste Dora ihr Testament in zwei Versionen, eine auf Deutsch und eine auf Hebräisch. Ihr letzter Wunsch war, „neben Kafka in Prag beerdigt" zu werden. Sie faltete die beiden Seiten zusammen und steckte sie in einen kleinen Umschlag, auf den sie schrieb: „Nach meinem Tod zu öffnen"[17]. Außerdem verfasste sie einen letzten, vierseitigen Brief an Max, der ihn zusammen mit dem Testament am 18. März erhielt.
Doras Tagebuch blieb unvollendet. Sie behielt es in ihrer Nähe, hinter den Kissen auf ihrem Bett, damit sie es jederzeit hervorziehen konnte, wenn ihr ein

Gedanke kam, den aufzuschreiben es lohnte. Manchmal notierte sie nur eine Zeile oder zwei. Die Hälfte der Seiten blieb leer.

Am 7. Mai 1952 schrieb sie noch einen letzten Brief an Marthe, in dem sie sich für alle vorangegangen Briefe, die sie nicht hatte beantworten können, bedankte und ihre Freude über Marthes Ankündigung ausdrückte, erneut nach London zu kommen. Dann fügte sie noch einige Gedanken zur Übersetzung hinzu: „Irgendwie bin ich sicher, dass wenn Du die Übersetzung fertig hast, dass sie auch herausgegeben wird. [...] Die wenigen der französischen Leser warten doch wirklich auf die Tagebücher. Deutsch und englisch sind sie heraus, also warum sollen sie zögern, wenn sie die Übersetzung in Händen haben? Im Grossen und Ganzen ist es ja ein göttliches Wunder, dass die Welt noch so ausschaut wie sie ausschaut, bei diesem Treiben. Wahrscheinlich befindet sie sich doch unter dem Schutz der [nicht lesbar] (Gnade), gleich mit den Kindern und Narren [...]. Wohl dieses ‚Unzerstörbare', das die Welt, jeden Augenblick, immer wieder von neuem, aus d. Dreck herauszieht, und sie [aufrecht hält?]".

Über ihr Befinden schrieb sie: „Mir geht es ziemlich unverändert. Vielleicht ein wenig schlechter. Bin sehr schwach und habe ziemlich viele Sorgen. Ich komme nicht zum Schreiben. (Das ist vielleicht sowohl Ursache, als auch Folge des Schwächezustandes)."[18] Sie schloss den Brief mit herzlichen Grüßen, auch von Marianne.

Der letzte Eintrag in ihrem Kafka-Tagebuch ist das Gebet *Gott Abrahams*, das sie in ganzer Länge auf Hebräisch hinschrieb. Es ist das Gebet, das Kafka geliebt hatte – „Franz kannte [es] auswendig. So wie ein Kind die Märchen kennt, die man ihm unzählige Male erzählt hat."[19] Dora erinnerte sich, wie Kafka sie dieses Gebet jeden Samstagabend aufsagen hören wollte. Es war ein gemeinsames Ritual für sie geworden. Sie erinnerte sich, wie er seinen Kopf im Rhythmus der Worte mitbewegte: „Gott über uns allen: Auf dich und deine Gnade bauen wir alle. [...] Auf dich und deine Gnade richten wir alle unsere Hoffnung. Mögen die Tore Jerusalems bald und rasch offen stehen. Offen sollen sie stehen. Mögen wir hineingehen, mögen wir eintreten ..."

Plaistow Hospital, 15. August 1952

Als Frau Steiner am Freitag, dem 15. August, nachmittags das Plaistow Hospital erreichte, fand sie Marianne am Bett ihrer Mutter vor. Dora lag im Koma. Marianne wich ihrer Mutter kaum von der Seite. Sie wusste, dass Komapatienten manchmal noch immer hören und riechen und sich dessen bewusst sein können, was um sie herum geschieht. Sie hatte genug Zeit im Krankenhaus verbracht, um das zu wissen.

„Dora lag im Koma oder stand unter dem Einfluss starker Beruhigungsmittel, als sie plötzlich aufwachte", erinnerte sich Frau Steiner. „Ich sagte: ‚Mach dir keine Sorgen um Marianne, ich werde mich um sie kümmern.' Und Dora antwortete: ‚Mach, was du kannst.'"[20]

Das waren Doras letzte Worte. Sie schlief wieder ein, bald darauf ging Frau Steiner. Um zehn Uhr am Abend, mit Marianne an ihrer Seite, starb Dora.

24

KAFKAS TOCHTER / LUDWIG LASK

> *Die verbitterten Gesichtszüge eines Mannes sind oft nur die festgefrorene Verwirrung eines Knaben.*
>
> Franz Kafka, Gespräche mit Kafka[1]

East Ham, London, 18. August 1952

Am Montag, dem 18. August, wurde Dora auf dem Friedhof der United Synagogue in der Marlowe Road in East Ham beerdigt. Doras Grab lag etwas entfernt vom Eingang, in der westlichsten Ecke des Friedhofs, auf einem mit Grabsteinen übersäten weiten, baumlosen Feld. Frische Gräber umgaben das klaffende Loch in der steinigen Erde, in das Doras schlichter hölzerner Sarg eingelassen wurde. In dieser Ecke des Friedhofs standen noch keine Grabsteine, denn der jüdischen Tradition nach muss ein Jahr vergangen sein, bevor man das Grabmal oder den Grabstein errichtet.

„Keine Schriftsteller oder Journalisten kamen zu ihrer Beerdigung"[2], berichtete Marthe in einem Artikel über Dora, der drei Monate später in einer französischen Zeitschrift erschien. „Die Neuigkeit war nicht zu ihnen durchgedrungen; nur diejenigen, mit denen Dora gearbeitet, gespielt oder gesungen hatte, beweinten sie nun offen im Regen auf dem großen jüdischen Friedhof im East End." Es gab keinen besseren Beweis dafür, welche Bedeutung Dora für diese Menschen hatte, so Marthe, als die Geschwindigkeit, mit der die Nachricht ihres Todes die nun zu ihrer Beerdigung versammelte Menge erreicht hatte: „All jene, die sie kannten, waren sich bewusst, wie wichtig Doras Präsenz war, nicht nur wegen des großartigen Schriftstellers, dessen Leben sie für ein kurzes Jahr geteilt hatte, – oder für dreißig Jahre, wenn man so will. Dora ist keine Figur der Literaturgeschichte, nicht einmal für die, die in ihr Kafkas Licht widergespiegelt sahen. Sie verbreitete ihr eigenes Licht [...], sie verbreitete es im jüdischen Umfeld von Whitechapel immer noch."

Marthe schien es, als ob Dora „nicht wirklich in London gelebt hätte. Mit dem intensivsten Teil ihrer selbst, dem für Veränderung unempfänglichsten, lebte sie im Berlin von 1923, oder vielmehr [...] lebte es in ihr." Dennoch: „Mit all ihrer Kraft, ihrer Liebe zum Leben, ihrem Mut, ihrer Klarheit lebte sie in Whitechapel und ging der Arbeit nach, zu der sie sich einzig berufen fühlte: die jiddische Sprache vor dem drohenden Aussterben zu retten."

Dora wurde in Ostlondon bestattet, „bei ‚ihrem Volk', an dem einzigen Ort, den sie in diesem Europa, das sie zweimal zu verlassen versucht und wo sie zweimal der Tod zurückgehalten hatte, noch ihr Eigen nennen kann." Doras Hoffnung, nach Israel zurückzukehren, starb lange vor ihr. Als bei ihr eine Nierenentzündung diagnostiziert wurde, löste sie sich still von ihrem Traum und sprach nie wieder von ihm.

„Dora Dymant fand nicht, sie müsse in den Debatten einschreiten, die sich überall entspannen", fuhr Marthe fort. „Sie wollte und konnte keine neuen Gedanken darlegen; sie richtete ihre Aufmerksamkeit lieber auf die Entdeckungen anderer. Wo es Kafka betraf, war sie voller Neugier und fand sich damit ab, viele Fehler zu hören. ‚Macht nichts', sagte sie, ‚Franz hat Zeit.'"

In ihrer abschließenden Betrachtung über Dora kam Marthe zu dem Schluss, dass „sie allein war, trotz all ihrer Aktivitäten, trotz all jener um sie herum. Ich kann verstehen, was sie anderen gab; doch was konnte man ihr geben? Sie hatte die Gesamtheit dessen, was ihres war, fünfundzwanzig Jahre zuvor empfangen, und sie brauchte all ihre Zeit, um eine Ordnung in dieses Erbe zu bringen. Sie hatte gerade begonnen, über Kafka zu schreiben, als sie krank wurde. Ihre Notizen geben einen geduldigen Versuch wieder, das, was sie mit all ihrer Jugend verwundert und, ohne Fragen zu stellen, hatte erleben können, wirklich zu verstehen."

Max Brod bekam Doras Aufzeichnungen nie zu Gesicht. Nach dem Tod ihrer Mutter tippte Marianne das handgeschriebene Tagebuch ab, ordnete so gut sie konnte die einzelnen Fragmente und übernahm auch sämtliche Überarbeitungen und Streichungen, indem sie diese mit einem X übertippte und markierte. Doras durchgestrichene Teile ließen sich an manchen Stellen nur sehr schwer entziffern, und Mariannes Deutsch war ein wenig eingerostet. Achtzehn mit einfachem Zeilenabstand beschriebene Seiten füllte schließlich die Abschrift, die Marianne „Die Aufzeichnungen des Quartheftes" nannte. Sie korrigierte zwei

Daten, die Dora falsch aus Kafkas Tagebüchern übertragen hatte, und signierte die Änderungen mit ihren Initialen, ML.

Beides, das Original und die Abschrift, übergab sie Marthe Robert, die in ihrem Artikel „Notes inédites de Dora Dymant sur Kafka" daraus zitierte. Marthe sprach von Doras unveröffentlichtem Tagebuch als einem „cahier" – das französische Wort für Heft – und übersetzte für ihren Artikel ausgewählte Abschnitte ins Französische. „Sie legen weniger philosophischen oder religiösen Charakter an den Tag", fand sie, „aber man kann weder den Aufwand, den sie erkennen lassen, noch das Mal, das sie tragen, übersehen."

Im Sommer 2000, vier Jahre nach Marthes Tod, fand Michel de M'Uzan Doras Tagebuch unter den privaten literarischen Papieren seiner Frau. Dr. de M'Uzan, der Doras Aufzeichnungen und ihre Briefe an Marthe für diese Biografie zur Verfügung gestellt hat, wusste nicht, warum Marthe das Heft behalten und es nicht, trotz Doras auf den Umschlag geschriebener Anweisung, an Max Brod geschickt hatte. Weshalb auch immer, Doras Tagebuch blieb in Marthe Roberts persönlichen Unterlagen, fünfzig Jahre lang, vergessen und ungelesen.

Doras Freunde scharten sich nun um Marianne. Man sammelte für sie und eröffnete ein Konto auf ihren Namen. Jeder wollte ihr helfen. „Marianne blieb eine Weile bei uns"[3], erzählte Marianne Steiner. „Doch schließlich entschied sie, dass sie auf eigenen Beinen stehen müsse, und kehrte in ihre Wohnung zurück. Mein Mann half ihr bei all den Formalitäten. Als wir mit ihr in einem Bus reisten, hatte sie Angst, weil sie dachte, es würde zu einem Unfall kommen. Sie war noch nie bei der Post gewesen, nie in einem Restaurant, sie war wie jemand, der plötzlich in eine andere Welt versetzt worden ist. Sie kannte nur Krankenhäuser. Es war mitleiderregend. Dennoch beschloss sie mutig, in die Wohnung zurückzugehen. Wir bestanden darauf, dass sie erneut die britische Staatsbürgerschaft beantragte. Die Bedingung, die Herrn Lask betraf und die ein Hindernis für Dora gewesen war, galt nicht für ihre Tochter. Ihrem Antrag wurde bald stattgegeben."

Innerhalb eines Monats kehrte Marianne also in ihre Wohnung in Broadhurst Gardens zurück. Mit achtzehn Jahren war sie eine kleine, sehr attraktive Frau geworden, mit einem runden Gesicht, so wie Dora. Das dichte dunkle Haar und die geschwungenen dunklen Augenbrauen betonten ihre blasse Haut. Sie hatte einen spitzen Haaransatz, ebenfalls wie Dora, und ihre Augen waren groß und dunkel, ihre Lippen voll. Diejenigen, die sie kannten und liebten, beschrieben sie als einen Menschen, den man nur sehr schwer kennenlernte. „Sie war äußerst verschlossen und hatte wenig Vertrauen", sagte Frau Steiner. „Der einzige Mensch, dem sie nah war, war ihre Mutter."

Nach Meinung von Dr. de M'Uzan, einem Psychoanalytiker freudscher Prägung, „war Doras und Mariannes Beziehung zu eng, fast symbiotisch. Marianne wirkte sehr seltsam und zeigte in vielen Bereichen Phobien. Sie schien sehr intelligent, sogar intelligenter als ihre Mutter, aber sie war so ernst für ihr Alter. Sie nahm auch alles so ernst und beschäftigte sich viel mit Philosophie."[4]

Es stand immer ein Foto von Kafka in Doras Zimmer. Noch Jahre nach Doras Tod beließ Marianne das Foto auf dem Kaminsims, zu Ehren Doras und zum Andenken an „ihren ersten Vater". Einmal sagte Marthe Robert zu Frau Steiner: „Marianne hätte Kafkas Tochter sein können und war es tatsächlich in vielfältiger Weise."[5] Frau Steiner stimmte zu: „Mariannes Wesen ähnelte dem Kafkas sehr." Vielleicht, schlug Frau Steiner als Erklärung vor, „war Franz so anhaltend in Doras Gedanken gewesen, dass ihr Kind, obwohl es mehrere Jahre nach seinem Tod geboren wurde, viele seiner Eigenschaften bekam."

London, 15. August 1953

Doras erster Todestag verging ohne eine Feier oder das Aufstellen eines Grabsteins auf dem Friedhof in East Ham. Es lag nicht am fehlenden Geld. Marianne wollte, wie sie sagte, keinen Grabstein. Sie war sehr entschlossen und nicht einmal dazu bereit, mit Frau Steiner darüber zu reden. Zu Ottie McCrea sagte sie nur: „Mutter ist nicht da."[6] Laut Doras Freunden kamen weder sie selbst noch Marianne je in ihrem Leben noch einmal an das Grab zurück. Fast fünf Jahrzehnte lang blieb Doras Grab ungekennzeichnet, bloß ein Rechteck steiniger Erde zwischen hohen Granitgrabmälern und weißen Marmorplatten.

Nur eine Anzeige in *Loshn un Lebn* erinnerte an Doras erste ›Yahrzeit‹: „Man wird sich an ihren Namen in den Reihen der intellektuellen Frauen, die sich um die jüdische Spiritualität bemühen, erinnern"[7], heißt es dort.

Ostberlin, 15. August 1953

Zur selben Zeit, am ersten Todestag seiner Frau, saß Ludwig Lask, nichts ahnend vom Schicksal seiner Frau oder seiner Tochter, im Ostberliner Hauptquartier des Zentralkomitees der Sozialistischen Einheitspartei SED und schrieb seinen offiziellen Lebenslauf. Es war der erste Schritt in einem seltsamen Prozess: Man „rehabilitierte ihn ‚nach mutmaßlichem Tode'"[8] – was im Partei-Jargon die Wiederaufnahme in die Kommunistische Partei nach seinem Ausschluss 1938 bedeutete.

Lask war fünfzig Jahre alt, aber schon ein gebrochener Mann. Am 12. August war er mit seiner Mutter, die acht Jahre lang einen zermürbenden Kampf um seine Freilassung geführt hatte, als Ausreisender aus der Sowjetunion endlich hier eingetroffen. Lasks Akten in den SED-Archiven im Bundesarchiv in Berlin enthalten Bertas und Lutz' erste Aussagen nach der Ankunft in Ostberlin sowie zahlreiche Briefe, die Berta aus Moskau an die Parteiführer Wilhelm Pieck und Walter Ulbricht in Berlin geschrieben hatte, um die Freilassung ihres Sohnes aus der Gefangenschaft und Zwangsarbeit in Sibirien zu fordern.

Berta Lasks Briefe sind ein bewegender Beweis der unermüdlichen Ausdauer und Beharrlichkeit einer Mutter. Seit 1945 schrieb sie Dutzende Briefe an einflussreiche Genossen im Zentralkomitee, in denen sie darum bat, ihren beiden im Exil lebenden Söhnen Lutz und Hermann die Rückkehr nach Deutschland zu erlauben. Nach drei Jahren genehmigte man den Antrag auf Hermanns Ausreise. Seine Kenntnisse als Ingenieur waren nützlich und wurden benötigt. Er, seine Frau Alice und ihr Sohn Ernst durften 1948 nach Berlin zurückkehren. Es sollte weitere fünf Jahre dauern, bis auch Lutz' Antrag bewilligt wurde.

Aus seinem Lebenslauf, den er nach seiner Rückkehr im Hauptquartier der SED verfassen musste, wissen wir, was ihm nach seiner Verhaftung in Moskau widerfahren war – eine Geschichte von wahrhaft kafkaeskem Charakter.

„Am 26. März 1938 wurde auch ich verhaftet und der Spionage angeklagt", notierte er. „Es wurden jedoch keinerlei konkrete Beschuldigungen gegen mich erhoben. Ich erklärte meine völlige Unschuld. Ein Gerichtsverfahren fand nicht statt. Im Sommer 1938 wurde mir mitgeteilt, dass ich [...] zu 5 Jahren Haft im Arbeits- und Erziehungslager verurteilt sei. [...] Alle meine Anträge auf Überprüfung meiner Angelegenheit blieben ohne Erfolg. Zum Ablauf meiner Strafzeit, im März 1943, wurde mir mitgeteilt, dass ich bis zur Beendigung des Krieges in Haft bleibe. Ende September 1946 wurde ich aus dem Lager entlassen."[9]

Ludwig Lask kam als Krüppel aus der Gefangenschaft zurück. 1943 hatte er auf der rechten Seite sein Augenlicht verloren, auf dem linken war sein Sehvermögen stark beeinträchtigt. Mit Brille könne er noch immer lesen und arbeiten, sagte er. 1946 durfte er zwar zunächst das Lager verlassen, musste allerdings als „freier Arbeiter" in Magadan bleiben. Während er in einer Autowerkstatt arbeitete, begann er mit dem endlosen Antragsprozess zur Wiedereinbürgerung in die DDR, doch nichts geschah. Er lebte vergessen „im ewigen Exil"[10].

Im dem ersten von acht Briefen, die Berta zwischen 1946 und 1948 vom Hotel Lux aus an den Parteiführer Wilhelm Pieck schrieb, spielte sie bereits auf frühere, unbeantwortete Briefe an und forderte mit Nachdruck die Freilassung ihres Sohnes. Sie sei zu alt und bei zu schlechter Gesundheit, um diesen Kampf noch lange auszutragen. Vier Monate später schrieb sie: „Ludwig ist nun seit acht Jahren und vier Monaten gefangen."[11] Noch immer kam keine Antwort. Weitere acht Monate später schrieb sie verzweifelt folgenden Brief an die zwei höchstrangigsten Politiker in der DDR:

> Moskau, Gorkistr. 10, Zimmer 216, den 15. April 1947
> An den Genossen Wilhelm Pieck und Genossen Ulbricht
>
> Liebe Genossen!
> Ende Februar dieses Jahres schickte ich durch den Genossen Wend einen Brief an Genossen Wilhelm in der Angelegenheit meines Sohnes Ludwig Lask. […] Leider blieb ich wie immer bisher ohne Antwort von Euch. Da aus vorhergehenden Briefen alles bekannt sein muss, wiederhole ich heute nur ganz kurz, dass mein Sohn noch immer mit schwer verletzten Augen, die aber durch eine Operation in Moskau geheilt werden könnten, in Magadan sitzt, dass sein allgemeiner Gesundheitszustand so ist, dass er in den letzten drei Jahren 16 Monate im Krankenhaus zubrachte, dass er zwar seit Herbst 1946 frei ist, aber als freier Arbeiter (d. h. in diesem Fall als fast blinder Invalide) dort bleiben soll.
> Ich habe von maßgebender, gut unterrichteter Seite gehört, dass eine Aufforderung von Euch bewirken würde, dass er mit mir zusammen

nach Deutschland geschickt wird und wiederhole darum heute noch einmal meine Bitte. […] Ich denke, meine 24-jährige Parteimitgliedschaft und die Bücher, die ich geschrieben habe, geben mir das Recht zu einer solchen Bitte. Solltet Ihr mich nicht anfordern, so tragt Ihr die Verantwortung für das sinnlose Zugrundegehen eines alten, noch brauchbaren Parteimitglieds, das sich niemals etwas zuschulden kommen ließ. […]
In Erwartung Eurer Antwort mit herzlichem Gruß,
Berta Lask12

Drei weitere Briefe schrieb Berta noch an Pieck. „Ich habe Ihnen in den letzten zwei Jahren oft geschrieben […] ohne jegliche Antwort. Viele Briefe gehen verloren, ich weiß nicht, ob Sie sie erhalten haben."[13]

Im August jenes Jahrs durfte Lutz dann zwar Magadan im fernsten eisigen Osten verlassen, musste aber in Nowosibirsk bleiben, wo ihm wieder Arbeit in einer Autowerkstatt zugeteilt wurde. Berta begann daher im Frühjahr 1950 erneut, Briefe zu schreiben. Sie selbst hatte unterdessen die Genehmigung erhalten, Russland zu verlassen, weigerte sich jedoch, ohne Lutz auszureisen, und ließ ihre Genehmigung verfallen.

In einem Brief an Ulbricht im April 1950 versuchte Berta noch einmal verzweifelt, eine Bewilligung zu erreichen, indem sie den Fall ihres Sohnes erneut von Anfang an schilderte: von seinem Geburtsort und -datum an über sein Wirtschaftsdiplom und seine Parteiaktivitäten als Student, die gefährliche Zeit der illegalen Verbreitung der *Roten Fahne* in Berlin, die Gefangenschaft im KZ Columbia bis hin zu den Jahren in Russland. Sie schrieb von seiner Arbeit im Marx-Engels-Lenin-Stalin-Institut und als Lektor, von der Entlassung aller ausländischen Mitarbeiter und auch von seiner Verhaftung. Sie berichtete von seinen Augenverletzungen und dem Leiden in Magadan und in Nowosibirsk, wo er trotz der Warnungen der Spezialisten körperlich hart arbeiten und oft „in fast tödlicher Erschöpfung"[14] ins Krankenhaus gebracht werden musste. Und trotz alledem versicherte Berta Ulbricht: „Mein Sohn hat sich durch diese Unglücksfälle in keiner Weise verändert. Er ist derselbe unerschütterliche und bewundernswert standhafte Kommunist, der er war. Darum hielt ich es als alte Kommunistin für meine Pflicht hierzubleiben und ihn am Leben zu erhalten, bis er die Erlaubnis zur Ausreise bekommt."

Schließlich empfahlen Pieck und Ulbricht die Freistellung Lutz Lasks, doch es vergingen wieder drei Jahre, in denen nichts passierte. Lask reichte weiterhin Ausreiseanträge ein und wurde wieder und wieder verhört. Endlich, am 5. März 1953, ausgerechnet am Tag von Stalins Tod, wurde Lasks letzter Antrag, adressiert eben an den Genossen Stalin, Vorsitzender des Ministerrats der UdSSR, bewilligt.

Am Ende seines Lebenslaufs wiederholte Lutz noch einmal die Beteuerungen seiner Mutter über die Standhaftigkeit seines Glaubens an den Kommunismus, eine Stellungnahme, die ihm, angesichts der Ungerechtigkeit, die ihm widerfahren war, nicht leichtgefallen sein kann, die aber vonnöten war, um sich mit den neuen Parteigenossen gutzustellen.[15]

Ludwigs größter Wunsch nach seiner Rückkehr war es, Dora und seine Tochter wiederzufinden. Seine Akte enthält den Vermerk, Lask habe „die Bitte ausgesprochen mit seiner Frau, bzw. seiner Tochter die in England leben, Verbindung aufnehmen zu können"[16]. Zwei Monate nach seiner Ankunft in Berlin konnte er eine Stelle als Ökonom im Marx-Engels-Lenin-Stalin-Institut antreten, und im November desselben Jahres verlieh man ihm die volle deutsche Staatsbürgerschaft, doch der Kontakt mit seiner Familie wurde nicht gestattet. In einem Vermerk in seiner Akte heißt es dazu lediglich: „Gen. Lask wird nicht in andere Länder reisen, auch nicht nach Westdeutschland."[17]

Durch den Nachruf auf Dora in einer alten Zeitung, die er zufällig las, erfuhr Lutz in jenem Herbst dann doch, was aus seiner Frau geworden war. Der Artikel erwähnte auch eine Tochter, die in London lebte. Nachdem er die Erlaubnis der Kommunistischen Partei eingeholt hatte, schrieb Lask an den Oberbürgermeister von London, „mit der Bitte, für ihn seine Tochter ausfindig zu machen"[18], und so kam es, dass im Oktober 1955 ein Polizist mit einem Brief von ihrem Vater an Mariannes Tür klopfte.

Augenblicklich war Marianne keine Waise mehr. Nicht nur ihr Vater lebte noch in Ostberlin, sondern auch ihre Großmutter Berta Lask, ihr Onkel Hermann und ihre Tante Alice und ihr Cousin Ernst, der etwa in ihrem Alter war. Plötzlich hatte sie wieder eine Familie. In den mehr als fünfzehn Jahren, seit sie sie zuletzt gesehen hatten, hatten die Lasks oft an sie gedacht und sich gesorgt, und nun waren sie begeistert, als sie sie endlich fanden. Alle waren gespannt auf ihr Schreiben und darauf, was sie von sich erzählen würde.

Ostberlin, 1956

In einer Notiz aus Lasks SED-Akte ist über den 14. März 1956 vermerkt: „Gen. L. sprach heute bei uns vor und bat uns um Parteiunterstützung. Seine Tochter, die er seit siebzehn Jahren nicht gesehen hat, hat jetzt den Wunsch geäußert, ihn und ihre Großmutter, die auch in der DDR lebt, zu besuchen. Genosse Lask informierte mich, dass er alle nötigen Vorkehrungen mit dem Außenministerium getroffen hat."[19]

Zwanzig Jahre nachdem sie Berlin verlassen hatte, sollte Marianne nun in ihre zerstörte Geburtsstadt zurückkehren, um dort ihre Familie zu treffen. Auf ihrem Passbild, das vermutlich vor dieser Reise aufgenommen wurde, strahlt Marianne frei und beinahe elektrisiert in die Kamera, ihr junges frisches Gesicht eingerahmt von dunklen Haarsträhnen.

Von ihrem ersten Besuch in Ostberlin 1956 gibt es über ein Dutzend Bilder von Marianne mit ihrem Vater und ihrer Großmutter beim Spazierengehen durch den Treptower Park und die Straßen Berlins. Eine Reihe Schnappschüsse zeigt Lutz und Marianne bei einer Unterhaltung. Marianne ist aufgeregt, Lutz lächelt stolz zu ihr hinab. Auf mehreren Bildern sind auch Marianne und Berta zu sehen, wie sie Arm in Arm im Schatten von Kastanienbäumen laufen oder gemeinsam im Park auf einer Bank sitzen.

Mindestens zwei Mal kehrte Marianne in den nächsten fünfzehn Jahren nach Ostberlin zurück. Sie lernte ihren Vater und ihren Cousin besser kennen und freundete sich gut mit ihrer Tante, Mira Lose Lask, an, der Witwe von Bertas jüngstem Sohn, der 1936 jung starb. Berta hatte Mira damals unter ihre Fittiche genommen, und sie lebten gemeinsam erst in Moskau und nun in Berlin. Außerdem arbeitete Mira bis zum Tod Bertas, 1967 im Alter von achtundachtzig Jahren, als Sekretärin für die literarische Arbeit ihrer Schwiegermutter. Während der langen Jahre in Moskau nach dem Krieg veröffentlichte Berta Lask drei Romane und machte sich einen Namen als Autorin von Jugendbüchern. Nach ihrer Rückkehr nach Berlin waren ihre früheren Bücher nachgedruckt worden, und sie hatte ihr großes Epos, die autobiografische Trilogie *Stille und Sturm*, verfasst, die 1955 erschien. Zwei Jahre später erhielt Berta die Clara-Zetkin-Medaille, zum hundertjährigen Jubiläum der Politikerin und Frauenrechtlerin.

London, 1963–1973

Marianne war schon immer sehr in sich gekehrt gewesen, auch vor ihrer Wiedervereinigung mit der Familie in Ostberlin. Als kleines Kind in Nazi-Deutschland und im stalinistischen Russland hatte sie gelernt, sich eher verschlossen zu zeigen, und sie verstand sich auf das Gebot, so wenig persönliche Informationen wie möglich preiszugeben. Die schlimmste Phase der Jagd auf die „Roten" war zwar vorbei, dennoch blieb ein tiefes Misstrauen gegenüber dem Kommunismus und allen Personen, die irgendwie mit ihm in Verbindung gebracht wurden. Die meisten von Mariannes engsten Freunden ahnten nicht, dass sie einmal in Russland gelebt oder dass sie Angehörige in Ostberlin hatte, die bedeutende Kommunisten waren. Frau Steiner wusste natürlich Bescheid, doch selbst sie fand, dass „Marianne ihre Privatsphäre krankhaft schützte. Man musste immer auf der Hut sein, damit man nicht zu sehr in sie drang."[20]

Ihrem stillen, zurückgezogenen Wesen entsprechend liebte Marianne Bücher und wünschte sich, einen Beruf auszuüben, der mit Büchern zusammenhing. „Ihr Wunsch war es, Bibliothekarin zu werden", sagte Frau Steiner. „Wir holten gemeinsam den Rat ihres Arztes ein. Er sagte, es stehe außer Frage: Sie durfte noch immer keine schweren Bücher tragen. Zu jener Zeit musste sie immer noch äußerst vorsichtig sein. Es dauerte noch einige Jahre, bis sie für vollkommen geheilt erklärt wurde."

Ihre erste Arbeit war eine Stelle als Sekretärin bei einem Lebensmittelhersteller. Sie „arbeitete dort für ein Jahr oder zwei, aber sehnte sich noch immer nach einer Arbeit mit Büchern." Sie behielt ihre Wohnung in Broadhurst Gardens und nahm Untermieter auf, um die Miete bezahlen zu können. Sie traf noch immer Doras alte Freunde, die nun ihre eigenen geworden waren, machte mit den Lichtensterns Urlaub auf dem Lande, trank jeden Sonntag mit Ottilie und ihren Töchtern Doreen und Pamela Tee und begleitete sie auf Familienausflüge und -reisen. „Wir liebten sie alle sehr"[21], sagte Hanny. „Es gab nichts, was Marianne nicht konnte, und alles interessierte sie. In ihrer großen Empfindsamkeit litt sie mit allen Leidenden mit, hielt immer zu den Außenseitern und war sehr großzügig, während sie doch selbst so wenig hatte."[22]

Eine weitere Familienzusammenführung fand 1973 im Gartenzimmer Hanny Lichtensterns statt. Nach über 40 Jahren begegnete Lutz Lask seiner

Schwester Ruth Friedlaender wieder. Im Alter von siebzig Jahren hatte man ihm gestattet, seine Tochter und andere Familienmitglieder in London zu besuchen. Ruth, die Nazi-Deutschland 1933 verlassen hatte, reiste aus Kalifornien an, um den einzigen verbliebenen Bruder wiederzusehen. Hermann war 1959 gestorben; ihre Mutter, Berta Lask, im Jahr 1967.

Hanny war erfreut und eingenommen von ihrem Bruder, einem „sehr angenehmen, hochintelligenten Mann mit feinem Humor – dem man vertrauen konnte." Marianne Steiner war weniger begeistert. „Lask war ein kluger Mann," so Frau Steiner, „aber sehr streitlustig, rechthaberisch und mit wenig Charme und Wärme. Er hat seinen Glauben an den Kommunismus nie aufgegeben. Er blieb nur einige Tage, und kurz nach seiner Rückkehr starb er."

Am 14. Dezember starb Mariannes Vater in Berlin. Seine Todesanzeige, der letzte Eintrag in Lasks SED Akte, erinnert daran, dass Lutz Lask in Anbetracht seines Dienstes an der Arbeiterschaft seit 1931 der Vaterlandsorden in Silber und eine Medaille für vierzig Jahre Parteimitgliedschaft verliehen wurden.

London, 1980

„Als Marianne Mitte vierzig war", erinnerte sich Frau Steiner, „bemerkten wir eine seltsame Veränderung in ihrem Verhalten. Jedes Weihnachten schmückte ich den Baum für die Kinder, und die ganze Familie kam zu einem Festessen. Marianne war immer dabei und viele Male hörte ich sie sagen, wie sehr sie diese traditionellen Feierlichkeiten liebte. Dann aber, sehr unerwartet, ließ sie mich wissen, dass sie nicht komme, weil sie Weihnachten hasse. Natürlich waren wir ziemlich betroffen, wagten jedoch nicht zu insistieren. Sie bekam immer Geschenke von allen Familienmitgliedern. Da sie sich weigerte zu kommen, beschlossen wir, die Geschenke zu ihrer Wohnung – neben der von Herrn und Frau Leftwich, alten Freunden von Dora – zu bringen. Wir klingelten und sahen das Licht in Mariannes Fenster, aber die Tür blieb verschlossen."[23]

Laut Ottie McCrea hatte Marianne angefangen, Stimmen zu hören. Als Marianne einmal bei Ottie übernachtete, wachte sie um drei Uhr morgens auf, weil sie Stimmen im Treppenhaus hörte. „Kannst du sie nicht hören?", fragte Marianne. „Ich lauschte, hörte jedoch nichts", sagte Ottie. „Da war niemand."[24] Aber Marianne quälte dies so, dass sie zur Polizei ging.

Anfang 1981 wurde Marianne aufgegriffen, als sie um Mitternacht in den Straßen umherlief. Man habe sie in eine Nervenklinik gebracht und „mehrere Monate dortbehalten"[25], sagte Frau Steiner. „Sie mochte eine Mitarbeiterin des Pflegepersonals, die nach ihr sah, sehr gern, aber als die Dame ihr erzählte, dass sie schwanger sei, weigerte sich Marianne, sie wieder zu treffen, weil eine Frau in ihrem Zustand solch deprimierende Arbeit meiden solle. Schließlich wurde Marianne entlassen und es schien ihr viel besser zu gehen. [...] Aber das war nur eine vorübergehende Besserung. Bald weigerte sie sich erneut, irgendjemandem die Tür zu öffnen."

Ihre Freunde, die sie längst als Familienmitglied sahen, mussten hilflos mit ansehen, wie Marianne sich von jedem, der sie liebte, abschottete. Als Hanny Lichtenstern versuchte, zu ihr durchzudringen, erwiderte Marianne entschieden und endgültig: „Ich habe keine Familie!"[26] Auf briefliche Versuche hin, mit ihr in Kontakt zu treten, schickte sie bloß eine verstörende Mitteilung, die lautete: „Sehr geehrter Herr, sehr geehrte Frau Lichtenstern, ich bestätige den Erhalt Ihres kürzlich verschickten Briefes. Es ist furchtbar lieb von Ihnen, dass Sie sich so an mich erinnern, aber Sie verschwenden wirklich Ihre Zeit. Ich habe Ihnen nichts zu sagen und werde niemals ein Zionist sein."[27]

Als sie nicht weiterwusste, nahm Hanny die Unterstützung von Sozialdiensten und eines Arztes in Anspruch, aber niemand konnte helfen.

„An Chanukka", sagte Hanny, „bin ich zu ihrer Wohnung gefahren und habe geklingelt, bis sie endlich die Außentür öffnete, indem sie auf einen Knopf drückte. Sie stand auf der anderen Seite des Eingangs, im Nachthemd, und sagte: ‚Ich kann dich nicht hereinbitten, ich bin krank.' Ich sagte, ich wolle sie nicht stören, doch da Chanukka sei, hätte ich ihr ein paar Sachen mitgebracht – Bonbons vom Bäcker, hausgemachte Kartoffel-Latkes, die sie früher geliebt hatte, und Blumen. Sie dankte mir, entschuldigte sich und zog sich rasch zurück. Paul wartete im Auto auf mich und ich brach in Tränen aus, als ich ihm erzählte, was geschehen war."[28]

Doch Hanny gab nicht auf. Im Juli schrieb sie einen weiteren Brief an das „Liebe Mariannchen" und sagte, wie sehr sie es vermisste. „Ich möchte wissen, wie es dir geht, wie du zurechtkommst [...]. Können wir zwei uns nicht treffen, wenn auch nur für ein Stündchen?" Der Brief kam mit folgender Bemerkung auf dem Umschlag zurück: „Dieser Brief wurde nicht gelesen. Bitte hören Sie auf, mich zu belästigen, und kümmern Sie sich um Ihre eigene Familie und

Ihre eigenen Angelegenheiten. Jede weitere Kommunikation wird der Polizei übergeben. M. Lask."[29]

London, 1982

Einen Blick auf Marianne Lasks persönliches Drama erlauben ihre privaten Papiere. Am Sonntag, dem 13. Dezember, notierte sie eine kryptische Bemerkung in ihr Tagebuch: „15–16 Uhr. Im Bad. 2. ‚Heimsuchung', wie in Pembury 1949, aber mit Knistern und Summen um mich herum."[30] Am 19. Januar 1982 schrieb sie über „fremde Gedanken", die in ihr Gehirn gedrängt würden. „Kobolde kommen wieder durch, dieses Mal in mein Gehirn, nicht am Telefon oder auf Tonband. Eine Art von unterbewusster vorantreibender Anstrengung."[31]

Marianne war achtundvierzig Jahre alt, mittellos und verschuldet. Auf einem kleinen Notizblock hatte sie ihre Rechnungen und die gegenwärtigen Ausgaben aufgelistet, den Mietrückstand von Mai, Juni und Juli sowie ihre unbeglichenen Darlehen von Freunden inbegriffen. Die Gesamtsumme belief sich auf über 1.000 Pfund, ein für sie unerschwinglicher Betrag.

Sie hatte die letzten beiden Jahre nicht arbeiten können, doch sie wollte von niemandem mehr etwas annehmen, nicht einmal Arbeitslosenunterstützung, die ihr zustand, oder eine Entschädigung, die sie aufgrund der Bedingungen der deutschen Kapitulation hätte beanspruchen können. In ihrem letzten Brief an „Herrn und Frau Lichtenstern" vom 18. Juli entschuldigte sie sich dafür, ihnen versehentlich eine Karte geschickt zu haben, die für jemand anders bestimmt war, und bedankte sich „außerordentlich für die Rücksendung. [...] Ich werde Ihnen baldmöglichst den Wert der Briefmarken erstatten. Ich schulde Ihnen noch 95 Pfund! Ich weiß nicht, wann ich diese weitere und letzte Zahlung werde überweisen können, doch behalten Sie diesen Brief als Schuldanerkenntnis, dann können Sie es vorlegen, sollten Sie gebeten werden, sich zu melden (wenn Sie verstehen, was ich meine)"[32].

Hanny verstand nicht, was Marianne meinte, aber befürchetete das Schlimmste. „Sie hatte sich mehr und mehr von allen, die sie kannten, zurückgezogen, bis sie gar nicht mehr kommunizierte, und den Krankenhausärzten und dem Pflegepersonal freundlich, aber bestimmt mitgeteilt, dass sie keine Hilfe mehr wolle und brauche – alles, was sie wollte, war, aus dem Dasein zu entschwinden, zu leben aufzuhören."[33]

Nach einer Weile fiel dem Milchmann auf, „dass sie keine Milch mehr bestellte, und die anderen Hausbewohner machten sich ebenfalls Sorgen. Das Haus hatte ein Gemeinschaftstelefon in der Eingangshalle und ihr Zimmer lag dazu am nächsten. Trotzdem hob sie nie ab, wenn es klingelte. Letztlich ging immer einer der anderen Mieter dran und wir baten darum, dass man an Fräulein Lasks Tür klopfte, und sie kamen zurück und sagten, dass keiner antworte."[34]

Mitte September verständigten Freunde und Nachbarn die Polizei. Seit mehreren Wochen hatte niemand Marianne gesehen. Es war der 12. September, als die Polizei ihre Tür aufbrach und Marianne Lask „tot auf dem Boden, in einem fortgeschrittenen Zustand der Verwesung"[35], auffand. Unter ihren persönlichen Unterlagen fand man die Septemberausgabe von *Exit*, dem Rundbrief der Voluntary Euthanasia Society.

Der Bericht des Gerichtsmediziners nannte als primäre Todesursache „Versagen der linken Herzkammer", hervorgerufen durch „extreme Verwahrlosung"[36].

Hanny identifizierte die Leiche und regelte Mariannes letzte Angelegenheiten. „Auf uns lastet Schuld", schrieb Hanny in ihr Tagebuch, „wir fühlen verzweifelt, dass dies nicht hätte geschehen dürfen – doch wissen, dass ihre Krankheit es nahezu unabwendbar machte – ihre Krankheit, gepaart mit der Empfindsamkeit und Seltsamkeit ihres Wesens! Wie hätte sie reagiert, hätte man sich ihr aufgezwungen, wäre man in ihre Privatsphäre eingedrungen und hätte Kontakt verlangt??!! Aber so einsam sterben, zusammengebrochen auf dem Küchenfußboden, – ob sie um Hilfe rief und niemand sie hörte? – Der Gedanke ist unerträglich –."[37]

Am 6. Juni 1977, fünf Jahre zuvor, hatte Marianne Lask ihr Testament aufgesetzt. Zum Vollstrecker und Verwalter bestimmte sie Marianne Steiner und ihren Sohn Michael Steiner, der Anwalt geworden war.

Ihrer Tante Mira Lask in Ostberlin vermachte Marianne „alle Fotografien der Familien Lask und Friedlaender aus meinem Besitz."[38] Zu diesen Fotografien zählten Mariannes Babyfotos und viele Aufnahmen von Dora aus den Zwanziger- und Dreißigerjahren. Ihrem Cousin ersten Grades, Ernst Lask, hinterließ sie „meinen gesamten Briefverkehr, mit Ausnahme des im nachstehenden Absatz 3 Angemerkten." Absatz 3 sicherte „Frau Marianne Steiner alle Korrespondenz, die sich auf Dora Dymant und Franz Kafka bezieht, entweder zu ihrer eigenen Verfügung oder, um sie an Kafka-Archive weiterzugeben, je nachdem, was sie für das Beste hält."

Fünfundzwanzig Jahre nach Doras Tod dachte Marianne noch immer an Kafkas Briefe an Dora, die im Jahr vor Mariannes Geburt von der Gestapo konfisziert worden waren. Marianne glaubte wie Dora und auch Max Brod, dass Kafkas Briefe immer noch in einem geheimen Lager oder Bunker irgendwo hinter dem Eisernen Vorhang in Osteuropa lagen und nur auf ihre Entdeckung warteten.

All ihre hebräischen und jiddischen Bücher und Zeitschriften, einschließlich der Journale von *Loshn un Lebn* mit Doras Artikeln, vermachte Marianne dem Jews' College in London. Der Rest ihrer Bücher sollte an Frau Steiner gehen.

In Absatz 8 ihres Testaments wies Marianne an, dass jegliche Geldmittel aus ihrem Nachlass, die nach Begleichung ihrer Schulden und der Beerdigungskosten übrig sein würden, in erster Linie dafür verwendet werden sollten, „die Errichtung eines Grabsteins auf dem Grab von Dora Lask auf dem Jüdischen Friedhof in East Ham zu bezahlen"[39]. Für ihre eigene Beerdigung verfügte Marianne, dass ihr Körper „dem nächsten Lehrkrankenhaus, zur Nutzung nach Belieben, entweder zur Organtransplantation oder zu Sektionszwecken", zur Verfügung gestellt und darüber hinaus „ihre Überreste eingeäschert [...] und [...] keine Gedenkfeier, Gottesdienst oder Zeremonie abgehalten" werden sollten.

Am 19. Oktober richtete man dennoch für Marianne eine Gedenkfeier aus, und um 14.45 Uhr desselben Tages fand ihre Einäscherung statt. „In der winzigen Bedfort Chapel im Golders Green Krematorium blieben viele Plätze frei. Nur zwölf Freunde saßen dort: Die Steiners und eine Nichte aus Prag, die zu Besuch war, Ottie und Pamela, tief betroffen, Frau Leftwich und außerdem Stencl, der den weiten Weg vom East End gekommen war, gebrechlich aussah und sein Alter zeigte. [...] Geradeaus, wenn man hereinkam, befand sich die Öffnung in der Wand, schwach beleuchtet, darin der einfache schwarze Sarg, der die Überreste von Marianne Lask enthielt, achtundvierzig Jahre jung, hunderte von Jahren alt und weise, die zu wenig gelebt hatte und zu viel gelitten."

EPILOG

Etwas geht immer über die Rechnung hinaus.

Franz Kafka, *Gespräche mit Kafka*[1]

Doras Geschichte endet hier nicht. Sie entspinnt sich weiter, wenn neue Dokumente aus ihrem Leben gefunden werden. Im Oktober 2002 stieß Klaus Wagenbach auf einen Stapel Papiere von Dora, die ein halbes Jahrhundert lang vergessen in seinem Archiv gelegen hatten. Das Interesse an Dora ist geweckt und weitere Papiere, die noch immer fehlen, warten auf ihre Entdeckung. Dokumente, die unser Verständnis von Dora und Kafka vertiefen und weitere Details aus ihrem Leben zutage bringen können. Sollte man die siebzig Briefe von Dora an Max Brod oder die fünfunddreißig Briefe von Kafka an Dora sowie die Tagebücher und Notizhefte, die er in seinem letzten Lebensjahr führte, finden, werden neue Kapitel über das Leben der beiden geschrieben werden müssen. Wie ein bekannter Schriftsteller und Verleger in London sagte: „Ein Teil von Kafkas Erbe, und daher auch des Erbes der Weltliteratur, bleibt ohne diese Dokumente im Dunkeln."[2] Wenn es auch wohl eher unwahrscheinlich ist, dass man diese Papiere entdecken wird, „ist die Chance nicht gleich Null"[3].

Mit dem Sturz des Kommunismus und dem Zusammenbruch der Sowjetunion in den 1990ern wurde es zum ersten Mal möglich, einstmals geheime Regierungsarchive und Sammlungen in Osteuropa und Russland seit dem Zweiten Weltkrieg zu durchsuchen, und die rechtmäßigen Eigentümer von Vermögenswerten aus der Zeit des Holocaust konnten endlich deren Rückgabe fordern. In Mittel- und Osteuropa entdeckte man zahlreiche Lager, die enorme Stapel von Papieren und Dokumenten aus der Zeit des Dritten Reichs enthielten, während des Kriegs aus Berlin weggeschafft, in Säcken und Kisten gelagert und über fünfzig Jahre lang nicht angetastet. Deutsche Archivare schätzten, dass es mindestens zehn Jahre dauern werde, die Materialien zu sortieren, sie in ein Verzeichnis aufzunehmen und zu katalogisieren.

1996 wurde das *Kafka Projekt*, die erste offizielle Einrichtung für die Suche nach Franz Kafkas verlorenen Papieren seit den 1950ern, an der San Diego

State University gegründet. Bei der deutschen Regierung wurden Anträge auf die Durchsuchung der NS-Archive und -Aufzeichnungen gestellt und der Anspruch auf die Rückgabe von Franz Kafkas Schriften geltend gemacht, welche die Gestapo bei Dora Diamant (Dymant-Lask) konfisziert hatte. Im September 1998, nach einer viermonatigen Recherche in den Berliner Archiven, fand das *Kafka Projekt* eine Aufzeichnung über die Beschlagnahmung von Doras Besitz, jedoch keine weiteren Hinweise. So sind künftige Untersuchungen begründet, und mit der Zeit könnte durchaus das Schicksal von Kafkas Papieren geklärt werden, wenn nicht sogar die Papiere selbst gefunden. Die Suche nach Kafkas verlorenen Papieren in Berlin 1998 seitens des *Kafka Projekts* brachte auch unerwarteten Nutzen, anderweitige Entdeckungen in Berlin machten Doras Biografie erstmals möglich und führten darüberhinaus zur Wiedervereinigung von Doras Verwandten in Israel und der Berliner Familie Lask.

Zvi Diamant, der Sohn von Doras älterem Bruder David, wusste bis 1996 nichts davon, dass seine Tante „Kafkas letzte Liebe"[4] war. Zvi, der 1947 im befreiten Lager in Dachau geboren wurde, zog im Alter von zwei Jahren mit seinen Eltern nach Israel. 1960, kurz vor Zvis zwölftem Geburtstag und seiner Bar-Mizwa, starb David, noch bevor er Gelegenheit fand, die „bemerkenswerte Geschichte seiner Schwester" seinem Sohn mitzuteilen. Erstmals wurde Zvi auf Dora aufmerksam, als er an einen vergilbten Zeitungsartikel mit „dieser schönen Liebesgeschichte von Franz Kafka und Dora Diamant" geriet. Da er denselben Nachnamen trug, fragte er sich, ob er mit Dora verwandt sein könne, und begann seine Nachforschungen.

„Was geschah mit ihr, nachdem er starb?", überlegte Zvi. Überlebte sie den Holocaust? „Hatte sie geheiratet? Hatte sie Kinder? Gibt es sonst noch jemanden aus ihrer Familie, der noch lebt?" Zvi wollte es herausfinden, das Geheimnis lüften, das Dora Diamant umgab. „Ich war entschlossen, die Antworten auf diese Fragen zu finden", sagte er.

Er recherchierte im Internet und fand die Seite über die *Kafka-Katern*, eine Zeitschriftenreihe des niederländischen *Franz-Kafka-Kreises*. Er wandte sich mit einem offenen Brief mit der Bitte um Informationen über seine Tante Dora an die Gemeinschaft. Der Kafka-Forscher Niels Bokhove, der die Website des Kreises betreute, erstellte für Zvi eine vierseitige bibliografische Zeitachse über Doras Leben, die alles zusammenfasste, was er hatte finden können, ergänzt um seine persönlichen Forschungen. Von Bokhove bekam Zvi den Hinweis, dass, irgendwann „zwischen 1926 und 1936", Dora „einen gewissen Lask"[5] geheiratet und eine Tochter, Marianne, zur Welt gebracht hatte. Er erfuhr auch, dass Dora am 15. August 1952 gestorben und im Osten von London begraben worden war.

Zvi wollte in London Doras Grab ausfindig machen, aber der niederländische Wissenschaftler konnte ihm keinen Hinweis geben, wo es zu finden sei. „Er erzählte mir, dass viele nach ihrem Grab gesucht, aber keiner es gefunden hatte."[6] Zvi glaubte, in eine Sackgasse geraten zu sein.

Im Jahr darauf, Ende September 1998, rief Zvi mich in Berlin am Abend des Jom Kippur an, als Antwort auf einen Brief, den ich ihm geschrieben hatte. Ich hatte ihm in dem Schreiben vom *Kafka Projekt* und von den Ergebnissen meiner sich über ein Dutzend Jahre erstreckenden Recherchen über Doras Leben berichtet. Als Zvi die traurige Nachricht von Mariannes Tod und Doras unkenntlichem Grab hörte, spürte er – auch im Glauben, Doras einziger lebender Verwandter zu sein –, dass er etwas tun müsse. Er beschloss, für Dora und Marianne einen Grabstein aufzustellen, um „diesen Fehler zu beheben". Wir vereinbarten ein Datum für dieses Vorhaben: den 15. August 1999.

Zwei Wochen nachdem er von der Familie Lask erfahren hatte, flog Zvi zunächst von Tel Aviv nach Berlin, um sie zu treffen. Es war eine freudige Zusammenkunft: Doras Neffe und die Lasks, die nun aus Ernsts Witwe Dina und ihren beiden Kindern, Peter und Ruth, Doras Großneffe und Großnichte, bestanden.

Am 20. Mai 1999 erschien ein Bericht über die Geschichte, wie Zvi seine verloren geglaubte Tante Dora, ›Kafkas letzte Liebe‹, fand und mit den Lasks bei Israels größter Tageszeitung zusammentraf. Noch am selben Tag erhielt Zvi einen Anruf von Tova Perlmutter: „Ich bin deine Cousine", stellte sie sich ihm vor. „Meine Mutter, die Schwester deines Vaters, lebt in Tel Aviv." Sara Baumers Adresse befand sich nur zehn Minuten von Zvis Haus in Holon entfernt.

„Ich war erst einmal lange Minuten sprachlos", sagte Zvi. „Ist das möglich?", fragte er sich. „Bis zu diesem Augenblick hatte ich von keinerlei Familie väterlicherseits gewusst, und plötzlich trat eine Schwester meines Vaters wie auch Doras in mein Leben." Er traf Sara und Tova am folgenden Tag und fühlte sich bei seiner nun erst entdeckten Familie überwältigt von vielen neuen Einzelheiten. Für ihn war dies alles ein „Wunder".

Drei Monate später, an Doras siebenundvierzigstem Todestag, wurde an ihrem Grab auf dem Friedhof der United Synagogue in der Marlowe Road in East Ham ein Gedenkstein aufgestellt. Aus Berlin kamen Mitglieder der Familie Lask: Dina mit ihrer Tochter Ruth, der Enkelin von Berta Lask. Doras aus Israel angereiste Familie umfasste Zvi Diamant, seine Frau Shoshi und ihre vier Kinder, Dvir, Hadas, Idan und Shani, sowie Doras Cousine zweiten Grades Etty Diamant und ihren Mann Hillel Schener mit ihrem gemeinsamen Sohn Adi. Doras Schwester, Sara Baumer, kam mit ihrer Tochter Tova Perlmutter. Sara war siebenundsiebzig Jahre alt und hatte noch zwei Wünsche, bevor sie starb: „Das Grab ihres Vaters in Polen zu sehen und Doras Grab zu besuchen."[7]

Mehr als fünfundsiebzig Menschen – neben Doras Familie und Freunden Kafka-Wissenschaftler, Forscher des *Kafka Projekts* und Unterstützer aus England, Deutschland, Israel, den Niederlanden und den Vereinigten Staaten – wohnten der Feier bei. Der Empfang, der sich im Spiro Institute im King's College in Hampstead anschloss, bot ein bewegendes Zeugnis von der Kraft der jiddischen Sprache. Der vierundneunzigjährige Majer Bogdanski trug eine Geschichte von Doras Lieblingsautor J. L. Perez vor. Als junger Mann hatte er Dora erlebt, als sie dasselbe Stück bei den ›Freunden des Jiddischen‹ darbot. Und obwohl die Mehrheit der Zuhörer kein Jiddisch sprach, war ein tiefes Verständnis – ganz so, wie Kafka es einmal sagte – möglich.

Auf dem Friedhof rezitierte Zvi das Kaddisch und Sara las aus der Thora, indem sie zu jedem Buchstaben von Doras Namen ein Gebet sprach, wie es jüdische Tradition ist. Sie hielt auch eine kurze Rede auf Jiddisch, in der sie sich an die Freude erinnerte, die Dora in ihr Leben brachte, als sie nach Israel kam: „Ich war so glücklich, dich zu treffen, meine einzige überlebende Schwester. Wir hofften, unser Leben gemeinsam zu leben. Leider starbst du so jung, und unser Traum, zusammen zu sein, endete vor der Zeit. Deine Seele war rein und heilig, du hattest das Herz, alles Übel, das dir zugefügt wurde, zu vergeben. Mögest du in Frieden ruhen und möge deine Seele sich den reinen Seelen im Himmel anschließen."[8]

Auch Tova, Zvi und ein paar andere sprachen an diesem sonnigen, windigen Sonntag bei der „zwanglosen, aber würdevollen"[9] Feier in East Ham. Zvi dachte an seinen Vater zurück, „diesen lieben, intelligenten und kenntnisreichen Mann"[10], der genau dasselbe wie er getan hätte, nämlich dafür gesorgt, dass Dora einen Grabstein bekommt. „Lass ihn in Frieden ruhen und stolz auf das sein, was ich getan habe", sagte Zvi.

Marianne geriet nicht in Vergessenheit. Obwohl man ihre Asche, mit einer Plakette mit ihrem wie auch Doras Namen, in der Hoop Lane in Golders Green beigesetzt hatte – Hanny Lichtenstern unterhielt diese Grabstätte –, stand auch Mariannes Name auf Doras schönem weißen Mamorgrabstein. Den beiden Namen wurde ein Satz von Robert Klopstock beigefügt, niedergeschrieben am Tag nach Kafkas Tod: „Der Dora kennt, nur der kann wissen, was Liebe heißt."

DORA DIAMANTS AUFZEICHNUNGEN

Das unwiderlegbare Wissen, die durch nichts zu erschütternde Sicherheit um ihr Vorhandensein ist eben das Wesentliche für den Menschen, ist die Grenze, die ihm, die für den Begnadigten, erreichbar ist.

Es gibt kein Fertig-Werden, kein Abschließen. Was wir wahrnehmen ist Weg, Werden, ein Fließen, Bewegung (Fluss des Lebens, des Seins?) Wahrscheinlich haben das vor mir andere gesagt, behandelt — ich habe es soeben erfahren. So ist Kafkas Leben, so sein <u>Versuch</u> zum Schreiben. Franz ist die Substanz, die wir Leben nennen. So werden wohl auch Jesus' Worte, als sich ihm <u>sein</u> Mandat offenbarte: ich bin das Leben, zu verstehen sein (so nahe bin ich an diese Dinge nie vorher herangekommen, hoffentlich ist das kein falscher Arm — verstehe so wenig vom Schwimmen und wage mich so weit hinaus!)

Vorbemerkung und editorische Notiz

Dora Diamants Aufzeichnungen, verfasst in deutscher Sprache, werden hier erstmals wiedergegeben. Sie entstanden weitgehend während Doras Krankenhausaufenthalten 1950/1951 in London. In Erwartung Ihres nahen Todes zeichnete sie Erinnerungen an die gemeinsame Zeit mit Kafka und einige wenige Erlebnisse aus der Zeit der Niederschrift auf. Vor allem aber ging es ihr darum, ihre Gedanken und Reflexionen über Kafkas Leben und Werk in schriftlicher Form zu entwickeln und zu erhalten. Sie bemängelt selbst die unvollkommene Form ihrer Aufzeichnungen, kommt aber nicht mehr zu einer beabsichtigten Überarbeitung. Ihren zunächst geäußerten Wunsch, die Aufzeichnunge nicht zu veröffentlichen, sondern nach ihrem Tod nur Max Brod zuzusenden, nimmt sie 1951 zurück. Sie wünscht nun ausdrücklich die Veröffentlichung.

Die Aufzeichnungen wurden bis auf wenige Korrekturen in ihrem rohen Zustand belassen. Anmerkungen Mariannes aus Ihrem Typoscript, der Übertragung der handschriftlichen Aufzeichnungen Doras, sind mit rechteckigen Klammern bezeichnet. Zitate aus Kafkas Schriften sind kursiv gesetzt.

Faksimile der Seite 1 aus Doras Tagebuch

Die Aufzeichnungen des Quartheftes. Erster Teil

Ward Pasteur I, Plaistow Hospital
E.15

Chassidische Geschichten: „Flickarbeit" „Der Silberleuchter" — Erster Schritt: sich befreien = den Weg säubern zum „Unzerstörbaren"; säubern, dann erst kann man „sein" –
Er ahnte, was Vollkommenheit ist.

> [Das folgende gestrichen]
> Wenn man einen Menschen liebt, oder schätzt, liegt der Abglanz davon auf allem, was man für diesen Menschen tut. Noch die unbedeutendste Handlung ist durchwärmt, oder voll Ehrfurcht. Man kann es schon erkennen an der Art, wie man eine Tasse vorbereitet, um für den geliebten oder verehrten Menschen eine Aufwartung zu machen. […] Mit glücklichen lebhaften Bewegungen in dem einen Fall, mit abstracten, gelassenen, vorsichtigen, scheuen Bewegungen im andern Fall. Man verwendet viel Zeit. – In entsprechender Weise handelt man im umgekehrten Verhältnis, wo Angst oder Hass die beziehung bestimmen, oder Gelichgültigkeit. (Nicht ganz klar, nur teilweise, <u>muss mehr darüber nachdenken</u>, <u>weil wichtig</u>) Wenn ich das klarmachen kann, kann ich Franzens scheinbare Pedanterie klar machen. Er tat alles mit der Intensität, den Bewegungen eines Menschen – –

Alles was er tat, noch die unbedeutendste Handlung, war so, dass man glaubte, es geschieht für jemanden (oder etwas), den (oder das) er verehrt oder liebt. Das gab allem, was er tat, diese religiöse Intensität, diesen religiösen Ton. Diese letzte Gründlichkeit, letzte Aufmerksamkeit fordernde Vorbereitung nahm ihn so in Anspruch, hielt ihn so auf, dass er nicht dazu kam, vor dem geliebten oder verehrten Gast eine Tasse Tee auf den Tisch zu stellen. Er verbrauchte seine Kraft in der Vorbereitung. — (Es ist etwas dran, muss da weiter suchen.)

war so, dass man glaubte, es geschieht für [unleserlich] (oder für etwas)
der er ~~entweder~~ verehrt oder liebt. Das gar ~~[unleserlich]~~ offen,
was er hat diese~~s~~ ~~religiöse~~ ~~[unleserlich]~~ ~~[unleserlich]~~ Ton
~~So~~, diese ~~letzte~~ gründlich~~keit~~ ~~[unleserlich]~~ vorbereitende ~~[unleserlich]~~ Vorbereitung
~~[unleserlich]~~, nahm ihn so in Anspruch, hielt ihn so
auf, dass er nicht dazu kam, ~~[unleserlich]~~)
dem geliebten oder verehrten Gast die Tasse Tee auf den Tisch
zu stellen. Er verbrauchte seine Kraft in der Vorbereitung
um seine. — (Es ist etwas dran, muss da weiter suchen)
Habe ein unangenehmes Gefühl, dass ich hier Tolstoj nach-
~~äffe~~. Nun, um Tolstoj ist es mir nicht zu tun. ~~[unleserlich]~~
~~[unleserlich]~~ [unleserlich] wir zu [unleserlich] [unleserlich] [unleserlich] ~~[unleserlich]~~
~~[unleserlich]~~ Wesentliche Dinge ~~[unleserlich]~~ (können) nicht auf solchem
Wegen erworben werden. Schon ~~[unleserlich]~~ des krummen
Weges, führt von ihnen weg. Und ich will hier etwas
Wesentliches sagen, oder erfahren. Muss darum sehr
auf der Hut sein, ob ich es auch so gesagt hätte, wenn
ich Tolstojs Tagebücher nicht kennte. ~~[unleserlich]~~
Ich habe nachgedacht, und ich glaube, ja. Es ist so
einfach, dass jeder es so sagen würde. Bin sehr
beruhigt. Kafka ahme ich nicht nach. Da habe ich
davor eine Scheu ~~nachahmung~~. Wenn es Nachahmung ~~ist~~, so wäre es bei Franz bei

meiner Tochter, wenn sie mir nachahmt

überhaupt keine Angst (ich habe jetzt unwillkürlich ein Gesicht
gemacht, das Frans zu machen pflegte, wenn er sich einer
Sache vollkommen sicher war, auch wenn alle äusseren Sätze
dagegen sprachen: Strahlender Triumph
aus den Augen, den Mund fest geschlossen, mit ein
    eines Lächelns, aber zurück
gehalten, wenn auch mit Mühe, (da es so ferne raus
wollte) Tausenden kleiner Teufel in den Augen.
— Sokras in seiner ganzen irdischen und himmlischen
Herrlichkeit gesehen zu haben, kann man
ein Glücklicher, sterben. Ich schwöre es, bei meiner Liebe
zu Frans, — millionenfach grösser
als ich selbst bin, — die ganz so gross und unfassbar ist
wie Frans. Bei dieser meinen Liebe schwöre ich, dass ich das,
was ich oben sagte, wort-körtlich meine. —
dafür dass man das, was einem wesentlich ist, wemach
fertig werden kann, da zu seiner Belenchtung Zengen
herbeiführt, von denen jeder Einzelne
seinerseits so wichtig ist, dass man
ihn nicht wieder wegschicken kann, ihm einen Platz
einräumen muss, seine Aufmerksamkeit ganz

Faksimile der Seite 2 und 3 aus Doras Tagebuch

Habe ein unangenehmes Gefühl, dass ich hier Tolstoi nachäffe. Nun, um Tolstoi ist es mir nicht zu tun,
[eine Zeile jüdische Schriftzeichen]
um mich selbst ist es mir zu tun: wesentliche Dinge können nicht auf so leichten krummen Wegen erworben werden. Schon die Tatsache des krummen Weges führt von ihnen weg. Und ich will hier etwas Wesentliches sagen oder erfahren. Muss darum sehr auf der Hut sein, ob ich es auch so gesagt hätte, wenn ich Tolstoi's Tagebücher nicht kannte.

Ich habe nachgedacht, und ich glaube, ja. Es ist so einfach, dass jeder es so sagen würde. Bin sehr beruhigt. Kafka ahme ich nicht nach. Da ist es keine Nachahmung. Wenn es Nachahmung ist, so ist es wie bei meiner Tochter, wenn sie mich nachahmt. Da habe ich bei Franz, überhaupt keine Angst (ich habe jetzt innerlich ein Gesicht gemacht, das Franz zu machen pflegte, wenn er sich einer Sache vollkommen sicher war, auch wenn jeder äußere Anschein dagegen spräche; Strahlender Triumph: aus den Augen Funken sprühend, den Mund fest geschlossen, die Ankündigung eines Lächelns darauf spielend, aber zurückgehalten, wenn auch mit Mühe (da es so furchtbar gerne raus möchte). Tausend kleine Teufel in den Augen.

So etwas einmal gesehen zu haben, dann kann man, ein Glücklicher, sterben. Ich schwöre es, bei meiner Liebe zu Franz — millionenfach größer als ich selbst im ganzen bin — die ganz so groß und unfassbar ist wie Franz, bei dieser meiner Liebe schwöre ich, dass ich das, was ich oben soeben sagte, auch wort-wörtlich meine. — Das oben ist ein Beweis dafür, dass man mit dem was einem wesentlich ist, niemals fertig werden kann, da man zu seiner Beleuchtung immer neue Zeugen herbeiführt, von denen jeder Einzelne so wichtig ist, dass man ihn nicht wieder wegschicken kann, ihm einen bleibenden Platz einräumen muss, und nun die Aufmerksamkeit ganz von dem neuen Zeugen verschlungen wird. Dieser, als Hauptfigur einer neuen Wesensart auftretend, bedarf wiederum weiterer Beleuchtung in Form von neuen Zeugen u.s.w., u.s.f. — Franzens lange, sich windende Sätze, die eingeschachtelten, in Klammern, dann wieder in der Mitte abgehackt …
Die unzähligen Vorbereitungen — deren Zahl ist Legion — „niemals, niemals wird er sie überwinden," sind es, die die Bereitschaft, den Gast zu empfangen

verzögern: „Ich bin noch nicht fertig, er kann noch nicht kommen." Franz war niemals mit seinen Vorbereitungen zu etwas fertig. Die unzähligen Vorbereitungen, die er benötigte, hielten ihn auf: einen Gast zu empfangen; zu heiraten; das, was er geschrieben hatte, zu einem Abschluss zu bringen. Er hat eben <u>nur</u> geschrieben, das heisst war noch in den <u>Vorbereitungen</u>, etwas zu sagen (die Botschaft zu überbringen).
Darum konnte der Gast noch nicht kommen, darum konnte man keine Familie gründen, darum konnte man kein Buch veröffentlichen, fertig schreiben, abschließen.

So wie es dastand, in seinen Schriften, war es eben „Odradek" oder einer der „Söhne," manchmal in gesegneten Augenblicken der gläubige, aber schon vergehenden Atemzuges, aber mit letzten Kräften rasende Bote.
Oder ein andermal, in gesegneten Augenblicken, der von Glauben und Hoffnung überfüllte, glühende, leuchtende, rasende Bote, rechts und links mit kräftigen Armen, seiner Kraft voll bewusst, die zunächst liegenden Hindernisse auseinander stobend; aber hinter diesen und dann wieder hinter diesen, bäumen sich wieder neue auf, die er zu Anfang nicht ahnte, und so „nie, nie wird es ihm gelingen."

Er hatte ein „Mandat." Er hat gewusst, dass, wenn er es nicht erfüllt, es keiner tun kann. Daher die Verzweiflung auf unserer Seite. Was sollen wir tun, wenn es ihm nicht gelingen sollte ... Der Kaiser liegt im Sterben. Zwar stirbt mit ihm nicht die Botschaft — die ist eben unzerstörbar, unsterblich, so viel steht fest. Er hat sogar dafür gesorgt, dass er sie in gute Hände übergibt, also sogar auch liebevolle Sorge um uns ist da, wie soll man da was anderes tun können als von ihr träumen und glücklich sein (und will man denn mehr als gläubig träumen)?

Das unwiderlegbare Wissen, die durch nichts zu erschütternde Sicherheit um ihr Vorhandensein ist eben das „Wesentliche" für den Menschen, ist die Grenze, die ihm, die für den Begnadigten, erreichbar ist.

Ich habe es bereits selbst erkannt, dass man nicht fertig werden kann. Ich kann mit keinem der auf mich einstürzenden Gedanken zu Rande kommen. Die Zeit reicht nicht aus, der Atem reicht nicht aus, die Hand kann nur ein erbärmlich armes Häufchen fassen, und wenn's vor mir steht, sind es ein Haufen verkrüppelter, zappelnder, piepsender Zwerge. (Mein Gott, das hat ja Franz gesagt, oder fast so . — Tut nichts, fühl mich vollkommen zuhause, trete auf sicheren Grund, von [hebr.] umgeben. Auch wenn ich es verunstalte, Franz wird spitzbübisch vergnügt darüber lächeln.)

Also nochmals: Es gibt kein Fertig-Werden, kein Abschließen. Was wir wahrnehmen ist Weg, Werden, ein Fließen, Bewegung (Fluss des Lebens, des Seins?) Wahrscheinlich haben das vor mir andere gesagt, behandelt — ich habe es soeben erfahren. So ist Kafkas Leben, so sein <u>Versuch</u> zum Schreiben. Franz ist die Substanz, die wir Leben nennen. So werden wohl auch Jesus' Worte, als sich ihm <u>sein</u> „Mandat" offenbarte: „ich bin das Leben," zu verstehen sein (so nahe bin ich an diese Dinge nie vorher herangekommen, hoffentlich ist das kein „falscher Arm "— verstehe so wenig vom Schwimmen und wage mich so weit hinaus!) Franz aus den Quartheften: „Von Seite eines jeden Menschen wären es Frechheiten gewesen, wie erst von meiner Seite." — Im Gegensatz zum „Unzerstörbaren der Botschaft." Strafkolonie: Der Kommandant, der Erfinder der Foltermaschine stirbt, die Maschine stirbt mit ihm (oder eine Generation später). Sie kann nicht erhalten werden. Der Kaiser hingegen, der im Sterben liegt, übergibt die Botschaft in sichere Hände. Der Bote, glühend vor Glauben, strahlend vor Kraft. Er weiß, dass Du, der Empfänger, mit Sehnsucht und Zuversicht die Botschaft erwartest. Wie viel doch wirklich da ist! Nichts ist im Wege, den Göttern gleich zu sein. Nur die Grenze der physischen Kraft. An der gebricht es. „Den Göttern gleich sein."
(Wie viel größer ist doch der Mensch, wieviel heldenhafter, wieviel mehr verbunden mit allem. Die Götter, denen alles in den Schoß fällt, denen nichts im Wege ist, die von keiner physischen Kraft behindert — wo ist da das Göttliche?)

Franzens Humor ist nicht unverwandt dem der Chinesen. Überhaupt scheint mir da etwas Verwandtes zu sein: die verträumte, blütensamenwinzige Exaktheit.

Ich wundere mich gar nicht, dass so vieles, was mir unter die Feder kommt, in der Art und Weise, wie ich es tue an Franz erinnert. Das kann man fast bei allen denen sagen, die in engerer Beziehung <u>zu</u> oder <u>mit</u> Franz stehen, auch die

eingeschlossen, die ihn nur von seinem Werk her kennen. Ich verstehe auch, dass man bei manchen, die Franz gar nicht kannten, die noch vor ihm da waren, wenn man sie liest, oder ihre Bilder anguckt (Sutin), an Franz erinnert wird.
— Dies alles ist so:

1. Wer Franz kannte, konnte nicht anders als zur Ordnung streben. Dies und das Beispiel von Franz' Leben, erleichterter Dinge zu tun und zu sagen in der besten einem zugänglichen Form, und zwar aus keinem anderen Grunde als nur, dass diese (nun höhere) Form, die ihnen jetzt nächst liegende, schon zu eigen geworden ist. Und so von Stufe zu Stufe, je länger und näher man ihn kannte.

2. Franz nun verstand — von allen uns bekannten Menschen — am besten die Dinge zu sagen oder zu tun. Daraus folgt das weitere, dass das am besten getane oder gesagt überhaupt Franz verwandt ist. (— Wie gut und schön könnte Max das sagen, statt wie ich hier mit einem Zahnstocher herumzustochern. Aber auch so ist es vielleicht noch etwas, drum soll es vorläufig so stehen.)

Das oben gesagte [siehe Einschub unten] macht es nun ganz klar, warum ich gar keine Störung auf einigen Seiten vorher darin empfand, dass ich ja fast wörtlich dem Franz nachgeplappert habe.

Einschaltung

Es ist an die Zeit an dieser Stelle zu sagen, dass wenn ich dazu komme, d.h. wenn ich die Zeit dazu habe, meine Aufzeichnungen über Franz bessere sein würden, als die hier. Ich lasse sie stehen, um für den Fall, dass ich durch irgend welche Störungen verhindert sein sollte, sie weiter zu führen. Sie verhalten sich zu dem, was mir vorschwebt, ebso wie Franz's Schreiben zu dem was ihm vorschwebte. Franz jedoch, der alles nur ganzes ertragen konnte, nichts anderes tun konnte als das Geschriebene zu vernichten, oder jedenfalls, das was es ihm, als das von Vollkommenheit meist entfernteres, b. schien.

Alle hier in diesem Heft vorkommenden Übertreibungen, sind, von mir aus, echt. Ich lasse sie darum stehen, falls es mir nicht gelingt, eine schönere Form für das, was ich sagen möchte, zu finden — wünsche aber auf keinen Fall, dass das Gesagte, in dieser Form an die Öffentlichkeit kommt. Mat kann es lesen, weil er allein weiss, wie schwer es ist, das vollkommen adequate, an Mass u. Form, zu finden, um über Franz auszusagen, obwohl es ihm mehr, besser wie als anderen gelungen ist.

Faksimile der Seite 9 aus Doras Tagebuch

Einschaltung

Es ist an der Zeit, an dieser Stelle zu sagen, dass, wenn ich dazu komme, d.h. wenn ich die Zeit dazu haben werde, meine Aufzeichnungen über Franz besser sein würden als bisher. Ich lasse sie stehen — nur für den Fall, dass ich durch irgendwelche Störungen verhindert sein sollte, sie weiter zu führen. Sie verhalten sich zu dem, was _mir_ vorschwebt etwa wie Franzens Schreiben zu dem was _ihm_ vorschwebt. Franz jedoch, der alles nur als _Ganzes_ ertragen konnte, konnte nichts anderes tun als das Geschriebene zu vernichten oder jedenfalls das, was ihm als das von Vollkommenheit am meisten entfernte schien.

Alle hier in diesem Heft vorkommenden Übertreibungen sind, von mir aus, echt. Ich lasse sie darum stehen, falls es mir nicht gelingt, eine schönere Form für das, was ich sagen möchte, zu finden — wünsche aber auf keinen Fall, dass das Gesagte in dieser Form an die Öffentlichkeit kommt. Max kann es lesen, weil er allein weiß, wie schwer es ist, das vollkommen adäquate, an Mass und Form, zu finden um über Franz auszusagen, obwohl es ihm mehr, besser als anderen gelungen ist.

Marianne ist sehr krank. Muss operiert werden. Muss aber warten, bis ein Bett im Hospital frei wird. Ich kann nichts tun, weil ich selbst schwer krank im Hospital liege. Marianne ist nun mutterseelenallein zu Hause. Es ist Winter, sie kann sich nicht die Kohlen die zwei Stock heraufschleppen, ist also in der Kälte. Hat gerade angefangen, sich von ihrer jahrelangen Nierenkrankheit zu erholen. — Eine ganz gewöhnliche Geschichte — würde ich Franz nicht kennen, das fällt mir erst jetzt ein, würde die obige Eintragung nicht ohne, <u>zumindest sparsame</u> Wiederholungen von Worten wie Verzweiflung, Wahnsinn, Grausamkeit etc. geschrieben sein. Durch Franz' ordnende, nur leicht bewegende Hand wird eben alles Nebensächliche, Trügerische verscheucht, nein, es kommt erst gar nicht auf. Je mehr man die [jüd.Wort: Fähigkeit/Gabe?] hat, diese führende Hand, die einen immer begleitet, wahrzunehmen, desto näher kommt man an die Dinge heran. Man kann vielleicht sogar näher herankommen als Franz selbst herankam. Man geht ja, durch Franz geführt, auf saubereren Wegen, weil er sie ja schon inzwischen mit seinem Blut gesäubert hat und er uns nun so liebevoll und behutsam hilft von den anderen abzubiegen, wenn er uns bei der Hand nimmt. (So ein Bei-der-Hand-genommen-werden von Franz) —

Wie hat sich Franz sein Leben lang danach gesehnt, jede Minute seines Lebens auf dieses Wunder gewartet. Darauf, andere an die Hand zu nehmen, wäre er nie verfallen. Wie sollte er auch. „Ich habe sie nicht getröstet, da sie auch mich nicht getröstet hat." — Es wäre ihm im Leben nicht eingefallen, den Erlöser spielen zu wollen. (Ob ich darum glaube, dass er weiter kam als Jesus? Denn das glaube ich wirklich.) So einen Gedanken, wenn er überhaupt den Weg zu Franz fände, würde er mit der bittersten Selbstverspottung vertreiben, oder in seinem Tagebuch eintragen, dass seinen Nichtswürdigkeiten nun jetzt die Krone aufgesetzt wird mit der letzten, bis jetzt im Hintergrund lauernden: dem Dilettantismus; der, obwohl bis jetzt nichts von seinem Vorhandensein verriet, dennoch — wie es nun jetzt bewiesen ist — immer da war, sein Eindringen aber durch trügerische Zauberkreise, durch Hokuspokus erschwert war, und dem sich jetzt nun endlich Tür und Tor öffnete, um sich mit seinen ungezählten Nagern und Zähnen in sein Blut festzusetzen und zu vernichten.

In den kleinen Dingen kannte ich Franz so gut, wie man etwas, sich außerhalb des eigenen Körpers sich befindende, nur irgend kennen kann. Wie ein eigenes Kind? Mehr? Bestimmt nicht weniger.

Als es von allen Ärzten hieß, dass Franz sterben muss, fingen die Leute im Sanatorium an, mir in den Ohren zu liegen, mich trauen zu lassen. Besonders eifrig war dabei die Frau Dr. Hoffmann und der Hilfsarzt. Sie wollten alles dazu Erforderliche selbst besorgen: Standesbeamten, Rabbiner etc. Dies musste ich mir wochenlang jeden Tag anhören. Eines nachmittags wurde ich in das Zimmer von Dr. Hoffmann gerufen, in dem sich ein mir unbekannter Mensch befand. Ein Beamter von der Wiener jüdischen Gemeinde, der die Trauung vornehmen sollte. Dr. Hoffmann und Frau sollten Zeugen sein. — Es war einer der schrecklichsten Augenblicke meines Lebens, mit solch nackter Grausamkeit das Allerunfassbarste eingehämmert zu bekommen: Ein Leben nach Franzens Tode. — Robert war davon verständigt. Ottla hat schwach und hilflos zugeredet. — Von der Grausamkeit Franz gegenüber, der sich so an die Hoffnung zu leben klammerte, schon gar nicht zu reden. —

Sie handelten alle zweifellos im guten Glauben. Was mir aber noch bis heute unfassbar ist, dass gute ordentliche Menschen in solchen Momenten täglich so handeln wie Herr und Frau Dr. Hoffmann damals. Das Allernächstliegendste an Menschlichkeit: den Sterbenden nicht um seine letzten glücklichen Stunden, um seine Hoffnung zu bringen, das ist vollkommen abwesend. Und das ein nahestehender Mensch in solchen Minuten an die Einrichtung seines eigenen Lebens denken kann.

(Anschluss an „Ich wundere mich gar nicht ... ???)
Um wie viel besser ist es doch, eine Sache nicht ganz zu Ende zu führen. Die vollkommene Ehrlichkeit geht mit einem, freiwillig, nur eine kurze Strecke mit, dann muss man sie zwingen, und wenn auch das nicht hilft, statt sich mit diesem abzufinden, lässt man sie hinter sich und geht so bettelarm weiter, nur weil man glaubt, das man zu Ende gehen muss. Um wie vieles, was man erreicht hat, bringt man sich man auf diese Art. —
Oh, Franz kannte sich da aus! Und er war auf der Hut. Warum hätte er sonst nur Fragmente geschrieben. Sein Unglück, das zu ertragen über seine Kraft ging, bestand ja eben in diesem plötzlichen Verlassen-werden von der Ehrlichkeit. Er machte sich mit so viel Hoffnung auf den Weg, so beschützt und geborgen, so sicher — und plötzlich, auf einmal alles dunkel, verlassen. Es sein lassen, aufgeben, konnte er nicht. Er musste es immer wieder noch einmal versuchen.

Denn es war ja da! In Hülle und Fülle war es da. Man hatte es ja so oft leibhaftig erfahren, wie soll man da die Waffen strecken! Man muss es noch einmal versuchen, vielleicht sich diesmal länger vorbereiten, auf mehr verzichten, sich hauptsächlich, nein, nicht hauptsächlich, diesmal ausschließlich der Sache widmen, vielleicht kommt man doch einen Schritt weiter. Und für jeden einzelnen, weiteren Schritt hat es sich gelohnt und wird es sich immer wieder lohnen alles aufzugeben. — Er gab nie auf. Er starb vor Erschöpfung.

Es sind dies alles Versuche, auf verschiedenen Wegen an das heranzukommen, was ich über Franz sagen will. Ich kann es noch nicht. Diese Versuche helfen mir etwas. Ich erfahre jedenfalls, bei jedem neuen Versuch, wieweit die alten falsch waren oder nicht zureichend. Auch in Hinblick auf Ehrlichkeit, Mut zur Ehrlichkeit, helfen sie mir. Ich halte sie deswegen für nicht wertlos. Auch wenn ich gar nicht weiterkommen sollte, deuten sie etwas an.

Wenn ich über Franz schreibe, wird meine Schrift der von Franz sehr ähnlich. Sonst, glaube ich kaum. Manchmal, wenn ich das Schriftbild anschaue, bin ich mir ganz nahe und ich habe mich gern. Wie verschieden sind doch diese zwei Dinge: „sich gern haben" und „egoistisch sein", in der Tat, vielleicht mehr auseinander als Egoismus und Altruismus. (Bei genauerem Hinsehen sind diese beiden gar nicht so weit auseinander, sind eigentlich nur die zwei Gegenpole ein und derselben Sache.) „Sich-gern-haben" heißt gut zu sich selbst sein, aufmerksam, mit beiden Ohren hinhören was man sagt, was man will, hinter dem Gesagten aufrichtig sein, vertrauensvoll zu sich selbst. Wirklich das Gegenteil von „egoistisch-sein" — welches wild, fanatisch, voller Betrug, Misstrauen, Unruhe und Angst ist, immer auf der Lauer, gegen Feinde sich wehrend — also wirklich ein Unglück! Und doch scheint es zweifellos, irgendwo, teilweise seine Existenzberechtigung zu haben!? — Mein Gott, ist das eine Flickschusterei! — Brrr! —

Wie ist es traurig, dass ich so wenig zuhause bin in der deutschen Sprache. Habe überhaupt keine eigene Sprache. Ja nicht einmal das ganze Leben eines Menschen reicht aus, um in einer Sprache beheimatet zu werden. Erst, wenn zumindest ein oder zwei Vorgänger den Grundstein gelegt haben, kann man daran denken, einigermaßen zuversichtlich darauf seine Schritte zu stellen. Die Aussicht auf nachfolgende Generationen hilft dabei enorm. Vielleicht noch mehr als die geleistete Vorarbeit der früheren Generation? Woraus wieder gefolgert werden kann, dass, wenn man sogar erst der Anfang ist, wenn man diesen Anfang im Blick auf künftige Generationen bilden kann, auch eine Vergangenheit erzeugt wird. Eine äußerst erlösende Erfahrung!

Aber nicht für uns — da auch meine Tochter einen Uranfang machen musste. Und da Englisch nicht meine Sprache ist, so bin ich in diesem wichtigsten Punkt zur ewigen Heimatlosigkeit verurteilt. Meine Muttersprache Jiddisch habe ich in den für den ehrlichen Aufbau entscheidenden Jahren verlassen. Der Zwischenraum ist jetzt zu groß, um eine nur annähernd gangbare Brücke zu ihr zurück schlagen zu können. Und obschon sie mir in Momenten großer Dringlichkeit mütterlich hilft, versagt sie mir ihren Dienst in den meisten Dingen, und ich muss nach dem hilfreicheren Ersatz, dem Deutschen, greifen.

Sogar Franz, dessen Spannweite sich über Generationen, vielleicht über Epochen hin erstreckt (ich räume Franz nicht weniger Raum ein als Christus), sogar er hat über Unzulänglichkeiten in seiner Sprache geklagt, die ihn hemmten, Dinge zu sagen. Vielleicht liegt die Ursache darin, dass es überhaupt nicht möglich ist, in <u>einer</u> Sprache alles zu sagen. Hat jemals jemand in <u>einer</u> Sprache alles sagen können, was gesagt werden kann? Was einer sagen wollte? Christus? Nein, er kann nicht angeführt werden, weil sein Medium zur Verkündigung seines Mandates nicht seine Sprache, sondern sein gelebtes Leben war. Und dieses gelebte Leben liegt vor uns, von Ewigkeit zu Ewigkeit, überreicht von seinen zwölf Aposteln. Und über jedem seiner Worte steht schützend gebeugt, sein Leben, überliefert durch Wort und Schrift. Christi Verkündung fällt also hierfür weg.

Wer sonst? Tolstoi? Er wäre vielleicht, im Sinne von Mandatsbestellung <u>mit dem Medium Sprache</u> der nächstliegendste. Aber hatte er ein Mandat? Ich glaube, dass er in diesem Punkte hinter Franz zurückgeblieben ist. Und um weniger als das *Mandat* geht es hier nicht. Es handelt sich ja hier darum *alles* sagen zu können. Die Propheten? (Die sollten mir vor Tolstoi eingefallen sein.) Ich weiß nicht, ob ich sie genug kenne. Ich weiß nicht, ob unsereiner überhaupt in der Lage ist, die Propheten objektiv zu beurteilen. Und nichts weniger kann hier genügen. Ich dachte einen Moment an James Joyce. Der hat jedenfalls gewusst was er redet, wenn er sich geweigert hat, sich ausschließlich auf eine Sprache zu beschränken. Er wusste, worum es dabei geht. Hat er etwas erreicht? Es scheint, viel. Jedenfalls in der von ihm angegebenen Richtung? Aber wie viel? — Ach, ich glaube, ich drehe mich um meinen eigenen Schwanz.

Sollte das da oben ein Fluchtversuch gewesen sein, mich wegen meiner Schuld gegen das Jiddische zu verstecken? Ein Schuldgefühl habe ich, das ist unbestreitbar, ein schlechtes Gewissen auch. Aber ebenso unbestreitbar weiß ich, dass ich es nicht bedaure, denn, wäre ich in Deutschland nicht ganz so mit Leib und Leben gewesen, so wie ich war, mit meiner ganzen damaligen Trunkenheit von allem um mich herum, dem deutschen Volk, der deutschen Sprache inbegriffen, mit diesem beglückenden Heimatgefühl — wir wären uns nie begegnet, Franz und ich. Ohne diese genannten Dinge wären keine Voraussetzungen dafür da gewesen. Und da Franz der einzige und All-Inhalt meines Lebens ist, ist alles, was dazu geführt hat an allererster und allerletzter Stelle. Anfang und Ende. Das ist das letzte Wort, dass ich als <u>Ich</u> zu sagen habe. Eigentlich überhaupt das Einzige. Alles andere sind nur Variationen, Verweilungen, Wiegenlieder, Gebete — die immer nur von dem Einen sprechen.

Wenn ich auch nicht rein bin, so bin ich doch wenigstens nicht unehrlich. Es ist vielleicht die unterste Stufe von Reinheit. Ehrlich sein ist das <u>Wissen</u> um das Unreinsein. Die nächste Stufe wäre dann das <u>Streben</u> zu ihr, die Stufe darauf — die ersten <u>Handlungen</u> zum rein werden. (Ich glaube, das ist die am schwersten zu erklimmende, erreicht man die, so ist es nur noch eine Frage der äußeren — das heißt der geringsten — Umstände um weiterzukommen (anzukommen? Kann man?) Wie weit ist Franz gekommen? Weiter als irgendeiner, das ist ist ohne Zweifel, aber wie weit? Über die schwierigste Stufe (seiner eigenen Hindernisse) ist er hinausgekommen. Das war für ihn ein Leichtes, darum kein so großer Verdienst. Aber das haben vor und neben ihm auch andere erreicht. Aber wie weit ist er gekommen, er war ja so unermüdlich und entschlossen, um <u>jeden</u> Preis hinzugelangen. Er hat verschiedene Hügel erstürmt — mehr Siege errungen als irgendeiner? Aber wie weit?

(Ich habe soeben diesen ganzen Abschnitt durchgesehen. Es ist entweder der größte Unsinn oder eine große Weisheit. Auf keiner Strecke dazwischen, ich fühle mich sehr wohl dabei. Sollte ich wirklich diese gesegnete Stufe des Narrentums erreicht haben? Meine Krankheit kann nicht dafür verantwortlich gemacht werden, denn ich habe erst vorher einen äußerst geschickten, ja beinahe raffinierten Brief an meinen Hauswirt geschrieben.)

Dieses Schreiben, in diesem Heft, ist zu einem Tagebuch ausgeartet. Ich werde mich nicht dagegen wehren, da dies das erste ist, was ich je geschrieben habe und auch wohl das einzige, das ich je schreiben werde. So lass ich es leben, werde es nicht unterdrücken. Ich bin neugierig, was dabei rauskommt. Ob ich es einmal bedauern werde, dass ich nicht versucht habe zu schreiben? So eine jüdische Chuzpe! —
[Abschrift aus einer Besprechung von V.S. Pritchet zu einem Buch von Desmond Hawkins über Thomas Hardy. In der *N.S.A.N.* vom 17.Febr. 1951. Am Ende mit einer kurzen Übersetzung und Anfügung Doras]

„The tragic heroes and heroines of Hardy are victims of their own rebellion, of the illusion that they are performing the part of progress. They commit the sin of pride; the passive or faithful characters, are the victims of the proud. But to Hardy — and this is where Hawkins finds an ambiguity in the tragic sense — they are not really to blame. Though their follies have brought them low, their follies are small, accidental and forgivable. ‚It' or ‚the President' are the real culprits (Sortini?). But what (Mr. Hawkins thinks) was at the back of Hardy's mind was not ‚It' but a pessimism or tragic sense he had got from the Bible, not from science. Hardy ‚is one of the great singers of the wrath of God.'

Hawkins in his book: ‚There is a fascinated expectation that the heretic must suffer an orthodox retribution … there can be no doubt that Hardy's sympathies are with the heretic, with the proud pioneer of higher sensibility who rejects the accepted ways of life — yet in some corner of his heart he seems to desire his protagonists to be damned. It's almost as if damnation were the one certain proof of God's existence.'" = Es ist fast so, als ob Verdammnis der einzig sichere Beweis ist für das Vorhandensein Gottes. [Ata beschatamu] : der Juden. - INRI. -

Das ganze, eigentlich wirklich nichts Neues. Uralt. Warum fällt es ihnen dann so schwer, Franz' Werk zu verstehen? Man kann ja von diesem Licht aus gesehen sehr gut an „Joseph K." herangehen? „Die Verurteilten üben eine große Anziehungskraft auf die Frauen aus."

Dies ist bestimmt nicht der einzige Punkt von dem aus „Der Prozess" betrachtet werden kann. Es gibt derer viele. Seine Krankheit ist bestimmt auch einer. Aber für den objektiven, fernstehenden, einfachen Leser sollte Der Prozess im Lichte der „Auserwähltheit" doch zugänglich sein. — Auch „Sortini als Werkzeug" — diese Existenz Gottes im Hardy'schen Sinne zu bekunden, ist doch uralt. Nur ist dieser Sendbote bei Kafka ein hoher Beamter, und das ganze spielt sich nur in einer neuen, bis jetzt nicht bekannten Dimension ab. (Etwas dran, aber sehr unklar, sogar mir selbst.)

Im Bett, direkt mir gegenüber, liegt eine Frau im Sterben. Eine ältere Frau. Sie wimmert unaufhörlich und spricht etwas dabei. Die Schwestern bemühen sich zu verstehen, was sie sagt. Vorhin hat sie geweint. Sie lag ganz still, nur die Tränen rannen ihr von den geschlossenen Augen aufs Gesicht. Eine schöne Frau, ziemlich dick, Wangen etwas rosig, kann sein, dass sie Fieber hat. Was denkt sie? Denkt sie daran, dass sie stirbt? Sie scheint bei Bewusstsein zu sein. Dann weiß sie es gewiss. Es ist etwas, was sich eben nicht übersehen lässt. Ich war nicht ganz soweit vor einigen Wochen, und doch habe ich genau gewusst, wie es um mich bestellt ist. Was sind ihre Gedanken, oder welche Forderungen haben sich vor ihr hingepflanzt? Mahnungen, Rufe. Sie ist eine Engländerin, stirbt also in einer Heimat. Was ist ihr [jüd. Schriftzeichen] ?

Wird man sie auch fragen [jüd. Schriftzeichen] ? Wird sie auch keine Antwort haben? Welche nichterfüllten Aufgaben quälen sie jetzt?

Ich dachte, wenn man diese Funktion „Denken" nennen kann — mich quälten die Gedanken, dass ich das, was ich über Franz schreiben wollte, nicht geschrieben habe, und vor allem, dass ich Marianne so vollkommen unversorgt zurücklasse. Ich kann mich nicht entsinnen, etwas so Quälendes je im Leben erlebt zu haben. An sich müssten es diese Qualen sein, die den Tod herbeiführen, sie übersteigen eben jede Grenze des Erträglichen und Fassbaren.

Ich glaube, es geht drüben zu Ende. Sie haben das Bett mit Wandschirmen umstellt; der Arzt, die Oberschwester kamen. Man kann schwer an was anderes denken. Hin und wieder hört man ein Lachen vom anderen Ende des Saales. Im ganzen sind die meisten ruhig, nicht deprimiert, obschon sie auch alle an nichts anderes denken, wie es scheint.

Sie haben den ganzen Saal, von einem Ende bis zum anderen samt des Eingangs abgeteilt. Was geschieht jetzt? Alle, die auf der anderen Seite waren, sind auf unsere Seite herübergebracht worden (nur eine oder zwei Bettlägerige, die übrigen meist Rekonvaleszenten). Es kommen Männer herein, man sieht es durch die Spalten der Wandschirme. Eine Frau neben mir weint, ganz leise. Sind es Verwandte, die drüben kamen? Ein Mann? Söhne. Das ist alles nebensächlich. Es ist die Frau und das Geheimnis dort drüben. Jetzt werden die Schirme einer nach dem anderen wieder weggenommen, nur einer, an ihrem Bette, ist geblieben, eng um's Bett herum, nicht wie sonst mit einem Zwischenraum, für die Schwester etwa, oder den Doktor. Keiner wird mehr an ihr Bett herankommen. Man hat sie soeben herausgetragen. Den Schirm um ihr leeres Bett hat man gelassen. Es war der erste Todesfall hier in den sechs Wochen. — Und der erste Todesfall eines anderen Menschen, den ich miterlebt habe. (Franzens Tod war mein eigenes Todeserlebnis.)

(Viele Wochen nicht geschrieben. Musste den größten Teil auf dem Rücken liegen, mit nur allernötigsten Bewegungen.)
Ich werde in diesem Heft vieles eintragen, was mir sonst niemals eingefallen wäre auszusprechen, weil es niemand verstehen kann. Ich schreibe es auf, nur für Max, weil er alles verstehen kann. Er weiß, dass es keine Übertreibung in Aussagen über Franz geben kann. Auch die anderen, die ihn kannten, wissen das.

Über das Wesen seines Schreibens: Der Mensch hatte für ihn eine ähnliche Bedeutung wie für den Wissenschaftler. Er brauchte ihn zunächst als Forschungsobjekt, auf seinem Wege zur Klärung. Er befand sich (noch?) in dem Stadium des Sezierens: kalt, sachlich, sichere Hand. Er übte sich an den Menschen, das Schreiben war das Ordnen des Übungsmaterials, die Sichtung. Und so war auch sein Schreiben soweit noch Sezierarbeit und darum konnte er es in diesem Stadium nicht zurücklassen. Er ist nicht dazugekommen, die Forschungen zu Ende zu führen, die ihn näher an die Lösung der Aufgabe hätten bringen können: an das Ziel, die Welt ins Reine, unveränderlich an den Tag zu bringen.

Sinnesfreudig wie ein Tier (oder wie ein Kind). — Woher bloß die Vermutung von Franz als Asket herkommt!?

Und einen nackten, aufgerissenen Körper, ausgestreckt auf dem Seziertisch mit allen Eingeweiden herausstarrend — das kann man nicht als seine Arbeit präsentieren. Wenn man nicht weiter kann, ist es besser, diese ungetane Arbeit niemals ans Tageslicht gelangen zu lassen, keine Mitwissenden zu haben. Schlimm genug, dass man selbst ein Leben lang diesen Grabstein seiner Hilflosigkeit mit sich herumtragen muss, und „der Gedanke, dass ihn diese Leistung überleben wird, ist unerträglich," denn es könnte ja jemand kommen und glauben — und auch weiterverkünden — dass <u>dies</u> zu leisten seine <u>Aufgabe</u> war. Schlimmer noch: glauben und verkünden, dass dies in Wirklichkeit <u>die Aufgabe ist</u>. — Grausame Macht des Missverstehens.

Ein Mensch allein kann Franz nicht „erklären." Es müssen viele Menschen daran „arbeiten." – (– – Only a woman´s haert could reach oaut to him." - Irgendwo dieses Zitat gesehen.)

Ich muss vorsichtig sein: manchmal, wenn ich an eine Begebenheit, ein Erlebnis mit Franz denke, gleite ich über ins Phantasieren, welches dann ebenso real und intensiv ist wie das wirkliche Erleben. Auch ebenso beglückend. An und für sich ergänzt es sich. Nur falls ich das eine oder das andere davon aufschreiben sollte, muss ich auf der Hut sein das Erlebnis von der Phantasie scharf zu trennen. — Warum ich das eigentlich aufschreibe? Als Warnung? Warnung, für wen? — Meine Phantasien und Träume sind eine folgerichtige logische, organische Fortentwicklung, Fortsetzung des Erlebten. Ein Weiterleben der Begebenheiten. Eine Fortbewegung der Welle. Vielleicht wäre es besser, ein Buch zu schreiben. Es würde mehr Wahrheit enthalten und vermitteln, wenn ich nicht an die Wahrheit von Tatsachen gebunden wäre.

Wem nützt all das Schreiben! Höchstens mir allein, falls ich die Absicht haben sollte, noch einmal zu schreiben und das bereits Geschriebene wieder zu vernichten. Aber das wird sich dann ins Endlose wiederholen. Jedes Mal wenn ich etwas aufgeschrieben habe, ist es nach ein paar Tagen lächerlich und dilettantisch, da es mir durch das Aufschreiben und das tagelange Weiterdenken darüber, um so viel klarer und näher ist. Ich würde mich dann zu Tode schämen, wenn es jemand in dieser zwerghaften Form zu sehen bekäme. Bin auch sicher, dass viele andere Menschen, die Franz nicht einmal kennen, weitergekommen sind als ich in dem soeben Aufgeschriebenen. Aber für mich bringt jeder dieser Versuche etwas Neues, das ich vorher noch nicht recht sah. (Wenn ich doch bloß mal beim Niederschreiben dieses fiebernde Herzklopfen beibehalten könnte, das ich immer beim Denken und Träumen habe.) In Briefen ist es viel leichter. Aber dieses Niederschreiben hier bringt mich zur Verzweiflung. Ich kriege da überhaupt keine Hilfe. Wie leicht können ein paar Ohren oder ein paar Augen alles aus mir heraussaugen. Bin glücklich und ungehemmt. Hinter einem Briefbogen schweben sie noch, die Augen. Aber hinter diesem Papierbogen hier im Heft ist nur ein ebensolch hilf- und klangloser Papierbogen darunter. (Sollte es die Schauspielerin in mir sein die aus der unmittelbaren Reaktion eines Anwesenden neue ...)

Wie überzeugt und glücklich die Menschen sind, wenn ich zu ihnen von Franz spreche, manche sind geradezu verändert. Würden niemals müde werden zuzuhören, und in mir öffnen sich Schleusen, je mehr ich erzähle. Ich muss also doch in irgendeinem Maße in mir die Mittel und Möglichkeiten haben, etwas von Franz zu vermitteln. Ich habe sogar den Verdacht, dass ich in solchen Momenten irgendeine Ähnlichkeit mit Franz haben müsse, denn die Menschen, die mir zuhören, haben etwas Ähnliches in ihrem Ausdruck, wie damals die Menschen, die Franz zuhörten.

Ich bin sehr dankbar, dass ich leben geblieben bin. —

Das Schreiben, so wie es jetzt ist, nur eine <u>Vorbereitung</u> zum „Mandat", zur Übernahme des „Mandates

Aus Franz' Quartheften. 3.10.1911. Letzte Zeilen der Eintragung:

Endlich habe ich das Wort brandmarken *und den dazugehörigen Satz, halte alles aber noch im Mund mit einem Ekel und Schamgefühl, wie wenn es rohes Fleisch, aus mir geschnittenes Fleisch wäre (solche Mühe hat es mich gekostet). Endlich sage ich es, behalte aber den großen Schrecken, das zu einer dichterischen Arbeit alles in mir bereit ist und eine solche Arbeit eine himmlische Auflösung und ein wirkliches Lebendigwerden für mich wäre, während ich hier im Büro um eines so elenden Aktenstückes willen einen solchen Glückes fähigen Körper um ein Stück seines Fleisches berauben muss.*

Dies ist eine Stelle von vielen, die den Schlüssel für die analoge Situation: die vermeinte Impotenz bietet. Der <u>Widerwillen</u>, wegen „eines so elenden Aktenstückes im Büro, den Körper um ein Stück seines Fleisches zu <u>berauben</u>" — Da ich kaum je darüber mehr sagen werde, möchte ich die, die mich oft über dieses Problem zu befragen versuchten, (ich habe es ihnen nicht übel genommen), auf diese und unzählige ähnliche Stellen hinweisen: „Hungerkünstler" ist auch eine Hilfe, aber nicht so aufschlussreich. Die Psychoanalytiker, manche von ihnen sehr ernst zu nehmende, sind wohl schon ganz nahe gekommen. Ich muss bei ihren Bemühungen immer an das Kinderspiel „Kalt-Warm-Heiß„ denken: Manche von ihnen erinnerten an ein intelligentes Kind, das im Spiel durch geschicktes, geübtes Fragen und lebhafte Phantasie flugschnell zu „warm" und „heiß" kam, aber dann doch versagte, weil der Gegenstand von dem noch intelligenteren „Verstecker" so klug versteckt war, dass der Suchende ihn nicht erreichen konnte. Der Vergleich stimmt nicht vollkommen. Vielmehr wirkt das Herumtanzen der suchenden Psychoanalytiker ums „Heiß" in vielen Fällen komisch, was bei den Kindern nicht der Fall ist. Und wenn ich so wirklich ernste Menschen in diesen ihren Bemühungen sah, hat's mich manchmal geprickelt, ihnen einen kleinen Stoß in die richtige Richtung zu geben. Aber selbst wenn ich das wirklich fertiggebracht hätte, hätte es kaum was genützt. Der „Gegenstand", den sie suchen, befindet sich in einer Region, die außerhalb ihrer Reichweite ist. Sie könnten's, vielleicht menschlich nur ahnen, wenn sie es fertigbrächten, das analytische Werkzeug beiseite zu legen und <u>nur</u> intuitiv sich auf die Suche zu machen. Und es sind auch nur zwei oder drei von ihnen denen ich diese Wasser-Route-Fähigkeit zutraue. Reich [FN] wäre der erste von den dreien. Aber ich glaube nicht, dass Reich sich für Franz überhaupt interessiert. Ich möchte es gerne wissen.

ebenda [Quartheft?], innerhalb der Eintragung vom 3.9.1911, Seite 50

Erstes direktes Zusammentreffen mit der Welt des Ostjudentums durch Löwy's Theatertruppe. Unter den Eindrücken der Aufführung „Der Meschumed „von Lateiner.

Bei manchen Liedern, der Ansprache Jüdische Kinderlach, manchem Anblick dieser Frau, die auf dem Podium, weil sie Jüdin ist, uns Zuhörer, weil wir Juden sind, an sich zieht, ohne Verlangen oder Neugier nach Christen, ging mir ein Zittern über die Wangen.

ebenda Seite 56/57: *Wunsch ein großes jiddisches Theater zu sehen, da die Aufführung doch vielleicht an dem kleinen Personal und ungenauer Einstudierung leidet. Auch der Wunsch, die jiddische Literatur zu kennen, der offenbar eine ununterbrochene nationale Kampfstellung zugewiesen ist, die jedes Werk bestimmt. Eine Stellung also, die keine Literatur, auch die des unterdrücktesten Volkes, in dieser durchgängigen Weise hat. Vielleicht geschieht es bei andern Völkern in Kampfzeiten, dass die nationale kämpferische Literatur hochkommt und andere ferner stehende Werke durch die Begeisterung der Zuhörer eine diesem Sinne nationalen Schein bekommen, wie zum Beispiel Die verkaufte Braut, hier scheinen aber nur die Werke der ersten Art, und zwar dauernd zu bestehen.*

Der Anblick der einfachen Bühne, die die Schauspieler ebenso stumm erwartet wie wir. Da sie mit ihren drei Wänden, dem Sessel und dem Tisch allen Vorgängen wird genügen müssen, erwarten wir nichts von ihr, erwarten mit unserer ganzen Kraft vielmehr die Schauspieler und sind daher widerstandslos von dem Gesang hinter den leeren Wänden angezogen, mit dem die Vorstellung eingeleitet wird.

ebenda 9.10.1911, S.57 *Sollte ich das vierzigste Lebensjahr erreichen, so werde ich wahrscheinlich ein altes Mädchen mit vorstehenden, von der Oberlippe etwas entblößten Oberzähnen heiraten.* (Franz war 39 als wir uns trafen)

10.10.1911, S.60-61 Begegnung der drei Schauspielerinnen. Typisches Beispiel für das multiplizierte Sinnesvermögen von Franz. Die ungewöhnliche Registrierfähigkeit der Sinne. So ähnlich die Beschreibung der ersten Begegnung mit Felice B.

Vorgestern bei den Juden im Café Savoy. Die SeidenXXX??? von Feinman. Zuzeiten griffen wir (im Augenblick durchflog mich das Bewusstsein dessen) nur deshalb in die Handlung nicht ein, weil wir erregt, nicht deshalb, weil wir bloß Zuschauer waren.

14.10.1911, S.64-65
(ich bet dir, großer, starker Gott) Franz zitiert aus Sulamiter von Goldfaden, gehört bei der Aufführung

Tagebücher 1914 - 1923, englische Ausgabe, 16. September 1915, S. 130 (deutsche Ausgabe S. 479)
Dritte Eintragung, letzte Zeile: *Suicidal not to go to temple.*
Es war ihm einzig und allein um den Menschen zu tun. Er selbst war sich nur ein Mittel. Ein verzweifeltes Mittel, aber das einzige, an dem er sich festhalten konnte.

[Abschnitt auf Hebräisch]

Auch das hing vom Schreiben ab. Davon ob er zum Schreiben kam. Auch wenn er unzufrieden war damit was er schrieb, auch wenn er es gleich vernichtete, aber die Gelöstheit, die Entspannung war da.

Franz kannte das „Got fun Awrum" auswendig. So wie ein Kind die Märchen kennt, die man ihm unzählige Male erzählt hat. Bei der Stelle „Offen sol'n si schtajn" hat er den Kopf im Rythmus mitbewegt, aber ganz langsam, so dass ich an der Stelle, durch sein Kopfnicken dirigiert, das Tempo auch verlangsamt habe, fortschreitend bis zum Ende des zweiten Absatzes.

Erst beim „Gott fun Arum" habe ich verstanden, dass Franz sehr fromm ist. — Jetzt verstehe ich vielmehr. Wenn ich vor mir das Bild sehe, von damals, wenn ich ihm das „Gott fun Arum" vorsagte, weiß ich, dass es ihm sehr fehlte, dass er das gläubige Beten niemals gelernt hat. „Gelernt" in dem Sinne, dass er unter Führung zu etwas hingebracht wurde, was schon da war, was schon bestand. So, da er das nicht gelernt hat, musste er es sich allein, unter Qualen, beschaffen. Auch <u>das</u> musste er sich allein beschaffen. Alles musste er bei sich anfangen. Er hat nichts vorgefunden.

[Auf den letzten drei Seiten des Tagebuches]
    Pawel Eisner Kafka und Prag — *Kafka a citizen of Prague and a German Jew* — <u>als entscheidender Unterschied</u> zu *The lot of the Jew in the dispersion. Kafka does not embody the tragedy of the West European Jew as such, but rather the tragedy of the* <u>German Jew in Prague</u>. — auch nur eine Teilwahrheit. Man könnte vielleicht geneigt sein anzunehmen, dass innerhalb der Isoliertheit des Westeuropäischen Juden der *Prager Jude* der isolierteste war. Aber das gab dem Prager Juden an sich noch keine Sonderstellung innerhalb des allgemeinen Westeuropäischen Judentums. Sie waren seit Generationen isoliert, haben dies so zu sagen erblich übernommen. Franz' Fall steht anders. Seine Vorfahren waren Menschen vom Volke, fest eingesessen, im täglichen Leben, in täglichen Gewohnheiten bis zu einem gewissen Grade assimiliert. Sie gehörten zum sehr gesunden tschechischen Kleinbürgertum, waren ein Teil davon. Sie waren in dieser Art dem fest verwurzelten Ostjudentum sehr ähnlich. Franz' Isoliertheit war also nicht ererbt, wie die der übrigen Westjuden, der Prager eingeschlossen. Sie begann erst mit ihm selbst. Er hatte keine Vorfahren als Stütze, als Ausgangspunkt von dem aus er weitergehen oder abbiegen konnte, je nach Neigung. Er war ein Anfang. Das Häufchen Erde unter seinen Füßen musste er sich mit nackten Sohlen zusammenscharren.

Auf der Innenseite des Umschlages:
W.H. Auden: Kafka - Dante, Shakespeare. (? The predicament of modern man)

London März, 1950

Zu den Vorbereitungen für die Aufführung „Der Prozess" im Wintergarden Theatre, 12. April 1950
Traf heute Sündstrom und seine Frau. Auch Senhouse war da, hatten Lunch zusammen. (FN zu den Personen/der Aufführung) Später bei der Probe, ... Wintergarde. — Die Frau könnte es wohl schaffen. Aber er? Ich war müde und traurig von ihrer Mühe, ihrer Hilflosigkeit, und ihrem Leichtsinn. In der Verzweiflung bot ich ihnen meine Hilfe an, Ich glaube, es hat ihn beruhigt, und er wird es wahrscheinlich versuchen mir aus dem Weg zu gehen. Die Frau war wohl auch beruhigt, schien sich aber mehr davon zu versprechen, drängte auf ein Wiedersehen am Week-end. Wenn sie sich nicht melden, werde ich wohl aufatmen, da ich nicht an dem, was kommen wird, beteiligt sein möchte. Kann nicht das Gefühl von Pilato-ischer Feigheit loswerden. Wenn ich, ohne jemanden zu verletzen, für die Zeit verreisen könnte. — Diese Aufführungen scheinen nur die gröbsten errichteten Blöcke unter den Hindernissen zu Franz. Vielleicht sind es auch nur zusammengetragene Sandhügel, die bald von Regen und Wind weggeweht werden. — Aber die Mühe, der eifrige Mut und das Leid der Enttäuschung — wer bezahlt das? Aus der Verzweiflung und der Wut bleibt nur ein wenig hilfloses Mitleid für das Ganze zurück.

Senhouse hilft ihnen nicht (das wissen sie), er schadet ihnen (das wissen sie nicht). Aber ohne ihn wären sie ganz verloren (so würden sie es jedenfalls nennen), könnten nicht die Aufführung machen. — Was würdest du wohl dazu sagen, Franz?

Kafka: ... *a book must be the axe for the frozen sea within us.* (vorangestellt als Motto im Buch *Kafka, His Mind and Art* von Charles Neider)

Fragmente (Hospital-Tagebuch)

Ergänzungen zum Tagebuch, December 1951.
Zwischen der Zeit, als ich die letzten Aufzeichnungen über Franz begann und jetzt ist bald ein Jahr vergangen. Ich bin damals nicht gestorben wie ich glaubte, aber auch nicht gesund geworden. Werde es wohl auch nicht mehr. Und so muss diesmal das Geschriebene bleiben. Ich will nur die Verfügung darüber verändern, was damit geschehen soll. Hierbei, will ich die Bestandteile mit hinein verweben, die in mir selbst diese Veränderung verursacht haben, die diese neue Verfügung notwendig machten.

Als ich erkrankte, im Januar 1951, hatten wir, Marianne und ich, kein Geld ... besassen 30 [sic!] auf der Bank, kein Geld für Miete, mitten in einem schlimmen englischen Winter. Ich ging ins Krankenhaus, ließ Marianne mit einem Pfund Geld allein zurück. Sie war gerade 10 Monate vorher, nach zweijährigem Aufenthalt, aus dem Krankenhaus entlassen worden. — Ich war schon den ganzen Winter krank, und konnte nur halbtäglich arbeiten. Halbtägliche Arbeit gab es aber nur ganz schlechte, schwere, so die ausgeworfenen Reste der Arbeit, die keiner machen will, nur einer in äußerster Not. Ich war in äußerster Not. Die letzte Arbeit war in einer Möbelwerkstatt, an settees (Kanapees). Ich hatte den Stoff an den Rückenwänden und unten zu befestigen. Settee des meines Gewichtes, waren hochzustellen, umzudrehen. Gearbeitet wurde in einer offenen Scheme.

Als ich nun, wie ich glaubte, im Sterben dalag, habe ich wohl etwas von der sonst üblichen diesseitigen Scheue verloren, und habe nach verschiedenen Richtungen von unserer Lage Kenntnis ausgesandt, um Marianne zu helfen, falls sie allein bleiben würde. — Mein ausgesandter Ruf, wurde aufgefangen, von Hand zu Hand weiter geleitet, überkugelte sich auf seinen Luftfahrten, hat ein paar Luftwellen aufgewirbelt, einen Schwall Wort-Blumen-Kränze hereingestöbert, und ist heute, nach elf Monaten friedlich verklungen.

Marianne erkrankte 6 Wochen nach mir. Jetzt liegen wir beide zu Hause, die Wohlfahrt und meine Schwägerin teilen sich die Last uns nicht vor Hunger verkommen zu lassen. Für eine Haushaltshilfe reicht es nicht.

Davon, welche Situationen da im Krankenhaus manchmal waren, kann ich jetzt schon in Ruhe sprechen. Meine Diät bestand in der Hauptsache aus Obst. Das Krankenhaus hielt nur ein sehr kleines Quantum, das übrige wird erwartet von den Krankenbesuchern geliefert zu werden, oder sonst vom eigenen Geld gekauft.

Ich hatte kein Geld, Besuche wochenlang, manchmal monatelang keine. Marianne war inzwischen auch schon im Krankenhaus. Seit 1917, war es jetzt das erste Mal, dass ich [wieder] dieses fürchterlichste der Leiden, den Hunger, kennenlernte.

Es lebt wohl eine kleine Division [Menschen] an der Zahl, die mittelbar, oder unmittelbar, von Franzens Büchern, sich erhalten. Es gibt schon sogar eine kleine Unterdivision Menschen, die einen gewissen Teil ihres Unterhaltes sich dadurch verdienen, dass sie mit mir über Franz sprechen, manche müssen sich sogar noch verdrehen, und es dann ..... (Nichts zu danken es war mir ein Vergnügen.) ... Ich habe so weit ausgeholt, dass ich den Weg nicht mehr zurück finde. Es ekelt mich, außerdem, von so vielen elenden, kleinen, Dingen, zu anderen Leuten zu sprechen. — Es gibt niemanden jetzt mehr, dem ich traue. Ich weiß, dass ich und mein Kind, aus Hunger verrecken könnten, ohne dass jemand nur einen Finger rühren würde.

Ich habe also überhaupt keine Verpflichtung oder Verantwortung irgend jemandem gegenüber. Ich beschuldige niemanden, und schulde auch niemanden etwas. Was und wie ich jetzt meine Angelegenheiten regeln werde, ist einzig und allein meine und meines Tochter Sache. Das mit meinen Aufzeichnungen über Franz auch. (Wegen dieser Angelegenheit nehme ich mir die Mühe dieser Erklärung.) Also diese Aufzeichnungen sind nicht gedacht, zu meinen Lebzeiten veröffentlich zu werden. Als ich am Anfang vorigen Jahres zu Max davon schrieb, lag ich auf Leben und Tod krank. Im Glauben, dass ich sterben werde, habe ich diese Verfügung getroffen, dass das, was vorgefunden wird, an Max abgeschickt wird. Ich bin jetzt, nach fast einem Jahr, noch am Leben, konnte daher [alles] durchdenken und überlegen. Wichtig halte ich diese Aufzeichnungen, manche jedenfalls, selbst in der sehr unvornehmen Form, wie sie jetzt vorliegen. Nun ist mir im Laufe diesen Jahres, jede Lust abhanden gekommen, irgend jemanden zu liebe, etwas zu tun. Sie brauchen keinen Kafka, wie sie keinen Gott brauchen. Vielleicht tue ich ihnen aus Erbitterung Unrecht: brauchen tun sie ihn wohl, ebenso wie sie Gott brauchen. Aber wir sind zu verdammt, alle miteinander, um irgendeine Hoffnung zu haben, zu Ihnen zu gelangen. Wir wissen nicht, was Erlösung heißt. Nur in ganz kleinen Strecken, ahnen wir es manchmal, (als ich in Israel war, ahnte ich's) aber das reicht nicht aus, um uns aus dieser furchtbaren

Mördergrube, dass unser eigenes Herz ist, herauszuheben. — Franz, der sich sein ganzes Leben damit verzweifelt abgekämpft hat, konnte es nicht. Er, der über übermenschliche Kräfte in dieser Beziehung verfügte, konnte es nicht. Wie sollen wir, einfache Menschen, die Kraft uns herholen?

Also, ich verfüge jetzt, dass diese Aufzeichnungen nach meinem Tode, an den Höchstbietenden, verkauft werden. Dass sie keinen großen wirklichen Wert haben, weiß keiner so gut wie ich. Sie werden hauptsächlich einen Sensationswert haben. Nach meinem Tode, wahrscheinlich mehr als jetzt. — Und so werde ich wenigstens, soviel für mein Kind getan haben. Schocken (FN) wäre der Letzte, dem ich es angeboten haben möchte. Er verdient es nicht Kafka herausgegeben zu haben, und wenn ich die geringste Möglichkeit sähe, ihn die Werke aus seinen dürren, unsauberen Händen zu nehmen, ich wäre glücklich. Aber selbst er, wenn er den größten Preis gibt, soll er es haben. Ich könnte über meine Erniedrigung weinen. Dass mich nicht einmal Franz davor bewahren konnte (der mich mein ganzes Leben vor so vielem bewahrt hat) ist mir ein Zeichen, wie tief ich in diesem letzten Jahr gesunken bin. Es war dies die unmittelbare Begegnung mit dem Tode gepaart mit der Verzweiflung über die Not meines Kindes, die das vollbracht hat. Und der Ekel und das Wissen, dass alles anders geworden wäre, wenn ich damals, in Kierling, mich zu dem Verbrechen hergegeben hätte, mich trauen zu lassen, als Franz im Sterben lag. Ich wäre jetzt seine gesetzliche Frau, und die reiche Witwe des großen toten Dichters. — Wie elend das alles! — Und das hätte die Welt, für in schönster Ordnung gefunden. — Der Gedanke, dass ich, erschöpft wie ich war, vielleicht hätte schwach werden können, und da nachgegeben hätte! Ich hätte mich trauen lassen, um versorgt zu sein. Ich hätte glauben sollen, dass ich weiter leben werde, ohne Franz. Ich hätte Franz zu Bewusstsein bringen sollen dass er stirbt, ich leben bleibe, und von ihm verlange, dass er mich versorgt. Und das wäre in der Ordnung. Kann es wirklich solche Abgrundtiefen geben? Was soll da Franz? Oder Jesus, oder Baal-Shem? Was haben die überhaupt da zu suchen?

Franz, beschütze mich, dass ich nicht weiter sinke, dass ich nicht gemein und zynisch werde. Das wäre unserer beiden Niederlage. Ich bin doch eins mit Dir. Das ist unser „Unzerstörbares."

Kurze Notizen für Eintragung

In Franz lebten die Dinge in so verdichteter Form, dass die anderen Menschen erst dann etwas von ihnen sehen können, wenn man sie verdünnt hatte, da sie über die Grenze des gewöhnlichen menschlichen Fassungsvermögen hinaus gingen. Sie gingen auch über seine eigene physische Ertragbarkeit hinaus. Die Ebene, die Sphäre von der aus er lebte, war eben im ursprünglichsten Sinne des Wortes „übermenschlich."

Ich lege großen Wert darauf, dass ein paar glaubwürdige urteilsfähige Menschen über mich Zeugnis ablegen, über meine Glaubwürdigkeit, meine Ehrlichkeit in wesentlichen Dingen, meinen Respekt und meine Treue, und des gleichen Eigenschaften. Ich werde sie dringend brauchen, diese Zeugen, denn es wird vieles geben unter dem, was ich von Franz sagen werde, das zweifelhaft oder ganz unwahr scheinen wird. Vieles wird als blinder Fanatismus einer verliebten Frau, oder Überschwang und des gleichen angesehen werden. Die Schuld für dieses nicht zu vermeidende Missverständnis, muss zu gleichen Teilen aufgeteilt werden. Ein Teil auf meine Rechnung, da ich das, was ich ahnte und sagen wollte, nur unzulänglich formuliert habe, weil meine Mittel nicht ausreichten. Und ein Teil auf der anderen Seite: bei denen, die es hören, da ihnen die Dimension, die Fähigkeit fehlt, Franz, und somit auch vieles, was sie von ihm hören, zu erfassen. Sie können nur soweit folgen, wie ihre eigene Bewegungsweite und -höhe es zulässt. — Einer wird sich wohl einmal dieser Aufgabe widmen müssen.

Marthe spricht ganz die Sprache meiner Gedanken. Ich spreche nie so von Franz, ich wage es nicht, es ist niemand da, mit dem man so sprechen kann. Ich bewundere ihren Mut und ihre Unbekümmertheit. Ich wage es nicht einmal, jemandem ernsthaft zuzuhören, wenn er so spricht. Ich lache darüber, um mich nicht zu verraten, dass ich an so etwas glaube.

Alle seine Funktionen waren in einer animalischen Art ursprünglich und verschärft (unverblasst). Als wenn es die Ur-Funktionen (Ur-Sinne) wären, über die er noch verfügte. Aus der Urzeit. Außer beim Intellekt, ist kaum etwas Europäisches an ihm haften geblieben dass man nicht mit einem leichten Hauch hätte wegblasen können. Seine tagtägliche Lebensführung war eine eigene. Wenn ich für dieses nur einigermaßen geeignete Worte finde, habe ich etwas erreicht ... Muss immer wieder versuchen. Ich sehe es ziemlich klar, wie hinter einem dünnen, etwas verdunkeltem Schleier. Die, die Franz kennen, werden natürlich wissen, was ich meine. Aber um die geht es ja nicht. Die wissen ja alles, was ich auch weiß. Aber die anderen. Wie sie wissen lassen, dass das alles wirklich auf Erden, unter ihnen war.

In der Nacht, beim Dunkeln im Spital geschrieben
Franzens Werk allein ist ein „Missverständnis" (Odradek), daher verurteilt zur Vernichtung, [er] fürchtet aber, dass es ihn überlebt, dass er es nicht schafft ihm Hand und Fuß zu geben. Sein Leben lebte er so wie er schreiben wollte. Das Schreiben sollte eben diesem gesetzmäßigen Leben Ausdruck geben. — Darum können nur die, die ihn in seinem sorglichen Leben kannten, sein Werk so sehen, weil sie das (dahinterstehende) Leben ...

Nun also doch. Franzens Bücher erscheinen jetzt in Deutschland. Noch vor zwei Jahren hatte Brod es für völlig ausgeschlossen erklärt. Warum und wem hat er da nachgegeben? Er hatte ja die Macht, es zu verhindern. — Nun ist etwas ganz Sonderbares geschehen. Ich glaube nicht, dass ich wollte, dass es verhindert wird. Jetzt, nachdem ich die zwei Bücher (Tagebücher und J) [FN] aus Deutschland zugeschickt bekam, konnte ich das Gefühl der Freude nicht unterdrücken. Ich habe, wie es mir jetzt scheint, die ganze Zeit gehofft, dass Franz in Deutschland erscheinen würde. Es ist dies eine furchtbare Sache, je weiter ich dem nachgehe. Ich bin im festen Glauben, dass Deutschland sich in Franz retten kann. So wie die Welt sich einmal im Monotheismus gerettet hat. (Was Christus nicht fertigbrachte, denn die Menschen haben sich im Christentum nicht gerettet. Wohl haben sie sich dahin geflüchtet, also versucht, sich da zu retten.) Ich glaube, ich fürchte, dass Franzens „Mandat" darin besteht. Ich zweifle nicht, dass man in der ganzen Welt Franz nicht so zuhört, wie in Deutschland, und dass die ganzen Stürme um Franz in der Welt wie ein kleiner zahmer Windhauch sein werden, im Vergleich zu dem, was in Deutschland werden wird. Es ist der einzige Boden, der für diese Saat voll reif ist. Ist da irgendetwas Groteskes darin? Oberflächlich gesehen wohl, aber im Grunde nicht. Man kann es gar nicht so weit verfolgen, um eine Übersicht zu haben. Franz würde sie wohl haben. Für ihn ziehen sich die Zusammenhänge so zusammen, dass er sie auf der Handfläche hatte und alles sah.

Deutschland wurde die traurige „Auserwähltheit" zuteil, mit wissenschaftlicher Gründlichkeit das zu beweisen, was wohl geahnt wurde, wofür aber der Beweis noch nicht erbracht worden war. Dank ihrer höheren Intelligenz haben sie sich dieser Aufgabe entledigt ohne einen Zweifel mehr zu hinterlassen.

Chronologische Initialien

Franz hilft Kartoffel schälen im Volksheim in Müritz. — Die Nacht auf der Landungsbrücke. — Auf der Bank im Müritzer Wald. — Weg durch den Wald zum Bezirksgericht (Landgericht). — Besuch, nach dem Abschied. — Appelation um Reiseaufschub. Abschied. — Wiederholte Bitte, nicht zur Bahn zu kommen. — Telegramm. — Brief mit der Bitte, die Rückkehr in Müritz, statt Berlin, abzuwarten. — Brief mit Geld, dies, ohne arbeiten zu müssen zu tun. — Brief wegen des zurückgeschickten Geldes. — Zwei Telegramme. — Döberitz. — Brief nach Döberitz von Berlin, Miquelstrasse. — Franz am Bahnhof bei meiner Ankunft aus Döberitz. Begegnung mit Max K.. Fahrt „nach Hause" im Auto. Beim Öffnen der Tür. — Franz und der Kalender. Werbung um Zuneigung des Kalenders. „Verzweiflung" wegen der Gleichgültigkeit des Kalenders. Jubel des Sieges. („Ein Augenblick kann alles zerstören") Hingabe und Begeisterung an das Spiel. — Petroleumlampe (verliebt in das Wort „Blitzlomp" /jüd. Wort: /). Ängstliches Bemühen um ihre Zuneigung. Bitte, bei ihr ein gutes Wort für ihn einzulegen, nichts von seinen Missetaten zu erwähnen. — Triumph: das erste Mal die Lampe allein, ohne mich, angesteckt. — Abend im Dunkeln, als ich mich verspätete: „Für mich allein, fand sie, sei's gut genug zu rauchen. Ich werde rausgehen, versuch Du's, sag ihr, ich sei nicht hier." — Versuche, die Lampe mit Komplimenten zu gewinnen. Wie eine Sonne in einer Kaffeetasse. Erfolglos. Gib das Reiben auf. Herabschrauben der Ansprüche: „Wenn sie mich nur duldet, dass ich im Zimmer bleiben darf." „Warte, ich gehe mit raus, man kann nicht wissen, auf was für Gedanken die Lampe kommt, wenn sie mit mir allein bleibt." — Erster Zusammenstoß mit Frau Herrmann, wegen der Lichtrechnung. Porträt von Herrn Herrmann. Porträt der beiden in ihrer Beziehung <u>gegen</u>einander. — Nachmittagsschlaf (die Uhr gestohlen — Transportarbeiter für das Piano — vergaß beim Weggehen den Stuhl untern Tisch zu schieben. Bitte um Vergebung beim Stuhl. — Abenteuer mit dem Mädchen im Park, der die Puppe weggelaufen ist. Bringt ihr Briefe von der Reise der Puppe (er ist Mittelsmann) — vermittelt die Rückkehr. Besprechung der Bedingung der Rückkehr. Die Suche nach einer Puppe, die der Beschreibung entspricht. Bringt sie zurück als große, weltgereiste Dame. Die allmähliche Steigerung dieses Abenteuers zum Kulminationspunkt.

Wie kann ich mich nur unterfangen, auch nur ein einziges davon erzählen zu wollen, so wie es war, so wie es Franz ausphantasierte, ausspielte, in den kleinsten Details ausbaute mit einer Freude, wie sie vielleicht der Maharal [jüd. Wort …] nur kannte, alles rundherum mit verteilten Rollen in dieses lebensernste Spiel hineinzog, selbstvergessen, hingegeben. Wie, wie kann ich erzählen, wie Franz den Max K. anschaute (der mich nach Berlin brachte) im Glauben, dass Max für mich mehr bedeutete, als es in Wirklichkeit war. Wie das erzählen, wie es war als er die Tür zu Hermanns Wohnung das erste Mal für mich öffnete. — Wie die Aufregung beschreiben, die Bewunderung, über die ungeheure Kraft der zwei Männer, die das Klavier wegbrachten. Wie er mitten im Frühstück, mit dem Eierbecher in der Hand, wie magnetisiert den Männern bis hinaus auf die Treppe nachfolgte, dann eilig zurück und ans Fenster, um ihnen so lange nachschauen zu können bis sie verschwanden. Wenn ich jetzt daran denke, so glaube ich, er empfand dabei etwas ähnliches, wie die frommen Juden bei Gewitter, wenn sie sagen: [jüd. Wort …]. Die Intensität seines Staunens und seiner Reaktionen, die Intensität und völlige Hingabe an das kleinste Tun, — das kann man eben nicht erzählen. Dieses herrliche Spiel mit dem Kinde, das war die reinste Verzauberungskunst. Der tiefe hingegebene Ernst hob alle Dinge im Umkreis, alles Tun, aus dem Dunkel und der obskuren Verborgenheit ihrer Nicht-Existenz, ihres Nicht-Seins, Ihres Unbedeutend-Seins wie mit magischer Berührung ins Sein, ins Licht, ins Zentrum des Geschehens, in den Stand der Unentbehrlichkeit, bekam einen sicheren, nicht zu erschütternden Stand, bekam vollwertige, unzerstörbare Existenz. Ein absoluter /unverständliche Abkürzung/ — Ich glaube nicht, dass jemals jemand, abgesehen von Kindern, so genau wusste, was [jüd. Wort …] ist, wie Franz. Es gab nichts, dass er nicht zum Leben, zur Existenz, zum Werden hätte erwärmen können, aus der Verdammung zum „Unzerstörbaren" [jüd. Wort …]

Die Menschen, durch seine Berührung ohne Mühe verwandelt, erhoben, gereinigt, hoffnungsvoll, mit Vertrauen zu sich selbst, sobald er sie dazu erwärmte, sich selbst und ihren Stand inmitten der Dinge mit seinen klaren Augen zu sehen. Erlöst und neugeboren, die Schiefheiten zurechtgerückt. Der Ausblick von Hindernissen befreit, gesäubert. Wenn Du hinfielst, hat er Dich bewundert, wie schön Du aufgestanden bist. Und alle die dabei standen ... zum Lachen über Dein Fallen ansetzten, somit Deinen Niedergang besiegelnd — haben auf einmal Deinen Gnadenstand erkannt, Dich aufgehoben, gesäubert und auf ein Piedestal gestellt.

ENDNOTEN

Vorwort zur ersten Ausgabe

1   J. P. Hodin: *Erinnerungen an Franz Kafka*, Der Monat, Juni 1949, S. 90f.

Die Schwelle des Glücks (1)

1   Franz Kafka: *Tagebücher 1914–1923*, S. Fischer 1996, S. 187
2   Max Brod: *Über Franz Kafka*, S. Fischer 1974, S. 182
3   Robert Klopstock in Anmerkung Nr. 119 zum Brief an Julie und Hermann Kafka, 19. Mai 1924: *Briefe an Ottla und die Familie*, S. Fischer 2011, S. 215
4   Gesprächszettel Kafkas, abgedruckt in: *Briefe 1902–1924*, S. Fischer 1975, S. 487
5   Egon Larsen: *Die Weimarer Republik*, Heyne 1980, S. 110
6   Dr. S. Lehmann: *Jüdisches Volksheim Berlin*, Erster Bericht, Mai–Dezember 1916
7   Theodor Herzl: *Altneuland* (von 1902) (Motto vor Kap. 1)
8   Dora Dymant: *Shlomo Michoels, The Jew*, Loshn un Lebn 97, Februar 1948
9   J. P. Hodin: *Erinnerungen an Franz Kafka*, Der Monat, Juni 1949, S. 91
10 Eric Gottgetreu: *They knew Kafka*, Jerusalem Post, 14. Juni 1974
11 J. P. Hodin: *Erinnerungen an Franz Kafka*, Der Monat, Juni 1949, S. 91
12 Marthe Robert: *Notes Inédites de Dora Dymant sur Kafka*, Evidences (Paris) 28, November 1952
13 ebd.; vergleiche auch J.P. Hodin: *Erinnerungen an Franz Kafka*, Der Monat, Juni 1949, S. 91
14 Franz Kafka an Hugo Bergmann, Mitte Juli 1923, und an Else Bergmann, 13. Juli 1923: *Briefe 1902–1924*, S. Fischer 1975, S. 436f.
15 Franz Kafka an Felice Bauer, 12. September 1916: *Briefe an Felice*, S. Fischer 1976, S. 696f.
16 Franz Kafka: *Tagebücher 1914–1923*, S. Fischer 1968, S. 196
17 Dora Diamant: *Tagebücher*
18 Franz Kafka an Tile Rössler, 3. August 1923: *Briefe 1902–1924*, S. Fischer 1975, S. 439ff.
19 Franz Kafka an Else Bergmann, 13. Juli 1923: *Briefe 1902–1924*, S. Fischer 1975, S. 436f.
20 Dora Diamant: *Tagebücher*
21 Jüdische Märchen und Volkssagen, (Bubeh: Jiddisch für Großmutter)
22 J. P. Hodin: *Erinnerungen an Franz Kafka*, Der Monat, Juni 1949, S. 94
23 Franz Kafka: *Beim Bau der chinesischen Mauer und andere Schriften aus dem Nachlass*, S. Fischer 1994, S. 236
24 Dora Diamant: *Tagebücher*
25 Peter Mailloux: *A Hesitation Before Birth: The Life of Franz Kafka*, University of Delaware Press 1989, S. 535
26 Max Brod: *Über Franz Kafka*, S. Fischer 1974, S. 182

27 J.P. Hodin: *Erinnerungen an Kafka*, Der Monat, Juni 1949, S. 91
28 Franz Kafka an Hugo Bergmann: *Briefe 1902–1924*, S. Fischer 1975, S. 436
29 Franz Kafka an Ottla Kafka, 4. Oktoberwoche 1923: *Briefe an Ottla und die Familie*, S. Fischer 2011, S. 145f.
30 Franz Kafka: *Tagebücher 1912–1914*, S. Fischer 1997, S. 142

Ein dunkles Geschöpf aus dem Osten (2)

1 Franz Kafka: *Tagebücher 1914–1923*, S. Fischer 1996, S. 89
2 Franz Kafka: *Tagebücher 1909–1912*, S. Fischer 1994, S. 207
3 Ernst Pawel: *Das Leben Franz Kafkas*, Hanser 1984, S. 297
4 Ernst Pawel: *Das Leben Franz Kafkas*, Hanser 1984, S. 298
5 Franz Kafka: *Briefe an Milena,* S. Fischer 1999, S. 319
6 Rzeczpolpoita Polska, Nr. 51/1899/4, Einwohnermeldeamt (USC), Pabianice
7 Herschel ist die Jiddische Übersetzung des deutschen Worts Hirsch. Die hebräische Version des Namens lautet Zvi
8 Eva Hoffman: *Shtetl,* Houghton Mifflin1997, S. 104
9 Streimel: Breite, mit einem Pelzstreifen besetzte Samtmütze, die von frommen Juden vor allem in Galizien und Polen am Sabbat und an Feiertagen getragen wurde (siehe Rosten: *Jiddisch*, S. 553)
10 Gabbai: Leiter einer religiösen lokalen Gruppe
11 Stiebel: Gebetsraum oder kleine Synagoge (Haussynagoge) für die Anhänger eines Rabbis, dessen Hauptsynagoge und Gemeinde sich in einer anderen Stadt befinden
12 Raphael Mahler: *Hasidism and the Jewish Enlightenment: Their Confrontation in Galicia and Poland in the First Half of the Nineteenth Century*, Jewish Publication Society 1985, S. 312ff.
13 Eva Hoffman: *Shtetl*, Houghton Mifflin 1997, S. 97
14 ebd., S. 152
15 Theodor Herzl: *Der Judenstaat*, Manesse 1997, S. 24
16 Das Originalbuch kann auf der Internetseite der NY Public Library eingesehen werden
17 Theodor Herzl, *Der Judenstaat*, Manesse 1997, S. 37f.
18 Sara Baumer, Interview Nr. 1, August 1999
19 Dora Diamant, Lebenslauf, Russische Archive, Komintern Akte 495/205/1573/5
20 Sara Baumer, Interview Nr. 1, August 1999
21 Eric Gottgetreu: *They knew Kafka*, Jerusalem Post, 14. Juni 1974, S. 16
22 Dora Diamant: *Tagebücher*
23 Otto Friedrich: *Morgen ist Weltuntergang*, Nicolai 1998, S. 133
24 Franz Kafka an Max Brod, 8. August 1923: *Briefwechsel*, S. Fischer 1989, S.428
25 Max Brod: *Über Franz Kafka*, S. Fischer1974, S. 172
26 Ronald Hayman: *Franz Kafka – Sein Leben, seine Welt, sein Werk*, Scherz 1981, S. 339
27 Ernst Pawel: *Das Leben Franz Kafkas*, Hanser 1984, S. 485
28 Franz Kafka: *Tagebücher 1914–1923*, S. Fischer 1996, S 141.
29 vgl. Peter Mailloux: *A Hesitation Before Birth: The Life of Franz Kafka*, University of Dela-

	ware Press 1989, S. 133
30	vgl. Peter Mailloux: *A Hesitation Before Birth: The Life of Franz Kafka*, University of Delaware Press 1989, S. 133
31	Max Brod: *Über Franz Kafka*, S. Fischer 1974, S. 140
32	Franz Kafka: *Brief an den Vater,* S. Fischer 1999, S.24
33	Franz Kafka an Max Brod, 29. August 1923: *Briefwechsel,* S. Fischer 1989, S. 428
34	Franz Kafka an Max Brod, 15. September 1923: *Briefwechsel*, S. Fischer 1989, S.430
35	Ernst Pawel: *Das Leben Franz Kafkas*, Hanser 1984, S. 409
36	Franz Kafka an Max Brod, 8. Februar 1919: *Briefwechsel,* S. Fischer 1989, S. 263f.
37	Franz Kafka: *Brief an den Vater*, S. Fischer 1999, S. 63
38	Dora Diamant: *Tagebücher*
39	Franz Kafka an Robert Klopstock, September 1922: *Briefe 1902–1924,* S. Fischer 1975, S. 417
40	Franz Kafka an Robert Klopstock, 13. September 1923: *Briefe 1902–1924,* S. Fischer 1975, S. 445

EIN FREIES LEBEN IN BERLIN (3)

1	Franz Kafka: *Beim Bau der chinesischen Mauer*, S. Fischer 1994, S. 164
2	Kafkas Briefe an Dora aus dieser Zeit, oder jegliche Dokumente die auf ihre Korrespondenz hinweisen könnten, sind verloren. Vermutlich wurden sie 1933 bei der Durchsuchung von Doras Berliner Wohnung von der Gestapo konfisziert. Angesichts der Tatsache, dass Kafka im März 1924, als sie drei Wochen lang getrennt waren, bis zu drei Briefe pro Tag an Dora schrieb, kann angenommen werden, dass er auch während der ersten Trennung, nach ihrer Begegnung in Müritz bis zu Kafkas Umzug nach Berlin, häufig an Dora schrieb.
3	Gójim, Plural von Goj: hebräisches Wort, das „Nation" oder „Volk" bedeutet. Im weitesten Sinne werden damit alle Nichtjuden bezeichnet.
4	Franz Kafka, 26. September 1923: *Briefe an Ottla und die Familie*, S. Fischer 2011, S.134
5	Franz Kafka an Robert Klopstock, 23. September 1923: *Briefe 1902–1924*, S. Fischer 1975, S. 446
6	Franz Kafka, 26. September 1923: *Briefe an Ottla und die Familie*, S. Fischer 2011, S. 133
7	Alex de Jonge: *The Weimar Chronicle: Prelude to Hitler*, Paddington 1978, 182 f.
8	Franz Kafka an Oskar Baum, 26. September 1923: *Briefe 1902–1924*, S.Fischer 1975, S. 447
9	Max Brod: *Über Franz Kafka,* S. Fischer 1974, S. 172
10	Franz Kafka, 26. September 1923: *Briefe an Ottla und die Familie,* S.Fischer 2011, S.133
11	Franz Kafka an Max Brod, 10. Juli 1923: *Briefe 1902–1924*, S. Fischer 1975, S.435
12	Max Brod: *Über Franz Kafka*, S. Fischer 1974, S. 42
13	Ernst Pawel: *Das Leben Franz Kafkas*, Hanser 1984, S. 130
14	Max Brod im Nachwort zur ersten Ausgabe von *Der Prozess* in Franz Kafka: *Die Romane*, S. Fischer 1965, S. 473

15   ebd., S.46 ff.
16   Peter Mailloux: *A Hesitation Before Birth: The Life of Franz Kafka*, University of Delaware Press 1989, S. 81
17   Max Brod: *Streitbares Leben – Autobiographie*, Kindler 1969, S.166
18   Franz Kafka an Oscar Pollak, 9. November 1903: *Briefe 1902–1924*, S.Fischer 1975, S. 20
19   Ernst Pawel: *Das Leben Franz Kafkas*, Hanser 1984, S. 133
20   Max Brod: *Streitbares Leben – Autobiographie*, Kindler 1969, S. 57
21   Ernst Pawel: *Das Leben Franz Kafkas*, Hanser 1984, S. 132
22   Franz Kafka, 2. Oktober 1923: *Briefe an Ottla und die Familie*, S. Fischer 2011, S. 134 f.
23   Franz Kafka an Max Brod, 2. Oktober 1923: *Briefwechsel*, S. Fischer 1989, S. 432
24   Alex de Jonge: *The Weimar Chronicle: Prelude to Hitler*, Paddington 1978, S. 93
25   Richard Bessel and J. Feuchtwanger: *Social Change and Political Development in Weimar Germany,* Croon Helm 1981, S. 57
26   Alex de Jonge: *The Weimar Chronicle: Prelude to Hitler* , Paddington, 1978, S. 95
27   vgl. William Shirer: *The rise and fall of the Third Reich*, Simon & Schuster 1960
28   Franz Kafka an Max Brod, 28. September 1923: *Briefwechsel*, S. Fischer 1989, S. 431
29   Franz Kafka an Robert Klopstock, 26. September 1923: *Briefe 1902–1924*, S. Fischer 1975, S. 447
30   Marthe Hofmann: *Dinah and the Poet: Franz Kafka's Correspondence with a Sixteen-Year-Old,* Die Österreichische Furche, Oktober 1954; vgl. Hans-Gerd Koch: *Erinnerungen an Franz Kafka,* Verlag Klaus Wagenbach 1996, S. 168ff.
31   Franz Kafka, 8. Oktober 1923: *Briefe an Ottla und die Familie*, S. Fischer 2011, S.137
32   Peter Mailloux: *A Hesitation Before Birth: The Life of Franz Kafka*, University of Delaware Press 1989, S. 92
33   Franz Kafka an Felix Weltsch, 9. Oktober 1923: *Briefe 1902–1924*, S.Fischer 1975, S. 451
34   Franz Kafka an Max Brod, 2. Oktober 1923: *Briefwechsel*, S. Fischer 1989, S. 432
35   Franz Kafka an Robert Klopstock, 16. Oktober 1923: *Briefe 1902–1924*, S.Fischer 1975, S. 452
36   Franz Kafka an Max Brod, 15. Oktober 1923: *Briefwechsel*, S.Fischer 1989, S. 434
37   ebd., S.434ff., Brief vom 25. Oktober 1923
38   ebd., S. 439, Brief vom 27. Oktober 1923
39   Franz Kafka, 26. September 1923: *Briefe an Ottla und die Familie,* S. Fischer 2011, S. 134
40   Franz Kafka an Robert Klopstock, 31. Oktober 1923: *Briefe 1902–1924,* S.Fischer 1975, S. 459
41   J. P. Hodin: *Erinnerungen an Franz Kafka*, Der Monat, Juni 1949, S. 95

Das Idyll in Berlin (4)

1   Franz Kafka: *Beim Bau der chinesischen Mauer*, S. Fischer 1994, S. 172
2   Felix Weltsch: *Entretiens avec Dora Dymant,* unveröffentlicht, 1949–1950
3   Max Brod, *Nachwort zu Der Process*, trans. Willa and Edwin Muir, Vintage 1969, S. 474

4   Nicolas Baudy: *Entretiens avec Dora Dymant*, Evidences (Paris) 8, Februar 1950, S. 24
5   J. P. Hodin: *Erinnerungen an Franz Kafka*, Der Monat, Juni 1949
6   Franz Kafka: *Tagebücher 1914–1923*, S. Fischer 1996, S.75
7   J. P. Hodin: *Erinnerungen an Franz Kafka*, Horizon, January 1948, S. 40
8   Felix Weltsch: *Entretiens avec Dora Dymant*, unveröffentlicht, 1949-1950
9   J. P. Hodin: *Erinnerungen an Franz Kafka*, Der Monat, Juni 1949, S.91
10 Gustav Janouch: *Gespräche mit Kafka*, Onomato 2008, S. 19
11 Gustav Janouch: *Gespräche mit Kafka*, S. Fischer 1989, S. 56
12 ebd., S. 10
13 Franz Kafka an Max Brod, 25. Oktober 1923: *Briefwechsel*, S. Fischer 1989, S. 435f.,
14 Hans-Gerd Koch: *Als Kafka mir entgegenkam ...*, Verlag Klaus Wagenbach 1996, S. 196ff.
15 Tagesspiegel (Berlin), 18. Mai 2000
16 J. P. Hodin: *Erinnerungen an Franz Kafka*, Der Monat, Juni 1949, S. 92
17 Max Brod: *Über Franz Kafka*, S. Fischer 1974, S. 186
18 Franz Kafka: *Eine Kleine Frau*, in Franz Kafka: *Erzählungen*, S. Fischer 2000, bes. S. 513
19 J. P. Hodin: *Erinnerungen an Franz Kafka*, Der Monat, Juni 1949, S. 93
20 ebd., S. 92.
21 Franz Kafka, 14. und 15. Januar 1913, *Briefe an Felice*, S. Fischer 1976, S. 250
22 J. P. Hodin: *Erinnerungen an Franz Kafka*, Der Monat, Juni 1949
23 Franz Kafka: *Tagebücher 1914-1923,* S. Fischer 1996, S. 74
24 J. P. Hodin: *Erinnerungen an Franz Kafka*, Der Monat, Juni 1949, S. 94
25 Franz Kafka, 24. Januar 1915: *Tagebücher 1914-1923,* S. Fischer 1996, S. 73
26 Nicolas Baudy: *Entretiens avec Dora Dymant*, Evidences (Paris) 8, Februar 1950, S. 22
27 Felix Weltsch: *Entretiens avec Dora Dymant*, unveröffentlicht, 1949-1950
28 J. P. Hodin: *Memories of Franz Kafka*, Horizon, January 1948
29 J. P. Hodin: *Erinnerungen an Franz Kafka*, Der Monat, Juni 1949, S. 92f.
30 Martin Walser: *Kafkas Stil und Sterben*, in *Werke Band 12 – Leseerfahrungen, Liebeserklärungen*, Suhrkamp 1997, S. 733
31 J. P. Hodin: *Erinnerungen an Franz Kafka*, Der Monat, Juni 1949, S. 94
32 Heinrich von Kleist. Mit einer Einleitung von Thomas Mann: *Die Erzählungen*, S. Fischer 1956, S. 24
33 ebd., S.19
34 Heinrich von Kleist: *Die Marquise von O...,* Reclam 2006, S. 3
35 ebd., S. 44
36 ebd., S. 33
37 E.T.A. Hoffmann: *Kater Murr,* Reclam 2003, S. 10ff.
38 Franz Kafka an Robert Klopstock, 25. Oktober 1923, *Briefe 1902-1924*, S. Fischer 1975, S. 456.
39 Hans-Gerd Koch: *Als Kafka mir entgegenkam ...*, Verlag Klaus Wagenbach 1996, S. 179
40 Franz Kafka, Anfang November 1923: *Briefe an die Eltern*, S. Fischer 1993, S. 34f.
41 J. P. Hodin: *Erinnerungen an Franz Kafka*, Der Monat, Juni 1949, S. 93
42 Franz Kafka an Valli Pollak, November 1923: *Briefe 1902-1924,* S. Fischer 1975, S. 461
43 Franz Kafka, 20. November 1923: *Briefe an die Eltern*, S. Fischer 1993, S. 42.
44 Franz Kafka an Max Brod, 2. November 1923: *Briefwechsel*, S. Fischer 1989, S. 441

45 Franz Kafka, Anfang November 1923: *Briefe an die Eltern,* S. Fischer 1993, S. 35.
46 Franz Kafka: *Eine Kleine Frau,* in Franz Kafka: *Erzählungen,* S. Fischer 2000, S. 508–517
47 Franz Kafka an Valli Pollak, November 1923: *Briefe 1902-1924,* S. Fischer 1975, S. 462
48 Dora Dymant: *Chronologische Initialien,* Klaus Wagenbach Archive oder Tagebücher
49 Franz Kafka, 16. November 1923: *Briefe an Ottla und die Familie,* S. Fischer 2011, S. 141
50 Max Brod: *Über Franz Kafka,* S. Fischer 1974, S. 172 ff.
51 Egon Larsen: *Die Weimarer Republik: Ein Augenzeuge berichtet,* Heyne 1980, S. 86

Der Bau (5)

1   Franz Kafka: *Erzählungen,* S. Fischer 1996, S. 468
2   Nicolas Baudy: *Entretiens avec Dora Dymant, compagne de Kafka,* Evidences (Paris) 8, Februar 1950, S. 22
3   Franz Kafka an Robert Klopstock, 19. Dezember 1923, *Briefe 1902-1924,* S. Fischer 1975, S. 470
4   Franz Kafka, 17. November 1923: *Briefe an Ottla und die Familie,* S. Fischer 1974, S. 141
5   Nicolas Baudy: *Entretiens avec Dora Dymant, compagne de Kafka,* Evidences (Paris) 8, Februar 1950, S. 25
6   Franz Kafka, 17. November 1923: *Briefe an Ottla und die Familie,* S. Fischer 2011, S. 141
7   Franz Kafka, zweite Novemberhälfte 1923: *Briefe an Milena,* S. Fischer 1999, S. 320
8   Der offizielle Wechselkurs am 10. November 1923 betrug eine Billion Mark zu zwölf Tschechischen Kronen.
9   Franz Kafka, 20. November 1923: *Briefe an die Eltern,* S. Fischer 1993, S.42
10 vgl. J.P.Hodin: *Memories of Franz Kafka,* Horizon, January 1948, S. 39
11 Franz Kafka, 16. Oktober 1923: *Briefe an Ottla und die Familie,* S. Fischer 2011, S. 141
12 Franz Kafka, 23. November 1923: *Briefe an die Eltern,* S. Fischer 1993, S.43
13 Franz Kafka an Max Brod, 25. November 1923: *Briefwechsel,* S. Fischer 1989, S. 444
14 Franz Kafka, vierte Oktoberwoche 1923: *Briefe an Ottla und die Familie,* S. Fischer 2011, S. 141
15 Ernst Pawel: *Das Leben Franz Kafkas,* Hanser 1986, S. 493f.
16 Franz Kafka an Max Brod, 15. November 1923: *Briefwechsel,* S. Fischer 1989, S.444
17 J.P. Hodin: *Erinnerungen an Franz Kafka,* Der Monat, Juni 1949, S. 93.
18 Max Brod: *Über Franz Kafka,* S. Fischer 1974, S. 175
19 Franz Kafka: *Beim Bau der chinesischen Mauer,* S. Fischer 1994, S. 211 f.
20 J. P. Hodin: *Erinnerungen an Franz Kafka,* Der Monat, Juni 1949, S. 92
21 Dora Diamant: *Tagebücher*
22 J. P. Hodin: *Erinnerungen an Franz Kafka,* Der Monat, Juni 1949, S. 92
23 Gustav Janouch: *Gespräche mit Kafka,* Onomato 2008, S. 26
24 J. P. Hodin: *Erinnerungen an Franz Kafka,* Der Monat, Juni 1949, S. 92
25 Franz Kafka an Oskar Pollak, 27. Januar 1904: *Briefe 1902-1924,* S. Fischer 1975, S. 27 f.
26 Franz Kafka an Oskar Pollak, 9. November 1903: *Briefe 1902-1924,* S. Fischer 1975, S. 21
27 Max Brod: *Über Franz Kafka,* S. Fischer 1974, S. 73

28 Dora Diamant: *Tagebücher*
29 J. P. Hodin: *Erinnerungen an Franz Kafka*, Der Monat, Juni 1949, S. 92
30 Franz Kafka: *Erzählungen,* S. Fischer 1996, S. 468-472
31 Peter Mailloux: *A Hesitation Before Birth: The Life of Franz Kafka*, University of Delaware Press 1989, S. 546f.
32 Franz Kafka: *Erzählungen,* S. Fischer 1996, S. 487/500/507
33 Max Brod: *Über Franz Kafka,* S. Fischer 1974, S. 173
34 Max Brod im Nachwort zur ersten Ausgabe von *Der Prozess* in Franz Kafka: *Die Romane*, S. Fischer 1965, S. 471
35 Kurt Wolff Verlag an Franz Kafka, 18. Oktober 1923, Archiv Kafka Kritische Ausgabe, Wuppertal
36 Franz Kafka an Robert Klopstock, 19. Dezember 1923: *Briefe 1902-1924,* S. Fischer 1975, S. 470

Der tödliche Winter (6)

1   Franz Kafka: *Erzählungen,* S. Fischer 1996, S. 487
2   Franz Kafka, 5. bis 8. Januar 1924: *Briefe an die Eltern,* S. Fischer 1993, S. 50f.
3   Max Brod: *Über Franz Kafka,* S. Fischer 1974, S. 176
4   Franz Kafka, erste Januarwoche 1924: *Briefe an Ottla und die Familie,* S. Fischer 2011, S. 153f.
5   Franz Kafka, 5. bis 8. Januar 1924: *Briefe an die Eltern,* S. Fischer 1993, S. 50f.
6   Franz Kafka, Mitte Dezember 1923: *Briefe an Ottla und die Familie,* S. Fischer 2011, S. 147
7   Ronald Hayman: *Franz Kafka – Sein Leben, seine Welt, sein Werk,* Scherz 1983, S. 345
8   Max Brod: *Über Franz Kafka,* S. Fischer 1974, S. 177
9   Franz Kafka an Max Brod, 14. Januar 1924: *Briefwechsel,* S. Fischer 1989, S. 449
10 Max Brod: *Über Franz Kafka,* S. Fischer 1974, S. 177
11 Franz Kafka, 5. bis 8. Januar 1924: *Briefe an die Eltern,* S. Fischer 1993, S. 50
12 Dora Diamant: *Tagebücher*
13 Franz Kafka, erste Januarwoche 1924: *Briefe an Ottla und die Familie,* S. Fischer 2011, S. 153f
14 Franz Kafka, 5. bis 8. Januar 1924: *Briefe an die Eltern*, S. Fischer 1993, S. 51
15 Franz Kafka an Max Brod, 14. Januar 1924: *Briefwechsel,* S. Fischer 1989, S.450
16 Franz Kafka, 5. bis 8. Januar 1924: *Briefe an die Eltern,* S. Fischer 1993, S. 49ff.
17 Franz Kafka, 1. Januarwoche 1924: *Briefe an Ottla und die Familie,* S. Fischer 2011, S. 153
18 Max Brod: *Über Franz Kafka,* S. Fischer 1974, S. 177
19 Franz Kafka an Max Brod, 14. Januar 1924: *Briefwechsel,* S. Fischer 1989, S.450ff.
20 Franz Kafka an Robert Klopstock, 26. Januar 1924: *Briefe 1902-1924,* S. Fischer 1975 S. 474f.
21 Franz Kafka an Felix Weltsch, 28. Januar 1924: *Briefe 1902-1924,* S. Fischer 1975, S. 475
22 Gustav Janouch: *Gespräche mit Kafka*, Onomato 2008, S. 52

23 Franz Kafka an Ludwig Hardt, Anfang Februar 1924: *Briefe 1902-1924*, S. Fischer 1975, S. 476
24 Franz Kafka an Robert Klopstock, 26. Januar 1924: *Briefe 1902-1924*, S. Fischer 1975, S.474
25 Franz Kafka an Max Brod, 14. Januar 1924: *Briefwechsel*, S. Fischer 1989, S. 450
26 Franz Kafka an Ludwig Hardt, Anfang Februar 1924: *Briefe 1902-1924*, S. Fischer 1975, S. 476f.
27 Nachruf von Rudolf Kayer in Hans-Gerd Koch: *Als Kafka mir entgegenkam ...*, Verlag Klaus Wagenbach 2005, S. 221
28 ebd., S. 221
29 Gustav Janouch: *Gespräche mit Kafka*, Onomato 2008, S. 22
30 Peter Mailloux: *A Hesitation Before Birth: The Life of Franz Kafka*, University of Delaware Press 1989, S. 135
31 ebd., S. 539
32 J. P. Hodin: *Erinnerungen an Franz Kafka*, Der Monat, Juni 1949, S. 92 ff.
33 Ronald Hayman: *Franz Kafka – Sein Leben, seine Welt, sein Werk*, Scherz 1983, S. 344
34 Gustav Janouch: *Gespräche mit Kafka*, S. Fischer 1989, S. 67
35 Max Brod: *Über Franz Kafka*, S. Fischer 1974, S. 176f.
36 Franz Kafka an Robert Klopstock, 29. Februar 1924: *Briefe 1902-1924*, S. Fischer 1975, S. 477
37 Eric Gottgetreu: *They knew Kafka*, Jerusalem Post, 14. Juni 1974, S. 16.
38 Franz Kafka an Robert Klopstock, Anfang März 1924: *Briefe 1902-1924*, S. Fischer 1975, S. 478
39 Dora Diamant an Ottla Davidova, Anfang 1925, Bodleian Collection 51-53, MS Kafka 50
40 J. P. Hodin: *Erinnerungen an Franz Kafka*, Der Monat, Juni 1949, S. 91
41 Franz Kafka an Robert Klopstock, Anfang März 1924: *Briefe 1902-1924*, S. Fischer 1975, S. 477f.
42 Franz Kafka, 15. März 1924: *Briefe an die Eltern*, S. Fischer 1993, S. 65
43 J. P. Hodin: *Erinnerungen an Franz Kafka*, Der Monat, Juni 1949, S. 95

FÜRCHTERLICHSTER UNGLÜCKSTAG (7)

1 Gustav Janouch: *Gespräche mit Kafka*, Onomato 2008, S. 54
2 Dora Diamant: *Tagebücher*
3 J. P. Hodin: *Erinnerungen an Franz Kafka*, Der Monat, Juni 1949, S. 95
4 Anmerkung von Max Brod zu den Gesprächsblättern in Franz Kafka: *Briefe 1902-1924*, S. Fischer 1975, S. 521
5 Franz Kafka an Max Brod, Ende April 1921: *Briefwechsel*, S. Fischer 1989, S. 339
6 Franz Kafka an Max Brod, Anfang Februar 1921: *Briefwechsel*, S. Fischer 1989, S. 315
7 Franz Kafka an Robert Klopstock, November 1921: *Briefe 1902-1924*, S. Fischer 1975, S. 364
8 Max Brod: *Über Franz Kafka*, S. Fischer 1974, S. 178

9   Franz Kafka, 7. April 1924: *Briefe an die Eltern,* S. Fischer 1993, S. 67.
10 Dora Diamant im Nachwort zu Franz Kafkas Brief an Max Brod, 9. April 1924: *Briefwechsel,* S. Fischer 1989, S. 453
11 Franz Kafka, 9. April 1924: *Briefe an die Eltern,* S. Fischer 1993, S. 67.
12 Franz Kafka an Robert Klopstock, 7. April 1924: *Briefe 1902-1924,* S. Fischer 1975, S. 479f.
13 Franz Kafka an Robert Klopstock, 13. April 1924: *Briefe 1902-1924,* S. Fischer 1975, S. 480
14 Franz Kafka, 10. April 1924: *Briefe an die Eltern,* S. Fischer 1993, S. 68
15 Max Brod: *Über Franz Kafka,* S. Fischer 1974, S. 178
16 Ernst Pawel: *Das Leben Franz Kafkas,* Hanser 1986, S. 496
17 Franz Kafka an Robert Klopstock, 13. April 1924: *Briefe 1902-1924,* S. Fischer 1975, S. 481
18 Franz Kafka an Max Brod, 9. April 1924: *Briefwechsel,* S. Fischer 1989, S. 453
19 Franz Kafka, 9. April 1924: *Briefe an die Eltern,* S. Fischer 1993, S.67
20 Rotraut Hackermüller: *Das Leben, dass mich stört: Eine Dokumentation zu Kafkas letzten Jahren, 1917-1924,* Medusa 1984, S.106
21 Franz Kafka, 11. April 1924: *Briefe an die Eltern,* S. Fischer 1993, S. 69
22 ebd., S. 70, Brief vom 12. April 1924
23 ebd., S. 71, Brief vom 13. April 1924
24 ebd., S. 72, Brief vom 15. April 1924
25 J. P. Hodin: *Erinnerungen an Franz Kafka,* Der Monat, Juni 1949, S. 95
26 Dora Diamant an Hermann Kafka, Bodleian Collection 31r, 32r, MS Kafka 51
27 Max Brod: *Über Franz Kafka,* S. Fischer 1974, S. 178
28 Franz Kafka an Max Brod, 2. April 1924: *Briefwechsel,* S. Fischer 1989, S. 454
29 Rotraut Hackermüller: *Das Leben, dass mich stört: Eine Dokumentation zu Kafkas letzten Jahren, 1917-1924,* Medusa 1984, S. 118
30 Dora Diamant an Julie Kafka, 18. April 1924, Bodleian Collection 32v,r, MS Kafka 51
31 Franz Kafka und Dora Diamant, 16. April 1924: *Briefe an die Eltern,* S. Fischer 1993, S.73
32 Dora Diamant an Frau Julie Kafka, 18. April 1924, Bodleian Collection 32r, MS Kafka 51
33 Franz Kafka und Dora Diamant, 16. April 1924: *Briefe an die Eltern,* S. Fischer 1993, S.73
34 Max Brod: *Über Franz Kafka,* S. Fischer 1974, S. 179
35 Dora Diamant an Julie Kafka, 18. April 1924, Bodleian Collection 32r, MS Kafka 51
36 Franz Kafka an Robert Klopstock, 18. April 1924: *Briefe 1902-1924,* S. Fischer 1975, S. 481

In den besten Anfängen (8)

1   Franz Kafka an Max Brod, 5. Juli 1922: *Briefwechsel,* S. Fischer 1989, S. 378
2   Rotraut Hackermüller: *Das Leben, dass mich stört: Eine Dokumentation zu Kafkas letzten*

Jahren, 1917-1924, Medusa 1984, S. 126

3   Dora Diamant an Elli Hermann, Ende April 1924, Bodleian Collection 49v, MS Kafka 51
4   Dora Diamant an Elli Hermann, 23. April 1924, Bodleian Collection 49, MS Kafka 51
5   Franz Kafka, 2. Juni 1924: *Briefe an die Eltern,* S. Fischer 1993, S. 82
6   Franz Kafka an Max Brod, 28. April 1924: *Briefwechsel,* S. Fischer 1989, S.455
7   Dora Diamant an Julie und Hermann Kafka, Ende April 1924, Bodleian Collection 28r, MS Kafka 51
8   Franz Kafka an Julie und Hermann Kafka, Ende April 1924, Bodleian Collection 28v, MS Kafka 51
9   Franz Kafka an Max Brod, 20. April 1924: *Briefwechsel,* S. Fischer 1989, S. 454
10 Dora Diamant an Julie Kafka, Mai 1924, Bodleian Collection 29v, MS Kafka 51
11 Dora Diamant an Herrmann Kafka, Mai 1924, Bodleian Collection 29r, MS Kafka 51
12 Dora Diamant an Elli Hermann, 2. Mai 1924, Bodleian Collection 49-50r, MS Kafka 51
13 Max Brod: *Über Franz Kafka,* S. Fischer 1974, S. 179
14 Dora Diamant an Elli Hermann, vermutlich 5. Mai,1924, MS Kafka 51, fol. 51r, Bodleian Collection.
15 Dora Diamant an Julie Kafka, 7. Mai 1924, Bodleian Collection 33r, MS Kafka 51
16 Dora Diamant an Ottla Davidova, 6. Mai 1924, Bodleian Collection 51r, MS Kafka 50
17 Robert Klopstock an Ottla Davidova, nach dem 6. Mai 1924, Bodleian Collection 51v, MS Kafka 51
18 Dora Diamant an Elli Hermann, vor dem 5. Mai 1924, Bodleian Collection 51v, MS Kafka 51
19 Anmerkung von Robert Klopstock zu Brief Nr. 119 vom 19. Mai 1924 in Franz Kafka: *Briefe an Ottla und die Familie,* S. Fischer 1974, S. 215
20 Robert Klopstock an Ottla Davidova, Mai 1924, Bodleian Collection, MS Kafka 80
21 Max Brod: *Über Franz Kafka,* S. Fischer 1974, S.181
22 Bracha Plotkin, Interview Mai 2001, Kibbuz Mischmar haScharon
23 Max Brod: *Über Franz Kafka,* S. Fischer 1974, S.181ff.
24 Franz Kafka: *Briefe 1902-1924,* S. Fischer 1975, S. 484
25 Peter Mailloux: *A Hesitation Before Birth: The Life of Franz Kafka,* University of Delaware Press 1989, S. 554
26 Franz Kafka: *Briefe 1902-1924,* S. Fischer 1975, S. 487
27 Anmerkung von Robert Klopstock zu Brief Nr. 119 vom 19. Mai 1924 in Franz Kafka: *Briefe an Ottla und die Familie,* S. Fischer 2011, S. 215
28 Max Brod im Nachwort zur ersten Ausgabe von *Der Prozess* in Franz Kafka: *Die Romane,* S. Fischer 1965, S. 474
29 Max Brod: *Über Franz Kafka,* S. Fischer 1974, S.182 ff.
30 Anmerung von Robert Klopstock zu Brief Nr. 119 vom 19. Mai 1924 in Franz Kafka: *Briefe an Ottla und die Familie,* S. Fischer 2011, S. 215
31 Robert Klopstock an Julie Kafka, 17. Mai 1924, Bodleian Collection, MS Kafka 99
32 Robert Klopstock an Julie Kafka, vermutlich Mitte Mai 1924, Bodleian Collection, MS Kafka 97
33 Robert Klopstock an Elli Hermann, vermutlich 5. Mai 1924, Bodleian Collection, MS Kafka 100

34 Franz Kafka: *Briefe 1902-1924,* S. Fischer 1975, S. 487ff.
35 Franz Kafka und Dora Diamant, 19. Mai 1924: *Briefe an die Eltern,* S. Fischer 1993, S.77
36 Dora Diamant an Hermann Kafka, 6. Mai 1924, Bodleian Collection 30, MS Kafka 51
37 Franz Kafka: *Briefe 1902-1924,* S. Fischer 1975, S. 488
38 Max Brod: *Über Franz Kafka,* S. Fischer 1974, S. 180
39 Hans-Gerd Koch: *Als Kafka mir entgegenkam...,* Verlag Klaus Wagenbach 1996, S. 219
40 Franz Kafka: *Briefe 1902-1924,* S. Fischer 1975, S. 485ff.
41 Dora Diamant: *Tagebücher*
42 Franz Kafka: *Briefe 1902-1924,* S. Fischer 1975, S. 484ff.
43 Max Brod: *Über Franz Kafka,* S. Fischer 1974, S. 184f.
44 Franz Kafka: *Briefe 1902-1924,* S. Fischer 1975, S. 487
45 Franz Kafka: *Briefe 1902-1924,* S. Fischer 1975, S. 491
46 Peter Mailloux: *A Hesitation Before Birth: The Life of Franz Kafka,* University of Delaware Press 1989, S. 558
47 Dora Diamant: *Tagebücher*
48 Max Brod: *Über Franz Kafka,* S. Fischer 1974, S. 183
49 Franz Kafka, 2. Juni 1924: *Briefe an die Eltern,* S. Fischer 1993, S. 80ff.
50 Max Brod: *Über Franz Kafka,* S. Fischer 1974, S. 185
51 Franz Kafka: *Briefe 1902-1924,* S. Fischer 1975, S. 491
52 Max Brod: *Über Franz Kafka,* S. Fischer 1974, S. 185
53 Hans-Gerd Koch: *Als Kafka mir entgegenkam ...,* Verlag Klaus Wagenbach 1995, S. 219f.

BEERDIGUNG IN PRAG (9)

1 Franz Kafka an Oskar Pollak, 20. Dezember 1902: *Briefe 1902-1924,* S. Fischer 1975, S. 14
2 Dora Diamant: *Tagebücher*
3 Notiz von Ruhama Maletz auf der Rückseite einer Photgrafie von Kafka, En Harod, Israel, pc.
4 Max Brod: *Über Franz Kafka,* S. Fischer 1974, S. 185
5 ebd., S. 185f.
6 Hermann Kafka, Telegramm, Archiv Kritische Ausgabe Kafka, KL 1-4, Wuppertal
7 Nachruf von Milena Jesenká auf Franz Kafka in Franz Kafka: *Briefe an Milena,* S. Fischer 1983, S. 379f.
8 Johannes Urzidil: *Da geht Kafka,* Artemis 1965, S. 78
9 Peter Mailloux: *A Hesitation Before Birth: The Life of Franz Kafka,* University of Delaware Press 1989, S. 559
10 Kaddisch: Trauergebet. Das Kaddisch ist eines der ältesten jüdischen Gebete. Es ist nicht in hebräischer, sondern in aramäischer Sprache, der jüdischen Sprache im babylonischen Exil und in den Tagen des Zweiten Tempels. etc ... Es wird von den Trauernden am Grab gesprochen (siehe auch Rosten: *Jiddisch,* S. 285).
11 Johannes Urzidil: *Da geht Kafka,* Artemis 1965, S. 79
12 Ronald Hayman: *Franz Kafka – Sein Leben, seine Welt, sein Werk.* Scherz 1983, S. 304

13   Johannes Urzidil: *Da geht Kafka,* Artemis 1965, S. 79
14   Max Brod: *Über Franz Kafka,* S. Fischer 1974, S. 182f.

IN MEMORIAM (10)

1   Franz Kafka, Januar/ Februar 1923: *Briefe an Milena,* S. Fischer1983, S. 315
2   Johannes Urzidil: *Da geht Kafka,* Artemis 1965, S. 81
3   Franz Kafka: *Ein Traum,* in Franz Kafka: *Erzählungen,* S. Fischer 1996, S. 248ff.
4   Franz Kafka: *Eine kaiserliche Botschaft,* in Franz Kafka: *Erzählungen,* S. Fischer 1996, S. 305ff.
5   Johannes Urzidil: *Da geht Kafka,* Artemis 1965, S. 81
6   Nicolas Baudy: *Entretiens avec Dora Dymant, compagne de Kafka,* Evidences (Paris) 8, Februar 1950, S. 25
7   Melech Ravitch: *Stories of My Life: I am Franz Kafka's Wife,* Jewish Chronicle Literary Supplement, 7. Februar 1992
8   Max Brod im Nachwort zur ersten Ausgabe von *Der Prozess,* in Franz Kafka: *Die Romane,* S. Fischer 1965, S. 475
9   ebd., S. 472
10 ebd., S. 472 f.
11 ebd., S. 474
12 Max Brod: *Der Prager Kreis,* Suhrkamp 1979, S. 132
13 Franz Kafka: *I Am a Memory Come Alive: Autobiographical Writings,* Schocken 1974, xiii

DAS LEBEN NACH KAFKA (11)

1   Franz Kafka, 27. August 1916: *Tagebücher 1914-1923,* Fischer 1996, S. 137
2   Dora Diamant an Elli Hermann, August-September 1924, Bodleian Collection 52r,v, MS Kafka 51
3   Egon Larsen: *Die Weimarer Republik: Ein Augenzeuge berichtet,* Heyne 1980, S. 111
4   Otto Friedrich: *Morgen ist Weltuntergang,* Nicolai 1998, S. 285
5   Otto Friedrich: *Morgen ist Weltuntergang,* Nicolai 1998, S. 282
6   Dora Diamant an Elli Hermann, August-September 1924, Bodleian Collection 52r,v, MS Kafka 51
7   Dora Diamant: *Chronologische Initialien,* Klaus Wagenbach Archive
8   Dora Diamant an Ottla Davidova, vermutlich Oktober 1924, Bodleian Collection 52r, MS Kafka 50
9   Heather Valencia: *Yiddish Writers in Berlin,* 1920-1936, in: *The German Jewish Dilemma: From the Enlightenment to the Shoah,* Edwin Mellen 1999, S.195
10 Otto Friedrich: *Morgen ist Weltuntergang,* Nicolai 1998, S. 182
11 Heather Valencia: *Yiddish Writers in Berlin,* 1920-1936, in: *The German Jewish Dilemma: From the Enlightenment to the Shoah,* Edwin Mellen 1999, S.195
12 Dora Diamant an Ottla Davidova, vermutlich Anfang 1925, Bodleian Collection 53,

MS Kafka 50

ZWISCHEN ZWEI WELTEN (12)

1. Gustav Janouch: *Gespräche mit Kafka,* S. Fischer 1968, S. 209
2. Max Brod im Nachwort zur ersten Ausgabe von *Der Prozess* in Franz Kafka: *Die Romane,* S. Fischer 1965, S. 476
3. Max Brod am Ende eines Briefes von *Die Schmiede,* 27. November 1925, Archiv Kritische Ausgabe Kafka, Wuppertal
4. Nicolas Baudy: *Entretiens avec Dora Dymant, compagne de Kafka,* Evidences (Paris) 8, Februar 1950, S. 22
5. ebd., S. 24
6. Mámeloschn: Muttersprache, Jiddisch. (siehe hierzu: Rosten, S. 360: „Das Wort *Muttersprache* ist hier besonders angebracht. Die Sprache in der Synagoge, in den Heiligen Schriften, beim Studium und Gebet war Hebräisch, das nur den männlichen Juden beigebracht wurde. Jiddisch war dagegen die Sprache der Mütter, die zu Hause benutzt wurde.")
7. Melech Ravitch: *Stories of My Life: I am Franz Kafka's Wife,* Jewish Chronicle Literary Supplement, 7. Februar 1992

DAS NATURTHEATER VON OKLAHOMA (13)

1. Franz Kafka: *Fürsprecher,* in Franz Kafka: *Erzählungen,* S. Fischer 1996, S. 389
2. Betty Marcus Kuttner, interviewed von Hanny Lichtenstern, London, 14. August 1995
3. Nachwort von Maleolm Pasley in Franz Kafka: *The Castle,* Schocken 1998, S. 318
4. Franz Kafka, 16. Januar 1922: *Tagebücher 1914-1923,* S. Fischer 1996, S. 198
5. Franz Kafka, 27. Januar 1922: *Tagebücher 1914-1923,* S. Fischer 1996, S. 210
6. Franz Kafka an Max Brod, 5. Juli 1922: *Briefwechsel,* S. Fischer 1989, S. 380
7. Peter Mailloux: *A Hesitation Before Birth: The Life of Franz Kafka,* University of Delaware Press 1989, S. 563
8. Niels Bokhove in: *Kafka Katern,* Niederländischer Kafka- Kreis, Jahrgang 3, Nr. 2, S. 39
9. Robert Klopstock an Ottla Davidova, 10. Juni 1926, Bodleian Collection 113
10. vgl. Leon Askins Website: http://www.askin.at/k01.htm
11. Stadtarchiv Düsseldorf, Einwohnermelderegister, Mikrofilm: MF 561
12. Poster *Die Opunze,* Dumont-Lindemann Archiv Düsseldorf
13. Berta Lask, Kaderfragen, DY30, Bundesarchiv
14. Egon Erwin Kisch in *Welt am Abend,* Juli 1927, Archiv Akademie der Künste Berlin
15. ebd.
16. Berta Lask, Kaderfragen, DY30, Bundesarchiv
17. Dora Diamant an den Theaterdirektor in Düsseldorf, März 1927, Dumont-Lindermann Archiv SHD IV.2 9818
18. ebd.

19 Bela Dimant an den Theaterdirektor in Düsseldorf, 17. November 1927,Dumont-Lindemann Archiv, SHD IV.2, 9820,1-2
20 Griedl Everths an Dora Diamant, 23. Mai 1928, Dumont-Lindemann Archiv, SHD IV.2 9820,1-2
21 Berthold Viertel an Dora Diamant, 29. September 1927, Dumont-Lindemann Archiv, SHD IV.2, 9819
22 Brief an Dora Diamant und Mia Bing, 9. November 1927, Dumont-Lindemann Archiv, SHD IV.2 9819
23 Max Brod: *Über Franz Kafka*, S. Fischer 1974, S. 113
24 vgl. Nachwort von Max Brod in Franz Kafka: *Amerika*. S. Fischer 1953, S. 356
25 Nachwort von Max Brod in Franz Kafka: *Amerika*. S. Fischer 1953, S. 356
26 Brief an Dora Diamant und andere, 21. Januar 1928, Dumont-Lindemann Archiv, SHD IV.2 9819
27 Luise Rainer, Interview, 13. März 2002
28 Dora Diamant an Frau Dumont, undatiert, Dumont-Lindemann Archiv, SHV IV.2, 9818
29 Brief von Greidl Everth, 23. Mai 1928, Dumont-Lindemann Archiv, SHD IV.2, 9822
30 Dr. T., Gladbecker Zeitung, 4. Oktober 1928, Dumont-Lindemann Archiv
31 Düsseldorfer Nachrichten, 4.November 1928, Dumont-Lindemann Archiv

BESCHREIBUNG EINES KAMPFES (14)

1 Franz Kafka, 4. Januar 1914: *Tagebücher1912-1914*, S. Fischer 1997, S. 224
2 Richard Bessel, E. J. Feuchtwanger: *Social Change and Political Development in Weimar Germany*, Croon Helm 1981, S. 214
3 ebd., S.224ff.
4 Egon Larsen: *Die Weimarer Republik: Ein Augenzeuge berichtet*, Heyne 1980, S. 137f.
5 Stephen Spender: *World Within World: The Autobiography of Stephen Spender*, Modern Library/Random House 2001, S. 133-134
6 Stephen Spender: *World Within World*, London 1951, S. 130; übersetzt in David Clay Large: *Berlin – Biographie einer Stadt*, Beck 2002, S. 222
7 ebd., S. 299
8 Eve Rosenhalf: *Working-Class Life and Working-Class Politics: Communists, Nazis and the State in the Battle for the Streets, Berlin 1928-1932* in: *Social Change and Political Development in Weimar Germany*, Modern Library/Random House 2001, S. 207
9 Dora Diamant, Lebenslauf, Russische Archive, Komintern Akte 495/205/1573/5
10 ebd.
11 Dora Diamant, Protokoll Nr. 2245, Russische Archive, Komintern Akte 495/205/1573/5
12 Komintern Akte 495/205/1573n, Russische Archive
13 Jürgen Born: *Franz Kafka – Kritik und Rezeption 1924-1938*, S. Fischer 1983, S. 218
14 Dora Diamant an die Vossische Zeitung, 14. November 1929, in Jürgen Born: *Franz Kafka – Kritik und Rezeption 1924-1938*, S. Fischer 1983, S. 221-223
15 Max Brod an die Vossische Zeitung, 24. Oktober 1929, in Jürgen Born: *Franz Kafka – Kritik und Rezeption 1924-1938*, S. Fischer 1983, S. 218

16 Dora Diamant an die Vossische Zeitung, 14. November 1929, in Jürgen Born: *Franz Kafka – Kritik und Rezeption 1924-1938*, S. Fischer 1983, S. 221ff.
17 Dora Diamant an Max Brod, 2, Mai 1930, in Max Brod: *Der Prager Kreis*, Suhrkamp 1979, S. 130f.
18 Dora Diamant an Max Brod, 2. Mai 1930, in Max Brod: *Der Prager Kreis*, Suhrkamp 1979, S. 112
19 Richard Stourac, Kathleen McCreery: *Theatre as a Weapon*, Routledge & Kegan Paul 1986, S. 148f.
20 Dora Diamant, Lebenslauf, Russische Archive, Komintern Akte 495/205/1573/5
21 Berta Lask, Lebenslauf, Bundesarchiv DY30/IV-2/IIIVI003
22 Otto Friedrich: *Morgen ist Weltuntergang*, Nicolai 1998, S. 373f.
23 J. P. Hodin: *Erinnerungen an Franz Kafka*, Der Monat, Juni 1949, S. 91
24 Heiratsurkunde 583, 30. Juni 1932, Standesamt, Berlin VIII

EXODUS AUS BERLIN (15)

1   Franz Kafka: *Beim Bau der chinesischen Mauer*, S. Fischer 1994, S. 173
2   Egon Larsen: *Die Weimarer Republik: Ein Augenzeuge berichtet*, Heyne 1980, S. 207
4   Der Chef der preußischen politischen Polizei, Rudolf Diels, über den Reichstagsbrand am 27. Februar 1933 (Rückblick in Biografie, 1949)
5   Egon Larsen: *Die Weimarer Republik: Ein Augenzeuge berichtet*, Heyne 1980, S. 197
6   Otto Friedrich: *Morgen ist Weltuntergang*, Nicolai 1998, S. 399
7   Egon Larsen: *Die Weimarer Republik: Ein Augenzeuge berichtet*, Heyne 1980, S. 198
8   Otto Friedrich: *Morgen ist Weltuntergang*, Nicolai 1998, S. 400
9   Gestapo Report Nr. A092, Nr. 50482, S. 170/38a, 19. Oktober 1937, Landesarchiv-Berlin.
10 ebd., S. 170/39b.
11 ebd., S. 170/38b.
12 Ernst Pawel: *Das Leben Franz Kafkas*, Hanser 1986, S. 490
13 Max Brods Korrespondenz Liste, Transkiption von Berhard Echte, Archiv Kritische Ausgabe Kafka Wuppertal, Mappe 14,2
14 Ernst Pawel: *Das Leben Franz Kafkas*, Hanser 1986, S. 490
15 Max Brod: *Franz Kafkas sämtliche Werke*, Archiv der Akademie der Künste Berlin, Aufbau, 1937, S. 23
16 J. P. Hodin: *Erinnerungen an Franz Kafka*, Der Monat, Juni 1949, S. 95
17 Ernst Pawel: *Das Leben Franz Kafkas*, Hanser 1986, S. 490
18 SED Akte über Lutz Lask, 12. Oktober 1953, Bundesarchiv, DY30/lV-2/II/VI556, 54–57
19 Marianne Steiner, Interview Oktober 1990, London
20 Heinrich Heine: *Almansor*. In: *Sämtliche Werke*. Historisch-kritische Gesamtausgabe der Werke. Düsseldorfer Ausgabe: Heine, Heinrich, Bd.5, Hoffman und Campe 1994
21 Landesarchiv, 170138
22 Dora Diamant, Lebenslauf, Russische Archive, Komintern Akte 495/205/1573/5-6
23 Marianne Steiner, Interview Oktober 1990, London

24   Ludwig Lask an das Zentralkomitee der SED, 15. September 1953, Bundesarchiv CY30/IV-2/11/vI556
25   SED Akte über Lutz Lask, 12. Oktober 1953, Bundesarchiv, DY30/lV-2/II/VI556, 54–57
26   Geburtsurkunde Nr. 142, 6. August 1934, Berlin-Dahlem, Lask Sammlung, Berlin
27   Berta Lask, 16. April 1950, Bundesarchiv, DY30-IV- 2/IIIV /1556, 61–62
28   SED Akte über Lutz Lask, 12. Oktober 1953, Bundesarchiv, DY30/lV-2/II/VI556, 54–57
29   Lucy Dawidowicz: *The War against the Jews,* Holt, Rinehart & Winston 1975, S. 66
30   Avrom Nokhem Stencl: *A Mendele Ovnt-in Berlin,* Manuskript, Mappe 27, Nr. 31, Elisabeth Wohler Archive, Archiv Bibliographica Judaica, Frankfurt am Main
31   Landesarchiv Berlin A092, Nr. 50482, S. 170/38
32   ebd., S. 170/39b.

Das Arbeiterparadies (16)

1   Franz Kafka in Gustav Janouch: *Gespräche mit Kafka,* Onomato 2008, S. 65
2   Dora Diamant: *Shlomo Mikhoels, The Jew,* Loshn un Lebn 97, Februar 1948, S. 5ff.
3   Adolph Carl Noe: *Golden Days of Soviet Russia,* Thomas S. Rockwell 1931, S. 17
4   Dora Diamant: *Shlomo Mikhoels, The Jew,* Loshn un Lebn 97, Februar 1948
5   Eugene Lyons: *Assignment in Utopia,* Harcourt, Brace 1937, S. 605f.
6   United Press International
7   Eugene Lyons: *Assignment in Utopia,* Harcourt, Brace 1937, S. 605f.
8   Dora Diamant: *Shlomo Mikhoels, The Jew,* Loshn un Lebn 97, Februar 1948
9   Dora Diamant, Formular, Russische Archive, Komintern Akte 495/205/1573
10   Dora Diamant, Lebenslauf, Russische Archive, Komintern Akte 495/205/1573/5
11   Eugene Lyons: *Assignment in Utopia,* Harcourt, Brace 1937, S. 603.
12   ebd., S. 436ff.
13   Walter Duranty: *USSR: The Story of Soviet Russia,* Lippincott 1944, S. 162
14   Dora Diamant an Hess, Russische Archive 495/205/ 1573/6
15   Chernomordik an Kornilev, 29. August 1936, Russische Archive, Komintern Akte 4951205/1573/20
16   Protokoll, Nr. 2245, Russische Archive, Komintern Akte 495/205/1573/11
17   Peter Mailloux: *A Hesitation Before Birth: The Life of Franz Kafka,* University of Delaware Press 1989, S. 565
18   Dora Diamant an das Innenministerium (NKVD), 13. August 1937, Russische Archive, Komintern Akte 495/205/1573/19
19   Dora Diamant, Stellungnahme April 1937, Russische Archive, Komintern Akte 495/205/1573/17
20   Protokoll Nr. 2245, 9. Juni 1937, Russische Archive 495/205/1573/12
21   SED Akte über Lutz Lask, 12. Oktober 1953, Bundesarchiv, DY30/lV-2/II/VI556, 54–57
22   Dora Diamant an NKVO, 13. August 1937, Russische Archive 495/205/1573/19v
23   SED Akte über Lutz Lask, 12. Oktober 1953, Bundesarchiv, DY30/lV-2/II/VI556, 25–27

24 Ernst Pawel: *Das Leben Franz Kafkas*, Hanser 1984, S. 491
25 Bernd-Rainer Barth, Interview 24. September 1998, Berlin

DIE GROSSE FLUCHT (17)

1 Franz Kafka: *Kleine Fabel*, in *Erzählungen*, S. Fischer 2000, S. 382
2 siehe: Marianne Steiner, Interview Oktober 1990, London
3 Gestapo Dokument R58 3565, S. 4, Bundesarchiv
4 Peter Jennings, Todd Brewster: *The Century*, Doubleday 1998, S. 206
5 Marianne Steiner, Interview Oktober 1990, London
6 Herman Carmel: Black Days, White Nights, Hippocrene 1984
7 Brief von Marianne Lask, zitiert in Menno ter Braak und E. Perron: *Briefwisseling 1930–1940, 14,* G. A. van Oorschot 1967, S. 473
8 Niels Bokhove: *Dora Dymant en Menno ter Braak over Franz Kafka*, In de Waageschaal, 25. Juni 1983
9 siehe: Marianne Steiner, Interview Oktober 1990, London
10 Meldebescheinigung Nr. 730855, 30. Mai 1940, Manx National Heritage Museum and National Trust
11 *Menora*: siebenarmiger kultischer Leuchter der jüdischen Liturgie
12 Sara Baumer, Interview 14. August 1999, London
13 siehe: Ronald Stent: *A Bespattered Page?*, Andre Deutsch 1980, S. 35f.
14 D. Lask, Isle of Man Meldebescheinigung
15 Leon Hansen: *Menno ter Braak, 1902-1940*, Band 2, Balans 2001, S. 570
16 Hanny Lichtenstern, Interview 30. Oktober 1990, London

DIE ISLE OF MAN (18)

1 Franz Kafka: *Beim Bau der chinesischen Mauer*, S. Fischer 1994, S. 182
2 Miriam Kochan: *Britain's Internces in the Second World War*, Macmillan 1983 S. 46
3 Hanny Lichtenstern, 16. Juni 1940:, Tagebuch
4 ebd., 21. Juni 1940
5 ebd., 16. Juni 1940
6 ebd., 17. Juni 1940
7 Miriam Kochan: *Britain's Internces in the Second World War*, Macmillan 1983 S. 53
8 ebd., S. 59
9 Hanny Lichtenstern, 19. Juni 1940, Tagebuch
10 ebd., 24. Juni 1940.
11 ebd., 25 Juni 1940
12 Miriam Kochan: *Britain's Internces in the Second World War*, Macmillan 1983 S. 52
13 Hanny Lichtenstern, 26. Juni 1940, Tagebuch
14 ebd., 21. Juni 1940
15 ebd., 3. Juli 1940

16 ebd., 1. Juli 1940
17 Hanny Lichtenstern, Interview 1994
18 Hanny Lichtenstern, 21. November 1940: *Tagebuch*
19 Francois Lafitte: *The Internment of Aliens*, Libris 1988, S. 195
20 Dora Diamant an Hanny Lichtenstern, 15. April 1941

Freunde des Jiddischen (19)

1   Franz Kafka: *Beim Bau der chinesischen Mauer*, S. Fischer 1994, S. 233
2   siehe: Dr. Derek Matravers: *Celebration of the Life of Professor Dorothy Emmet, 1904-2000*, Emeritus Fellow of Lucy Cavendish College, 18. November 2000
3   Anthony Wilson, 16. November 2002
4   Alfred North Whitehead: *Science and the Modern World*, Free Press 1967, S. 72
5   Baroness Perry of Southwark: *A Tribute from Lucy Cavendish College by the President*, 18. November 2000
6   Dorothy Emmet: *Outward Forms and Inner Springs*, Macmillan 1998, S. 105
7   Dorothy Emmet, Interview 21. Oktober 1999, Cambridge
8   Dorothy Emmet an die Autorin, Oktober 1999
9   Dorothy Emmet, Interview 21. Oktober 1999, Cambridge
10 Dorothy Emmet an die Autorin, Juli 2000
11 ebd.
12 Anthony Wilson, Interview Oktober 2000, Hampstead
13 ebd.
14 Elfrida Foulds, unveröffentlichtes Manuskript, S. 19f.
15 ebd.
16 ebd., S. 86
17 Anthony Wilson, Interview Oktober 2000, Hampstead
18 Carol Shaw an die Autorin, 8. August 1999
19 Dorothy Emmet an die Autorin, Oktober 1999
20 Marianne Steiner, Interview Oktober 1990, London
21 Heather Valencia: *Czeladz, Berlin and Whitechapel: The World of Avrom Nokhem Stencl*, Edinburgh Star, Mai 1993, S. 30
22 Dora Dimant in Loshn un Lehn, 1956
23 Majer Bogdanski, Interview 1995, London
24 Vgl. Kafkas *Rede über die jiddische Sprache*
25 Marianne Steiner, Interview Oktober 1990, London
26 Joseph Lefrwich: *Yisroel: The First Jewish Omnibus: A Treasury of the Best Jewish Writing of the Nineteenth and Twentieth Centuries*, Beechhurst 1952
27 Editorial in Loshn un Lebn, 1956
28 Mappe 26, Nr. 18, Elisabeth Wöhler Archiv, Archiv Bibliographia Judaica, Frankfurt am Main.
29 Dora Diamant: *On the Performance of Peretz's Three Gifts*, Loshn un Lebn 63 1945, S. 24f.
30 Dora Diamant: *Dina Halpern in London*, Loshn un Lebn, September 1946, S. 51–54

31 Dora Diamant: *To Mosheh Oved on His Sixtieth Birthday,* Loshn un Lebn 69, 1945, S. 20f.
32 Hanny Lichtenstern, Interview 23. Oktober 1994, London
33 Dora Diamant: *Shakespeare on the London Jewish Stage,* Loshn un Lebn, Oktober 1946

ETWAS UNZERSTÖRBARES IN SICH (20)

1 Franz Kafka: *Beim Bau der chinesischen Mauer,* S. Fischer 1994, S. 236
2 Elfrida Foulds, Yealand Manor Newsletter 1947
3 Zelig Besserglick, Interview 1999, New York
4 Sara Baumer-Dimant, Interview Nr. 2 1999, London
5 Sara Baumer-Dimant, Rede zur Gedenkfeier und Grabsteinerrichtung für Dora Diamant am 15. August 1999
6 Bericht des Central Headquarters of Germany über die ›Displaced Persons Operations‹, die Rückführung von Zivilpersonen, die sich nach dem zweiten Weltkrieg außerhalb ihres Heimatlandes aufhielten, Nothilfe- und Wiederaufbauverwaltung der Vereinten Nationen (UNRRA), Washington April 1946, S. 5
7 Yad Vashem Holocaust Martyrs and Heroes Remembrance Authority, www.yadvashem.org.il.
8 Maleolm Jarvis Proudfoot: *European Refugees 1939-52,* Northwestern University Press, 1956, S. 325
9 Isaac Asimov: *Das Wissen unserer Welt,* Goldmann 1991, S. 555
10 Rabbi Benjamin Blech: *The Complete Idiot's Guide to Jewish History and Culture,* Alpha 1999, S. 281
11 Hanns Zischler: *Kafkas Nichte – Gedankenblatt für Marianne Steiner,* Frankfurter Allgemeine Zeitung, 13. November 2000 (*http://www.franzkafka.de/franzkafka/fundstueck_archiv/fundstueck/457325*)
12 Dora Diamant in Loshn un Leben, Oktober 1948
13 Ottilie McCrea, Interview 1990, London
14 Zitat Edwin Muir im Vorwort des Herausgebers in: Franz Kafka *The Castle,* Vintage 1974
15 Thomas Mann: *Dem Dichter zu Ehren. Franz Kafka und „Das Schloß",* in: Rede und Antwort, S. Fischer 1984, S. 488
16 Ronald Grey: *Kafka: A Collection of Critical Essays,* Prentice-Hall 1962, S. 16
17 Max Brod: *Über Franz Kafka,* S. Fischer 1974, S. 187
18 ebd., Nachwort zur zweiten Auflage, S. 218
19 ebd., S. 186
20 J. P. Hodin: *Erinnerungen an Franz Kafka,* Der Monat, Juni 1949, S. 89
21 J. P. Hodin: Memories of Franz Kafka, Horizon, Januar 1948, S. 31–35
22 Heinz Politzer: *Franz Kafka: Parable and Paradox,* Cornell University Press 1962, viii-x
23 J. P. Hodin: *Erinnerungen an Franz Kafka,* Der Monat, Juni 1949, S. 90–96
24 Peter Mailloux: *A Hesitation Before Birth: The Life of Franz Kafka,* University of Delaware Press 1989, S. 567
25 Hanns Zischler: *Kafkas Nichte – Gedankenblatt für Marianne Steiner,* Frankfurter Allgemeine Zeitung, 13. November 2000

26 Marianne Steiner, Nachruf, The Times, 22. November 2000
27 Marianne Steiner, Interview Oktober 1990, London
28 ebd.

DAS GELOBTE LAND (21)

1 Franz Kafka, 18. Oktober 1921: *Tagebücher 1914-1923*, S. Fischer 1996, S. 189f.
2 Benjamin Blech: *Jewish History and Culture*, Alpha 1999, S. 285
3 Dora Diamant: *Shlomo Mikhoels, the Jew,* Loshn un Lebn, Februar 1948
4 Elfrida Foulds, Yealand Manor Newsletter 1949
5 Dora Diamant: *On a Concert of PPYL at the People's Palace,* Loshn un Lebn, Januar 1949
6 Marthe Robert: *Notes inedites de Dora Dymant sur Kafka,* Evidences (Paris) 28, November 1952
7 Dora Diamant: *On a Concert of PPYL at the People's Palace,* Loshn un Lebn, Januar 1949
8 Mendel Mann: *Franz Kafka's Wife,* in Joseph Leftwich: *The Way We Think: A Collection of Essays from the Yiddish,* Thomas Yoseloff 1969, 2:779
9 Dora Diamant: *On a Concert of PPYL at the People's Palace,* Loshn un Lebn, Januar 1949
10 Marianne Steiner, Interview Oktober 1990, London
11 Der Bürgermeister lud Dora offiziell ein, um als Gast der Stadt zu sprechen, und über nahm auch die Kosten ihrer Reise von London nach Tel Aviv. Bracha Plotkin, Interview 2001, Mischmar haScharon, Israel
12 Ein einziger Abschnitt aus einem der Briefe von Ende August 1949 wurde 1988 im Zu sammenhang eines Artikels über Kafkas Begegnung mit Dora an der Ostsee veröffentlicht. Wie es dem Verfasser gelang, diesen Brief von Dora an Max einzusehen, der zur fehlenden Brod-Sammlung gehört, ist nicht bekannt. In Werner Timm: *Müritz, Franz Kafkas Begegnung mit Dora Dymant,* Freibeuter 38, 1988, S. 14, 22
13 Nicolas Baudy: *Entretiens avec Dora Dymant, compagne de Kafka,* Evidences (Paris) 8, Februar 1950, S. 23
14 Max Brod: *Über Franz Kafka,* S. Fischer 1974, S. 187
15 Max Brods Korrespondenz Liste, Transkiption von Berhard Echte, Archiv Kritische Ausgabe Kafka Wuppertal, Mappe 15,2
16 Max Brod: *Über Franz Kafka,* S. Fischer 1974, S. 188f.
17 Marianne Lask an David Maletz, 19. September 1952, Yad Tabenkin Archives, Tel Aviv
18 Bracha Plotkin, Interview
19 Zelig Besserglick, Interview 1999, New York
20 Bracha Plotkin, Interview
21 Zelig Besserglick, Interview 1999, New York
22 Nicolas Baudy: *Entretiens avec Dora Dymant, compagne de Kafka,* Evidences (Paris) 8, Februar 1950, S. 23
23 Sara Baumer-Dimant, Interview Nr. 2 14. August 1999, London
24 ebd.
25 Tova Perlmutter, Rede zur Gedenkfeier und Grabsteinerrichtung für Dora Diamant, London, 15. August 1999

26 Fodor's Israel, Fodor's Travel Publications 1999, S. 229
27 Noga Maletz, Interview 2001, Israel
28 ebd.
29 Marianne Lask an David Maletz, 19. September 1952, Yad Tabenkin Archives, Tel Aviv
30 Eintragung auf der Titelseite von Max Brods *Galilei in Gefangenschaft*, Mondial Verlag, signiert und datiert auf den 19. Januar 1950, Sammlung von Tova Perlmutter

EIN LEBENDIG GEWORDENES GEDÄCHTNIS (22)

1   Franz Kafka in Gustav Janouch: *Gespräche mit Kafka*, Onomato 2008, S. 68f.
2   Nicolas Baudy: *Entretiens avec Dora Dymant, compagne de Kafka*, Evidences (Paris) 8, Februar 1950, S. 21
3   ebd., S. 25
4   Felix Weltsch: *Entretiens avec Dora Dymant*, unveröffentlicht, 1949-1950
5   Dr. Mitra Makbuleh, Interview 2001, Irvine, Californien
6   Marthe Robert: *Notes inedites de Dora Dymant sur Kafka*, Evidences (Paris) 28, November 1952
7   Nachruf für Marthe Robert, San Diego
8   Nicolas Baudy: *Entretiens avec Dora Dymant, compagne de Kafka*, Evidences (Paris) 8, Februar 1950, S. 21
9   siehe: Elfrida Foulds, Yealand Manor Newsletter 1950, Private Sammlung von Susan Hartshorne, York
10 Marianne Steiner, Interview Oktober 1990, London
11 Melech Ravitch: *Stories of My Life – I am Franz Kafka's Wife*, Jewish Chronicle Literary Supplement, 7. Februar 1992, iv
12 siehe: Foulds, Yealand Manor Newsletter, 1951
13 Dora Diamant: *Aufzeichnungen,* vorliegender Band, S. 389
14 Marianne Steiner, Interview Oktober 1990, London
15 Max Brods Korrespondenz Liste, Transkiption von Berhard Echte, Archiv Kritische Ausgabe Kafka Wuppertal, Mappe 15,2
16 Dora Diamant: *Aufzeichnungen,* vorliegender Band, S. 373
17 Dora Diamant: *Aufzeichnungen,* vorliegender Band, S. 394
18 Franz Kafka, 18. Dezember 1911: *Tagebücher 1909-1912,* S. Fischer 1994, S. 141
19 Dora Diamant: *Aufzeichnungen,* vorliegender Band, S. 393
20 Dora Diamant an Hanny Lichtenstern, 25. März 1951
21 Dora Diamant an Hanny Lichtenstern, 9. April 1951
22 Ester Hoffe an Dora Diamant, 10. April 1951, rc.
23 ebd., Notiz von Max Brod
24 Dora Diamant: *Aufzeichnungen,* vorliegender Band, S. 392
25 Dora Diamant an Marthe Robert, 12. Mai 1951, pc.

„MACH, WAS DU KANNST" (23)

1. Franz Kafka: *Beim Bau der chinesischen Mauer*, S. Fischer 1994, S.164
2. Dora Diamant an Hanny Lichtenstern, 2. Juli 1951
3. Dora Diamant an Davy Lichtenstern, 1. Juli 1951
4. Dora Diamant an Ester Hoffe, nach dem 11. April 1951
5. Dora Diamant an Marthe Robert, womöglich Sommer 1951
6. Dora Diamant an Marthe Robert, 28. September 1951
7. Dora Diamant an Marthe Robert, 9. Oktober 1951
8. Dora Diamant an Marthe Robert, 29. Dezember 1951
9. ebd.
10. Dora Diamant: *Aufzeichnungen*, vorliegender Band, S. 404
11. Zitat von W. H. Auden an Franz Kafka auf dem Cover der *Complete Stories*.
12. Dora Diamant: *Aufzeichnungen*, vorliegender Band, S. 397
13. Dora Diamant: *Aufzeichnungen*, vorliegender Band, S. 391
14. Es handelt sich um eine Edition von Kafkas Briefen an die Eltern von 1922–1924
15. Martin Walser: *Kafkas Stil und Sterben*, in *Werke Band 12 – Leseerfahrungen, Liebeserklärungen*, Suhrkamp 1997, S. 731–737
16. Hanny Lichtenstern, Interview mit der Autorin 1994
17. Max Brods Korrespondenz Liste, Transkiption von Berhard Echte, Archiv Kritische Ausgabe Kafka Wuppertal, Mappe 12,2
18. Dora Diamant an Marthe Robert, 5. Juli 1952
19. Dora Diamant: *Aufzeichnungen*, vorliegender Band, S. 396
20. Marianne Steiner, Interview Oktober 1990, London

KAFKAS TOCHTER / LUDWIG LASK (24)

1. Gustav Janouch: *Gespräche mit Kafka*, S. Fischer 1968, S. 240
2. Marthe Robert: *Notes inedites de Dora Dymant sur Kafka*, Evidences (Paris) 28, November 1952
3. Marianne Steiner, Interview Oktober 1990, London
4. Dr. Michel de M'Uzan, Interview Oktober 2000, Paris
5. Marianne Steiner, Interview Oktober 1990, London
6. Ottilie McCrea, Interview Oktober 1990, London
7. *Tsu er ershter yortzayt fun der shoyshpiler Dora Dymant*, Loshn un Lebn, August 1956
8. SED Akte DY30/IV-2/11/V1556, 14, Bundesarchiv
9. SED Akte über Lutz Lask, 12. Oktober 1953, Bundesarchiv, DY30/IV-2/II/VI556, 54
10. Nathan Steinberger, Interview 1997
11. Berta Lask an Wilhelm Pieck, 15. April 1946 und 6. August 1946, Bundesarchiv, DY30/IV-2/II/ V1556, 80, 84
12. Berta Lask an Pieck und Ulbricht, 15. April 1947, Bundesarchiv, DY30/IV-2/11/v1556
13. Berta Lask an Wilhelm Pieck, 15. August 1947, Bundesarchiv, DY30/lV-2/11v.1003, 90
14. Berta Lask an Walter Ulbricht, 16. April 1950, Bundesarchiv, DY30/1V-2/11/V1556,

15 61–62
   siehe SED Akte über Lutz Lask, 12. Oktober 1953, Bundesarchiv, DY30/lV-2/II/VI556, 56–57
16 SED Akte über Lutz Lask, 12. Oktober 1953, Bundesarchiv, DY30/lV-2/II/VI556, 25–27
17 Notiz in der Akte, 16. November 1953, DY30/IV-2/11/V1556, 21, Bundesarchiv
18 Marianne Steiner, Interview Oktober 1990, London
19 Notiz in der Akte DY30/IV-2/111V1556, 17, Bundesarchiv
20 Marianne Steiner, Interview Oktober 1990, London
21 Hanny Lichtenstern, Interview 1990
22 Hanny Lichtenstern, 20. Oktober 1982, Tagebuch
23 Marianne Steiner, Interview Oktober 1990, London
24 Ottilie McCrea, Interview 1999
25 Marianne Steiner, Interview Oktober 1990, London
26 ebd.
27 Marianne Lask an Hanny Lichtenstern, undatiert (womöglich 1981)
28 Hanny Lichtenstern an die Autorin, 21. November 2002
29 Hanny Lichtenstern an Marianne Lask, 30. Juli 1981, pc., Mariannes Antwort auf dem Briefumschlag
30 Marianne Lask, 13. Dezember 1982, Tagebuch, private Sammlung von Hanny Lichtenstern
31 Marianne Lask, 19. Januar und 10. Februar 1982, Tagebuch, private Sammlung von Hanny Lichtenstern
32 Marianne Lask an Hanny Lichtenstern, 18. Juli 1982
33 Hanny Lichtenstern, September 1982, Tagebuch
34 Marianne Steiner, Interview Oktober 1990, London
35 Hanny Lichtenstern, Interview Oktober 1990
36 Todeseintragung Nr. 209, 18. November 1982, General Register Office, London
37 Hanny Lichtenstern, 20. Oktober 1982: *Tagebuch*
38 Marianne Lask, Letzter Wille und Testament, offizielles zweiseitiges Dokument datiert auf den 6. Juni 1977, pivate Sammlung von Hanny Lichtenstern und Marianne Lask

Epilog

1 Gustav Janouch: *Gespräche mit Kafka*, S. Fischer 1986, S. 160
2 Anthony Rudolf: *The Adventures of Kathi and Dora*, Chronicle Literary Supplement, 26. Februar 1999, ii
3 Prof. John Erpenbeck, Interview 1998, Berlin
4 Zvi Diamant, Rede zur Gedenkfeier und Grabsteinerrichtung für Dora Diamant 15. August 1999, London
5 Niels Bokhove: *Dora Dymant's Course of Life*, Kafka Circle of the Netherlands 1996
6 Zvi Diamant, Trauerrede, 15. August 1999
7 Tova Perlmutter an die Autorin, 19. Juni 1999

8 Sara Baumer-Dimant, Rede zur Gedenkfeier und Grabsteinerrichtung für Dora Diamant 15. August 1999, London
9 Anthony Rudolf: *Kafka and the Doll*, Jewish Chronicle Literary Supplement, 15. Juni 1984, ii
10 Zvi Diamant, Trauerrede, 15. August 1999

Sach- und Personenregister

A

Agitprop-Theater 200, 215–217, 241, 245
Alejchem, Scholem 99, 188
Altmann, Heinz (Schreiber, Heinz) 245, 249
Amerika (Franz Kafka) 198, 202, 204, 246
  Der Heizer 104
Anderson, Sir John 261
Arbeiter-Unfall-Versicherungs-Anstalt 31, 96, 100, 189
Auden, W. H. 208
Aufbau 112, 227

B

Baal Schem Tov 35
Badt, Hermann 28, 119
Baeck, Leo 94
Balabanoff, Angelica 119
Balfour-Deklaration 47
Barth, Bernd-Rainer 251, 252
Bau, Der 93, 101–102, 117
Bauer, Felice 33, 81–82
Bauhaus-Bewegung 176
Baumer, Abraham 292–294, 296–297
Baumer-Dimant, Sara 41, 48
  bei Doras Gedenkgottesdienst 367–368
  im Zweiten Weltkrieg 260, 291–293, 296
  in Israel 310, 318–319, 321
Baum, Oskar 98, 128, 195
Becker, Anatoli 245–246, 249
Beck, Oskar 23, 139, 141
Bedzin, Polen
  Doras Herkunftsort 24, 27–28, 32, 35, 39, 42, 46–49, 60, 145, 181, 185, 201, 318
  im Zweiten Weltkrieg 237, 259–260, 280
Beggars' Opera (John Gay) 209
Beis-Ya'acov-Schule 27–28, 48
Ben-Tovim, Puah 87, 105
Bergmann, Hugo 37, 165
Berlin-Geschichten (Isherwood) 208
Berlins ›Goldene Zwanziger‹ 176, 208
Besserglick, Branka/Zelig 296, 310, 318–319
Betrachtung (Franz Kafka) 104, 171–172
Bokhove, Niels 258, 366
Braak, Menno ter 258, 261
Brecht, Bertolt 209, 216
Brod, Max
  Autor 110–112, 164, 195, 198, 229, 281, 343
  Beerdigung und Gedenkfeiern Kafkas 160, 164–166, 167
  Besuche bei Kafka/Dora 90–92, 103, 117, 146
  briefliche Korrespondenz mit Kafka 54, 72–73, 79, 87, 88, 97–98, 105, 108, 112, 125, 132, 137, 194
  Debatte über Kafka 211–212, 297–298
  Der Prozess 172, 185–186
  Dora 173–174, 185–186, 198, 204, 211–215, 226–227, 283, 315–316, 322, 331, 335, 343, 346
  Doras verlorene Briefe 16
  Doras verlorene Briefe/Notizbücher von Kafka 226–227, 363, 365
  Doras Werke über Kafka 331, 335, 350–351
  Emmy Salveter 62–63, 73
  Freund Kafkas 55–56, 62–70, 100, 162, 164
  Israel/Palästina 257, 283, 316, 319, 322, 343
  Kafkas Berlin-Plan 51, 54, 71–72
  Kafkas Gesundheit 98, 108–109, 117–118, 132, 133, 139–140, 147, 155
  Kafkas Werke bzw. deren Veröffentlichung 55, 103–104, 128, 152, 169–174, 185–186, 194, 202, 211–212, 227, 246, 257, 332
  Rückkehr nach Prag 121, 126
  über Dora und Kafka 36, 90, 107, 126, 143, 148, 257
  verlorene Werke Kafkas 103, 169–174, 194, 227
  Werke über Kafka 13, 61, 77, 126, 154–156, 162, 257, 275, 297, 316, 345
  Zionist 33, 257
Brüder Karamasow (Dostojewski) 114
Buber, Martin 33, 214
Buch des Lebens 60
Busse, Carl 113

C

Cabaret (Isherwood) 208
Chamberlain, Neville 255, 261
Chibbat Zion 46
Churchill, Winston 261, 270

Cruickshank, Dame Joanna 266

D

Daladier, Édouard 255
David, Josef („Pepa") 97
Dawes-Plan 1924 176
Demetz, Hans 166
deutsche Inflation (1923) 94–95, 177, 300
Diamant, David 41, 48, 291
Diamant, Dora
  Abreise Prag, Berlin, Theater 175–178
  Affäre umd Interview mit der Vossischen Zeitung 211–213
  Agitprop-Mitarbeit 215–217
  Aufzeichnungen zu Kafka 331–333
  äußerliche Beschreibung 25
  Begegnung mit Lutz Lask 217–219
  Begegnung mit Marianne Steiner 305–307
  bei Dorothy Emmet in London 275–277
  Beziehung zum Vater 27, 32, 34, 46, 48–49
  Bildung 27, 44–48, 93
  Den Haag 255–256
  Deportation auf die Isle of Man 265–269
  Doras Tod 346–347
  Einreise nach England 257–260
  Emigration in die UdSSR 235
  erste Begegnung mit Rawitsch 188–190
  erste Zeit in Moskau 239–243
  Flucht aus der UdSSR 253–254
  Herkunft/Familie/Hintergrund 26–28, 41–49
  in Düsseldorf 197–202
  Interview mit J. P. Hodin 298–300
  Judentum 28, 33, 35–38, 44, 59–60
  Jüdisches Volksheim in Berlin 24–26
  Kafkas Begräbnis 165–166
  Kafkas Nachlass 173–174
  Kafkas Tod 159–163
  Korrespondenz mit Kafkas Schwestern 110
  Krankheit in Berlin 185–188
  Krankheit, London 329–331
  Krankheit, Von Berlin nach Brzeziny 187
  London, Jiddisches Theater 284
  Marthe Robert 340–342
  Mitarbeit bei der KPD 210–214
  mit Barrault in Paris 323–328
  nach Kafkas Tod in Prag 169
  Palästina 26, 47
  Politische Arbeit gemeinsam mit L. Lask 225–227
  Reise nach Israel 316–321
  Rückkehr von Bedzin nach Berlin 193–196
  Rückkehr von Düsseldorf nach Berlin 207–211
  Schauspielinteresse 27, 48, 114
  Schwangerschaft, Verhaftung L. Lasks 229–231
  Trauerfeier nach Kafkas Tod 168–169
  Treffen mit Martin Walser 345–347
  Umzug/Rückkehr nach Berlin 28, 37, 49–50
  Verhaftung L. Lasks in Moskau, Flucht 251–252
Diamant, Dora und Kafka
  1. Wohnung in Steglitz 66, 69, 73, 79, 87, 89
  2. Wohnung in Steglitz 88, 93, 107
  Berlin-Pläne 38, 39, 50–56, 59–62
  Dora über Kafka 36, 74, 75–86, 90, 94–95, 98–102, 116–117, 120, 124
  Dora und Kafkas Familie 55–56, 66, 97–98, 107–108, 121–122
  erste Begegnung 29–32, 33
  gemeinsames Lesen 32, 109
  hebräische Sprache 32–34, 87–88
  Heirat 40
  in Müritz 24, 32–33, 34–35
  Judentum 56, 93, 110
  Kafkas Krankheit 23–24, 104, 108, 117–119, 123, 126–127
  Kerosinlampe 87
  Palästina-Träume 37, 40, 76
  Verbrennung von Kafkas Werken 117
  Wohnung in Zehlendorf 112–113
Diamant, Familie
  Geschichte der Familie 48
  Zweiter Weltkrieg 291–292
Diamant, Gittel (geb. Auerbach) 48
Diamant, Zvi 366–369
Diament, Frajda Frid 41
Dietrich, Marlene 177
Dimant, Bela 187, 201
Dostojewski, Fjodor M. 28, 44, 99, 114, 125, 300
Dreigroschenoper (Brecht) 209
Dumont, Louise 209
Dymant, Herschel 28, 32, 41–43, 145
  Tod 259

E

Einstein, Albert 176
Eisner, Pavel 344
Emmet, Dorothy 275–277, 279
›Enemy Aliens‹/Kanada 270
Engels, Friedrich 215, 277
Erdbeben in Chili, Das (Kleist) 85
Erster Weltkrieg 25, 44–47, 188–189, 199, 202, 219, 224, 266, 277, 294–295

F

Feld, Fela 289
Flaubert, Gustave 327
Fleming, Alexander 242
Fortune-Magazin 254
Foulds, Elfrida 278–280, 291, 297
Fox, George 278
Franz Ferdinand, Erzherzog 45
Franz Kafka: Eine Biographie (Brod) 13, 51, 90, 147, 154, 156, 166, 257, 297, 345
Freud, Sigmund 176, 228, 327–328, 352
Friedlaender, Ernest/Ruth 219, 230, 255–256, 258–259, 339, 362
Frietsche, Eva 207, 209, 241
Fröbel, Friedrich 49

G

Gartenbauschule in Dahlem 31, 53, 86
Gay, John 209
Georg, Manfred 49, 112
Gerrer Rebbe 28, 42–44, 146
Gesetz gegen die Überfüllung deutscher Schulen und Hochschulen (1933) 228
Gesetz zur Wiederherstellung des Berufsbeamtentums (1933) 228
Gespräche mit Kafka (Gustav Janouch) 77, 123
Gestapo 13–14, 225–232, 235, 246, 252, 254, 269, 297, 303, 363, 366
Gide, André 323
Goebbels, Joeseph 209, 228, 254
Goethe 44, 82, 200, 302, 344
Goldman, Dov 315, 317
Greid, Hermann 204
Grindea, Miron 343
Gropius, Walter 176
Grosz, George 182

H

Haas, Willy 115, 156, 196, 303
Habimah Nationaltheater (Tel Aviv) 289, 316
Hagana 295
Haggada 93
Hajek, M. 127, 129–130, 132, 133–134, 144
Halacha 93
Halpern, Dina 285–286
Hardt, Ludwig 113–115, 284
Harrison, Earl 294, 296
Haskala-Bewegung 43–44
Hayman, Ronald 117,
Hebraica 46–47, 48
Heine, Heinrich 200, 229
Hermann, Elli (geb. Kafka) 52–53, 130, 138, 141–142, 144, 149, 161–162, 175, 177–178, 183, 187, 304
Hermann, Karl 130, 138, 162, 304
Hermann und Dorothea (Goethe) 82, 302
Herzl, Theodor 26, 45–47, 294
Hindenburg, Paul von 220, 224
Hitler, Adolf 91, 209, 220–221, 295
Hochschule für die Wissenschaft vom Judentum 38, 83, 93–94, 105
Hodin, Josef Paul 302, 303, 325
Hoffe, Ester 226, 316, 335, 343
Hoffman, Camill 227
Hoffman, E. T. A. 86, 302
Hoffman, Eva 44
Hoffmann, Dr. 134–135, 139, 153–154
Hofmannsthal, Hugo von 205
Horizon 299
Hungerkünstler, Ein (Franz Kafka) 24, 104, 115, 152–153, 171, 173, 175, 333, 393

I

Ibsen, Henrik 177, 197, 200
In der Strafkolonie (Franz Kafka) 104, 171
Isherwood, Christopher 208
Isle of Man 262–264, 265, 267–269, 272–273, 275, 277

J

Jacobsohn-Lask, Louis 219, 225–226, 230, 234, 235, 271, 279
Janouch, Gustav 77–78
Jenufa (Janáček) 121
Jesenská, Milena 95, 162, 167
jiddische Sprache und Literatur 41, 42, 99, 112, 119, 181, 182, 188, 189, 191, 233, 234, 238, 240, 271, 273, 274, 280, 281, 283
jiddisches Theater 281–289
Jordanien/Transjordanien 295, 309–310
Josefine, die Sängerin oder Das Volk der Mäu-

se (Franz Kafka) 124, 128–129
Juden in der deutschen Literatur (Manfred Georg) 112
Judenstaat, Der (Herzl) 45
Jüdisches Volksheim in Berlin 25–26, 33–34, 40, 83, 299

K

Kabale und Liebe (Schiller) 205
Kafka, Franz
  Abreise aus Müritz 50
  Auseinandersetzung um Veröffentlichungen 211
  Beerdigung in Prag 162–166
  Besuch Tile Rösslers in Berlin 70
  Brief an den Vater 55
  Dora, Gebet 109–110
  Dora und ›Der Bau‹ 102–104
  Dora und Literatur 99
  Dora und Ludwig Hardt 113–114
  Dora und R. Klopstock 104
  Dora und Verbrennen von Arbeiten 116
  E. T. A. Hoffman 86
  Gartenbauschule Dahlem 87
  Gesprächsblätter 151–152
  Heinrich von Kleist 84–85
  Heiratsabsicht 145–147
  Hochschule für die Wissenschaft vom Judentum 93–94
  in Müritz 25–31
  in Schelesen 54
  Juden Osteuropas 187
  Korrespondenz mit den Eltern 74, 95–96
  Krankheit in Berlin 119–121
  Kurt Wolff Verlag 104
  Mädchen mit verlorener Puppe 79–80
  mit Dora in Berlin 66, 68, 70, 71, 75, 78, 81–83, 107–111, 110–112
  mit Dora in Müritz 32–37
  nach Kafkas Tod in Kierling 159–163
  Ottla in Berlin 97
  Pensionsbezüge in Berlin 74
  Reise zu Dora nach Berlin 61–62
  Rezeption in Osteuropa 189
  Rückkehr nach Prag 51
  Rückkehr nach Prag (1924) 121, 123–125
  Sanatorium Kierling 24–25, 137, 138–142
  Sanatorium Wienerwald 126
  Schilderungen von Dora und G. Janouch 76–78
  Schreiben in Berlin 101
  soziale Situation in Berlin 98
  Tod 153–156
  Trauerfeier in Prag 167–170
  Übersiedlung nach Kierling 134–135
  und die ›Kleine Frau‹ 87
  und Felix Weltsch 71, 112
  und Max Brod 63–67, 90, 103, 117
  und Ottla 52
  und Puah Ben-Tovim 87
  und Rudolf Kayser in Berlin 115
  und Werfel in Berlin 116
  Universitätsklinik Wien 129–134
  Vermächtnis an Brod 169–172
  Vorsorge für Dora 175
  Vorstellung von Heirat 39–40
  Wirtschaftskrise in Berlin 67–69
Kafka, Julie 96, 107–108, 133–134, 143–144, 149, 151, 162, 169, 304
Kafka, Ottla
  Familie Kafka 53
  Tod Ottlas 304
  und Dora 143, 162, 178, 341
  und Franz 39, 51, 52, 54, 56, 62, 67, 70, 90, 94, 107
  und ihr Mann David 52, 56, 61
  und R. Klopstock 132, 187, 196
Kafka Projekt 365–368
kaiserliche Botschaft, Eine (Franz Kafka) 168
Kaufmann von Venedig, Der (Shakespeare) 287
Kayser, Rudolf 115–116, 303
Kibbuz En Harod 319–321
Kindergarten 270
Kirow, Sergei 233
Kisch, Egon Erwin 199
kleine Frau, Eine (Franz Kafka) 89, 91
Kleist, Heinrich von 84–86, 202, 302, 327
Klopstock, Robert
  und Dora 132, 185, 187, 195–196, 226, 369
  und Franz, Dora 74, 104, 114
  und Franz Kafka 56, 61, 68, 71, 110, 112, 120, 124, 125
  und Kafkas Krankheit 125, 127, 128, 134, 141, 143, 144–145, 147–150, 154
  und Kafkas Tod 156–157
Knopf, Alfred A. 246
Koch, Hans Hellmuth 167–168
Kohen, Shloyme 285, 289
König Nicolo oder So ist das Leben (Wedekind) 205

Kurt Wolff Verlag 119, 186, 194–195

L

Landarzt, Ein (Franz Kafka) 104, 171
Langhoff, Wolfgang (Walter) 200, 216
Lasker, Emanuel 182
Lask, Ernst (Bertas Sohn) 219, 226
Lask, Ernst (Mariannes Cousin) 353, 356, 362, 367
Lask, Hermann 219–220, 226, 254–255, 353, 356
Lask, Marianne
   Doras Tod 347
   erste Zeit in London 262–263
   Flucht aus der UdSSR 251
   Flucht durch Europa 253, 254, 255, 256–259
   Geburt, erste Jahre 231–232, 234–235, 237
   Isle of Man 265–270
   Krankheit in London 297, 327, 330, 334, 337, 339
   Krankheit in Russland 242–243, 247–248
   psychische Erkrankung 359–362
   Tod, Gedenkstein 362, 369
   und Dorothy Emmet 276–277
   Wiederbegegnung mit dem Vater 357
   Yealand Manor 278–280, 291
Lask, Mira Lose 357, 362
Lebensansichten des Katers Murr (Hoffmann) 86, 302
Leftwich, Joseph/Sala 281, 334, 359, 363
Leih- und Pachtgesetz (U.S./1940) 272
Lenin, Wladimir I. 233
Leuna 1921 (Lask) 199–201, 207, 217
Lichtenstern, Hanny Metzger 193, 263, 267, 273, 274, 314, 358, 360, 361
Lichtenstern, Paul 267, 273, 358–360
Lindemann, Gustav 197
literarische Welt, Die 195
Literarishe Bletter 189
Loshn un Lebn 280–281, 284, 286, 311, 314, 352, 363
Löwy, Dr. (Bekannter aus Müritz) 94
Löwy, Dr. Siegfried 118, 121, 144, 161
Lyons, Gene 239, 242

M

Maletz, David/Familie 47, 319–322
Mann, Mendel 313
Mann, Thomas 85, 229
Marcus, Elizabeth (Betty) 193

Marquise von O…, Die (Kleist) 84–85, 202, 302
Marx-Engels-Lenin-Institut 232, 238, 249
Marx-Engels-Lenin-Stalin-Institut 355–356
Marx, Karl 218, 228, 277
McCrea, Ottilie 297, 352, 359, 363
Meir, R. Issac 43
Michoels, Solomon 239, 311
Mitteldeutscher Aufstand von 1921 199
Moore, Henry 343
Mosse (Zeitungsverlag) 50
Muir, Edwin/Willa 246, 305–306, 326
Müller, Alice 219, 238, 250, 254–255, 353, 356
Mussolini, Benito 246, 267
M'Uzan, Dr. Michel de 341, 351–352

N

Národní listy 163
Nathan, Eva 271, 274
Nationalsozialisten (Nazis) 199, 200, 220, 223, 224, 225, 227, 228, 229, 245, 247, 260, 261, 267, 269, 272, 273, 282, 284, 291, 293, 294
Naturtheater von Oklahoma, Das (Franz Kafka) 193, 202
Neher, Carola 245
Nelken, Ludwig 49, 118–119
Neue Rundschau 115
Neumann, Dr. 141–142
NKWD 238, 245, 250–252
NSDAP 91, 209, 221, 234, 244, 276
Nürnberger Gesetze 233, 240

O

Opunze, Die 198
Oved, Mosheh 286–287

P

Pabianice, Polen 40–41, 146, 280
Palästina 24–26, 32–33, 37–38, 40, 46–47, 52, 56, 76, 97, 187, 256–257, 283–284, 289, 295–298, 309, 315
Palästinafrage 294–295
Pawel, Ernst 13, 226–227, 251
Peer Gynt (Henrik Ibsen) 202
Perez, Jizchok Leib 99, 188, 284
Perlmutter, Tova (geb. Baumer) 296, 319, 367–368
Pétain, Marschall 267
Pick, Otto 128

Pieck, Wilhelm 238, 353–356
Piłsudski, Józef 188
Pines, Midia 114
Pinkas Bedzin (Rozenkar) 46–47
Piscator, Erwin 177, 216
Plotkin, Bracha 260, 317
Politzer, Heinz 323
Pollak, Josef 304
Pollak, Valli (geb. Kafka) 87, 89–90, 183, 304, 307
Prager Presse 128–129
Prager Tagblatt 110, 146
Pravda 235
Prinz von Homburg, Der (Kleist) 202–203

Q
Quäker 275, 278–279

R
Rainer, Luise 177, 203
Rawitsch, Melech 189–192, 328–329
   Zachariah Bergner 190
Reichspogromnacht 254
Reinhardt, Max 176–177, 209
Reymont, Władysław Stanisław 188
RGO (Revolutionäre Gewerkschafts-Opposition) 216
Rheinisches Landestheater 204, 241
Rittenburg, Dasha Werygier 260
Robert, Marthe 313, 326, 327, 337, 338
Robotnik 188
Roosevelt, Franklin D. 233, 272
Rössler, Tile 25, 31, 34, 112, 317
Roßman, Karl 202
Rote Fahne, Die 225
Rozenkar, Moshe 46
Russische Revolution 233, 239
Ruth Friedlaender 255

S
Salveter, Emmy 90, 103, 111
Sarwitz, Ilse 275–276
Schauprozesse in Moskau 243–244
Schildkraut, Rudolf 287
Schiller, Friedrich von 200, 205
Schloss, Das 186, 194–195, 246
Schmiede, Die (Verlag) 104, 152, 173, 175, 186
Schocken Books 332, 343
Schrammel, Josef 131
Schubert, Franz 271

Schweiger (Werfel) 116
Secker & Warburg 246, 306
Selbstwehr 113, 162
Sforim, Mendele Moicher 99, 234, 284
Shaw, Carol 279
Shylock (aus Der Kaufmann von Venedig) 287–288
Slezak, Walter 177
SPD 219, 224
Spender, Stephen 208, 343
Staatliche Schauspielschule (Berlin) 175, 179–180
Stalinistische Säuberungen 251–252, 262–263
Stalin, Josef W. 233, 239, 244, 251–252, 259, 262–263, 305, 311, 356, 358
Steiner, George 305
Steiner, Marianne 228, 255, 281, 305, 306, 314, 315, 324, 328, 330, 331, 334, 346, 347, 351, 352, 358, 359, 360, 362
Stencl, Avrom Nokhem 181, 182, 233, 234, 235, 274, 280, 281, 283, 284, 286, 328, 334, 363
Stille und Sturm (Lask) 357

T
Talmud 39, 42–44, 47, 111, 124
Tawney, R. H. 276
Theaterakademie des Düsseldorfer Schauspielhauses 197, 201, 203–205, 241, 244
Théâtre Marigny 323, 325
Tolstoi, Leo 99, 124
Torczyner, Professor 93
Traum, Ein (Franz Kafka) 167
Trotzki, Leo 233
Truman, Harry S. 294
Tschechoslowakei und Zweiter Weltkrieg 256–257
Tschiassny, Professor 144, 148
Tzelniker, Meier 287–288

U
Ulbricht, Walter 238, 353–356
Ullstein (Zeitungsverlag) 50, 79
Urteil, Das (Franz Kafka) 104, 171
Urzidil, Johannes 163–166, 167–169
USA 26, 80, 112, 233, 254–255, 272, 276, 296, 339–340, 368

V
Verwandlung, Die (Franz Kafka) 13, 104, 171, 195

Viertel, Berthold 197
Volksbühne 177, 195
Vossische Zeitung 211–212

W

Wagenbach, Klaus 227, 365
walisische Bergarbeiter 276
Walser, Martin 345–346
Wedekind, Frank 205
Weill, Kurt 209
Welk, Ehm 211–214, 299
Whitehead, Alfred North 276
Whitehead's Philosophy of Organism (Emmet) 276
Wilson, Anthony 279
Wimmler, Elizabeth (Ula) 244–245, 249
Wittekind, Hedwig 244
Wohryzek, Julie 54–55, 148
Wolff, Kurt 104, 186

Y

Yealand Manor 278–282, 291
Yealand Manor, Rundbrief 312
Yisroel, The First Jewish Omnibus (Leftwich) 282

Z

zerbrochne Krug, Der (Kleist) 202
Zetkin, Clara 27, 357
Zionistischer Weltkongress 45, 50
Zionistische Weltorganisation 46
Zörgiebel, Karl 207

QUELLEN

Für die Biografie von Dora Diamant (Dymant-Lask) wurden Informationen und Dokumente aus den folgenden Archiven und Bibliotheken in England, Deutschland, Polen, Russland, Israel und den USA verwendet.

Archiv Bibilographia Judaica, Frankfurt am Main. Elisabeth Wohler Papers.

Archiv Kritische Ausgabe Kafka, Wuppertal. Telegramme von Herrmann Kafka an das Sanatorium Kierling. Bernhard Echte, Korrespondenzliste Max Brods. Korrespondenz zwischen Dora / Die Schmiede / Max Brod.

Archive for the History of the Jewish People, Hebrew University, Jerusalem Diamant Collection.

Bodleian Library, Department of Special Collections and Western Manuscripts, Oxford University. Kafka Collection.

Bundesarchiv Stiftung Archiv der Parteien und Massenorganisationen der DDR, Berlin-Lichterfelde. Nazi- und SED-Akten von Dora und der Familie Lask. Komplette Liste aller durchsuchten Deutschen Archive in „Record of Examined Files", Kafka Project Final Report, Berlin Research, June-September 1998, San Diego State University.

Bundesarchiv-Dahlwitz-Hoppegarten, Gestapo-Akte Lask.

Dumont-Lindemann Archiv, Düsseldorf Theatermuseum. Dokumente aus Doras Studium an der Theaterakademie, Korrespondenz, Zeitungskritiken. Plakat für Max Brods Opunze, Deutsches Bühnen Jahrbuch 1929.

General Register Office, St. Catherine's House, London, Sterbeurkunden von Dora und Marianne Lask.

Graal-Müritz Heimatstube Archiv, Fotos und Dokumente über Haus Glückauf und Haus Huten. Alter Stadtplan von Müritz.

Jüdische Gemeinde Bibliothek, Berlin. Siegfried Lehman, „Erster Bericht, Jüdisches Volksheim Berlin, Mai-Dezember 1916".

Klaus Wagenbach Archiv, Berlin. Abschrift von Doras Tagebuch und verschiedenen Texten über Kafka; Notizen und Briefe aus den Jahren 1951–1952. Fotos von Kafka, Brod, und Klopstock.

Landesarchiv-Berlin, Akten des Oberfinanzpräsidenten Berlin. Nazi- und Gestapo-Akten über die Familie Lask.

Manx National Heritage, Isle of Man. Doras „Internment registration card".
Muzeum Miasta Pabianic, Postkarten, alter Stadtplan, Daten zur Familiengeschichtsforschung für Lodzl Pabianice.
National Archives and Records Administration (NARA), College Park, Maryland.
American Historical Association, Committee for the Study of War Documents. Mikrofilm-Bericht der Deutschen Botschaft in Moskau über die Familie Lask.
Public Records Office, Kew. Horne Office. „Enemy alien and internment records".
Rossiyskiy Gosudarstvennyi Arkhiv Sotsialno-Politicheskoy Istorii (Russisches Staatsarchiv für Soziale und Politische Geschichte. Vormals: Zentralarchiv der kommunistischen Partei, Moskau.) (Doras Komintern Akte
SOAS Library, University of London. A. N. Stencl Collection.
Staatsbibliotek, Westhafen-Berlin, Zeitungsartikel aus Düsseldorfer Nachrichten, Neue Zeitung, Jerusalem Post, Tagesspiegel.
Stadtarchiv Düsseldorf, Doras Melde- und Aufenthaltsaufzeichnungen.
Stiftung Archiv der Akademie der Künste, Berlin, Kafka-Nachlass. Berta-Lask-Nachlass.
Stiftung Neue Synagogue Berlin/Zentrum, Judaicum Archiv, Berlin. Akten der Jüdischen Gemeinde Berlin.
Urzad Stanu Cywilnego (Einwohnermeldeamt), Pabianice. Doras Geburtsurkunde.
Yad Tabenkin Archives, Tel Aviv. David Maletz Papers.
Zehlendorf Heimatstube Archiv, Berlin. Berichte über Kafkas Aufenthalt in Zehlendorf.

Private Sammlungen / Unveröffentlichte Quellen

Die folgenden Personen haben großzügigerweise Dokumente zur Familiengeschichte, Briefe, Fotografien und Aufzeichnungen aus ihren privaten Sammlungen zur Verfügung gestellt: Sara Baumer-Dimant, Miriam and Zeev Bigon, Zvi Diamant, Ulrike Eisenberg, Niels Bokhove, Ruth Lask Kessentini, Noga Maletz, David Mazover, Ottilie McCrea, Moti & Tova Perlmutter und Michael Steiner.

Hanny Lichtenstern stiftete die folgenden Dokumente: Auszüge aus ihrem Tagebuch 1940-1941, 1982, Doras Briefe 1941, 1951-1952, Marianne Lasks gesammelte Dokumente und Schriften, Briefe 1963-1982, Tagebuch, Testament, Plakat der Vorführung im „Port Erin Women's Internment Camp" im Januar 1941.
Michel de M'Uzan stellte Doras Tagebuch, ein handgeschriebenes Notizbuch, geschrieben

1951, Marianne Lasks transkribiertes Manuskript des Tagebuchs, Doras Briefe an Marthe Robert, 1950-1952, und die Korrespondenz von Marianne Steiner und Ester Hoffe mit Dora, 1950-1951, aus Marthe Roberts Nachlass in Paris zur Verfügung.

Carol Shaw stellte die unveröffentlichte Novelle „Education for Adventure," geschrieben von ihrer Mutter Elfrida Foulds, zur Verfügung.

Susan Hartshorne stellte ihre Sammlung von „Yealand Manor newsletters" von 1945-1950 zur Verfügung. Der Großteil der Akten der Yealand Manor School befinden sich im Lancashire Records Office in Preston.

Niels Bokhove steuerte „Dora Dymants Lebenslauf", Niederländische Melderegister Eintragungen der Familie Friedlaender 1933-1940, Fotos von Doras Wohnungen in Berlin, Müritz, Den Haag, Kopien von Doras Unterschrift in Büchern von Kafkas und Artikel über Menno ter Braak bei.

Veröffentlichte Quellen

Bücher und Zeitschriften

Asimov, Isaac: *Das Wissen unserer Welt*, Goldmann, 1991.

Baudy, Nicolas: *Entretiens avec Dora Dymant, compagne de Kafka*, Evidences (Paris) 8 (February 1950).

Bessel, Richard und **E. J. Feuchtwanger:** *Social Change and Political Deuelopment in Weimar Germany*, Croon Helm, 1981.

Blech, Benjamin: *Jewish History and Culture*, Alpha, 1999.

Bodek, Richard: *Proletarian Performance in Weimar Berlin: Agitprop, Chorus, and Brecht*, Camden House, 1997.

Born, Jürgen: *Franz Kafka: Kritik und Rezeption, 1924–1938*, S. Fischer, 1953.

Born, Jürgen: *Franz Kafka: Kritik und Rezeption zu seinen Lebzeiten 1912–1924*, S. Fischer, 1979.

Braak, Menno ter und **E. Perron:** *Briefwisseling 1930–1940*, G.A. van Oorschot, 1967.

Brod, Max: *Der Prager Kreis*, Suhrkamp, 1979.

Brod, Max: *Franz Kafka – Gesammelte Werke*, S. Fischer, 1950–1974.

Brod, Max: *Streitbares Leben*. Herbig, 1969.

Brod, Max: *Über Franz Kafka*, S. Fischer, 1974.

Brod, Max: *Franz Kafka, eine Freundschaft. Reiseaufzeichnungen*, S. Fischer, 1987.

Canetti, Elias: *Der andere Prozeß. Kafkas Briefe an Felice,* Hanser, 1984.

Carmel, Herman: *Black Days, White Nights,* Hippocrene, 1984.

Castello, Elena Romero und **Uriel Macias Kapon:** *The Jews and Europe: 2000 Years of History,* Henry Holt, 1994.

Dawidowicz, Lucy S: *The War Against the Jews, 1933–1945,* Rinehart and Winston, 1975.

De Jonge, Alex: *The Weimar Chronicle,* Paddington, 1978.

Duranty, Walter: *USSR: The Story of Soviet Russia,* Lippincott, 1944.

Dymant, Dora: *On the Actress Dina Halpern's Appearance on the London Yiddish Stage,* Loshn un Lebn, September 1946.

Dymant, Dora: *On a Concert of the PPYL at the People's Palace,* Translated by Hanny Lichtenstern. Loshn un Lebn, Januar 1949.

Dymant, Dora: *On a Production of Peretz's ‚Three Gifts,* Loshn un Lebn 63, 1945.

Dymant, Dora: *Shakespeare on the London Yiddish Stage,* Loshn un Lebn 81, 1946.

Dymant, Dora: *Shlomo Mikhoels, The Jew,* Loshn un Lebn 97, 1948.

Dymant, Dora: *To Moshe Oved on his Sixtieth Birthday,* Loshn un Lebn 69, 1945.

Friedländer, Saul: *Franz Kafka,* C.H. Beck, 2012.

Friedrich, Otto: *Morgen ist Weltuntergang – Berlin in den zwanziger Jahren,* Nicolai, 1998.

Frynta, Emanuel und **Jan Lukas:** *Kafka and Prague,* Batchworth, 1960.

Giladi, Ben: *A Tale of One City,* Shengold, 1991.

Gilbert, Martin: *A History of the Twentieth Century. Vol. 1, 1900-1933,* Avon, 1997.

Gillman, Peter und **Leni Gillman:** „*Collar the Lot!*", Quartet, 1980.

Glatzer, Nahum N: *The Loves of Franz Kafka,* Schocken, 1986.

Goethe, Johann Wolfgang von: Hermann und Dorothea, Reclam, 2010.

Gottgetreu, Eric: *They knew Kafka,* Jerusalem Post, 14. Juni 1974.

Gray, Ronald: *Kafka: A Collection of Critical Essays,* Prentice-Hall, 1962.

Haas, Willy: *Kafkas Tod.* Der Tagesspiegel (Berlin), 25. November 1953.

Hackermüller, Rotraut: *Das Leben, dass mich stört: Eine Dokumentation zu Kafkas letzten Jahren, 1917–1924,* Medusa Verlag, 1984

Hansen, Leon: *Menno ter Braak, 1902–1940,* Balans, 2001.

Hayman, Ronald: *Franz Kafka, Sein Leben – seine Welt – sein Werk,* Scherz, 1983.

Heine, Heinrich: *Almansor.* In: *Sämtliche Werke.* Historisch-kritische Gesamtausgabe der Werke. Düsseldorfer Ausgabe: Heine, Heinrich, Bd. 5, Hoffman und Campe, 1994.

Herzl, Theodor: *Der Judenstaat, Versuch einer modernen Lösung der Judenfrage,* Manesse, 1997.

Hodin, Josef Paul: *Erinnerungen an Franz Kafka.* Der Monat, Juni 1949.

Hodin, Josef Paul: *Memories of Franz Kafka,* Horizon, January 1948.

Hoffman, Eva: *Shtetl,* Houghton Mifflin, 1997.

Hoffmann, E.T.A: *Lebens-Ansichten des Katers Murr,* Reclam, 2003.

Hofmann, Marthe: *Dinah and the Poet: Franz Kafka's Correspondence with a Sixteen Year Old,* Die Österreichische Furche, Oktober 1954.

Howe, Irving und **Eliezer Greenberg:** *A Treasury of Yiddish Stories,* Penguin, 1989.

Institut f. Geschichte d. Arbeiterbewegung Berlin: *In den Fängen des NKWD,* Dietz Verlag, 1991.

Janouch, Gustav: *Gespräche mit Kafka, Aufzeichnungen und Erinnerungen,* Onomato, 2006.

Janouch, Gustav: *Geschpräche mit Kafka, (Erweiterte Ausgabe),* S. Fischer, 1968.

Jennings, Peter and **Todd Brewster:** *The Century,* Doubleday, 1998.

Kafka, Franz: *Briefe an Felice,* S. Fischer, 1976.

Kafka, Franz: *Beim Bau der chinesischen Mauer und andere Schriften aus dem Nachlaß,* S. Fischer, 1994.

Kafka, Franz: *Briefe an Milena,* S. Fischer, 1986.

Kafka, Franz: *Briefe an Ottla und die Familie,* S. Fischer, 1974.

Kafka, Franz: *Die Erzählungen und andere ausgewählte Prosa,* S. Fischer, 1996.

Kafka, Franz: *Briefe an die Eltern aus den Jahren 1922–1924,* S. Fischer, 1993.

Kafka, Franz: *Tagebücher 1909–1912,* S. Fischer, 1994.

Kafka, Franz: *Tagebücher 1912–1914,* S. Fischer, 1994.

Kafka, Franz: *Tagebücher 1914–1923,* S. Fischer, 1994.

Kafka, Franz: *Eine Freundschaft – Briefwechsel,* Hrsg. Max Brod, S. Fischer, 1989.

Kafka, Franz: *Briefe 1902–1924,* Hrsg. Max Brod, S. Fischer, 1975.

Kafka, Franz: *Amerika,* S. Fischer, 1953.

Kafka, Franz: *Das Schloss,* S. Fischer, 2008.

Kafka, Franz: *Brief an den Vater,* S. Fischer, 1999.

Kafka, Franz: *Der Proceß,* S. Fischer, 1993.

Kleist, Heinrich von: *Die Marquise von O…, Sämtliche Werke und Briefe,* Reclam 2006.

Koch, Hans-Gerd: (Hg.) *Als Kafka mir entgegenkam…, Erinnerungen an Franz Kafka,* Klaus Wagenbach, Erweiterte Neuauflage 2005.

Kochnan, Miriam: *Britain's Internees in the Second World War,* Macmillan, 1983.

Lafitte, Francois: *The Internment of Aliens,* Penguin, 1940.

Larsen, Egon: *Die Weimarer Republik – Ein Augenzeuge berichtet,* Heyne, 1980.

Leftwich, Joseph: (Hg.) *The Way We Think: Jewish Essays at Mid-Century,* Thomas Yoseleff, 1969.

Leftwich, Joseph: Yisrōel. The First Jewish Omnibus, Beechhurst, 1952.

Lyons, Eugene: *Assignment in Utopia,* Harcourt, Brace, 1937.

Mahler, Raphael: *Hasidism and the Jewish Enlightenment: Their Confrontation in Galicia and Poland in the First Half of the Nineteenth Century,* ewish Publication Society of America, 1985.

Mann, Thomas: *Rede und Antwort,* S. Fischer, 1984.

Mailloux, Peter: *A Hesitation Before Birth,* University of Delaware Press, 1989.

Matthews, Mervyn: *The Passport Society,* Westview, 1993.

Meltz, Eva Stolar und **Rae Gunter Osgood:** *And the Winds Blew Cold,* McDonald & Woodward, 2000.

Noe, Adolf Carl: *Golden Days of Soviet Russia,* Thomas S. Rockwell, 1931.

Pawel, Ernst: *Das Leben Franz Kafkas. Eine Biographie,* Carl Hanser, 1984.

Politzer, Heinz: *Franz Kafka: Parable and Paradox,* Cornell University Press, 1962.

Prager, Leonard: *Yiddish Culture in Britain,* Verlag Peter Lang, 1990.

Proudfoot, Malcolm J: *Europeon Refugees: 1939–52,* Northwestern University Press, 1956.

Ravitch, Melech: *Stories of My Life — I am Franz Kafka's Wife,* Jewish Chronicle Literary Supplement, 7. Februar 1992.

Robert, Marthe: *As Lonely as Franz Kafka: A Psychological Biography,* Schocken, 1986.

Robert, Marthe: *Notes inedites de Dora Dymant sur Kafka,* Eoidences (Paris) 28 (November 1952).

Rosten, Leo: *Jiddisch. Eine kleine Enzyklopädie,* DTV, 2002.

Rozenkar, Moshe: *The Hebraica Association: The Blossoming of Hebrew Language Restoration in Będzin,* in: *Pinkas Będzin,* hrsg. von A. Sh. Stein, Verband der ehemaligen Bewohner Będzins in Israel, 1959.

Rubenstein, Joshua und **Vladimir P. Naumov:** *Stalin's Secret Pogrom,* Yale University Press, 2001.

Rudolf, Anthony: *Kafka and the Doll,* Jewish Chronicle Literary Supplement, 15. Juni 1984.

Shirer, William L: *The Nightmare Years,* Little, Brown, 1984.

Spender, Stephen: *World Within World,* Modern Library, 2001.

Stencl, A. N.: *A Mendele Evening in Berlin,* Loshn un Lebn, Juni–Oktober 1974.

Stencl, A. N.: *On the First Anniversary of the Death of the Actress Dora Dimant,* Loshn un Lebn, 1956.

Stent, Ronald: *A Bespattered Page?,* André Deutsch, 1980.

Stourac, Richard und **Kathleen McCreery:** *Theatre as a Weapon, Workers' Theatre in the*

Soviet Union, Germany and Britain, 1917–1934. Routledge & Kegan Paul, 1986.
Tarrant, V. E.: *The Red Orchestra,* John Wiley, 1995.
Thurston, Robert W.: *Life and Terror in Stalin's Russia, 1934-1941,* Yale University Press, 1996.
Timm, Werner: „*Hier will ich leben"* – *Das Ostseebad Graal-Müritz, 1328–1994,* Atelier im Bauernhaus, 1994.
Urzidil, Johannes: *Da geht Kafka,* Artemis, 1965.
Vaksberg, Arkady: *Stalin Against the Jews,* Alfred A. Knopf, 1994.
Valencia, Heather: *Czeladz, Berlin and Whitechapel: The World of Avrom Nokhem Stencl.* Edinburgh Star, Mai 1993.
Valencia, Heather: *Yiddish Writers in Berlin, 1920–1936, The German Jewish Dilemma: From the Enlightenment to the Shoah,* Edwin Mellen, 1999.
Wagenbach, Klaus: *Franz Kafka: Bilder aus seinem Leben,* Klaus Wagenbach, 1995.
Walser, Martin: *Leseerfahrungen, Liebeserklärungen,* in: *Werke Band 12,* Suhrkamp, 1997.
Wisse, Ruth R: *I.L. Peretz and the Making of Modern Jewish Culture,* University of Washington Press, 1991.
Wisse, Ruth R: *The I.L. Perez Reader,* Schocken, 1990.

Postkarte von Pabianice, Polen, ca. 1910
Doras Geburtsort. Der Marktplatz mit Renaissance-Villa aus dem 16. Jahrhundert und dem Schulgebäude, dem heutigen Museum von Pabianice.
Abdruck mit freundlicher Genehmigung des Muzeum Miasta Pabianic.

Będzin, Polen, ca. 1910
Blick auf die Stadt von der Flussseite. Auf der Abbildung sieht man links das Schloss, halbrechts die 1880 gebaute Synagoge.
Foto mit freundlicher Genehmigung aus der privaten Sammlung von Jeffrey K. Cymbler.

Hebräischklasse für Frauen und Mädchen in Będzin, ca. 1916
Trotz des Verbots ihres Vaters nahm Dora (vorne rechts) am zionistischen Hebräischunterricht für Frauen und Mädchen teil. Ihr Lehrer, David Maletz, steht in der hinteren Reihe.
Bildnachweis: Pinkas Będzin, Tel Aviv, A. S. Stein, Editor, 1959.

Franz Kafka, ca. 1917

Dies war Doras liebstes Foto von Kafka. Sie nahm zwei gerahmte Kopien mit nach Israel und ließ sie dort bei Familie und Freunden.

Mit freundl. Genehmigung des Archivs Klaus Wagenbach, Berlin.

Dora Diamant, ca. 1924

Das bekannteste Foto von Dora. Eines von zwei, von denen man schon vor der Entdeckung der Lask-Sammlung 1998 wusste. Dora gab es Hanny Lichtenstern.

Mit freundlicher Genehmigung von Hanny Lichtenstern.

Grunewaldstraße 13, Berlin-Steglitz

Kafka und Dora lebten hier von November 1923 bis Januar 1924. Der einzige der drei Wohnsitze in Berlin, der noch erhalten ist. Der Park, in dem Kafka und Dora das kleine Mädchen mit der Puppe trafen, liegt gegenüber auf der anderen Straßenseite.

Foto von Felix Pahl.

Max Brod, ca. 1903

Kafkas bester Freund und literarischer Nachlassverwalter. Ohne Brod wären Kafkas Texte wohl niemals publiziert worden. Brod und Dora blieben nach Kafkas Tod Freunde bis an ihr Lebensende.

Mit freundlicher Genehmigung des Archivs Klaus Wagenbach, Berlin.

Sanatorium Kierling

Ansicht des Balkonzimmers im zweiten Stock, wo Kafka seine letzten Wochen verbrachte. Dora und Kafka lebten hier von Mitte April 1924 bis zu Kafkas Tod am 3. Juni.

Foto von Stefan Staengle.

Robert Klopstock

Der junge Arzt, der sein Medizinstudium unterbrach, um Dora bei der Pflege des kranken Kafka zu helfen. Nach dessen Tod schrieb Klopstock an Kafkas Familie: „Der Dora kennt, nur der kann wissen, was Liebe heißt."

Mit fr. Genehmigung d. Archivs Klaus Wagenbach, Berlin.

Kafkas Grab, Friedhof Straschnitz, Prag

Franz Kafka ist zusammen mit seinen Eltern im Familiengrab bestattet. Hermann starb 1931, Julie 1934. Die Gedenktafel am Fuß des Grabsteins erinnert an Kafkas Schwestern, die von den Nazis ermordet wurden.

Foto von Kathi Diamant.

Ludwig (Lutz) Lask, ca. 1933
Mitglied der Kommunistischen Partei Deutschlands und Herausgeber der verbotenen KPD-Zeitung „Die Rote Fahne". Lask blieb, trotz Folterung unter Stalin, ein glühender Anhänger des Kommunismus.
Mit freundlicher Genehmigung, © 1998 Sammlung Lask.

Dora, ca. 1928
Porträtfoto Doras, möglicherweise für ihren Lebenslauf im Zusammenhang mit ihrer Ausbildung und schauspielerischen Tätigkeit in Düsseldorf entstanden.
Mit freundlicher Genehmigung, © 1998 Sammlung Lask.

Die Familie Jacobsohn-Lask, Berlin, Oktober 1903
Louis und Berta mit Ruth und dem dreijährigen Ludwig; die älteste Aufnahme von Doras späterem Ehemann.
Abdruck mit freundlicher Genehmigung der Stiftung Archiv der Akademie der Künste, Berlin.

Dora und Marianne in Berlin, Sommer 1934
Vor dem Haus der Familie Lask in Lichterfelde.

Mit freundlicher Genehmigung, © 1998 Sammlung Lask.

Dora und Marianne in Berlin, 1936
Kurz vor ihrer Flucht nach Russland.

Mit freundlicher Genehmigung, © 1998 Sammlung Lask.

Dr. Jacobsohn-Lask mit Enkeltochter Marianne, Berlin, 1936

Mit freundlicher Genehmigung, © 1998 Sammlung Lask.

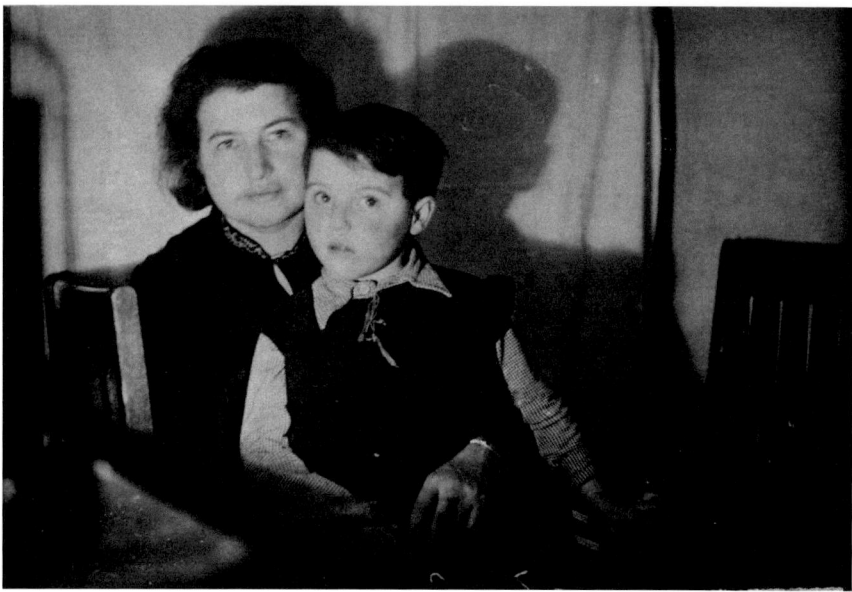

Dora mit Marianne, Russland, 1937 oder 1938

Mit freundlicher Genehmigung, © 1998 Sammlung Lask.

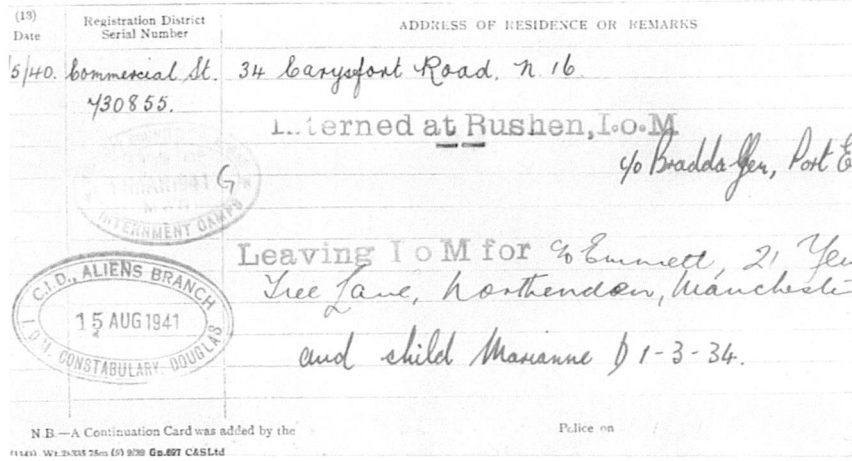

Dora Lask, Meldebescheinigung für Enemy Aliens, Isle of Man, Mai 1940
Ausgefüllt im Jahr 1941 (Vorder- und Rückseite), mit Doras deutscher Passnummer
und dem Datum ihrer Ankunft in England. Dora gibt auf der Karte fälschlicherweise an,
geschieden zu sein.

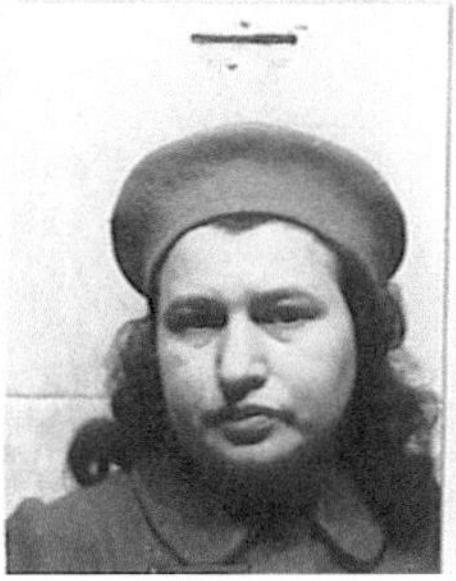

Dora mit Schauspielern des Jiddischen Theaters, April 1946
Anna Tzelniker, Meta Segal, Dora, die jiddischen Schriftsteller H. Leivick und Meier Tzelniker. Tzelnikers Darstellung von Shylock, dem Juden in der jiddischen Produktion von Shakespeares *Der Kaufmann von Venedig*, wurde von Dora hoch geschätzt.

Abdruck mit freundlicher Genehmigung von Guido Massino, aus seinem Buch Fuoco Inestinguible (Rom, Bulzoni, 2002).

Dora mit dem jüdischen Lyriker A. N. Stencl an der englischen Küste, 1950
Doras Freundschaft mit Stencl dauerte über ein Vierteljahrhundert an, vom ersten Treffen in Berlin nach Kafkas Tod bis zu ihrem Tod in London. Stencl war nicht verheiratet und starb 1983 in London im Alter von 86 Jahren.

Mit freundlicher Genehmigung, © 1998 Sammlung Lask.

Dora mit Ruhama Maletz, Kibbuz En Harod, 1950

Ruhama war die zweite Frau von Doras Hebräischlehrer aus Będzin, David Maletz. Dora wohnte für zwei Monate bei der Familie Maletz in En Harod. Auf die Rückseite eines eingerahmten Fotos von Kafka, das Dora ihr gegeben hatte, schrieb Ruhama: „Dora Dymant ging zurück nach England mit der Annahme sie würde bald nach Israel emigrieren. Sie ließ ihren Koffer im Gasthaus von En Charod, und ließ die Photografie von Kafka und seine Haarbürste, die er immer bei sich hatte, bei uns. Ruhama Chazanov-Maletz, Mai 1990."

Abdruck mit freundlicher Genehmigung der Familie Maletz.

David, Branka und Zvi Diamant, München, 1949

Doras älterer Bruder David im Alter von 52 Jahren, mit seiner zweiten Frau, Branka Besserglick, und dem zwei Jahre alten Sohn Zvi. Beider Ehegatten und Kinder waren ermordet worden. David und Branka überlebten in Dachau, wo sie einander kennenlernten. Sie heirateten nach der Befreiung 1945.

Abdruck mit freundlicher Genehmigung von Zvi Diamant.

Doras Brüder David und Avner, Passahfest, München, 1949

Doras Halbbruder Avner, der zweite Sohn von Herschels zweiter Frau Gitle, war eines von nur drei überlebenden Geschwistern. Avner war tuberkulosekrank und blieb in Deutschland im Krankenhaus, wo er in den frühen 1950er-Jahren starb.

Abdruck mit freundlicher Genehmigung von Zvi Diamant.

Lutz Lask, ca. 1953

Nach acht Jahren russischer Gefangenschaft in Sibiren war Lask körperlich gebrochen und fast blind nach dem Verlust des rechten Auges bei einem Fabrikunfall und nur drei Prozent Sehkraft auf dem linken Auge. Trotzdem meldete er sich immer noch arbeitsfähig.

Mit freundlicher Genehmigung, © 1998 Sammlung Lask.

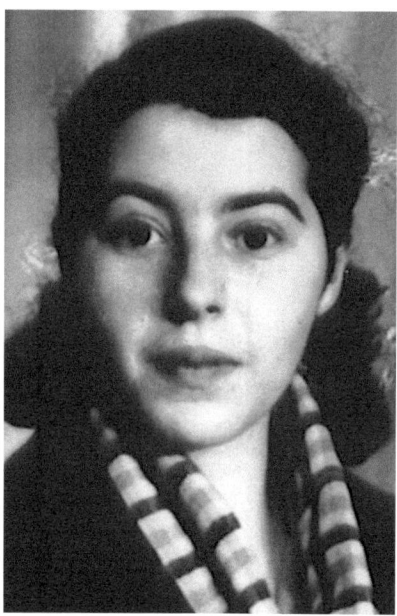

Marianne Lask, ca. 1956

Wahrscheinlich ein Passfoto für ihren ersten Besuch in Ost-Berlin.

Mit freundlicher Genehmigung, © 1998 Sammlung Lask.

Marianne Lask und ihr Vater, Lutz Lask, 1956
Mariannes Wiedersehen mit ihrem Vater in Berlin, nach zwei Jahrzehnten der Trennung.
Mit freundlicher Genehmigung, © 1998 Sammlung Lask.

Marianne Lask mit ihrer Großmutter, Berta Lask, 1959
Mit freundlicher Genehmigung, © 1998 Sammlung Lask.

Marianne Lask mit ihrem Vater und ihrer Großmutter im Treptower Park, Berlin, 1956
Mariannes Wiedersehen mit ihrem Vater und ihrer Großmutter zwanzig Jahre nach der Trennung.
Mit freundlicher Genehmigung, © 1998 Sammlung Lask.

Ruth Lask Friedlaender und Lutz Lask, London, 1973

In Hannys Gartenzimmer trafen sich Bruder und Schwester nach 40 Jahren der Trennung wieder.

Abdruck mit freundlicher Genehmigung von Hanny Lichtenstern.

Marianne Lask mit Hanny Lichtenstern auf Oulton Broads, 1970

Als Erwachsene unternahm Marianne (rechts) Wochenendausflüge mit Hanny und Paul Lichtenstern.

Mit freundlicher Genehmigung, © 1998 Sammlung Lask.

Hanny Lichtenstern in ihrem Gartenzimmer in Nordlondon, 1990

Hanny traf Dora im Bus auf der Fahrt von London nach Liverpool, auf dem Weg in das Frauen-Internierungslager auf der Isle of Man.

Foto von Kathi Diamant.

Marianne Steiner, Tel Aviv, 1950

Auf der Rückseite: „Photohaus Prio, Tel-Aviv, Allenby."

Ende 1950 schrieb Ester Hoffe, Max Brods Sekretärin, an Dora über ein Treffen mit Kafkas Nichte: „Wir waren sehr froh dass Marianne Steiner uns besuchen kam. Sie ist eine sehr feine, intelligente und congeniale Person. Max sieht viel Ähnlichkeit mit Kafka."

Abdruck mit freundlicher Genehmigung von Michael Steiner.

Marianne Steiner, Kafkas Nichte, Hampstead, London, 1990

Die zufällige Begegnung mit Dora in London 25 Jahre später „war die seltsamste Sache, die mir je passiert ist", sagte Frau Steiner. Sie starb im November 2000 im Alter von 86 Jahren.

Foto von Kathi Diamant.

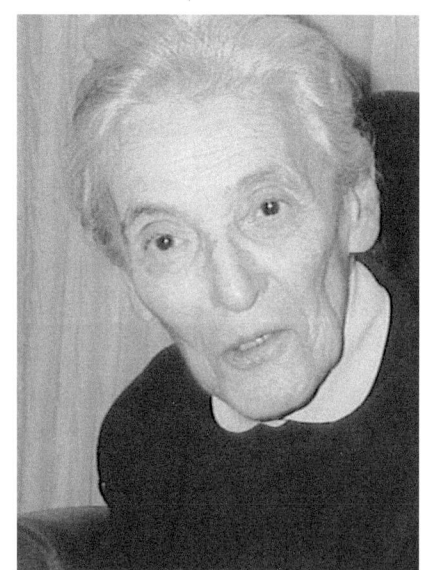

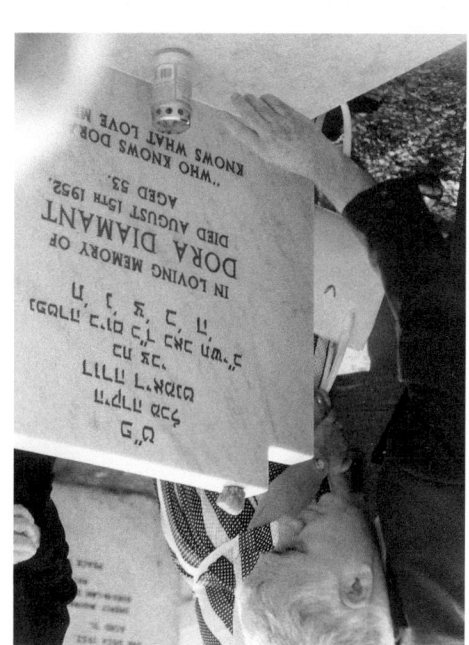

„Der Dora kennt, nur der kann wissen, was Liebe heißt": London, 15.08.1999

Als Zvi erfuhr, dass Dora in einem namenlosen Grab beerdigt lag, ergriff er sofort die Initiative, um dies zu ändern. Mehr als 75 Menschen, Doras und Mariannes Familie aus Israel und Deutschland, wohnten der Errichtung des Grabsteins am 47. Jahrestag von Doras Beerdigung bei.

Foto von Dvir Diamant.

Dora, 1928

Porträt- oder Bühnenfoto von Dora, möglicherweise im Zusammenhang mit ihrer Ausbildung und schauspielerischen Tätigkeit in Düsseldorf entstanden.

Mit freundlicher Genehmigung, © 1998 Sammlung Lask.

Dora Diamant, ca. 1925
Handschriftlich auf der Rückseite: „Dora circa 1925".
Mit freundlicher Genehmigung, © 1998 Sammlung Lask.